STEFANIA AUCI

Die Löwen von Sizilien

Das Schicksal einer Familie

GOLDMANN

Stefania Auci

Die Löwen von Sizilien

Das Schicksal einer Familie

Roman

Aus dem Italienischen
von Judith Schwaab

GOLDMANN

Die Originalausgabe erschien 2021 unter dem Titel »L'inverno dei Leoni«
bei Casa Editrice Nord, Gruppo editoriale Mauri Spagnol, Mailand.

Die Zitate von Plinius dem Älteren stammen aus: Plinius der Ältere, Naturalis historia. Naturgeschichte, übersetzt von Marion Giebel, Reclams Universal-Bibliothek, Ditzingen 2005, S. 95 und 97. Der Abdruck erfolgt mit freundlicher Genehmigung des Philipp Reclam jun. Verlags, Stuttgart.

MIX
Papier | Fördert
gute Waldnutzung
FSC® C083411

Penguin Random House Verlagsgruppe FSC® N001967

1. Auflage
Deutsche Erstveröffentlichung Oktober 2022

Gestaltung des Umschlags und der Umschlaginnenseiten:
UNO Werbeagentur, München
Umschlagmotiv: Trevillion Images / Miguel Sobreira,
Evelina KremsdorFinePic®, München
Redaktion: Christina Neiske
BH · Herstellung: ik
Satz: KCFG – Medienagentur, Neuss
Druck und Bindung: CPI books GmbH, Leck
Printed in the EU
ISBN: 978-3-442-49335-7

www.goldmann-verlag.de

Für Eleonora und Federico,
für all die Zärtlichkeit und Zuneigung.
Ich bin sehr stolz auf euch.

»Ich lebte lang genug; mein Lebensweg
geriet ins Dürre, ins verwelkte Laub;
und was das hohe Alter soll begleiten,
Gehorsam, Liebe, Ehre, Freundestrost,
danach darf ich nicht aussehn; doch stattdessen
Flüche, nicht laut, doch tief. Munddienst und Hauch,
was gern das arme Herz mir weigern möchte,
und wagt's nicht.«

William Shakespeare, *Macbeth*, fünfter Akt, dritte Szene

»Ringsum ist der Himmel klar und blau, selten noch habe ich einen so klaren und blauen Himmel gesehen. Mach deine Augen auf, Kapitän! Sag selbst, siehst du auch ein einziges, noch so geringes Wölkchen am Horizont?«

Joseph Roth, *Die Geschichte von der 1002. Nacht*

DIE FLORIOS

1799–1868

Die ursprünglich aus dem kalabrischen Bagnara stammenden Gebrüder Paolo und Ignazio Florio stechen im Jahre 1799 nach Palermo in See, um dort ihr Glück zu machen. Sie sind Aromateure – Gewürzhändler –, und die Konkurrenz ist erbarmungslos, doch ihr Aufstieg scheint unaufhaltsam. Die Brüder erweitern ihre Betätigungsfelder: Sie bringen den Handel mit Schwefel auf den Weg, kaufen Häuser und Ländereien von verarmten palermitanischen Adligen, gründen eine Schifffahrtsgesellschaft … Ihr Geschäftssinn – genährt von einer hartnäckigen Entschlossenheit – lässt auch in der folgenden Generation nicht nach, als Paolos Sohn Vincenzo die Leitung der Casa Florio übernimmt: In den Weinkellern der Familie wird ein ursprünglich den Armen vorbehaltener Wein – der Marsala – in einen kostbaren Tropfen verwandelt, der selbst der Tafel eines Königs würdig ist; und auf der Insel Favignana entwickeln die Florios eine revolutionäre

Methode zur Konservierung von Thunfisch – indem sie ihn in Öl einlegen und in Dosen abfüllen –, die dessen Konsum ankurbelt. Indessen wird der Erfolg der Florios in Palermo mit einer Mischung aus Bewunderung, Neid und Verachtung verfolgt; sie sind und bleiben in den Augen der Palermitaner »Fremde«, »Hungerleider«, deren Blut »nach Schweiß stinkt«. Doch es ist genau ihr brennendes Verlangen nach gesellschaftlicher Anerkennung, das dem Ehrgeiz der Florios zugrunde liegt und das Wohl und Wehe ihrer öffentlichen wie auch privaten Existenz bestimmt. Gerade weil die Männer der Familie ebenso außergewöhnliche wie zerbrechliche Individuen sind, sind sie – was sie freilich niemals zugeben würden – auf ebenso außergewöhnliche Frauen an ihrer Seite angewiesen: Frauen wie Paolos Frau Giuseppina, die alles – auch die Liebe – der Stabilität der Familie opfert, oder Giulia, die junge Mailänderin, die wie ein Wirbelwind in Vincenzos Leben tritt und sein sicherer Hafen, sein Fels in der Brandung wird.

Vincenzo stirbt 1868, mit nicht einmal siebzig Jahren, und überlässt das Schicksal der Casa Florio seinem einzigen Sohn, dem dreißigjährigen Ignazio, der zwei Jahre zuvor die Baronesse Giovanna d'Ondes Trigona zur Frau genommen hat, wodurch endlich »adliges Geblüt« in die Familie kommt. Aufgewachsen ist Ignazio mit Unternehmergeist und in dem Bewusstsein, dass die Florios immer den Blick über den Horizont wagen müssen. Und er schickt sich an, ein neues Kapitel seiner Familiengeschichte zu schreiben …

MEER

September 1868 – Juni 1874

Aceddu 'nta l'aggia 'un canta p'amuri, ma pi' raggia.
»Der Vogel im Käfig singt nicht aus Liebe,
sondern aus Wut.«
Sizilianische Redensart

Sieben Jahre sind vergangen, seit am 17. März 1861 das italienische Parlament die Geburt des Königreichs Italien ausgerufen hat, mit Vittorio Emanuele als seinem Herrscher. Die Wahlen zum ersten geeinten Parlament wurden im Januar abgehalten (wobei von zweiundzwanzig Millionen Einwohnern nur etwa vierhunderttausend überhaupt das Wahlrecht haben); überragender Sieger war die sogenannte Destra Storica, ein Zusammenschluss vorwiegend von Grundbesitzern und Industriellen mit der Neigung zu einem ausgeprägten Fiskalismus, der für nötig erachtet wird, um den durch die Einigung angehäuften Schuldenberg abzubauen. Besonderen Unmut ruft die sogenannte *tassa sul macinato* vom 1. Januar 1869 hervor, eine Besteuerung des Brotes und anderer Getreideprodukte, die vor allem die Armen trifft und gewalttätige Proteste nach sich zieht. Obwohl sie von einigen Politikern als »Zoll des finstersten Mittelalters« und als »Steuer aus bourbonischen und feudalen Zeiten« bezeichnet wird, bleibt sie bis 1884 in Kraft. Im Jahre 1870 stellt Finanzminister Quintino Sella eine Reihe weiterer harter Maßnahmen vor, entschlossen, den Haushalt »bis auf die Knochen« zu sanieren.

Das Ende des Zweiten Kaiserreiches (1852–1870) und der Beginn der Dritten Republik (1870–1940) in Frankreich haben auch wichtige Auswirkungen auf die italienische Geschichte: Kaum ist der Kirchenstaat der Unterstützung durch Frankreich beraubt, fällt er am 20. September 1870; nach kurzem Kanonenbeschuss schlagen italienische Truppen an der Porta Pia eine Bresche und ziehen mit dem Ausruf »Savoia!« in Rom ein. Am 3. Februar 1871 wird Rom nach Turin (1861–1865) und Florenz (1865–1871) offiziell zur Hauptstadt Italiens. Am 21. April 1871 stimmt die italienische Regierung der sogenannten *Legge delle Guarentigie* zu, die dem Papst persönliche Souveränität sowie die Freiheit, sein geistliches Amt auszuüben, zusichern soll, doch Pius IX. – der sich dadurch als »Gefangener des italienischen Staates« versteht – weist dies mit der Enzyklika *Ubi nos* vom 15. Mai 1871 zurück. Am 10. September 1974 beschließt der Heilige Stuhl dann das sogenannte *Non expedit*, also das Verbot für Katholiken, am politischen Leben Italiens teilzunehmen, ein Verbot, das allerdings bis zu seiner Außerkraftsetzung 1919 oft umgangen wird.

Die fortschreitende Reduktion der Staatsverschuldung und die Vollendung mehrerer großer Projekte in Italien (vom Bau der Eisenbahnstrecke in Moncenisio, die am 15. Juni 1868 eingeweiht wird, bis zum Durchstoßen des Fréjus-Tunnels, eröffnet am 17. September 1871) und in der Welt (am 17. November 1869 wird der Suezkanal eingeweiht) sowie der Zufluss von ausländischem Kapital sorgen dafür, dass die Zeit von 1871 bis 1873, die sogenannten »drei Jahre des Fiebers«, entscheidend für die Geburt der italienischen Industrie wird. Ein Aufschwung, der allerdings im Jahre 1873 infolge der Finanzkrise, die Europa und die Vereinigten Staaten erfasst, gebremst wird. Diese »Große Depression«, verursacht durch eine Reihe von Spekulationen und waghalsigen Investitionen, wird, mit Hochs und Tiefs, bis 1896 anhalten und gewiss nicht dazu beitragen, die tiefe Kluft zwischen dem Norden und dem Süden Italiens zu schließen, wobei sich auch die Tatsache rächt, dass zwar gewaltige Investitionen in den Ausbau des Schienennetzes im Norden getätigt wurden, diese aber keine Entsprechung im Süden Italiens finden, wo die Regierung ihre Anstrengungen hauptsächlich auf die Entwicklung der Seefahrt konzentriert.

U' *mari unn'avi né chiese né taverne*, sagen die alten Fischer. Das Meer hat weder Kirchen noch Tavernen, also keine Zufluchtsorte, denn von der gesamten Schöpfung ist es zugleich das gebieterischste und das flüchtigste Element. Der Mensch kann gar nicht anders, als sich vor seinem Willen zu verneigen.

Seit jeher haben die Sizilianer begriffen, dass das Meer nur demjenigen Respekt entgegenbringt, der es auch respektiert. Es ist großzügig: Es schenkt uns den Fisch und das Salz als Nahrung, es schenkt uns den Wind für die Segel unserer Boote und Schiffe, es schenkt uns die Korallen für den Schmuck von Heiligen und Königen. Aber es ist auch unberechenbar und kann sich jederzeit dieser Gaben wieder bemächtigen. Aus diesem Grunde respektieren es die Sizilianer, darum lassen sie es zu, dass es ihrer Existenz seinen Stempel aufdrückt: dass es ihren Charakter prägt, ihre Haut gerbt, sie unterstützt, ihren Hunger stillt, sie beschützt.

Das Meer ist die offene Grenze, es ist immer in Bewegung. Und das ist auch der Grund, warum die Menschen, die auf Sizilien leben, voller Unruhe sind und stets nach dem Land jenseits des Horizonts Ausschau halten und entfliehen wollen, um anderswo nach dem zu suchen, von dem sie am Ende ihres Lebens entdecken werden, dass sie es immer besessen haben.

Für die Sizilianer ist das Meer wie ein Vater. Das wird

ihnen bewusst, wenn sie fern von ihm sind, wenn sie nicht mehr den starken Geruch nach Seetang und Salz riechen können, der sie einhüllt, kaum dass ein Wind aufkommt und den Odem des Meeres bis in die letzten Gassen der Stadt trägt.

Für die Sizilianer ist das Meer wie eine Mutter. Geliebt und eifersüchtig. Unabdingbar. Und manchmal auch grausam.

Für die Sizilianer ist das Meer ebenso die Gestalt ihrer Seele wie ihre Begrenzung.

Kette und Freiheit zugleich.

Am Anfang steht ein Flüstern, ein Murmeln, vom Geifer des Windes getragen. Es entsteht im Herzen der Olivuzza, im Schutz der zugezogenen Vorhänge, in Zimmern, die im Halbschatten liegen. Der Wind packt die Stimme, die immer lauter wird und sich mit dem Weinen und Schluchzen einer alten Frau mischt, die eine erkaltete Hand hält.

»*Murìu* …«, sagt die Stimme und gerät ungläubig ins Zittern. Das Wort erschafft die Wirklichkeit, besiegelt das, was vorgefallen ist, verkündet, was unumkehrbar ist. Das Flüstern dringt an die Ohren der Diener, wandert von dort aus zu ihren Lippen, geht hinaus, vertraut sich erneut dem Wind an, der es quer durch den Garten trägt, auf die Stadt zu. Von Mund zu Mund wandert es und kleidet sich in Überraschung, in Weinen, in Furcht, in Angst, in Groll.

»*Murìu!*«, sprechen die Palermitaner ihr nach, den Blick zur Olivuzza gerichtet. Sie können es nicht glauben, dass ein Mann wie Vincenzo Florio gestorben sein soll. Gewiss, er war alt, krank seit geraumer Zeit, hatte längst die Führung des Handelshauses an seinen Sohn übergeben, und doch … Für die Stadt war Vincenzo Florio ein Titan, ein Mann, so gewaltig, dass nichts und niemand ihn aufhalten konnte. Und doch hat er einen Hirnschlag erlitten und ist gegangen.

Es gibt auch Menschen, die sich darüber freuen. Seit Jahren haben sich in so mancher Seele der Neid, die Missgunst, der Durst nach Rache an ihm eingenistet. Doch es ist eine vergebliche Genugtuung. Vincenzo Florio ist in Frieden gestorben, in seinem Bett, getröstet von der Liebe seiner Frau und der Kinder. Und er ist als reicher Mann gestorben, umgeben von alldem, was er sich, ob aus Willenskraft oder durch Glück, aneignen konnte. Und damit nicht genug: Dieser Tod scheint Vincenzo eine Gnade gewährt zu haben, die er anderen oft nicht zuteilwerden ließ.

»Murìu!«

Jetzt dringt die Stimme – eine Stimme voller Erstaunen, voller Schmerz, voller Wut – ins Herz Palermos vor, sie fliegt über die Cala hinweg und stürzt mitten in das Getümmel der Straßen rund um den Hafen. Sie trifft in der Via dei Materassai ein, überbracht von einem atemlosen Dienstboten. Doch sein Lauf war umsonst, denn jener Schrei, jenes *»Murìu!«* ist längst durch die Tür und die Fenster eingedrungen, hat sich auf den Majolikafliesen des Bodens um die eigene Achse gedreht, bis in Ignazios Schlafzimmer hinein, in dem die Frau des neuen Herrn der Casa Florio sitzt.

Als sie die Schreie auf der Straße hört, wo Menschen in Tränen ausbrechen, hebt Giovanna d'Ondes Trigona so plötzlich den Kopf, dass ihr langer schwarzer Zopf ins

Beben gerät, sie packt die Armlehnen des Sessels und schaut Donna Ciccia fragend an, ihre frühere Gouvernante, die jetzt ihre Gesellschafterin ist.

Es klopft an der Tür, mächtige Schläge. Einem Instinkt folgend, legt Donna Ciccia schützend die Hand um das Köpfchen des Neugeborenen, den sie im Arm hält – Ignazziddu, Giovannas Zweitgeborenen –, und geht die Tür öffnen. Sie gebietet dem Diener auf der Schwelle Einhalt und fragt barsch: »*Chi fu?* Was ist?«

»*Murìu!* Don Vincenzo, gerade eben.« Immer noch schnaufend, richtet der Dienstbote den Blick auf Giovanna. »Euer Gemahl, Signora, schickt mich und lässt Euch ausrichten, Ihr mögt Vorbereitungen für den Besuch der Verwandten treffen.«

»Er ist tot?«, fragt Giovanna, mehr erstaunt als kummervoll. Das Ableben jenes Mannes, den sie nie besonders gernhatte und der ihr oft genug eine solche Angst eingejagt hat, dass sie in seiner Anwesenheit kaum ein Wort herausbrachte, kann ihr keinen Schmerz bereiten. Ja, sein Zustand hatte sich seit einigen Tagen verschlechtert – einer der Gründe, warum sie Ignazziddus Geburt nicht gefeiert haben –, doch mit einem so schnellen Ende hatte sie nicht gerechnet. Sie richtet sich mühsam auf. Es ist eine schmerzhafte Geburt gewesen; selbst das Stehen ermüdet sie. »Mein Mann ist dort?«

Der Diener nickt. »Ja, Donna Giovanna.«

Donna Ciccia errötet, schiebt eine störrische Locke unter die Haube zurück und dreht sich zu ihr um. Giovanna öffnet den Mund, um etwas zu sagen, bringt aber kein Wort hervor. Also streckt sie die Arme aus, nimmt das Neugeborene entgegen und drückt es an ihre Brust.

Donna Giovanna Florio. So wird man sie von nun an nennen. Nicht mehr »Frau Baronesse«, wie ihr Titel von Geburt an lautet, der Titel, der eine so große Rolle dabei gespielt hat, dass sie in diese reiche Kaufmannsfamilie aufgenommen wurde. Jetzt zählt es nicht mehr, dass sie eine Trigona ist und einer der ältesten Familien Palermos angehört. Es zählt einzig und allein die Tatsache, dass sie *die Herrin* ist.

Donna Ciccia tritt auf sie zu und nimmt ihr das Kind wieder aus den Armen. »Ihr müsst Trauerkleidung anlegen«, murmelt sie. »In Kürze kommen die ersten Gäste, um zu kondolieren.« In ihrer Stimme liegt eine neue Ehrerbietung, ein feiner Unterton, wie ihn Giovanna noch nie gehört hat. Das Zeichen einer Veränderung, die nicht mehr umkehrbar ist.

Ab jetzt hat sie eine präzise Rolle. Und sie wird zeigen müssen, dass sie ihr gewachsen ist.

Sie spürt, wie ihr Atem im Brustkorb stockt, wie das Blut ihr aus dem Gesicht weicht. Dann greift sie entschlossen nach dem Revers ihres Morgenmantels, zieht es zusammen. »Gebt Anweisung, alle Spiegel zu verhüllen, und lasst die Eingangstür halb offen stehen. Anschließend kommt Ihr, um mir zu helfen.«

Giovanna macht sich zu ihrem Ankleidezimmer auf den Weg, das sich hinter dem Bett mit dem Baldachin befindet. Ihr zittern die Hände, ihr ist kalt. In ihrem Kopf ist nur ein Gedanke.

Ich bin Donna Giovanna Florio.

Das Haus ist leer.

Es gibt nichts als Schatten.

Schatten, die sich zwischen den Möbeln aus Walnussholz und Mahagoni ausdehnen, durch die halb geschlossenen Türen hindurch, zwischen den Falten der schweren Vorhänge.

Es herrscht Stille. Keine Ruhe. Es ist die Abwesenheit von Geräuschen, eine Reglosigkeit, die erstickend ist, den Atem nimmt, lähmt.

Die Bewohner des Hauses schlafen. Alle bis auf einen: Ignazio, der in Pantoffeln und Hausjacke im Dunkeln durch die Zimmer der Wohnung an der Via dei Materassai wandert. Die Schlaflosigkeit, die ihn während seiner Jugend gequält hat, ist wieder da.

Es ist schon die dritte Nacht, in der er nicht schläft. Seit sein Vater gestorben ist.

Er spürt, wie ihm die Augen feucht werden. Er reibt sie. Doch weinen kann er nicht, er darf nicht; Tränen sind etwas für Frauenzimmer. Dennoch verspürt er ein Gefühl der Fremdheit, des Verlassenseins und der Einsamkeit, das so stark ist, dass es sich nicht leugnen lässt. Er fühlt den Kummer in seinem Mund, schluckt ihn herunter, behält ihn bei sich. Er geht von einem Zimmer zum anderen. An einem Fenster bleibt er stehen, schaut hinaus. Die Via dei Materassai ist in ein Dunkel getaucht, das nur an wenigen Stellen von Laternen erhellt wird. Die Fenster der anderen Häuser sind wie leere Augenhöhlen.

Jeder Atemzug hat ein Gewicht, eine Form, einen Geschmack, und er schmeckt bitter. Oh ja, und wie bitter.

Dreißig Jahre ist Ignazio alt. Vor geraumer Zeit schon hat sein Vater ihm die Leitung des Weinguts in Marsala übertragen, und seit Kurzem hat Ignazio auch Prokura für die anderen Geschäftszweige der Casa Florio. Seit zwei Jahren ist er mit Giovanna verheiratet, die ihm zwei Söhne, Vincenzo und Ignazio, geschenkt hat und damit die männlichen Nachkommen, die die Zukunft der Firma sichern. Er ist reich, angesehen, mächtig.

Aber nichts kann die Einsamkeit der Trauer auslöschen.

Die Leere.

Wände, Hausrat, Schmuckgegenstände – sie alle sind stumme Zeugnisse der Zeit, in der seine Familie noch ganz und intakt war. In der die Welt eine feste Ordnung hatte und die Zeit im Takt gemeinsamen Arbeitens verstrich. Ein Gleichgewicht, das nun in tausend Stücke zersprungen ist und einen tiefen Krater hinterlassen hat. In dessen Mitte steht er, Ignazio. Um ihn herum nur Trümmer, Trostlosigkeit.

Er geht weiter und weiter, streift durch die Flure, kommt am Arbeitszimmer seines Vaters vorbei. Einen Augenblick lang überlegt er, ob er es betreten soll, spürt aber, dass er nicht dazu in der Lage wäre, nicht in dieser Nacht, in der die Erinnerungen sich so verdichtet haben, als wären sie aus Fleisch und Blut. Und so geht er weiter, steigt die Treppe hoch und kommt zu dem Zimmer, in dem sein Vater seine Geschäftspartner zu ungezwungenen Zusammenkünften zu empfangen pflegte oder in das er sich zurückzog, wenn er allein sein und nachdenken wollte. Es ist ein kleiner Raum, holzgetäfelt und mit zahlreichen Bildern an den Wänden. Mit gesenktem Blick bleibt Ignazio auf der Schwelle stehen. Durch das offene Fenster fällt Licht herein und beleuchtet den Sessel aus gestepptem Leder und das Tischchen daneben, auf dem eine Zeitung liegt. Darin hat sein Vater gelesen an dem Abend, bevor er den Hirnschlag erlitt, der ihn zu Bewegungslosigkeit verdammte. Niemand hat den Mut gehabt, sie wegzuwerfen, auch wenn seither mehrere Monate vergangen sind. An einer Ecke des Tischchens liegt noch der Kneifer seines Vaters und seine Dose mit Schnupftabak. Alles ist noch da, als würde er jeden Augenblick zurückkehren.

Fast glaubt er seinen Duft zu erschnuppern, ein Kölnischwasser, in dem sich die Aromen von Salbei, Zitrone und Meeresluft vereinten; fast hört er sein Atmen, eine Art mühsames Brummeln; dann seinen schweren Schritt. Er sieht ihn vor sich, wie er Briefe oder Dokumente liest, wie ein ironisches Lächeln seinen Mund umspielt, wie er aufblickt und leise etwas sagt, das ihm gerade durch den Kopf gegangen ist.

Der Kummer frisst ihn auf. Wie soll er nur weitermachen ohne ihn? Er hatte Monate, um sich um alles zu kümmern, sich vorzubereiten, aber jetzt weiß er nicht, wie. Er hat das Gefühl, unterzugehen, zu ertrinken, genau wie damals als Kind, als er in der Bucht der Arenella fast umgekommen wäre. Damals war es sein Vater, der ins Wasser sprang und ihn rettete. Ignazio erinnert sich gut an das Gefühl, keine Luft mehr zu bekommen, und an das Brennen des Meerwassers in seiner Luftröhre … so wie jetzt die Tränen in seinen Augen brennen, die er doch mit allen Mitteln unterdrücken will. Doch er muss stark sein. Denn jetzt ist er das Familienoberhaupt, er muss sich um die Casa Florio kümmern. Um seine Mutter, die allein geblieben ist. Und natürlich auch um Giovanna, um Vincenzo, um Ignazziddu …

Er schnappt mit offenem Mund nach Luft, trocknet seine Tränen. Er hat Angst davor, zu vergessen, wie sein Vater war, sich nicht mehr an seine Hände oder seinen Geruch erinnern zu können. Doch das darf niemand wissen. Niemand darf an seinen Augen ablesen, wie bewegt er ist. Er ist kein Sohn, der gerade seinen Vater verloren hat. Er ist der neue Herr eines erfolgreichen Handelshauses, das in stetem Wachsen begriffen ist.

In diesem Moment schmerzlichster Einsamkeit gesteht er sich jedoch ein, wie gern er seine Hand nach dem Vater ausstrecken und ihn berühren würde, wie gern er ihn um Rat fragen oder schweigend an seiner Seite arbeiten würde, so wie sie es so oft getan haben.

Er, der jetzt selbst Vater ist, wäre so gerne einfach nur wieder ein Sohn.

»Ignazio!«

Das war seine Mutter Giulia, die ihn leise gerufen hat. Er hat ihren Schatten durch den Lichtstreifen gehen sehen, der durch die Tür des Zimmers, in dem Vincenzino und Ignazziddu schlafen, hereinfiel. Sie sitzt in einem Sessel und wiegt ihren letztgeborenen Enkel in den Armen, der auf die Welt kam, als sich sein Großvater anschickte, sie zu verlassen.

Giulia trägt einen Morgenrock aus schwarzem Samt, ihr weißes Haar ist zu einem Zopf geflochten. Beim Schein der Lampe bemerkt Ignazio ihre von Gicht verkrümmten Finger und den gebeugten Rücken. Die Schmerzen in den Knochen verfolgen sie schon seit Jahren, doch bis vor Kurzem hat sie es immerhin geschafft, sich gerade zu halten. Jetzt jedoch ist sie in sich zusammengesunken, wie ein zerknülltes Stück Papier. Auf einmal wirkt sie viel älter als ihre sechzig Jahre, als hätte sie die ganze Bürde der Welt auf ihre Schultern geladen. Auch weil ihre Augen – die immer heiter und voller Neugier in die Welt blickten – nicht mehr leuchten, sondern matt und wie erloschen sind.

»*Maman* … aber was macht Ihr hier? Warum habt Ihr nicht die Amme gerufen?«

Giulia blickt ihn schweigend an. Dann fährt sie mit dem Wiegen des Kindes fort, und eine Träne stiehlt sich auf ihre Wimpern. »Er hätte sich so über dieses Kind gefreut, und über die Tatsache, dass er so viele männliche Enkel bekommen hat. Deine Frau hat es gut gemacht: Mit ihren fünfundzwanzig Jahren hat sie dir bereits zwei Söhne geschenkt, zwei Erben.«

Ignazio spürt, wie in seinem Herzen ein neuer Riss entsteht. Er nimmt vor der Mutter Platz, auf dem Sessel neben der Wiege. »Ich weiß.« Er drückt ihre Hand. »Was mich am meisten betrübt, ist, dass er sie nicht aufwachsen sehen wird.«

Giulia schluckt. »Er hätte noch lange leben können. Aber er hat sich nie geschont, niemals. Nicht einen Tag zum Ausruhen hat er sich gegönnt, selbst an Feiertagen hat er gearbeitet … hier«, sagt sie und fasst sich an die Schläfe. »Er konnte einfach nicht aufhören. Am Ende war es das, was ihn mir genommen hat.« Sie seufzt, greift nach der Hand ihres Sohnes. »Schwör es mir. Schwör mir, dass du niemals die Arbeit über deine Familie stellen wirst.«

Giulias Händedruck ist energisch, eine verzweifelte Energie, die dem Bewusstsein entwächst, dass sich die Zeit einfach nimmt, was sie will, und niemals etwas zurückgibt; und nicht nur das – sie verbrennt die Erinnerungen und lässt sie zu Asche zerfallen. Ignazio legt die Hand auf ihre und spürt die Knochen unter ihrer Haut. Der Riss in seinem Herzen wird größer. »Aber ja.«

Giulia schüttelt den Kopf. Eine solch mechanische Antwort ist sie nicht bereit hinzunehmen. Ignazziddu gluckst in ihren Armen. »Nein. Du musst an deine Frau und diese Kinder, deine *picciriddi* denken.« Mit einer typisch sizilianischen Geste hebt sie – die Mailänderin, die mit gerade mal zwanzig Jahren auf die Insel gekommen ist – das Kinn in Richtung des Kinderbettchens im Hintergrund, in dem der mittlerweile einjährige Vincenzino schläft. »Du weißt es nicht, daran kannst du dich nicht erinnern, aber dein Vater hat deine beiden Schwestern Angelina und Peppina nicht wirklich aufwachsen sehen. Auch dein Aufwachsen hat er nur deshalb wahrgenommen, weil du der männliche Spross warst, den er sich gewünscht hatte.« Ihre Stimme wird leise, und sie bebt vor nur mühsam zurückgehaltenen Tränen. »Mach du nicht denselben Fehler. Unter den Dingen, die verloren gehen, ist die Kindheit unserer Kinder einer der schmerzlichsten Verluste.«

Er nickt, bedeckt das Gesicht mit den Händen. Jahre gestrenger Blicke tauchen in seiner Erinnerung auf. Erst als Erwachsener hat er gelernt, in den dunklen Augen seines Vaters auch Stolz und Zuneigung zu erkennen. Vincenzo Florio war kein Mann der großen Worte, sondern ein Mann der Blicke, im Guten wie im Schlechten. Und er war auch kein Mann, der dazu in der Lage war, Zuneigung zu zeigen. An Umarmungen kann Ignazio sich nicht erinnern. Vielleicht ab und zu eine zärtliche Geste. Und doch hat sein Vater ihn gerngehabt.

»Und Giovanna, deine Frau … vernachlässige sie nicht.

Sie hat dich lieb, das arme Lämmchen, und sucht immer deine Aufmerksamkeit.« Giulia betrachtet ihn mit einer Mischung aus Tadel und Bedauern. Sie seufzt. »Und wenn du sie zur Frau genommen hast, musst du doch auch etwas für sie empfinden.«

Ignazio macht eine unwirsche Handbewegung, als wollte er einen unangenehmen Gedanken verscheuchen. »Ja«, murmelt er. Doch er fügt nichts hinzu und schaut zu Boden, um sich dem Blick der Mutter zu entziehen, die schon immer bis an den Grund seiner Seele zu blicken vermocht hat.

Dieser Schmerz gehört ihm allein.

Giulia erhebt sich, geht langsam zur Wiege und legt Ignazziddu vorsichtig hinein. Der Neugeborene dreht das Köpfchen mit einem zufriedenen Lächeln und schlummert ein.

Ignazio steht an der Schwelle und wartet auf sie. Er legt ihr eine Hand auf die Schulter und begleitet sie zu ihrem Zimmer. »Ich bin froh, dass Ihr beschlossen habt, hierherzukommen, zumindest für die ersten paar Tage. Die Vorstellung war einfach unerträglich, Ihr so allein dort.«

Sie nickt. »Das Haus an der Olivuzza ist zu groß ohne ihn.« *Leer. Für immer.*

Ignazio spürt, wie sein Atem ruhiger wird.

Giulia schlüpft in das Zimmer, das Schwiegertochter und Sohn für sie bereithalten, dasselbe Zimmer, in dem Jahre zuvor auch ihre eigene Schwiegermutter, Giuseppina Saffiotti Florio, gelebt hat. Eine gestrenge Frau, die ihren Mann schon in frühen Jahren verloren hatte, die Vincenzo zusammen mit ihrem Schwager Ignazio großgezogen und sich lange Zeit dagegen gewehrt hatte, dass sie selbst, Giulia, in die Familie eintrat, weil sie sie für nicht gut genug und für einen gesellschaftlichen Emporkömmling hielt. Jetzt ist auch sie Witwe. Sie bleibt mitten im Zimmer stehen, während ihr Sohn die Tür hinter sich schließt, und richtet dann den Blick auf das große Ehebett.

Ignazio hört nicht ihre Worte. Und er könnte Giulias Schmerz auch nicht verstehen, denn er ist anders als der seine: brachialer, schärfer, ohne Hoffnung.

Denn sie und Vincenzo hatten einander erwählt, sie hatten einander gewollt und geliebt, allem und allen zum Trotz.

»Wie soll ich es nur schaffen, ohne dich zu leben, mein Liebster?«

Die Tür streift nur leicht den Boden und schließt sich fast geräuschlos. Die Matratze neben ihr wird eingedrückt, Ignazios Körper nimmt seinen Platz ein und gibt eine feuchte Wärme ab.

Giovanna rührt sich nicht. Sie verlangsamt ihren Atem, täuscht einen Schlaf vor, der sie in dem Moment verlassen hat, als ihr Mann aus dem Bett aufgestanden ist. Sie weiß sehr wohl, dass Ignazio unter Schlaflosigkeit leidet, und sie, die einen leichten Schlaf hat, bleibt dann oft wach, ohne sich zu bewegen. Zudem hat der Tod seines Vaters Ignazio mehr getroffen, als er selbst es zugeben würde.

Ihre Augen stehen im Dunkeln weit offen. Sie erinnert sich noch gut an das allererste Mal, als sie Vincenzo Florio gesehen hat: ein stämmiger Mann mit finsterer Miene, der schwer atmete. Er hatte sie angeschaut, wie man ein Tier auf dem Markt begutachtet.

In ihrer Befangenheit hatte sie nichts anderes tun können, als den Blick zu senken und den Boden im Salon der Villa delle Terre Rosse, direkt vor den Toren Palermos, zu betrachten.

Dann hatte er sich an seine Frau gewandt, vermeintlich in einem Flüstern, das dann jedoch im Salon der d'Ondes laut widerhallte. »*Ma unn'è troppo sicca?*«

Ob sie nicht vielleicht zu dünn sei? Giovanna hatte abrupt den Kopf gehoben. Konnte man es ihr denn zum Vorwurf machen, wenn sie in ihrem Leben alles darangesetzt hatte, nicht so zu werden wie ihre Mutter, die so fett war, dass man sie als unförmig bezeichnen konnte? Wollte er vielleicht sagen, dass sie deshalb keine gute Ehefrau sein konnte? Gekränkt von diesem Vorwurf der Unzulänglichkeit hatte sie Ignazio angeschaut, in der Hoffnung, er würde etwas zu ihrer Verteidigung sagen.

Doch er wirkte vollkommen gleichgültig, ein distanziertes Lächeln spielte um seine Lippen.

Es war ihr Vater Gioacchino d'Ondes, der Graf von Gallitano, gewesen, der Vincenzo zu beschwichtigen suchte. »Ein gesundes Frauenzimmer, *fimmina sana*«, sei sie, erklärte er voller Stolz. »Sie wird Eurem Haus starke Söhne schenken.«

Denn tatsächlich: Ihre Fähigkeit, Kinder zur Welt zu bringen, war das Einzige, was Don Vincenzo interessierte – weder die Frage, ob sie nun fett oder mager war, noch die, ob Ignazio in sie verliebt war.

Und doch war sie mit einem Herzen voller Liebe Teil der Casa Florio geworden, Liebe zu diesem so kontrollierten Mann, der stets und in allen Lebenslagen Herr seiner selbst war.

Sie war begeistert, denn sie hatte sich Hals über Kopf in ihn verliebt, seit dem Moment, als sie ihn kurz vor ihrem siebzehnten Geburtstag im *Casino delle Dame e dei Cavalieri* gesehen hatte, und endgültig hatte er ihr Herz erobert durch die Ruhe, die er anderen Menschen einzuflößen vermochte, durch seine Kraft, die direkt aus einem unerschütterlichen Glauben an die eigene Überlegenheit zu kommen schien. Und durch die Gelassenheit, mit der er sprach.

Begierde und Verlangen hatten sich erst später eingestellt, als sie intim miteinander geworden waren. Doch es war genau dieses Verlangen, das sie in die Irre geführt hatte, weil es sie glauben machte, ihre Ehe sei anders als das, was andere ihr beschrieben hatten, und ihr den Gedanken einflößte, es könnte sich tatsächlich zwischen ihnen Zuneigung entwickeln, oder doch zumindest Respekt. Dabei hatten sie alle gewarnt, allen voran ihre Mutter, mit ihren düsteren Anspielungen auf die Tatsache, dass sie »Opfer bringen« müsse, dass sie ihren Ehemann »ertragen« müsse; selbst der Priester hatte sie am Hochzeitstag ermahnt: »Geduld ist die wichtigste Gabe einer Ehefrau.«

Erst recht, wenn du einen Florio heiratest, hatte sein Blick hinzugefügt.

Und Giovanna war geduldig gewesen, hatte sich zurückgenommen, hatte gehorcht, immer auf der Suche nach einer Geste der Zustimmung oder doch wenigstens der Anerkennung. Zwei Jahre lang hatte sie zwischen der verhaltenen Freundlichkeit von Donna Giulia und Don Vincenzos scharfen Blicken zugebracht, hatte sich minderwertig gefühlt ob ihrer – nicht allzu großzügigen – Mitgift und ihrer Bildung, die bei Weitem der ihrer Schwägerinnen nachstand, verloren in einem Haus und einer Familie, die ihr von Beginn an fremd gewesen waren. Sie hatte es durchgestanden, indem sie an ihren eigenen Stolz appellierte, den Stolz einer Adeligen, und an das vornehme Geblüt der Trigonas. Vor allem jedoch an das, was ihr Herz ihr sagte, denn in jenem Haus, in jener Familie, gab es Ignazio.

Mit Zähigkeit, mit Entschlossenheit hatte sie darauf gewartet, dass er sie wahrnahm. Dass er sie wirklich anschaute.

Doch was sie bekam, war freundliche Höflichkeit, eine Wärme, die nur lau und flüchtig war.

Sie hört das leise Schnarchen des Mannes hinter ihr. Sie dreht sich um, betrachtet im Dunkel sein Profil. Sie hat ihm zwei Söhne geschenkt. Sie liebt ihn, und wenn es nur auf blinde, törichte Art ist, das weiß sie.

Doch sie weiß auch, dass das nicht reicht.

Die Wahrheit, denkt Giovanna, *ist, dass man sich an alles gewöhnen kann*. Und sie war lange genug daran gewöhnt, sich mit den Brosamen zufriedenzugeben. Jetzt will sie mehr. Jetzt will sie wirklich seine Frau sein.

Am Morgen des 21. September 1868 verliest Notar Giuseppe Quattrocchi den letzten Willen des Kaufmanns Vincenzo Florio. Im schwarzen, in England maßgeschneiderten Anzug und einer Krawatte aus schwarzem Wollkrepp lauscht Ignazio den Kapiteln des Testaments, die sich nach den einzelnen Geschäftszweigen der Casa Florio gliedern. Auf dem Tisch liegen zahlreiche Akten, in ordentlichen Stapeln abgelegt. Der Sekretär des Notars nimmt sie zur Hand, kontrolliert die Auflistung der Güter. Eine Litanei von Örtlichkeiten, Namen, Zahlen.

Äußerlich bleibt Ignazio ungerührt. Die zitternden Hände, die er unter dem Tisch gefaltet hat, kann niemand sehen.

Er hat immer gewusst, dass die Geschäfte der Casa Florio äußerst breit gefächert waren, doch es ist, als würde ihm erst in diesem Moment bewusst werden, wie komplex und breit angelegt sie wirklich sind. Erst vor wenigen Tagen noch war er nur mit einigen wenigen Sparten betraut, insbesondere dem Weingut in Marsala. Er liebte es, sich während der Weinlese dort aufzuhalten, besonders bei Sonnenuntergang, wenn die Sonne hinter den ägadischen Bergen versank oder man den Blick über die Lagune des Stagnone schweifen lassen konnte.

Jetzt jedoch türmt sich vor ihm ein gewaltiger Berg aus Papieren, Bilanzen, Verträgen und Verbindlichkeiten. Er wird ihn erklimmen müssen, bis er den Gipfel erreicht hat, und auch das wird noch nicht ausreichen: Er muss ihn überwinden. Die Florios müssen *immer* über den Horizont hinausblicken. So haben es sein Großvater Paolo und sein Onkel Ignazio getan, als sie das kalabrische Bagnara verließen und in Richtung Palermo aufbrachen. So hat es sein Vater getan, als er die Weinkellerei in Marsala gründete, als er die Leitung der Tonnara, der Thunfischfabrik, auf Favignana übernahm, oder als er es sich – entgegen der Meinung aller – in den Kopf setzte, die Gießerei Oretea zu erschaffen, die bis heute Dutzenden von Menschen Brot und Arbeit gibt. Und es hat niemals auch nur den Hauch eines Zweifels daran gegeben, dass Ignazio diesem Weg weiter folgen wird. Er ist nun das Familienoberhaupt, der Erbe des Hauses Florio, derjenige, der den Namen der Familie weitertragen und ihre Macht und ihren Reichtum mehren muss.

Mit knapper Geste hebt Ignazio die ineinander verschlungenen Hände, die endlich zu zittern aufgehört haben, und legt sie auf den Tisch. Er schaut auf seinen Ringfinger hinab: Dort, unter dem Ehering, steckt der Ring aus geschmiedetem Gold, den ihm sein Vater vor zwei Jahren am Tage seiner Hochzeit mit Giovanna geschenkt hat; zuvor hat er dem Onkel gehört, dessen Namen er trägt, und davor seiner Urgroßmutter Rosa Bellantoni. Niemals zuvor ist er ihm so schwer vorgekommen.

Der Notar hat mit der Verlesung des Testaments fortgefahren und ist bei den Verfügungen angelangt, die seine Mutter und die Schwestern betreffen, für die eigene Legate verfügt wurden. Ignazio hört zu, nickt und tut dann mit seiner Unterschrift unter die Verfügungen kund, dass er das Erbe annimmt.

Am Ende erhebt er sich und blickt sich um. Er weiß, alle erwarten von ihm, dass er ein paar Worte sagt, und er will und darf sie nicht enttäuschen. »Ich danke euch für euer Kommen. Mein Vater war ein außergewöhnlicher Mann: Einen einfachen Charakter hatte er nicht, aber er war immer loyal uns allen gegenüber und mutig in seinen Unternehmungen.« Er macht eine Pause, sucht nach den richtigen Worten. Sein Rücken ist gerade, seine Stimme fest. »Ich vertraue darauf, dass ihr mit dem gleichen Engagement für die Casa Florio arbeiten werdet, wie ihr es ihm entgegengebracht habt. Und ich habe die Absicht, sein Werk fortzuführen und unser Unternehmen noch stabiler und noch stärker zu machen. Doch dabei werde ich nicht vergessen, dass die Casa Florio für viele Menschen ein sicherer Hafen ist, der ihnen Brot, Arbeit und Würde gibt. Ihnen wird meine besondere Aufmerksamkeit gelten, das verspreche ich euch. Alle zusammen werden wir dieses Haus zum Herzen Palermos und von ganz Sizilien machen.« Er zeigt auf die Akten vor ihm, legt die Hände darauf.

Jemand nickt. Die sorgenvollen Gesichter glätten sich, die angespannten Blicke werden weicher.

Wenigstens für den Moment brauchen sie keine weitere Vergewisserung mehr, denkt Ignazio und spürt, wie die Anspannung von ihm abfällt. *Aber schon morgen wird das anders sein.*

Die Versammelten erheben sich und nähern sich mit ernsten Mienen: Alle sprechen noch einmal ihr Beileid aus, mancher bittet auch um einen Termin. Ignazio dankt allen und bedeutet seinem Sekretär mit einem Nicken, er möge sich die Besprechungswünsche notieren.

Vincenzo Giachery ist der Letzte, der sich nähert, zusammen mit Giuseppe Orlando. Die beiden sind Freunde der Familie, mehr noch als Geschäftspartner und Ratgeber der Casa Florio. Vincenzo ist der Bruder von Carlo Giachery, der rechten Hand von Ignazios Vater, dem Architekten der Villa dei Quattro Pizzi, der vor drei Jahren verstorben ist. Auch das war ein Trauerfall, den Vincenzo augenscheinlich ungerührt hingenommen hat, indem er sich in sich selbst zurückzog. Giuseppe hingegen ist ein fähiger Ingenieur und Mechaniker, der sich auf die Handelsschifffahrt spezialisiert hat, ein Mann mit garibaldinischer Vergangenheit, der heute ein verlässlicher und ruhiger Vertrauter der Florios und ein guter Familienvater ist.

»Wir müssen reden, Don Ignazio«, beginnt Giachery ohne Umschweife. »Die Frage der Dampfschiffe.«

»Ich weiß.«

Nein, nicht morgen: heute, überlegt Ignazio mit zusammengepressten Lippen. *Es ist keine Zeit, die habe ich nie gehabt und werde sie nie haben.*

Er sieht die beiden Männer an und hält einen Augenblick lang die Luft an. Er folgt ihnen aus dem Salon, wo die Bediensteten Handschuhe und Hüte für die Verwandten bereitgelegt haben, die für die Beerdigung und die Verlesung des Testaments zusammengekommen sind. Er begrüßt seine Schwester Angelina und ihren Mann Luigi De Pace; drückt Auguste Merle die Hand, dem Schwiegervater seiner Schwester Giuseppina, die seit Jahren in Marseille lebt.

Die drei Männer begeben sich zu Vincenzos Arbeitszimmer. Noch auf der Schwelle zögert Ignazio, so wie es auch am vorigen Abend geschehen ist, als stünde er auf einmal vor einer Mauer. Unzählige Male hat er dieses Zimmer schon betreten, doch nur, als sein Vater noch am Leben war, als er noch in der Casa Florio die Fäden zog.

Und mit welchem Recht betritt er jetzt das Zimmer? Wer ist er, ohne seinen Vater? Alle sagen, er ist der Erbe, aber ist das nicht anmaßend?

Ignazio schließt die Augen und stellt sich einen Moment lang vor, die Tür zu öffnen und ihn dort sitzen zu sehen, in seinem Ledersessel. Er sieht, wie er den Kopf hebt, den grauen Haarschopf leicht zerzaust, die Stirn gerunzelt, er sieht seinen durchdringend forschenden Blick, die Hand, die ein Dokument hält …

Doch es ist Vincenzo Giacherys Hand, die sich ihm auf die Schulter legt. »Nur Mut«, sagt er leise.

Nein, nicht heute: jetzt, denkt Ignazio und versucht, den Schrecken zu verscheuchen, der sich seiner bemächtigt hat. Ihm hat der Tod seinen Vater genommen; ihnen einen Leitstern. *Jetzt, nicht später*, denn der Moment ist gekommen, um zu zeigen, dass er der würdige Nachfolger seines Vaters ist. Und dass sein Leben – das er seit dem Moment, als er auf die Welt kam, der Casa Florio gewidmet hat – nicht umsonst gewesen ist. Dass der Schmerz, der zerbrechlich macht, nichts mit ihm zu tun hat, und dass er ihn, auch wenn er ihn verspürt, verbergen muss. Er ist es, der diesen Menschen Sicherheit gibt, nicht umgekehrt. Schon jetzt ist die Zeit der Bestätigung und des Trostes für ihn vorbei. Ja, ihm scheint, sie habe gar nicht erst begonnen.

Und so überwindet er die Mauer. Er betritt das Zimmer, nimmt Raum darin ein. Auf einmal wird das Zimmer wieder das, was es eben ist: ein Arbeitsplatz, mit dunklem Holz vertäfelt, mit wuchtigen Möbeln eingerichtet, zwei Sesseln aus Leder und einem großen Schreibtisch aus Mahagoni, der schwer beladen ist mit Dokumenten, Papieren und Bilanzen.

Er nimmt an diesem Schreibtisch Platz, auf diesem Sessel. Einen Moment lang richtet sich sein Blick auf das Tintenfass und das kleine Tablett, auf dem ein Brieföffner, Stempel, ein Lineal sowie mehrere Blätter Löschpapier liegen. Auf einem von ihnen ist ein Fingerabdruck zu sehen.

»Nun denn.« Er holt tief Luft. Auf der Schreibtischunterlage sieht er die Kondolenzschreiben. Ganz oben liegt das von Francesco Crispi. *Das muss ich gleich beantworten*, denkt er. Crispi und sein Vater haben sich bei der Ankunft der garibaldinischen Truppen in Palermo kennengelernt, und zwischen den beiden entstand auf der Stelle eine Beziehung, die von Aufrichtigkeit und gegenseitigem Vertrauen getragen war und sich mit den Jahren immer mehr gefestigt hat. Crispi war jahrelang der Anwalt der Florios und hat seit geraumer Zeit eine glanzvolle politische Karriere eingeschlagen: Vor Kurzem wurde er in das Wahlmännergremium von Maglie und von Castelvetrano berufen. »Als Erstes müssen wir alle beruhigen. Sie müssen wissen, dass sie uns ebenso vertrauen können wie vorher.«

»Und die Sache mit den staatlichen Beihilfen, wie seht Ihr sie? Es geht das Gerücht, dass sich die Regierung gegen weitere Subventionen wehrt, und für die Casa Florio wäre es gefährlich, ohne diese Unterstützung dazustehen. Der Mittelmeerraum ist voll von Schifffahrtsgesellschaften, die sich mit Kanonenschüssen versenken lassen würden, nur um eine weitere Route zu ergattern.«

Gleich *in medias res*, denkt Ignazio. Die haarigste Angelegenheit, da ist sie schon.

»Das weiß ich sehr wohl, und ich habe nicht die geringste Absicht, mir hier die Butter vom Brot nehmen zu lassen. Meine Idee ist es, mich an den Generaldirektor der Post, Barbavara, zu wenden: Ich halte es für angebracht, ihm gegenüber zu bekräftigen, dass wir ganz genaue Vorstellungen von der Fusion unserer Postschiffgesellschaft mit Accossato und Peirano in Genua haben, die, wie Ihr wisst, zusammen mit Rubattino über die Hälfte der Tonnagen in der nationalen Dampfschifffahrt besitzen. Ein Schachzug, der zu einer unzweifelhaften Verbesserung der Transportlinien im Allgemeinen und zu einer Potenzierung unserer Flotte im Besonderen führen würde. Doch vor allem werde ich ihm gegenüber wegen der Ablehnung der Strecke über Livorno Protest einlegen: Für uns ist das ein großer Schaden, denn es unterbricht eine direkte Verbindung zwischen Sizilien und Mittelitalien. Um ihm den Brief zu überbringen, vertraue ich auf unseren Unterhändler im Ministerium, Cavaliere Scibona, der unser Anliegen mit großer Sorgfalt zu Gehör bringen wird.«

Orlando reibt sich nervös den Oberschenkel und schnaubt verächtlich. »Scibona ist auch nur ein *spicciafacenne*, ein kleiner Wichtigtuer, und sein einziger Vorteil ist, dass er sich bereits im Ministerium befindet. Aber Bürohengst bleibt Bürohengst, und ich weiß nicht, inwiefern er sich Gehör verschaffen kann. Wir brauchen jemanden an höherer Stelle.«

Ignazio nickt bedächtig und zieht die Augenbrauen hoch. »Deshalb will ich ja auch den Direktor der Post höchstpersönlich als Vermittler«, betont er. »Er wird Druck machen können, wenn es nötig ist ... Wenngleich ...« Er greift zum Brieföffner, lässt ihn auf seiner Handfläche kreisen. »Das Problem liegt im Vorfeld: Die Regierung hat beschlossen, Kosten einzusparen. Im Norden baut man Straßen und Eisenbahnen, und der Handel mit Sizilien interessiert nur wenig. Es ist also an uns, ihnen einen guten Grund für Subventionen im Transportwesen zu geben und dafür die entsprechenden Strecken auszuwählen.«

Giachery stützt die Ellbogen auf die Tischplatte des Schreibtisches, und Ignazio betrachtet ihn aufmerksam: Bei dem matten Licht sieht er mit seinem ausgehöhlten Gesicht und den dunklen grau melierten Haaren seinem Bruder auf beinahe verstörende Weise ähnlich. *Es ist fast so, als säße ich als einziger Lebender inmitten von Gespenstern,* denkt er. *Gespenstern, die nicht gehen wollen.* »Was haltet Ihr davon, Don Vincenzo?«, fragt er. »Warum schweigt Ihr?«

Der andere zuckte mit den Achseln und schaut ihn schräg von unten an. »Weil Ihr bereits entschieden habt. Und nichts wird Euch von Eurer Meinung abbringen.«

Ein Satz, der Ignazio ein kurzes Lachen abringt, das erste seit langer Zeit, das in diesem Raum ertönt. Und es schlägt eine Bresche. »Genau. *Questione di vestiri u' pupo è.* Nur eine Frage der Verpackung. Wir müssen Barbavara begreiflich machen, dass es ihm nützt, wenn er im Einklang mit der Casa Florio und unseren Interessen steht.«

Giachery breitet weit die Arme aus. Er deutet ein Lächeln an, was ihm jedoch nicht recht gelingt. »So ist es, meine Herren. *Chistu è.*«

Ignazio lehnt sich auf seinem Sessel zurück und richtet den Blick in die Ferne. Im Geiste setzt er bereits den Brief auf, den er schreiben wird. Nein, das ist nichts, was man einem Sekretär anvertraut. Darum wird er sich persönlich kümmern.

»Dennoch müssen wir auch vor Konkurrenz aus den eigenen Reihen auf der Hut sein«, sagt Giuseppe Orlando. »Mir ist zu Ohren gekommen, dass der Reeder Pietro Tagliavia beabsichtigt, eine reine Dampfflotte ins Leben zu rufen, um Handel mit dem östlichen Mittelmeer zu treiben.« Er gähnt hinter vorgehaltener Hand. Es waren schwere Tage für alle, und allmählich macht ihm die Müdigkeit zu schaffen. »Wenn der Kanal der Franzosen bei Suez eröffnet wird, wird es wesentlich einfacher und schneller, nach Indien zu kommen, und …«

Ignazio unterbricht ihn. »Auch darüber müssen wir sprechen. Der Gewürzhandel hat meinem Vater so viel Reichtum eingebracht, aber er hat nicht mehr die Bedeutung von früher. Jetzt muss man sich auf die Tatsache konzentrieren, dass die Menschen schnell von einem Ort zum anderen wollen, ohne auf ihre Bequemlichkeiten zu verzichten. Das ist es, was wir ihnen garantieren müssen, indem wir die

Routen des Mittelmeeres mit Dampfschiffen abdecken, die schneller sind als die unserer Konkurrenten.«

Die beiden Gäste schauen sich beunruhigt an. Auf den Gewürzhandel, einen der bedeutendsten Einkommenszweige des Handelshauses, verzichten? Beide sind bereits in fortgeschrittenem Alter und haben schon so manches erlebt. Sie wissen, dass ein so abrupter Richtungswechsel verheerende Folgen haben kann.

Ignazio erhebt sich und geht zu der Wand hinüber, an der eine große Weltkarte hängt. Er zeigt auf das Mittelmeer. »Von den Dampfschiffen wird unser Reichtum kommen. Von ihnen und von der Weinkellerei. Unser wichtigstes Ziel wird sein, diese beiden Geschäftszweige zu schützen und zu begünstigen. Wenn wir dazu von der Regierung keine Unterstützung bekommen, müssen wir uns andere Möglichkeiten suchen, und wir werden sie mit Zähnen und Klauen verteidigen. Man muss auf seine Freunde zählen, aber vor allem muss man seine Feinde kennen, muss wissen, wie man sie bekämpfen kann. Es gilt also, die Augen offen zu halten, denn Fehler wird uns niemand verzeihen.« Er schaut sie an. Er spricht voller Ruhe, voller Entschlossenheit. »Wir müssen das Transportnetz ausbauen, es dichter machen. Und dafür brauchen wir Männer wie Barbavara, die an unserer Seite stehen.«

Die beiden anderen Männer wechseln einen angespannten Blick, doch sie wagen es nicht, das Wort zu ergreifen. Ignazio bemerkt das, er macht einen Schritt auf sie zu. »Vertraut mir«, murmelt er. »Mein Vater hat immer nach vorne geschaut, über den Horizont hinaus. Und ich will das Gleiche tun.«

Nur ein paar Sekunden vergehen, dann nickt Giachery

als Erster. Er steht auf, streckt ihm die Hand hin. »Ihr seid Don Ignazio Florio. Ihr wisst, was zu tun ist«, sagt er, und in diesem einen Satz liegt all das, worauf Ignazio hoffen kann, zumindest vorerst. Anerkennung, Vertrauen, Unterstützung.

Auch Orlando erhebt sich und schreitet zur Tür. »Geht Ihr morgen bei der Bank vorbei?«, fragt er.

»Das habe ich jetzt gleich vor.« Ignazio zeigt auf einen Aktenordner vor ihm auf dem Schreibtisch. »Wir müssen die Leitung der Geschäfte durch meinen Vater abschließen und mit der meinen beginnen.«

Der andere beschränkt sich auf ein Nicken.

Die Tür schließt sich hinter den beiden Männern.

Ignazio legt die Stirn an den Türpfosten. *Dem ersten Hindernis habe ich mich gestellt,* sagt er sich. *Jetzt kommen die anderen.*

Die Papiere auf dem Schreibtisch schauen ihn an, spornen ihn an. Er nimmt wieder Platz, ohne sie zu beachten. *Wartet noch einen Moment,* fleht er sie an und fährt sich mit der Hand übers Gesicht. Dann nimmt er den Stapel Kondolenzschreiben und Telegramme zur Hand. Sie kommen aus ganz Europa: Er erkennt die Unterschriften, und der Gedanke, wie viele bedeutende Menschen sein Vater gekannt und wie viele ihn geschätzt haben, erfüllt ihn mit Stolz. Sogar ein Telegramm vom Zarenhof ist gekommen, zum Zeichen einer Wertschätzung, die über Jahre aufgebaut wurde.

Und dann, unter den letzten Schreiben, findet er einen Umschlag mit französischem Stempel. Er kommt aus Marseille.

Diese Schrift kennt er. Ganz langsam öffnet er den Umschlag, fast, als hätte er Angst davor.

Ich habe von deinem Verlust erfahren.
Er schmerzt mich aufrichtig für dich. Ich kann mir vorstellen, wie sehr du leidest.
Ich umarme dich.

Keine Unterschrift. Die braucht es auch nicht.

Er dreht die Karte aus Amalfi-Papier um. Auf die Rückseite sind zwei Namen gedruckt. Einer davon wurde mit energischer Feder ausgestrichen.

Auf sein Antlitz tritt ein Ausdruck tiefen Kummers, der nichts mit dem Schmerz angesichts des Todes seines Vaters zu tun hat. Kummer, der immer mehr wird. Eine Erinnerung, die den Geschmack von Reue hat, von Nostalgie nach einem Leben, das nie gelebt, sondern nur erträumt wurde. Eine dieser Sehnsüchte, die man sein ganzes Leben lang mit sich herumträgt, obwohl man weiß, dass sie niemals erfüllt werden kann.

Nein.

Er stapelt die Kondolenzschreiben in einer Ecke. Darum wird er sich später kümmern.

Doch das Kärtchen ohne Unterschrift steckt er sich in die Jackentasche, an die Stelle, unter der sein Herz schlägt.

Giovanna, in Morgenrock und Pantoffeln, lehnt sich aus dem Fenster. Das Wetter in Palermo scheint sie zu verhöhnen – am Morgen dringt feuchte Kälte bis in die Knochen, doch um die Mittagszeit herrscht immer noch fast sommerliche Wärme.

Sie schaut den Kutschen nach, die in alle Richtungen ausschwärmen, hört, wie sich die Gäste an der Schwelle voneinander verabschieden. Wider Willen geht sie wieder hinein und lässt sich mit schmerzlich verzogenem Gesicht auf den Sessel fallen. Sie sieht sich um. Die Tür, die zu ihrem gemeinsamen Schlafzimmer mit Ignazio führt, ist hinter einem schweren Vorhang aus grünem Brokat halb verborgen; über dem Bett wölbt sich ein geschnitzter, vergoldeter Baldachin mit einem Kopfstück aus Schildpatt und Perlmutt, das Christus am Kreuz darstellt. Auf der Kommode aus Federmahagoni mit Messingbeschlägen liegt eines der Hochzeitsgeschenke ihrer Schwiegermutter: eine silberne Toilettengarnitur aus englischer Herstellung mit Griffen in Blütenmuster.

Alles sehr erlesen. Luxuriös.

Doch jenseits der Mauern liegt das Viertel Castellammare, das alte Quartier der Kaufleute, Straßenzüge voller Läden, Lagerräume und Hütten von Arbeitern. Eine Umgebung, die dem Rang der Florios schon lange nicht mehr gebührt. Das hat sie mehrfach versucht, Ignazio nahezubringen, doch er wollte nichts davon hören.

»Hier wird es uns gut gehen«, hat er ihr hingegen gesagt. »Überlassen wir die Olivuzza meinen Eltern, die schon alt sind und gute Luft und Ruhe brauchen. Außerdem – was gefällt dir hier denn nicht? Meine Mutter hat uns dieses Haus hinterlassen, das für uns bequemer ist, außerdem viel näher an der Piazza Marina und den Büros der Casa Florio liegt. Wir haben hier sogar Gaslicht, das ich vor einiger Zeit habe einbauen lassen. Mangelt es dir hier an irgendetwas?«

Giovanna schürzt den kleinen Mund und schnaubt verärgert. Sie versteht nicht, warum Ignazio darauf beharrt, hier zu leben, während die Olivuzza, die er ebenso gewollt hat, in den Händen der Schwiegermutter bleiben soll, insbesondere jetzt, wo Giulia allein ist. Giovanna verabscheut es, Tür an Tür mit dem Pöbel zu leben. Sie braucht nur die Vorhänge zurückzuziehen, schon erscheint ihre Nachbarin von gegenüber auf dem Balkon, als wollte sie am liebsten gleich hereinkommen. Einige Male hat sie sogar gehört, wie die Frau, sehr zum Wohlgefallen der gesamten Nachbarschaft, über sie gelästert hat.

Giovanna fehlt die luftige Umgebung der Terre Rosse, jener weitläufigen ländlichen Gegend in der Nähe der Kirche San Francesco di Paola, wo ihre Eltern ihre Villa haben, ein Gebäude von erlesener Eleganz mit einem kleinen Garten. Dort ist Giovanna aufgewachsen. In der Via dei Materassai hingegen, mit ihren dicht an dicht gedrängten Häusern, in denen es immer nach Schmierseife und Essen riecht, bekommt sie kaum Luft und fühlt sich beengt, als würden die schmalen Gassen sie einsaugen und nicht mehr loslassen. Niemand kann hier für sich sein.

Gleichgültig, ob das Treppenhaus aus Marmor ist, die Decken mit Fresken bemalt sind und es mit den schönsten Möbeln aus aller Herren Länder eingerichtet ist – sie möchte hier nicht leben, in einem Haus von neureichen Kaufleuten. Für ihren Schwiegervater mag es noch in Ordnung gewesen sein, doch indem Ignazio sie zur Frau genommen hat, gehört er dem Adel Palermos an und braucht eine Behausung, die seinem neuen Stand angemessen ist.

Hat er mich denn im Grunde nicht genau deshalb geheiratet?, fragt sie sich und rafft voller Wut das Revers ihres Morgenmantels zusammen. *Wegen des adligen Blutes, das ich als Mitgift in die Ehe mitbringe, damit er sich endlich den Staub von den Schuhen klopfen und den Ruf als »Hungerleider und Emporkömmling« loswerden kann, den mein Schwiegervater niemals abschütteln konnte! Er wollte die Baronesse Giovanna d'Ondes Trigona an seiner Seite haben. Und es ist ihm gelungen.*

Ein bitterer Gedanke, gefolgt von einer noch bittereren Überlegung.

Aber warum genügt ihm das alles dann nicht?

In diesem Moment geht die Tür auf. Ignazio tritt ein und kommt auf sie zu. »Ach, du bist wach.«

»Ich bin gerade aufgestanden und warte auf Donna Ciccia, die mir beim Anziehen hilft.« Sie nimmt seine Hand, küsst sie. »Und, wie war's?«

Ignazio setzt sich auf die Armlehne des Sessels und legt ihr einen Arm um die Schultern. »Nervenaufreibend.« Mehr kann er ihr nicht sagen: Sinnlos, sie würde es nicht verstehen. Sie kann sich nicht einmal vorstellen, was es bedeutet, die Last der Verantwortung für die Casa Florio auf den Schultern zu haben. Er streichelt ihr das Gesicht. »Du bist blass.«

Sie nickt. »Hier habe ich zu wenig frische Luft. Ich möchte aufs Land fahren.«

Doch Ignazio hört ihr schon gar nicht mehr zu. Er ist aufgesprungen und auf dem Weg ins Ankleidezimmer. »Ich bin nur gekommen, um die Jacke zu wechseln. Es ist wieder heiß geworden. Ich muss auf die Bank, um nach der Annahme des Erbes die Liste der Schuldner und der Wechsel durchzugehen. Außerdem …«

»Du bräuchtest einen Leibdiener«, unterbricht sie ihn.

Er bleibt stehen, die Arme auf halber Höhe. »Einen – was?«

»Einen Diener, der die Kleidung für dich richtet.« Giovanna macht eine ausladende Geste und zeigt auf die Stadt vor ihren Fenstern. »Meine Eltern haben *un valletto e na cammarera pa' mugghiere.*« Einen Leibdiener und eine Zofe also.

Ignazio presst ganz leicht die Lippen zusammen. Doch Giovanna begreift sofort, dass er aufgebracht ist. Sie senkt den Blick und beißt sich in Erwartung einer Zurechtweisung auf die Lippe.

»Es wäre mir lieber, du sprächst Italienisch und nicht Sizilianisch«, erwidert Ignazio prompt barsch. »Ab und zu ein Wort ist in Ordnung, aber niemals in Anwesenheit anderer. Das gehört sich nicht. Vergiss niemals, wer du bist …« Er zieht sich eine leichte Jacke an, holt aus der Innentasche der anderen ein Brieflein, legt es in eine Schublade des Schrankes und schließt sie ab.

Diese Diskussion führen sie nicht das erste Mal. Kurz nach ihrer Hochzeit hat er eine Art Hauslehrer angestellt, der ihr genügend Französisch und Deutsch beibringen sollte, damit sie mit ihren ausländischen Gästen und Geschäftspartnern parlieren könne. Wenn sie zusammen auf Reisen gehen würden, solle sie doch wenigstens in der Lage sein, etwas zu verstehen und sich verständlich zu machen, hat er ihr erklärt. Und sie hat gehorcht, wie es einer guten Ehefrau gebührt.

Bis jetzt hat sie immer gehorcht.

Giovannas Zerknirschung weicht dem Ärger. Ignazio bemerkt es noch nicht einmal: Er gibt ihr zerstreut einen Kuss auf die Stirn und geht.

Giovanna springt auf, ohne auf den Schwindel zu achten, der sie prompt erfasst, und geht in Richtung Ankleidezimmer. Mit der Hand fährt sie über ihren immer noch angeschwollenen und von der Schwangerschaft verformten

Bauch. Der Wochenfluss nach der Geburt hält immer noch an, und das ist laut der Hebamme auch der Grund dafür, dass sie so mager ist. Sie müsse mehr essen, hat sie sie ermahnt: rotes Fleisch, Nudeln in großen Mengen, Fleischbrühe … Man hat ihr sogar damit gedroht, ihr das Blut von frisch geschlachteten Tieren zu verabreichen, wenn sie nicht bald wieder zu Kräften komme. Immerhin zehrt nicht auch noch das Stillen an ihr, da sie sofort ein junges Mädchen aus der Olivuzza als Amme hat kommen lassen, damit sie *u' picciriddu*, den Kleinen, stillt. Dennoch ist es die Pflicht einer Wöchnerin, sich gut zu ernähren.

Allein bei dem Gedanken an Essen verspürt Giovanna Widerwillen, der sich wie eine Zange um ihren Magen legt. Vom Essen wird ihr schlecht. Das Einzige, was sie überhaupt zu sich nehmen kann, sind Orangen- und Mandarinenspalten.

»*Ancora accussì siti*? Ihr seid noch hier?«, sagt Donna Ciccia und betritt prompt den Raum mit einem Obstteller in der Hand. Sie bedenkt die junge Frau mit einem tadelnden Blick. »*Ora di allestìrisi è*«, verkündet sie. Zeit zum Anziehen. Sie legt entschlossen eine Hand auf die randvolle Wasserschüssel. »Eure *soggira*, Eure Schwiegermutter, erwartet Euch.«

Vor der Haustür wartet nicht nur die ungewöhnliche Hitze an diesem Spätsommertag auf Ignazio, sondern auch ein Mann, der sich ihm nähert und ihm die Hand küsst.

»*Assabinirìca*, Don Ignazio«, begrüßt er ihn murmelnd. »Mein Name ist Saro Motisi, und ich hätte mit Ihnen zu reden, Herr. Deshalb komme ich auf die Bank«, sagt er in tiefstem Sizilianisch.

»Ich bin auf dem Weg dorthin«, erwidert Ignazio mit einem Lächeln, um seine Irritation zu verbergen. Der Weg von der Via dei Materassai bis zum Banco Florio ist kurz, und er hatte gehofft, ihn unbehelligt zurückzulegen, weil er nachdenken wollte. Stattdessen geht nun dieser kleine Weinhändler aus dem Tribunali-Viertel an seiner Seite und lässt sich nicht mehr abwimmeln.

»Bitte verzeiht mir«, wiederholt der Mann in bemühtem Italienisch. »Bei mir sind gewisse Angelegenheiten in der Schwebe, Wechsel, die nächste Woche ablaufen, aber ich hatte in letzter Zeit Schwierigkeiten, und am Monatsende stehen weitere Wechsel an. Alle wollen sie Geld von mir...«

Ignazio legt ihm beschwichtigend eine Hand auf den Arm. »Wir werden sehen, Signor Motisi«, sagt er zu ihm. »Geht nur schon zur Bank voraus; ich bin gleich da. Wenn Ihr Garantien anzubieten habt, bin ich mir sicher, dass wir über einen Zahlungsaufschub sprechen können.«

Motisi bleibt stehen, verneigt sich tief. »Gewiss, gewiss, und Ihr wisst ja, wir nehmen das alles sehr genau ... nur ein Monat...«

Doch Ignazio hört ihm gar nicht zu. Er verlangsamt seine Schritte, lässt Motisi davonziehen und bleibt stehen, um sich den Piano San Giacomo anzuschauen, der so sehr von Licht erfüllt ist, dass das Pflaster einen gleißenden Schein abgibt. Fast ist es, als wäre die Zeit auf diesem Platz stehen geblieben, den er mit seinem Vater unzählige Male überquert hat. Doch bei genauerem Hinsehen haben sich doch ein paar Kleinigkeiten verändert: Das Pflaster, das früher immer mit schlammigen Pfützen übersät war, ist sauber;

vor der Kirche Santa Maria la Nova drängen sich nicht mehr die Bettler; wo früher ein Gemüsehändler seinen Stand hatte, befindet sich jetzt eine kleine Werkstatt; und weiter vorne hat jemand einen Laden für Steingut aufgemacht. Doch die Seele der Piazza ist die gleiche – chaotisch, lebensfroh, voller Stimmen und Akzente. Es ist seine Straße, und das hier sind seine Leute. Leute, die ihm jetzt entgegenkommen, ihm die Hand küssen, mit gesenktem Blick ihr Beileid aussprechen.

Wie kann Giovanna nur dieses Viertel nicht lieben?, fragt er sich. Es strotzt vor Leben, ist eines der pulsierenden Herzen Palermos. Ignazio hat das Gefühl, es gehöre ihm, als besäße er jeden Stein hier, jedes Tor, jedes Fleckchen, ob es nun im Schatten liegt oder von der Sonne beschienen wird. Hunderte von Malen ist er diesen Weg von seinem Zuhause zur Bank gegangen, und er kennt jeden Einzelnen der Menschen, die jetzt am Eingang stehen und ihn grüßen.

Er kennt sie, ja, aber auch bei ihnen hat sich etwas geändert: denn jetzt ist er der Herr, *u' patruni*.

Einen Augenblick lang kostet er die Melancholie der Einsamkeit aus. Er ist sich bewusst, dass es von nun an kein Ausruhen mehr für ihn geben wird, und auch keine Rettung. Und es ist nicht nur die Verantwortung für die Familie, die auf seinen Schultern lastet; vom Schicksal des Banco Florio hängt das Leben so vieler Menschen ab, die auf ihn vertrauen, auf seine Fähigkeiten, seine wirtschaftliche Macht.

Verantwortung, sagt er sich. Sein Vater hat es oft benutzt, dieses Wort. Er hat es ihm eingetrichtert, hat es ihm eingepflanzt wie einen Samen, hat es im Dunkel seines Bewusstseins wachsen und gedeihen lassen. Und es ist immer noch am Wachsen, wird allmählich zum mächtigen Baum. Ignazio weiß, dass die Wurzeln dieses Baumes am Ende seine eigenen Wünsche, seine Träume ersticken werden, im Namen von etwas, das viel größer ist. Seine Familie. Der Name der Florios.

Das weiß er, und er hofft, nicht allzu sehr leiden zu müssen. Gar nicht mehr zu leiden.

»Donna Giovanna, guten Morgen.«

Die Amme senkt den Kopf zum Gruß. Sie ist dabei, das Neugeborene zu stillen. Giovanna betrachtet ihren kleinen Sohn, der gierig aus der weißen, prallen, bis zum Bersten gefüllten Brust trinkt.

Sie vergleicht die Brust mit ihrer eigenen, eingezwängt in das Korsett, das sie über dem Hemdchen trägt; sie hat darauf bestanden, dass ihre Zofe sie so fest schnürt, dass sie fast nicht mehr atmen kann. *Niemals wollte ich eine solche Brust haben wie die Amme*, denkt sie. Sie findet sie abstoßend.

»Giovannina, komm her.« Giulia sitzt im Sessel und hält Vincenzino im Arm. Sie weist auf den Sessel, auf dem in der Nacht zuvor Ignazio gesessen hat.

»*Comu siti*, wie geht es Euch, Donna Giulia?« Wenn Giovanna mit ihrer Schwiegermutter redet, scheut sie sich nicht, Dialekt zu sprechen. Zu ihr ist Giulia immer freundlich gewesen. Sicher, sie ist eine reservierte Frau, doch sie hat sie noch nie zurechtgewiesen und gelegentlich sogar eine freundliche Geste ihr gegenüber gezeigt. Jedoch hat Giovanna nie begriffen, ob ihre Freundlichkeit ehrlich ist oder von einem seltsamen, von innen begründeten Mitgefühl herrührt. Sieht man es denn so deutlich, dass Ignazio sie nicht wirklich liebt und ihr bestenfalls eine lauwarme Zuneigung entgegenbringt?

Die andere antwortet nicht sofort. »Ich fühle mich wie jemand, dem man den Arm amputiert hat«, sagt Giulia dann. Sie streichelt das Köpfchen ihres kleinen Enkels, der mittlerweile zwei Jahre alt ist, und küsst ihn auf den hellen Haarschopf.

Giovanna weiß nicht, was sie tun soll. Soll sie ihrer Schwiegermutter die Hand drücken, ihr ein paar tröstende Worte sagen? Schließlich verhält man sich so unter Verwandten. Doch es gelingt ihr nicht, und das liegt nicht daran, dass sie kein Mitleid mit Giulia hat.

Der Schmerz, den sie an der älteren Frau wahrnimmt, ist einfach zu groß. Die Intensität jenes Verlusts macht ihr Angst. Niemals hätte sie gedacht, dass ein harter Mann wie Vincenzo Florio eine solche Bindung zu einer Frau eingehen könne, besonders zu einer Frau, die so sanft und geduldig ist wie Giulia. »*Unn'era cosa di stari accussì*, *bonanima*«, murmelt sie, und das ist die Wahrheit, so schmerzlich sie auch sein mag. So schlecht ist es ihrem Schwiegervater am Ende gegangen …

Giulia schluckt ihre Tränen hinunter. »Ich weiß. Ich habe es gesehen. Weißt du, in den allerletzten Tagen, als du mit Ignazziddu in den Wehen lagst und er ihn sich nicht mehr anschauen konnte …« Ihre Stimme bricht. »Als ich gesehen habe, dass er nicht mehr sprechen konnte, mich nicht mehr ansah, da habe ich zu Gott gebetet, dass er ihn zu sich nimmt. Ich wollte ihn lieber tot wissen, als ihn noch lange leiden zu sehen.«

Giovanna überspielt ihre Verlegenheit ob dieser Aussage,

indem sie sich bekreuzigt. *»Iddo è cu u' Signuri, ora pinsati chisto«*, murmelt sie. Jetzt sei er bei seinem Herrn, das müsse sie sich sagen. Und er habe so viel Gutes getan: *»Fici tanti cosi bboni …«*

Giulia lächelt bitter. »Wenn es bloß so wäre. Er hat vieles getan, aber nicht alles war gut. Besonders, was mich betrifft.« Sie hebt den Blick, und Giovanna ist überrascht, wie viel Energie in diesem Blick liegt. Fast wie ein Feuer, das in ihren Augen brennt. »Du weißt ja, dass er und ich lange Zeit unter Bedingungen miteinander lebten, die … Sünde waren. Dass unsere Kinder unehelich geboren wurden.«

Giovanna nickt, erneut peinlich berührt von diesem Geständnis. Als Ignazio damals um ihre Hand anhielt, hat ihre Mutter aus genau diesem Grunde die Nase gerümpft: Trotz all seines Geldes war dieser Mann ein uneheliches Kind. Giulia und Vincenzo hatten erst nach seiner Geburt geheiratet.

»Ich erinnere mich an eine Begebenheit …« Giulias Stimme wird weich, und ihre Miene scheint sich zu entspannen. »Zu Beginn, als er beschlossen hatte, mich zu der Seinen zu machen, und ich … nicht wusste, wie ich ihm widerstehen sollte, da … da hatte es mich eines Tages in den Laden verschlagen, hier unten. Ich sollte Gewürze kaufen, und er, der noch in seinem Büro war, hat meine Stimme gehört und ist in den Laden gekommen, um mich an der Theke zu bedienen. Was eher seltsam war, denn er hatte schon Jahre nicht mehr hinter dem Tresen gestanden. Er wollte mir Safranpastillen schenken und sagte, sie stünden für den Wunsch nach einem guten Schicksal und Frohsinn. Ich wollte das Geschenk nicht annehmen, doch er drückte sie mir in die Hand und zwang mich dazu, sie zu nehmen. Die

Leute in der *putìa* schauten ihn verwirrt an, denn Vincenzo Florio schenkte nie jemandem etwas …« Ein Seufzen. »Aber ich war nicht wie *die anderen.* Er wollte mich, *mich* und keine andere. Und als er mich dann hatte, hat er mein ganzes Leben genommen. Ich habe es ihm mit Freuden geschenkt, und es war mir nie wichtig, was die anderen von mir dachten, dass sie mich für ein schlechtes Frauenzimmer hielten. Denn er war alles für mich.« Sie drückt den kleinen Jungen an ihre Brust, der versucht, sich zu entwinden. »Und ihr denkt jetzt, ich könnte auf diesen Mann verzichten, den ich mehr geliebt habe als mich selbst, nur weil Gott ihn zu sich geholt hat?«

Vincenzino beginnt zu quengeln und will zu den Spielsachen, die im ganzen Zimmer verteilt sind, dann beginnt er zu husten. Giulia lässt ihn los. »Das alles habe ich dir gesagt, weil Ignazio mir nicht mehr zuhört. Es gab mal eine Zeit, in der ich für ihn alles war, aber dann hat sein Vater ihn an seine Seite geholt … und Ignazio gehörte nur noch ihm.« Wieder seufzt sie. »Und ich … ohne Vincenzo zähle ich nichts mehr.« Giovanna setzt zu einem Protest an, doch Giulia gebietet ihr mit einer Handbewegung Einhalt und fährt mit gesenkter Stimme fort: »Gewiss, ich bin seine Mutter, und er hat mich gern, aber … Jetzt bist du da, seine Frau, und du bist die Herrin hier. Du kannst mir helfen. Du musst mit ihm reden, musst ihm sagen, ich möchte in den Quattro Pizzi wohnen. Ich weiß bereits, dass er das nicht will, dass er es besser findet, wenn ich hierbleibe, aber … ich will nicht. Das war unser Zuhause, und dort habe ich vor, zu leben, zusammen mit Vincenzo und unseren Erinnerungen. Wirst du das tun?«

Giovanna möchte am liebsten erwidern, dass Ignazio

auch ihr nur selten zuhört, doch die Überraschung über Giulias Bitte macht sie stumm. Wenn ihre Schwiegermutter das Haus an der Via dei Materassai verließe, dann könnte sie Ignazio vielleicht dazu überreden, in die Olivuzza umzuziehen. Sie könnte den Garten und das Haus herrichten und die französisch geprägte Einrichtung mit anderen Möbeln auffrischen, die mehr nach ihrem Geschmack sind.

Es ist ein unerwartetes Geschenk, das Giulia ihr da gerade macht.

Und es ist nicht das einzige. Sie vertraut ihr auch ihr Haus an.

Giovanna beschränkt sich nur auf ein Nicken. Sie drückt die Hand ihrer Schwiegermutter. »Ich rede mit ihm«, sagt sie und weiß bereits, wie sie das anstellen wird. Denn auch wenn es stimmt, dass ihr Mann ihr nicht zuhört, gibt es doch eine Sache, deren Magie er sich nicht entziehen kann: das Prestige, das mit dem Namen ihrer Familie einhergeht. Darin ist Ignazio genau wie sein Vater – Beute eines Ehrgeizes, der ihn von innen auffrisst.

Und nichts kann mit mehr Prestige einhergehen als das, was sie mit der Olivuzza vorhat.

Schweigsame und unsichtbare bewaffnete Männer wachen über die Sicherheit des großen Parks, der Villa und ihrer Bewohner. Ein Florio zu sein bedeutet auch, dass man immer auf der Hut sein muss: Das hat bereits Vincenzo begriffen, doch um sich zu schützen, genügte es ihm, an die Freundschaft mancher Menschen zu appellieren oder sie auf einen gewährten Gefallen hinzuweisen. Doch als Ignazio nun, im

Herbst des Jahres 1869, in die Olivuzza umzog, hat ihn jemand – mit gedämpfter Stimme und diskret – darauf hingewiesen, dass es etwas mehr bedurfte, um der Familie »Ruhe und Sicherheit« zu verschaffen. Denn Palermo ist eine dynamische Stadt, in der der Handel – vor allem der Handel mit Zitrusfrüchten – Reichtum verspricht, und deshalb hat die Stadt in ihren Vierteln nicht nur Arbeiter, Besitzer von Obst- und Gemüsekarren, Bauern und junge Männer angezogen, die von einem Leben jenseits der Sklaverei des Ackerbaus träumen, sondern auch Schmuggler und Räuber, Gelegenheitsverbrecher ebenso wie solche, die den Gesetzesbruch zu ihrem Beruf gemacht haben. Diese Männer nun haben ein Netz aus »besonderen« Beziehungen ins Leben gerufen, dessen Maschen sich immer enger zuziehen, bis es irgendwann für die Hüter von Gesetz und Ordnung undurchdringlich wird. Außerdem besteht doch gar keine Notwendigkeit, die »piemontesische« Polizei mit Dingen zu behelligen, die man auch allein regeln kann, oder? Ein Unrecht? Kann durch die Zerstörung einer gewissen Lieferung von Zitronen, die nach Amerika geschickt werden sollten, wiedergutgemacht werden. Eine Beleidigung? Schnell gesühnt durch einen Brand in einem Haus. Eine Meinungsverschiedenheit? Ein paar Schüsse in den Rücken desjenigen, der keinen »Respekt« gezollt hat …

Aus all diesen Gründen lag es auf der Hand, wie man sich schützen musste: Man brauchte sich bloß an »gewisse Herren« zu wenden, die »nur allzu gern« für jemandes Schutz sorgten, wenn man ihnen als Gegenleistung dafür den ein oder anderen Gefallen tat oder eine »symbolische« Summe bezahlte. Das war eine anerkannte Praxis, die alle – ob nun adlig oder nicht – befolgten.

Und so geschieht es genau unter den Augen jener »Herren«, dass eine Kutsche von leichter und moderner Bauart vor dem ältesten Teil des Gebäudekomplexes hält, der zu der großen Villa der Olivuzza gehört. Niemand hat das Gefährt aufgehalten, niemand es durchsucht, denn Don Ignazio hat gesagt, Gäste seien heilig und dürften in keiner Weise belästigt werden. Und das hier ist ein ganz besonders wichtiger Gast.

Aus der Kutsche steigt ein Mann mit durchdringenden Augen und breiter Stirn, in die lange Locken fallen. Er bewegt sich voller Anmut, kann aber auch ein gewisses Unbehagen nicht verbergen.

Ignazio steht reglos im Eingang des Gebäudes und wartet auf ihn. Er schüttelt ihm die Hand und sagt schlicht: »Kommt.«

Der Mann folgt ihm. Sie durchqueren das Vestibül, dann eine ganze Zimmerflucht und eine Reihe von Salons, die mit Geschmack eingerichtet sind. Man erkennt auf der Stelle Giovannas Hand bei der Zusammenstellung der Tapetenfarben, den in Paris und England gekauften Möbeln, den großen Perserteppichen. Sie hat das Innere der Villa neu eingerichtet und jedes Möbelstück, jeden Schmuckgegenstand selbst ausgesucht.

Die beiden erreichen das Arbeitszimmer. Der Mann bleibt auf der Schwelle stehen und bemerkt ein großes Ölgemälde, auf dem die Weinkellerei der Florios in Marsala mit ihren hohen weißen Mauern, in schwindendes Licht getaucht, abgebildet ist. Wer auch immer das Bild gemalt hat – es ist ihm vortrefflich gelungen, sowohl jenes prachtvolle Gebäude als auch das tiefe Grün des Gewässers vor der Küste auf der Leinwand festzuhalten.

»Faszinierend«, murmelt er. »Von wem ist das?«

»Von Antonino Leto.« Ignazio tritt näher. »Gefällt es Euch? Es stellt meinen *baglio*, mein Gutshaus, in Marsala dar. Leto hat das Gemälde erst vor wenigen Wochen geliefert. Er hat mich warten lassen, aber das Ergebnis ist großartig, sein Anblick macht mich immer froh. Besonders das Meer ist wundervoll gelungen. Ich bin mir immer noch unschlüssig, ob ich es hier in meinem Arbeitszimmer lassen oder woanders aufhängen soll. Aber setzen wir uns doch.«

Er zeigt auf die Sesselgruppe und nimmt Platz. Ein paar Sekunden lang nimmt er den Mann gegenüber ins Visier, dann hebt er an zu sprechen. Auf seinem Gesicht erblüht ein Lächeln, das durch seinen dichten, dunklen Bart nur halbwegs verborgen wird.

Der andere fühlt sich sichtlich unwohl und rutscht unruhig auf dem Sessel hin und her. »Was ist los, Don Ignazio? Gibt es etwas, das nicht in Ordnung ist? Die Errichtung des Mausoleums für Euren Vater in Santa Maria di Gesù geht im vorgesehenen Tempo vonstatten. Es war mühsam, die Krypta in den Fels zu meißeln, doch mittlerweile läuft alles, und ich weiß, dass De Lisi den Entwurf für die Skulptur fertiggestellt hat…«

»Das ist nicht der Grund, warum ich Euch habe kommen lassen.« Ignazio bildet mit den Fingern ein spitzes Dach vor seinem Gesicht. »Ich habe Euch einen Vorschlag zu machen.«

Giuseppe Damiani Almeyda, Professor für Ornamentik und elementare Architektur an der staatlichen Universität von Palermo, lehnt sich in den Sessel zurück. Perplex nimmt er die Hände auseinander, legt sie dann auf seinem Schoß ab. »Mir? Und wie kann ich Euch dienlich sein?« Sein neapolitanischer Dialekt liegt unter einem leicht fremdländischen Akzent verborgen, dem Vermächtnis seiner portugiesischen Mutter, der schönen Maria Carolina Almeyda, Patenkind der Königin Maria Karolina von Bourbon, einer Adeligen, in die sich der Palermitaner Felice Damiani, ein Oberst des bourbonischen Heeres, unsterblich verliebt hatte.

»Ihr seid nicht nur ein Architekt, für den ich große Achtung empfinde, sondern auch Ingenieur bei der Gemeinde Palermo. Und Ihr seid ein Mann von Kultur: Ihr kennt und schätzt die Vergangenheit, lasst Euch jedoch von der Zukunft nicht abschrecken. Im Gegenteil.«

Damiani Almeyda hält sich die Faust vor seinen Schnurrbart. Jetzt ist er endgültig auf der Hut. Komplimente versetzen ihn seit jeher in Alarmzustand. Diesen gelassen wirkenden jungen Mann frequentiert er noch nicht lange, doch er weiß sehr wohl, dass Florio mächtig ist, und nicht nur aufgrund seines Reichtums. Auch intelligent ist er, sehr sogar, aber er besitzt diese Art von Intelligenz, vor der man sich in Acht nehmen muss. »Worum wolltet Ihr mich denn nun genau bitten, Don Ignazio?«

»Um einen Entwurf.«

»Wofür?«

»Für die Gießerei.«

Der andere Mann reißt die Augen auf. Vor seinem inneren Auge taucht das Bild einer Lagerhalle aus verrußten Tuffquadern voller Arbeiter auf. »Die Oretea?«

Ignazio deutet ein Lachen an. »Zumindest im Moment besitze ich keine andere.«

Eine Pause. Die beiden betrachten einander, mustern sich. Damiani Almeyda beugt sich nach vorn, die Hände über den Knien gekreuzt. »Lasst mich begreifen. Was genau habt Ihr im Sinn?«

Ignazio steht auf und geht ein paar Schritte über den Teppich, der fast den gesamten Boden bedeckt. Es ist ein Qazvin, den er höchstpersönlich ausgesucht hat – nicht nur um seiner großen Eleganz willen, sondern auch wegen der besonderen Aufmerksamkeit, die man in jener Gegend Persiens nicht nur der Knüpftechnik, sondern auch der Qualität der Wolle und ihrer natürlichen Färbung angedeihen lässt. »Ihr wisst ja, dass mein Vater die Gießerei mit einer Entschlossenheit gewollt hat, die selbst für ihn außergewöhnlich war, für ihn, dem es doch niemals an Willenskraft gemangelt hat. Alles sagten damals, es sei ein Projekt, mit dem er nur verlieren könne, doch er hat darauf bestanden, auch gegen die Ratschlüsse von Freunden wie Benjamin Ingham, Gott hab ihn selig.«

Er bleibt vor der großen Fensterfront stehen. Er erinnert sich noch gut an Inghams Begräbnis, und wie sein Vater mit versteinerter Miene den Sarg streichelte. Ben Ingham war für ihn Freund und Rivale zugleich gewesen, Mentor und Gegenspieler. Die beiden hatte eine Freundschaft verbunden, die ebenso ungewöhnlich wie stark war, ein Gefühl, wie er selbst es leider nicht kennt.

Er kehrt in die Wirklichkeit zurück und schlägt sich mit den Fingerknöcheln der einen Hand auf die andere. »Die Situation hat sich verändert. Heutzutage muss sich die Gießerei mit ähnlichen Betrieben im Norden herumschlagen, die eine wesentlich größere Konkurrenz darstellen. Das war eines der … der Geschenke, die uns das Königreich Italien gemacht hat: Unternehmen, die das produzieren, was wir auch produzieren. Ich kann es ihnen nicht verdenken: Sizilien hat im Königreich keine Priorität und tut nichts dafür, dies zu ändern. Um etwas zu erreichen, muss man hier entweder schuften, andere bedrohen, Umwege gehen oder an die Heiligen im Paradies appellieren. Und manchmal reicht noch nicht mal das. Es gewinnt derjenige, der das beste Blatt hat, wie in einem Kartenspiel, und dann geht das bisschen, was man hat, auch noch vor die Hunde. Das ist es, was mich so wütend macht: Es gibt Kapital in Palermo, aber es muss auf intelligente Weise angelegt werden, sonst werden wir alle von der Konkurrenz zerschmettert. Im Norden wachsen und gedeihen die Fabriken, während man hier immer noch Getreide anbaut, Sumach mahlt oder Schwefel aus dem Boden kratzt. Ganz gleich, wie man es dreht und wendet: Wir können einfach nicht mehr mithalten. Und genau hier muss dringend Abhilfe geschaffen werden. Um jeden Preis.«

Er dreht sich um. Damiani Almeyda hält beinahe den Atem an. An die Stelle jenes ruhigen jungen Mannes mit den höflichen Manieren ist ein Geschäftsmann von überraschender Härte getreten.

»Wie kann ich Euch dann behilflich sein?«, fragt er. Fast fühlt er sich genötigt, diese Frage zu stellen.

»Ihr, Herr Ingenieur, werdet mir, wenn Ihr wollt, dabei helfen, die Situation zu ändern. Unterdessen frage ich Euch, ob Ihr dazu bereit seid, die Gießerei in die neue Zeit zu bringen, sie zu einer modernen Anlage zu machen. Ihr könntet bei der Fassade beginnen.« Ignazio beginnt wieder auf und ab zu gehen, und Damiani Almeyda folgt ihm mit den Blicken. »Ihr kennt die Oretea doch, oder? Sie ist kaum mehr als eine Lagerhalle, ein *malaseno,* ein Bretterverschlag. Doch sie soll zu einer modernen Anlage werden, angefangen beim Äußeren, so wie ich es in Marseille gesehen habe, wo die Werkstätten für die Reparatur der Schiffe nur wenige Meter von den Docks und dem Hafen entfernt sind. Die Gießerei arbeitet vor allem mit den Dampfschiffen zusammen, die reparaturbedürftig sind, und das muss uns bewusst sein.«

»Dann soll ich also Pläne machen für …«

»In erster Linie für die Fassade, und dann soll auch das Innere neu strukturiert werden.« Mehr sagt Ignazio nicht dazu. Noch ist nicht der Moment gekommen, um mit ihm über seine Idee zu sprechen, Häuser für die Arbeiter zu bauen und die Räumlichkeiten für die Büros der Gießerei neu zu überdenken, wie das in England oder Frankreich ganz normal ist. Er ist der Arbeitgeber, ein guter Arbeitgeber, und er wird immer an das Wohlergehen seiner Leute, der Arbeiter und ihrer Familien denken. Doch zuerst gibt es jede Menge anderes zu tun.

Sie sprechen lange miteinander, während sich das Herbstlicht golden ins Zimmer ergießt. Sie sprechen über das, was Ignazio für seine Fabrik haben möchte, und wie Damiani Almeyda sich das Ganze vorstellt: hell, lichterfüllt, mit viel Platz für die Arbeiter und einer hohen Decke, damit sich die Hitze nach oben verteilt … Sie hören einander zu, pflichten einander bei, sie verstehen sich. Sie haben die gleiche Vision, wollen die gleiche Zukunft für Palermo.

Von diesem Moment an wird Giuseppe Damiani Almeydas Schicksal – des Mannes, der das Teatro Politeama gestalten, den Palazzo Pretorio renovieren und das historische Archiv der Stadt Palermo bauen wird – für immer untrennbar mit dem der Florios verbunden sein.

Und für die Florios wird er einst auf Favignana sein Meisterwerk errichten.

Es ist Abend. Im Kamin lodert ein riesiger Holzscheit und erfüllt die Luft mit seinem harzigen Duft. Gedankenverloren deutet Giulia ein müdes Lächeln an. Wie seltsam, wieder in diesem Raum zu sein, denkt sie, dort, wo Vincenzo vor mehr als anderthalb Jahren gestorben ist.

Es ist der Heiligabend des Jahres 1869. Ignazio und Giovanna haben sie in die Olivuzza eingeladen, um mit ihr Weihnachten zu feiern, auch deshalb, wie Ignazio gesagt hat, weil es in den Quattro Pizzi zu viele Treppen gibt und zu kalt ist. Doch das festliche Abendessen war noch in vollem Gange, als Giulia Giovanna einen Blick zugeworfen und diese begriffen hat, so wie es eine Frau eben begreift, wenn sie einer anderen ins Gesicht sieht und in ihren tiefen Falten und den schweren Lidern erkennt, wie unendlich müde sie ist. Und so hat Giovanna genickt und der Gouvernante bedeutet, sie möge Giulia beim Aufstehen helfen und sie auf ihr Zimmer begleiten.

Ignazio hat ihr hinterhergesehen, mit einem Blick, der sich nicht zwischen Beunruhigung und Traurigkeit entscheiden konnte.

Er wird gedacht haben, dass es für mich zu viel Gelächter, zu viel Lärm, zu viel Essen war, denkt Giulia jetzt. *Die Wahrheit ist jedoch, dass mir das alles nichts mehr bedeutet. Ich möchte einfach nur hier sein, dort, wo er war.*

Sie hebt den Blick zum Fenster, zu der Dunkelheit, die den Park der Olivuzza einhüllt.

In dieser Villa fühlt sie sich alles andere als wohl. Sie erinnert sich, dass das Anwesen ursprünglich einmal den Buteras gehörte, einer der ältesten Adelsfamilien Palermos, und dass es eine russische Fürstin, die Prinzessin Varvara Petrovna Šachovskaja, die zweite Gemahlin des Fürsten von Butera-Radalì, war, die die Villa erweitert und ausgeschmückt hat. Zarin Alexandra, die Frau des Zaren Nikolaus I., verbrachte hier einen ganzen Winter. Besessen von dem Bedürfnis, den Reichtum der Familie zur Schau zu stellen, hat Vincenzo weder Kosten noch Mühen gescheut, um in den Besitz des Anwesens zu gelangen. Und jetzt ist es Ignazios Aufgabe und die seiner Frau, die Villa zu vergrößern und zu verschönern. Erst kürzlich hat ihr Sohn noch mehrere Palazzi in der Nähe hinzugekauft, um das Anwesen noch imposanter zu machen.

Jetzt ist es ihr Zuhause.

Palermo – ihr Palermo, das mit den gepflasterten Straßen und den finsteren Gassen – ist weit weg, jenseits einer staubigen Straße, die zwischen mehreren Anwesen von Adligen und Gärten verläuft. Die Stadt sucht neue Räume in Richtung Berge, nachdem ihre Mauern nach der Vereinigung eingerissen wurden. Die neuen Behausungen verschlingen die Felder, nach italienischem Stil angelegte Gärten treten an die Stelle von Gemüsegärten und Zitronenplantagen; kleine Palazzi mit zwei oder drei Stockwerken, die sich alle ähneln, mit rechteckigen Architraven und Fensterläden aus braunem Holz, schießen entlang der neuen Straßen, die in Richtung Land führen, aus dem Boden. Via dei Materassai, Castellammare, die Kalsa gehören einer anderen Welt an, einem anderen Leben. Die Stadt verändert sich, und es ist ihr vielleicht gar nicht bewusst.

Wieder seufzt Giulia. Ihr stockt der Atem; in ihrer Brust wird es eng, sie schmerzt. Manche Sonderbarkeiten hätte Vincenzo nicht geduldet. Aber Vincenzo ist tot.

Und sie spürt, wie ihr das Leben entgleitet, aber sie tut nichts, um es aufzuhalten.

Die Bediensteten haben begonnen, den Tisch abzudecken. Emsige Hände sammeln das Besteck ein und legen es in die Körbchen, in denen es in die Küche gebracht wird. Die Tabletts mit Törtchen und kandierten Früchten sind mit Leinentüchlein abgedeckt. Die Kristallgläser und der silberne Samowar wurden geleert und wieder in der Anrichte verstaut, nachdem man sie abgetrocknet und poliert hat. Die Lichter werden heruntergedreht oder gelöscht. In der Luft hängt immer noch der Duft nach Lorbeer und Viburnum, die in den *cachepots* aus Chinaporzellan vor sich hin welken, zusammen mit dem deutlich länger anhaltenden Aroma von männlichem Kölnischwasser und Puder.

»*Giuvannina! Giuvannina!*«

Giovanna weist die Diener an, den Marsala in dem Salon zu servieren, der auf den Garten hinausgeht – und den wegen seiner Tapetenfarbe alle den »grünen Salon« nennen –, als die jammernde Stimme ihrer Mutter sie dazu zwingt, sich umzudrehen. Es war Ignazio, der darauf bestanden hat, dass Giovannas Eltern ebenso wie Angelina und Luigi De Pace an dem Mittagessen am zweiten Weihnachtsfeiertag teilnehmen. An diesem Morgen sind auch Auguste und François Merle eingetroffen, der Schwiegervater und der Ehemann seiner Schwester Giuseppina, die in Marseille zurückgeblieben ist, weil ihr kleiner Sohn Louis Auguste sich einer ebenso zarten Gesundheit erfreut wie sein Cousin Vincenzo und sie sich nicht in der Lage sah, mit ihm ein

Dampfschiff zu besteigen und eine Seefahrt mitten im Winter anzutreten. Doch Ignazio hat viel daran gelegen, der Welt zu zeigen, dass die Florios als Familie zusammenstehen, und das ist in jedem Fall gelungen.

Giovanna sieht, wie ihre Mutter mithilfe der zwei Stöcke auf sie zuwackelt, die sie mittlerweile braucht, um sich fortzubewegen. Ihr graues Haar hat sie zu einem hohen Dutt aufgesteckt, der die Rundheit ihres Gesichts noch hervorhebt. Alles an ihr ist rund: von den Fingern, in deren Fleisch die Ringe buchstäblich zu versinken scheinen, zu der Brust, die nur mit Mühe von ihrem Kleid in Schach gehalten wird, bis zu den Reifröcken, deren es eigentlich gar nicht mehr bedarf, so ausladend sind ihre Oberschenkel.

Eleonora d'Ondes Trigona, Schwester von Romualdo Trigona, dem Fürsten von Sant'Elia, ist eine Frau mittleren Alters, der die Jahre nicht gut mitgespielt haben, zumal sie allerlei Zipperlein hat und nicht gut auf sich achtet. Sie ist puterrot im Gesicht, keucht und schwitzt bereits nach wenigen Schritten.

Ihre Tochter bleibt reglos stehen. Sie wartet darauf, dass ihre Mutter sie erreicht, dann gehen sie gemeinsam auf den schmalen Gartenwegen spazieren.

»*Maronna santa, stanca sugnu. Veni ccà, assittamunni*«, klagt die Mutter in tiefstem Sizilianisch über ihre Müdigkeit und will sich setzen.

Giovanna geht ihr einige Schritte voraus und wartet, bis ihre Mutter auf der Steinbank vor der Voliere Platz genommen hat, dann setzt sie sich neben sie, während die Kinder, von ihren Kinderfrauen beaufsichtigt, im Garten herumtollen, die Papageien im Käfig necken und sie zum Flattern bringen. Nicht weit von ihnen entfernt rauchen die

Männer des Hauses Zigarren und diskutieren mit gesenkter Stimme.

Auf dem Kleid der Mutter sind Fettflecken. *Gewiss hat sie gegessen, bevor sie hierher zum Mittagessen kam*, denkt Giovanna mit einer Mischung aus Bestürzung und Gereiztheit. *Wie hat diese Frau, die doch immerhin eine Fürstin ist, es geschafft, sich so gehen zu lassen?*

»Wieso hast du mir eigentlich nicht gesagt, dass du schwanger bist? Musste ich das wirklich von Donna Ciccia erfahren?«, beklagt sich Eleonora und betont, wie peinlich es ihr sei, dass Giovannas Schwiegermutter vor ihr davon erfahren hätte.

Giovanna gibt ihr keine Antwort. Sie betrachtet ihre schmalen Finger und bemerkt, dass der Ehering ihr beinahe vom Knöchel rutscht. Ihr Blick fällt auf den Brillanten und den Smaragd, die ihr Ignazio während der mittlerweile vier Jahre andauernden Ehe geschenkt hat. Zu Weihnachten hat er einen goldenen Armreif mit einer Blüte aus kostbaren Edelsteinen für sie anfertigen lassen. »Ich wollte einfach sicher sein. *Poi, mamà, u' sapite.* Ihr wisst doch, Mama, es bringt Unglück, wenn man zu früh darüber spricht.«

Eleonora nimmt ihre Hand und berührt ihren Bauch. »*Quannu nasci?*« Wann es denn so weit sei?

Giovanna weicht kaum merklich vor ihr zurück, schiebt die Hand der Mutter weg und schüttelt den Kopf. »*E chi nisacciu?* Woher soll ich das wissen? Mai, Juni …« Sie streicht sich über das Kleid. Sie hat sich das Korsett aufschnüren lassen, weil es sie am Bauch allzu sehr eingezwängt hat. Ihr Bauch wächst schneller als bei den vorherigen Schwangerschaften, und Donna Ciccia – die sie innerlich verflucht, weil sie den Mund nicht halten konnte! – sagt, der Grund könnte der sein, dass sie diesmal ein Mädchen erwartet.

»*Ora tu hai a stari accura, chi to' marito unn'avi e iri a circari autre fimmine. Chi dopo due picciriddi, 'un si cchiù na' rosa* …«

Wie bitte? Sie solle jetzt dafür Sorge tragen, dass ihr Mann nicht anderen Frauen nachsteigt, denn nach zwei Kindern sei sie keine taufrische Rose mehr?

Giovanna ist wütend. »*Me marito unn'avi gonnelle da taliàre.*« Nein, ihr Mann sei kein Schürzenjäger, nicht dass sie wüsste. Ignazio ist ein ernsthafter Mann, er würde sie niemals betrügen, erst recht jetzt nicht, wo sie schwanger ist. Und selbst wenn es geschehen wäre, wollte sie es nicht wissen.

Denk lieber mal an dich selbst, überlegt sie voller Groll. *Seit wann erträgt dein Mann es nicht einmal mehr, dich anzuschauen?*

Seit einigen Tagen reagiert sie auf alles und jeden gereizt. Da macht ihre Mutter keine Ausnahme.

Eleonora scheint das zu bemerken. Kummer blitzt in ihren Augen auf. Ob sie denn genügend esse, fragt sie.

»Ja.«

»Wenn du nämlich nicht isst, fällst du vom Fleisch.«

»*Mancio, ti rissi!* Ich esse, das weißt du doch!«

Giovanna bemerkt, dass sie die Stimme gehoben hat, denn die Kinderfrauen drehen sich um und schauen sie an. Es durchläuft sie heiß. Tränen der Wut brennen in ihren Augen. »*Viri picchì uno 'un ti po' cuntari nenti? Picchì tu ti metti a abbainari comu 'na lavannara?*« Ihre Mutter müsse doch wissen, warum man ihr nichts erzählt. Und dass sie jetzt auch noch schreie wie ein Waschweib!

Giovannas Stimme bebt, und dafür hasst sie sich: Denn alles an ihr – ihre Kehle, die Eingeweide, ihr ganzer Körper – erinnert sie daran, was es bedeutet, die Tochter dieser Frau zu sein. Die Schwester eines Fürsten, die seit jeher viel zu laut spricht, die ständig etwas zu essen in der Hand hat und mit offenem Mund herumläuft, weil sie sonst nicht schnaufen kann. Sie erinnert sich an die Blicke, die die Leute ihr und ihrem Vater zuwarfen: höhnische Blicke, sogar ausgelacht hat man sie angesichts dieser Frau von adligem Geblüt, die sich in einen solchen Zustand gebracht hat. Hätte sie doch wenigstens eine Schwester oder einen Bruder gehabt, um ihr Herz auszuschütten, jemanden, den sie um Trost bitten, mit dem sie sich den Schmerz teilen könnte. Doch nein: Die Schande dieser Mutter muss sie ganz allein tragen.

Ein Schluchzen entringt sich ihrer Kehle. Sie springt auf, während die Mutter sie aufzuhalten versucht, nach ihr ruft, sie solle zurückkehren, sie um Verzeihung bittet.

Ihre Schritte führen sie immer weiter in den Park hinein, wo alles zugewachsen ist. Laut schluchzend klammert sie sich an einen Birnbaum, und eine Handvoll trockene Blätter rieseln ihr auf den Kopf. Holzspreißel bohren sich unter ihre Nägel.

Ein Teil von ihr weiß, dass sie wegen des Kindes so empfindlich und reizbar ist und oft die Kontrolle verliert. Doch tief in ihr drinnen ist da auch etwas, das immer wieder in ihr aufkocht und so viele Erinnerungen und Demütigungen zum Vorschein bringt.

Sie beugt sich nach vorne, steckt sich zwei Finger in den Hals, um zu erbrechen. Sie würgt und würgt, dann schießt der Inhalt ihres Magens aus der Kehle und mit ihm ihre ganze Wut, die sie reinigt, die sie befreit, und es kümmert sie nicht, dass sie diesen sauren Geschmack im Mund hat, dass ihre Speiseröhre brennt wie Feuer. Instinktiv hält sie ihr Kleid zurück, um es nicht zu beschmutzen. Das hat sie schon als junges Mädchen gelernt, als sie dabei zusah, wie ihre Mutter immer aufgedunsener und dicker wurde, während sie selbst immer weniger aß, als wollte sie vor den Augen der Welt einfach verschwinden.

Irgendwann haben die Ohnmachtsanfälle begonnen. In ihrer Besorgnis hat ihre Mutter ihr strenge Bettruhe verordnet, ihr Nudeln, Fleisch, süße Teilchen und andere Süßigkeiten gebracht und sie zum Essen gezwungen, es ihr buchstäblich eingetrichtert. Giovanna gehorchte und erbrach hinterher alles wieder. Der Arzt war der Meinung, ihr Magen habe mittlerweile nur noch das Fassungsvermögen einer Espressotasse, weswegen sie niemals mehr normal essen könne. An diese Diagnose hat sich Giovanna mit all ihrer Kraft geklammert und sie – mit einem vagen Lächeln der Entschuldigung – jedes Mal dann aus dem Ärmel gezaubert, wenn jemand eine Bemerkung zu ihrem geringen Appetit machte.

Es hat Ignazio gebraucht, um diesen ärztlichen Urteilsspruch infrage zu stellen: Nach den ersten Monaten ihrer Ehe war er es irgendwann leid, gegenüber seiner Frau darauf zu bestehen, dass sie »ein wenig mehr« esse, und brachte sie nach Rom zu einem berühmten Arzt. Nach einer langen Unterhaltung und einer noch längeren Untersuchung erklärte die Koryphäe ohne Umschweife, Giovanna müsse endlich »die Capricen eines launischen Balges« ablegen, und wenn sie erst einmal ein Kind bekäme, würde auch ihr Körper wieder gemäß seiner Natur reagieren.

Sie nickte damals nur, und Ignazio, der sich in seiner Meinung bestärkt fühlte, lächelte bei dem Gedanken an jenen

Sprössling, durch den alles wieder in Ordnung kommen würde. Und im Grunde hat der Mediziner recht behalten, zumindest teilweise: Während der Schwangerschaften hat sich die Situation verbessert, auch weil sie sich aus Liebe zu dem winzigen Wesen, das sie erwartete, zwang, nicht alles gleich wieder zu erbrechen.

Doch heute vernebelt die Traurigkeit ihre Gedanken, und Dunkelheit senkt sich über ihre Seele.

Sie hustet wieder, spürt, wie ihr die Galle in der Kehle aufsteigt. Mittlerweile ist ihr Magen leer, es kommt nichts mehr. Sie fühlt sich besser: frei, leicht. Zu leicht. Sie schwankt.

In diesem Moment legt sich eine Hand auf ihre Schulter. Es ist eine ebenso sanfte wie kraftvolle Berührung, die zu einer Umarmung wird. »Ist es das Kind? Hast du dich übergeben?«

Ignazio stützt sie, Brust gegen Schultern. Er ist kräftig gebaut, und in seinen Armen fühlt sich Giovanna, als würde sie verschwinden.

Sie gibt sich der Umarmung hin, genießt die Wärme, das Wohlgefühl, das sich in seinen Armen immer einstellt. »Mir ist schlecht«, spielt sie das Geschehene herunter und atmet mit offenem Mund. »Ich habe zu viel gegessen.«

Er zieht ein Taschentuch aus der Tasche, trocknet ihr den Schweiß von der Stirn, wischt ihr wortlos die Lippen ab. Er wird ihr weder sagen, dass er den Streit mit ihrer Mutter mitangehört hat und dass er ihr deshalb gefolgt ist, noch dass er gesehen hat, wie sie sich den Finger in den Mund gesteckt hat. Auch wird er ihr nicht verraten, dass es nicht das erste Mal ist, dass er sie das tun sieht. Er begreift es nicht, aber er stellt keine Fragen, das kann er nicht: Es geht nur

Frauenzimmer an. Außerdem ist der Arzt in Rom klar und deutlich gewesen: Schuld an allem seien einige hässliche Angewohnheiten, und ihre angeborene weibliche Hysterie habe ein Übriges dazu getan.

Er hält sie im Arm, gibt ihr Sicherheit.

Ignazio hat schon vor geraumer Zeit begriffen, wie zerbrechlich Giovanna ist und wie groß ihre Angst, dem Namen, den sie durch ihre Heirat mit Ignazio trägt, nicht gewachsen zu sein. Doch er hat auch gelernt, ihre Zähigkeit zu schätzen, ihre Fähigkeit zu reagieren. Ohne ihren raubtierhaften Mut, ihr ganz besonderes Wesen, das so widerspenstig, so robust ist, würde sie das Leben an seiner Seite nicht ertragen und könnte es nicht hinnehmen, dass sie nicht im Mittelpunkt seiner Gedanken steht. Denn er gehört der Casa Florio und niemandem sonst, genau wie das auch bei seinem Vater der Fall war. Und daraus hat er ihr gegenüber nie einen Hehl gemacht.

»Komm«, sagt er zu ihr.

Giovanna löst sich von ihm. »Es geht mir gut«, erklärt sie, doch ihr bleiches Gesicht spricht eine andere Sprache.

»Das stimmt nicht«, entgegnet er leise. Er streichelt ihr Gesicht, nimmt ihre Hand und küsst sie auf die Fingerspitzen. »Vergiss nicht, was du bist.«

Was denn? Unsicher? Hysterisch?, denkt Giovanna und würde ihn das am liebsten fragen, doch Ignazio legt ihr einen Finger an die Lippen und beugt sich vor. Einen Moment lang sieht sie einen Schatten, der seinen Blick durchkreuzt wie ein Blitz der Erkenntnis. Des Bedauerns.

»Du bist meine Frau«, sagt er am Ende. Und küsst sie auf die Lippen.

Da packt Giovanna ihn am Revers seiner Jacke, zieht ihn

an sich. Das ist es, was er ihr geben kann, und zumindest für den Moment muss es ihr auch genug sein.

Als Giovanna und Ignazio ins Haus zurückkehren, sind ihre Gäste dabei, sich zu verabschieden. Die Stimmung scheint sich wieder aufgeheitert zu haben. Während Ignazio Auguste Merle und die De Paces zur Tür bringt, nähert sich Eleonora ihrer Tochter und umarmt sie, auch wenn es ihr schwerfällt, gefolgt vom Vater, der sich, formell und distanziert, wie er ist, darauf beschränkt, die Hand seiner Tochter zu ergreifen. Er küsst sie zärtlich und flüstert ihr ein »Pass auf dich auf!« zu.

Schließlich bleiben Giovanna und Ignazio allein auf der Schwelle stehen. Ignazio lässt seine Hand über den Rücken seiner Frau gleiten, lässt sie weiter unten liegen. »Möchtest du dich ein bisschen hinlegen?«, fragt er.

»Ja, das würde ich gern.«

Er zieht eine Uhr aus der Westentasche und blickt darauf. »Ich gehe ins Arbeitszimmer, ich habe zu tun. Aber zum Abendessen bin ich bei dir, wenn du etwas zu dir nehmen möchtest.« Er küsst sie auf die Stirn und zieht sich zurück.

Giovanna stützt Giulia und hilft ihr die Treppe hoch, in den ältesten Teil der Olivuzza. Sie betreten eines der Kinderzimmer. Vincenzino hat ein wenig Fieber gehabt, und Giovanna hat ihn in die Obhut der Kinderfrau gegeben und sie gebeten, ihn zu Bett zu bringen. Und da liegt er auch unter der Decke, fast eingeschlummert. Ignazziddu sitzt barfuß auf dem Boden und spielt mit ein paar Zinnsoldaten. »Ich bleibe hier. Geh du dich ausruhen«, sagt Giulia zu

Giovanna. Kurz zögert sie, dann fügt sie hinzu: »Ich habe zu spät begriffen, dass deine Mutter nichts von deiner Schwangerschaft wusste …«

Giovanna verzieht den Mund. »In der Tat, ich hatte es ihr nicht gesagt.«

»Ich bitte dich um Entschuldigung.« Giulia legt ihr eine Hand an die Wange und betrachtet ihre Schwiegertochter mit trauriger Miene. »Mit meiner Mutter war das genauso; sie hatte immer etwas an mir auszusetzen, mich zu tadeln …«, sagt sie schließlich. »Und ich habe mich ihr nie anvertraut.« Sie hebt Giovannas Kinn an, zwingt sie dazu, ihr in die Augen zu schauen. »Mütter sind unvollkommene Geschöpfe, und manchmal scheinen sie unsere schlimmsten Feinde zu sein, aber das sind sie nicht. Die Wahrheit ist, dass sie oft nicht wissen, wie sie uns lieben sollen. Sie glauben, sie könnten uns das Leben leichter machen, indem sie uns das ersparen, was sie selbst erlitten haben … ohne sich dessen bewusst zu sein, dass jede Frau sowieso schon viel von sich selbst verlangt und selbst ihren Schmerz kennenlernen muss.«

Sie hat leise gesprochen, mit einem Unterton bittersüßen Bedauerns, bei dem sich Giovannas Augen erneut mit Tränen füllen. Es stimmt, sie und ihre Mutter haben sich gern, aber sie sind unheilbar verschieden: Eleonora ist ein exzessiver, ungestümer Mensch, sie hingegen zurückgezogen und verhalten. Schon ihr ganzes Leben lang sind sie immer wieder aneinandergeraten, weil ihre Mutter sie auf ihre Seite ziehen und sie zu einer Frau machen wollte, die so war wie sie. Und so ist Giovanna in dem beständigen Gefühl aufgewachsen … falsch zu sein. Ein Gedanke, den sie nie ganz ablegen konnte.

Mit gesenktem Kopf betritt sie ihr Zimmer. Donna Ciccia wartet auf sie, mit einer Stickarbeit beschäftigt; sie hat ein Kleidchen für ein Neugeborenes genäht. »Es wird ein Mädchen«, hat sie ihr mit größtem Nachdruck gesagt; dessen ist sie sich sicher, weil sie die Mondtage gezählt hat und es unter ihren Fingern spürt.

Giovanna empfindet für diese Frau mit den schlichten und gestrengen Zügen eine Mischung aus Furcht und Respekt zugleich. Sie mag es nicht, wenn sie »diese Dinge« tut, weil alles Übernatürliche ihr unangenehm ist und ihr das Gefühl gibt, auch das letzte Restchen Kontrolle zu verlieren, das sie überhaupt noch über ihr Leben zu haben glaubt. Ganz zu schweigen davon, dass ihr Beichtvater wiederholt gesagt hat, sie solle sich von Aberglauben fernhalten, denn nur Gott habe Kunde von der Zukunft. Ansonsten jedoch hat Giovanna immer auf Donna Ciccia zählen können. Wenn sie sich als kleines Mädchen das Knie aufschlug, war sie immer da, um sie zu trösten; und wenn sie sich als junges Mädchen weigerte zu essen, fütterte Donna Ciccia sie voll schweigsamer Geduld. Auch bei der Geburt ihrer beiden Söhne hat sie ihr beigestanden. Sie hat sie in den Arm genommen, als Giovanna unter Tränen gestand, sie habe Angst, Ignazios Zuneigung verloren zu haben. Mehr als ihre leibliche Mutter, mehr als eine Blutsverwandte hat ihr Donna Ciccia immer das gegeben, was sie wirklich brauchte. Und ihr verdankt sie auch ihre Liebe zum Sticken. Bereits als kleines Mädchen hat sie damit angefangen, indem sie im *petit point* kleine Bilder stickte, und heute fertigt sie zusammen mit ihrer alten Amme ganze Tischdecken oder sogar Wandteppiche an und bestickt Leintücher.

Mit der Zeit ist Donna Ciccia sogar ein kleines Wunder

gelungen, denn sie hat Giovanna dazu gebracht, ein wenig mehr zu essen, indem sie sie während der Mahlzeiten mit einer Mischung aus Strenge und Zuneigung so lange ansieht, bis Giovanna wenigstens ein paar Bissen zu sich genommen hat. Wenn sie dann zusammen sticken, die eine vor der anderen sitzend, in ein angenehmes Schweigen aus Verschworenheit und Gewohnheit versunken, findet sie oft neben ihrem Stuhl ein Tellerchen mit Orangen- oder Zitronenspalten, daneben eine kleine Zuckerdose. Und so taucht Giovanna gelegentlich ein Spältchen in den Zucker und schiebt es sich in den Mund.

Während Donna Ciccia ihr nun beim Umkleiden hilft, spricht sie mit ihr, unverblümt wie immer. »Ihr seid blass ... Ich habe gesehen, dass Ihr genauso wenig esst wie Vincenzino, wenn er krank ist. Ihr müsst aufpassen, sonst wächst das *picciriddu*, das Kleine, nicht richtig. Ihr könntet ihm sogar schaden.«

»Das ist einfach nichts für mich, mich an den Tisch zu setzen und einen ganzen Teller voll zu essen. Da wir gerade darüber sprechen: Sagt ruhig, dass ich heute Abend nicht mehr die Absicht habe, etwas zu essen. *Un c'ha fazzu, sugnu troppu stanca.* Ich schaffe es einfach nicht, weil ich zu müde bin.«

»Aber jeder Christenmensch muss essen, Donna Giovanna«, sagt die alte Amme seufzend. Sie fasst sie an den Handgelenken, drückt sie, zwingt sie, sie anzuschauen. »Hört auf mit den Grillen eines kleinen Mädchens, denn jetzt seid Ihr eine *fimmina maritata*, eine verheiratete Frau. Ihr habt einen Ehemann, der Euch Respekt entgegenbringt, und das können nicht viele Frauen von sich sagen. *Avite due figghi chi sunnu du' ciuri*, Ihr habt zwei blühende, gesunde Kinder.

Ich habe es Euch schon so oft gesagt: Wer nicht isst, der wird Gott den Herrn erzürnen.«

Giovanna nickt, schaut sie aber nicht an. Sie weiß, dass die alte Frau recht hat, doch es ist stärker als sie. »Er versteht nicht, wie es mir geht«, sagt sie mit so leiser Stimme, dass Donna Ciccia, die ihr dabei hilft, aus dem Rock zu schlüpfen, ihren Kopf zu ihr neigen muss, um sie hören zu können. »Ich habe den besten Ehemann, den man sich denken kann«, sagt sie. »Aber …« Sie unterbricht sich, denn hinter diesem »aber« steckt ein Schmerz, der sie nicht mehr verlässt, ein Schatten, in dem sich Schemen bewegen, denen sie keinen Namen geben könnte. Eine eisige Einsamkeit, undurchdringlich wie eine Scheibe aus Glas.

Donna Ciccia hebt den Blick gen Himmel und beginnt das Kleid zusammenzufalten. »Ihr habt alles, könnt euch aber nicht damit zufriedengeben, das habe ich Euch schon gesagt. Er ist ein Ehemann und ein Mann – Frauendinge kann er nicht verstehen, und sie interessieren ihn auch nicht. Ihr müsst das tun, was Eure Aufgabe ist: Ehefrau sein und an die Kinder denken. Ihr seid mit einem bedeutenden Mann verheiratet: *'un putite pinsari chi iddo vi sta dappresso.* Ihr könnt nicht erwarten, dass er an Eurer Seite ist.«

»*Raggiuni aviti.* Wie recht Ihr habt«, sagt Giovanna seufzend.

Die andere Frau schaut sie wenig überzeugt an, aber sie belässt es dabei. »Soll ich die Zofe rufen, damit sie Euch beim Waschen hilft und Euch fürs Bett zurechtmacht?«

»Nein, danke, Donna Ciccia, das mache ich selbst.«

Die andere Frau antwortet mit einem höflichen, leisen »Wie Ihr wünscht« und geht in Richtung Küche, um Bescheid zu geben, dass die Herrin kein Abendessen möchte.

Erschöpft lehnt sich Giovanna an den Türpfosten. Das Bild, das ihr aus dem Spiegel entgegenblickt, ist das einer zarten, zerbrechlichen Frau, die in ihrem Unterkleid fast verschwindet. An diesem Tag hat sie ein Kleid getragen, das in Paris für sie maßgeschneidert wurde, aus cremefarbener Seide mit Rüschen aus Valencienne-Spitze am Ausschnitt und an den Ärmeln. Sie hatte auch die Kette und die passenden Ohrringe mit dem Blumenmotiv aus Perlen angelegt, beide mit Diamanten besetzt. Ein Hochzeitsgeschenk von Ignazio.

Die ganze Familie hat ihr Komplimente gemacht. Ignazio beschränkte sich darauf, sie anzuschauen und anerkennend zu nicken; dann hat er sein Gespräch mit Auguste fortgesetzt.

Als hätte sie einfach nur ihre Pflicht getan.

Dieses Wort – Pflicht – verfolgt sie. Sie hat die *Pflicht* zu essen, weil sie stark sein und Kinder in die Welt setzen muss. Sie hat die *Pflicht*, makellos zu sein, denn sie muss der Familie gerecht werden, die sie bei sich aufgenommen hat. Sie hat die *Pflicht*, gutes Italienisch zu sprechen und Fremdsprachen zu beherrschen.

Und im Privatleben hat sie die *Pflicht*, im Schatten zu bleiben und alles zu erdulden, ganz gleich, was es ist, denn so benimmt sich eine gute Ehefrau, denn das bedeutet die Ehe: dem Ehemann zur Seite zu stehen und ihm stillschweigend zu gehorchen. Das hat sie von Anfang an getan, schon in der allerersten Nacht ihrer Ehe. Damals war sie fügsam, zurückhaltend und befolgte die peinlich berührten Ratschläge ihrer Mutter, die Augen zu schließen und die Zähne zusammenzubeißen, falls es wehtun sollte. Und zu beten, wenn Angst aufkam.

Doch Ignazio war leidenschaftlich und aufmerksam, in einer Weise, bei der sie immer noch rot wird, wenn sie daran zurückdenkt. Nachthemd und Gebete landeten in einer Ecke des Bettes, während er sich ihres Körpers bemächtigte und ihr Gefühle schenkte, von denen sie gar nicht gewusst hatte, dass sie sie empfinden könnte.

Und so war es in der ersten Zeit. Doch nach Vincenzos Geburt hat Ignazio sie des Nachts immer weniger aufgesucht, und ohne Leidenschaft. Als wäre sie selbst zu einer *Pflicht* geworden, zu etwas, das man erledigen muss, und nicht die Gefährtin, mit der man das Bett, den Körper und die Seele teilt.

Einige Zeit, am Anfang, dachte sie, es gebe vielleicht eine andere Frau. Doch nach Ignazziddus Geburt hat sie erkannt, dass Ignazios Mangel an Interesse ihr gegenüber in umgekehrtem Verhältnis zu seinem Engagement für die wirtschaftlichen Belange der Familie steht. Ja, es gibt eine Rivalin, und die heißt Casa Florio.

Ganz zu schweigen davon, dass sie ihm bereits zwei Jungen geschenkt hat, der Fortbestand der Familie also gesichert ist, und sie deshalb …

Sie hat versucht, mit Donna Ciccia darüber zu sprechen, doch die hat nur mit den Achseln gezuckt und sie auf ihre Rolle als Frau hingewiesen. Außerdem sei es bei ihrer Schwiegermutter auch so gewesen, die sehr viel Geduld habe aufbringen müssen, denn immer habe die Casa Florio an erster Stelle gestanden und dann erst *idda i so' figghi*, sie und ihre Kinder.

Nur dass sie nicht Giulia ist. Sie will einen Mann, der an ihrer Seite ist.

Auch Ignazio isst nicht zu Abend. Er lässt sich eine Tasse schwarzen Tee bringen und schaut Akten über den wirtschaftlichen Werdegang des Gewürzladens an der Via dei Materassai an. Das Geschäft wirft nicht mehr so viel ab wie früher, und es hat schon Zeiten gegeben, in denen er in Erwägung zog, es abzustoßen, doch am Ende gewannen die Tradition und seine enge Bindung daran stets die Oberhand. Dabei spielt auch eine Art Aberglaube eine Rolle: Das Geschäft hat bereits seinem Vater gehört und davor dem Großvater und Onkel, die er beide nicht gekannt hat. Die wenigen Lichter, die noch brennen, sind wie weiße Flecken im Dunkel. Der Gewürzladen ist ein Stück ihrer Geschichte, wie der Ring, den er neben seinem Ehering trägt.

Er löscht das Licht, verlässt sein Arbeitszimmer. Er gähnt. Vielleicht kann er heute Nacht ja schlafen.

Die Dienstboten gehen auf leisen Sohlen durch die Zimmer, machen die Lichter aus und stellen Paravents zum Schutz vor Funkenflug vor die Kamine, in denen die letzten Holzscheite glimmen und in der Asche zerfallen. Die Türen werden geschlossen.

Die Schutzleute drehen ihre nächtliche Runde. Ignazio kann sie nicht sehen, aber ihm scheint, er könne die Schritte der Männer hören, die im Garten auf und ab gehen. An diese »notwendige« Überwachung wird er sich nie gewöhnen; noch als Kind war es für ihn selbstverständlich, dass er sich überall in Palermo sicher bewegen konnte, von der Via dei Materassai bis zur Arenella. Doch heutzutage ist das anders.

Reichtum bringt Schwierigkeiten mit sich.

Während er die Treppe hochsteigt, zieht er sich die Jacke

aus und lockert seine Krawatte. Er kommt am Zimmer seiner Mutter vorbei, bleibt aber nicht stehen; sicher schläft sie. Ihm kommt sie immer müder und zerbrechlicher vor. Er wird versuchen, sie zu überzeugen, bei ihnen in der Olivuzza zu bleiben.

Als er an den Kinderzimmern vorbeikommt, betritt er das von Ignazziddu und nähert sich dem Bett. Der Junge schläft auf dem Rücken, eine Hand neben den Lippen. Er ist ein lebhaftes, aufgewecktes Kind, mit den feinen Zügen von Giovanna, ihren klaren Farben. Dann geht er zu Vincenzino hinüber, der mit offenem Mund und erhobenen Armen schläft. Er hat das leicht gewellte Haar seines Vaters und einen schmächtigen Körper, der unter den Decken fast verschwindet. Ignazio streichelt ihn und verlässt das Zimmer. Wer weiß, ob das Kind, das bald zur Welt kommt, ein Junge oder ein Mädchen wird. *Mir würde es gefallen, wenn es ein Mädchen würde*, denkt er mit einem Lächeln.

Er setzt seinen Weg fort und gelangt in sein Zimmer, wo sein Kammerdiener Leonardo, genannt Nanài, den anzustellen ihn Giovanna überredet hat, auf einem Schemel eingeschlafen ist. Er rüttelt ihn wach. »Nanài …«

Der kleine, stämmige Mann mit dem dichten rabenschwarzen Haarschopf springt auf und klappt den Mund zu. »Don Ignazio, ich …«

Ignazio unterbricht ihn. »*Vattinni a dormiri.* Geh schlafen. Ich komme schon allein zurecht«, sagt er und lächelt ihm freundlich zu. Mit seinen Bediensteten spricht Vincenzo Dialekt, damit sie sich wohlfühlen. Eine Kleinigkeit, die sich als umsichtig erwiesen hat.

Der Mann verbeugt sich tief. »*Mortificato sugnu, signore …*«, entschuldigt er sich zerknirscht.

»Ist ja gut. Und jetzt leg dich hin, *dumani matina n'avemu a susiri pi' cinque*, morgen früh um fünf müssen wir wieder raus.«

Der Diener schlurft hinaus und verschwindet unter weiteren Entschuldigungen hinter der Tür.

Ignazio reckt die Arme über dem Kopf und streckt sich, gähnt wieder. Er zieht die Damastvorhänge zu und lässt seine Jacke auf den Sessel neben dem Bett fallen. Dann streift er die Schuhe von den Füßen, schlüpft aus seiner Weste, lässt sich aufs Bett fallen und schließt die Augen.

Mit der Müdigkeit kommt eine Erinnerung. Sie ist so machtvoll, dass sie ihn der Gegenwart entreißt und alles auslöscht, das ihn umgibt. Fast scheint es ihm, als könnte er wieder in seinen Körper von vor zwanzig Jahren schlüpfen und würde nichts mehr von den Mühen und der Bürde der Verantwortung spüren, die heute auf ihm lasten.

Marseille.

Eine Akazie und eine Decke, die auf dem Boden ausgebreitet ist. Der Geruch frisch gemähten Heus, das Zirpen der Grillen, die Wärme der Sonne. Spätsommerlicht fällt in milden Strahlen durch die Blätter, der Wind singt in den Zweigen. Sein Kopf ruht auf einem Frauenkörper. Eine Hand streichelt ihm das Haar.

Er liest in einem Buch, hebt die Hand, die ihn streichelt, an seine Lippen, küsst sie.

Jemand klopft an die Tür.

Ignazio reißt die Augen auf. Die Sonne, die Wärme, die Grillen – das alles verschwindet auf einen Schlag. Er ist wieder in der Olivuzza, in seinem Zimmer, am Ende eines Festtages, der ihn mehr ermüdet hat als ein Arbeitstag.

Er richtet sich auf. »Herein!«

Giovanna.

In einen Morgenrock aus Spitze gehüllt, die Haare zum Zopf geflochten, sieht sie noch jünger aus als die sechsundzwanzig Jahre, die sie alt ist. Trotz ihrer augenscheinlichen Zartheit und Zerbrechlichkeit ist sie eine starke Frau, die ihn voll Ergebenheit ehrt und seiner Familie frisches, edles Blut geschenkt hat.

Giovanna ist die Gewissheit, die richtige Wahl getroffen zu haben: ein Leben ohne Aufbegehren, passend zu dem, wofür die Florios stehen – eine neue Aristokratie, die sich auf Geld begründet. Auf Macht. Auf gesellschaftlichem Prestige.

Und sie ist die Mutter seiner Kinder.

Daran musst du denken, ermahnt er sich selbst. *Nicht an das, was du nicht mehr haben kannst. Was du niemals hättest haben können.*

Sie bleibt mitten im Raum stehen. »Bist du zufrieden? Ist doch alles gut gelaufen, oder?«

Er nickt. Er ist weit weg, immer noch der Gefangene jener Erinnerung, und vermag es auch nicht zu verbergen.

Giovanna kommt näher, nimmt zärtlich seinen Kopf in die Hände. »Aber was hast du denn?« Ihre Stimme klingt gramerfüllt. »Ich bin gekommen, um dir zu sagen, dass ich mir Sorgen um deine Mutter mache. Sie isst immer weniger, hat Mühe beim Gehen, und das ist nicht gut. Ist es das, was auch dich bekümmert?«

Ignazio schüttelt den Kopf. Er legt ihr eine Hand in den Nacken, zieht sie an sich und gibt ihr einen Kuss auf die Stirn. Eine zärtliche Geste. »Ich bin in Gedanken.«

»Etwas von der Arbeit?«, hakt Giovanna nach und macht einen Schritt zurück, um ihn anzuschauen.

Ignazios Blick ist heiter, wie immer. »Natürlich.«

Er will nicht mehr dazu sagen, weil das schlechte Gewissen an ihm nagt. Diese Frau liebt ihn von ganzem Herzen, verzweifelt, und wünscht sich, er würde diese Gefühle erwidern. Doch ein Teil von ihm ist immer noch in die Erinnerung verwickelt und wird es immer sein. Eine Erinnerung, die durch seine Adern rinnt wie Blut. Der Schlag eines Herzens aus Stein, das neben dem fleischlichen Herzen pocht.

Er legt ihr eine Hand auf die Brust, sucht nach ihren Lippen. Noch ist der Kuss lau, doch er wird heißer, schürt das Begehren. »Giovanna …«, murmelt er. Sie erwidert seine Umarmung, presst ihn an sich, murmelt seinen Namen.

Doch Ignazio zuckt zurück. »Aber können wir denn noch? Ich meine, das Kind …«

Sie lächelt und zieht ihm das Hemd aus.

Sie lieben sich schnell, suchen einander, folgen einander.

Danach verfällt Ignazio in einen tiefen, finsteren Schlaf ohne Träume.

Giovanna hingegen überkommt die Traurigkeit über eine Liebe, die nur wenige Minuten angehalten hat. Sie spürt, dass es ihr nie gelingen wird, Ignazio in seiner Welt der Schatten zu erreichen.

Zu Epiphanias versammelt sich die Familie erneut im Speisezimmer der Olivuzza, das erfüllt ist von den Stimmen der Erwachsenen, die sich begrüßen und beglückwünschen, und dem Geschrei der Kinder, die Geschenke bekommen. Nach dem Essen bleiben kandierte Früchte auf dem Esstisch stehen, zusammen mit Likören und Schnäpsen.

Zu viel Lärm, denkt Ignazio. Er möchte mit François, seinem Schwager, über Geschäfte reden, doch das ist hier ganz sicher unmöglich. Er bedeutet ihm mit einem Nicken, ihm ins Arbeitszimmer zu folgen, und als sich die Tür hinter ihnen schließt, entringt sich beiden ein Seufzer der Erleichterung.

»*Les repas di famigghia peuvent être très bruyant!*«, kommentiert François die Lärmintensität der Familienzusammenkünfte. Er spricht schnell, vermischt Italienisch, Französisch und Sizilianisch miteinander. Er ist ein gut aussehender Mann mit gelocktem Schnurrbart und hellen, gutmütigen Augen. Ignazio hat ihn ins Herz geschlossen, auch weil er Giuseppina aufrichtig liebt. »Wie du weißt, bin ich auch geschäftlich hier. Ich hatte für den Laden meines Vaters etwas in Palermo abzugeben und musste einige Schulden eintreiben, die ... Ach, übrigens: Kann ich einige Wechsel in der Obhut eurer Bank lassen?«

»Natürlich.« Ignazio schenkt ihm ein Glas Marsala ein und gießt sich selbst nach. »Und ich wollte dich fragen, ob es Neuigkeiten bezüglich der Anmietung jener Lagerhallen im Hafen von Marseille gibt.«

François breitet die Hände aus, und ein Tropfen Süßwein landet auf einem seiner Finger. »Ich habe zwei herausgesucht. Beide sind sehr geeignet, auch wenn die größere ein wenig ab vom Schuss ist, *un peu plus loin.*«

Ignazio nickt. Über einen Lagerraum in der Nähe des Hafens zu verfügen würde eine beträchtliche Ersparnis von Geld und Zeit bedeuten.

»Sobald ich wieder in Marseille bin, teile ich deinen Vermittlern die nötigen Einzelheiten mit.« François seufzt. »Ich will so bald wie möglich wieder zurück, weil ich mir ein wenig Sorgen um Louis, *mon petit*, mache. Er soll unbedingt in die Obhut eines hervorragenden Arztes. Und ihr hier, habt ihr gute Ärzte? Vincenzino kommt mir ein wenig zerbrechlich vor.«

»Das ist er auch leider. Manchmal hat er seltsame Fieberanfälle, die ihn schwächen. Gerade im Moment leidet er auch unter einer starken Erkältung, die ihm einen rasselnden Atem beschert hat ...«

»Ach, verdammt, also auch er, *puru iddu!* Zum Glück ist Josephine, *ta soeur*, nicht mit Louis allein. Sie hat eine liebe Freundin bei uns aufgenommen, Camille Martin Clermont.«

Ignazio hebt den Blick nicht vom Glas.

»Vielleicht weißt du ja, dass sie sich nicht mehr Darbon, sondern Clermont nennt. Sie hat noch einmal geheiratet, einen Admiral. Ein guter Mann.«

Plötzlich hat Ignazio das Gefühl, François' Stimme komme von sehr weit weg. »Ja«, murmelt er. »Wenn ich mich nicht täusche, war das Anfang 1868.«

»Genau. Sie wurde ja schon mit kaum mehr als zwanzig Witwe. Sie hat keine Kinder, und wie es scheint, können sie auch keine mehr bekommen. Sie war darüber sehr betrübt, aber vielleicht hat sie sich jetzt damit abgefunden ...« François zuckt mit den Achseln, trinkt seinen Marsala aus. »Das Leben kann sehr ungerecht sein. Aber das Glück ist nicht von dieser Welt«, schließt er mit einem Seufzer. In seiner Stimme ist ein Hauch von Bedauern. Oder ist es vielleicht ein indirekter Tadel an seinem Schwager?

Ignazios Finger schließen sich fest um das Glas. Er zwingt sich dazu, den Blick zu heben und eine unbeteiligte Miene aufzusetzen. Es gelingt ihm sogar zu nicken.

Genau an diesem Punkt schafft es François, ihn zu überraschen. Sein Gesicht wird weich, und der traurige – oder auch vorwurfsvolle – Ausdruck mildert sich ab. »Als ich ihr gesagt habe, dass ich nach Palermo fahre, bat sie mich, dir einen Gruß auszurichten.«

Ignazio atmet tief durch. »Verstehe«, murmelt er.

Dabei will er gar nichts verstehen, er will nichts wissen, will sich nicht erinnern.

Er legt eine Hand in seinen Nacken, massiert sich den steifen Hals, senkt den Kopf. Ein Seufzer, der ihm nicht über die Lippen will, lässt seine Brust eng werden. In ihm toben die Gedanken.

Er, Besitzer von fast fünfzig Schiffen, einer Gießerei, einer Weinkellerei, einer Bank, Dutzenden von Immobilien, will nicht, dass ihm jemand ins Gesicht schaut. Nicht in diesem Moment.

Doch dann hebt er den Kopf und sieht François ernst an. »Grüß sie bitte von mir zurück.«

Er hat nicht das Recht, um etwas zu bitten. Seine einzige Pflicht ist die, in der Gegenwart zu leben.

Der Februar 1872 hat einem ansonsten milden Winter ein wenig Kälte gebracht. Ignazio bemerkt es nur durch Zufall, als er aus der Kutsche steigt, die ihn zum Friedhof von Santa Maria di Gesù gebracht hat, zu Füßen des Berges Grifone. Der Atem steht in einer kleinen Dampfwolke vor seinem Gesicht.

Palermo ist weit weg. Um ihn herum nur Grün und Stille. Gräuliches Tageslicht stiehlt sich zwischen den Wolken hervor. Wenigstens ein paar Augenblicke lang lenken ihn das Rauschen des Regens zwischen den erst kürzlich gepflanzten Zypressen und das stete Tropfen von den Blättern der Orangenbäume, die rund um den Friedhof stehen, von den traurigen Gedanken ab, die ihn auf der Fahrt begleitet haben.

Mit den Jahren hat sich die Leere, die ihm der Tod seines Vaters bereitet hat, langsam wieder gefüllt, wie eine Wunde, die Zeit gebraucht hat, um zu vernarben, und dafür einen tiefen Schmerz hinterlassen hat. Ignazio hat geglaubt, er habe gelernt, damit zu leben und ganz in seiner Arbeit aufzugehen. Doch insgeheim führt er immer noch stumme Gespräche mit seinem Vater und hängt an den kleinen Ritualen, die sie zusammen entwickelt hatten, zum Beispiel der Lektüre des *Giornale di Sicilia* nach dem Mittagessen. Und er hat auch gewisse Gewohnheiten von ihm übernommen; so trinkt er zum Beispiel frühmorgens ganz allein im Büro seinen Kaffee.

Und doch.

Eines Abends im November des vergangenen Jahres ist seine Mutter schlafen gegangen, und er hat ihr zerstreut einen Kuss auf die Stirn gegeben.

Am nächsten Morgen ist Giulia nicht mehr aufgewacht.

Sie war im Schlaf gestorben. Ihr gutes Herz hatte einfach aufgehört zu schlagen. Sie war in aller Stille gegangen, so wie sie auch in der Stille gelebt hatte.

Unter seiner Maske des Schmerzes war Ignazio wütend. Er konnte ihr einfach nicht verzeihen: Ihr Tod war ungerecht, denn sie hatte ihm die Möglichkeit verweigert, sich von ihr zu verabschieden, sich darauf vorzubereiten, sie gehen zu lassen. Nun konnte er sich nicht mehr bei ihr dafür bedanken, was sie alles für ihn getan hatte: für die Freundlichkeit, die sie ihm beigebracht, für die Ruhe, die sie ihm vermittelt hatte, für den Respekt gegenüber ihren Mitmenschen, den sie stets gezeigt hatte. Die Ergebenheit der Arbeit gegenüber, der Opfergeist und die Entschlossenheit – sie alle kamen von seinem Vater. Doch alles andere – angefangen bei der Fähigkeit, den Stürmen des Lebens mit erhobenem Haupt zu trotzen –, eben all das, was einen Menschen wirklich ausmacht, war ein Geschenk von Giulia gewesen. Und – dessen war er sich erst in jenem Moment bewusst geworden – es war auch ein Geschenk der ausschließlichen, stillschweigenden und unverbrüchlichen Liebe gewesen, die Giulia seinem Vater entgegengebracht hatte.

Im Laufe jener Tage hat er es begriffen. Seine Mutter war an dem Tag, an dem Vincenzo gestorben war, erloschen wie eine Kerze. Von ihr war nicht mehr zurückgeblieben als ein Trugbild, ein Gespenst, das nur darauf wartete, sich aufzulösen, sobald der Tag hereinbrach. Eine leere Hülle. Dann endlich war das Licht gekommen. Und mit ihm der Frieden.

Denn wenn sein Vater das Meer gewesen war, war sie der Fels in der Brandung gewesen. Und ohne Meer kann ein solcher Fels nicht existieren.

Jetzt stellt er sich die beiden gemeinsam an einem Ort vor, den es nicht wirklich gibt, der aber der Villa dei Quattro Pizzi ähnelt. Sein Vater schaut aufs Meer hinaus, seine Mutter steht an ihn gelehnt. Sie hebt den Kopf mit diesem leichten Lächeln auf den Lippen; sein Vater sieht sie an und lehnt die Stirn an ihren Kopf. Sie sagen nichts. Sie sind einfach beieinander, und damit genug.

Er spürt, wie ihm eng in der Brust wird. Er weiß nicht einmal, ob es sich bei dem Bild, das ihm diesen Trost spendet, um eine Erinnerung aus der Kindheit handelt. Er will es nicht wissen, sagt er sich, während er die letzten Meter zu der Gruft zurücklegt, die er für seine Eltern errichten ließ. *Es ist nicht wichtig: Wo auch immer sie sind, sie sind zusammen, und sie leben in Frieden.*

Da ist die Kapelle. Ein imposantes Gebäude, umgeben von anderen monumentalen Grabstätten, die den ältesten Adelsfamilie Palermos gehören. In Santa Maria di Gesù ist die Stadt der Toten ein Spiegel der Stadt der Lebenden.

Vor dem Tor trifft er auf Giuseppe Damiani Almeyda und Vincenzo Giachery. Die beiden plaudern miteinander, und in der Stille hallen ihre Worte zwischen dem Gezwitscher der Vögel wider, die in den Zypressen leben. Sie nehmen seine Anwesenheit nicht sofort wahr.

»Die letzten Häuser, die er gekauft hat, wurden alle im Namen der Dampfschifffahrtsgesellschaft erworben. Habt Ihr verstanden, was er damit machen will?« Damiani Almeyda zieht seinen Kragen zum Schutz gegen die Feuchtigkeit hoch.

»Um die Gewürze kümmert er sich mittlerweile gar nicht mehr. Er hat es ja gleich nach dem Tod seines Vaters schon angekündigt, aber …«

Ignazio hebt kaum die Stimme, als er erwidert: »Und ich hatte es Euch erklärt: Die Zeiten haben sich geändert.«

Die beiden Männer fahren überrascht herum.

Ignazio denkt an die Weinkellerei in Marsala, an den Süßwein, den er herstellt und der mittlerweile in ganz Europa getrunken wird. An seine Dampfschiffe, die Waren und Passagiere nicht nur im Mittelmeer transportieren, sondern bis nach Asien und Amerika. »Es gibt Leute, die reich sind, und andere, die sich reich fühlen wollen«, fügt er hinzu.

Damiani Almeyda zuckt mit den Achseln. »Da habt Ihr recht. Heutzutage streben die Leute danach, sich reich zu fühlen, auch wenn sie es gar nicht sind.«

»So war es immer. *Sempre accussì fu.* Die Menschen wollen einfach mehr scheinen, als sie sind.« Giachery lehnt sich auf den Spazierstock, den er schon seit einiger Zeit benutzt, weil ihn ein Schmerz in der Hüfte quält. »Zuerst waren es die Adligen, die den Anschein wecken wollten, als hätten sie noch Geld, *pure si s'aviano vinnuto i chiova di mura. Ora sunnu i gintuzzi che vanno facennu i scaltri.* Und jetzt sind es die Bürgerlichen, die so tun, als wären sie schlauer als alle anderen.« Er schaut sich um: Da stehen Grabsteine mit wohlklingenden Namen neben solchen ohne Namen, die noch darauf warten, graviert zu werden. Bürgerliche Familien gesellen sich zu denen von uraltem Adel, üppig geschmückte Gruften werden neben schlichten Grabstellen errichtet, die nicht aus künstlerischen Gründen so schlicht gehalten sind, sondern weil das Geld fehlt. Der Tod hat das Streben nach Reichtum in denjenigen gemindert, die so verarmt sind, dass sie sogar die Nägel in ihren Wänden verkaufen müssen, um zu überleben, wie Giachery gerade gesagt hat; die neuen Grüfte der bürgerlichen Familien sind hingegen einem Reichtum geweiht, der durch Arbeit erlangt wurde, hier in Santa Maria di Gesù wie auch auf anderen Friedhöfen der Stadt, zuallererst dem größten von allen, dem von Santa Maria dei Rotoli.

»Und je mehr Zeit vergeht, desto deutlicher wird diese Veränderung sichtbar. Das ist sie bereits in anderen Teilen Europas. Es ist, als wollten gewisse Leute zeigen, dass sie die Herren der Welt sind, auch wenn ihnen nicht einmal ihr eigener *pirtuso*, ihr Allerwertester, gehört.« Damiani Almeyda steigt die Stufen hinab, die die Kapelle von der Krypta trennen, wo erst vor Kurzem Giulia bestattet wurde, und zieht ein Schlüsselbund aus der Tasche. Er wiegt es in den Händen und reicht es dann Ignazio. »Da sind sie. Sie gehören Euch.«

Der nimmt sie entgegen, schließt die Finger fest darum. Es sind große Eisenschlüssel, schwer. Genauso schwer wie das Erbe seines Vaters.

Jetzt steht er vor der Tür zur Krypta. Der Schlüssel dreht sich im Schloss. Auf der Erde Spuren von Verputz, Fußabdrücke.

Hinter einem kurzen Korridor steht ein großer weißer Sarkophag aus gemeißeltem Marmor. Auf einer Tafel ist sein Vater, Vincenzo Florio, als Halbgott abgebildet, mit einer Art Toga über bürgerlicher Kleidung. Seine Mutter liegt in einer Grabnische hinter dem Sarkophag. Diskret im Tod, wie sie es auch im Leben war.

Die anderen beiden Männer sind ein paar Schritte zurückgeblieben. Ignazio legt die behandschuhte Hand auf den Sarkophag, streichelt ihn. Der kalte Stein ist stumm, und doch spürte er in der Tiefe seines Herzens die Anwesenheit seines Vaters, seiner Eltern. Eine süße Wärme erfüllt seine Brust.

Er schließt die Augen, und schon beginnt sich in ihm das Karussell der Erinnerungen zu drehen; von der Villa dei Quattro Pizzi zu dem großen Zitronenhain der Villa ai Colli, wo er mit seinen Schwestern Fangen spielte; vom Drachenbaum vor dem Tor, um den sie Ringelreihen tanzten, bis zu den Tanzstunden mit seiner Mutter – sie stellte sich dabei zwar so ungeschickt an, dass sie ihm ständig auf die Füße trat, war aber dennoch sichtlich glücklich über den engen körperlichen Kontakt mit ihm; immer lachte sie, den Kopf in den Nacken gelegt, während der Tanzlehrer schnaubte und Angelina und Giuseppina die Augen verdrehten, verärgert über die Verschworenheit zwischen Mutter und Sohn. Als Nächstes noch sein Vater, der ihm eine Hand auf die Schulter legt und mit leiser Stimme zu ihm spricht und ihm erklärt, wie er sich im Haifischbecken der Politik am besten bewegen soll …

Dann plötzlich steht ihm ein Gesicht vor Augen, umgeben von einer Masse blonder Locken.

Über sie hat Ignazio niemals mit jemandem sprechen können. Nur seine Schwester Giuseppina weiß von ihr. Und wahrscheinlich auch François – das schließt er daraus, wie er sich verhalten und was er gesagt hat.

Nein, korrigiert er sich. *Noch jemand wusste davon.*

Seine Mutter. Sie hatte ihn gefragt, ob er Giovanna wirklich heiraten wolle, und er hatte geantwortet, ja, er könne nicht anders.

Du wusstest es nicht nur, Mama, du kanntest auch meinen ganzen Schmerz.

Es ist eine Wunde, die niemals aufhören wird wehzutun, weil es der allerschwerste Verzicht war, den er in seinem Leben leisten musste, der Preis, den ihm sein Vater schweigend abverlangt hatte, damit Ignazio sich wirklich als echten Florio bezeichnen durfte. Ein Preis, über den kein einziges Wort gesprochen wurde.

Erst in diesem Moment wird ihm bewusst, dass es noch eine weitere Verbindung zwischen ihm und seiner Mutter gibt. Beide haben sie auf einen wichtigen Teil ihrer selbst verzichtet, damit die Casa Florio nicht nur ihren Weg weitergehen könne, sondern blühe und gedeihe. Seine Mutter hat ihre eigene Liebe und ihre Würde geopfert, damit Vincenzo frei dafür war, sich mit Leib und Seele der Arbeit zu widmen. Und Ignazio ist sogar noch weiter gegangen, indem er auf die Frau verzichtete, die er liebte, damit die Florios ihre geschäftlichen Aktivitäten auf einen Bereich ausdehnen konnten, der seinem Vater immer verschlossen gewesen war: zuerst die Salons des palermitanischen Adels und dann auch der Hof von Savoyen. Denn in der Aristokratie Siziliens, in der sich arabisches, normannisches und französisches Blut mischten, war man überzeugt davon, direkt von den Göttern des Olymps abzustammen, und sie, die Florios, mussten alles daransetzen, diesen Olymp zu erreichen. Und so war es gekommen.

Und doch gibt es Tage – und Nächte –, in denen all das nicht reicht, denkt er.

In diesen Momenten blühen die Erinnerungen an Marseille wieder in ihm auf, an jene Zeit, die die glücklichste seines Lebens war: Dann sieht er sich wieder als Zwanzigjährigen, erinnert sich an die Klänge und Farben eines kleinen Hauses auf dem Land, an den Duft der Rosen, an den Seifenschaum auf dem Körper einer Frau, nackt wie er, gemeinsam in einer Wanne.

Der wahre Fluch des Glücks liegt darin, dass man sich seiner nicht bewusst ist, wenn man es erlebt. In dem Moment, in dem dir klar ist, dass du glücklich warst, bleibt dir nichts anderes mehr als das Echo.

Er betrachtet den Grabstein seiner Mutter, Giulia Rachele Portalupi in Florio. Eine Frau, die alles wusste, die die Fäden zog, ohne sich etwas anmerken zu lassen, die liebte, ohne eine Gegenleistung dafür zu erwarten, die immer einen Schritt zurückblieb.

Seine Tochter, geboren im Juni 1870, trägt ihren Namen. Giulia Florio. Seine *stidduzza,* sein Sternchen, ist mittlerweile fast anderthalb Jahre alt.

Schritte hinter ihm. Er dreht sich um.

Giachery hat ein gutes Lächeln, in dem sich Worte des Trostes ausdrücken, ohne ausgesprochen zu werden.

Ignazio verbirgt das, was ihm gerade durch den Kopf gegangen ist, hinter einem Vorhang der Ruhe. Niemand darf es auch nur erahnen. »Es wurde gute Arbeit geleistet«, murmelt er. »Sicher, die Arbeiter hätten die Stufen etwas sauberer hinterlassen können …« Er berührt Giulias Grabstein, haucht ihr einen Kuss zu, bekreuzigt sich. Giachery tut es ihm nach.

Damiani Almeyda hat an der Schwelle auf sie gewartet, die Hände auf dem Rücken verschränkt. Sie gehen in Richtung Ausgang und besteigen die Kutsche.

Ignazio durchbricht das Schweigen, das sich über sie gesenkt hat. »Ich hoffe, Ihr verzeiht mir, dass ich Euch hierhergeschleppt habe, aber ich wollte nach dem Begräbnis meiner Mutter noch einmal die Kapelle sehen.«

»Seid Ihr denn damit zufrieden?«

»Sehr, Herr Ingenieur.« Ignazio verschränkt die Hände auf den übereinandergeschlagenen Beinen und wirft einen Blick aus dem Fenster. Der Himmel lichtet sich, jenseits der ausgefransten Wölkchen ist stückweise Blau zu erkennen. »Aber ich wollte auch noch über etwas anderes mit Euch sprechen. Ich ziehe in Erwägung, einen der Geschäftszweige meines Vaters wiederaufleben zu lassen.«

Giachery runzelt die Stirn. »Welchen denn? Denn Euer Vater war jemand, der so vieles ausprobiert hat, dass es schwer war, all seinen Ideen zu folgen.«

»*Raggiuni aviti*, da habt Ihr recht. Ich spreche von der Textilproduktion, die er in Marsala ins Leben rufen wollte, gleich neben der Kellerei. Dann wurde jedoch nichts daraus…« Ignazio betrachtet ihn aufmerksam. »Wie ich gehört habe, sucht Anwalt Morvillo Geschäftspartner für seine kleine Baumwollfabrik hier in Palermo. Er ist als Stadtrat schon lange für Öffentliche Bildung zuständig und ein intelligenter Mann. Mir gefallen auch gewisse progressive Ideen, die er bezüglich der Arbeiter hat… Versucht, in Erfahrung zu bringen, was er vorhat, aber ohne Euch zu erkennen zu geben, so wie es Eure Art ist.«

Giachery nickt. »Er will Baumwolle hier produzieren, aber bisher mit geringem Erfolg. Die Konkurrenz aus Neapel ist zu groß.«

»Gewiss, und es kommt ganz sicher nicht infrage, dass die Baumwolle, die in Sizilien produziert wird, zum Spinnen nach Neapel oder sogar Venetien gebracht wird und dann zum Verkauf wieder hierher zurückkommt. Dadurch werden die Preise unverhältnismäßig hoch, und man bekommt Stoffe aus England oder Amerika günstiger. Doch wenn man die Situation zu unseren Gunsten ändern könnte, warum sollte man das nicht tun?«

»Na gut. Ich kümmere mich darum.«

Damiani Almeyda sieht Ignazio an, sagt aber nichts. Wie so oft gibt ihm dieser Mann, der ihn ebenso verwirrt wie fasziniert, Rätsel auf. Ganz sicher steht er seinem Vater in nichts nach, doch er könnte auch nicht verschiedener sein. Da ist eine innere, tiefe Kraft, über die er verfügt, und eine erbarmungslose Entschlossenheit, die sich hinter seinem angenehmen und verbindlichen Wesen verbirgt. In einem jedoch ist sich Damiani Almeyda sicher: Von Freundlichkeit ist manchmal mehr zu befürchten als von Grausamkeit.

»In Butter gedünstetes Gemüse mit einem Hauch Pfeffer, ja, und Kaninchen auf provenzalische Art«, diktiert Giovanna. Donna Ciccia macht sich Notizen, die Zungenspitze zwischen den Lippen. »Was den Wein angeht… wäre ein Alicante gut«, schließt Giovanna. Es liegt ihr viel daran, dass Ignazio bei seiner Heimkehr eine angenehme Umgebung vorfindet, in der für alles bis ins Detail gesorgt ist.

Donna Ciccia faltet das Blatt Papier zusammen und reicht es dem Zimmermädchen, damit dieses es in die Küche bringt. Dann richtet sie erneut ihre Aufmerksamkeit auf Giovanna und nickt zufrieden angesichts ihres schwarzen Kostüms mit den malvenfarbenen Borten. Seit Giulias Tod sind nur drei Monate vergangen, und die Trauer steht ihr noch deutlich ins Gesicht geschrieben.

»*Site un ciure.*«

Giovanna deutet ein Lächeln an. Sie – eine Blume? Sie weiß, dass das nicht stimmt, sie ist alles andere als schön, doch die unschuldige Lüge gibt ihr ein gutes Gefühl. Donna Ciccia drückt ihr die Schulter. »Und wenn man bedenkt, dass Ihr einmal vor allem Angst hattet. Ihr seid doch längst zur perfekten Herrin des Hauses geworden. Ihr könnt sogar den Wein auf das Menü abstimmen.«

»Mama… Mama!«

Das ist die kleine Giulia, ihre Letztgeborene. Die Kinderfrau reicht sie Giovanna, die sie anlächelt, ihr Küsschen auf die Wangen gibt. Das kleine Mädchen greift nach ihrem

Finger und führt ihn an ihren Mund. »*Chi si' bedda, cori meo*«, sagt sie zu ihr. Wie schön du bist, mein Herz. Sie reibt ihre Nase an der der Kleinen, die versucht, nach einer Haarlocke zu greifen. »Du bist mein Leben.«

Donna Ciccia betrachtet diese Szene, und ihr wird leichter ums Herz. Wie lange hat sie zu Gott gebetet – und nicht nur zu ihm –, dass es ihrer *picciridda*, ihrer Kleinen, endlich besser gehen möge. Ja, ihrer *picciridda*, nicht ihrer Herrin, denn für Giovanna ist sie wie eine Mutter, sie hat sie aufgezogen, war immer an ihrer Seite. *Wie sehr sie sich in ihrer Ehe verändert hat*, denkt sie und faltet das Unterkleid zusammen, das am Fuß des Bettes liegen geblieben ist. Immer war sie so nervös und unsicher und fand Zuflucht im Hungern, als wollte sie von der Welt verschwinden. Als könnte sie es sich nicht gestatten zu leben. Mittlerweile jedoch ist Giovanna mit ihrer Rolle als Mutter und Ehefrau im Reinen. Sie hat sogar wieder etwas mehr Fleisch auf den Rippen, hat weiblichere Rundungen. Donna Ciccia könnte nicht sagen, ob es daran liegt, dass sie ihren Frieden gefunden hat, oder eher Resignation ist. Gewiss, die Beziehung zwischen ihr und Ignazio ist nicht mit der von jenem anderen Paar zu vergleichen, das Donna Ciccia etwas näher kennengelernt hat – nämlich Giovannas Eltern –, einer Beziehung, die niemals über gegenseitige Gleichgültigkeit hinausgegangen ist. Doch die Distanz zwischen Ignazios Gelassenheit und Giovannas Hang zum Emotionalen könnte sich auf lange Sicht als durchaus unüberwindbar erweisen. Das hat sie sofort begriffen, doch sie konnte nur hoffen, es würde nicht eintreten. So hat sie in aller Stille gehofft, hat Giovanna zugehört, hat ihr Trost gespendet, ihre Tränen getrocknet, genau wie eine Mutter.

Giovanna gibt Giulia einen letzten Kuss und reicht sie dann wieder der Kinderfrau. »Sagt Vincenzino und Ignazziddu, sie sollen mit dem Üben anfangen, weil der Musiklehrer kommt. Ich bin dann gleich bei ihnen.«

Die Bedienstete macht die Tür hinter sich zu. Donna Ciccia dreht sich um und beginnt, unter den Miedern im Schrank Ordnung zu schaffen, versucht, eine Grimasse zu verbergen. Die beiden jungen Herren der Casa Florio sind lebhaft, wie es Kinder ja auch sein sollen, doch während Vincenzino sich etwas sagen lässt, wenn man ihn tadelt, und sich immer entschuldigt, nimmt Ignazziddu selbst Ohrfeigen gleichgültig hin. »*Acqua di malutempo*«, rutscht es ihr heraus. Von stürmischem Charakter sei er, der junge Herr.

»Was habt Ihr gesagt?«, fragt Giovanna.

»Ich dachte an den jungen Herrn Ignazziddu. *Focu vivo è.* Er hat Feuer.«

»Mein Mann sagt, das ist, weil er noch jung ist …«

»*U' lignu si raddrizza quann'è virdi*«, ermahnt sie die alte Gouvernante; Holz richte man schließlich auch gerade, wenn es noch grün sei.

»Mit den Jahren kommt er schon noch auf den richtigen Weg«, erwidert Giovanna und öffnet die Schmuckschatulle, um sich ein paar Ohrringe auszusuchen. Einige Stücke mit Edelsteinen – Topas, Perlen, Smaragde – haben einmal Giulia gehört, doch der größte Teil ihres Schmuckes ist an Giovannas Schwägerinnen gegangen. Sie gefallen ihr ohnehin nicht besonders: Sie findet sie altmodisch im Schliff und stört sich auch an den schweren Fassungen. Außerdem passen sie nicht zur Trauer. Am Ende entscheidet sie sich für Ohrgehänge mit Onyx und Perlen. »Wer weiß, was meine Schwiegermutter gesagt hätte. Wie ich gehört habe, waren Giuseppina und Angelina als kleine Mädchen viel unruhiger als Ignazio.« Sie seufzt. »Aber in letzter Zeit war es so schwer, mit ihr zu reden. Sie saß immer am Fenster und schaute hinaus auf die Straße, als wartete sie auf jemanden …«

»Das war er, der nach ihr rief. *Iddu era, chi la chiamava.*« Donna Ciccia sagt es mit einem Schauder und bekreuzigt sich. »An einem der allerletzten Abende hat sie mich gebeten, das Licht anzulassen, weil ihr Mann kommen würde. Zuerst dachte ich, sie sei verwirrt. Doch als wir sie dann tot auffanden, hat es mir doch einen Schrecken versetzt.«

Giovanna verzieht den Mund. Solche Reden sind nicht nach ihrem Geschmack.

Sie setzt sich an ein Tischchen und nimmt die Briefe zur Hand, die Donna Ciccia für sie dorthin gelegt hat. Bei den meisten handelt es sich um Einladungen zum Abendessen oder zu irgendwelchen Feiern – die wegen der strengen Trauer allerdings nur aus Höflichkeit ausgesprochen werden –, aber da liegen auch jede Menge Beileidsbriefe. »Sie kommen immer noch …«, stellt sie fest und wedelt sich mit einem der Schreiben Luft zu, während Donna Ciccia sich an ihrem Stickkörbchen an die Arbeit macht. Sie ist mit der Herstellung eines Wandteppichs beschäftigt.

Ein Geschäftspartner von Vincenzo, der auf Reisen war und die traurige Nachricht erst kürzlich erhalten hat; ein Vetter, der in Kalabrien lebt und an dessen Namen sie sich kaum erinnert; ein Lieferant, der sich in Entschuldigungen für die Verspätung ergeht, doch er sei sehr krank gewesen, und …

Und dann.

Ein Brief auf Amalfi-Papier, mit französischer Briefmarke,

an Ignazio adressiert. *Wer weiß, wieso das hier gelandet ist*, fragt sich Giovanna und betrachtet das Schreiben von allen Seiten. Vor allem fällt ihr die feine Handschrift auf, die so ganz anders als die der anderen Kondolenzbriefe ist, nicht so sperrig und schwer.

Sie will das Schreiben bereits beiseitelegen, betrachtet es dann aber noch einmal.

Einen Augenblick lang zögert sie, dann schiebt sie die anderen Umschläge beiseite, greift nach einer der großen Nadeln, mit denen sie sich das Haar aufsteckt, und benutzt sie als Brieföffner. *Ignazio wird mir sicher nicht böse sein, wenn …*

Auch deine Mutter hat dich verlassen: Ich weiß, wie sehr du ihr verbunden warst, und kann mir vorstellen, wie schwer es dir fällt, nicht so um sie weinen zu können, wie du gerne wolltest. Mein Herz weint für dich.
Dein Schmerz ist mein Schmerz, und das weißt du.
C.

Giovanna spürt, wie ihr Atem in Scherben zerspringt.

Kein Händler, kein Verwandter, kein Freund schriebe etwas dergleichen. *Kein Mann*, korrigiert sie sich. Nicht in diesem Ton. Nicht in dieser anmutigen Handschrift. Nicht auf solch feinem Papier.

Dein Schmerz ist mein Schmerz, und das weißt du.

Nur eine Frau würde so etwas schreiben.

Und nur an einen Mann, den sie gut kennt.

Nur an einen Mann, den sie gernhat.

Sie schüttelt heftig den Kopf. Sätze, Blicke, Gesten. Und Schweigen, so viel Schweigen.

Erinnerungen stürmen auf sie ein. Worte, die auf einmal eine ganz andere Bedeutung annehmen.

Nein.

Sie hebt abrupt den Kopf und zuckt beinahe zusammen, als sie ihr Spiegelbild erblickt. Ihre Augen sind riesig, leer und dunkel, als hätte sich die Nacht über sie gesenkt.

Sie schaut zu Donna Ciccia, die sich immer noch an Fäden und Leintuch zu schaffen macht. Sie hat nichts bemerkt.

Giovanna schaut erneut auf den Umschlag hinab. Sie will es, sie *muss* es wissen.

Der Stempel ist fast unleserlich. Sie hält das Papier in Richtung Licht, das durch das Fenster hereinfällt. *Marseille.* Dieser Brief kommt aus Marseille. Ist es folglich möglich, dass es sich um eine Frau handelt, die Giuseppina und François kennen? Einen Augenblick lang zieht sie in Betracht, Giuseppina zu schreiben, verwirft dies aber sogleich wieder.

Und was wolltest du sie fragen?

Du würdest dich lächerlich machen, bringt es eine boshafte Stimme in ihr auf den Punkt, mit einem Ton, der sie vage an ihre Mutter erinnert.

Wieder schaut sie das Kärtchen an, schnuppert daran. Ihr scheint, es rieche sogar nach Blumen. Nach Nelken vielleicht. Oder ist es nur Einbildung? Sie weiß es nicht.

Ihre Hände kribbeln, ihr Magen rebelliert, als hätte er ein eigenes Leben, und da ist es wieder, das Gefühl, das so lange Zeit ihr Leben geprägt hat. Raus mit dem Essen, raus mit den Gefühlen.

Sie schließt die Augen und wartet, bis der Würgereiz abgeklungen ist.

Die Ängste, *jene Ängste*, erwachen wieder zum Leben, setzen ihr zu.

Sie lässt das Kärtchen in ihren Schoß fallen, ein elfenbeinfarbener Fleck auf dem Schwarz des Rockes. Fast scheint ihr, als ginge eine böse Energie davon aus.

Mein Herz weint für dich.

»Geht Ihr nur zu den Kindern, Donna Ciccia«, sagt sie mit fester Stimme. »Ich muss auf diese Briefe hier antworten. Ich komme dann später zu euch.« Sie steht auf, verbirgt das Kärtchen in der Hand und zerknittert es dabei, ohne sich dessen bewusst zu sein.

Was die andere Frau antwortet, hört sie nicht; sie geht durch die Verbindungstür und steht im Zimmer ihres Mannes.

Sie schaut sich hektisch um, das Blut rauscht in ihren Ohren. Auf einmal taucht wieder ein anderer Morgen in ihrer Erinnerung auf, eine andere Trauer. Sie reißt den Kleiderschrank auf.

Vom Geräusch der Schritte aufgeschreckt, steht Nanài, der Kammerdiener, in der Tür. »Wer ist da?«, fragt er schüchtern, verwirrt, als er seine Herrin sieht, die in den Kleidungsstücken seines Herrn wühlt.

Sie dreht sich um, bringt ihn mit einem gezischten »Raus hier!« zum Erstarren.

Offenkundig verängstigt zieht sich der Mann aus dem Zimmer zurück.

Jetzt ist Giovanna wie von einem Dämon besessen. Sie wühlt in den Hemden, reißt die Morgenröcke heraus, betastet die Hosen …

Dann hält sie plötzlich inne, weil ein Schwindel sie erfasst. Sie greift sich mit den Händen an die Schläfen.

Ihr Verhalten ist ihrer nicht würdig. Aber wie kann sie denn widerstehen, wie soll sie sich zurückhalten, wenn der

Mann, für den sie ihr ganzes Leben umgekrempelt hat, der Mann, der sie die Liebe gelehrt hat, für den sie gelernt hat zu essen… wenn dieser Mann in seinem Herzen eine andere Frau hat?

Sie schließt die Augen, versucht nachzudenken. Nein, die Welt ihres Mannes ist nicht hier, inmitten all dieser Dinge. *In dieses Zimmer kommt er nur, um sich umzuziehen und zu schlafen. Den größten Teil seiner Zeit verbringt er am Schreibtisch. Und dort bewahrt er die Dinge auf, die ihm* wirklich *wichtig sind.*

Und so läuft Giovanna, sie läuft, wie sie noch nie in ihrem ganzen Leben gelaufen ist. Sie läuft die Treppe hinunter in Richtung Arbeitszimmer. Aufgeschreckt durch den Lärm, den sie dabei macht, tauchen ihre beiden Söhne an der Tür des Kinderzimmers auf und sehen befremdet, wie sie vorbeiläuft: So verzweifelt haben sie ihre Mutter noch nie gesehen. Vincenzino muss husten und schaut Ignazziddu fragend an, doch der zuckt nur mit den Schultern.

Giovanna öffnet die Tür zum Arbeitszimmer. Es ist das erste Mal, dass sie es betritt: Das hier ist ein Ort für Geschäfte, für nüchterne Worte, Wände aus Leder, Zigarrenrauch. Einen Moment lang sieht sie, wie die massiven Möbel aus Holz aus dem Halbschatten treten, der niedrige Bücherschrank hinter dem Schreibtisch, die orientalische Lampe auf dem Schränkchen. Dann geht sie auf den Schreibtisch zu, reißt grob die Schubladen auf. Sie findet Stifte darin, Schreibfedern, Kassenbücher voller Zahlen. Sie blättert sie durch, ohne Ergebnis. Dann beugt sie sich tiefer hinab, öffnet die unterste Schublade. Darin ist ein Geheimfach.

Und genau hier wird sie fündig. Die Schatulle aus Rosen- und Ebenholz mit dem Metallgriff, die Ignazio in der Via dei Materassai wie seinen Augapfel im Schrank gehütet hat. Als sie ihn einmal gefragt hat, was denn darin sei, hat er nur kurz angebunden erwidert: »Erinnerungen.«

Ihr zittern die Hände. Die Schatulle ist glatt, schwer, fühlt sich warm an. Als sie sie auf den Schreibtisch stellt, fällt ein Sonnenstrahl darauf und bringt die Maserung im Holz zum Leuchten.

Sie öffnet sie.

Auf der Stelle steigt ihr wieder der Duft in die Nase, den sie auch an jenem Kondolenzschreiben wahrzunehmen glaubte. Dann, unter einer zerlesenen Ausgabe der *Prinzessin von Clèves* von Madame de La Fayette, findet sie ein Bündel Briefe. Sie breitet sie auf der ledernen Schreibtischunterlage aus und beginnt sie mit einer Mischung aus Neugier und Widerwillen zu durchwühlen. Es ist fein geschöpftes, schweres Papier, und die Handschrift ist die einer Frau. Viele der Briefe sind nicht einmal geöffnet; andere hingegen so zerlesen, dass sie in Auflösung begriffen sind. Alle tragen den Stempel von Marseille und scheinen auf eine Zeit zurückzugehen, die ein paar Jahre zurückliegt. Plötzlich blitzt auch ein Band aus himmelblauem, verblichenem Atlas auf.

Ganz unten in der Schatulle liegt ein Kärtchen, ganz ähnlich dem, das diesen Sturm entfacht hat und jetzt auf dem Schreibtisch liegt, ganz oben auf dem Briefstapel. Sie schaut nach dem Datum, liest. Eine Nachricht zum Tod ihres Schwiegervaters.

Wieder steigt es in ihr auf wie ein Rausch, der sich ihrer bemächtigt. »Wer ist diese Frau?«, schreit sie, ohne sich dessen überhaupt bewusst zu sein. Sie greift nach einem der ungeöffneten Umschläge, versucht ihn aufzureißen.

»Was machst du da?«

Ignazios Stimme ist wie ein Schwall kaltes Wasser mitten ins Gesicht. Giovanna hebt den Kopf, sieht ihn auf der Schwelle stehen, den Mantel in den Händen. Instinktiv lässt sie den Umschlag fallen.

Ignazios Blick wandert vom Gesicht seiner Frau zu der offenen Schatulle und dann zu den auf dem Schreibtisch verstreuten Papieren. »Ich habe dich gefragt, was du da machst«, wiederholt er, kreidebleich im Gesicht, mit rauer, wie metallischer Stimme.

Er schließt die Tür, legt den Mantel auf einen Stuhl, tritt vor den Schreibtisch. Langsam streckt er eine Hand aus, greift nach dem zerknitterten Brieflein. Mit liebevoller Geste streicht er es glatt. Doch sein Gesicht ist kalt, reglos.

Und es ist genau das, was Giovanna wütend macht. »Was ist das da … diese Briefe?«, faucht sie und fuchtelt mit dem Umschlag herum, den sie in Händen hält.

»Gib das her«, sagt Ignazio, immer noch den Blick auf den Umschlag gerichtet.

Es ist ein Flüstern mit der Seele eines Befehls. Giovanna schüttelt den Kopf, drückt das Schreiben an ihre Brust. Rote Flecken erblühen auf ihrem bleichen Gesicht, ein seltsamer Gegensatz zum Schwarz ihrer Kleidung. »Was ist das?«, fragt sie, jetzt gramerfüllt.

»Das geht dich nichts an.«

»Das sind Briefe von einer Frau. Wer ist es?«

Ignazio hebt den Blick und schaut sie an. Giovannas Herz setzt einen Schlag aus.

Ignazio – ihr Ignazio – hat noch nie die Kontrolle verloren. Immer hat er jede Widrigkeit im Leben mit einem Achselzucken oder einem distanzierten Lächeln abgetan. Doch der Mann mit dem fahlen Gesicht, den zusammengebissenen Kiefern und den halb geschlossenen Augen ist nicht ihr Ehemann. Er ist ein Fremder, ein Mensch, der Opfer einer ebenso eisigen wie unbändigen Wut ist.

Giovannas Gedanken wirbeln durcheinander, grausam, verängstigend, widersprüchlich. *Wie dumm bin ich gewesen! Warum wollte ich es wissen? Weil ich seine Frau bin, er ist es mir schuldig. Hätte ich das Brieflein nicht einfach zerreißen und es vergessen können? Nein, dann hätte ich ihn anlügen müssen, meinen Mann … Aber alles wäre so gewesen wie vorher! Und jetzt, was soll ich jetzt machen, um ihn zu besänftigen? Aber ich habe doch das Recht, es zu erfahren, nach all den Jahren, in denen ich mich für ihn aufgeopfert habe! Und wenn er sich jetzt für diese Frau entscheidet? Aber nein, da sind doch Vincenzino und Ignazziddu und …*

Sie schüttelt den Kopf, als wollte sie die Stimmen zum Verstummen bringen, die sie quälen.

»Warum?«, fragt sie schließlich, es ist nur ein Flüstern. Sie lässt den Umschlag fallen und lehnt sich an den Schreibtisch, neigt sich zu ihm. Es ist die einzige Frage, die sie ihm stellen kann – stellen muss. »Warum hast du mir nicht gesagt, dass es eine andere gibt?«, fährt sie fort, und auf einmal klingt ihre Stimme weinerlich. »Hast du mich deshalb nicht wirklich gewollt? Weil du nur an diese Französin dachtest?«

»Seit ich dich geheiratet habe, hat es nie eine andere gegeben.«

Seine Stimme ist wieder fest, kontrolliert. Auch der Ausdruck auf seinem Gesicht ist wie immer, eine Miene stiller Distanziertheit. Da ist nur ein winziges Zucken um seine Lippen, als er die Umschläge zusammenschiebt, sie stapelt und zurück in die Schatulle legt.

Doch Giovanna entgeht nicht die Zärtlichkeit in seinen

Gesten, die Sorgfalt, mit der er die Briefe zusammenrollt und mit dem blauen Band umschlingt, mit der er nach dem Buch greift. Sie kann sich nicht zurückhalten. »*Tanto megghiu di mia è?* Ist sie wirklich so viel besser als ich?«

»Das alles gehört der Vergangenheit an. Du hast nichts damit zu tun«, erwidert Ignazio, ohne sie anzuschauen. Dann zieht er aus der Hosentasche ein Schlüsselbund. Mit einem der Schlüssel – er ist klein, dunkel – verschließt er die Schatulle. Er drückt das Kästchen an seine Brust, geht in Richtung Tür. »Das alles geht dich nichts an. Und betritt niemals wieder mein Arbeitszimmer. Nie mehr.«

Sand und Salz unter den Schuhen. Der Wind ist heiß, stark, das Licht weiß, so gleißend, dass er die Augen schließen muss. In der Luft der Duft nach wildem Majoran, gemischt mit dem Odem des Meeres.

Ignazio bückt sich, hebt eine Handvoll Sand und Erde hoch und lässt sie durch seine Finger rieseln. Genauer gesagt ist es zerbröselter Tuff: ein heller Stein mit Einschlüssen von Muscheln und Meerestieren. Das wahre Herz von Favignana.

Seiner Insel.

Ja, sie gehört mir, sagt er sich lächelnd, setzt seinen Weg fort und erreicht die Klippen des Bue Marino, von denen aus man einen Blick aufs Festland und aufs Meer hat. Unter ihm schneiden Arbeiter Tuffblöcke, die dann zum Ufer gezogen und auf Schiffen direkt nach Trapani gebracht werden. Eine feine Staubwolke steigt in die Luft und wird von Windstößen sogleich wieder verweht: Das sind die Überreste der Tuffgewinnung aus Höhlen, die Dutzende Meter tief sind, ein Erwerbszweig, der zusammen mit dem Fischfang schon seit Jahrhunderten überlebenswichtig für die Bewohner der Insel ist, nicht nur, weil man damit Erträge erzielen kann, sondern weil aus dem Tuffstein auch die Häuser gebaut werden.

Ja, seine Insel: Vor ein paar Monaten hat er die Ägadischen Inseln von den Marchesi Giuseppe Carlo und Francesco Rusconi und ihrer Mutter, der Marquise Teresa Pallavicini, gekauft – Favignana, Marettimo, Levanzo und Formica; letztere liegt auf halbem Wege zwischen Levanzo und Trapani. Allen hat Ignazio gesagt, die Investition von zwei Millionen siebenhunderttausend Lire* sichere ihm die Möglichkeit, der Thunfischindustrie einen entscheidenden Impuls zu geben. Als Arbeitskräfte könne er dafür die Galeerensträflinge aus der Festung Santa Caterina nutzen, außerdem sei, als zusätzlicher Gewinn, auch noch der Tuff zu verkaufen. Alles in allem hat er jede Eigenheit der Inseln einer genauen Prüfung unterzogen, daraus ihr wahres Potenzial errechnet und kam so zu der Entscheidung, sie zu kaufen. Zudem hat er dabei von der Tatsache profitiert, dass die Geschäfte auf den Inseln vorher rote Zahlen geschrieben haben, wodurch er den Preis drücken konnte.

Sich selbst gegenüber braucht er jedoch keine Rechtfertigung.

So wie es bereits vor fast siebzig Jahren seinem Onkel, dessen Namen er trägt, erging, als er sich unsterblich in die Tonnara, die Thunfischfabrik in der Arenella, verliebte, hat Ignazio sein Herz an die Insel Favignana verloren: Sie liebt

* Etwa zehn Millionen Euro. (Anm. d. Autorin)

er mehr als die Geschäfte selbst, das gesellschaftliche Prestige und so viele andere Dinge, von denen sein Leben erfüllt ist. Hier sind die Spannungen der Arbeit – die Schwierigkeiten mit der Schwefelgewinnung, der Anstieg der Einfuhrzölle – weit weg; und seine Familie ebenso. Und auch Giovannas Augen, so ernst, so traurig, sind dann kaum mehr als eine verblasste Erinnerung.

Genau hier möchte er für sich ein Haus erbauen lassen, so wie sein Vater es in der Arenella getan hat. Doch noch ist der Moment nicht gekommen: Ein Pachtvertrag lastet auf der Tonnara und ist auf den Namen eines gewissen Vincenzo Drago eingetragen. Um vollständig in den Besitz der Thunfisch verarbeitenden Anlagen und der Insel zu kommen, muss er bis 1877, also drei Jahre noch, warten.

Unter ihm tost und braust das Meer. Der Wind, ein launischer Föhn, wird umschlagen, das spürt er, und dann wird auch dieses Stück Meer plötzlich seinen Frieden finden. Es wird zur Ruhe kommen, genau wie auch er zur Ruhe gekommen ist, als er damals zum ersten Mal den Fuß auf diese Insel gesetzt hat.

Er schließt die Augen, genießt die Wärme der Sonne auf seinen Lidern.

Ignazio erinnert sich noch genau an das allererste Mal, als er hierherkam: Damals war er gerade mal vierzehn Jahre alt, und es war sein Vater, der damals die Tonnara leitete und ihn dazu aufgefordert hatte, ihn zu begleiten. Während der starke Geruch der verwesenden Karkassen der Thunfische in der Luft hing und die Sonne auf den Mauern der Häuser gleißte, rollte Vincenzo die Ärmel seines Hemdes auf, nahm auf einem großen Felsbrocken Platz und redete mit den Fischern Dialekt, diskutierte mit ihnen über den besten

Zeitpunkt, während der Mattanza die Netze auszuwerfen, wobei es eine große Rolle spielte, in welche Richtung bei dem großen Fischzug der Wind wehte. Ignazio ist anders als sein Vater: herzlich und distanziert zugleich. Was jedoch die Männer von Favignana an ihm spüren, das ist eine innere Stärke, die sich nicht in Hochmut oder Dünkel äußert, sondern in einer Aura der Ruhe und Sicherheit, die ihn umgibt. Das haben sie auch an diesem Morgen wahrgenommen, als Ignazio ohne Ankündigung in der Tonnara vorstellig wurde. Die Mattanza ist seit einigen Wochen vorüber, es ist Sommer geworden, und während man in den Lagern emsig mit der Verarbeitung des Fisches und dem Einmachen in Dosen beschäftigt ist, kümmern sich die Thunfischfänger um die Instandsetzung der Boote und Netze.

Ignazio hat lange mit ihnen gesprochen; niemals hat er sie unterbrochen, auch wenn die Gespräche manchmal verwirrend waren und der starke Dialekt, den sie sprachen, zunehmend unverständlich wurde. Vor allem jedoch hat er ihnen in die Augen geschaut, hat das ganze Elend gesehen, in dem sie leben, die Angst vor der Zukunft, in die sich auch immer wieder Ungewissheit mischt, sei es wegen der Konkurrenz durch den spanischen Fischfang, sei es durch die hohen Steuern, die ihnen von den »Piemontesern«, wie sie sie nennen, auferlegt werden. Versprechungen hat er ihnen keine gemacht, doch allein Ignazios Anwesenheit hat ihnen ein sicheres Gefühl gegeben.

»Seid Ihr zufrieden?«

Die Stimme, die ihn aus seinen Gedanken reißt, ist die von Gaetano Caruso, einem seiner vertrautesten Mitarbeiter, Sohn von Ignazio, einem Verwalter, der bereits für seinen Vater gearbeitet hat. Auch sie haben lange miteinander gesprochen, vor allem über das, was Ignazio auf Favignana verwirklichen will, über seine Ideen für die Modernisierung der Anlage, über die Verträge, die es aufzusetzen gilt.

»Ja, sehr. Das sind alles brave Christenmenschen, die hier arbeiten, respektable Leute«, erwidert Ignazio und reibt sich die Hände ab. Eine Schicht Tuffstaub bleibt an ihnen haften.

»Weil Ihr sie zu nehmen wisst. Ihr gebt ihnen Sicherheit, weil Ihr sie respektiert, und das spüren sie. Ihr gebt nicht einfach nur Anweisungen, so wie andere es tun.«

Caruso tritt an seine Seite. Er hat feine, kantige Gesichtszüge und einen Kinnbart, der ihn oft zu jucken scheint. Heute hat er das Revers seiner Jacke geschlossen und die Arme vor der Brust verschränkt, im Gegensatz zu Ignazio, der mit den Händen in den Hosentaschen aufs Meer schaut und sich vom Wind zausen lässt.

»Vor langer Zeit, als ich noch ein *picciriddu* war, hat mich mein Hauslehrer einmal das Stück von Titus Livius übersetzen lassen, in dem es um die Parabel des Agrippa Menenius geht. Kennt Ihr die?«

»Nein, Don Ignazio«, antwortet Caruso.

»Dazu müsst Ihr wissen, dass die Plebejer damals die gleichen Rechte wollten wie die Patrizier und sich deshalb aus Protest von Rom entfernt hatten. Agrippa Menenius hat es geschafft, sie zurückzuholen, indem er ihnen die Parabel vom menschlichen Körper erzählte: Es geht darum, dass die Glieder des Körpers urplötzlich aufhören zu funktionieren, weil sie neidisch auf den Magen sind, der dort drinnen einfach nur faul darauf wartet, dass endlich das Essen kommt. Doch weil der Körper dadurch sehr geschwächt wurde, mussten die Glieder am Ende ihren Frieden mit dem

Magen machen.« Ignazio zieht ganz leicht die Mundwinkel nach oben, die Andeutung eines Lächelns. »Unsere Arbeiter müssen das Gefühl haben, Teil von etwas zu sein. Das sagte mir auch immer mein Vater. Der Lohn kann nicht der einzige Ansporn für sie sein. Ich als Allererster muss ihnen zeigen, dass jeder von ihnen wichtig ist, und das kann ich nur, wenn ich ihnen ins Gesicht sehe, jedem Einzelnen von ihnen.«

Caruso nickt. »Das ist nicht immer einfach.«

»Hier ist es das. Das hier sind Fischer, einfache Leute, die den Wert der Arbeit kennen … In der Stadt hingegen haben die Arbeiter Flausen im Kopf, sie suchen nach Gründen, nicht oder weniger zu arbeiten, und stellen Forderungen, immer stellen sie Forderungen … nur um dann das zu kritisieren, was ihnen gewährt wird. Es ist ein ständiger Kampf.« Ignazios Miene verdüstert sich, wenn er an die Arbeiter der Oretea denkt, oder an die der Spinnerei, die er zusammen mit Anwalt Morvillo auf den Weg gebracht hat und die nur halbwegs produktiv ist.

Er kehrt dem Mittelmeer den Rücken zu. Die Kalesche wartet ganz in der Nähe auf sie.

Caruso schaut Ignazio dabei zu, wie er das Gefährt besteigt, das ebenfalls mit einer Schicht aus Tuffstaub bedeckt ist, so wie alles auf der Insel, und sagt dann, um ihm ein Lächeln zu entlocken: »Mittlerweile seid Ihr für die Leute hier ein Fürst, wusstet Ihr das? Und ich würde mich nicht wundern, wenn der König …«

»Ich bin Industrieller, Signor Caruso«, unterbricht ihn Ignazio. »Mein Titel ist mein Kapital. Und es ist ein Titel, der mehr als jeder andere Macht und Respekt erzeugt.«

Während die Kalesche ihn vom Bue Marino wegbringt,

singt ein Teil von Ignazios Seele mit der gleichen Stimme wie der Wind. Nein, er hat keineswegs den Wunsch, zum Fürsten ernannt zu werden, noch zum Grafen oder zum Marchese der Ägaden. Es ist die Tatsache, dass er der Herr der Inseln ist, die ihn schlicht und ergreifend glücklich macht.

TONNARA

Juni 1877 – September 1881

Fa' beni e scordatillo; fa' mali e pensaci.
»Tu Gutes und vergiss es.
Tu Schlechtes und denk daran.«
Sizilianische Redensart

Am 18. März 1876, nur zwei Tage nach der Ankündigung der Schuldenbremse, kommt die Sinistra Storica an die Macht – Agostino Depretis wird am 25. März 1876 Premierminister –, eine politische Kraft aus Männern des mittleren Bürgertums, die im Vergleich zur Rechten einen geringeren Steuerdruck anstrebt und entschlossen ist, Italien einen großen Schub in Richtung Modernisierung zu geben. Zwanzig Jahre lang, bis 1896, wird sie das Land ununterbrochen anführen, mit verschiedenen Regierungen und Männern wie Agostino Depretis, Francesco Crispi, Benedetto Cairoli und Giovanni Giolitti an der Spitze.

Die Sinistra Storica wird auch bei zahlreichen Bezirkswahlen auf Sizilien bestätigt, doch trotz der Wahlversprechen bleibt die prekäre Situation im Süden im Grunde unverändert. Am 3. Juli 1876 stellt der Abgeordnete Romualdo Bonfadini der Regierung die *Relazione della Giunta per l'inchiesta sulle condizioni della Sicilia* vor, in der er auch auf das Problem der Mafia Bezug nimmt; dabei handele es sich, so Bonfadini, nicht um eine Geheimgesellschaft, sondern um »den Ausbau und die Perfektionierung jeglicher krimineller Machenschaften; sie ist die instinktive, brutale und von niederen Interessen geprägte Solidarität, die sich vereint, um dem Staat, dem Gesetz und ihren Organismen Schaden zuzufügen, ein Zusammenschluss von Individuen und sozialen

Schichten, die es vorziehen, ihr Leben und ihren Wohlstand nicht aus der Arbeit, sondern aus der Gewalt, dem Betrug und der Einschüchterung zu ziehen.« Doch der Bericht wird nicht in Gänze veröffentlicht; tatsächlich werden es erst zwei junge Vertreter der Destra Storica sein, Leopoldo Franchetti und Sidney Sonnino, die im Jahre 1877 eine unabhängige Untersuchung über das Thema mit dem Titel *La Sicilia nel 1876* veröffentlichen und aufzeigen, wie schwerwiegend die Probleme im Süden sind, darunter Korruption, Vetternwirtschaft, das Fehlen einer effektiven Agrarreform und vor allem die Abwesenheit eines »allgemeinen Rechtsempfindens«. Im Jahre 1877 wird auch durch eine Kommission unter dem Vorsitz von Senator Stefano Jacini eine Untersuchung zu den Lebensbedingungen der Landbewohner mit dem Titel *Inchiesta agraria e sulle condizioni della classe agricola* vorgelegt: Zwischen 1881 und 1886 wird sie in fünfzehn Bänden veröffentlicht und zeigt die beunruhigende Situation der italienischen Landwirtschaft auf, ihre weitreichende Rückständigkeit und die von tiefem Elend geprägten Lebensbedingungen der Landbevölkerung. Dennoch werden ihre Ergebnisse von der Regierung weitestgehend ignoriert.

Am 9. Januar 1878 stirbt König Vittorio Emanuele II. Sein Sohn Umberto I. folgt ihm auf den Thron; 1868 hat er seine Cousine Margarethe von Genua vor den Traualtar geführt. Beseelt von einem zutiefst konservativen Denken (das seine Gemahlin teilt), versucht der neue König auf der Stelle, die Gunst des Volkes zu erlangen. Kaum hat er den Thron bestiegen, bereist er zusammen mit der Königin und dem neunjährigen Sohn Vittorio Emanuele zahlreiche Gegenden Italiens (wobei er am 17. November 1878 nur knapp einem Attentat durch den Anarchisten Giovanni Passannante entgeht) und zeigt sich besonders oft an den Schauplätzen von Naturkatastrophen wie den Überflutungen in Venetien im Jahre 1882 oder dem Choleraausbruch 1884 in Neapel.

Am 7. Februar 1878 stirbt Pius IX. Obwohl der neue Papst Leo XIII. sich einem Dialog offener zeigt, wird der Bruch des Kirchenstaats mit dem italienischen Staat Italiens Leben noch lange prägen.

Chiurma, sarpatu, chiummo, càmmara, coppu, bastardedda, panaticu, rimiggiu.

Wörter aus einem Dialekt, wie er bis heute von Menschen auf der schmetterlingsförmigen Insel Favignana gesprochen wird, Wörter, die nach Witterung und Mühen klingen.

Während des Winters wurden auf den schwarzen Fangbooten die Ritzen verstopft und der Boden mit Pech versiegelt – das sogenannte Kalfatern –, die Netze wurden geflickt und verstärkt. Die Tonnara beginnt nach dem Fest des Heiligen Kreuzes im Mai. Die Anker werden nach den Koordinaten, die der Rais nach Prüfung der Winde und der Meeresströmungen herausgibt, gesetzt; dazu stimmt man Gebete an *U' Patri Crucifissu* – dem allerheiligsten Gekreuzigten –, an die Maria des Rosenkranzes, das Unbefleckte Herz Mariens sowie an *Santu Parti*, San Francesco da Paola, den Schutzpatron der Seeleute und Fischer, an. Herr der Tonnara ist der Rais, der Anführer der *chiurma*, also der Thunfischfänger, die bereits als junge Männer die Schiffe besteigen und sie erst wieder verlassen, wenn das Alter, der Tod oder das Meer es verlangen.

Der Rais liest den Wind und das Wasser, und er befiehlt den Beginn (*calata*) und das Ende (*sarpatu*) der Tonnara.

Zusammen mit den Ankern werden auch der *chiummo* und die *rusazzi* versenkt, eine Kette und mehrere Quader aus dem Tuff von Favignana, Ankersteine, die dafür sorgen, dass die sogenannte *isula*, also die Reuse der Tonnara, stabil bleibt. Und tatsächlich werden die Netze, wenn die Thunfische hineinschwimmen und um ihr Leben kämpfen, oft zerrissen und die Taue zerfetzt.

Die *isula* ist in Kammern aufgeteilt; die Thunfische werden zunächst mittels einer *custa*, eines langen und hohen Netzes, das ihnen den Weg versperrt, zum Eingang, der *vucca 'a nassa*, gelenkt. Ihre Türen sind handgeknüpfte Netze; es gibt verschiedene Kammern, so die *càmmara di punenti*, die *càmmara di levanti*, die wiederum mit der *càmmara granni* und der sogenannten *urdunaru* verbunden sind. Ganz unten gibt es keine Netze. Die einzige Kammer, die an fünf Seiten Netze hat, ist die *coppu*, die Todeskammer. Wenn sie die *càmmara di punenti* durchquert haben, kommen die Thunfische in die *bastardedda*, die Vorkammer der *coppu*. Wird dann endlich die Tür – auch sie aus Fischernetzen gefertigt – angehoben, stürzen sich die Thunfische, durch die immer enger werdenden Maschen aufgepeitscht, auf der Suche nach einem Weg nach draußen direkt in die Todeskammer.

Am Tag zuvor haben die Tonnaroti gebetet, sie haben den Namen Jesu angerufen und ihn angefleht, der Fischfang möge eine reiche Ausbeute haben und der *panaticu*, also der Lohn, ausreichend sein, um die Familie zu versorgen, weil es auch einen *migghiurato*, eine Art Prämie, geben würde.

Am Tag des Fanges positionieren sich die *varcazzi*, die Langboote, paarweise seitlich des *quadratu*, des aus dem Wasser ragenden Teils der Todeskammer; dann schließen sie zusammen mit den *parascarmi*, den kleineren Booten, und den *vascetti*, langen und gewaltigen Booten mit schwarzem Rumpf, den *quadratu* ab. Sie sind immer paarweise unterwegs, eines in Luv und eins in Lee.

Direkt vor der Mattanza wird noch einmal gebetet. Es werden die *scialome* angestimmt, Gesänge, die sich an den heiligen Petrus richten und gegen ein geiziges, feindseliges Meer wüten.

Dann beginnt man am *coppu*, also an der Todeskammer, mit Armkraft zu ziehen, während sich Meerwasser mit Schweiß vermischt und die Thunfische zappeln, weil ihnen der Raum fehlt, Luft, Wasser. Die Netze – schwer vom Wasser, von den Fischen zerfetzt – werden im Inneren der Boote befestigt. Dann treten auf den Booten die *rimiggiu* in Aktion, eine Gruppe Fischer mit kräftigem, muskulösem Körperbau, deren Aufgabe es ist, die Thunfische zu harpunieren und sie mithilfe der *spetta*, eines langen, tödlichen Hakens, an Bord zu hieven.

Es ertönt das Signal. Mit Stangen, mit *corchi* und *maschi*, besonderen Harpunen, die für den Thunfischfang hergestellt werden, wird nach den Thunfischen ausgeholt, die mittlerweile nur noch knapp unter der Meeresoberfläche sind und mit gewaltigen Schlägen nach den Booten ausholen, sich gegenseitig rempeln. Das Meer wird rot von ihrem Blut. Die Tiere schreien, und ihre Laute übertönen das Schreien und Rufen der Fischer, die sich gegenseitig Mut machen. Die Fische suchen nach Auswegen, sie winden sich, doch die Fischer durchbohren sie und hieven sie mit bloßen Armen in die Boote, halten sie an den Rückenflossen fest, während die Harpunen ihr Fleisch, die Augen, das Maul zerfetzen. Die Fische leben noch, wenn sie auf dem Boden der Boote ankommen, doch bei der Rückkehr in den Hafen werden sie tot sein, ihr Blut mit Eimern voller Seewasser abgewaschen.

Bei der Mattanza hat man Respekt für den Thunfisch, doch Erbarmen gibt es nicht.

Als die Kutsche an einem bleigrauen Morgen im Juni des Jahres 1877 in der Nähe der Gießerei Oretea hält, werden die Gittertore gerade erst geöffnet. Unter den von Damiani Almeyda entworfenen Metallgewölben werden schrille und unflätige Schreie laut. Die Stimmen steigen zum metallenen Giebeldach empor, das mit kleinen Voluten geschmückt ist, und dringen durch die schweren Glasscheiben der Fenster bis ins Innere. Der Architekt hat die massive und grobe Gestalt der ursprünglichen Gießerei verfeinert und ihre Funktionalität verbessert.

Gruppen von Männern und Jünglingen in Arbeitskleidung sitzen auf dem Boden oder lehnen sich an die Mauern, sie plaudern oder diskutieren. Manche beißen in ein Stück Brot.

Die haben nicht die geringste Absicht, zur Arbeit anzutreten, denkt Ignazio.

Plötzlich baut sich ein gedrungener Mann mit krummer Nase und grauem, stoppeligem Haar vor den Gittertoren auf. Er breitet die Arme aus und schreit: »*Ma che è? Vero vuliti travagghiari pi' uno chi ni leva i picciuli chi n'attoccano e ni fa jiccari u' sangu*? Wollt ihr wirklich für einen arbeiten, der euch bis aufs Blut ausbeutet?«

Seine Stimme hallt bis ans Ende der Straße wider und bringt alle zum Verstummen.

Ignazio kennt den Mann. Er ist Schweißer, einer von denen, die – bis vor zwei Tagen noch – in der Werft Schiffe repariert haben und sich seit gestern weigern, die Gießerei zu betreten, weil sie erfahren haben, dass ihnen der sogenannte *quarto di campagna*, eine kleine Zulage, nicht mehr zusteht. Unter den Arbeitern gab es sofort Aufruhr, ihre Wut hat sich verbreitet wie ein Lauffeuer. An einem bestimmten Punkt musste sogar die Obrigkeit eingreifen. Am Abend des zweiten Tages haben die Verantwortlichen der Gießerei beschlossen, allein Ignazios Anwesenheit könne die Situation ändern, und ihn angefleht, gleich am nächsten Morgen, zur Öffnung der Gittertore, zur Gießerei zu kommen.

Der Schweißer schimpft weiter über die Herren der Gießerei, die ihnen nicht einmal mehr ins Gesicht schauen könnten und von nichts Ahnung hätten.

Ein Chor der Zustimmung – »*Veru è!* Wie wahr!« – erhebt sich aus der Menge und übertönt die Tirade des Mannes. Manche stürzen auf die Gittertore zu, schließen sie und beginnen auf die Mauern der Gießerei einzuschlagen. Innerhalb weniger Sekunden pulsiert die Straße vor Lärm, vor wütenden Schreien, und eine Spannung liegt in der Luft, die nach Schweiß und Eisen riecht. Dutzende von Arbeitern schlagen mit den Fäusten an die Mauer, sie schreien, dass sie sich nicht ausrauben lassen wollen, dass diese Arbeit für sie und ihre Familien ihr täglich Brot sei, man in der Tat von ihnen verlange, »an glatten Wänden hochzusteigen«, um ihre Arbeit zu machen, und dass sie niemals aufbegehrt hätten, aber jetzt …

In genau diesem Moment beschließt Ignazio, aus der Kutsche zu steigen.

Er tut es in allergrößter Ruhe, mit erhobenem Haupt, den Hut in der Hand. Voller Gleichmut geht er in Richtung Eingang.

Es ist ein kleiner Junge, der ihn als Erster erkennt. Er zupft seinen Vater am Ärmel. »Papa! Papa! Der Herr! Das ist Don Ignazio!«

Der Mann dreht sich um, reißt die Augen auf und nimmt die Mütze ab, drückt sie an seine Brust. »Don Ignazio, *assabbinirìca*, willkommen«, begrüßt er ihn ehrerbietig und wird rot vor Verlegenheit.

So plötzlich, wie er begonnen hat, ebbt der Aufruhr ab.

Die Menge teilt sich, um ihn durchzulassen, der Schweißer senkt die Arme und tritt zur Seite, als hätte sich sein ganzer Zorn in Luft aufgelöst. Die Gittertore öffnen sich, wenn auch nur handbreit. Einige der Arbeiter nehmen die Kopfbedeckungen ab und mustern Ignazio mit einer Mischung aus Respekt und Furcht. Manche weichen zurück, andere blicken verlegen zu Boden.

Ignazio erwidert die Grüße mit einem Nicken, sagt aber kein Wort.

Manche Blicke jedoch sind alles andere als eingeschüchtert. Er spürt sie an seinem Rücken, nimmt den Groll wahr, kann den Zorn erschnuppern. Es ist ein scharfer Geruch, ähnlich dem von Schießpulver. Die Blicke aus hungrigen Augen folgen ihm bis zum Eingang des Verwaltungstrakts, wo ihn ein Mann mit grau gesprenkeltem Kinnbart und erbarmungslos gelichteten Schläfen erwartet: Das ist Ingenieur Wilhelm Theis, der Direktor der Gießerei. Ein schmächtiger Mann, der neben dem kräftigen Ignazio noch kümmerlicher wirkt.

Theis macht die Tür hinter ihnen zu und dreht zwei Mal den Schlüssel im Schloss. Schweigend gehen die beiden durch einen engen Flur, der noch immer in nächtlichem Dunkel liegt, und betreten schließlich das Büro, in dem sich etwa ein Dutzend Angestellte in Jacke, schwarzer Krawatte, einem Hemd mit gestärktem Kragen und kurzen Ärmeln aus Perkalin auf den Beginn ihres Arbeitstages vorbereiten. Während er an ihren säuberlich aufgereihten Schreibtischen vorübergeht, grüßt Ignazio sie, stellt Fragen nach dem Wohlbefinden der Familie.

Doch er behält auch die ganze Zeit die Glasfront im Blick, von der aus man das gesamte Innere der Gießerei sieht, ja, es zu beherrschen scheint. Langsam kommen die Arbeiter in die Halle: Er sieht ihre müden Gesichter, so mancher schwenkt wütend die Hände in Richtung der Büros.

Ignazio versteckt sich nicht. *Sollen sie mich ruhig sehen*, denkt er. *Alle sollen wissen, dass ich hier bin.*

Hinter ihm ein Hüsteln.

»Nun denn, Ingenieur Theis. Soweit ich verstehe, haben die Männer da draußen die neuen Bedingungen für die Arbeit auf den Schiffen nicht wohlwollend aufgenommen.«

Der schmächtige Mann tritt auf den Schreibtisch zu. Das ist der Platz, den er, der Direktor, einnimmt, wenn Ignazio nicht da ist. Heute jedoch nicht. Heute ist *der Herr* da.

»Don Ignazio, die Abschaffung der Zulage des *quarto di campagna* für die Arbeit auf den Dampfschiffen hat für ungute Stimmung gesorgt, womit niemand von uns gerechnet hat; zumindest nicht mit der Heftigkeit der Ablehnung. Es wird viel gemurrt, immer wieder protestiert, und dann haben sie auch noch dieses Schmierblatt, ihre Zeitung, auf den Plan gerufen …«

»Ihr meint *Il Povero*? Und wundert Euch das? Mindestens die Hälfte der Redaktion besteht aus Angestellten der Gießerei. Mit ihrem Protest habe ich gerechnet.«

»Aber sie übertreiben! Die Arbeiter, vor allem die Schweißer und Mechaniker, beklagen sich, die Arbeit auf den Schiffen sei zu schwer und gefährlich geworden, und ohne dieses Entgelt lohne sie sich nicht für sie. Zwei Tage haben wir standgehalten und die Proteste auch durch Eingreifen der Staatsgewalt zurückgeschlagen, aber jetzt …«

Ignazio hört ihm zu, ohne sich umzudrehen. Er knetet seinen dunklen Bart und denkt nach. Es hat mehrere Festnahmen gegeben, das weiß er: Er selbst hat den Polizeipräfekten – selbstverständlich höchstvertraulich – gebeten, rund um die Gießerei für Ruhe und Ordnung zu sorgen. So wie er weiß, dass es jetzt seine Aufgabe ist, die erhitzten Gemüter in der Oretea zu beruhigen und für Harmonie zu sorgen.

Die Anspannung, die er in der Luft wahrnimmt, ist dicht wie Wasserdampf. Sie umgibt die Arbeiter wie eine Wolke, doch auch unter den Angestellten ist sie zu spüren. Sie durchtränkt die weißen Wände des Büros ebenso wie die rußverschmierten Mauern der Werkshalle, fast kann man sie atmen.

Ordnungskräfte in Uniform drängen die Arbeiter zu ihren Arbeitsplätzen. Dabei fallen allzu viele Worte, ein Junge wird geschubst, wehrt sich. Einer der Ordnungshüter hebt die Fäuste, andere greifen ein, um den Streit zu schlichten.

Das Zischen des Wassers, das in die Rohre gepumpt wird, um die Pressen zu kühlen, ist Zeichen dafür, dass die Gießerei jeden Moment ihre Arbeit aufnimmt.

Die Tür zum Büro öffnet sich mit einem leisen Klingeln, gefolgt vom rhythmischen Ticken eines Spazierstocks. Von draußen dringt das Schlagen der Hämmer herein, mit denen das Eisen geschmiedet wird.

»Entschuldigt meine Verspätung«, sagt Vincenzo Giachery, der für die Verwaltung der Gießerei zuständig ist. »Heute Morgen will mein Bein einfach nicht so, wie ich es will.«

Ignazio geht ihm entgegen, bietet ihm einen Stuhl an. »Mein Fehler, Don Vincenzo.«

»Nein, nein.« Giacherys Augen leuchten in dem vom Alter gezeichneten Gesicht, er lächelt. »*Vossia avi u' vizziaccio di vostru patri, chi i cristiani hanno a fari subbito i cosi chi diciti voi*«, beklagt sich Giachery – Ignazio sei schon ganz wie sein Vater, der alle nach seiner Pfeife tanzen ließ – und setzt sich.

Ignazio erwidert sein Lächeln. Zerstreut streicht er über die polierte Oberfläche des Schreibtisches, den sein Vater jahrelang im Gewürzladen an der Via dei Materassai benutzt hat. Von ihm konnte er sich einfach nicht trennen. Er nimmt Platz, legt die Hände flach auf den Tisch. »Mein Vater und Euer Bruder Carlo, mögen sie in Frieden ruhen, waren beide so.«

Giachery nickt. Er verschränkt die Hände auf dem Griff seines Stockes und weist mit dem Kinn in Richtung Glasfront, hinter der die Werkhalle liegt. »*C'avemu a fari?* Was machen wir?«

Vor ihm breitet Theis angewidert die Arme aus. »Das sind doch alles ungehobelte Rüpel. Faulpelze, die keinen richtigen Satz sagen können und sich nicht einmal Arbeiter nennen dürften … An ihnen muss ein Exempel statuiert werden. Die sollen endlich begreifen, dass nicht wir für sie da sind, sondern umgekehrt.«

Ignazio verschränkt seine Hände und legt das Kinn darauf. »Es sind unsere Arbeiter, Ingenieur Theis. Mag sein, dass sie ungehobelt sind, aber sie bringen die Arbeit in der Gießerei und auf den Schiffen voran. Wir brauchen sie. Vor allem die Mechaniker aus Genua und …«

»Sie werden gut bezahlt, Don Ignazio«, unterbricht ihn Theis und rutscht unruhig auf seinem Stuhl herum. »Wenn wir allerdings an die Arbeit denken, die sie eigentlich leisten könnten …«

Giachery bittet mit einem Räuspern um Aufmerksamkeit. Er spricht mit großer Umsicht, den Blick auf den Boden gerichtet, um den Ingenieur mit dem finsteren Charakter nicht gegen sich aufzubringen. »Hört zu: In dieser Fabrik hier wird alles Mögliche hergestellt, vom Besteck bis zum Kessel. Das wisst Ihr besser als jeder andere, Herr Ingenieur. Ich arbeite mit diesen Leuten, ich höre ihnen zu. Es ist nicht recht von Euch, sie als ungehobelt zu bezeichnen. Es sind einfache Leute, die sich tagaus, tagein schinden und dafür einen Lohn bekommen, der deutlich geringer ist als der eines französischen Arbeiters, von einem deutschen ganz zu schweigen. Es stimmt, diese Männer sind ungebildet und haben nur wenig Lust, Neues zu lernen, aber sie schuften jeden Tag für ihr täglich Brot.« Erst jetzt hebt er den Kopf und sieht Ignazio an, nun spricht er zu ihm: »Sie wissen, dass die Arbeit auf den Schiffen gefährlich ist, und das macht ihnen Angst, aber sie wissen auch, wenn sie sich weigern, gibt es immer andere, die bereit sind, ihren Platz einzunehmen. Wir sind hier in Palermo, meine Herren, wo ein Salär von zwei Lire in der Gießerei Oretea dich zu einem reichen Mann macht. Es gibt Leute, die sich Papiere fälschen ließen, um hier zu arbeiten. Aber für uns wäre das nicht günstig, denn es wären Arbeiter ohne jegliche Vorbereitung. Außerdem wisst Ihr, wie schwer es ist, einen Mann aus Livorno oder gar aus Deutschland davon zu überzeugen, hierherzukommen, um seinen Beruf anderen beizubringen. Denkt doch nur, wie viel wir ihm bezahlen müssten.«

Ignazio dreht an seinem Ehering und berührt kurz den Ring seines Onkels Ignazio. »Dann mahnt Ihr, Don Vincenzo, wenn ich das recht verstehe, also zu Vorsicht?«

Der andere wedelt mit der Hand. »Vorsicht, natürlich. Und, noch besser, man sollte Zuckerbrot und Peitsche anwenden.« Er beugt sich vor und wird vertraulich. »*Vi canusciu da quannu avevate i causio corti*, ich kenne Euch schon, seit Ihr kurze Hosen trugt. Die Arbeiter hören auf Euch, genauso wie die Arbeiter der Tonnara von Favignana. Redet mit ihnen.«

Ein Seufzer. Ignazio trommelt mit den Fingern auf das Holz des Schreibtisches, scheint zu zögern, doch er weiß, dass Giachery recht hat. Viel zu lange schon war er der Ansicht, den Arbeitern mangele es an Demut, an dem Willen, sich zu verbessern, und an Dankbarkeit. Ihr Leben unterscheidet sich stark von dem der Arbeiter auf der Tonnara, doch ihr Stolz und das Bedürfnis, mit Respekt behandelt zu werden, ist das gleiche. Jetzt ist es an ihm, ein Gleichgewicht zwischen diesen Ansprüchen und der Notwendigkeit zu finden, konkurrenzfähig zu bleiben. Auch wenn er dies vermutlich nicht in kurzer Zeit erreichen wird. »Die Kosten zu senken ist fundamental«, sagt er, und es klingt, als würde er laut nachdenken. »Es stimmt, dass die Gießerei gut läuft, aber wir haben auch gewaltige Aufträge angenommen und müssen weiteres Personal einstellen. Und die Arbeiter hier sind bereits mehr als siebenhundert.« Seine Stimme ist tief, doch der Ton lässt keinerlei Unsicherheit erkennen. »Wir können es uns nicht erlauben, die Zulage des *quarto* zu zahlen. Außerdem würde eine Rücknahme unserer Entscheidung einen gefährlichen Präzedenzfall schaffen.«

Seine letzten Worte werden von lautem Hämmern übertönt; draußen werden die gewaltigen Paneele für die Kuppel des neuen Theaters, des Politeama, bearbeitet.

Die Gießerei ist eine der tragenden Säulen der Casa Florio, doch lange wird sie nicht mehr mit den Fabriken in Norditalien oder auch mit den deutschen Firmen konkurrieren können. Es ist kein Zufall, dass ihr einziger Auftrag von staatlicher Seite der für den Hafen von Messina ist, während die Stahlwerke im Norden an Ausschreibungen für den Eisenbahnbau oder für Trockendocks teilnehmen. Zu hoch sind die Produktionskosten, und der Transport von Waren und Materialien ist aufwendig. Weitermachen können sie nur, wenn sie die Löhne niedrig halten; jede Lira zählt.

Vielleicht können sie ja in einiger Zeit im Produktionskreislauf gewisse Veränderungen einbringen und in der Folge auch über Lohnerhöhungen nachdenken. Doch jetzt kommt das nicht infrage. Innovation bedeutet Investition, und es müssen neue Arbeiter herangezogen werden. Nein, in diesem Moment ist das einzig Wichtige, mit der Industrie im Norden Schritt zu halten, wo man bereits seit vielen Jahren Metallverarbeitung betreibt.

Einen Augenblick lang hallt im Büro das ohrenbetäubende Schlagen von Metall auf Metall wider.

Dann plötzlich läutet die Glocke. Drei Schläge hintereinander. Ein Alarm.

Theis zuckt erschrocken zusammen, dreht sich zum Fenster, läuft hin. Mit sichtlicher Mühe tut Giachery es ihm nach.

Die Arbeiter versammeln sich in den Höfen. Sie haben Hämmer und Zangen liegen lassen, die Pressen stehen still; nur wenige sind in der Werkshalle zurückgeblieben, um die Dampfmaschinen zu überwachen oder Luft abzulassen. Es herrscht spürbare Aufregung, und niemand kann die Männer beruhigen, nicht einmal ein Wachmann, der mit einem Stock bewaffnet ist. Und es kommt noch schlimmer: Mehrere junge Männer nähern sich dem Ordnungshüter, umringen ihn und reißen ihm den Stock aus den Händen; zwei andere packen ihn an den Armen und ziehen ihn zurück.

Ein Hieb, dann noch einer. Sie schlagen ihn zusammen.

Aus dem hinteren Teil des Lagers kommt ein weiterer Wachmann gelaufen, dicht gefolgt von anderen. Ihr lauter Pfiff zerfetzt das Stimmengewirr, übertönt die Schreie.

Der angegriffene Wachmann ist zu Boden gegangen. Er stöhnt, Blut läuft ihm aus dem Mundwinkel. Die Arbeiter wenden sich den anderen Wachleuten zu, die sich mittlerweile mit erhobenen Stöcken vor ihnen aufgebaut haben. Doch sie sind wenige, sehr wenige, und die menschliche Flut, die sich ihnen entgegenstellt, scheint sie zu verschlingen, zu überrollen, zu ersticken.

»Was geht da vor?«, ruft Theis schrill. »Müssen wir die Polizei holen?«

»Die bringen sich gegenseitig um!« Ignazio läuft aus dem Zimmer, die Treppe hinab und durch die Tür hinaus, die das Büro von der Werkshalle trennt. Das Herz klopft ihm bis zum Hals, denn er weiß, wenn er nicht etwas tut, wird es eine Katastrophe geben.

Kaum hat er den Hof erreicht, schreit er: »Aufhören! Hört sofort auf!«, und stürzt sich auf einen Arbeiter, der auf einen der zu Boden gegangenen Wachleute eintritt. Er packt ihn an den Schultern, und der Mann flucht, befreit sich und hebt die Faust.

In diesem Moment erkennt er Ignazio. Er lässt die Arme sinken und steht schwankend vor ihm, die Augen weit aufgerissen. »Don Ignazio!«

Der Name macht die Runde; ein Murmeln, wie ein Gebet. Die Fäuste lösen sich, Arme sinken. Knüppel und Stöcke fallen klappernd zu Boden. Die Wachleute weichen ein paar Schritte zurück, sie stützen ihren verletzten Kollegen.

»Was ist hier los?«, fragt Ignazio. Dann schaut er sich um, blickt die Männer an, die vor ihm stehen, einen nach dem anderen. Er wartet.

Es ist einer der Mechaniker, der nach vorne tritt. Vielleicht ist er ein paar Jahre älter als er selbst. Ein Koloss wie aus dem Bilderbuch, seine Arme sind voller Schrammen und Verbrennungen und das Gesicht schwarz vom Ruß. »*Vossignoria n'avi a scusari*«, entschuldigt er sich ehrerbietig, beklagt sich dann aber über die mörderischen Arbeitsbedingungen in der Gießerei. »*Ni stannu ammazzannu a lignate.*«

Er hat leise gesprochen, doch es ist so still geworden, dass jeder in der Werkshalle ihn gehört hat.

»*Soccu successi?* Was ist passiert?«, fragt Ignazio ihn erneut, im gleichen, gemessenen Ton. Dann mustert er den Mann mit größerer Aufmerksamkeit und tritt auf ihn zu. Beide sind gleich groß, haben die gleichen, dunklen Augen. Mitten in der Stille, die sie umgibt, murmelt Ignazio: »Du bist Filippello Alfio, stimmt's? Der Obermechaniker.«

Der andere nickt. »*Sì, vossignoria.*« Fast entgleitet ihm ein Lächeln. Das hier ist die Gießerei Oretea: ein Ort, an dem der Herr weiß, wer seine Arbeiter sind. Er kennt sie. Für sie alle ist er wie ein Vater.

»*Cùntami.* Erzähl«, fordert Ignazio ihn im Dialekt auf, damit alle ihn verstehen und Zutrauen fassen.

Kurz sucht Alfio mit einem Blick den Zuspruch seiner Arbeitskameraden, die ihn scheu dazu auffordern zu sprechen. Und es sprudelt nur so aus ihm heraus: »*Vossia u' sape, nuatri semu patri di famigghia. U salario ci fa assai, e puru i picciuli chi ni rate quannu facemu u travagghiu in capo 'i piroscafi. Ma accussì ... accussì unn'avemu unni iri. N'avemu a purtare i cosi nuatri, e manco ni pagate chiù a jurnata ... Stamatina, a un picciutteddu chi stava purtanno l'attrezzi si rumpìu a' spadda. E ccà n'avemu a pigghiari i lignate si 'un travagghiamo, avemu a essere controllati si ni pigghiamo cose, quannu niscemo.*« Er schüttelt den Kopf, breitet die Arme aus. »*Principale, accussì 'un putemu iri a nudda banna.*« So gehe es nicht weiter ...

Ignazio verschränkt die Arme auf der Brust und denkt über das nach, was er da gehört hat. Arme Leute, denen wirklich nichts anderes übrig bleibt, als auch noch auf den Dampfschiffen zu schuften. Und dann hat sich an diesem Morgen ein junger Mann an der Schulter verletzt, es gab brutale Durchsuchungen, Gewalt und Übergriffe vonseiten der Wachleute, Geldschwierigkeiten ... »Und ihr, wie habt ihr erfahren, dass dieser Junge sich verletzt hat?«

Hinter Alfios Rücken taucht ein zerlumpter und mit Kohlestaub verschmierter Junge auf. Älter als zehn Jahre kann er nicht sein. »Das war durch mich, Don Ignazio«, sagt er. Seine Stimme bebt, doch sein Blick ist ehrlich und von der harten Arbeit gestählt. »*Ju ci porto i cassetti cu i chiova e u' vitti: cariu picchì era carrico di robba.* Er heißt Mimmo Giacalone.«

Dann ist der junge Mann also von einem Gerüst gestürzt, weil er zu viel Werkzeug schleppte, denkt Ignazio. Langsam beginnt er zu begreifen, warum es hier so viel Unmut gibt.

»Und wo ist er jetzt?«, fragt er.

»Zu Hause.«

»Und nun? Was habt ihr vor zu tun?«

Der Schweißer schüttelt den Kopf. »*'Un putemu travagghiare accussì. Ca' ni malitrattano, e un sunnu sulu 'sti disgraziati, cu rispetto parlando*«, protestiert der Mann und beklagt sich über die Misshandlungen der Arbeiter durch die Wachleute, die neben Ignazio Aufstellung genommen haben. »*Cà c'è gente di l'ufficio chi ni tratta comu fango di n'tierra.*« Und auch von manchen aus dem Büro würden sie wie der letzte Dreck behandelt, fügt er hinzu.

Ignazio hebt den Kopf und verkneift sich den Fluch, der ihm beinahe über die Lippen gekommen wäre. Das ist das Problem: Diese Männer können viel ertragen, aber nicht den Verlust ihrer Würde. Und genau hier liegt der Grund für ihre Wut, ihren Groll.

Von oben beobachten die Buchhalter und die Angestellten der Gießerei die Szene mit einer Mischung aus Schrecken und Verachtung. Theis klammert sich an die Brüstung des Fensters und wirkt aufgewühlt. Fast hat es den Anschein, als würde er zittern.

»Ich werde höchstpersönlich mit den Wachleuten reden, und ich werde ihnen sagen, sie sollen euch respektieren«, erklärt Ignazio mit lauter Stimme, sodass ihn alle hören können. Er macht einen Schritt auf die Männer zu, schließt sie alle in seinen Blick ein und nickt. Er möchte, dass sie seinen Worten Glauben schenken, Vertrauen in ihn haben. »Aber ihr müsst jetzt wieder zurück an eure Arbeit.«

Die Arbeiter schauen sich ratlos und ein wenig eingeschüchtert an. Alfio neigt den Kopf nach hinten, um zu hören, was seine Kameraden murmeln. Ein Schweißtropfen zieht eine lange Spur durch den Ruß auf seiner Stirn.

»Das können wir nicht, Don Ignazio«, antwortet er am Ende. Fast klingt er entschuldigend, doch da ist auch eine Entschlossenheit in seinem Ton, die keinen Spielraum für Diskussionen lässt. »Wir sind keine Tiere, sondern Christenmenschen, wie die da drüben«, ruft er und weist auf die Wachleute. Seine Stimme wird lauter, mehr und mehr steigert er sich in seine Wut hinein. »*Travagghiamu tutta la jurnata e poi, 'sti … 'sti curnuti ci pigghiano a parole, ci chiuino a porta 'nta faccia si facemu tardu e 'un ci lassanu trasiri, ci levanu i picciuli di la jurnata! Ci rumpunu l'ossa a lignate!*«

Theis hat ihm gesagt, die Arbeiter hätten sich beschwert, doch er hat sich sehr wohl davor gehütet, genauer darauf einzugehen, wie sie von den Wachleuten drangsaliert werden und was passiert, wenn sie zu spät zur Arbeit erscheinen – dass sie sie nicht mehr hereinlassen, ihnen Strafen auferlegen und sie prügeln.

Wie von Alfios Worten angezogen, schließen die Arbeiter ihren Kreis um den Schweißer, umringen ihn. Ihre Stimmen übertönen ihn, und sie schütteln wütend die Fäuste.

Die Wachleute weichen zurück und suchen Zuflucht in der Nähe der Treppen.

Ignazio betrachtet die Männer, rührt sich jedoch nicht. Er wartet, bis sich das aufgeregte Gemurmel etwas gelegt hat, sieht dann Alfio an und sagt mit gedämpfter Stimme: »Ihr seid meine Leute.« Er geht ein paar Schritte auf die Menge zu, in der es auf einmal mucksmäuschenstill ist. »Ihr seid meine Leute!«, wiederholt er, diesmal lauter. Dann dreht er sich um, packt Alfios Fäuste, die mit schwarzem Staub verschmiert sind, und hebt seine nun ebenfalls beschmutzten Hände den Arbeitern entgegen. »Die Gießerei ist euer Zuhause. Wenn sich jemand euch gegenüber schlecht verhalten hat, dann verspreche ich euch, er wird dafür bezahlen. Aber wollt ihr denn wirklich in Streik treten? Wollt ihr wirklich, dass in eurem Zuhause die Räder stillstehen und ihr ohne Brot und Arbeit seid?« Er breitet die Arme aus, als wollte er die ganze Werkshalle umschließen. »Habe ich denn nicht für euch gesorgt? Tue ich etwa nicht alles dafür, dass eure Kinder lesen und schreiben lernen? Mimmo Giacalone … dieser Junge, der sich verletzt hat. Die Krankenversicherung, die ich für euch gegründet habe, wird sich um ihn kümmern.« Er hält inne, schaut sich um. »*Ich! Für euch!* Und wenn er dort nicht versichert ist, werde ich höchstpersönlich dafür sorgen, dass man ihn verarztet. Wir alle sind Teil dieser Fabrik, wir alle. Ich bin hier bei euch … Wenn es nötig wäre, würde ich mir die Jacke ausziehen und hier mit euch schuften, Seite an Seite, damit es endlich weitergeht. Die Oretea, das sind nicht nur die Florios: Es sind auch ihre Leute, ihre Arbeiter! Das seid ihr!«

Es ist fast Abend, als Ignazio die Gießerei verlässt. Er hat gewartet, bis alle Arbeiter die Halle verlassen haben, hat sich am Gittertor von ihnen verabschiedet, war bei den Kontrollen dabei, die diesmal deutlich weniger übergriffig waren. Für alle hatte er eine Geste, ein Wort, einen Händedruck.

Sie haben ihn mit einem »Auf die Florios!« verabschiedet, das durch den ganzen Hafen hallte.

Nach seiner Ansprache sind die Arbeiter an die Arbeit zurückgekehrt. Das Murren und Protestieren hat nicht aufgehört, doch immerhin wurden ihre Einwände durch den Gedanken besänftigt, dass ihre Beweggründe und Anliegen Gehör finden würden, denn es ist *u' principale*, der Chef höchstpersönlich, gewesen, der es ihnen versprochen hat. Und ihm, Ignazio Florio, vertrauen sie.

Doch auch er hat sich nicht geschont. Er hat jede Abteilung und jeden Arbeitsplatz höchstpersönlich besucht, hat sich die Klagen angehört, hat Abhilfe versprochen. Er hat Giacherys Rat eingeholt und sich nach dem Befinden des unglücklichen jungen Arbeiters erkundigt. Der alte Freund seines Vaters hat ihm anerkennend auf die Schulter geklopft. »Man muss die Leute einfach zu nehmen wissen, und das kann keiner besser als Ihr«, sagte er ihm, bevor er die Kutsche bestieg.

Als Letztes knöpfte Ignazio sich Theis und die Wachleute vor.

Er versammelte sie in seinem Büro und nahm hinter seinem Schreibtisch Platz. Alle schienen den Atem anzuhalten. Theis warf nervöse Blicke in die Runde, wich dem prüfenden Blick von Ignazio aus, den eine kalte Wut gepackt hatte.

»War es denn wirklich nötig, die Situation auch noch zu verschärfen?«, fragte Ignazio, und bei seinem kalten Ton senkte so mancher den Blick. »Man kann Kontrollen auch machen, ohne jemanden zu demütigen. Die Arbeiter zu schlagen ist nicht nötig, ebenso wie man eine gewisse Toleranz ausüben kann, wenn jemand zu spät kommt, so wie Ihr es unter Euresgleichen tut.«

Die eisige Stille, die sich über den Raum gesenkt hatte, wurde von Theis' verzweifeltem Protest durchbrochen.

»Don Ignazio, bei allem Respekt, Ihr versteht nicht. Zuerst sind es fünf Minuten, dann zehn … dann wollen sie Werkzeug mit nach Hause nehmen, und wer weiß, wo es dann endet. Ihr seht doch, wie groß der Aufruhr war, als die Zulage des *quarto di campagna* gestrichen wurde …«

»Lasst sie doch schimpfen, sie erreichen damit gar nichts. Über die Löhne bin ich nicht bereit zu verhandeln. Aber all das, was getan werden kann, ohne Geld auszugeben, um sie zu beruhigen, wird auf der Stelle in die Tat umgesetzt.«

»Und dazu braucht es Strenge.«

»Strenge ist eine Sache, aber Übergriffe eine andere.« Ignazio stellte die Finger vor seinem Gesicht zu einer Pyramide auf, seine Augen waren nur noch zwei Schlitze. »Ihr habt doch gehört, was ich gesagt habe, und das, was sie mir gesagt haben. Das Problem ist nicht nur die Zulage. Es ist vor allem die Art und Weise, wie sie hier behandelt werden: wie *cani di bancata*, die Hunde, die auf dem Markt die Abfälle fressen. Ich habe ihnen versprochen, dass das nicht mehr vorkommen wird. Deshalb reduzieren wir ab jetzt die Kontrollen und werden bei Verspätungen der Arbeiter nachsichtiger sein, zumindest in den nächsten Wochen, bis wieder Ruhe eingekehrt ist. Wir werden wegen des Aufruhrs keine Strafen verhängen und die Wachleute anweisen, sie sollen es mit den Knüppeln ruhig angehen; schließlich haben sie es nicht mit einer Herde Schafe zu tun. Nach dem, was heute passiert ist, braucht es nur so viel« – er schnipst mit den Fingern –, »um einen Streik ausbrechen zu lassen, und Gott allein weiß, was der für Konsequenzen haben könnte. Die Florios haben ihr Wort gegeben, und das lautet: Niemand darf ihre Arbeiter erniedrigen, und zwar *niemals.* Sie sind das Rückgrat der Gießerei.«

Keiner hatte den Mut, darauf etwas zu erwidern.

Ignazio wandte sich an Theis. »Herr Ingenieur, ich zähle auf Euch, dass dies alles in die Tat umgesetzt wird.«

Ein Hüsteln. Der Mann räusperte sich. Er konnte sich sehr gut vorstellen, welche Konsequenzen es haben würde, wenn er sich dieser Anordnung widersetzte. »Es wird so gemacht, wie Ihr sagt.«

Erst jetzt, in der Kutsche, die ihn zurück in die Olivuzza bringt, kann sich Ignazio entspannen. Der Regen vom Nachmittag und die Tramontana haben den Himmel leer gefegt, und er ist frisch und klar wie Glas. Jenseits seines Fensters liegt Palermo in der ganzen, zarten Schönheit eines Sonnenuntergangs, der noch immer nach Wärme und Sonne duftet.

Eine nach der anderen verschwinden die Stadtmauern und machen neuen Vierteln Platz, den Sendboten einer neuen Zeit, die dazu aufgerufen sind, an die Stelle einer Vergangenheit zu treten, an die sich so mancher vielleicht gar nicht gern erinnert. Die Leute sind beweglicher geworden, sie lassen die alten Häuser des Zentrums hinter sich und ziehen in größere und mit Annehmlichkeiten ausgestattete Wohnungen. Breite, mit Bäumen bestandene Straßen führen aufs Land hinaus, dort, wo es früher nur Feldwege zwischen den Zitronenplantagen gab. Die Kutsche kommt am Palazzo Steri vorbei, einem Gebäude, das sein Vater gut gekannt hat, weil es die Büros der Zollbehörde beherbergte; Damiani Almeyda hat es restauriert. Gerade hat man damit begonnen, die Piazza neu zu gestalten und einen Garten anzulegen. Ganz in der Nähe, nur wenige Schritte von dem großen Anwesen der Lanza di Trabia, steht der Palazzo der De Paces, mit Blick aufs Meer. Dort lebt seine Schwester.

Vom imposanten Castello a Mare sind nur noch ein paar von Unkraut überwucherte Steinbrocken übrig. Die Festung war auf Befehl von Garibaldi zerstört worden, weil der Punkt, an dem sie stand, von strategischer Bedeutung für den Zugang zur Stadt war. Besser, man riss das Gebäude ab, so die Entscheidung des Generals, um unnötige Risiken zu vermeiden. Die Piemonteser haben ihm dann den Rest gegeben. An diesem Abend liegen die letzten Sonnenstrahlen auf der Ruine und spielen auf den Takelagen und Schornsteinen der Schiffe, die in der Cala vor Anker liegen. Gegenüber scheint der gelbe Tuff der Kirchen und Paläste noch immer Wärme abzugeben und erhellt das Dunkel mit einem samtigen Licht, es duftet nach Sommer.

Ignazio wandert in Gedanken zurück zu der Zeit, als er noch zwanzig war. Jeder dieser Orte ist für ihn mit einem Bild oder einer Empfindung verbunden. Die Cala erinnert ihn auch an die vielen Male, als er dort im Hafen zusammen mit seinem Vater auf das Einlaufen der Dampfschiffe gewartet hat. Und gleich hinter der Porta Felice fällt sein Blick auf das *Casino delle Dame e dei Cavalieri*, wo er damals Giovanna kennengelernt hat.

Doch es gibt auch Orte, an denen es den Anschein hat, Palermo wolle sich auf einen Schlag von seiner Vergangenheit befreien und damit in gewisser Weise auch von der Ignazios: Um für das Theater Platz zu machen, das auf den Ruinen der Bastion von San Vito und der Porta Maqueda entsteht, wurden die Kirchen von San Giuliano, San Francesco delle Stimmate sowie Sant'Agata abgerissen, ein ganzes Viertel wurde ausgehöhlt. Alles verändert sich, und so soll es auch sein.

Er reibt sich die Nasenwurzel. Am Juni liebt er die angenehme Wärme, die noch nicht zu erstickender Hitze geworden ist, er liebt das Aufblühen der Natur im Garten der Olivuzza, den Duft der in Blüte stehenden Yuccapalmen, der Rosen, der Pomelobäume und des Jasmin. Vielleicht findet er ja noch die Zeit für einen Spaziergang im Garten, bevor das Abendessen serviert wird. Wenn es eines an der Villa gibt, das er liebt, ist es der Garten. Doch nicht nur der: Mittlerweile zieht Ignazio die Olivuzza der Villa dei Quattro Pizzi, dem Haus seiner Kindheit, vor, von dem das Aroma des Meeres immer mehr Besitz ergriff, bis es sie alle trunken machte; er mag sie sogar lieber als das Haus an der Via dei Materassai, wo Vincenzo und Ignazio zur Welt kamen.

Ja, Vincenzino. Er ist wieder fiebrig, und Giovanna hat die vergangene Nacht an seinem Bett gewacht. Den ganzen Tag über hat er nichts Neues über ihn gehört.

Keine Nachrichten sind gute Nachrichten, sagt er sich. *Ja, so muss es sein.*

Der Abend hat bereits einen dunklen Schleier über die Bäume der Olivuzza gebreitet, als Ignazios Gefährt vor dem großen Olivenbaum neben dem Kutschenhaus hält. Wie Gespenster bewegen sich die Wachleute jenseits der Hecken und nähern sich nur kurz, um sich zu vergewissern, dass alles in Ordnung ist. Ignazio bemerkt sie und bedeutet ihnen mit einem Nicken, dass sie sich entfernen sollen.

Im Haus ist alles ruhig. Von der Fensterfront, die auf den Garten hinausgeht, sind Lichter zu sehen, jemand lacht.

»Papa!«

Er hat mit den Füßen noch nicht den Boden berührt, als zwei Ärmchen sich um seine Beine schlingen.

Giulia. Sein Töchterchen. »*Stidduzza!* Mein Sternchen!«

Die Kleine lacht, nimmt seine Hand und küsst sie, schaut ihn von unten an. Ihre Wangen sind gerötet, und sie ist voller Energie: ein gesundes Kind, wie aus dem Bilderbuch. Zusammen begeben sie sich ins Haus: Giulia plaudert über das, was sie den Tag über gemacht hat, über die Hausaufgaben, die sie zusammen mit ihrer Lehrerin erledigt hat, und erzählt, wie sie mit Pegaso, dem Pudel, den sie vor wenigen Tagen zu ihrem siebten Geburtstag bekommen hat, herumgetollt ist.

Er hört ihr zu und betrachtet sie. Die dunklen und glänzenden Haare hat sie von Giovanna. Giulia schaut mit freundlichen und sanften Augen in die Welt, doch ihr Gebaren ist selbstsicher und ihr Gang frei von jeglichem Zaudern. Sie ist eine echte Florio.

Zusammen durchqueren sie die Zimmer und gelangen schließlich in den grünen Salon. Dort sitzt, auf einem Sessel, Vincenzino und brütet über einem Buch, daneben die Gouvernante. Giulia nimmt auf dem Sofa Platz, wo eine halb bekleidete Porzellanpuppe darauf wartet, weiter von ihr angezogen zu werden.

Ignazio tritt auf seinen Sohn zu. »Na, wie geht's?«

»Gut, danke.« Der Junge schaut ihn von unten an. Seine Augen glänzen, doch es scheint kein fiebriger Glanz mehr zu sein. Er schiebt sich eine Haarlocke aus der Stirn und klappt das Buch zu. »Ich habe einen Teller Fleischbrühe gegessen, wie es der Herr Doktor gesagt hat, dann habe ich gelernt. *Maman* hat mir gesagt, dass wir bald nach Neapel fahren. Stimmt das?«

»Nach Neapel oder nach Frankreich. Mal sehen.« Ignazio sieht sich seinen kleinen Sohn näher an. Vincenzo hat feine, elegante Züge, und unter seiner ruhigen Art verbirgt sich eine muntere Intelligenz; so wirkt er älter als seine zehn Jahre. Er ähnelt ihm sehr. Ignazio wendet sich an die Gouvernante, die neben dem Kind steht. »Meine Frau?«

Auf dem Gesicht der Frau zeigt sich ein Hauch von Missbilligung. »Donna Giovanna ist oben mit dem jungen Herrn Ignazziddu.« Aus ihren zusammengepressten Lippen schließt Ignazio, dass sein Sohn mal wieder etwas angestellt hat.

»Was hat dein kleiner Bruder gemacht?«, fragt er Vincenzo.

Der Junge zuckt mit den Achseln. »Er hat den Hauslehrer verärgert, weil er keine Lust mehr zum Lernen hatte. Als wir allein im Zimmer waren, hat er die Bücher genommen und sie aus dem Fenster geworfen.« Er beißt sich auf die Lippe. Anscheinend überkommt ihn gerade die Reue, den Bruder verpetzt zu haben, das sieht man ihm deutlich an.

Ignazio nickt. Das Verpetzen ist Vincenzino ebenso anzukreiden, wie die Tatsache offenkundig ist, dass sein Zweitgeborener ein Draufgänger ist. Dabei ist er gerade mal ein Jahr jünger als sein Bruder. Eigentlich müsste er mehr Vernunft im Leibe haben, aber …

Ignazio verlässt den Raum und steigt die Treppe hoch, die von zwei großen Metalllampen an der Wand beleuchtet wird; diese wurden ebenso in der Oretea geschmiedet wie die Lampe auf dem Zwischenstock. Nanài läuft ihm über den Weg. »Ich komme gleich, um mich zum Abendessen umzuziehen«, verkündet Ignazio. Dann durchquert er mit langsamen Schritten den Flur und steht schließlich vor Ignazziddus Zimmer.

Giovannas Stimme dringt durch die Tür. Streng, hart. »*Ora, appena veni to patri, ci lu cuntu soccu facisti! Accussì, uno pigghia e jecca i libbra, picchì 'un voli sturiari!*« Sie droht ihm, alles dem Vater zu erzählen, und was sich der Junge eigentlich dabei denke, seine Bücher aus dem Fenster zu werfen und nicht lernen zu wollen.

Ignazio bleibt auf der Schwelle stehen und schnaubt. Wann wird er Giovanna endlich begreiflich machen, dass sie keinen Dialekt sprechen soll, erst recht nicht mit den Kindern?

Er tritt ein und wendet sich, ohne Gruß, an Ignazziddu. »Wie ich höre, hast du dich sehr schlecht benommen. Wo sind die Bücher?«

Giovanna steht in einer Ecke. Sie sieht ihn an, zieht sich zurück.

Der Junge sitzt auf dem Bett, mit einem Kissen auf dem Schoß, als wäre das sein Schild gegen die Welt. Er zieht eine Schnute, seine Locken sind in Unordnung, und seine Augen werfen wütende Blitze in den Raum. Er hat die Finger in die Bettdecke gekrallt. »Ich wollte nur noch ein bisschen spielen, aber er wollte nicht, er hat immer nur geredet und geredet. Da hatte ich einfach keine Lust mehr zuzuhören.«

»Was fällt dir eigentlich ein, deine Bücher aus dem Fenster zu werfen? Das ist schlecht, sehr schlecht. Es gibt Zeit zum Spielen und Zeit zum Arbeiten und Lernen. Daran solltest du dich gewöhnen.«

»Nein! Wenn ich sage, dass ich müde bin, dann bin ich müde!« Er schlägt mehrfach mit der Hand auf die Bettdecke. »Ich habe den ganzen Morgen gebüffelt, und dann musste ich auch noch Vincenzo helfen, der in Französisch was nicht kapiert hatte«, schreit er. »Außerdem muss der

Lehrer machen, was *ich* will. Wenn ich ihm sage, ich will Pause machen, dann muss er gehorchen.«

Ignazio geht auf ihn zu. Instinktiv weicht Ignazziddu vor ihm zurück, das Kissen immer noch an die Brust gedrückt. Seine Wut verwässert sich zu Furcht und dann zu blanker Angst.

Der Vater reißt ihm das Kissen aus der Hand. »Wag es ja nicht, noch mal so mit mir zu reden!« Er nähert sein Gesicht dem von Ignazziddu. Seine Stimme ist leise, die Worte wie Peitschenhiebe. »Und du wirst NIE WIEDER auf diese Weise mit Menschen reden, die für uns arbeiten. Hast du verstanden?«

Fast stockt dem Jungen der Atem, und in seinen Augen steht eine Mischung aus Wut und Angst. Sein Vater hat ihn noch nie geschlagen, das stimmt, aber seine Art, ihn zu strafen, ist möglicherweise noch schlimmer.

Er nickt, zeigt, dass er verstanden hat, doch eine Antwort will ihm über die Lippen, was Ignazio sofort bemerkt. »Morgen wirst du deinen Hauslehrer um Verzeihung bitten und deinen Bruder auch. Du hast es beiden gegenüber an Respekt mangeln lassen.« Ignazio richtet sich auf, sieht seine Frau an. Giovanna steht reglos da, die Arme verschränkt. Er streckt ihr die Hand hin, und sie tritt zu den beiden. »Gehen wir«, sagt er zu ihr. Dann zeigt er auf Ignazziddu und fügt hinzu: »Er bekommt heute Abend nichts zu essen. Vielleicht hilft ihm ein leerer Magen dabei, zu begreifen, wie man sich benimmt.«

Er löscht das Licht, während Giovanna jenseits der Tür auf ihn wartet. Das Letzte, dessen er gewahr wird, bevor er die Tür zumacht, ist der wilde und in seiner Wut hilflose Ausdruck in den Augen seines Sohnes.

Ignazio und Giovanna gehen Seite an Seite die Treppe hinab, ohne sich zu berühren. Auf einmal legt Giovanna ihm die Hand auf den Arm. »Aber ... ohne zu essen?«, fragt sie in flehentlichem Ton.

»Ja.«

»Aber ... *nico è. Un picciriddu.* Er ist noch so klein«, entgegnet Giovanna.

»Nein, Giovanna. Nein! *L'avi a capiri chi 'un po' fari sempre chiddu ca voli.*« Der Junge müsse begreifen, dass er nicht immer machen könne, was er wolle. »*Avi a travagghiari, e i picciuli 'un s'attruovano sutta u' marune.*«

Ignazio ist wirklich wütend, wenn er diesen Ton anschlägt und selbst Dialekt redet. Sein Sohn soll endlich begreifen, dass sich das Geld nicht auf der Straße findet, sondern man dafür arbeiten muss, dass es dafür Engagement, Opfer und Verzicht braucht. Giovanna zieht sich zurück und senkt wie besiegt den Kopf.

Er hält inne, massiert sich die Schläfen. »Verzeih mir«, murmelt er. »Ich wollte nicht ruppig zu dir sein.«

»Was war denn heute?«

»Probleme in der Gießerei. Aber nichts, was dich beunruhigen sollte.« Er hängt sich bei ihr ein und schenkt ihr den ersten freundlichen Blick des gesamten Tages. »Komm, gehen wir essen, später muss ich noch einmal an den Schreibtisch.«

Nachdem sie das Abendessen in niedergedrücktem Schweigen verzehrt haben, hat sich Ignazio erhoben und über Giovanna gebeugt, um ihr einen Kuss auf die Stirn zu geben.

Doch sie hat ihm in die Augen geschaut, ihn an der Hand genommen und einfach gesagt: »Komm.«

Vielleicht ist es Giovannas Parfüm mit den fruchtigen Noten gewesen, das gleiche wie damals, als er sie im *Casino delle Dame e dei Cavalieri* zum ersten Mal gesehen hat; vielleicht war es auch ihr Blick, in dem sich Zuneigung, Sorge und Einsamkeit mischten. Oder aber das Bedauern darüber, so hart gewesen zu sein, sowohl zu ihr als auch seinem Sohn gegenüber … Jedenfalls sah sich Ignazio außerstande, ihre Einladung abzuschlagen.

Und so lassen sie sich nun vom Mondschein den Weg weisen, bis sie an dem kleinen Hügel angelangt sind, auf dem sich ein winziger Tempel im neoklassizistischen Stil erhebt. Hand in Hand stehen sie da und schauen auf die Villa und die anderen Gebäude ringsum, die im Laufe der Jahre hinzugekauft und nach ihren Bedürfnissen umgestaltet wurden. Die tiefe Stille wird nur von dem leichten Wind durchbrochen, der die Wipfel der Bäume liebkost.

Jetzt sitzen sie auf einer Bank und atmen genüsslich die Nachtluft ein.

Giovanna hat die Augen geschlossen und die Hände im Schoß abgelegt. Ignazio sieht sie an: Sie ist ein Teil seines Lebens, in dem es keine Überraschungen gibt, seine Weggefährtin und die Mutter seiner Kinder. Das ist nicht wenig, doch etwas, das von Glück weit entfernt ist. Ihr einziger wirklicher Streit liegt mittlerweile fünf Jahre zurück. Sie haben nie wieder darüber gesprochen, doch Ignazio hat gespürt, welche Konsequenzen der Zwist hatte: Es ist, als hätte Giovanna endgültig auf jegliche romantische Illusion verzichtet, und die Liebe, die sie für ihn empfindet, wäre zu Stein geworden, einem Stein, den man sehen und berühren kann und der doch unverändert bleibt. Der Kummer, den er ihr bereitet hat, hat nie aufgehört, sie zu verzehren, dessen ist er sich sicher: Er hat ihn in manch grollendem Blick verspürt, in manch allzu schneidender Antwort, in der Tatsache, wie liebevolle Gesten immer weniger wurden, einer Härte, die nur verschwindet, wenn die Kinder dabei sind. Doch es gibt für ihn dennoch keinen Grund zum Tadel: Sie ist aufmerksam und zuvorkommend, sei es als Frau wie als Mutter. Dabei hat er nicht einmal das Recht, etwas von ihr zu verlangen. Doch in diesem Moment verspürt er eine große Sehnsucht nach der jungen Frau, die er einst geheiratet hat und die jetzt nicht mehr da ist: nach ihrer liebevollen Art, nach dem unerschütterlichen Vertrauen, das sie ihm stets entgegengebracht hat. Nach ihrer Geduld.

Und so versucht er, sich das zu nehmen, was noch da ist, und er tut es auf seine Art. Denn das Schuldgefühl, das er ihr gegenüber empfindet, kann sich mit dem Bedauern darüber messen, was er verloren hat.

Er nimmt ihr Gesicht in die Hände, küsst sie.

Und nach einem Moment der Überraschung erwidert sie seinen Kuss. Sie tut es voller Leidenschaft und mit einer Zärtlichkeit, die ihn nicht ungerührt lässt.

»Möchtest du heute Nacht bei mir schlafen?«, fragt er sie, seine Stimme nur ein Hauch.

Sie nickt. Sie umarmt ihn und lächelt, nach so langer Zeit zum ersten Mal.

Tage des Wartens, der gedämpften Stimmen, der leise geäußerten Bestätigungen, der Briefe nach Rom. Ignazio ist noch schweigsamer geworden und verbringt immer weniger Zeit zu Hause. Giovanna beobachtet es, sie macht sich Sorgen, fragt aber nicht nach.

Dann kommt ein frischer goldener Morgen. Das Meer, das an den Felsen des Foro Italico leckt, dort, wo die Palermitaner am liebsten spazieren gehen, hat den Klang einer Liebkosung. Als er am Sitz der *Piroscafi Postali*, der Postdampfschiffe, an der Piazza Marina vorbeikommt, die nur wenige Meter vom Palazzo Steri entfernt liegt, hat Ignazio bereits die ganze Schönheit der Stadt in sich eingesogen, seine Augen haben sich der leeren Straßen bemächtigt, auf denen um diese frühe Stunde nur ein paar Arbeiter oder Leute auf Karren unterwegs sind oder die Dienstmädchen, die sich mit Körben voller Früchte oder Gemüse auf den Weg zum Vucciria-Markt machen, um für ihre Herrschaft Fleisch zu kaufen.

Ignazios Büro in der Schifffahrtsgesellschaft liegt im ersten Stock und geht auf den Casaro hinaus, fast gegenüber der Vicaria. Nicht weit entfernt sieht man die weißen Mauern von Santa Maria dell'Ammiraglio und das, was von der Porta Calcina übrig ist. Auf der Rückseite des Gebäudes öffnet sich die beeindruckende Porta Felice mit ihren barocken Voluten wie eine Kulisse, die den Blick aufs Meer freigibt.

Er betritt sein Büro. In dem Raum riecht es nach Zigarrenrauch und nach Tinte. Ignazios Blick wandert über die Seekarten an der Wand, die Bilder seiner Dampfschiffe daneben. Er schaut, ohne wirklich zu sehen. Er wartet.

Jemand klopft an die Tür. Es ist ein Laufbursche, ein junger Mann, der bereits kahl wird. Er verbeugt sich und reicht ihm ein Bündel Dokumente. »Vom Notar, Don Ignazio. Die sind gerade erst gekommen: Signor Quattrochi hat sie in seinem Büro aufbewahrt, weil es gestern mit den Liquidatoren spät geworden ist und er sichergehen wollte, dass Ihr alles aus erster Hand erhaltet.«

Ignazio dankt ihm und drückt ihm zum Abschied eine Münze in die Hand. Er setzt sich an den Schreibtisch und streicht fast zärtlich über den Rücken der Akte. Sie ist umfangreich und trägt die Stempel des Notars Giuseppe Quattrocchi, der mittlerweile alle Verträge für die Florios abschließt. In dem Umschlag, der dabei liegt, befindet sich nur ein Kärtchen mit der handschriftlichen Notiz: *Glückwunsch.*

Und auch auf dem Einband steht nur ein schlichtes

TRINACRIA, Juni 1877.

Jetzt kennt Ignazio nur noch einen Gedanken.

Er schlägt die Akte auf und überfliegt die Namen, eine Litanei, die nach fernen Orten und fernen Zeiten schmeckt: *Peloro, Ortigia, Enna, Solunto, Simeto, Himera, Segesta, Pachino, Selinunte, Taormina, Lilibeo, Drepano, Panormus …*

Langsam lässt er sich gegen die Rückenlehne seines Sessels sinken. Das ist sein Meisterwerk, das, was der Flotte der Florios einen entscheidenden Schritt vorwärts ermöglichen wird. Dreizehn Dampfschiffe, einige von ihnen in Livorno vom Stapel gelaufen, und alle von neuester Bauart. Er nimmt den notariell aufgesetzten Vertrag über den privaten Verkauf zur Hand und liest. Für die *Piroscafi Postali* anwesend war Giuseppe Orlando, der Direktor der Gesellschaft, mit dem Ignazio das Vorgehen genauestens abgestimmt hatte. Die Genugtuung, die er empfindet, ist ein schier körperliches Gefühl, das ihn durchströmt und mit jeder Seite größer wird.

Dreizehn Schiffe. Und sie gehören ihm.

Ganze zwei Jahre war er hinter Pietro Tagliavia und seiner Reederei, der Trinacria, her gewesen, einer Schifffahrtsgesellschaft, die mit großen Hoffnungen und gewaltigen Ambitionen an den Start gegangen war – und mit einer wirtschaftlichen Grundlage, von der sich schon bald herausstellte, dass sie nachgiebig wie Ton war.

Nach nicht einmal sechs Jahren stand Tagliavia bereits das Wasser bis zum Hals, und die Banken, bei denen er sich verschuldet hatte, konnten – und wollten – ihn nicht mehr retten.

Ignazio erinnert sich noch gut an den Tag, an dem jener Mann mit der vornehmen Art, doch auch mit einer Miene, der man die Anspannung deutlich anmerkte, ihn und Orlando um ein »diskretes und persönliches Gespräch« gebeten hatte. Und er denkt an die ruhige Würde und den Stolz, mit denen der Reeder über sein Unternehmen sprach.

»Es soll kein Verkauf sein, Don Ignazio, sondern eine Fusion«, erklärte er. »Eine Lösung, die es mir ermöglichen soll, aus dem Schlamassel herauszukommen, in den mich die Banken gebracht haben, indem sie mir keine weiteren Kredite mehr gewähren, ohne zu begreifen, dass uns die Kohlekrise bei lebendigem Leibe frisst.«

Ignazio stimmte ihm zu. »Wohl wahr. Die Preissteigerung bei Kohle und Eisen macht uns schwer zu schaffen. Selbst Raffaele Rubattino in Genua wird vermutlich ordentlich Federn lassen.«

»Ja, aber er ist im Norden, und der Staat gibt ihm das Geld.« Tagliavia warf Ignazio einen vielsagenden Blick zu.

»Ihr habt das Geld aus den Postlizenzen, und zwar viel mehr als ich, weil Ihr mehr Verträge habt. Das Ministerium hat Eure Ressourcen vollkommen zu Recht in Betracht gezogen und Euch den Vorzug gegeben, wodurch allerdings andere wie ich nur noch Brosamen abbekamen. Ich wiederum besitze die Postrechte für die Levante, aber das ist nicht viel. Reeder wie Rubattino werden durch das Einschreiten der Banken gerettet. Einzig und allein Ihr verfügt über eine ausreichend solide Basis ... und Ihr habt wichtige Freunde. Hier stehe ich nun, mit Verlaub gesagt, wie der nackte Mann, dem man nicht mehr in die Tasche greifen kann: Der Banco di Sicilia ist mir auf den Fersen und droht damit, mir das Vertrauen zu entziehen.«

Ignazio hat sofort Gefallen an Tagliavias Idee gefunden, und nicht nur, weil er damit einen Konkurrenten aus dem Feld schlagen würde. Er wusste, auf welchen Betrag sich die Schulden der Trinacria beliefen und dass es ihm keinerlei Probleme bereiten würde, sie zu bezahlen. Außerdem waren die Dampfschiffe der Trinacria neu, effizient und brauchten nicht ständig Reparaturen wie seine eigenen Schiffe, zum Beispiel die *Elettrico* oder die *Archimede,* alte verrostete Schlachtrösser, deren er sich nur deshalb nicht entledigen wollte, weil er sie auf den lokalen Strecken einsetzen konnte.

Er hatte die Kassenbücher der Reederei eingesehen und wissen wollen, auf welchen Betrag sich die Schulden der Schifffahrtsgesellschaft gegenüber der Werft in Livorno beliefen, wo gerade das letzte Dampfschiff, die *Ortigia*, gebaut wurde. An genau diesem Punkt waren Tagliavia und die Verantwortlichen der Reederei Trinacria abgetaucht und von der Bildfläche verschwunden. Er hat nicht nach ihnen gesucht, noch hat er weitere Begegnungen angeregt, auch weil die Regierung den Beschluss gefasst hatte, der Reederei zu helfen, um ihren Zusammenbruch zu verhindern.

Es waren nicht die Florios, die in Schwierigkeiten steckten und sich vor den Banken fürchten mussten. Und es waren auch nicht sie, die mit dem Hut in der Hand um Almosen bettelten.

Dann, im Februar des vorangegangenen Jahres, kam die Katastrophe. Das Handelsgericht von Palermo erklärte die Reederei Trinacria für bankrott und verkündete daraus folgend die Entlassung aller Mitarbeiter. Die Stadt verfiel in Chaos, es gab Aufruhr, an vielen Stellen musste die Obrigkeit eingreifen.

Das war der Moment, in dem Ignazio beschloss zu handeln.

Zu den Konkursverwaltern, die mit dem Fall der Reederei befasst waren, gehörte auch Giovanni Laganà, der als Berater der *Banca dei Trasporti Marittimi* Ignazios Schifffahrtsgesellschaft schon des Öfteren einen Dienst erwiesen hatte. Ein Mann, der es sehr genau verstand, herauszufinden, wer in einem Spiel die Regeln diktierte, und sich darauf einzustellen wusste; ein Mann, der für sie folglich ebenso wertvoll wie gefährlich werden konnte.

Nur wenige, wohl ausgewählte Worte hatten genügt, um den Liquidatoren verständlich zu machen, dass es nur einen einzigen möglichen Käufer für diese Dampfschiffe geben konnte. Erst recht jetzt, wo die Zeit knapp war.

Und so war man zu privaten Verhandlungen übergegangen.

Ignazios ruhiger Blick ist auf einmal von Stolz beseelt. Er hat nicht nur Schiffe von weitaus besserer Qualität als die seinen gekauft, sondern bekommt dadurch, sozusagen durch die Hintertür, Anteil an den Verträgen für den Transport der Post, die die Trinacria am Ende mit dem Königreich Italien geschlossen hatte. Und zwar an *allen* Verträgen. Und das bedeutet, dass er Geld aus Rom bekommen wird. Viel Geld.

Es klopft.

»Herein!«, sagt er. Mit einem winzigen Stich des Bedauerns klappt er die Akte zu. Er liebt diese Momente der Einsamkeit, die er sich gelegentlich am Morgen nehmen kann, kostbare Augenblicke, um Ordnung in seine Ideen und Gedanken zu bringen oder erlangte Erfolge zu genießen.

»Ich wusste, dass ich Euch hier antreffen würde, und mit dieser Akte in der Hand.« Giuseppe Orlando betritt das Büro und nimmt vor ihm Platz. In diesen mit kostbaren Hölzern vertäfelten, eher düsteren Raum scheint seine imposante Gestalt, die einen Anzug aus hellem Leinen trägt, Licht zu bringen.

»Dreizehn praktisch neue Dampfschiffe.« Ignazio schlägt mit der flachen Hand auf die Akte. »*Megghio d'accussì* … Besser geht es nicht.«

»Wohl wahr. Und dazu den Treibstoff und die Einrichtungen an Land zu einem Preis, den Ihr auf dem freien Markt niemals bekommen hättet. Alles Material, das besser ist als das unsere.«

Ignazio breitet die Arme aus und schaut sein Gegenüber von der Seite an. »Und das alles offenbar dank Barbavara, der im Postministerium schön nachgeholfen hat.«

»In der Tat.« Orlando kreuzt die Hände auf seinen Knien. »Tagliavia, der arme Tropf, er tat mir leid. Er hat es bis zum Schluss versucht …« Er senkt den Blick, vielleicht aus Scham. »Es waren zu viele Leute in die Trinacria verwickelt, angefangen bei seiner Verwandtschaft. Dieses Scheitern hat sie alle in die Knie gezwungen.«

»Ihr habt gute Arbeit gemacht. Gut für uns und viel zu gut auch für ihn.« Ignazio steht auf und legt dem anderen Mann die Hand auf die Schulter. Solche Bedenken kennt er nicht. »Andere hätten aus ihm Hackfleisch gemacht.«

»Oh, das weiß ich, und wir müssen den kommissarischen Liquidatoren dankbar sein, die Eurer Firma gegenüber sehr … sehr wohlwollend waren.«

Ignazio schürzt die Lippen; sein Bart bebt, als er ein Lächeln zu überspielen sucht. »Ihnen werde ich zu gegebener Zeit meine Dankbarkeit erweisen. In der Zwischenzeit müssen wir zusehen, dass wir das Kapital der Gesellschaft erhöhen. Wir sind kein Unternehmen mit vier Nussschalen mehr und müssen für das, was ich im Sinn habe, über die entsprechenden Geldmittel verfügen.«

Orlandos Augen werden schmal. »Was habt Ihr denn im Sinn?«

Ignazio schlägt die Akte vom Notar auf und zeigt auf die Namen der Schiffe. »Die Franzosen nimmt sich Rubattino vor, der schließlich auch eine Subvention von einer halben Million für die Verbindung nach Tunesien bekommen hat. Wir jedoch kümmern uns um die Linea Adriatica: Sie werden es nicht wagen, die Route nach Bari zu kappen, nicht, nachdem sie solchen Druck auf die Regierung ausgeübt und auf den Gedanken abgehoben haben, das sei ein Hafen, der für das Mittelmeer von grundlegender Bedeutung ist. Aber wir können nicht bei der Adria aufhören: Ich möchte unsere Schiffe bis nach Konstantinopel bringen, bis nach Odessa und dann …«

Ignazio weiß, dass dies der Moment ist, nach vorne zu

schauen, weit über das Mittelmeer hinaus, und er denkt an die Schiffe aus Genua und aus Frankreich, und an die Dutzende, ja Hunderte von Männern und Frauen, die an Bord gehen werden, mit einem Bündel über der Schulter und einer verzweifelten Hoffnung im Herzen: nämlich der, das Elend endlich hinter sich zu lassen.

Der Sommer hat von der Stadt Besitz ergriffen. Er hat es voller Anmaßung getan, mit einer erbarmungslosen Sonne und einer tückischen Hitze, die nach Heu riecht und bis in die Zimmer eindringt, welche nur notdürftig durch Fensterläden geschützt sind. In den Zweigen der Bäume im Park der Olivuzza zirpen die Grillen. Die Luft steht still; nur ab und zu fährt eine heiße Bö in die Sträucher der Klebsamen und des Jasmin.

Ignazio hat das Haus früh verlassen, als noch alle schliefen. Giovanna hat seine Schritte im Zimmer gehört, hat gehört, wie Schubladen geöffnet und wieder geschlossen wurden, das Rascheln des Kammerdieners. Wie es so oft geschieht, hat sie ihn ohne jeden Gruß einem Tag voller Dokumente und Papiere, voller Rechnungen und Geschäfte entgegengehen lassen. In der ersten Zeit ihrer Ehe hat sie immer noch gehofft, er würde sie in jenen Aspekt seines Lebens einweihen. Mittlerweile hat es keinen Sinn mehr zu fragen, warum er das nicht tut. Außerdem hat sie andere Aufgaben.

Und tatsächlich nimmt Giovanna heute, nach dem Frühstück, während die Kinder im Park spielen und auf die Ankunft ihrer Privatlehrer warten, neben Donna Ciccia Platz und legt sich einen kleinen tragbaren Schreibtisch auf die Knie.

»Dann ist es also bestätigt. Heute werden es zweiundfünfzig Personen sein.« Sie hebt eine Augenbraue, überfliegt noch einmal die Gästeliste. Der Form nach handelt es sich um ein Essen wie jedes andere. Tatsächlich jedoch ist es das Diner, das die Fusion zwischen der Trinacria und der Postschiffgesellschaft der Florios besiegeln soll, und jeder, der in Palermo etwas auf sich hält, nimmt daran teil. »Nicht ein Einziger hat die Einladung abgelehnt. Wir lassen auch *gelo di mellone* servieren, das aus den besten Wassermelonen aus Siracusa gemacht wird. Der *monsù,* unser französischer Meisterkoch, wird es in Schälchen aus französischem Porzellan servieren und mit Jasminblüten dekorieren.«

Donna Ciccia verzieht das Gesicht. »Er mag ja ein guter Koch sein, aber wie ich ihn kenne, hat er bestimmt ein ganzes Spalier Jasmin niedergerissen, um vier Blättchen zu pflücken.«

Beide lachen.

Giovanna hat beizeiten gelernt, Befriedigung aus ihrem gesellschaftlichen Leben zu ziehen: Diners, Empfänge, Einladungen zum Tee und sogar zu sogenannten »Konversationen«, die zwei Mal die Woche in einem ihrer Salons abgehalten werden und es ihr gestatten, als Dame des Hauses und folglich auch als perfekte Gattin für Ignazio aufzutreten. Dank ihr ist sich Ignazio bewusst geworden, dass der Reichtum der Florios nicht nur aus Zahlen, Schiffen, Wein und Schwefel gemacht ist: Um akzeptiert zu werden, mussten sie ihren Lebensstil ändern, ihr Zuhause öffnen, um Freunde und Bekannte zu empfangen und Maler und Schriftsteller bei sich willkommen zu heißen. Die Mitglieder des Adels mussten aufhören, sie als »neureiches Ungeziefer« zu betrachten, und um das zu bewerkstelligen, brauchte es weit mehr als das Geld und die Macht, die die Florios in Palermo hatten.

Zuerst haben Vincenzo und dann auch Ignazio gedacht, eine Eheschließung mit einer d'Ondes Trigona würde genügen, um ihr Blut aufzufrischen. Und eine Zeit lang hat auch Giovanna gehofft, dass alles so einfach sein würde. Dann jedoch hat sie begriffen, dass ihre edle Abstammung nur der Ausgangspunkt sein konnte, von dem aus ein langfristiger Wandel in die Tat umgesetzt werden konnte. Und so hat sie sich mit Geduld und Entschlossenheit ans Werk gemacht: Einerseits hat sie gelesen, studiert und auf Wunsch von Ignazio Sprachen gelernt, andererseits hat sie alles darangesetzt, ihr Haus aufzuwerten, indem sie es mit Möbeln von Gabriele Capello und den Gebrüdern Levera, den Innenarchitekten des Königs, einrichtete. Sie hat Porzellan aus Limoges und Sèvres gekauft, Teppiche aus Isfahan, ein Gemälde von Pietro Novelli, einem berühmten Maler des siebzehnten Jahrhunderts, aber auch einige Bilder von zeitgenössischen Künstlern wie Francesco Lojacono und Antonino Leto, einem ihrer Lieblingsmaler. Sie hat Diners, Empfänge und Feste gegeben, sie hat Freundschaften geschlossen und vertieft, Geheimnisse für sich behalten und allerlei Klagen und Klatsch Gehör geschenkt. Und sie hat dafür gesorgt, dass eine Einladung in die Casa Florio als Privileg betrachtet wird.

Die Menschen aus Palermo lieben es, sich als etwas Besseres zu fühlen, vor allem unter ihresgleichen, und geben sich alle Mühe, niemals und von niemandem vergessen zu werden. Es ist ein Spiel mit Spiegeln, denkt sie, während sie die Liste durchgeht. Und genau das ist auch der Unterschied zwischen dem Adel von Palermo und den Florios; Erstere sind der festen – und immer wieder geäußerten, unterstrichenen und betonten – Überzeugung, aufgrund ihrer Abstammung, ihrer Bildung, ihrer Eleganz anderen überlegen zu sein, doch die Florios zeigen ihre Überlegenheit in den unbestreitbaren Fakten, ob sich diese nun in rauschenden Festen oder in Wohltätigkeit äußern, im Kauf eines kostbaren Einrichtungsgegenstandes oder dem Erwerb einer ganzen Inselgruppe wie den Ägadischen Inseln. Sie selbst hat die Aufgabe übernommen, eine Brücke zwischen diesen so verschiedenen Welten zu schlagen, und ist ihr mit Würde und Zähigkeit gerecht geworden. Der Beweis dafür liegt hier vor ihr auf dem Tisch, in einer Liste, die die gesamte Crème de la Crème der palermitanischen Aristokratie einschließt.

Dass ihr dies auch dabei geholfen hat, nicht an Einsamkeit und Verzweiflung zu sterben, ist ein Gedanke, bei dem sie lieber nicht allzu oft verweilt.

Giovanna überfliegt ihre anderen Notizen: Am kommenden Sonntag wird bei ihnen zu Hause ein englischer Teenachmittag stattfinden, ein Orchester wird in dem kleinen Tempel auf der Kuppe des Hügels spielen, während die Gäste an gedeckten Tischen im Park sitzen oder lustwandeln, um die frische Gartenluft zu genießen. Es wird kandierte Früchte geben, Törtchen, verschiedene Teemischungen aus Indien und Japan, für die Herren auch Cognac. Insgesamt werden an die achtzig Personen, Erwachsene und Kinder, erwartet.

Das wird wunderschön, sagt sie sich und stellt sich die vielen weiß gedeckten Tische unter den Bäumen vor, das Lachen der Kinder und das Geplauder der Erwachsenen.

Donna Ciccia zieht aus ihrem Körbchen eine Petit-Point-Stickerei. Giovanna sieht es und würde es ihr nur zu gerne nachtun, doch auf sie warten andere, weniger angenehme Aufgaben in Gestalt von Dokumenten aus einer Ledermappe. Sie nimmt die Mappe zur Hand, zieht ein paar Papiere heraus und runzelt die Stirn. Denn hier, schwarz auf weiß, verschwindet die Stadt der Adligen und der Feste, und an ihre Stelle tritt die arme, die bitterarme Stadt, die auf die Mildtätigkeit der Mächtigen angewiesen ist, um zu überleben. Und es ist ihre Aufgabe, die Leute anzuhören, zu begreifen, wer Hilfe am nötigsten hat, und das Möglichste zu tun.

Sie blättert in den Schreiben, die alle um Unterstützung bitten. Da ist der Brief der *Congregazione delle Dame del Giardinello,* in dem sie gebeten wird, einer jungen, »Not leidenden« Schutzbefohlenen mit einer Mitgift auszuhelfen; mehrere bedürftige Familien brauchen dringend eine Ausstattung für ihre Neugeborenen. Und ein weiterer Brief stammt von den Ehefrauen mehrerer Seeleute, die ihren Dienst auf den Dampfschiffen der Florios versehen; die Frauen wünschen sich einen Lehrer, der ihren Söhnen »Lesen und Schreiben beibringt, damit sie wenigstens ihre eigene Unterschrift leisten können«.

Sulu i figghi masculi esistino, nur die männlichen Kinder zählen, denkt Giovanna mit einem Hauch Bitterkeit. Die Leute in Palermo interessiert es nicht, ob ihre Töchter schreiben und rechnen können. Sie wollen die Mädchen zu Hause behalten, *stritte dintra i falara*, »eingesperrt in der Schürze«. Doch immerhin – sie bitten darum, wenigstens ihren Söhnen ein wenig Bildung zu verschaffen.

Sie schaut zu Giulia, die auf der Wiese sitzt und mit einer

Puppe spielt. Sie ist sieben Jahre alt und sehr intelligent. Seit Kurzem wird sie zusammen mit ihren Brüdern unterrichtet, und Ignazio hat angeordnet, dass sie Französisch und Deutsch lernt, so wie es einer Tochter aus adligem Haus geziemt. Ihre Brüder hingegen werden in Geografie und Mathematik unterrichtet und haben auch mit Geigenstunden begonnen, denn sie sollen mit den schönen Künsten vertraut werden, so wie das in allen Familien des europäischen Adels üblich ist. Familien, wie die Florios sie während ihrer Sommerferien kennengelernt haben, die sie stets in Italien verbringen; auch diesen Sommer, in dem schon bald eine Reise nach Venetien, nach Recoaro, geplant ist. Dabei handelt es sich um ein Thermalbad, das die Florios schon des Öfteren aufgesucht haben, nachdem sie entdeckt hatten, wie beliebt es nicht nur beim palermitanischen Adel, sondern auch bei Industriellen und Politikern aus dem Norden ist. Dort hat Ignazio bereits wertvolle Allianzen geschlossen, die allerdings nicht mit Champagner besiegelt wurden, sondern mit dem glasklaren Wasser, das aus der Lelia-Quelle sprudelt.

Erneut senkt Giovanna den Kopf über den Papieren und widmet sich der Liste der Zahlungen. Bemerkenswerterweise ist es vor Jahren ihr Schwiegervater gewesen, der mit der Tradition begonnen hat, den Armen in Palermo zu spenden. Damals hat er erklärt, er tue es, weil er selbst aus einer Familie des Volkes stamme und sehr genau wisse, was es heißt, tagaus, tagein für ein armseliges Stückchen Brot zu schuften. Böse Zungen im Adel behaupteten jedoch, er habe das nur deshalb getan, um mit dem Geld seine niederen Ursprünge zu vertuschen und über die schändliche Tatsache hinwegzutäuschen, dass er seine Geliebte zur Frau genommen hatte. So oder so – unter dem Strich hat es dazu gedient, sich gesellschaftliches Ansehen zu erkaufen.

Giovanna betrachtet die lange Reihe von Hilfsgesuchen, als vor ihrem inneren Auge erneut die Idee auftaucht, über die sie schon geraume Zeit nachdenkt: die Errichtung einer Suppenküche zur Speisung der Armen des Viertels, *gentuzza*, die bestenfalls von der Hand in den Mund leben und oft genug nicht wissen, woher sie ihre nächste Mahlzeit bekommen sollen, Frauen, die ein Kind nach dem anderen zur Welt bringen und dann zusehen müssen, wie es stirbt, weil sie nicht genug Milch haben. Man müsste überlegen, wie und wo man eine solche Küche einrichten kann, und die Kosten ausrechnen …

Das ist der Moment, in dem es Vincenzino auf einmal schlecht geht.

Gerade hat er noch mit Ignazziddu gespielt, dabei aber den Ball verloren. Sein Bruder hat ihn dazu angespornt, der Lederkugel hinterherzulaufen, damit sie nicht im Teich landet. Und so ist er losgerannt, um sie zu erwischen, bevor sie ins Wasser rollt.

Auf einmal ein Anfall, der von der Brust auf die Kehle auszustrahlen scheint. Vincenzino geht keuchend in die Knie. Er hustet, dann kommen Krämpfe hinzu. Der Ball fällt ihm aus den Händen.

Die Kinderfrau läuft auf ihn zu, schlägt ihm kräftig auf den Rücken, doch es hilft nicht. Das Gesicht des Jungen läuft zuerst rot an und dann violett. Ignazziddu, der ihm gefolgt ist und den Ball aufgehoben hat, bleibt vor ihm stehen. Er macht einen Schritt zurück. »Was hast du denn, Vice'?«

Er sieht, wie die Hand seines Bruders nach der Schürze

der Kinderfrau greift, den Stoff zerreißt, hört, wie Vincenzo nach Luft schnappt, um Luft ringt, vergebens. Er sieht, wie er auf die Knie fällt, sieht seinem Gesicht an, dass er Angst hat zu ersticken.

»*Maman!*«, ruft Ignazziddu. »Mama!«

Erst jetzt wird Giovanna der Szene gewahr. Sie hebt abrupt den Kopf, hört die Panik in der Stimme ihres Sohnes. Dann sieht sie, dass Vincenzo auf dem Boden liegt und die Kinderfrau nach ihm greift, ihn schüttelt. »Donna Ciccia!«, schreit sie. »Hilfe! Ruft doch jemanden! Einen Arzt! Hilfe!«

Sie springt auf, läuft auf ihn zu. Die Papiere, die sie auf dem Schoß hatte, flattern davon. »*U' colletto!* Mach den Kragen auf!«, doch dann ist es sie selbst, die das tut, während sich Vincenzino krümmt und immer noch nach Luft ringt.

Donna Ciccia eilt herbei, gefolgt von Nanài, der das Kind aufhebt und es in Richtung Salon trägt. »Hinein, hinein! Ich habe schon nach einem *dutturi* geschickt!«, schreit er. Dann nimmt er Giovanna am Ellbogen, zieht sie auf die Beine, während das Kindermädchen Giulia wegbringt, die zu weinen begonnen hat.

Ignazziddu bleibt allein in der Sonne zurück, den Ball in der Hand.

Mit kleinen, unsicheren Schritten folgt er der Mutter und den Bediensteten, doch er bleibt draußen stehen, vor der Verandatür, betrachtet sie. Es ist nicht das erste Mal, dass das passiert; ab und zu bekommt Vincenzino einfach keine Luft mehr, als würde sie sich weigern, in seine Lungen einzudringen.

Er beobachtet das, was im Salon passiert, mit einer Mischung aus Angst und Reue. *Er* hat seinen Bruder hinter dem Ball hergeschickt, das stimmt ... *Aber nein*, sagt er sich.

Vincenzo geht es immer schon schlecht. Das ist nicht meine Schuld, sagt er sich wieder und wieder, drückt die Nase an die Glasscheibe, während sich eine große Angst in ihm breitmacht. Das Sonnenlicht ist gleißend, das Zirpen der Grillen ohrenbetäubend.

Drinnen kommt langsam wieder Farbe in das Gesicht seines Bruders. Seine Mutter kühlt ihm die Stirn mit einem feuchten Taschentuch, legt ihm eine Hand auf die Brust, damit er sich beruhigt. Sie tröstet ihn, küsst ihn auf die Augen, in denen immer noch Furcht steht.

Vincenzo beginnt zu weinen. Giovanna nimmt ihn vorsichtig in die Arme, weint mit ihm. Donna Ciccia tröstet beide, steht dann auf, verschwindet hinter der Tür des Salons und kehrt kurz darauf mit dem Arzt zurück.

Durch die Glasscheibe hört Ignazziddu ihre Stimmen, beobachtet, was geschieht. Er möchte so gerne hinein zu seinem Bruder, möchte ihn um Verzeihung bitten, denn er macht sich immer noch Vorwürfe und fühlt sich schuld daran, dass er beinahe erstickt ist. Er möchte ihn umarmen, ihm versprechen, nie mehr wieder Spiele vorzuschlagen, bei denen er laufen und rennen muss, und dass er auf ihn aufpassen wird.

All das, nur um nicht mehr das zu spüren, was er in diesem Moment empfindet.

Er kann nicht wissen, kann sich nicht vorstellen, dass er eines Tages eine solche Angst noch einmal empfinden wird.

Der Winter 1878/79 ist einer der strengsten gewesen, an die sie sich erinnern können. Giovanna hatte den Bediensteten der Olivuzza die Anweisung gegeben, in allen Räumen die Kamine angezündet zu lassen, weil sie nicht riskieren wollte, dass Vincenzo sich erkältete. Die Gesundheit des Erstgeborenen der Casa Florio war noch immer angegriffen. Und während Ignazziddu wegen der Kälte mit den Füßen stampfte wie ein junger Stier und Giulia in ständiger Bewegung war, ist Vincenzo reglos und schweigsam geblieben.

In ihrer Angst ist Giovanna ihrem Sohn auf Schritt und Tritt gefolgt, bei jedem kleinen Husten herbeigelaufen und hat immer mit ihm gegessen, um sicherzugehen, dass ihn nicht noch einmal ein Anfall ereilte. Und sie hat viel gebetet. Jeden Tag, mehrmals am Tag, ob es nun Rosenkränze, Fürbitten oder Stoßgebete waren, in denen sie Gott anflehte, ihren Jungen zu beschützen und ihm die Gesundheit zurückzugeben, die er verloren zu haben schien.

Jetzt, da der Frühling gekommen ist, hat die Sonne zwar das milde Gelb von Honig, doch noch wärmt sie nicht; und der Wind, der um diese Jahreszeit oft ein laues Lüftchen sein kann, ist immer noch eine frische Brise, die frösteln macht, ohne den Duft nach Blumen und frischem Gras. *Warten wir noch, bis die Luft sich erwärmt,* denkt sie. Erst dann wird sie wieder mehr Zeit mit ihren Kindern an der frischen Luft verbringen. Vincenzo wird es bis zu der Voliere in der Mitte des Parks schaffen, oder er kann mit dem Reifen spielen … Und vielleicht wird sie mit ihm in der Kutsche auf den Monte Pellegrino fahren, was sie ihm schon so oft versprochen hat. Doch vor allem werden sie reisen und zum Beispiel die Ferien in Neapel verbringen, wie es Ignazio vorgeschlagen hat. Im Sommer ist es in Neapel kühler als in Palermo, und die Luft in den Villen außerhalb der Stadt ist gesünder. Vielleicht könnten sie ja auch wieder nach Recoaro fahren …

Doch noch ist der Moment nicht gekommen, um über den Sommer nachzudenken. Es ist gerade einmal Anfang Mai.

Giovanna durchquert Zimmer und Säle, raschelnd gleitet der Saum ihres Kleides über die Orientteppiche, die den Boden bedecken. Sie ruft den Dienstboten zu, sie sollen die Schrankkoffer schließen und die Spielsachen der Kinder einsammeln. Die Abreise steht bevor, und in ihrem Herzen ist eine seltsame Erregung, ein Gefühl der Ungeduld, prickelnd wie Champagner.

Endlich wird sie das Haus sehen, von dem sie so viel hat reden hören, auf jener Insel, in die ihr Mann unsterblich verliebt ist.

Eine fürstliche Behausung, gedacht für eine Familie, die zwar auf keine adlige Abstammung seit Jahrhunderten zurückblicken kann, jedoch reicher ist als jede andere. Und nicht nur in Palermo. In ganz Italien.

Als sie auf Favignana ankommen, geht der Nachmittag bereits zur Neige, die untergehende Sonne taucht das Meer in ein Licht wie geschmolzenes Kupfer und erleuchtet die niedrigen weißen Tuffhäuser. Hier scheint die Luft heißer zu sein, und der Wind ist nicht mehr so kalt wie in Palermo.

Während sie darauf warten, an Land zu gehen, spricht Giovanna mit Vincenzino und lässt ihn eine dicke Jacke überziehen; hinter ihm stehen Giulia und die Kinderfrau. Ignazziddu ist hingegen bereits über den Laufsteg an Land gegangen und versucht, seinen Vater auf sich aufmerksam zu machen. Mittlerweile ist er fast elf, doch bestimmte kindliche Verhaltensweisen hat er noch immer nicht abgelegt. Ignazio wirft ihm einen tadelnden Blick zu und bedeutet ihm, an seiner Seite zu bleiben, aber still zu sein.

An der Mole, am Ende des Laufsteges, wartet Gaetano Caruso auf sie, der Verwalter der Tonnare von Favignana und Formica.

Bevor er an Land geht, nimmt sich Ignazio ein paar Augenblicke Zeit, um sich das Gebäude anzuschauen, das sich nur wenige Meter außerhalb des Dorfes, zu Fuße des Berges, erhebt. Rechteckige Lagerhallen aus Goldtuff, so hell, dass er fast weiß erscheint. Große Öffnungen, die aufs Meer hinausgehen und mit Gittertoren verschlossen werden, auf denen ein schmiedeeisernes F prangt – F wie Favignana, F wie der Favonio, der Westwind, der in den Segeln der Fischerboote wütet und das Meer unterhalb der Klippen zum Brodeln bringt.

F wie Florio.

Unter ihm leckt das Meer an der Mole, es liebkost sie und benetzt die glitschige Patina aus Seetang, die ihre Kanten bedeckt.

Ignazio überquert den Landesteg und geht ein paar Schritte, gefolgt von seinem Sohn; er genießt den Anblick des tiefgrünen Wassers und der Fische, die sich zwischen den Neptungrasbänken tummeln, dann hebt er den Kopf in Richtung Berg und zur Festung von Santa Caterina, wo vor so vielen Jahren zahlreiche Patrioten eingekerkert waren; bis heute ist das Gefängnis eines der härtesten Zuchthäuser des Königreichs.

»Endlich«, murmelt er. Er atmet tief durch. Das Meer riecht hier anders als überall sonst im Mittelmeerraum –

eine Mischung aus wildem Majoran und Sand, Salzfisch und trockenem Gras.

»Don Ignazio …« Gaetano Caruso ist ihm gefolgt, ein wenig erstaunt über sein Schweigen.

Ignazio fährt herum und betrachtet den Mann mit der hohen Stirn, dem buschigen, gezwirbelten Schnurrbart mit Kinnbart. »Danke für den herzlichen Empfang.«

»Meine Pflicht.« Caruso neigt leicht den Kopf. »Ich habe das Haus herrichten lassen, damit für Eure Ankunft alles perfekt ist. Das Abendessen steht bereit, und die Zimmer für die Nacht ebenso. Ich habe auch die Gästezimmer fertig machen lassen, nachdem Ihr mir angekündigt hattet, es würden noch mehrere Gäste eintreffen.«

»Ich danke Euch. Aber es wäre wirklich nicht nötig gewesen, dass Ihr Euch so bemüht: Ihr seid Verwalter, kein Majordomus.«

Was Ignazio gesagt hat, war reine Höflichkeit. Natürlich hat Caruso, der sich auf der Insel hauptsächlich um die Tonnara und die Thunfischverarbeitung kümmert, auch die Aufgabe, den Aufenthalt seines Herrn auf der Insel zu organisieren.

Caruso weist auf die Straße, Ignazio tritt an seine Seite. Hinter ihnen folgen Giovanna und die Kinder zusammen mit Donna Ciccia und der Kinderfrau, dazu eine Schar Bedienstete und Karren voller Schrankkoffer und Taschen.

Giovanna ist vorsichtig von Bord gegangen, ihren kränkelnden Sohn fest an der Hand haltend. Erst als sie wieder festen Boden unter den Füßen hat, richtet sie ihren Blick zum ersten Mal auf die große Thunfischfabrik. Und da steht sie, die berühmte Tonnara, der Bau, für den ihr Mann einen beträchtlichen Teil des Familienvermögens aufgewendet hat, und dies mit einer Entschlossenheit und einem Feuereifer, wie sie ihn zuletzt an ihrem Schwiegervater gekannt hat. Nachdem er Eigentümer der Tonnara geworden war, hat Ignazio den Umbau seinem wohlvertrauten Architekten Giuseppe Damiani Almeyda übertragen. Der hat auch den neuen Palazzo der Familie geplant, der ganz in der Nähe des Hafens auf dem Gelände der ehemaligen Festung San Leonardo entstanden ist.

Und nicht nur das.

Giovanna ermutigt ihren Sohn, weiterzugehen, und blickt nach hinten, zu Donna Ciccia und Giulia. Mit gesenktem Blick geht sie die Mole entlang, schleppt sich den leichten Anstieg hoch, wobei sie mit einer Hand die Falten ihres Kleides rafft, damit es nicht schmutzig wird. Immer langsamer wird sie, bis sie fast stehen bleibt, und am Ende der kleinen Straße sieht sie mehrere flache und schmale Gebäude aufragen. Das sind die sogenannten Pretti, in denen sich die Werkstätten, die Stallungen und Lagerräume befinden.

Die Bediensteten, die allesamt auf der Insel rekrutiert wurden, warten oben auf der Steigung. Sonnenverbrannte Gesichter, zerschlissene Uniformen, schlecht sitzende Handschuhe. *Das wird dauern, sie zu echtem Hauspersonal zu machen*, denkt Giovanna und verbirgt ihre Irritation. Zum Glück sind ihre Kammerzofe, der *monsù* und einige Diener ihnen bereits vorausgereist und haben dafür gesorgt, das Personal von der Insel auszubilden. *So gut es eben möglich ist*, überlegt Giovanna und schaut sich die Leute aus der Nähe an. Schon bald werden mehrere Freunde auf der Insel zu ihnen stoßen, darunter Damiani Almeyda und Antonino Leto. Danach kommen auch ihre Eltern und vielleicht sogar ihre Cousinen aus dem Zweig der Trigona, vor denen sie sich nicht blamieren möchte. *Ob man vielleicht doch noch das Personal aus Palermo anfordern soll?*

Sie dreht sich zu Donna Ciccia und will sie um Rat fragen, als …

Fast raubt es ihr den Atem.

Da steht er vor ihr, der Palazzo Florio. Sie hat Almeydas Skizzen und Pläne gesehen, doch Vincenzinos angegriffene Gesundheit und familiäre Verpflichtungen haben sie bislang daran gehindert, nach Favignana zu reisen und selbst den Bau in Augenschein zu nehmen. Gewiss, manches konnte sie sich vorstellen, weil ihr Mann des Öfteren versucht hatte, das zu beschreiben, was dort auf Favignana entstand. Aber jetzt ist sie doch überrascht, wie schön das Gebäude ist. Wie mächtig. Fast wie eine Burg, ein Schloss.

Die Villa Florio ist ein wuchtiger Quader aus Tuff und Backstein. Die Fenster werden von Spitzbögen gekrönt; auf der rechten Seite befindet sich ein kleiner Turm mit Giebeldach. An den Brüstungen wechseln sich Spiralen mit dem Symbol für die Unendlichkeit ab, ein steter Wechsel von Linien, von ausgefüllten und leeren Flächen. Auf dem Dach ragt eine Reihe von Zinnen empor. Der eiserne Zaun wurde in der Oretea geschmiedet, an der Vorderseite prangt das Symbol der Familie Florio: Ein Löwe stillt seinen Durst an einem Bach, in den die Wurzeln des Chinabaums hineinragen.

Es ist ein herrliches Gebäude, streng und kraftvoll.

Giovanna betrachtet den Palast und blickt dann zu ihrem Mann, der, mit dem Rücken zu ihr, mit Gaetano Caruso spricht. Der Palast ähnelt Ignazio. Nein, korrigiert sie sich; dieser Palast *ist* Ignazio. Ein Monolith, in dem sich sanfte

Linien und schroffe Kanten vereinen, die Leichtigkeit des Eisens mit der Schwere des Tuffs. Kraft und Eleganz.

Sie würde so gerne zu ihm laufen, macht bereits einen Schritt nach vorne, lässt die Hand ihres Sohnes los, doch sie kann nicht, sie darf nicht. Das war noch nie ihre Art, miteinander umzugehen.

Ignazio überlässt es seiner Frau und dem Personal, sich um den Einzug in den Palazzo zu kümmern. Sie werden sich mehrere Wochen hier aufhalten, bis die Mattanza stattgefunden hat und die Thunfische – ausgeweidet, in Stücke geschnitten und gekocht – bereit sind, verarbeitet und eingedost zu werden.

Das Haus betritt er nicht. Er schickt seinen Sohn mit einem Streicheln, das mehr ein Klaps ist, zur Mutter und begibt sich direkt in den Garten, wo Sträucher und Klebsamenhecken ihre Mühe damit haben, in dem salzgetränkten Boden Wurzeln zu schlagen.

Caruso folgt ihm, die Hände auf dem Rücken verschränkt.

»Die Thunfischreuse ist ausgelegt«, erklärt er. »Zwischen übermorgen und dem Wochenende rechnen wir damit, zur ersten Mattanza auszufahren.«

Ignazio hört ihm zu, nickt. »Hat denn der Rais bereits gesagt, mit welcher Menge Fisch zu rechnen ist?«

»Noch will er sich nicht festlegen. Doch er behauptet, der Schwarm, der sich nähert, sei groß, und für die nächste Woche erwartet er einen ebenso umfangreichen. Aber immer, wenn er so etwas sagt, bekreuzigt er sich und fleht die Schmerzensmutter an, damit sie uns ein gutes Fangjahr schenkt ...«

Beide lachen. Dann wird Vincenzos Miene wieder ernst. »Wisst Ihr eigentlich, dass ich mir gar nicht sicher bin, ob ich mir einen reichlichen Fang wünschen soll?«

Sie sind auf der Rückseite des Hauses angelangt, wo Almeyda eine große Veranda mit Blick auf den Garten geplant hat, überwölbt von einem schmiedeeisernen Schutzdach. Ignazios Blick wandert an der Fassade hoch zu den oberen Stockwerken mit den Glastüren, die von neogotischen Bögen gekrönt sind. Dort liegen die Gemächer der Familie. Im obersten Stockwerk hingegen befinden sich die Gästezimmer. Wie schön wird es sein, von dort oben aufs Meer zu blicken und zu sehen, wie die Boote voller Fische in den Hafen zurückkehren.

Caruso zieht die Stirn in Falten. »Gewiss«, stimmt er seinem Herrn mit betrübter Miene zu. »Im vergangenen Jahr ist die spanische Konkurrenz gewaltig geworden.«

»Spanier, Portugiesen ... Dem Namen nach sind sie die Besitzer, doch die Leitung der Fabriken ist fest in der Hand der Genueser; wenn sie mehr verkaufen, kommt auch in Genua mehr Geld herein, und das ohne die Steuern, die wir hingegen gezwungen sind zu zahlen, weil wir hier in Italien geblieben sind.« Ignazio hebt das Gesicht gen Himmel. »Die in Rom greifen immer tiefer in unsere Taschen, ohne an die Christenmenschen zu denken, die ihre Familien ernähren müssen«, schimpft er und zeigt auf das Meer, das so vielen Menschen auf Sizilien Brot und Arbeit gibt. Sein Ton ist scharf wie eine Rasierklinge und kann seine Wut auf die Obrigkeit in Rom nicht verbergen.

»*Socc'avemu a fari*? Was sollen wir also tun?«, fragt Caruso beunruhigt. Er ist es nicht gewohnt, Ignazio so reden zu hören.

Ignazio strafft die Schultern, schaut in Richtung Tonnara. »Hier nur wenig oder nichts. Aber dort …« Er zeigt gen Norden. »Dorthin müssen wir.«

Caruso begreift. »Rom?«

»Nicht sofort und nicht unmittelbar. In den Ministerien müssen sie endlich die Dinge von einer anderen Warte aus sehen. Und wir müssen sie dorthin bringen, wo wir sie haben wollen, ohne dass sie merken, dass wir sie … leiten.«

Caruso runzelt die Stirn. »Ja, aber um die Leute in Rom zu erreichen …«, murmelt er, doch dann hält er inne, weil er weiß, es wäre nicht das erste Mal, dass Ignazio die passenden Gesprächspartner für ihre Belange fände. Es geht darum zu zeigen, dass man bestimmte Wege auf *andere Art* beschreiten kann. Oder dass sich *andere Wege* auftun können.

»Wie ich Euch bereits gesagt habe, sind wir nicht die Einzigen, die am Thunfischfang interessiert sind. Tonnare gibt es jede Menge. Denkt nur an die in nächster Nähe: Bonagia, San Vito, Scopello … Und alle haben sie das gleiche Problem: ein System der Besteuerung, das alle, die die Verantwortung für die Fischfabriken in Italien tragen, benachteiligt. Die Schäden, die durch diese Situation entstehen, tragen jedenfalls nicht allein wir. Aber mein Name darf nirgendwo erscheinen. Ihr versteht doch, warum, oder?«

Natürlich versteht Gaetano Caruso das. Er arbeitet schon eine Weile mit den Florios zusammen und hat begriffen, wie sich ihre Macht Hand in Hand mit dem Reichtum, den sie besitzen, entwickelt. Doch durch Macht schafft man sich auch Feinde. Und manche Feinde sind wie Ungeziefer. Es genügt eine Schwachstelle, ein Riss im Gebäude, und die Larven nisten sich ein, verwandeln einen gesunden Körper in fauliges Fleisch.

»Demnächst werde ich ein paar Leute in Trapani und Palermo treffen, vor allem Journalisten …«, nimmt Ignazio den Faden wieder auf und nähert seinen Kopf dem von Caruso. »Wie gesagt, es sollen nicht wir sein, die die Mängel des Systems aufzeigen, sondern andere, und wer könnte das besser als die Zeitungen für Handel und Seewesen? Sie werden uns dabei helfen, dass man über die Situation zu sprechen beginnt, denn am Ende ist es das Allerwichtigste, dass darüber geredet wird und die Regierung den Atem in ihrem Nacken spürt. In Rom weiß man, dass hier viele Stimmen zu kriegen sind und es ein falscher Schritt wäre, die Eigentümer von Salz- oder Fischfabriken gegen sich aufzubringen.« Er macht eine Pause, schaut aufs Meer. »Ja, es werden die Zeitungen sein, die als Erste darüber sprechen. Ihnen kann man auch nicht den Vorwurf machen, aus eigenem Interesse oder persönlicher Missgunst zu agieren … Wenn eine Zeitung bestimmte Dinge schreibt, dann bedeutet das, es gibt Klagen, die die Allgemeinheit betreffen, und darum müssen sich die Ministerien kümmern.«

Caruso will ihm gerade etwas antworten, als ihn eine Stimme von hinten unterbricht. »Ich bitte um Verzeihung. Die Signora lässt fragen, wann Ihr zu Abend essen wollt.« Ein Bediensteter in Livree, einer von denen, die mit ihnen aus Palermo gekommen sind, steht nur wenige Schritte von ihnen entfernt und wartet auf eine Antwort.

Ignazio hebt die Augen zum Himmel und verkneift es sich, ausfällig zu werden. »Zur gleichen Zeit wie in Palermo, ist doch klar. Sag ihr, ich komme bald rüber, um mich umzuziehen.« Er wendet sich an Caruso. »Ihr esst doch mit uns, oder?«

»Es wäre mir eine Ehre.« Caruso geht in Richtung Garten. »Mit Verlaub. Dann sehen wir uns in Kürze.«

Ignazio, der allein zurückbleibt, geht durch das Dorf und auf die Tonnara zu. Er will nicht nach Hause, noch nicht.

Er geht mit den Händen in den Taschen. Sein einziger Begleiter ist das Rauschen des Meeres, das in die Gassen eindringt, ihm entgegenkommt, ihn einhüllt. Er spaziert an der kleinen privaten Kirche vorbei, die noch im Rohbau ist und direkt am Meer steht. Felsen wechseln sich mit kleinen Sandstreifen und trockenem Neptungras ab.

Zu seiner Linken stehen einige wenige Fischerhäuser. Kinder spielen, laufen auf nackten Füßen herum. Hier und da steht eine Frau im Eingang, andere sind mit der Vorbereitung des Abendessens beschäftigt: Er sieht, wie sie sich hinter den zerschlissenen Vorhängen, die die Behausungen von der Straße abschirmen, zu schaffen machen. Er riecht den Duft der Speisen, hört, wie Schemel und Stühle über den Boden gerückt werden.

»*Assabbinirìca*, willkommen, Don Ignazio«, grüßt ihn ein alter Fischersmann, der in nur geringer Entfernung von der Tonnara sitzt und Netze flickt. Er schiebt die Netznadel mit dem Faden durch die Maschen, hebt immer wieder das Netz an, um zu schauen, ob es weitere Löcher gibt. Seine Augen sind nur schmale Schlitze, die Haut wie Leder. Ignazio erkennt den Mann. Er hat früher auf den Thunfischbooten gearbeitet, ist aber mittlerweile zu alt für die harte Arbeit des Tonnaroto. Sein Sohn und der Schwiegersohn haben seine Stelle übernommen.

»*Assabbinirìca* auch Euch, Mastro Filippo.«

Ignazio geht weiter, steht schließlich vor der Fabrik.

Die schlichte Gestaltung des Gebäudes hat er sich gewünscht, und Damiani Almeyda hat sie in seinen Entwürfen umgesetzt. Der halb neapolitanische und halb portugiesische Architekt hat der Tonnara ein neues Gewand geschneidert, das in seiner kompromisslosen Feierlichkeit an einen griechischen Tempel erinnert.

Einen Tempel am Meer, denkt Ignazio. Er geht an der Umfassungsmauer entlang, biegt auf den Trampelpfad ein, der zur Festung Santa Caterina führt; wie von ihm vorausgesehen, haben sich die Sträflinge des Gefängnisses als äußerst hilfreich für die schweren Arbeiten beim Fabrikbau bewährt. Der Anstieg ist unwegsam, aber er geht ihn nicht ganz, sondern bleibt auf halbem Wege stehen, um auf den Hafen und die Insel hinabzublicken, senkt die Augen auf seine Schuhe, die von einer feinen Schicht Tuffstaub bedeckt sind, und ein Lächeln stiehlt sich auf seine Lippen.

Schon damals, als er mit vierzehn Jahren zum ersten Mal auf die Insel kam, hat ihn das kreidige Leuchten dieses Materials, das die Sonne in sich einzuschließen scheint, erobert. Jetzt, mit vierzig, weiß er, dass er nicht getragen von einem Gefühl gehandelt hat, sondern auf Grundlage präziser Berechnungen und Abwägungen. Um die Macht der Florios zu mehren.

Doch jetzt, wo er hier ist, und endlich allein, kann er auch die allerletzte Maske fallen lassen.

Und so schreit Ignazio.

Ein Schrei der Befreiung, der sich mit dem Wind vereint.

Ein Schrei der Besessenheit, als hätte die ganze Insel von ihm Besitz ergriffen, als wäre sie sein Fleisch geworden und das Meer sein Blut. Als vollendete sich genau hier der Zirkel des Lebens, ein Uroboros, den nur er allein sehen kann und der ihm den wahren Sinn seiner Anwesenheit auf diesem Fleckchen Erde offenbart.

Ein Schrei, der die Sehnsucht nach der Vergangenheit und die Ungewissheit der Zukunft auslöscht und ihm das Glück einer ewigen Gegenwart schenkt.

Gleich morgen, wenn er aufsteht, wird er sehen, wie sich das Sonnenlicht mit dem Stein in den Höhlen vermengt, er wird den salzgetränkten Wind hören, der durch die Vorhänge hereinfegt, wird das kümmerliche Grün der Büsche auf dem Berg betrachten.

Und genau deshalb bleibt er noch eine Weile reglos hier stehen. Nur Wind und Meer leisten ihm Gesellschaft, und es ist nicht wichtig, dass man auf ihn wartet, dass er sich zum Abendessen verspäten wird. Diese Insel, die Salz und Sand schwitzt, das weiß er jetzt, ist sein wirkliches Zuhause.

Nach dem Abendessen ist Giovanna die Erste, die sich in das Schlafzimmer im ersten Stock zurückzieht. Der Raum ist mit Möbeln aus Palermo eingerichtet, die eigens im neogotischen Stil gebaut wurden.

Gedankenverloren und wie immer schlaflos hat Ignazio ihr eine gute Nacht gewünscht und sich dann in sein Arbeitszimmer begeben, das sich direkt hinter dem Ankleideraum befindet. Von hier aus hat man einen Blick auf den Hafen und die Tonnara.

Giovanna hofft, ihr Mann möge auf dieser Insel endlich ein wenig Erholung finden.

Es stimmt, Favignana ist Arbeit. Es ist *auch* Arbeit, korrigiert sie sich mit einem Lächeln und schaut sich im Spiegel an, während sie ihr Haar zu einem langen Zopf flicht. Sie werden Zeit zusammen verbringen, miteinander reden. Versuchen, wieder ein Paar zu sein, und wenn es nur ein paar Tage sind.

Sie löscht das Licht. Durch das angelehnte Fenster hört man das Donnern der Wellen an die Mole und das Rauschen des Windes, der durch die Gassen des Dorfes weht. Giovanna lässt sich sanft ins Reich der Träume gleiten, wacht aber wieder auf, als Ignazio das Zimmer betritt. Er hat das Hemd aufgeknöpft und die Krawatte gelockert. Doch Müdigkeit ist seinem Gesicht nicht anzusehen; vielmehr eine heitere Unbeschwertheit, etwas, das sie nur selten an ihm sieht und sie sogleich mit einer angenehmen Wärme erfüllt.

Er zieht sich die Jacke aus. »Gefällt dir das Haus?«

Sie nickt. »Es ist wunderschön, *bedda è*. Du hast Nanài in Palermo gelassen?«, fragt sie und weist mit dem Kinn in Richtung seiner Kleider.

Ignazio zuckt mit den Achseln. Er summt leise vor sich hin. »Leonardo brauche ich hier nicht, hier ist alles nicht so steif«, sagt er und lässt sich aufs Bett fallen, um sich die Schuhe abzustreifen.

Dieser Satz genügt, und Giovanna begreift, dass Ignazio glücklich ist. Dass er sich hier freier fühlt. Vielleicht anders.

Sie rutscht von hinten an ihn heran, legt den Kopf an seine breite Schulter und umarmt ihn.

Ignazio ist überrascht. Unbeholfen streichelt er die Arme seiner Frau. Sie sind beide wie Wildkatzen, die eifersüchtig darauf bedacht sind, ihren Lebensraum zu verteidigen, und es sich nur selten gestatten, einander nahe zu kommen.

»Morgen fährt dich ein Wagen auf der ganzen Insel herum. Ich möchte dir zeigen, wie schön sie ist.« Ignazio dreht sich zu ihr um, seine Augen lächeln, er streichelt ihr über die Wange.

Er schaut sie an und nur sie, und auf einmal ist da nichts anderes mehr, keine Arbeit oder sonst etwas.

Sie. Giovanna.

Plötzlich ist ein Beben in ihr, das sich langsam in ihrem ganzen Körper breitmacht, der Magengrube, der Brust, den Rippen, und ihr fast den Atem nimmt. Sie spürt, wie ihr das Blut in die Wangen steigt, sie erröten lässt, als würde ihr zum ersten Mal seit langer Zeit bewusst, dass sie am Leben ist.

Schon immer hat sie auf einen Moment wie diesen gewartet – so zerbrechlich, so intensiv, so kostbar –, und jetzt fürchtet sie, nicht dafür bereit zu sein. Ihre Augen werden feucht.

»Was ist denn?« Ignazio ist verwirrt. »Geht es dir nicht gut?«

»Nein ... ja ... es ist nichts«, antwortet sie mit bebenden Lippen.

»Möchtest du keine Spazierfahrt mit mir machen?«

Sie nickt, bringt keinen Ton heraus. Sie fährt sich mit der Hand übers Haar, als wollte sie den Zopf lösen. Dann kommt sie näher, nimmt Ignazios Hand, die auf der Bettdecke liegt, und führt sie an ihre Brust, kuschelt sich an ihn.

Wenn man glücklich ist, braucht es keine Worte.

Am nächsten Morgen stehen nur ein paar Schleierwolken am Himmel. Jenseits des Meeres kann man die Küste von

Trapani und den wuchtigen Umriss des Turms von Erice erkennen. In der Nähe der Küste schimmert das Wasser auf eine Weise, die nur selten zu sehen ist: ein blendendes, gleißendes Weiß, das in den Augen schmerzt und den Blick abwenden lässt.

»Das sind die Salinen«, erklärt Ignazio Giovanna, die neben ihm sitzt, als er sieht, wie sie die Augen zukneift. »Große Becken mit Salzwasser, das verdampft und eine Salzkruste zurücklässt. Die Kruste wird abgebaut, getrocknet und das Salz dann verkauft. Die Salzlake, die wir für das Einmachen des Thunfischs verwenden, wird mit genau diesem Salz angesetzt.« Er hebt den Arm, zeigt auf einen undeutlichen Punkt jenseits des Dorfes. »Da hinten gibt es eine Bucht, in der die Seeschlacht zwischen den Römern und den Karthagern stattgefunden hat und bei der die Römer gesiegt haben. Man nennt sie die Schlacht der Ägadischen Inseln, und sie war wichtig, weil sie dem ersten punischen Krieg ein Ende bereitete. Bis heute kehren die Fischer manchmal mit einer Amphorenscherbe zurück…« Seine Augen glitzern, und er sieht aus wie ein glücklicher kleiner Junge.

Im Schatten ihres Sonnenschirms betrachtet Giovanna die Landschaft: rau, trocken und staubig, so anders als die auf dem Festland, dass es ihr ein gewisses Unbehagen bereitet. Und doch hat Favignana ihr eine Klarheit geschenkt, die unerwartet kommt. Es ist, als hätte die Insel ihr endlich den Schlüssel zum Herzen ihres Mannes in die Hand gegeben. Sie sieht ihre geheime Schönheit, spürt die Stille. »Du hast sie dir wirklich sehr gewünscht, diese Insel, nicht wahr?«, murmelt sie.

»Ja«, erwidert Ignazio. »Du kannst dir gar nicht vorstellen, wie sehr.«

Eine Weile schweigen sie. Das einzige Geräusch in der klaren, reinen Luft ist das Knirschen der Räder ihres kleinen Wagenzuges auf den Schotterstraßen: mehrere Kaleschen, ein paar Pferde und sogar ein Esel. In seinem Sattel sitzt Donna Ciccia und schreit ab und zu auf vor Angst.

Ignazio betrachtet seine Frau von der Seite. Obwohl der Hut einen Teil ihres Gesichts bedeckt, entdeckt er ein paar Fältchen, vor allem zwischen Nase und Mund und auf der Stirn. Zeichen der Müdigkeit, vielleicht, oder auch der Anspannung. Nicht wichtig.

Na ja, ich bin sicher auch älter geworden, denkt er. Aber er hat sich nie viele Gedanken darüber gemacht, nicht einmal am Morgen, wenn er ab und zu ein neues weißes Haar auf dem Kopf oder eine weiße Stoppel im Bart entdeckt.

Gerade will er mit den Achseln zucken, als ihm etwas durch den Kopf geht.

Wer weiß, wie es bei ihr ist.

Es ist nur ein kurzer Gedankenblitz, der sich in ihm entlädt.

Sie.

Er stellt sich die Fältchen auf jenem Gesicht vor, das in seiner Erinnerung immer gleich geblieben ist, die Locken, die bestimmt längst von Kupfergold in Grau übergegangen sind, die blauen Augen, einst leuchtend, wie sie von tiefen Ringen umgeben sind, die Lider schwer.

Wer weiß, wie es gewesen wäre, gemeinsam alt zu werden.

Woher kommen nur diese Gedanken, diese Fragen? Welcher Teil seines Geistes hat so weit die Waffen gestreckt, dass ihm auf einmal diese Gedanken kommen? Er drängt sie wütend zurück, denn er will nicht zulassen, dass die Reue in ihm die Oberhand gewinnt.

Er senkt den Blick, als fürchtete er, Giovanna könnte seine Gedanken lesen, doch das Bild hört nicht auf, ihn zu verfolgen, es hetzt ihn wie ein Stück Wild, es piesackt ihn mit tausend Nadeln, die das Bedauern in ihm geschärft hat.

Er beißt die Zähne zusammen. *Ich darf nicht daran denken*, befiehlt er sich. Und um sich abzulenken, ruft er Caruso zu sich, der ihnen zu Pferde folgt. »Und? Ist Post aus Palermo gekommen?«

»Erwartet Ihr denn ein bestimmtes Schreiben?«, fragt ihn der Verwalter. »Jedenfalls – nein. Die Post kommt erst morgen.«

»Nur einige Berichte«, murmelt Ignazio. »Und die Abrechnung für die Schließung der Spinnerei.«

Caruso schnaubt. »Da habt Ihr Perlen vor die Säue geworfen, Don Ignazio. Ihr habt ihnen Unterkünfte gegeben, habt sie ausgebildet, sogar eine Bäckerei zur Verfügung gestellt, und sie haben Euch den Bettel einfach hingeworfen.«

»Ja.« Ignazio zieht an den Zügeln der Kalesche, sie werden langsamer. Neben ihm neigt Giovanna den Kopf ganz leicht zur Seite, um besser zu hören. »Es war keine sehr gelungene Erfahrung«, gibt er widerwillig zu. Das Wort »scheitern« will er nicht in den Mund nehmen. Aber nichts anderes ist es.

Er wendet sich seiner Frau zu. Sie schaut ihn wartend an.

»Anwalt Morvillo und ich hatten eine Spinnerei mitsamt Unterkünften für die Arbeiter, Werkstätten, einer Bäckerei und einer Schule ins Leben gerufen. Wir hatten sogar an die Einstellung von Kinderfrauen gedacht, die sich um die Neugeborenen kümmern könnten, damit ihre Mütter bald wieder zur Arbeit gehen können.«

Giovanna hört ihm stirnrunzelnd zu und versucht ihr

Staunen zu verbergen. Niemals war Ignazio so gesprächig ihr gegenüber, was seine Arbeit angeht. Bewirkt etwa Favignana ein weiteres Wunder?

»Und dann – nichts, rein gar nichts!«, fährt Ignazio wütend fort. »Die Männer beschlossen, es lohne sich nicht, sich ins Zeug zu legen, dass ihnen das genüge, was sie hatten, auch wenn sie gerade eben über die Runden kamen. Und die Frauen waren genauso verstockt: Sie wollten ihre Sprösslinge nicht den Kinderfrauen überlassen und schickten nur die männlichen Kinder auf die Schule. Dass die Mädchen hingegen die ganze Zeit zu Hause blieben und gar nichts lernten, wurde nicht einmal infrage gestellt. Es war immer so gewesen, und so sollte es auch bleiben.« Er schnaubt verächtlich. »Wir hatten den Brotpreis festgelegt, der zehn Centesimi unter dem in der Stadt lag, aber keiner wollte zahlen, weshalb wir auch die Bäckerei wieder schließen mussten ... Aber das Allerschlimmste war, wie sich die Arbeiter gegenüber den Webstühlen und den Maschinen verhalten haben. Statt zu lernen, daran zu arbeiten, beschädigten sie sie und ließen sie einfach stehen, als könnten sie von selbst wieder heil werden. Die hat nur interessiert, Geld an sich zu raffen. Einige haben sich sogar an den Stoffen vergriffen, um sie weiterzuverkaufen.... Wirklich der letzte Abschaum, diese Leute!«

Giovannas Hand streift die seine, bleibt auf seinem Knie liegen. Es ist eine Geste der Ermutigung, ein Wort der Zuneigung, das nicht ausgesprochen wird.

»Nur Mut! Hier auf Favignana wird es anders sein, Don Ignazio.« Caruso ist ein Optimist, wirkt fast fröhlich. »Man sollte einfach von den Leuten nichts verlangen, was sie nicht geben können. Sie sind daran gewöhnt, auf den Booten zu schuften, mit gebeugtem Rücken den ganzen Tag in der Sonne zu stehen, so wie es ihre Väter getan haben und ihre Söhne es auch tun werden. Außerdem werden sie dank dem zusätzlichen finanziellen Ansporn, dem *migghiurato*, ein Interesse daran haben, produktiver zu sein.«

»Und tatsächlich erwarte ich auch nichts anderes von ihnen. Ehrlichkeit und Fleiß, die mit etwas mehr Geld in der Tasche belohnt werden.«

Die kleine Prozession aus Wagen und Pferden rückt weiter auf der Ebene im Nordosten der Insel vor. Giovanna wartet, bis Caruso etwas zurückfällt, und nimmt Ignazios Hand.

Er legt seine andere Hand auf die ihre, ohne sie anzuschauen.

»Du hast etwas Gutes getan. Es sind diese *cani di mannara*, diese tumben Hunde, die das nicht begriffen haben«, sagt sie, etwas unbeholfen.

Doch er verzieht den Mund, verbirgt nicht seine Irritation. »Ich hatte mir eine moderne Fabrik vorgestellt, so wie die in England, wo die Arbeiter und ihre Familien die Möglichkeit haben, ihre Lebensbedingungen zu verbessern. Offenbar bin ich zu optimistisch gewesen. Wenn ich noch einmal so etwas mache, werde ich mehr auf der Hut sein.«

Giovanna lehnt sich an ihn, und er schiebt sie nicht von sich weg.

Von der Kalesche hinter ihnen dringen die Stimmen der Kinder an ihr Ohr. Selbst Vincenzino, der sonst eher ruhig ist, schreit vor Ungeduld.

»Sind wir bald da?«, fragt sie.

»Nur noch ein paar Minuten. Diese Bucht ist wirklich außergewöhnlich: Da ist ein Loch in den Felsen, wie ein

Brunnen, der sich aufs Meer öffnet. Ich wollte, dass ihr das seht.«

In Wirklichkeit hat er ihnen bereits fast alles von der Insel gezeigt, denkt Giovanna mit einem Lächeln, das ihr vom Sonnenschirm beschattetes Gesicht weicher macht. Er hat ihr die strahlende Schönheit der Cala Rossa gezeigt und ihr versprochen, sich mit ihr auch den Sonnenuntergang über der Bucht von Marasolo anzusehen, wo die Sonne wie ein glühender Ball unter dem Berg versinkt, nicht weit von den Häusern der Fischer.

Am liebsten würde Ignazio für immer auf Favignana bleiben, das hat sie begriffen. Dieser Ort macht ihn froh, macht ihn zufrieden. Das zeigen ihr sein entspanntes Gesicht, die Geduld, die er den Kindern entgegenbringt, und die Tatsache, dass er viel mehr Zeit mit ihr verbringt. Doch hier zu bleiben ist unmöglich. Und so versucht Giovanna, all diese guten Dinge in ihrem Herzen zu bewahren, sie verschließt sie in einer Ecke ihrer Brust, wie in einem Schmuckkästchen, um sie wieder daraus hervorzuholen, wenn düstere Tage kommen, wenn sie wieder an jene Briefe denken muss, die ihr so schmerzhaft ins Fleisch schneiden, wenn sie sich zum hundertsten Male fragen wird, wer wohl diese Frau war. Wenn Ignazio und sie wieder sein werden wie ferne Gestirne, auch wenn sie im selben Bett schlafen.

In nomine Patris, et Filii, et Spiritus Sancti.

Das Holz streift den Verputz mit einem lauten Knirschen. Der Duft der weißen Lilien kann den Geruch nach Staub und Mörtel nicht überdecken.

Giovanna und Ignazio stehen dicht nebeneinander. Auf Giovannas bleiche Lippen fällt ein Tropfen. Eine Träne, gefolgt von einer weiteren.

Sie wischt sie nicht ab.

Ignazio ist wie versteinert. Fast scheint es, als würde er nicht atmen, und es wäre ihm recht, wenn er es nicht mehr müsste. Nur um diese Qual nicht mehr zu spüren. Einen Schmerz, der nicht schlimmer sein könnte, wenn sie ihm das Fleisch mit bloßen Händen vom Leib reißen würden. Der Atem kratzt ihn in der Luftröhre, er will heraus, und so öffnet er den Mund, nur ein kleines Stück, damit dieses bisschen Luft herauskann, das ihn am Leben erhält.

Giovanna schwankt, und kurz bevor sie zu Boden sinkt, stützt er sie. Sie windet sich, streckt die Hand aus, beginnt zu schluchzen. »Nein, nein, wartet!«, schreit sie. Es ist der Schrei eines Tieres. »Nehmt ihn mir nicht weg! Bringt ihn nicht dorthin! Da unten ist es kalt, er ist allein, *figghiu di lu me cori, anima mia*, Sohn meines Herzens, meine Seele.« Sie befreit sich aus dem Griff ihres Mannes, schiebt die Männer beiseite, die dabei sind, die Grabnische zu schließen. Sie klammert sich an den Sarg, bearbeitet ihn mit Fäusten, kratzt mit den Nägeln daran. »Vincenzo! Mein Vincenzino, mein Leben! *Arruspigghiati, cori meo!* Wach auf, mein Herz! Vincenzino!«

Donna Ciccia, die hinter ihr steht, bricht in Tränen aus, und mit ihr auch Ignazziddu und Giulia, an der Hand der Kinderfrau, die, selbst mit feuchten Augen, das kleine Mädchen aus der Begräbniskapelle bringt.

Ignazio tritt nach vorne, zieht Giovanna vom Sarg weg, bringt sie zum Stehen. »Hör auf, zum Donnerwetter!«, zischt er.

Doch die Frau ist wie von Sinnen; wieder und wieder streckt sie die Arme nach dem Sarg aus, der mit Kränzen aus weißen Stoffblumen geschmückt ist, versucht sich zu entwinden, bis es ihr schließlich auch gelingt. Wieder kratzt sie mit einer solchen Kraft an dem Sarg, dass sie das Holz beschädigt.

»Es reicht, Giovanna!« Ignazio packt sie an den Armen, schüttelt sie heftig. Er ist selbst an die Grenzen des Schmerzes gekommen; die Verzweiflung seiner Frau kann er sich nicht auch noch aufbürden. Noch ein Gramm mehr, und er würde zugrunde gehen. »*Mortu è, capisti?* Er ist tot, begreifst du das?«, schreit er sie an.

Doch sie schreit noch lauter. »Ihr irrt euch alle! Ja, es geht ihm schlecht, aber er ist nicht tot … er kann nicht tot sein! *Taliàtelo,* schaut nach, vielleicht atmet er noch!« Diesen letzten Satz wiederholt sie mehrfach und schaut sich dabei um, als suchte sie in den Augen der Anwesenden Bestätigung.

Da nimmt Ignazio sie in die Arme, drückt sie so fest an sich, dass sie nicht einmal mehr schluchzen kann. Der Hut mit dem schwarzen Schleier fällt zu Boden. »Er hatte Fieber, Giovanna«, flüstert er ihr zu. »Er hatte ein so starkes Fieber, dass es ihn verzehrt hat, wie eine Kerze. Du hast ihn in deinen Armen gehalten und ihn gepflegt bis zum Schluss, aber Gott hat ihn zu sich genommen. Es war Schicksal.«

Sie hört ihm nicht zu. Sie weint nur noch, erschöpft. Einer Mutter, die ihr Kind verloren hat, bleiben nur die Tränen und der Wunsch zu sterben.

Donna Ciccia nähert sich ihr, stützt sie. »Kommt mit mir«, sagt sie und löst die Verzweifelte behutsam von Ignazio. Dann gibt sie Giulias Kinderfrau, die zurückgekehrt ist, um Ignazziddu zu holen, ein Zeichen. »Kommt, wir gehen ein wenig an die frische Luft«, murmelt sie Giovanna zu, und die beiden Frauen bringen sie nach draußen, unter die Zypressen, die die Gruft der Florios auf dem Friedhof von Santa Maria di Gesù umgeben. Es ist ein milder und ruhiger Septembertag, fast heiter inmitten der Verzweiflung.

Ignazio beißt sich auf die Lippe und schaut zur Tür der Kapelle. Unglaublich, dass da draußen so viel Leben ist, während sein Sohn – *er war noch ein Kind!* – sein Leben verloren hat.

Er wendet sich den Männern zu, die warten. Kurz hält er den Atem an und befiehlt ihnen dann leise: »Schließt die Gruft.«

Hinter ihm leise Schritte.

Ignazziddu steht auf der Schwelle. Er hat ein Hufeisen in der Hand; das haben Vincenzo und er gemeinsam bei einem Ausflug auf den Monte Pellegrino gefunden, als sie dem Schrein der Santa Rosalia, der *Santuzza*, einen Besuch abstatteten. Sein Bruder hat ihm damals gesagt, das bringe Glück.

Iddu se lo doveva tenere, denkt er. Ja, das hätte besser sein Bruder behalten.

Er betrachtet seinen Vater mit tränenfeuchten Augen, die Fäuste des Elfjährigen sind tief in die Taschen gesteckt. In sich fühlt er Leere, doch da ist auch noch ein anderes, tieferes Gefühl, das er nicht kennt.

Es ist das Schuldgefühl der Lebenden gegenüber den Toten. Etwas, das eigentlich Erwachsenen vorbehalten ist, doch Ignazziddu verspürt es dennoch, scharf, zerstörerisch.

Es ist wie ein Tropfen Gift. Er ist am Leben, während sein Bruder tot ist, dahingerafft von einer Krankheit, die in nur wenigen Tagen seine Lungen zerstört hat.

Der Vater bedeutet ihm, an seine Seite zu treten, und er gehorcht. Gemeinsam sehen sie den Maurern zu, die ihre Arbeit verrichten.

Ein Ziegelstein kommt auf den anderen. Ganz langsam verschwindet Vincenzinos Sarg aus der Sicht, bis nur noch eine kleine Öffnung übrig ist.

Erst da bedeutet Ignazio den Männern innezuhalten. Er streckt die Hand aus, berührt eine Ecke des Sarges. Er schließt die Augen.

Vincenzino wird immer zwölf Jahre alt bleiben. Er wird nicht groß werden. Er wird nichts mehr lernen.

Ignazio wird nicht sehen, wie er zum Mann wird. Er wird ihn niemals zur Piazza Marina mitnehmen. Er wird sich nicht mit ihm freuen, wenn er heiratet oder wenn ein Enkelchen zur Welt kommt.

Von Vincenzino bleiben werden die zurückgelassenen Notenblätter auf dem Ständer, die offenen Hefte auf dem Schreibtisch, die Kleider, die im Schrank hängen, einschließlich des Musketierkostüms, das er so sehr geliebt hat und das er auch beim allerletzten Maskenball getragen hat, als Ignazio den Fotografen bestellt hatte, damit er seine als Dame und Ritter verkleideten Sprösslinge ablichtete.

Sein Sohn wird auf immer und ewig zwölf Jahre alt sein, und er, mit seinen vielen Fabriken, seiner ganzen Macht, seinem ganzen Reichtum, kann nichts dagegen tun.

Als sie in die Olivuzza zurückkehren, hilft Donna Ciccia Giovanna beim Aussteigen aus der Kutsche. Die Frau taumelt, doch dann läuft sie in Richtung Treppe. Sie ist außer sich, stolpert durch die Tür, die ihr ein Dienstbote in Tränen geöffnet hat, und beginnt im Haus herumzuirren und nach Vincenzino zu rufen, als hätte sich der Junge nur versteckt und wartete auf die Heimkehr der Mutter, um sich zu zeigen.

Doch die Dienstboten haben gute Arbeit geleistet. Auf Anordnung von Ignazio haben sie alle Spielsachen verschwinden lassen, die Geige, die überall im Haus verstreuten Bücher. Alles ist auf sein Zimmer verbannt worden, den einzigen Raum im Haus, in dem der Schmerz das Recht haben wird zu existieren.

Urplötzlich lässt sich Giovanna zu Boden sinken, vor der Tür zum Zimmer ihres Sohnes. Ihr fehlt der Mut, sie zu öffnen. Sie legt die Stirn an das Holz der Tür und streckt die Hand nach dem Türknauf aus, ohne die Kraft zu haben, ihn zu drehen. Genau so findet Donna Ciccia sie vor. Mit großer Behutsamkeit hebt sie die Trauernde auf und führt sie auf ihr Zimmer.

Wie verloren schaut sich Giovanna um. Der Schmerz hat ihr die Sprache geraubt und ihr Gesicht um zehn Jahre altern lassen.

Von der Schwelle aus sieht Ignazio dabei zu, wie Donna Ciccia ein Gebräu aus dem Wasser der Schwarzkirsche, Sirup aus weißem Mohn und Laudanum anrührt. Dann hebt sie Giovannas Kopf an und lässt sie trinken. Die Frau gehorcht. Aus ihren Augen sprudeln die Tränen.

Es dauert nur wenige Augenblicke, dann beginnt der Beruhigungstrank zu wirken, und Giovanna versinkt in einem barmherzigen Schlaf. Noch beim Einschlummern murmelt sie etwas vor sich hin. Donna Ciccia nimmt auf dem Sessel neben ihrem Bett Platz und verschränkt die Hände über einem schwarzen Rosenkranz. Sie blickt Ignazio stumm an, als wollte sie ihm sagen: *Ich werde nicht von ihrer Seite weichen.* Zudem weiß sie, dass Vincenzinos Schrank immer noch da ist, und dass es nicht wichtig ist, dass die Spielsachen verschwunden sind und die Geige versteckt wurde. Donna Ciccia weiß, dass er noch lange in diesem Zimmer verbleiben wird, von den Erinnerungen seiner Mutter festgehalten, Schatten inmitten von Schatten, ebenso wie sie weiß, dass sie ihn hören wird, wie er sich auf den Fluren des Palazzos fortbewegt, und dass sie jeden Tag darum beten wird, dass sein trauriger Geist endlich Frieden finden möge.

Ignazio tritt auf das Bett zu, beugt sich über seine Frau und küsst ihr die Stirn, hält den Atem an. Dann, nach einem letzten Blick, verlässt er das Zimmer und macht sich den Korridor entlang auf den Weg.

Ich muss ins Arbeitszimmer. Ich muss an die Arbeit denken. Ich muss an die Casa Florio denken.

Er geht an Giulias Zimmer vorbei. Er hört sie schluchzen, während die Kinderfrau versucht, sie zu trösten.

Dann, auf einmal, hört er eine Stimme hinter sich, die nach ihm ruft. Das ist Ignazziddu, der mitten auf dem Flur steht. Als er ihn vorbeigehen hörte, ist er offenbar aus dem Zimmer gestürzt. »Papa …«, murmelt er. Er weint.

Ignazio ballt die Fäuste. Er geht nicht auf ihn zu. Stattdessen richtet er den Blick auf eine Arabeske im Teppich. »Männer weinen nicht. Hör auf damit.«

Seine Stimme ist eisig, scharf wie eine Klinge.

»Was soll ich nur ohne ihn machen?« Der Junge trocknet seine Tränen und wischt sich mit dem Ärmel seiner schwarzen Bluse den Rotz ab. Er streckt ihm die Arme entgegen. »Ich mag gar nicht daran denken, Papa!«

»Aber so ist es. Er ist tot, und du musst damit zurechtkommen.« Ignazio sagt es voller Härte, voller Wut.

Warum musste das geschehen?

Er schaut auf seine Hände. Sie zittern.

Die Leere, die er in diesem Moment empfindet, breitet sich aus wie ein Tropfen Farbe im Wasser und lässt die Trauer um andere Menschen wieder hochkommen: um seinen Vater, seine Mutter, sogar um seine Großmutter. Doch was ihn wirklich zerstört, was ihn von innen auffrisst, ist etwas anderes. *Eltern sollten niemals ihre eigenen Kinder überleben,* denkt er. *Das ist nicht der natürliche Lauf der Dinge.*

Und doch ist vielleicht nicht alles verloren. Er hält den Blick gesenkt und sagt mit vom Schmerz rauer Stimme zu Ignazziddu: »Er ist nicht mehr da. Aber du bist jetzt da und musst dem Namen gerecht werden, den du trägst.«

Ohne auf die nach ihm ausgestreckten Arme seines Sohnes zu achten, geht er in Richtung Arbeitszimmer weiter.

Der Junge bleibt mitten auf dem Teppich allein zurück, und eine Träne stiehlt sich langsam die Kurve seines Backenknochens entlang. Was bedeutet das, was sein Vater eben gesagt hat? Was wollte er damit sagen? Wer ist er nun? Was ist er geworden?

Auf dem Flur ist es mucksmäuschenstill geworden.

Die Zeit hat keinen Respekt vor dem Schmerz. Sie packt ihn, zermahlt ihn zu Staub, und ganz allmählich, während die Tage ins Land gehen, verwandelt sie ihn in etwas anderes, eine durchscheinende Gestalt, die doch deutlicher zu spüren und zu sehen ist als ein Wesen aus Fleisch und Blut.

Sie rammt ihn in einen Menschen wie einen Nagel, damit jeder Atemzug an den Schmerz des Lebens erinnert.

Das ist es, was Ignazio denkt, als er sich in seinem Arbeitszimmer an der Piazza Marina einschließt. Dort ist er lieber als in der Olivuzza, wo immer nur das versteinerte Gesicht seiner Frau und die traurigen, stummen Blicke seiner Kinder auf ihn warten. Zusammen mit den Beileidsschreiben wartet auch ein Telegramm des Bildungsministers auf ihn, Francesco Paolo Perez, ein Freund aus Palermo, der beim Minister für Öffentliche Arbeiten, Alberto Baccarini, seine schützende Hand über die Interessen der Postschiffe hält und ihn über die neuesten Entwicklungen in Kenntnis setzt.

Ja, denn das Ministerium für Öffentliche Einrichtungen hat noch keine Entscheidung getroffen, was mit der Schifffahrtslinie vom Ionischen Meer zur Adria geschehen soll: Zuerst war sie den Florios zugeschlagen worden, wurde dann aber ausgesetzt, weil man auf eine generelle Neuordnung der subventionierten Handelsrouten warten wollte. Eine Neuordnung, die jedoch nie stattgefunden hat, und so fürchtet Ignazio jetzt, dass sich andere, wie die österreichische Lloyd, hervortun und sowohl Passagieren als auch dem Handel günstigere Dienste anbieten könnten. Weder die französische Reederei Valery noch die mächtige Transatlantique werden dem noch lange tatenlos zuschauen. Im Mittelmeer bekämpft man sich nicht mehr mit Kanonen, sondern mit besonders günstigen Preisen für die Beförderung von Waren und Passagieren und mit Subventionen für die Transportunternehmen.

Ignazio setzt rasch das Antworttelegramm auf. *So groß mein Schmerz auch ist, ist mir der Gedanke an die großen Aufgaben und Pflichten, die uns bevorstehen, nicht entfallen …*

fügt er hinzu und muss sich kurz wappnen, ehe er weitermachen kann.

Die Arbeit, wie auch die Zeit, wartet nicht.

»Darf ich?« Ein verlegenes Scharren, dann erscheint hinter der angelehnten Tür ein dunkler Haarschopf.

Ignazio gibt keine Antwort. Vielleicht hat er nichts gehört.

»Don Ignazio«, ruft der Mann.

Der Angesprochene hebt den Blick.

Die Tür geht auf, und ein geschniegelter Mann mit grau meliertem Backenbart betritt das Zimmer.

»Don Giovanni … Bitte sehr«, ruft Ignazio und erhebt sich.

Giovanni Laganà ist der frühere Liquidator der Trinacria und derzeitig Direktor der Postschiffe. Er kennt und schätzt Ignazio Florio seit vielen Jahren. Jetzt blickt er ihn an und kann seine Überraschung nur schwer verbergen. Vor ihm steht ein abgemagerter, bleicher Mann mit wirrem Haarschopf, vor allem aber einer schier greifbaren Müdigkeit, die nichts mit körperlicher Erschöpfung zu tun hat. Er geht ihm entgegen. »Ich habe es vorgezogen, Euch nicht zu Hause aufzusuchen. Ich wollte es Eurer Frau ersparen, den hundertsten Kondolenzbesuch über sich ergehen zu lassen.«

Ignazio umarmt ihn. »Danke«, murmelt er. »Wenigstens du hast verstanden«, fügt er hinzu und geht zum Du über, das vertraulicheren Gesprächen vorbehalten ist.

Sie nehmen einander gegenüber am Schreibtisch Platz. Giovanni Laganà hat schmale Augen und strahlt Sicherheit aus. »Und du, *comu stai,* wie geht es dir?«

Ignazio zuckt mit den Achseln. »Geht so.«

Der andere drückt ihm den Arm. »Wenigstens hast du *n'autru masculu,* noch einen Sohn«, murmelt er. »Nicht alles ist verloren.«

Ignazio senkt den Blick zu Boden. »Reden wir über etwas anderes, bitte.«

Giovanni nickt, als wollte er sagen, jeder habe durchaus das Recht auf seinen eigenen Fluchtweg aus dem Leiden. Dann zieht er mit einem Seufzen einige Dokumente aus der Mappe, die er mitgebracht hat. Er übergibt sie Ignazio, der sie entgegennimmt und rasch überfliegt. Sein erloschenes Gesicht wird munter, und er zieht die Augenbrauen zusammen. »Aber sind das nur Gerüchte, oder sind die Verhandlungen tatsächlich so weit fortgeschritten?«

Laganà presst die schmalen Lippen so fest zusammen, dass sie nur noch ein Strich sind. »Was denkst du?«

»Dass die Franzosen der Valery uns den Stuhl unterm Hintern wegziehen und die Österreicher der Lloyd es ihnen nachtun wollen.« Ignazio legt die Blätter auf den Tisch und fängt an, im Zimmer auf und ab zu gehen. »Woher hast du diese Informationen?«

»Sie sind mir durch einen unserer Agenten in Marseille zugespielt worden. Sein Trauzeuge arbeitet bei der Transatlantique. Und in Triest haben wir viele Freunde, die uns die Gerüchte über die Lloyd bestätigen.« Laganà macht eine Pause, trommelt mit den Fingern auf die Papiere. »Eigentlich wollte ich es dir jetzt gar nicht sagen, nach all dem, was geschehen ist, aber …«

Ignazio winkt ab. »Die in Rom sind sich gar nicht dessen bewusst, was hier vorgeht. Und zwar genauer gesagt nicht nur in Palermo, sondern auch in Genua, in Neapel, in Livorno … Alle Häfen sind in Schwierigkeiten. Wenn die

Regierung sich den Luxus erlaubt, keine Initiative zu ergreifen, während Paris und Wien handeln und sich die besten Routen unter den Nagel reißen, dann wissen wir nicht mehr, an wen wir uns wenden sollen.« Er lehnt sich an den Türstock der geschlossenen Tür, die Arme verschränkt und die Stirn gerunzelt, und schüttelt nachdenklich den Kopf.

Laganà beobachtet ihn. Ohne es zu wollen, verspürt er auch einen Hauch von Erleichterung. *Er ist wieder da,* denkt er. *Der Schmerz hat ihn nicht bezwungen, zumindest nicht ganz.*

»Ich warte schon seit Monaten auf eine Antwort, was die vertraglichen Übereinkünfte bezüglich der Routen nach Amerika angeht«, fährt Ignazio fort. »Die *Piroscafi* haben beträchtliche Mühe, den Betrieb aufrechtzuerhalten, und das weißt du besser als ich: Wir erwirtschaften kaum mehr als die Kosten, und das auch nur deshalb, weil die Oretea die Reparaturen erledigen kann. Schon bald werden wir uns genötigt sehen, die Tarife zu erhöhen, und das wird ein Debakel, weil die ausländischen Schiffe, die die gleichen Routen befahren, dies zu wesentlich günstigeren Preisen tun können und ihre Routen zahlreicher sind.« Er massiert die Falte zwischen seinen Augenbrauen. »Sie verkünden vollmundig, der Markt müsse frei sein, während die Franzosen wesentlich größere Subventionen erhalten als die Italiener und sich auch noch untereinander zusammenschließen.« Er schlägt mit der Hand gegen die Mauer. »Aber verstehen die in Rom denn nicht, dass sie damit nur Schaden anrichten und nichts anderes?«

»Offenbar wollen sie es nicht begreifen.«

Ignazio bricht in ein bitteres Lachen aus. »Mir subventionieren sie die Linie von Ancona aus, die mittlerweile gar nicht mehr in Betrieb ist, geben mir aber die anderen nach

Amerika nicht. Was will die Regierung eigentlich von mir? Sie fordert einen subventionierten Betrieb zu den griechischen Inseln, wo niemand hinwill und es höchstens ein paar Oliven und Ziegen zu holen gibt. Kannst du mir sagen, was das soll?« Er löst sich von der Wand und zeigt mit dem Finger auf die vertraulichen Dokumente aus Marseille. »Während die da Linien bis nach Amerika einrichten, sollen wir wohin fahren? Nach Zadar? Oder nach Korfu?« Er kehrt auf seinen Platz am Schreibtisch zurück und stützt das Kinn auf die vor ihm verschränkten Hände. Sein Atem geht schwer, und die Augen sind geschlossen, Zeichen dafür, dass er nachdenkt. »Richtig Geld machen kann man mit den Fahrten über den Ozean, mit all den *mischinazzi*, den armen Schluckern, die in Amerika ihr Glück suchen. Ich habe zwei Fahrten wöchentlich vorgeschlagen, aber was soll ich gegen die Konkurrenz der Engländer ausrichten, die hingegen drei Fahrten pro Woche anbieten können? Nein, wir werden nicht mehr abwarten, bis sie mir all das abnehmen, was mein Vater und ich aufgebaut haben, während man in Rom des Langen und Breiten über Aufträge und die Einschätzung von Gelegenheiten schwafelt … Diese Trottel!«

»Der einzige Trost ist, dass Rubattino das Ganze genauso sieht wie du. Ihr beide seid die wichtigsten Reeder Italiens. Erinnerst du dich noch, was er mir gesagt hat, als ich ihn in Genua aufgesucht habe? ›Die Franzosen machen Hackfleisch aus uns, und in Rom krümmt keiner einen Finger für uns.‹ Er hat sich über den Auftrag für die Neuordnung der Handelsrouten beklagt, die für ihn nur der hundertste Versuch war, Zeit zu verlieren. Und er schloss, wir müssten selbst Vorkehrungen treffen, sonst …«

Ignazio öffnet die Augen. »Ja, schöne Worte, und trotzdem sind wir beide immer noch hier und drehen Däumchen. Die einzige Chance wäre, eine starke, vereinte Transportfirma zu gründen, zwischen Genua und Palermo. Giovanni, wir müssen uns an Minister Baccarini wenden. An ihn komme ich heran; ich werde Francesco Paolo Perez bitten, mit ihm zu sprechen. Er muss begreifen, dass die Konkurrenz nicht schläft. Wir müssen uns auf Amerika ausrichten und endlich stark genug werden, damit die Franzosen und Österreicher unseren Häfen keine Fahrten und Waren mehr abluchsen können. Es muss sich etwas bewegen, und das wird auch geschehen, so wahr ich hier stehe und ein Florio bin.«

»Was soll das heißen, die Linie Palermo-Messina wurde gestrichen? Hunderte von Briefen, von Anträgen, von Gesprächen, um die Navigationsrouten zu erweitern und bis nach New York zu kommen … und das ist die Antwort?«

Giovanni Laganà tritt einen Schritt zurück, überrascht von der Wut, die aus jedem von Ignazios Worten spricht. Es ist Dezember 1880, und sie versuchen bereits seit über einem Jahr mit allen Mitteln, die *Piroscafi Postali* aus der Krise des Transportwesens zu führen. Die Schifffahrtsgesellschaft gerät immer weiter in trübe Fahrwasser und hinkt der Konkurrenz aus Frankreich und Österreich hinterher. Ignazio hat sich nicht geschont und alle Register gezogen, hat seine ganze Macht in den Ring geworfen, seine politischen Beziehungen spielen lassen, er hat Versprechungen gemacht, gedroht. Doch wie es scheint, hat er nur Zeit verschwendet. Und das ist es, was ihn am allermeisten auf die Palme bringt.

»Wie bitte?«, murmelt Laganà und tritt auf den Schreibtisch zu.

»Lies«, faucht Ignazio und wirft ihm ein Telegramm hin, das gerade eben aus Rom eingetroffen ist. Mehr bringt er dazu nicht heraus, so groß ist seine Wut.

Der andere überfliegt das Schreiben. »Nach ihrem Dafürhalten ist die Strecke nicht mehr nötig, weil es jetzt eine Eisenbahnlinie gibt, die die beiden Städte verbindet, und die Bahn kann mehr Fahrten machen, als wir es mit den Schiffen bewerkstelligen können.« *Das ergibt einen Sinn*, denkt er, doch er sagt es nicht. Er beschränkt sich darauf, Ignazio von der Seite anzuschauen.

»Ist doch klar. Ich habe auch begriffen, dass sie recht haben«, sagt Ignazio, als könnte er Gedanken lesen. Er schluckt einen Fluch herunter. »Aber so verurteilen sie uns endgültig zum Scheitern. Die Dividenden, die unter den Gesellschaftern aufgeteilt werden müssen, sind sowieso schon sehr gering … und jetzt muss ich auch noch das hier erklären, ganz zu schweigen von den Nachrichten, die uns Giuseppe Orlando aus Frankreich bringt.«

»Die Fusion von Valery und Transatlantique? Leider haben sich die Verwaltungsräte positiv dazu geäußert.«

»Aber das Ganze ist nicht nur eine Formalität. Die Reederei Valery existiert praktisch nicht mehr. Es dürften nur noch Tage sein, bis es offiziell wird. Orlando hat es mir in einem Telegramm angekündigt.« Ignazio schlägt mit der Faust auf den Schreibtisch. Das Bild von Vincenzino, das in einem schweren Silberrahmen steckt, gerät ins Wackeln und fällt um. Ignazio stellt es wieder auf und fährt beherrschter fort: »Rubattino macht sich bei denen lieb Kind, und wir schuften umsonst. Man bittet jemanden um Hilfe, und der schlägt einem die Tür vor der Nase zu. Und in der Zwischenzeit bauen die Franzosen andere Linien auf und verdrängen unsere.«

Laganà stößt die Luft aus. Ein langes Ausatmen, das zu einem verächtlichen Fauchen wird. »Bist du dir sicher? Ich meine, ist das eine abgemachte Sache?«

Ignazio massiert sich die Schläfen. Die Wut sitzt wie eine Klammer fest um seinen Schädel und brennt in seiner Magengrube. »Ja, ich habe Roussier persönlich geschrieben, unserem französischen Repräsentanten. Er hat mir alles bestätigt. Nach der Fusion wird der nächste Schritt der Transatlantique der sein, eine Linie nach Cagliari und dann zu anderen italienischen Häfen aufzubauen. Und Rubattino, was macht der? Statt sich in Bewegung zu setzen, jammert er nur.« Ein weiterer Schlag auf den Schreibtisch, ein paar Papiere segeln zu Boden. »Er ist der größte Reeder in Genua, ihm gehen die Franzosen genauso auf die Nerven wie uns. Er müsste die Stimme erheben, etwas tun und in Rom die Forderung anbringen, dass seine Stellung endlich geschützt wird, doch er … nichts! Er macht gar nichts! Ich kann diese Zeitverschwendung, dieses Chaos nicht mehr ertragen!«

Giovanni Laganà hebt die herabgesegelten Papiere vom Boden auf. Er lächelt. »Du ähnelst immer mehr deinem Vater.«

Ignazio hält inne, hebt den Kopf. In seinem Haarschopf finden sich neuerdings einige graue Büschel, und auch der Bart ist weiß meliert. Doch die Einschätzung seines Freundes scheint ihn mehr aufzubringen als zu überraschen. Er blickt ihn fragend an.

»Die Stimme, die Gesten, ich kann es nicht genau sagen. Ich habe ihn nur wenig gekannt, aber ich erinnere mich gut an ihn. Du hast nicht seine innere Wut, aber die gleiche Art, dich zu ärgern ... und es zu zeigen«, erklärt Laganà.

»Mein Vater wäre längst nach Rom gefahren, um denen die Schnauze zu polieren«, brummt Ignazio voller Abscheu. »Aber das ist nicht mein Stil.«

Er drückt das Rückgrat durch. An der Vertäfelung aus Walnussholz, die das gesamte Büro umgibt, hängen Landkarten und verschiedene Auszeichnungen, die die Firma bekommen hat. Das Licht, das durch die Fenster hereinscheint, vor denen die Piazza Marina liegt, schimmert auf dem glänzenden Holz und wandert über die Bücherregale in den Nischen, die in die Mauer auf beiden Seiten der Tür eingelassen sind. Ledersessel und Lampen aus böhmischem Kristall sind rund um den wuchtigen Schreibtisch verteilt.

Es ist ein Arbeitszimmer, das einer großen Reederei würdig ist. Und Ignazio ist ein Reeder, der bedeutendste Reeder Italiens, und wie ein solcher will er auch behandelt werden.

Er massiert sich die Nasenwurzel, denkt nach. Laganà wartet schweigend.

Mit langsamen Schritten geht Ignazio auf das Fenster zu, schaut hinaus. *Vorsicht*, sagt er sich, und atmet tief durch. *Vorsicht und Wachsamkeit.*

Es ist ein windiger Tag, so wie es in Palermo im Winter häufig vorkommt. Ignazio blickt auf die Piazza hinaus, auf die Palazzi mit ihren Fassaden aus Tuff, auf den regen Verkehr der Karren und Fußgänger. Er hebt den Blick in Richtung Vicaria, lässt ihn über San Giuseppe dei Napoletani schweifen, folgt dem Cassaro, so weit sein Auge reicht. Schließlich holt er seine Taschenuhr aus der Weste und schaut, wie spät es ist. »Na gut. Wenn sie uns nicht anhören, die erlauchten Herren Minister, dann werden sie eben bald einer anderen Musik lauschen.«

Das Letzte hat er so leise gesagt, dass Laganà ihn kaum gehört hat. »Das heißt?«

Ignazio neigt den Kopf. »Die Generalversammlung der Gesellschaft ist für Ende Januar angesetzt. Kurz davor besucht die königliche Familie Palermo, und ich habe die Absicht, um eine Audienz beim König zu bitten.« Ignazios Gesicht liegt im Schatten, nur die Umrisse sind zu erkennen, wie gemeißelt im Tageslicht, das durch das Fenster hereinfällt. »Ich werde mit ihm reden. Und wenn das auch nicht genügt …« Er beginnt, im Zimmer auf und ab zu gehen. »Vor einiger Zeit, als wir Probleme mit den Tonnare hatten, weil die Regierung nichts für den Schutz der heimischen Fischproduktion tun wollte, habe ich ein bestimmtes Manöver angewendet, das damals zu einem guten Ende geführt hat. Jetzt ist die Zeit gekommen, dies noch einmal zu tun, aber in größerem Rahmen.«

Laganà setzt sich, rückt seine Jacke zurecht. »Verzeih mir, Ignazio, aber ich kann dir nicht folgen«, gesteht er.

»Damals habe ich einige Freunde gebeten, in den Zeitungen über die Sache zu schreiben. Das war nötig, um die Tatsache publik zu machen, dass die Situation der Tonnare unhaltbar war, dass man den Fischfang auch mithilfe einer … geeigneten Steuerpolitik schützen müsse. Das und anderes haben sie geschrieben, und es hat ein breites Echo in der Öffentlichkeit zu dem Thema gegeben. Jedenfalls haben jene Artikel … nun, man kann sagen, ein Rauschen im Blätterwald verursacht, genau wie ich es wollte. Und jetzt sage ich dir, dass dies eine Art Generalprobe war.«

Der Direktor der *Piroscafi Postali* öffnet den Mund, klappt ihn wieder zu. »Und dann?«

»Du wirst es sehen.«

Am 4. Januar 1881 kommen die Savoyer nach Palermo. Die Stadt hat sich festlich herausgeputzt: Damiani Almeyda hat einen »Pavillon für die Ankunft der königlichen Familie« entworfen, und ein kleines Heer Arbeiter hat die Straßen gefegt, die Blumenbeete gejätet und alle Laternen repariert, die bei den Gassenjungen eine beliebte Zielscheibe für Steinwürfe sind. Auf den Balkonen des Cassaro wurden anstelle der Weihnachtsdekorationen die Nationalflaggen aufgehängt, Soldaten marschieren unter Jubelrufen und Applaus der Passanten, die Papiersterne mit dem Konterfei von König Umberto I. und Königin Margarethe und Transparente mit Willkommensgrüßen an das königliche Paar schwenken, durch die Straßen.

Palermo leuchtet von innen heraus, wie eine Frau, die nach einer Zeit der Vernachlässigung entdeckt, wie schön sie ist, und ein Kleid auswählt, das sie bei einem lang ersehnten Empfang tragen wird.

Anders kann es gar nicht sein.

Die Stadt wächst, sie dehnt sich aus und streckt ihre Fühler immer weiter in die Ebene aus, die zum Meer führt. Eine neue Generation Architekten entwirft Straßenzüge, Gärten, Villen, überdenkt öffentliche Anlagen und richtet den Blick über die Grenzen der Insel hinaus, in Richtung Festland. Es sind moderne Zeiten angebrochen: Sie machen Gassen und Sträßchen den Garaus, verdrängen die Ärmsten der Armen in elende Hütten vor der Stadt und bringen sogar die konservativsten Adligen dazu, ihre Gewohnheiten und ihr Leben zu ändern und die Lebensart des Kontinents anzunehmen.

Auch die Gerüche haben sich verändert. Es stinkt nicht mehr nach Fisch, nach verrottetem Seetang oder nach Müll. Jetzt duftet es nach Frangipani, nach Magnolien, nach Jasmin. Auch der Geruch des Meeres wird schwächer, überlagert vom Aroma des Kaffees und der heißen Schokolade aus den eleganten Lokalen an den Straßen der neuen Stadt, die gerade *en vogue* sind.

Palermo beschäftigt sich nicht mehr nur mit sich selbst; es blickt nach London, nach Wien, Paris. Es will endlich auch mit breiten, luftigen Straßen protzen und sich von gewissen barocken Schwerfälligkeiten befreien, die auf einmal altbacken wirken. Das gilt auch für das Innere der Häuser: Auf einmal zeigen die Möbel neue, innovative Linien mit einem Hauch Exotik, der Brokat verschwindet, und an seine Stelle treten chinesische und indische Seide. Die Palazzi des Adels füllen sich mit japanischem Porzellan und geschnitztem Elfenbein, doch es mischt sich auch sizilianisches Kunsthandwerk darunter: Weihwasserbehälter aus Silber und Koralle, Tische aus Stein und wächserne Krippen. Es ist ein Wettbewerb ausgebrochen, wer die schönsten Stücke, die erlesensten Objekte sein Eigen nennt.

Palermos Seele, die aus Meer und Stein besteht, getränkt mit salziger Luft, verändert sich langsam, aber unaufhaltsam. Und während genau dieser Metamorphose tragen viele Dinge den Stempel der Florios oder sind mit ihnen verbunden, beginnend bei den Gebäuden. Bereits seit sechs Jahren besitzt die Stadt ein Theater von großer Eleganz, das Politeama. Entworfen hat es Damiani Almeyda. Als großer Anhänger des Klassizismus hat er es mit einer doppelten Säulenreihe sowie Wandmalereien im pompejanischen Stil an den Außenwänden ausgestattet. Doch inmitten so vieler Anklänge an die Vergangenheit gibt es auch etwas ganz Neues, Modernes: das Dach. Dabei handelt es sich um eine in der Oretea geschmiedete Schale aus Metallplatten und polierter Bronze, die in der Sonne funkelt und schimmert. Ein Stückchen entfernt, der gleichen Straßenachse folgend, sind Bauarbeiten für ein weiteres Theater, das Massimo, im Gange. Doch sie kommen nur langsam voran: Der erste Stein wurde bereits im Jahre 1875, also vor ganzen sechs Jahren, gelegt, und es ist noch immer nicht klar, wann das Gebäude fertiggestellt wird. Giovan Battista Basile, der Architekt, der es entworfen hat, hatte einen beeindruckenden und eleganten Tempel der Musik im Sinn, der es sogar mit der Opéra Garnier in Paris aufnehmen könnte.

Vielleicht zu viel für diese Stadt, denkt Ignazio, der neben seiner Frau in der Kutsche sitzt. Er lässt den Vorhang vor dem Fenster fallen, schaut nach unten, auf seine verschränkten Finger. *Palermo wird immer schöner, aber vielleicht bräuchte es viel dringender ein wenig mehr gesunden Menschenverstand.*

Der Wagen fährt holpernd über die großen Pflastersteine. Giovanna, die fröstelt, zieht einen Zipfel der Decke zu sich heran und stößt einen lauten Seufzer aus. Ignazio bemerkt es und drückt ihr die behandschuhte Hand. »Wird schon alles gut gehen.«

»Das hoffe ich«, erwidert sie, doch ihre Stimme klingt unsicher und angespannt.

»Ich habe ihn schon einmal in Rom getroffen, vor ein

paar Jahren. Er ist ein harter Mann, aber nicht unvernünftig. Und was seine Frau angeht, so ist sie eine echte Prinzessin von königlichem Geblüt und weiß sich auch als solche zu benehmen.« Er legt einen Finger unter Giovannas Kinn und hebt es an. »Du stehst ihr in nichts nach«, schließt er und hebt die Augenbrauen.

Giovanna nickt, doch ihre Nervosität quält sie noch immer. Während ihr Mann längst wieder in Gedanken versunken ist, betrachtet sie ihr Kleid im Halbschatten des Kutscheninneren, berührt das Mieder. Es ist eine Modellanfertigung aus Paris, aus schwerer hellgrauer Seide, genau die gleiche Farbe wie der mit Fuchspelz besetzte kurze Umhang. Seit dem Tod ihres Sohnes sind fünfzehn Monate vergangen, folglich ist auch die Zeit der Halbtrauer für sie beendet, doch sie kleidet sich immer noch vorzugsweise in Schwarz. Auch ihr Schmuck ist zurückhaltend; Perlenohrringe, ein Onyxring und eine Gemme aus Perlmutt, direkt über dem Herzen getragen, mit Vincenzinos Konterfei.

Auch Ignazio wollte nicht gänzlich auf die Insignien der Trauer verzichten und trägt nach wie vor eine schwarze Krawatte. »Er war Fleisch von seinem Fleische und hieß wie sein Vater«, hat Donna Ciccia erst vor ein paar Tagen Giovanna erklärt. »Es gibt keinen Vincenzo mehr in der Casa Florio. Deshalb kann er ihn einfach nicht gehen lassen.«

Wie wahr, denkt Giovanna, *aber da sind Ignazziddu und Giulia, sie darf er auch nicht vergessen. Und doch gibt es ganze Tage, an denen sie für ihn wie Luft sind …*

Die Kutsche bleibt abrupt im Innenhof des Königspalastes stehen.

Aus alter Gewohnheit legt Giovanna eine Hand auf ihren Bauch und drückt ihn. Schon seit einigen Jahren hat sie gelernt, den Impuls, sich zu übergeben, zu unterdrücken, doch in diesem Moment fühlt sie sich angegriffen, zerbrechlich. Verängstigt.

Sie schaut Ignazio in die Augen. Auch das ist eine Geste, die die Gewohnheit ihr diktiert: Sie tut es, wenn sie jemanden braucht, der ihr Sicherheit gibt, als wäre sie der Überzeugung, er könnte etwas von seiner Ruhe auf sie übergehen lassen.

Sie sieht ihn an und erkennt ihn fast nicht wieder.

An die Stelle seiner nachdenklichen Miene ist ein forscher, selbstsicherer Ausdruck getreten. Noch deuten seine Lippen ein Lächeln an, doch es erreicht die Augen nicht. Sein Rücken ist kerzengerade, die Bewegungen langsam, aber befehlsgewohnt.

Ignazio steigt aus der Kutsche und reicht ihr dann die Hand, um ihr zu helfen. Sein Griff ist eisern, fast tut er ihr weh.

Da begreift sie.

Ignazio hat sich auf eine Schlacht vorbereitet.

Das Paar trennt sich. Giovanna folgt den Hofdamen der Königin, während Ignazio in einen mit rotem Brokat tapezierten Raum geführt wird, der dem Monarchen für private Zusammenkünfte zur Verfügung steht. Heimlich betrachtet er den Monarchen genauer: Der König hat leicht gebeugte Schultern, an den Schläfen ist er bereits ergraut, und der imposante Schnurrbart reicht ihm bis über die Lippen. Umberto ist ein Mann von selbstsicherem Gebaren, mit klobigen Händen und dem Blick eines Menschen, der daran gewöhnt ist, auch das wahrzunehmen, was nicht in Worte zu fassen ist.

»Nehmt Platz«, sagt er zu Ignazio und deutet auf einen Sessel.

Ignazio setzt sich direkt nach ihm.

Der Monarch klaubt eine Zigarre aus der Schachtel, die ein Bediensteter ihm hinhält, und bietet auch seinem Gast eine an, dann entzündet er sie und nimmt einen tiefen ersten Zug. Dabei lässt er Ignazio nicht aus den Augen, als wollte er den Mann, den er vor sich hat, mit dem Bild vereinbaren, das er sich im Laufe der Jahre von ihm gemacht hat. »Nun denn«, ruft er schließlich aus. »Sagt mir, was ich für Euch tun kann.«

Ignazio blickt kurz auf seine Hände hinab, fast als suche er nach Worten, die ihm doch längst vollkommen klar sind. »Zuallererst möchte ich Eurer Majestät für das Privileg dieser Audienz danken. Ich weiß, Ihr werdet verstehen, warum meine Frau und ich nicht in der Stadt sind, um zusammen mit den anderen Bürgern Eure Ankunft zu feiern.«

Umberto zeigt ein trauriges Lächeln. Seine Augen wandern zu der schwarzen Krawatte. »Ich weiß, Ihr habt einen Sohn verloren. Seid Euch meines großen Mitgefühls gewiss.«

»Ich danke Euch, Majestät.«

Umberto nickt.

Ignazio kreuzt die Hände auf den Knien. »Ich bin hier als Bürger, als Reeder einer der größten Schifffahrtsgesellschaften Italiens und …«

»Einer der größten? Der größten und damit genug. Ihr braucht vor mir nicht den Bescheidenen zu spielen«, korrigiert ihn der König, einen Hauch ungeduldig.

Doch Ignazio lässt sich nicht aus der Fassung bringen. Er weiß, dass der König niemals ein Blatt vor den Mund nimmt, manchmal sogar etwas brüsk sein kann – das Ergebnis einer militärischen Erziehung, die er schon in jungen Jahren erhalten hat. »Ich danke Euch für die Wertschätzung.« Er legt seine Zigarre auf dem Aschenbecher ab. »Dann werdet Ihr auch verstehen, warum ich es bin, der Euch auf die Gründe für die missliche Lage hinweisen möchte, in der sich das italienische Seewesen befindet.«

»Es gibt eine parlamentarische Kommission, die sich damit befasst. Ich kenne sie gut, diese Gründe.«

»Verzeiht mir, Majestät, aber vielleicht kennt Ihr sie nicht wirklich gut, denn es hat bisher weder eine Stellungnahme der Regierung dazu gegeben, noch wurden Maßnahmen für ihren Schutz ergriffen.«

»Dann verlangt niedrigere Preise für Eure Fahrten.« Sichtlich gereizt rutscht der König auf dem Sessel herum. Etwas von der Asche seiner Zigarre fällt zu Boden. »Von Norden bis Süden treffe ich nur auf Menschen, die sich darüber beklagen, dass der Staat entweder zu viel tut oder das Falsche! Alle wissen es besser! Und ich möchte sie alle sehen, wie sie sich tatsächlich bewähren würden.«

Ignazio lässt ein paar Augenblicke verstreichen, bevor er antwortet. »Majestät, das Problem ist nicht, wer etwas tut, sondern *wie* er es tut.« Sein Ton ist ruhig, die Stimme leise. »Es gibt Dutzende von kleinen Reedereien, die nur mit Mühe überleben können. Wenn das italienische Seewesen gegenüber den Franzosen und Österreichern zum Bauernopfer wird, verlieren wir nicht nur die Möglichkeit zu verhandeln, sondern werden auch zu Sklaven eines fremden Landes, was den Transport und die Tarife dafür angeht.« Er unterbricht sich, um seinem Gegenüber die Möglichkeit zu geben, die Reichweite dessen, was er gerade gesagt hat, zu überdenken. »Es liegt auf der Hand, dass dies mich und meine Firma betreffen würde, aber nicht nur: Die Wirtschaft von ganz Sizilien würde Gefahr laufen, ausgehöhlt zu werden. Die Unternehmen im Norden können ihre Waren per Zug transportieren, während denjenigen, die hier tätig sind, nur der Seeweg bleibt.«

»Ganz sicher seid nicht Ihr es, die die Situation auf Sizilien mit Euren Kuttern und Euren Thunfischfabriken lösen werdet.« Die Polemik in dem, was der König da sagt, ist so stark, dass Ignazio spürt, wie ihm der Kamm schwillt. »Eure Tarife sind so hoch, dass sie bar jeden Anstandes sind. Wenn viele es vorziehen, ihre Waren eher mit dem Zug als auf Schiffen zu transportieren, hat das ja wohl auch seinen Grund, oder?« Umberto legt die Zigarre ab und bedient ein Glöckchen, um einem Bediensteten zu sagen, er möge einen Likör bringen.

Ignazio hebt einen Finger. »Mit Eurer Erlaubnis … Ich hätte Euch einige Flaschen meines besten Marsalas, der in unseren Weinkellern gekeltert wird, mitgebracht. Es wäre mir eine Ehre, wenn Eure Majestät so gütig wärt, ihn zu probieren.«

Der Bedienstete richtet die Augen auf den König, der nickt.

Ignazio wartet, bis er wieder allein mit dem Monarchen ist, und fährt dann fort: »Das Problem betrifft nicht nur Gebühren und Tarife. Mehr und mehr gibt es in Europa Stimmen, die eine Politik der Protektion fordern. Früher oder später wird man unsere Waren mit Zöllen belegen, und das wird uns dann endgültig in die Knie zwingen. Wenn es mir gestattet ist, Majestät – das Problem ist ein anderes«, erklärt Ignazio mit Nachdruck und beugt sich zum König vor. »Es ist notwendig zu begreifen, dass in Italien Norden und Süden unterschiedliche Bedürfnisse haben und dass sie aus genau diesem Grund zusammenarbeiten müssen. Zudem: Das, was mein Unternehmen anzubieten hat, wäre ganz Italien nützlich. Und genau aus diesem Grund denken Rubattino in Genua und ich in Palermo darüber nach, eine gemeinsame Linie ins Leben zu rufen; nur wenn wir unsere Kräfte zusammenschließen, können wir unseren Gegnern Paroli bieten.« Er richtet sich auf, holt tief Luft. »Wenn Italien weiterhin Macht im Mittelmeer ausüben will, muss es der Situation gerecht werden. Und das kann es nur, wenn die Regierung uns hilft.«

Der König blickt ihm argwöhnisch entgegen. »Ich weiß sehr wohl, wer Euer Anwalt ist, ebenso wie ich von Euren Bemühungen weiß, die Reederei Rubattino zu übernehmen. Und glaubt Ihr wirklich, ich könnte die persönlichen Beziehungen ignorieren, die Ihr mit diversen Ministern pflegt?«

»Anwalt Crispi ist in erster Linie ein Freund der Familie. Und was die … persönlichen Beziehungen angeht, so handelt es sich um Bekanntschaften, die auf gegenseitiger Wertschätzung beruhen. Wisst Ihr, wie man hier sagt? *A ogni gran Statu un nnimicu è troppu, e centu amici sunnu picca.* Für einen großen Staat ist jeder Feind einer zu viel, und hundert Freunde sind wenig.«

Der Bedienstete betritt mit einem Silbertablett den Raum, auf dem eine Flasche Marsala und zwei Kristallgläser stehen. Der Süßwein schimmert wie Bernstein und Feuer.

Umberto schlürft ihn in kleinen Schlucken und schnalzt

dann auf wenig vornehme Weise mit der Zunge. »Ausgezeichnet.« Er hebt den Blick zu Ignazio. »Und worum konkret wollt Ihr mich nun bitten, Signor Florio?«

»Dass der Fusion zwischen uns und Rubattino keine Hindernisse in den Weg gelegt werden. Dass zinsgünstige Tarife ebenso gewährt werden wie Abkommen für den Postdienst. Und dass unser Unternehmen beim staatlichen Transportwesen bevorzugt wird.«

»Ihr verlangt viel. Wenn man Euch im Süden den kleinen Finger gibt, nehmt Ihr gleich die ganze Hand.«

»Andere mögen sich so verhalten, Majestät. Doch bei mir oder meiner Familie ist das nicht der Fall. Mein Vater und ich haben immer für die Casa Florio gekämpft. Und jetzt bitte ich nur um das Nötige, um mein Unternehmen und meine Leute zu schützen.«

Ignazio wartet am Fuß der Marmortreppe im Königspalast auf seine Frau. Er wirkt angespannt. Giovanna steigt die Treppe sehr langsam herab und stützt sich immer wieder auf das Geländer; jetzt, wo die Anspannung von ihr abgefallen ist, fühlt sie sich erschöpft. Ignazio winkt sie mit einer etwas brüsken Geste zur Kutsche, hilft ihr beim Einsteigen, folgt ihr und gibt den Befehl abzufahren.

Giovanna rückt die Decke auf ihren Beinen zurecht und berührt die Gemme mit Vincenzinos Bild. »Das Allererste, was die Königin bemerkt hat, war das hier«, beginnt sie. »Und sie hat mir gesagt: ›Ich kann es mir nicht einmal vorstellen, was Ihr durchgemacht habt.‹ Sie schien wirklich gerührt zu sein.« Sie sucht den Blick ihres Mannes, doch

Ignazio beschränkt sich auf ein zerstreutes Nicken, und als Giovanna nach seiner Hand greift, macht er sich los.

»Die Hofdamen hatten wiederum nichts anderes zu tun als zu schauen, was ich anhatte«, fährt sie fort. »Denk dir nur, wie sie den Pelzkragen an meinem Umhang angeglotzt haben, und eine hat die andere sogar leise gefragt, was der wohl gekostet hat.« Sie hält inne, seufzt. »Doch die Königin, sie tut mir leid. Sie hatte eine wunderschöne Perlenkette an, und weißt du, was man sich erzählt? Dass der König ihr jedes Mal eine Kette schenkt, wenn er sie betrogen hat. Und tatsächlich wirkte sie auf mich so deprimiert, dass es mir im Herzen wehtat.«

Ignazio fährt zu ihr herum und schaut sie voller Überdruss an. »Ich habe die vergangene Stunde damit zugebracht, dem König zu erklären, wie verheerend die Lage im Seewesen ist, und es war, als würde ich gegen eine Mauer reden … und du faselst von Kleidern und erzählst mir irgendwelchen Klatsch?«

»Mir tat sie einfach leid«, erklärt Giovanna, etwas pikiert. »Und alle wissen, dass der König …«

»Die Männer haben damit rein gar nichts zu tun«, gibt Ignazio Kontra. »Es ist allein die Schuld der Königin.« Er presst die Lippen aufeinander. »Ob Dienstmagd oder Königin, eine Frau sollte wissen, wie sie ihren Mann bei sich behält. Außerdem war es bei ihnen eine arrangierte Ehe: Sie musste damit rechnen, dass er sich eine Geliebte nimmt, und auch mehr als nur eine. In solchen Fällen wird von der Frau erwartet, dass sie schweigt und es hinnimmt«, schließt er.

Stille senkt sich über die Kutsche.

Giovanna fröstelt, doch dann auf einmal steigt eine Hitzewelle in ihr auf. Nein, sie kann nicht den Mund halten. Sie *weiß*, wie sich die Königin fühlt. Seit Jahren trägt sie die Erinnerung an jene Briefe mit sich herum, die ihr Mann hat verschwinden lassen ... Sie hat versucht, es zu leugnen, es in die dunkelste Kammer ihres Bewusstseins zu verdrängen, es unter den Aufgaben des Alltags zu verbergen, ja sogar unter dem Schmerz, den Vincenzinos Tod ihr bereitet hat, doch der besessene Wunsch, herauszufinden, wer *jene Frau* ist, hat sie nie in Ruhe gelassen. Die Eifersucht ist ihr zur Begleiterin im Leben geworden, bedrohlich wie eine Wildkatze mit schwefelgelben, hungrigen Augen, eine Bestie, die immer auf der Lauer liegt, bereit zuzubeißen. Plötzlich wird ihr das bewusst, und es erschreckt sie. »Ach, so funktioniert das also bei euch Männern, ja?«, zischt sie. »Macht, was euch gefällt, während eure Frauen brav und stumm zu Hause bleiben.«

Ignazio schaut sie überrascht an. »Aber von wem redest du eigentlich?«, fragt er sie tonlos und wedelt mit der Hand, als wollte er ihre Worte verscheuchen. »Was sind das für Spinnereien?«

»Spinnereien? Eine Frau bringt ihre ganze Seele, ihr ganzes Leben in eine Ehe ein und hat nicht das Recht, sich gedemütigt zu fühlen, wenn sie erfährt, dass sie betrogen wird? Sie muss auf ihrem Posten bleiben und schweigen, ja sogar zufrieden damit sein ... *Ma pensi chi 'na fimmina unn'avi dignità?* Denkst du denn, eine Frau hat keine Würde?«

Ignazio sieht sie verblüfft an. Das hier ist nicht die Giovanna, die er kennt, die immer reserviert, immer gefasst, immer zuvorkommend ist. Ist es die Aufregung wegen der Begegnung mit der Königin, die sie die Nerven verlieren lässt?

Dann sieht er ihre Augen, die voller Tränen sind, und begreift.

Nicht von der Königin ist die Rede, sondern von dem, was zwischen ihnen beiden vorgefallen ist.

Er schlägt die behandschuhten Hände vors Gesicht, eine Geste, aus der Müdigkeit und Verzweiflung sprechen. »Giovanna, hör auf damit …«

»Warum, ist es denn nicht so?«, entgegnet sie. Sie packt den Saum ihres Umhangs, knetet ihn.

»Gewisse Dinge geschehen, und damit genug. Wenn ein Mensch in einer bestimmten Weise gemacht ist, dann kannst du ihn nicht ändern, und erst recht kannst du seine Vergangenheit nicht ändern.« Er sagt es voller Ruhe, mit leiser Stimme, um sie zu besänftigen.

Doch sie senkt den Kopf und flüstert: »Nein, nein, nein …« Sie beißt die Zähne zusammen, schluckt ihre Tränen herunter, dann hebt sie den Kopf und schaut Ignazio direkt ins Gesicht. Im schummrigen Licht der Kutschlampe sind ihre Augen wie zwei dunkle, feuchte Onyxe. »Ich weiß, *u' sacciu*«, sagt sie. »Aber du kannst nicht von mir verlangen, zu vergessen. Es tut mir weh, verstehst du? Jedes Mal, wenn ich an diese Briefe denke, die du aufgehoben hast, bleibt mir die Luft weg. Es schmerzt mich zu wissen, dass du nie der meine gewesen bist.«

»*Ti rissi che cosa vecchia è*«, gibt Ignazio entrüstet zurück. »Ich hab dir doch gesagt, dass das lange her ist. Es sind … wie viele Jahre vergangen? Neun, zehn? Warum denkst du immer noch daran, als würdest du Wasser in einem Mörser zerstoßen?« *Für Ignazio gibt es keine größere Verschwendung von Zeit und Energie, als über Dinge nachzudenken, die unabänderlich sind.*

Giovanna zieht sich zurück, und die Dunkelheit der Kutsche scheint sie zu verschlucken. »Du hast nie begriffen, wie es mir geht und was das bedeutet. Eine andere Frau hätte sich damit abgefunden, hätte nicht mehr daran gedacht, weil sie weiß, dass man so nicht leben kann. Aber ich nicht. *Tu si' ccà dintra.* Du bist hier drin.« Sie schlägt sich mit den Knöcheln ihrer Faust auf die Brust. »Und ich lass dich auch nicht mehr raus.«

Während sie das sagt, wird ihre Stimme immer leiser, bis sie kaum mehr ist als der Hauch ihres Atems in der eisigen Kutsche. Giovanna legt das Kinn auf ihre Brust und schließt die Augen. Es ist, als wäre ihr ein Gewicht vom Herzen genommen worden, um dann durch die noch größere Bürde des Wissens ersetzt zu werden. Denn von heute an wird sich diese nicht erwiderte Liebe – ein Gefühl, das den verletzt, der es empfindet, und für den, dem es entgegengebracht wird, keinen Wert hat – nicht mehr unter einem Schleier der Heiterkeit oder auch der Resignation verstecken lassen. Sie wird immer dort sein, mitten unter ihnen, in ihrer ganzen erbarmungslosen Wirklichkeit.

Vielleicht zum allerersten Mal in seinem Leben weiß Ignazio nicht, was er sagen soll. Er ärgert sich über sich selbst, weil er nicht begriffen hat, wie es innerlich um seine Frau bestellt ist, ausgerechnet er, der im Geschäftlichen dazu in der Lage ist, jede Nuance, jede Absicht, jeden Hintergedanken zu erspüren und zwischen den Zeilen zu lesen. Er versucht sich davon zu überzeugen, dass Giovanna einfach nur ihrem Herzen Luft machen musste, eine dieser Grillen, die so typisch für *fimmine* sind und die vorübergehen wie ein Gewitter im Sommer. Erst als die Kutsche vor dem Eingang der Olivuzza hält und Giovanna aussteigt, sich auf den

Kutscher stützt, der ihr die Tür öffnet, und ihn dort im Dunkeln allein lässt, begreift Ignazio, was genau das für ein Gefühl ist, das er empfindet.

Er schaut seiner Frau hinterher, die sich entfernt, den Kopf tief zwischen die Schultern gezogen.

Er schämt sich, und dieses Gefühl lässt seine Kehle eng werden.

Am 9. Februar 1881 veröffentlicht das *Giornale di Sicilia* den ersten Teil einer langen und detaillierten Untersuchung über den Zustand des italienischen Seewesens im Allgemeinen und dem von Palermo im Besonderen. Flammende Worte, mit Präzision abgefeuert, die zuerst zu Verärgerung, dann zu Aufregung und schließlich zu Panik führen. Eigentlicher Adressat: die italienische Regierung.

In seinem Büro faltet Laganà die Zeitung zusammen und verzieht die Lippen zu einem bewundernden Lächeln. Besser hätte es Ignazio nicht machen können. Sicher, das *Giornale* ist praktisch im Besitz der Familie, doch die Daten und Fakten, die die Journalisten benennen, sind hieb- und stichfest.

Nun ist der Zeitpunkt gekommen, den Druck auf Raffaele Rubattino zu erhöhen. Er schreibt an Giuseppe Orlando, der mittlerweile Direktor der *Piroscafi Postali* in Neapel ist. Er kennt den Genueser Reeder seit langer Zeit und weiß, wie er ihn zu nehmen hat.

Fusion.

Der Zusammenschluss der beiden Schifffahrtsgesellschaften müsse so schnell wie möglich erfolgen; das sei so ähnlich wie bei einer Notheirat, wenn die Braut schwanger ist, schreibt Laganà an Orlando. Er fügt hinzu, Rubattino müsse endlich aufhören, sich zu winden wie ein zögerlicher Jüngling auf Brautschau, denn wenn er sich nicht bald und so schnell wie möglich dem Unvermeidlichen füge, würden seine Schiffe aus dem Mittelmeer verschwinden. Außerdem erinnert er ihn an das Beinahe-Desaster vom vergangenen Jahr, als Rubattino versucht hat, sich mit den Franzosen auf einen Tarif zu einigen. Es hat Ignazio viel gekostet, den Genueser nicht *wüst* zu beschimpfen und ihm stattdessen zu erklären, auf welche Weise sie beide – Rubattino und er – durch diese Vereinbarung zu Sklaven der Transatlantique würden.

Was Laganà allerdings nicht schreibt, ist, dass auch die *Piroscafi Postali* diese Fusion dringend braucht, nicht nur, um ihre Vorherrschaft auf dem Meer zu bewahren, sondern auch um diejenigen zu schützen, die für die Firma tätig sind: die Gießerei Oretea, die Beschäftigten des Trockendocks, die Transporteure und die Handelsagenten, die überall im Mittelmeerraum verteilt sind. Würden Florios Postschiffe diese Möglichkeit verlieren und der Hafen Palermos zu einem maritimen Randschauplatz werden, so würde nicht nur die Stadt leiden, sondern die ganze Insel.

»Was für ein Idiot, dieser Genueser. Ich kann es kaum erwarten, endlich vor den Notar zu treten«, murmelt Laganà und klappt das Brieflein zu. Dann ruft er einen Laufburschen, damit er es auf der Stelle zur Post bringt.

Doch Ignazio und er müssen bis zum Juni warten, um die Dinge tatsächlich ins Rollen zu bringen: Zuerst muss die Gesellschafterversammlung der *Piroscafi Postali* der Fusion zustimmen. Dann kommt – endlich! – Rubattinos

Einverständnis, das ihm allerdings erst nach ausgedehnten Verhandlungen abgerungen werden kann.

Nun fehlt nur noch eins: dass die Regierung dem Ganzen ihren Segen gibt.

Und so fährt Ignazio nach Rom.

Es empfängt ihn Premierminister Agostino Depretis, zusammen mit dem Minister für Öffentliche Arbeiten, Baccarini. Beide geben sich alle Mühe, Ignazio das zu erklären, was er bereits seit einiger Zeit weiß: dass es angesichts der Bedeutung der beiden Gesellschaften nötig ist, den Abgeordnetenhäusern einen Gesetzesentwurf vorzulegen, da eine einfache ministerielle Erlaubnis nicht ausreichend ist; schließlich würden jede Menge öffentliche Gelder investiert, angefangen bei denen, die man für die navigierten Strecken ausgeben muss, deren Empfänger die beiden Schifffahrtsgesellschaften seien, weshalb man große Vorsicht walten zu lassen habe ….

Ignazio nickt und hebt das Kinn, als wollte er sagen: *Klar, das liegt doch auf der Hand.* Doch als er später, zurück im Hotel, in den Abendzeitungen blättert und liest, was sie schreiben, raubt es ihm Appetit und Schlaf zugleich.

Aus Genua und aus Venedig erhebt sich Protest vonseiten der kleineren Transportunternehmer und der Reedereien von Segelschiffen: Sie schreien »Verrat!« und werfen dem Ministerium für Öffentliche Arbeiten vor, mit den Giganten der Schifffahrt zu kungeln und kein Herz für das Seewesen zu haben. Zwei Genueser Reeder, Giovanni Battista Lavarello und Erasmo Piaggio, haben sogar dem Parlament eine Petition vorgelegt, in der sie ihrer »legitimen Besorgnis angesichts der Bildung einer Aktiengesellschaft von kolossalem Ausmaß und mit Befugnissen, die zwar momentan in nationaler Hand seien, jedoch mit der Zeit auch vom Ausland aufgekauft werden könnten«, Ausdruck verliehen.

Nein, diese Fusion würde kein leichtes Spiel sein.

Am 4. Juli 1881 kommt die Diskussion vor die Abgeordnetenkammer. Der Gesetzesentwurf wird am 5. Juli verabschiedet und geht am selben Tag an den Senat, damit der darüber abstimmt. Man hat es eilig, sich die lästige Angelegenheit vom Leibe zu schaffen.

Ignazio wartet in einem privaten Salon im Senat auf die Entscheidung. Wenn er angespannt ist, lässt er es sich nicht anmerken. Er bestellt sich Tee, den man ihm in einem eleganten Porzellanservice bringt. Wer sollte sich ihm noch entgegenstellen, dem persönlichen Freund von Ministern und Senatoren? Und doch zittern seine Hände leicht. Er zündet sich eine Zigarre an und genießt die Stille, die über die Kammern der Macht regiert.

Minister Baccarini kommt, um ihn über das, was im großen Saal vor sich geht, auf dem Laufenden zu halten. Eingehüllt in den Zigarrenrauch und den Duft des Kaffees, der gebracht wird, lächelt der Minister und murmelt, den Kopf leicht zur Seite geneigt: »Seid beruhigt, Signor Florio. Die Segelschifffahrt gehört der Vergangenheit an, auch wenn manche es nicht wahrhaben wollen, dass ihre Zeit vorbei ist. Die Zukunft gehört dem Dampf. Dem Dampf und dem Eisen. Ihr seid der Herold dieser neuen Zeit, einer derjenigen, die Italien in die neue Welt bringen werden.«

Ignazio nimmt in einem lederbezogenen Sessel Platz. »Mein Vater war sich dessen gewiss, und ich bin es auch, sogar noch mehr als Ihr. Es ist bereits zwölf Jahre her, dass der Suezkanal eröffnet wurde, und wie vorherzusehen war, passiert dort mittlerweile Handelsware von gewaltigem Wert. Weiterhin auf Segelschiffe zu setzen *wäre lächerlich. Wir brauchen große Dampfschiffe, um die Ozeane zu bezwingen.*«

»Und Ihr habt sie. Und genau deshalb wird die Regierung Euch unterstützen.«

Kurz darauf werden die Stimmen ausgezählt. Dem Gesetzesentwurf wird zugestimmt. Ignazio spürt die Erleichterung in seinem Brustkorb, und der Druck auf seine Rippen nimmt ab.

»Jetzt fehlen nur noch Eure Unterschrift und die von Rubattino beim Notar.« Orlando, der sich mittlerweile zu ihnen gesellt hat, legt Ignazio eine Hand auf die Schulter. Auch Francesco Paolo Perez trifft ein, gefolgt von einem Amtsdiener mit einer Flasche Champagner und Gläsern. »Endlich haben wir es geschafft!«, erklärt er und umarmt ihn.

Ignazio gestattet sich ein zufriedenes Lächeln.

Doch der Stolz, den er empfindet, ist so gewaltig, als würde er ihm anstelle des Blutes durch die Adern rinnen. Er hat die *Piroscafi Postali* vor dem unausweichlichen Ruin gerettet, hat seine Leute, sowohl die Arbeiter der Oretea als auch die Seeleute, aus einer ungewissen Zukunft in sichere Gewässer gelenkt und dem Hafen von Palermo Jahre des Wohlstandes garantiert. Und er, der Herr über knapp hundert Schiffe, darunter auch Überseedampfer, gehört zu den Herren des Mittelmeers.

Und doch ist es nicht nur das, was ihn heute stolz macht. Es ist auch das Bewusstsein, dass er es immer so einfädeln kann, dass die Politik ihm zu Hilfe kommt. Ganz gleich, ob ein König dazu bereit ist oder nicht.

Das Bewusstsein, dass die wirtschaftliche Macht der Florios Einfluss auf das Schicksals Italiens nehmen kann.

Etwas, das sich sein Vater, bei all seinem Ehrgeiz, nicht einmal vorstellen konnte.

Die große Sommerhitze, die sich Ende August des Jahres 1881 über Palermo gelegt hat, macht auch vor der Olivuzza nicht halt; die Luft steht in den Schlafzimmern, sodass man kaum atmen kann. Vor den Fenstern, die auf den Garten hinaus gehen, liegt die Stadt wie ein Schemen, eingehüllt in den pudrigen Staub, den der Schirokko von Afrika heranträgt. Zwar sieht man die Kuppeln der Kirchen und die Häuserdächer, doch sie wirken unscharf, wie entrückt.

Donna Ciccia sitzt im grünen Salon und räumt ihr Handarbeitskörbchen auf, rollt das Stickgarn zu kleinen Knäueln auf.

Giovanna öffnet die Tür und verharrt auf der Schwelle. Langeweile und Gereiztheit stehen in ihrem Blick. Die Stirn ist finster umwölkt, wie ein Gewitterhimmel, und ihre Hände flattern.

Donna Ciccia bemerkt sofort die düstere Stimmung ihrer Herrin. »*Chi fu*? Was ist? Was ist geschehen?«

Giovanna zuckt mit den Achseln und lässt sich auf einen der Sessel fallen.

»Was habt Ihr?«, beharrt Donna Ciccia, aufgebracht, weil ihre Herrin so verstockt ist.

»*Me marito mi lassau sula da chiù assai di un misi e ora mi scrissi che per stu misi 'un torna.* Vier Wochen ist mein Mann schon weg, und jetzt schreibt er mir, er kommt auch diesen Monat nicht zurück.«

»*Maria santa!* Was soll das? Fast scheint mir, ich hätte ein kleines Mädchen wie Giulia vor mir und nicht eine verheiratete Frau!«, schnaubt die andere.

Giovanna wedelt mit der Hand, führt sie an ihre Lippen, als wollte sie ihren Worten Einhalt gebieten. Dann spricht sie doch, in schnellen, abgehackten Sätzen. »Er hat mir von Genua aus geschrieben, dass er nach Marseille will. Zu seiner Schwester.« Jetzt ist es nur noch ein Zischen. »In den letzten Jahren sind wir im Sommer immer zusammen verreist, und auf einmal fährt er allein. Klar, zuerst war es geschäftlich, aber so lange war er noch nie weg, noch nie!«

Donna Ciccia hebt den Blick zum Himmel. »Don Ignazio sieht seine Schwester seit Jahren nicht mehr. Er wird doch wohl das Recht haben, ein bisschen Zeit mit ihr zu verbringen, oder?«

»*Semu na' famigghia*, wir sind eine Familie«, bricht es aus Giovanna heraus, und sie schlägt mit den Händen auf die Armlehne des Sessels. »Könnte er nicht seine Kinder mitnehmen, damit sie endlich ihre Tante kennenlernen?«

Donna Ciccia verschränkt die Arme über der üppigen Brust und hält ihrer Herrin eine Standpauke. »*Siti maritati di tant'anni e ancura 'un cunusciti a vostru marito?* Jetzt seid Ihr schon so viele Jahre verheiratet und kennt Euren Ehemann immer noch nicht? Er ist ein guter Christenmensch, nicht wie andere Männer, die jeder Schürze hinterherjagen. Lasst es endlich gut sein mit diesen Gedanken!« Donna Ciccia greift nach einer Tischdecke aus Leinen mit sizilianischer Filetstickerei, steht auf und drückt sie Giovanna in die Hand. Giovanna nimmt sie, sieht jedoch nicht, dass eine Nadel darin steckt, und sticht sich. Während sie den Finger an ihren Mund führt, murmelt sie: »Es gibt Dinge, die einem einfach nicht aus dem Kopf gehen.« Und sie wendet den Blick ab, weil sie nicht möchte, dass man ihr ihre Ängste anmerkt.

Donna Ciccia sieht sie fragend an, doch selbst sie hat nicht den Mut zu fragen, was ihre Herrin so bedrückt.

Diese Ehe, sie scheint ihr so zerbrechlich wie Kristall, und wenn sie nicht zerbricht, so liegt das zum einen an den Gefühlen, die Giovanna entwickelt hat, und zum anderen an Ignazios Respekt für sie; beides bildet einen Schutzschild, der stark genug ist, um diese Ehe vor den Widrigkeiten und Fallstricken des Lebens zu bewahren. Doch Giovanna hat zu sehr und zu lange gelitten – am Körper wie auch an der Seele –, und jetzt befürchtet Donna Ciccia, es könnte nur der Hauch einer Erschütterung genügen, um sie zusammenbrechen zu lassen. Ignazios Verhalten hingegen hat niemals – *nie* – einen Moment der Unsicherheit gezeigt. Deshalb kann sie sich auch nicht vorstellen, dass er Giovanna nicht immer und in jeder erdenklichen Weise treu gewesen sein soll.

Von Giovanna hingegen hat dieser Gedanke Besitz ergriffen, seit sie gelesen hat, wohin Ignazios Reise geht: nach Marseille. Sofort war sie wieder von der Vorstellung besessen, er könnte sie betrügen, und wieder waren da die wilden gelben Augen der Eifersucht, die sie nicht losließen. Sie versucht sie zu verdrängen, sagt sich, dass dort eben Giuseppina, François und der kleine Louis Auguste sind. Doch vielleicht ist dort ja auch *sie*…

Mit einem Kopfschütteln versucht sie die Erinnerung an

den Streit zu verscheuchen, den sie erst vor ein paar Monaten, nach der Audienz beim König, mit Ignazio gehabt hat. So wie damals nach der Entdeckung jener Briefe haben sie nie wieder darüber gesprochen, sondern versucht, Gras über die Angelegenheit wachsen zu lassen. Doch wie immer hat Giovanna nicht aufgehört, daran zu denken. Manchmal kommt sie zu der Überzeugung, dass ihre Eifersucht ohne Anlass ist und Ignazio wahrscheinlich recht hat, wenn er sagt, sie solle endlich Ruhe geben. Doch dann genügt eine etwas brüske Geste von ihm, ein gestrenger Blick, und die Wunde öffnet sich wieder. Dann hasst sie sie von ganzem Herzen, diese Unbekannte, die von Ignazio alles bekommen hat, selbst das kostbarste Geschenk, das man einer verlorenen Liebe geben kann – das Bedauern. Ihr hingegen bleibt nur die Leere eines unerwiderten Gefühls.

Dennoch hat jener schreckliche Abend sie noch etwas anderes begreifen lassen. Das hat sie in Ignazios Augen gelesen, in seinen Gesten, sogar in der Härte, die er ihr entgegengebracht hat. Für Ignazio ist nichts wichtiger als die Casa Florio. *Auch ich nicht. Auch seine Kinder nicht.* Wenn es ums Geschäft geht, zählen Gefühle nicht. Nicht einmal *jene Frau* kann dann wichtiger sein. Und an diese Gewissheit klammert sie sich jedes Mal, wenn die Eifersucht droht, sie zu verzehren.

Sie greift so resolut nach ihrem Handarbeitskörbchen, dass ihr dunkles Haar, das sie in einem Dutt zusammengefasst hat, wippt. »*Me marito u' canusciu bono*. Ich kenne ihn gut, meinen Mann«, sagt sie und weicht Donna Ciccias Blick aus. Und sie beginnt zu sticken.

Marseille ist noch staubiger, als er es in Erinnerung hat. Noch schmutziger, noch chaotischer. Doch die Erinnerung, die trügerische Wächterin des Glücks, versteht es, die Bilder gewisser Orte in einer ewigen Gegenwart festzuhalten, einer Wirklichkeit, die ebenso unmöglich wie aus ebendiesem Grund sogar noch realer ist.

Das denkt Ignazio mit einem Hauch von Bitterkeit, die ihm die Gedanken finster macht und einen säuerlichen Nachgeschmack auf dem Gaumen hinterlässt.

Marseille hat zu viele Erinnerungen für ihn.

Heute, an einem Tag Ende September 1881, ist die Luft von Feuchtigkeit durchtränkt, und der Wind, der vom Meer kommt, riecht nach Kühle und nach Herbst. Hier hat das Mittelmeer andere Gerüche, und das Wasser erscheint viel dunkler, als wäre es gar nicht das gleiche Meer, das auch die Gestade Siziliens umspült.

Die Straßen rund um den Hafen sind voller Kutschen und Karren. Große, von Zugpferden gezogene Wagen transportieren Kohle zu den Dampfschiffen, die am anderen Ende des alten Hafens liegen, der mittlerweile zu klein geworden ist, sowie zu den neuen Molen. Ignazio erinnert sich noch daran, wie sie vor etwa fünfzehn Jahren gebaut wurden.

Mit gemessenen Schritten steigt er vom Dampfschiff. Er ist inkognito, wie ein ganz gewöhnlicher Passagier, an Bord eines französischen Schiffes gereist. Dazu hat er sich den Bart gestutzt, schlichte Reisekleidung angezogen, und seine natürliche Reserviertheit hat die Scharade perfekt gemacht. Dies alles hat er getan, um sich anzuschauen, welchen Service die Konkurrenz bietet, und das Ergebnis war zu seiner Zufriedenheit: insgesamt ausgezeichnet, doch nicht besser als das, was auf seinen Schiffen geboten wird, zumindest in der ersten Klasse.

Nur wenige Meter von der Mole entfernt wartet eine Kutsche auf ihn. Neben den Pferden steht François Merle. »Darf ich dich umarmen, oder muss ich vor dem mächtigsten Mann des Mittelmeeres einen Diener machen?«

»Ich gestatte dir hiermit, dir diese Vertraulichkeit zu erlauben. Aber einen roten Teppich bis zur Kutsche hätte ich schon ganz gerne gehabt.«

Sein Schwager lacht, breitet die Arme aus. Ignazio nimmt die Geste der Freundschaft dankbar hin.

»*Comu si'*? Wie geht's?«, fragt François in einem Sizilianisch, in dem ein winziger Hauch Französisch mitschwingt, während er den Schlag der Kutsche öffnet.

»Müde. Aber nachdem ich schon in Genua war, war es mir wichtig, auch zu euch zu kommen. Meine Schwester habe ich schon seit Jahren nicht mehr gesehen, und das, was zu tun war, ist ja nun erledigt.«

»Und es kann nicht leicht gewesen sein.«

»*Ora ti cunto.* Ich werde berichten.«

Von innen hat die Kutsche schon bessere Zeiten gesehen, doch Ignazio scheint es nicht zu bemerken. Ihn fasziniert die Stadt da draußen, all das, was sich verändert hat, die Häuser, in dem Stil erbaut, der unter Napoleon III. *en vogue* war.

»Wie lange bleibst du?«, fragt François.

»Ein paar Tage. Dann kehre ich direkt nach Palermo zurück.« Er wendet sich seinem Schwager zu. »Morgen gehe ich gleich zur Place de la Bourse. Dort rechnet man nicht mit mir.« Er lacht. »Ich will sehen, in welchem Zustand meine Gesellschaft ist.«

»Du meinst die *Agenzia della Navigazione Generale Italia-*

na, deine Schifffahrtsgesellschaft.« François reibt sich ungeduldig die Schenkel. »Na komm schon, erzähl, wie es in Genua war.«

»Oh, wenn man es genau haben will, müsste man hinzufügen: die *Vereinigten* Schifffahrtsgesellschaften Florio und Rubattino. Nach der Abstimmung in Rom ging alles seinen Gang. Wir haben den Vertrag vor dem Notar unterzeichnet, im Haus von Senator Orsini, der auch als Zeuge fungierte. Auch Anwalt Crispi war an meiner Seite.«

Ein Mundwinkel von Ignazios Schwager hebt sich ganz leicht. »Du bist also mit der ganzen Kavallerie angerückt.«

»*Megghiu diri chi saccio chi diri chi sapia*«, zitiert Ignazio eine alte sizilianische Redensart: Besser, man kann sagen, man *weiß etwas*, als zu sagen, man *hätte es gern gewusst*.

Sie lachen. »Und, bist du zufrieden?«

»Ziemlich. Sicher, wir waren gezwungen, die Banken in die Angelegenheit einzubinden …« Und hier erscheint eine Falte zwischen Ignazios Augenbrauen. »Aber das ging nicht anders. Der Credito Mobiliare war die Bank von Rubattino, der einen Haufen Schulden bei ihr hatte. Wir mussten die Bank in allerletzter Minute noch einbinden.«

»Wenn du noch ein kleines bisschen gewartet hättest, hättest du dir die Firma einfach so mir nichts, dir nichts schnappen können.«

Sein Schwager schüttelt den Kopf. »Gewiss, aber es wäre eine marode Firma gewesen, die ich mir geschnappt hätte, und dann wäre es wesentlich schwieriger gewesen, sich für die subventionierten Linien eintragen zu lassen – immer vorausgesetzt, er wäre in Konkurs gegangen. Niemand hatte aber ein Interesse daran, dass es mit Rubattino schlecht ausgeht. Dort arbeiten zu viele Leute.«

Die Kutsche wird langsamer. Der Verkehr ist auf einmal merklich ins Stocken geraten, weil ein Karren quer auf der Straße steht; die Ware – eine bunte Vielfalt von Gemüse – ist überall auf dem Boden verteilt. François lässt den Vorhang herunter und flucht leise auf Französisch.

Ignazio unterdrückt ein Gähnen. Plötzlich spürt er deutlich die Last dieser bewegten Tage auf seinen Schultern. Ihm fehlt das leichte Rollen des Dampfschiffs, und das Festland beschert ihm ein Gefühl der Erschöpfung.

»Jetzt besitzt die Gesellschaft alles, was nötig ist: die Oretea, die Dampfschiffe, die Palazzi … Aber das war es, was ich wollte, ja.«

Die Kutsche setzt sich wieder in Bewegung. »Und in Palermo, wie hat man es da aufgenommen? Ich meine, es ist ja schon eine besondere Stadt …«

Ignazio zuckt mit den Achseln. »Wie soll man es schon aufnehmen? Die Leute haben es alle gewusst, und es war ihnen egal, angefangen bei meinen Arbeitern. Weder ein paar Zeilen noch ein Kommentar in der Zeitung … als würde sie das alles gar nichts angehen. Dabei sind es jetzt mehr als achtzig Schiffe!« Ignazio kann eine gewisse Bitterkeit nicht verbergen, die jedoch durch seinen Pragmatismus verwässert wird. »*A iddi importa sulu d'aviri picciuli in sacchetta.* Denen ist doch nur das Geld wichtig, das sie im Säckel haben.«

François will darauf etwas sagen, doch in genau diesem Moment wird die Kutsche langsamer. »*Oh, je crois que nous sommes arrivés!*«, ruft er. Ja, sie sind da. Er springt von der Kutsche, noch bevor sie ganz zum Stehen gekommen sind. Ignazio hebt die Augen, nickt. Eine kleine Villa mit zwei Etagen, elegant, aber nicht protzig, fein geschnitten, mit

Balkonen aus Schmiedeeisen. Genauso, wie er sie in Erinnerung hat.

Von einem Fenster kommt ein leiser Schrei. »*Fratuzzu!* Bruder!«

Ignazio hat kaum Zeit zum Aussteigen, als Giuseppina bereits vor ihm steht. Sie schließt ihn so herzlich in die Arme, dass er beinahe ins Wanken gerät.

Ja, es ist sie, und zugleich ist es auch ein ganz neuer Mensch. Sie ist ein wenig fülliger als früher, das Haar ist an den Schläfen licht geworden, so wie bei ihrer Großmutter, deren Namen sie trägt. Doch ihre Augen leuchten ausdrucksstark und gutmütig wie immer, und auch ihre handfeste Art hat sich nicht verändert.

Sie löst sich von ihm, schaut ihn an, streichelt ihm das Gesicht. »*Sangu meu!* Mein Herzblut! Wie lange ist das her?«, murmelt sie kaum hörbar. Sie umfasst sein Gesicht mit beiden Händen und küsst es, zwei, drei Mal.

In diesem Moment spürt Ignazio, wie ihm warm in der Brust wird. Eine Umarmung, die nach Zuhause schmeckt. Nach Frieden. Nach Fragmenten seines Lebens, die, wie in einem Kaleidoskop, nach langem Wirbeln endlich an ihren Platz finden. »Zu lange.« Er drückt sie fest an sich.

Auf der Schwelle des Hauses erscheint ein kleiner Junge mit hellem, glattem Haar. Sein Körper sagt, dass er schon bald ein junger Mann sein wird, doch das Gesicht ist immer noch kindlich. Das ist Louis Auguste, François' und Giuseppinas Sohn. Sein Neffe.

Seine Erinnerung rast sofort zu Vincenzino. Er wäre ein wenig kleiner, und vielleicht hätte er auch so trotzig und frech dreingeschaut.

Nicht dran denken, sagt er sich.

»Na los, komm rein!« Giuseppina zieht ihn am Ärmel und die Treppe hoch bis in einen kleinen, mit blauem Damast tapezierten Salon; mehrere Samtsessel und flache Tischchen aus Mahagoni stehen herum. Es ist kein luxuriöses Wohnen, doch gepflegt, mit vielen exotischen Details, so wie die Elfenbeinstatuen in den Ecken oder die chinesische Vase auf dem Tisch, der mit einem orientalischen Überwurf bedeckt ist.

»Wie schön ihr es habt.«

»Immerhin gehört es uns«, sagt François und breitet die Arme aus.

»Wenn ich dir sage, es ist schön und gefällt mir … *Picchì ha' a fari sempre quistioni*? Warum musst du alles immer infrage stellen?«, fragt Ignazio lachend. Er lässt sich in den Diwan sinken und bedeutet seiner Schwester, sich zu ihm zu setzen.

Auch Giuseppina lacht und nimmt neben ihm Platz. »Sag, wie geht es Giovanna?«

»Gut, gut. Aber, wenn ich ehrlich bin, habe ich sie bei all den Verhandlungen, den Besuchen beim Notar und den Anwälten nur wenig oder gar nicht gesehen. Sie ist in Palermo und kümmert sich um das Haus und um die *picciriddi*, die Kleinen. Ihr letzter Brief klang eher …« Er sucht nach dem richtigen Wort. »Verschnupft.«

Giuseppina neigt den Kopf. »Es muss sie sehr geärgert haben, dass du ohne sie hierherkommst.«

Ignazio spielt mit dem Ring seines verstorbenen Onkels, den er unter dem Ehering trägt. Er fühlt sich unwohl. »Aber in diesem Fall konnte ich nicht anders. Diese Angelegenheit konnte ich niemand anderem überlassen. Laganà und Orlando sind unverzichtbar gewesen, aber in Rom wollte man mit mir reden, mich sehen, und auch die Unterschrift unter den Vereinbarungen in Genua konnte nur die meine sein. Und als ich dann in Genua war, wäre es doch sehr umständlich gewesen, erst noch einmal nach Palermo zu fahren, um dann zurückzukehren.«

»*Raggiuni hai*, da hast du recht«, murmelt seine Schwester.

François nimmt seinem Schwager gegenüber in einem Sessel Platz. Louis Auguste bleibt gleich bei der Tür stehen.

»Na, du. Komm mal her.« Ignazio winkt ihn zu sich.

Der Junge zögert, schaut zur Mutter und nähert sich dann zögernd.

»Er spricht nur wenig Italienisch«, mischt sich Giuseppina entschuldigend ein.

»Na ja, er lebt ja auch in Marseille«, erwidert Ignazio lächelnd. Er streichelt Louis Auguste über die Wange, der sich schnell wieder entzieht. »Ihr müsstet uns einfach öfter besuchen kommen.«

»So einfach ist das nicht, Ignazio«, murmelt François. »Ich kann mich natürlich vom Fleck bewegen. Aber das Haus für längere Zeit verlassen, nach Palermo fahren … Für deine Schwester ist das nicht so leicht.«

Er sagt es mit gesenktem Blick, die Augen auf den Teppich gerichtet, und Ignazio begreift, was der wahre Grund dafür ist. Die Unterschiede sind mittlerweile allzu viele, und es geht nicht nur darum, ein gut eingerichtetes Haus zu haben oder reich zu sein. Sie leben einfach in verschiedenen Welten.

Er schlägt sich mit der Hand auf den Schenkel. »Jedenfalls würde ich mich wirklich freuen, wenn ihr kämt. Ihr habt ein Haus und eine Familie, die auf euch wartet.« Er wendet sich an seinen Schwager. »Wann wird denn das Gepäck gebracht? Ich habe Geschenke mitgebracht und würde sie euch gerne geben.«

»Oh.« François windet sich auf seinem Stuhl. »Ich glaube, am Nachmittag. Aber wenn du willst, kann ich nachfragen.«

»Nein, das ist nicht nötig.« Ignazio lässt sich tiefer ins Sofa sinken.

Giuseppina greift nach seiner Hand, küsst sie. »Ich freue mich, dass du hier bist«, sagt sie leise. Da ist sie wieder, in diesen wenigen Worten – die Vertrautheit, die seit vielen Jahren zwischen ihnen herrscht.

Mit geschlossenen Augen nickt er; auch er freut sich. Was er nicht sagt, ist, dass er das Gefühl hat, nach all den Wochen der Anspannung endlich wieder freier atmen zu können, und dass die Nervosität, die ihm sogar den Schlaf geraubt hat, langsam von ihm abfällt.

Für den Moment jedenfalls kann er aufhören, Don Ignazio Florio zu sein, und einfach nur er selbst sein – Ignazio.

»Ein Fest?«

Am Morgen nach seiner Ankunft, während des Frühstücks, hat ihm Giuseppina gesagt, es sei für den Abend ein Empfang im Fort Ganteaume geplant, und sie freue sich, wenn er mit ihnen komme. »Na ja, eigentlich ist es mehr eine informelle Zusammenkunft von Kaufleuten und Vertretern von Marine und Heer«, hat sie erklärt und ihn über den Rand ihrer Tasse angeschaut, aus der sie Tee schlürfte. »Um auf andere Gedanken zu kommen und auch ein bisschen Klatsch auszutauschen.«

»Im Grunde sind es ja diese Leute, die unsere Schifffahrtslinien und die Handelsplätze im Ausland schützen. Weitreichende Beziehungen zu halten kann uns allen dienlich sein«, fügte François hinzu und goss ihm Kaffee ein.

»Natürlich, verstehe. Nur dass meine Anwesenheit nicht missverstanden wird ... Du weißt doch, wie das ist. Jetzt bin ich der größte Konkurrent der französischen Handelsmarine. Die Leute sehen das, was sie sehen wollen, und oft genug nur das Schlechte. Ich möchte euch mit meiner Anwesenheit keine Unannehmlichkeiten bereiten.«

»Ach komm, Schwager. Du bist privat hier. Niemand wird etwas sagen, und du bist ganz gewiss nicht unvorbereitet.«

Und so sitzt er am Abend mit Giuseppina und François zusammen in der Kutsche.

Seine Schwester trägt ein blaues Kleid, das mit ein paar Drapierungen ihre etwas fülliger gewordene Figur geschickt kaschiert. Um den Hals trägt sie die Perlenkette, die Ignazio ihr aus Genua mitgebracht hat. Ein Geschenk, das François in Staunen versetzt hat, doch als er sah, was Ignazio für ihn vorgesehen hatte, ist er vor Verlegenheit errötet: eine Taschenuhr mit seinen eingravierten Initialen im Deckel.

»*Tu es vraiment élégante, ma chère*, du siehst sehr elegant aus, meine Liebe«, sagt Ignazio zu ihr und schaut sie mit einem Lächeln an. »Frankreich tut dir gut.«

»Ja, mittlerweile ist es mein Zuhause«, erwidert sie, drückt François' Hand und wirft ihm einen liebevollen Blick zu. »Aber du, Ignazio, bist ein Schmeichler und Lügner: Ich bin mir sicher, dieses Kleid könnte selbst mit der schlichtesten *toilette* von Giovanna nicht mithalten.«

Alle drei lachen, doch dann dreht sich Ignazio zu dem Vorhang der Kutsche, hebt ihn an und schaut hinaus, als würden ihn die Häuser der Stadt, die an ihnen vorbeiziehen, brennend interessieren. Giuseppina hat nicht unrecht: Giovanna achtet sehr auf sich, sie besitzt elegante Kleider, wertvollen Schmuck … doch sie hat nicht einen Funken der Heiterkeit und Lebensfreude, die seine Schwester ausstrahlt. Seine Frau spielt eine Rolle, Giuseppina nicht. Und das Bitterste für ihn ist das Bewusstsein, dass er selbst verantwortlich für diese Scharade ist. Denn er war es, der es wollte, dass ihre Existenz zu einem Rollenspiel wurde, dessen Akteure von demjenigen, dem sie etwas vorspielen, nicht mehr als Persönlichkeiten zu erkennen sind.

Die Kutsche der Merles bleibt stehen. Vor ihnen warten bereits mehrere andere Wagen. Giuseppina seufzt, und François drückt ihre Hand.

Schließlich öffnet ein livrierter Bediensteter den Schlag der Kutsche und hilft ihnen beim Aussteigen. Ignazio betrachtet mit Interesse das imposante Bauwerk mit rechteckigem Grundriss, das direkt am Meer steht, nur wenige Meter von Marseilles' altem Hafen entfernt. Fort Ganteaume ist ein Gebäude, das von frisch gebügelten Uniformen, gewienerten Stiefeln und eiserner Disziplin spricht. Und doch scheint es an diesem Abend – mit den vielen brennenden Fackeln im Garten und den Klängen eines Orchesters, das im Hintergrund seine Instrumente stimmt – seine gewohnte Strenge abgelegt zu haben und sich auf ein rauschendes Fest zu freuen.

»Das erinnert mich an das Castello a Mare in Palermo«, sagt Ignazio zu François.

»Und denk nur, dass es fast das gleiche Ende erlebt hätte. Doch dann hat man festgestellt, wie verrückt es wäre, es abzureißen. Es ist einfach zu wichtig für die Verteidigung der Stadt.« François versetzt ihm einen aufmunternden Klaps auf den Ärmel. »Komm. Ich stelle dir ein paar Offiziere vor. Die Kaufleute lassen wir vorerst links liegen, sonst löchern sie dich mit Fragen nach Handelsschiffen …«

Der Garten ist mit abgeschirmten Kandelabern und Körben in Form von Füllhörnern voller Blumen geschmückt, die ganze Kaskaden von Blättern und Blütenblättern im Garten verstreuen. Dienstboten und Kellner in Livree geleiten die geladenen Gäste in Richtung Saal, wo das Orchester noch immer mit dem Stimmen seiner Instrumente beschäftigt ist.

Ignazio unterhält sich einige Minuten auf Französisch mit ein paar Offizieren in Gardeuniform. Er spürt, wie ihre Blicke neugierig auf ihm ruhen. Vielleicht erstaunt es sie, dass der neue Herr des italienischen Seewesens ein so umgänglicher und freundlicher Mann ist. Manche jedoch begegnen ihm mit unverhohlener Feindseligkeit. Einer von ihnen, ein älterer Admiral mit einem großen, buschigen Schnurrbart, mustert ihn voller Groll.

»Ist es Euch denn nicht bewusst, welchen Schaden Eure Fusion Frankreich zufügen wird?«

»Ganz genau. Was wollt Ihr eigentlich hier?«, mischt sich ein anderer Offizier ein, der einen auffallenden Schmiss an der Wange hat.

»Er ist hier auf Besuch bei seiner Schwester und seinem Neffen«, mischt sich François ruhig, aber entschlossen ein. »Der Mensch lebt nicht allein von Geschäften, wisst Ihr? Signor Florio ist mein *Gast*.«

Der Admiral beißt sich auf die Lippen. »Manchmal hat man im Leben einfach keine Wahl«, kommentiert er säuerlich.

François lächelt. »Nicht immer, aber hier kann ich mich wahrlich nicht beklagen.«

Während alle lachen, serviert ein Kellner Champagner. Die Frauen schlendern zu dem Bogengang, der den Innenhof umgibt, und einige zeigen in Richtung des Waffenraumes, der zum Tanzsaal umfunktioniert wurde. Endlich hat das Orchester zu spielen begonnen, und Musik übertönt die Gespräche der Gäste.

François dreht sich um, macht seine Frau in der Menge aus und geht schnellen Schrittes auf sie zu, von Ignazio gefolgt. Giuseppina hängt sich bei beiden ein, und alle drei betreten den Ballsaal.

»Was hast du?«, fragt Giuseppina ihren Bruder, weil sie seine finster zusammengezogene Stirn bemerkt hat.

»Na ja, ich hatte nicht gerade damit gerechnet, hier mit einem Triumphzug empfangen zu werden, aber …«

Giuseppinas Lächeln mildert seinen Unmut auf der Stelle. »Gib dich nicht päpstlicher als der Papst«, flüstert sie ihm in französisch angehauchtem Dialekt zu und entlockt ihm damit ein Lachen. Das Gesagte war ein typischer Spruch ihrer Großmutter Giuseppina, der ihnen zeigen sollte, dass Prinzipienreiterei bei ihr nicht fruchtete.

Man hat große Spiegel im Ballsaal aufgestellt, im Wechsel mit geschickten Drapierungen, sodass der Raum größer wirkt. Iris, Nelken, Rosen und Geißblatt, in großen Bronzevasen aufgestellt, schmücken die Ecken, Blumengirlanden schlingen sich um die Pilaster, auf denen Öllampen ein fast taghelles Licht verströmen.

Einige Paare nehmen bereits Aufstellung auf der Tanzfläche. François hält seiner Frau die Hand hin und neigt leicht den Kopf. Sie nickt, ergreift die Hand und löst dann den Arm aus dem ihres Bruders. »Du entschuldigst uns doch, oder?«

Die letzten Worte hat sie nur gehaucht. Ihr Ehemann zieht sie mit sich fort bis in die Mitte der Tanzfläche. Lachend beginnen sie mit einem Kontratanz.

Einen Moment lang beneidet Ignazio die beiden, denn das, was er auf den Gesichtern von Giuseppina und François sieht, ist die pure Freude, zusammen zu sein. Zwischen ihnen herrscht eine spielerische Kameraderie, die meilenweit von der Beziehung entfernt ist, die er mit Giovanna hat. Gewiss eine solide Beziehung, die darauf abzielt, nach außen den Schein zu wahren, doch auch eine Beziehung ohne Fröhlichkeit, ohne Leidenschaft, ohne Leichtigkeit. Dennoch hätte er sie in diesem Moment gern an seiner Seite gehabt, damit sie die Leere, die er in sich spürt, mit einem Lächeln füllt. Und damit sie – und wenn es nur für einen Abend ist – die Traurigkeit verscheucht, die jeden seiner Gedanken umgibt wie ein Schleier.

Er nimmt sich noch ein Glas Champagner und schaut sich mit indifferenter Miene um, wobei ihm sehr wohl bewusst ist, dass er Objekt der Neugier aller Menschen ist, die heute anwesend sind. Er beobachtet die Offiziere in ihren steifen Gardeuniformen, die Kaufleute, die mit viel zu lauter Stimme reden, und die hiesigen Reeder, die in seine Gegend schielen.

Er steht mitten in einem Kaleidoskop, ein bunter Wirbel, der ihn doch nicht berührt.

Und da geschieht es.

Ein Kopf voller Locken, blond mit rötlichem Schimmer. Der lange weiße Hals. Ein puderfarbenes Kleid. Schneeweiße Handschuhe bis zum Ellbogen. Ein Fächer aus Federn.

Auf einmal ist es Ignazio kalt. Denn – und es ist nur ein Moment – ihm wird bewusst, dass das Vergessen, unter dem er all die Erinnerungen versteckt hat, so hauchfein ist wie Papier, das allzu leicht durchstoßen werden kann. Und darunter ist seine Seele: nackt, bloßgestellt, zerbrechlich.

Er hört nichts mehr außer einem traurigen, dumpfen Hintergrundgeräusch. Alles ist verwirrend.

Das Einzige in seinem Gesichtsfeld ist ihr Kopf, leicht geneigt, und ihre Lippen, die unhörbare Worte bilden und sich zu einem Lächeln zu öffnen scheinen, das dann jedoch nicht kommt.

Und doch hat sie damals mit ihm gelacht.

Und mit ihm geweint.

Eines Tages hat sein Vater ihm gesagt, die nützlichste Regel im Leben sei zugleich auch die einfachste: Hör auf deinen Kopf, nicht auf dein Herz. Wer ungeachtet dessen, was die Vernunft sagt, seinen Leidenschaften folge, der werde unweigerlich Fehler begehen. Er sprach damals vom Geschäft, doch Ignazio hat diese Regel nicht nur bei der Leitung der Casa Florio befolgt, sondern auch im Privaten. Kontrolle und Distanz sind immer seine treuesten Verbündeten gewesen, ob es sich nun um den Abschluss von Verhandlungen drehte oder um die Erziehung seiner Kinder.

Doch genau jetzt, in diesem Moment, hört Ignazio zum ersten Mal auf sein Herz. Gehorcht dem Instinkt der Selbsterhaltung. Lässt sich von der Angst leiten.

Er muss weg von hier. Sofort und auf der Stelle.

Er wird sagen, er sei plötzlich unpässlich gewesen und

habe es vorgezogen, sich nach Hause bringen zu lassen; seine Schwester wird ihm deshalb nicht gram sein. *Sie darf mich nicht sehen,* denkt er, weil er sie nicht treffen will, nicht treffen *kann*, nicht mit ihr sprechen. Er weicht langsam in den hinteren Teil des Saales zurück. *Und so soll es enden.*

Zu spät.

Camille Martin, die Witwe Darbon, verheiratete Clermont, verabschiedet sich von der Frau, mit der sie gerade gesprochen hat, und wendet sich einem anderen weiblichen Gast zu, einer Matrone in einem viel zu engen, weinroten Kleid.

Und sie sieht ihn.

Der Fächer gleitet ihr aus den Händen. Einen Moment lang geraten die Federn ins Flattern, dann breiten sie sich auf dem Boden aus.

Er schaut sie mit halb geöffnetem Mund an; sie wirkt mehr verängstigt als ungläubig. Dann errötet sie heftig, so sehr, dass die ältere Frau auf sie zugeht, sie am Arm fasst, fragt, ob es ihr gut geht. Camille macht sich frei, bückt sich, um ihren Fächer aufzuheben, nimmt ihn in die Hände und lächelt, wie entschuldigend.

Mit diesem Lächeln vor Augen dreht sich Ignazio um und begibt sich schnellen Schrittes in Richtung Ausgang des Saales.

Wie dumm, wie dumm, wie dumm, wie dumm.

Wie hat er denn nur nicht daran denken können? Camille ist mit einem Admiral verheiratet. Daran hätte er sich erinnern müssen. Er hätte niemals hierherkommen dürfen. Und ganz gewiss doch konnte Giuseppina nach all diesen Jahren nicht wissen oder den Verdacht haben können, er …

Fast fängt er an zu laufen. Er wird sich mit der Kutsche nach Hause fahren lassen und sie dann zurückschicken. *Ja,* sagt er sich, *so mache ich es.*

Er schüttelt mit der allergrößten Freundlichkeit, die ihm zu Gebote steht, zwei Kaufleute ab, die mit ihm ins Gespräch kommen wollen. Er hält einen Kellner an und bittet ihn, den Eheleuten Merle auszurichten, sie sollten sich ruhig Zeit lassen, nach Hause zu fahren.

Dann steht er unter dem Portikus. Keuchend, als wäre er gerannt. Er beginnt den Garten zu durchqueren.

Ja, er flieht. Er, Ignazio Florio, der mächtigste Mann des Mittelmeeres. Er, der vor nichts und niemandem Angst hat. Und er sagt sich wieder und wieder, dass er das tut, was am logischsten ist, am vernünftigsten, denn der Krieg gegen die Erinnerung ist einer, in dem er nur als Besiegter vom Schlachtfeld gehen kann. Jenem Hirngespinst zu gestatten, wieder zu Fleisch und Blut zu werden, würde bedeuten, sich mit der Wirklichkeit auseinanderzusetzen, die er sich selbst mühevoll aufgebaut hat. Es würde bedeuten, all das auszulöschen, dem er einen Wert beigemessen hat.

»Ignazio!«

Er bleibt stehen.

Ich darf mich nicht umdrehen.

Schritte.

Ich darf sie nicht ansehen.

Er schließt die Augen. Ihre Stimme.

»Ignazio!«

Ein Rascheln von Stoff auf dem Pflaster.

Jetzt steht sie da, vor ihm.

Ihr Gesicht ist schmaler geworden. Rund um die himmelblauen Augen kleine Fältchen. Die Lippen, einst voll, wirken zarter und schmaler als früher, und in den blonden Locken finden sich einige silbrige Strähnen. Doch der Gesichtsausdruck – so lebhaft, so intensiv, so intelligent – ist unverändert.

»Camille!«

Sie öffnet den Mund, um etwas zu sagen, schließt ihn wieder.

»Ich wusste nicht, dass du hier sein würdest.«

Sie sagt nichts. Sie hebt die behandschuhte Hand und lässt sie einen Moment lang in der Luft schweben, mit ausgebreiteten Fingern, zieht sie dann zurück und drückt den Fächer so fest an ihre Brust, dass er knirscht. »Gut siehst du aus«, murmelt sie am Ende.

»Gut?« Er breitet die Arme aus, lächelt bitter. »Ich bin alt und dick geworden. Du hingegen … Du bist, wie du immer warst.«

Sie legt den Kopf auf die Seite, und da ist es, dieses halbe Lächeln, an das sich Ignazio so gut erinnert und das ihm wehtut. »Du Lügner. Ich bin auch alt geworden.« Doch sie sagt es mit Nachsicht, als wäre das Vergehen der Zeit ein Geschenk, das man mit Dankbarkeit entgegennehmen muss. Sie tritt einen Schritt auf ihn zu. Der Saum ihres Kleides berührt seine Schuhspitzen. »Ich habe dein Leben aus der Ferne verfolgt, weißt du? Ich habe Zeitung gelesen … Und natürlich habe ich mit Giuseppina über dich gesprochen.« Sie macht eine Pause. »Ich habe das mit deinem Sohn gehört. *Toutes mes condoléances.* Mein Beileid.«

Der Gedanke an Vincenzino ist wie eine Ohrfeige.

Ignazio hat Familie, ist verheiratet. Wieso spricht er überhaupt mit dieser Frau, nach mehr als zwanzig Jahren?

Weil ich sie geliebt habe, mehr als alles auf der Welt.

Ignazio macht einen Schritt zurück. Doch während er das tut, steigt ihm auf einmal Camilles Duft in die Nase, dieses ganz besondere Nelkenaroma, frisch und eindringlich, das er immer mit ihr in Verbindung gebracht hat.

Es ist wie ein Schwindel, ein freier Fall in die Vergangenheit.

»Camille? Was ist denn?« Die Matrone im weinroten Kleid erscheint im Säulengang. Sie schaut beide perplex an und nähert sich mit unsicheren Schritten. »Ich befürchtete schon, Ihr wärt unpässlich. Ich konnte Euch nirgendwo finden.«

Camille schüttelt den Kopf. Sie errötet, wedelt mit den Händen, und die Federn ihres Fächers geraten in heftige Bewegung.

Er weiß, dass sie nach einer Ausrede sucht. Unglaublich, wie gut er sie immer noch kennt …

»Ich habe diesen alten Freund hier getroffen, und so haben wir begonnen zu plaudern«, sagt Camille schließlich und deutet ein Lächeln an. »Madame Brun, darf ich Euch Monsieur Florio vorstellen, den Bruder meiner Freundin Giuseppina Merle? Madame Brun ist die Gattin von Admiral Brun, einem Kameraden meines Mannes.«

Ignazio verbeugt sich und küsst der Dame die Hand.

Diesen alten Freund hier.

»Gehen wir wieder rein, was meint Ihr?« Die Frau zeigt in Richtung Ballsaal. »Hier draußen ist es so kalt, *il fait tellement froid …*«

Erst in diesem Moment merkt Ignazio, dass Camille zittert. Instinktiv bietet er ihr seinen Arm an.

»Ja, kehren wir zurück«, bestätigt er.

Jetzt ist es an Camille zu zögern. Doch dann legen sich

ihre Finger auf Ignazios Ärmel, umfassen ihn. Als hätten sie endlich ihren Platz gefunden, den Platz, an den sie gehören.

Sie betreten den Ballsaal Seite an Seite. Drinnen ist es sehr warm, und die Luft ist durchtränkt von einem Gemisch aus Schweiß, Blumen und dem Kölnischwasser der Tanzenden.

In diesem Moment stimmt das Orchester einen Walzer an.

Ignazio drückt Camilles Handgelenk. Er schaut sie an.

Und da, im Funkeln ihrer Augen, ist etwas, das er ganz vergessen hatte: das Bedürfnis, sich lebendig zu fühlen, zusammen mit der Ruhe, die ein Mensch empfindet, der weiß, dass er niemandem etwas beweisen muss.

»Komm …«

»Aber …«

»Komm.« Ignazios Ton lässt keine Widerworte zu. Es ist die Stimme eines Mannes, der es gewohnt ist, Befehle zu erteilen.

Camille folgt ihm, fasziniert, verwirrt, mit gesenktem Blick.

Die Art und Weise, wie Ignazio sie auf die Tanzfläche führt, ist selbstsicher. Er legt eine Hand auf ihren Rücken und hält mit der anderen die von Camille. Ihre Körper, auf der Distanz, die die Konventionen zulassen.

Sie deutet ein Lächeln an. »Ich muss mich korrigieren. Du hast dich sehr wohl verändert«, murmelt sie. »Vor Jahren hättest du niemals diesen Mut gehabt.«

»Ich war kaum mehr als ein Junge.« *Und ich war blöd*, möchte er am liebsten hinzufügen.

»Du hattest nicht die Verantwortung, die du jetzt hast. Du wolltest ein Leben in Fülle. Viele Befriedigungen. Eine gute Ehe.« Sie macht eine Pause. Er lässt sie drehen, legt den Arm wieder um ihre Taille. Ihre Körper kennen sich, sie sprechen zueinander.

Sie senkt die Augen. »Aber du hattest auch wirklich schwierige Momente, *n'est-ce pas*? Und das Einzige, was ich tun konnte, war, dir zu schreiben. Aber … wegen deines Sohnes … da fehlte mir der Mut.«

Ignazio geht ein Gedanke durch den Kopf.

Giovanna. Ihr Streit.

Die Wut ballt sich wie eine Faust in ihm, fast stolpert er.

»Ja, ich habe deine Briefe bekommen. Sie sind mir ein großer Trost gewesen.«

Ignazio spürt, wie fragil die Dämme sind, und wie sich die Vergangenheit langsam über die Gegenwart legt. Jeder einzelne Satz, jeder Moment, jedes Tröpfchen Gefühl, das er mit dieser Frau geteilt hat, bricht mit einer solchen Wucht wieder über ihn herein, dass es alles zerstören könnte.

Wieder eine Drehung. Erneut legt er die Arme um sie, doch diesmal drückt er sie fester an sich. Jetzt berühren sich ihre Körper.

»Ignazio.« Camille versucht, sich ihm zu entziehen, doch er hindert sie daran, schließt die Augen, als würde er leiden, und vielleicht tut er das ja auch, und sie spürt es, denn sie scheint die gleiche Anspannung, die gleiche Angst zu empfinden.

Sein Atem streift ihr Ohr. »Nicht sprechen.«

Er spürt, wie sich unter der dicken Schicht seiner Kleider ein Rinnsal aus Schweiß zwischen den Schulterblättern bildet und langsam den Rücken hinabrinnt.

Es sind die letzten Walzertakte. Sie drehen sich, immer schneller, immer enger, und ganz am Ende wirft Camille den Kopf in den Nacken, während ihr Kleid um ihre Beine wirbelt. Sie hat die Augen geschlossen, und auf ihrem Gesicht steht ein Ausdruck der Hingabe, den er aus anderen Momenten kennt, an den er sich gut erinnert und der ihm die Beine zittern lässt.

Eine Träne hängt kurz in ihren Wimpern und kullert dann langsam über ihre Wange. Niemand kann sie sehen. Niemand außer ihm.

Die Musik verstummt.

Sie stehen mitten in der Menge, aneinandergeklammert.

Dann das Stimmengewirr im Saal. Die Wirklichkeit.

Sie lösen sich voneinander, treten einen Schritt zurück. Ihre Haut brennt, die Hände glühen. Doch ihre Augen, ihre Blicke, nein, sie können sich nicht voneinander lösen.

Ignazio rührt sich als Erster. »Komm. Ich bringe dich zu Madame Brun zurück.«

Mit einem formvollendeten Handkuss verabschiedet er sich von den beiden Frauen. Dann geht er davon.

Camille schaut ihm hinterher, kann den Blick nicht von ihm lösen.

Wie sehr sich Marseille doch von Palermo unterscheidet, denkt Ignazio. Er hat sich schnell an den Staub und das Chaos gewöhnt und weiß die moderne Umtriebigkeit der Stadt zu schätzen, ihre Vielfalt, ihr sprühendes Leben. Menschen verschiedenster Hautfarben, Stimmen, ein babylonisches Sprachengewirr, ein Schmelztiegel, der immer neue Farben zeigt, der sich in die Straßen und Gassen ergießt und den Hafen sowie die anliegenden Viertel in ein brodelndes

Gemisch aus Gesichtern und Gerüchen verwandelt. »In all den Jahren hat sich die Stadt so sehr verändert«, sagt er zu seinem Schwager.

François nickt. »Das Geld, das aus den Kolonien hereinkommt, und der Wunsch nach Erneuerung haben dem Hafen ein vollkommen neues Antlitz gegeben. Es ist sogar die Rede davon, ihn noch weiter auszubauen, auch nach der Errichtung der neuen Becken.« Er seufzt. »Diese Stadt hat das, was Palermo fehlt.«

»Den Willen und die Kraft, etwas zu ändern«, sagt Ignazio nickend.

Die Börse von Marseille ist ein imposanter Bau, mit großen Säulen und einer Fassade, die an einen griechischen Tempel erinnert; sie liegt ganz in der Nähe der Canebière, der wichtigsten Verkehrsader für den Handel der Stadt.

Am Firmensitz ist alles in Ordnung. Jemand muss ihn bei dem Fest am vorangegangenen Abend gesehen haben, denn die Büros sind auf Hochglanz poliert und die Angestellten vollständig anwesend. Ignazio spricht mit ihnen, trifft sich mit dem Direktor, erläutert ihm kurz, was sich bei den Schifffahrtslinien ändern wird, jetzt, wo Florio und Rubattino gemeinsame Sache machen.

Doch ein Teil seiner Gedanken verweilt noch immer bei dem, was gestern geschehen ist.

Während er über die neuen Strecken spricht, mit denen sich das Büro befassen muss – es wird sogar mehrere von Marseille bis nach Amerika geben –, tritt sein Schwager auf ihn zu. »Ich muss jetzt gehen: Gerade hat mir einer meiner Angestellten gesagt, es gebe Probleme beim Zoll mit einigen Frachtbriefen, die angeblich nicht bezahlt wurden.« Er schnaubt laut hörbar.

»Solche Sachen passieren auf jedem Längengrad. Der gute alte Amtsschimmel.« Ignazio drückt seinen Arm. »Geh ruhig.«

François hebt den Blick zum Himmel. »Zum Glück habe ich es nicht weit. Ich lasse dir die Kutsche da, dann kannst du nach Hause fahren, wenn du willst.«

»Ich schicke sie dir wieder zurück.«

»Mach das. Scheint ein unangenehmer Tag zu werden.«

Ignazio schaut François hinterher, der sich mit nervösem Schritt entfernt. Er bleibt noch eine Weile bei den Angestellten, fragt sie nach ihren Namen, lässt aus einer nahen Patisserie Kuchen und Liköre bringen. Er weiß, dass die Leute mehr reden, wenn sie etwas zu essen vor sich stehen haben, weil es ihre Zunge löst. Und er hört ihnen zu.

Die Mittagszeit ist gerade vorbei, als er das Büro verlässt, begleitet von herzlichen Grüßen und breitem Lächeln.

Kaum haben sich die Türen hinter ihm geschlossen, wird ihm bewusst, dass er – zum ersten Mal seit wer weiß wie langer Zeit – für den Rest des Tages nichts vorhat. Das ist ein sonderbares, fast verwirrendes Gefühl. Um ihn herum ein Tohuwabohu aus klingelnden Fahrrädern, Pferden, Kutschen, Männern mit schwarzer Melone, Dienstmädchen mit großen Einkaufskörben, eleganten Damen mit Sonnenschirm. Alle scheinen etwas zu tun zu haben, irgendein Ziel erreichen zu müssen …

Und ich?, fragt sich Ignazio. *Wo kann ich hingehen?* Er erinnert sich, dass François ihm in höchsten Tönen von einem gewissen Café Turc vorgeschwärmt hat, auf der Canebière, wo mitten im Lokal ein großer Brunnen steht und die Gäste sich in vielen Spiegeln bewundern können. Oder aber er könnte einen Spaziergang an den Hafen machen …

Oder ich könnte zu ihr gehen …

»Nein«, murmelt er mit einem entschiedenen Kopfschütteln. »Wir machen jetzt keinen Blödsinn.« Er geht ein paar Schritte weiter, kehrt dann um, legt eine Hand vor den Mund.

Ein Passant wirft ihm einen erstaunten Blick zu.

Es reicht, denkt Ignazio.

Er geht zur Kutsche, die auf ihn wartet, lässt sich von ihr nach Hause bringen, die Hände auf den Beinen gefaltet und mit leerem Blick, der auf die Stadt hinausgeht, ohne sie zu sehen. Schluss mit diesen verrückten Ideen: Giuseppina wird sich freuen, einen ganzen Nachmittag mit ihm zu verbringen, sagt er sich.

Doch kaum ist er aus der Kutsche gestiegen, wendet er sich an den Kutscher und fragt ihn, ob er wisse, wo Madame Louise Brun und Madame Camille Clermont wohnen, er fragt, ob Madame Merle einen Floristen ihres Vertrauens habe, und lässt den Mann damit in dem Glauben, er wolle den beiden Damen Blumen schicken. Der Kutscher – ein mageres Männlein mit schwer von Narben verunziertem Gesicht – antwortet, ja, sicher, er wisse, wo die beiden Damen wohnten, denn beide seien Freundinnen von Madame Merle. Und nachdem er ihm die Adressen gegeben hat, erklärt er ihm, es gebe genau dort in der Nähe einen Blumenladen, der zu den bestsortierten von ganz Marseille gehöre – ob er vielleicht wolle, dass er ihn dorthin bringe?

Ignazio schüttelt den Kopf. Nein, er gehe lieber zu Fuß, sagt er und dankt dem Mann mit einer Münze.

Die Kutsche fährt weiter, um François abzuholen. Ein paar Augenblicke hallt das Rattern der Kutschräder auf dem Pflaster wider.

Ignazio hebt den Blick zum Balkon von Giuseppinas Haus. Die Läden sind geschlossen, vielleicht um die Sonne abzuhalten. Niemand ist am Fenster zu sehen.

Er legt die Hand an die Haustür, nähert sie der Glocke.

Und zieht sie wieder zurück.

Er geht weiter.

Ignazio kennt die Stadt nicht gut, weiß aber, wie er zurück zur Canabière kommt. Dort besteigt er eine Droschke und gibt dem Kutscher Camilles Adresse.

Das Haus der Clermonts liegt an einer ruhigen, kleinen Straße, nicht weit vom Fort Ganteaume entfernt, in einem Viertel mit vielen kleinen, weißen, zwei- oder dreistöckigen Häusern, die in der Sonne funkeln. Aus der großen Anzahl von Männern in Uniform und den vielen Flaggen in den Fenstern schließt Ignazio, dass hier vor allem Militärs mit ihren Familien leben.

Er steigt aus der Kutsche, die sich mit lautem Rattern entfernt.

Dann nähert er sich der Tür. Ein Teil von ihm wünscht sich, dass Camille nicht zu Hause ist. Der andere Teil fragt sich mit lauter Stimme, was er hier eigentlich will.

Zum zweiten Mal in zwei Tagen bricht er die Regel seines Vaters, die auch *seine* Regel geworden ist: auf seinen Kopf zu hören, nicht auf sein Herz.

Er klopft an die Tür, tritt einen Schritt zurück, wartet.

Ich kann immer noch gehen, denkt er, doch in diesem Moment macht eine schon betagte Dienstbotin in grauer Uniform die Tür auf.

»Madame Clermont, ist sie zu Hause?«, fragt Ignazio und nimmt den Hut ab.

Aus dem oberen Stockwerk kommt eine Frauenstimme. Gut gelaunt, als hätte sie gerade gelacht. Schritte kommen die Treppe herab.

»Que se passe-t-il, Agnès?«

Camille erscheint auf den letzten Treppenstufen. Sie trägt ein geblümtes Hauskleid, und ihre Haare sind halb frisiert, die andere Hälfte fällt über ihre Schultern.

Als sie ihn sieht, erstarrt das Lächeln auf ihrem Gesicht und erlischt dann ganz.

Er senkt den Blick auf die Schwelle, in die ein Marmorhund geschnitzt ist. Fast hat es den Anschein, als wollte er ihm in die Knöchel beißen. *»Pardonne-moi d'être venu sans te prévenir«*, entschuldigt er sich für seinen unangemeldeten Besuch.

Seine Stimme klingt schüchtern, fast ängstlich. Die Frau schüttelt den Kopf, fährt sich mit der Hand über die Lippen.

Das Dienstmädchen schaut verwirrt vom einen zur anderen.

Ignazio weicht einen Schritt zurück. »Entschuldige bitte«, stammelt er verlegen. »Ich sehe, du bist beschäftigt. Dann wünsche ich dir einen schönen Tag.« Er dreht sich um, setzt seinen Hut wieder auf.

Doch Camille eilt die Treppe hinab, versperrt ihm den Weg. »Warte!« Sie legt ihm eine Hand auf den Arm, hält ihn auf. »Es war nur die Überraschung… komm doch herein.«

Das Dienstmädchen tritt zur Seite, um ihn hereinzulassen. Camille spricht leise mit ihr, und die Frau entfernt sich mit hastigen Schritten.

»Komm. Gehen wir in den Salon.«

Es ist ein heller Raum, mit Sofas aus schwarzem Samt eingerichtet. An der Wand hängen Stillleben und Seestücke. Auch einige exotische Gegenstände sind zu sehen, offenbar vom Herrn des Hauses von seinen Reisen mitgebracht: ein Stoßzahn aus ziseliertem Elfenbein, eine ägyptische Figurine, Schatullen aus Holz und Perlmutt oder aus bearbeitetem Messing, vermutlich arabischer Provenienz. Ignazio bleibt stehen, um sie zu betrachten, während das Dienstmädchen mit einem Tablett zurückkehrt, auf dem Kaffee mit zwei Tässchen und eine Schale mit Keksen stehen. Sie stellt alles auf ein Tischchen aus Mahagoni.

»*Merci, Agnès*«, sagt Camille. »Dann geh jetzt ruhig nach Hause zu deiner Tochter. Ich erwarte dich dann später.«

Die Frau verabschiedet sich mit einem angedeuteten Knicks. Camille wendet sich an Ignazio. »Ihre Tochter hat heute Nacht ein Kind bekommen, und sie muss ihr beistehen«, erklärt sie. »Scheint eine schwere Geburt gewesen zu sein.« Ein Schatten huscht über ihr Gesicht, ein grauer, bitterer Schleier. »Armes Ding, sie ist allein. Ihr Mann ist mit meinem auf der *Algésiras*…«

Sie nimmt Platz, schenkt Kaffee ein und nimmt sich einen Würfel Zucker aus der Zuckerdose. Sie hebt den Kopf. »Für dich zwei, stimmt's?«

Ignazio steht am Fenster und schaut hinaus. Er nickt.

Schließlich nimmt er ihr gegenüber Platz. Er schaut sie an. Bei dem Licht, das durch die Vorhänge hereinsickert, ist Camilles blonder Lockenkopf voll roter Reflexe.

Sie trinken schweigend, ohne sich anzusehen.

Dann stellt Camille ihr Tässchen zurück auf die Untertasse und hebt den Blick. »Warum bist du gekommen?«

In ihrem Ton ist eine Härte, die Ignazio nicht an ihr kennt und ihn in Verwirrung stürzt. Eine Sprödigkeit, die alle Alarmglocken schrillen lässt. *Sie schützt sich,* denkt er. *Vor mir? Vor der Vergangenheit?*

»Um mit dir zu sprechen«, gesteht er. Ihr gegenüber aufrichtig zu sein, fällt ihm leicht, weil er erst durch Camille diesen Aspekt seiner selbst kennengelernt hat. Und es hat eine Zeit gegeben, in der es auch ihm keine Mühe bereitet hätte, in ihrer Seele zu lesen, denn auch sie war immer klar und ehrlich ihm gegenüber.

Doch jetzt?

Sie hatten einander Lebwohl gesagt, als Ignazio ihr das Geständnis gemacht hatte, nicht den Mut zu haben, seinem Leben eine neue Richtung zu geben, weil er den Erwartungen seines Vaters gerecht werden müsse. Er war der Erbe der Casa Florio, und nichts und niemand konnte sein Schicksal ändern. Eine »gesellschaftlich adäquate« Eheschließung sei die schlichte und unvermeidliche Konsequenz dieser Wahl. *Hör auf deinen Kopf, nicht aufs Herz.*

Nach jenem Abschied hat sich Ignazio lange Zeit geweigert, Camilles Briefe zu öffnen oder sich selbst bei ihr zu erkundigen, wie es ihr geht. Dann hatten sein geschäftlicher Erfolg, die Macht und der Reichtum wie unsichtbare Gewichte das, was er durchlitten hatte – die Scham darüber, die Frau getäuscht zu haben, die er liebte, die Sehnsucht nach einem anderen Leben, das er hätte leben können –, bis tief hinab in seine Seele gezogen. Nur ab und zu kamen die Erinnerungen wieder an die Oberfläche, und er war dem Schmerz, den sie hervorriefen, fast dankbar, weil er die Süße eines Gefühls, das nie ganz erstorben war, und den zarten Genuss, ein Geheimnis zu hüten, in sich vereinte: Jene Erinnerungen – jenes Leben, das er nie gelebt hatte –, sie gehörten ihm und nur ihm.

Aber Camille? Wie war es für sie gewesen?

Er wusste nichts darüber. Er hatte sich *bewusst* dafür entschieden, nichts zu wissen. Trotz alldem hatte sie weitergemacht, doch war sie glücklich gewesen? Hatte sie ihr Leben gelebt oder nur zugelassen, dass es irgendwie weitergehen musste? Er hatte seine Arbeit gehabt – Bürde und Segen zugleich –, aber sie?

»Ich weiß sehr wohl, dass ich niemals hätte kommen sollen, jetzt liefere ich dich auch noch dem Klatsch der Leute aus. Aber heute …«

»Heute was?« Sie stellt die Tasse auf das Tablett. Dann schaut sie ihm in die Augen. »Was *willst* du von mir, Ignazio?«

Das Bild Camilles, wie sie weint, während er von ihr weggeht, wird von ihrem zornigen Blick ausgelöscht, von ihrem spröden Ton. Die Worte verfangen sich in der Sprache. Hinter ihrem anklagenden Ton ist etwas, das Ignazios Instinkt in Alarmzustand versetzt. *Wut, ja. Aber vielleicht auch Begehren?*

Plötzlich wird ihm bewusst, dass er ihre Reaktionen nicht mehr lesen kann, dass die Frau vor ihm ganz anders ist als die, die ihn damals angefleht hat, sie nicht zu verlassen. Eine Veränderung, die nicht nur mit der verstrichenen Zeit zu tun haben kann.

Für manche Irrtümer gibt es kein Pardon. Es sind verschlossene, zugemauerte Türen zur Vergangenheit.

Als Ignazio endlich redet, fällt es ihm schwer. Denn erst in diesem Augenblick wird ihm bewusst, was der wahre Grund dafür ist, dass er sie treffen wollte. »Ich bin heute gekommen, weil ich … weil ich mich entschuldigen wollte … für das, was damals geschehen ist.«

»Für das, was du damals *getan hast*«, korrigiert sie ihn. Das Blau ihrer Augen verdunkelt sich. »Die Gründe seien dahingestellt. Aber es war deine bewusste Entscheidung.«

Ignazio stellt die Tasse so heftig auf das Tablett zurück, dass ein Kaffeetropfen auf den Unterteller fällt. »Geschehen oder getan, was für einen Unterschied macht das?«, faucht er. Offenbar hat Camille einen wunden Punkt bei ihm getroffen. »Ich hätte mich anders entscheiden können, das stimmt, aber ich hatte – und habe – Verpflichtungen. Damals gegenüber meinem Vater. Heute gegenüber meiner Familie.«

Camille erhebt sich, geht zum Fenster. Sie kreuzt die Hände vor der Brust. »Weißt du, gestern Abend habe ich eine Sache begriffen.« Sie spricht abgehackt, dann sprudeln die Worte nur so aus ihr heraus. »Macht ist das, was du immer schon mehr geliebt hast als alles andere, Ignazio. Macht und gesellschaftliche Anerkennung. Du hast keine Wahl getroffen zwischen dem Glück deiner Eltern und unserem: Du hast dich für dich selbst entschieden.« Ihre Stimme wird brüchig. Camille streicht sich eine Locke aus der Stirn. »Ich habe dich beobachtet: die Selbstgewissheit deines Auftretens, die Art und Weise, wie du sprachst … Und da war mir klar: Der Junge von damals entspricht genau dem Mann, zu dem du geworden bist. Und wie dumm von mir, dass ich damals das Gegenteil geglaubt habe. Dass ich geglaubt habe, du würdest mich brauchen, würdest es brauchen, so geliebt zu werden, wie du bist, und nicht für das, was du darstellst. Du hast niemals etwas anderes gebraucht als die Casa Florio.«

Ignazio verspürt einen heftigen Schmerz unterhalb des Brustbeins, wie das Echo eines Verlusts. *Nicht sie*, denkt er. *Sie kann mir solche Dinge nicht sagen, nicht sie.*

Er schüttelt den Kopf, zuerst langsam, dann mit immer größerer Heftigkeit. »Das ist nicht wahr, verdammt noch mal! Nein!« Er springt auf, packt sie am Arm. Er möchte sie schütteln, tut es jedoch nicht, weil sie jetzt aussieht, als hätte sie Angst. Er lässt sie los, beginnt im Zimmer auf und ab zu gehen, fährt sich mit den Händen durchs Haar. »Ich musste so handeln, weil ich keine Wahl hatte. Ich konnte nicht anders. Du weißt doch, wer ich bin, wofür ich stehe – auf Sizilien, in Italien, für meine Leute! Du weißt, was der Name Florio bedeutet! Mein Vater hat unsere Casa Florio erschaffen, aber ich habe sie groß gemacht. Ich.«

Sie lässt es zu, dass er sich abreagiert. Dann tritt sie vor ihn hin, nimmt seine Hand, legt sie an ihre Wange. Auf ihrem Gesicht Schmerz. Ein Bedauern, eine Trauer, so tief, dass sie Ignazios Wut auf der Stelle zum Erlöschen bringt. »Du wolltest diese Wahl gar nicht haben. Aber zu welchem Preis, *mon aimé*?«

Zu welchem Preis.

Auf einmal, wie bei einem Ertrinkenden, zieht sein Leben an ihm vorbei.

Sein Vater, wie er ihn ins Büro mitnimmt. Die Arbeiter der Oretea, die ihm zuhören. Das erste Mal, als er Giovanna sah, nicht schön, nicht reich, aber intelligent, willensstark, genau so, wie es sich sein Vater und er gewünscht hatten. Seine Kinder, die in einem Palast aufwachsen, der eines Königs würdig wäre. Sein politischer Einfluss, die Minister, die sich seiner Freundschaft brüsten. Die Maler und Künstler, die um die Olivuzza kreisen wie Gestirne.

Die Schiffe. Das Geld. Die Macht.

Doch in diesem Moment ist nur Dunkelheit in ihm. Beim Schein der kristallenen Lüster und dem Funkeln des Silbers sieht Ignazio nichts anderes als sein eigenes deformiertes Spiegelbild, als würde sich die Einsamkeit, die sich in ihm breitmacht, nach außen ergießen. Denn er weiß, dass er nichts anderes besitzt als Geld, Dinge, Menschen.

Besitzen. Ohne etwas, das wirklich ihm gehört, das Seine ist. Bis auf die Erinnerung an sie.

Camille greift nach seinen Händen, schlingt die Finger um seine. »Es gibt nichts mehr zu sagen, Ignazio. Ich bin froh, dass du dich guter Gesundheit erfreust und so reich und mächtig geworden bist, wie du es dir immer gewünscht hast. Doch von uns ist nichts mehr übrig.«

Ignazio senkt den Blick auf ihre verflochtenen Hände. »Nein, etwas schon. Der Gedanke an dich.« Seine Stimme ist rau. »Wenn ich so weit gekommen bin, dann verdanke ich es auch dir … der Erinnerung an dich. Der Erinnerung an uns.« Er schaut auf, sucht ihren Blick. Jetzt gibt es für ihn keine Ausflüchte mehr. »Ich dachte, sie könnte mir für ein ganzes Leben reichen, aber das ist nicht so, und ich bitte dich um Verzeihung dafür, dass ich dir so viel Schmerz bereitet habe. Gestern Abend hast du den Mann gesehen, zu dem ich geworden bin. Ich sehe jetzt die Frau, die du bist und immer warst: stark, mutig. Eine Frau, die dazu in der Lage ist zu vergeben.«

»Ich kann dir nicht vergeben.«

»Warum nicht?«

Sie wirft ihm einen eisigen Blick zu. »Du weißt sehr gut, dass das nicht möglich ist.«

Ignazio starrt sie an, unfähig, darauf etwas zu erwidern.

Er hat sie beide zur Einsamkeit verdammt. Seine eigene Einsamkeit hat er mit dem Mäntelchen des Goldes und des Ansehens umhüllt. Doch was ist mit ihr? Wieder diese angsterfüllte Frage, dieses Schuldgefühl, das auf einmal keine Auswege und keine Grenzen mehr kennt. »Du …«, gelingt es ihm schließlich zu sagen. »Wie hast du es geschafft, im Leben weiterzumachen?«

Wieder greift Camille nach seinen Händen, umschlingt seine Finger, dann lächelt sie bitter. »Wie eine Überlebende. Nach dem, was geschehen ist, nach Monaten der Rekonvaleszenz, habe ich mich nie mehr richtig erholt. Als ich dann zwei Jahre später Maurice kennenlernte, meinen Mann, war ich nur noch ein Schatten meiner selbst.«

Ignazio macht einen Schritt zurück. *Rekonvaleszenz?*

Und dann fragt er sie danach, mit gesenkter Stimme, während seine Hände sich nicht von den ihren lösen können. Innerlich zittert er, weil er nichts weiß und nichts begreift. Ein Zustand, der ihm nicht vertraut ist.

Camille legt den Kopf schief. Auf ihrem Gesicht erblühen all die Jahre, die vergangen sind. »Nachdem ich das Kind verloren hatte«, flüstert sie.

»Das … Kind?« Ignazio lässt ihre Hände los. Was sie da gesagt hat, ist wie eine Ohrfeige. »Du warst …«

Camille dreht sich um, setzt sich. Sie ist blass geworden, schlägt die Hände vors Gesicht. »Ich habe dir geschrieben, habe dir alles berichtet. Du hast mir nie geantwortet. Zuerst habe ich gedacht, du wolltest es einfach nicht, doch dann kam mir der Gedanke, dass jemand, vielleicht dein Vater, die Briefe abgefangen haben könnte …«

Die Briefe …

Die Briefe, verdammt – die, die zu öffnen er den Mut

nicht hatte, weil er keinen Schmerz mehr empfinden wollte, weil es einfach genug war. Weil er dachte, es sei vorbei und es habe keinen Sinn, ihr nachzuweinen.

Es zieht ihm den Boden unter den Füßen weg. Er muss sich setzen. Die Erinnerung an sie beide zusammen, an ihre Körper, so nah beieinander, an ihr verliebtes Lächeln – sie hat sich bei dieser Nachricht in Asche verwandelt. Dass er ein Kind von ihr hätte haben können, dass er …

»Ich habe erst wenige Tage, bevor ich es verlor, gemerkt, dass ich schwanger war. Es blieb mir kaum Zeit, mir dessen bewusst zu werden, als schon alles wieder zu Ende war. Ich weiß nicht, warum es passiert ist, vielleicht lag es an meinem Kummer, oder es war Schicksal, wer weiß das schon. Als die Blutungen einsetzten, war ich in der Provence, weit weg von der Stadt, und konnte nichts mehr tun, um es zu verhindern. Nein, eigentlich …« Sie spricht leise, schaut ihn nicht an, verzieht den Mund zu etwas, das aussieht wie ein bitteres Lächeln. »Eigentlich war es schon viel, dass ich überhaupt überlebt habe.« Sie steht auf, geht zu ihm. »Danach habe ich erfahren, dass eine weitere Schwangerschaft für mich fatal wäre. Das ist es, was du mir angetan hast, Ignazio.«

Ignazio fehlt die Kraft, den Blick zu heben. Es ist sie, die sein Gesicht anhebt, mit zwei Fingern unter seinem Kinn, so wie sie es früher immer getan hat, bevor sie sich zu ihm beugte, um ihn zu küssen. »Du hast mir alles genommen.«

»Ich wusste nicht … Ich hätte nicht gekonnt. Ich …« Ignazio ringt um Luft, sein Atem rasselt. Verwirrt nimmt er den Geruch des Kaffees wahr, der in den Tassen kalt geworden ist, und das Parfüm der Frau vor ihm. Plötzlich ist beides schier überwältigend, wie betäubend. »Ich wollte nicht an das denken, was zwischen uns geschehen war, und habe deine Briefe nie geöffnet. Ja, ich habe sie aufgehoben, aber geöffnet habe ich sie nie. Auch für mich war es schrecklich, dich zu verlassen.« *Doch wie unbedeutend ist mein Schmerz jetzt, wie erbärmlich und klein. Und wie sinnlos meine Entschuldigungen …*

Sie schüttelt den Kopf. Fast scheint es, als würde sich kurz ein Schleier der Nachsicht über ihre Züge legen und sie weicher werden lassen, doch dann begreift Ignazio, dass es Bitterkeit ist. Enttäuschung.

»Mittlerweile ist es nicht mehr wichtig. Auch wenn du gewusst hättest, was geschehen war, wärst du vermutlich trotzdem weiter deinen Weg gegangen. Dein Geständnis bestätigt mir das, was ich schon vor langer Zeit begriffen habe.« Sie hält inne. »Du bist ein Feigling.«

Ignazio ist erschüttert. Er legt den Kopf in die Hände.

Nichts. Nichts von dem, was er in seiner Erinnerung aufbewahrt hat wie einen kostbaren Schatz, existiert noch. Sein geheimes Leben, das Leben aus seiner Vorstellung, seinen Träumen, seinen Wünschen, ist nur noch ein Häuflein verbrannter Knochen, eine Ruine, auf die man Löschkalk streut.

Machtlos, besiegt, von Schuldgefühlen übermannt. So fühlt er sich, als er den Kopf hebt und aufsteht, mit Übelkeit im Magen und einer Brust, die schmerzt. Der Raum scheint an Licht und Farbe verloren zu haben, und sogar Camille sieht auf einmal gealtert aus.

Er möchte ihr so gerne sagen, dass er sie geliebt hat, so wie man Träume liebt, die doch niemals Wirklichkeit werden können. Er möchte so gern etwas von seiner Illusion retten.

»Verzeih mir … Ich …«

Sie unterbricht ihn. Legt ihm einen Finger an die Lippen und streichelt sein Gesicht mit einer Zärtlichkeit, die ebenso innig wie heftig ist. »Du. Klar, immer du, nur du.« Sie zieht die Hand zurück, rückt von ihm ab und zeigt in Richtung Tür. »Geh, Ignazio.«

Ignazio könnte nicht sagen, wie lange er schon gegangen ist, seit er das Haus von Camille verlassen hat. Er weiß nur, dass sich urplötzlich vor ihm ein Wald aus Rahen und Schornsteinen, aus eingeholten Segeln und mit Waren beladenen Karren auftut.

Er steht am alten Hafen.

Er schaut sich um, wie jemand, der gerade aus einem tiefen Schlaf aufgewacht ist.

Dabei tastet er nach dem Ring seines Vaters aus geschmiedetem Gold, den er unter dem Ehering trägt, denkt an all das, wofür er steht und was es ihm bedeutet. Kurz überkommt ihn der Impuls, ihn loszuwerden, ihn ins Meer zu werfen, weit, weit weg, um das Gewicht dieses Ringes nicht mehr zu spüren. Und auf alles zu verzichten.

Doch er rührt sich nicht. Das hier ist ein Stück Familiengeschichte. So wie der Ehering selbst ein Zeichen der Wahl ist, die er getroffen hat.

Er macht sich auf den Weg zum Haus von François und Giuseppina. Genug, er muss von hier weg, muss nach Palermo zurück.

Er ist Ignazio Florio, sagt er sich, doch er kann die Vergangenheit nicht umkrempeln oder sein Schicksal verändern. Nicht einmal die Götter hätten eine solche Macht. Er hat einen Fehler gemacht, hat sich besiegen lassen, und jetzt zahlt er dafür, mit Zins und Zinseszins.

Er denkt weder an Giovanna noch an seine Kinder.

Er hätte ein anderes Kind haben können, ein anderes Leben, ein anderes Schicksal.

Und mit diesen Gedanken erreicht er das Haus der Merles.

Gerade nimmt er auf der Treppe zwei Stufen auf einmal, als Giuseppina ihm öffnet, ihm einen Kuss gibt. »Du kommst spät«, sagt sie mit gerunzelter Stirn. »Alles in Ordnung an der Place de la Bourse?«

Die Ereignisse, die nur wenige Stunden zurückliegen, scheinen ihm weit, weit weg. »Ja, ja«, erwidert er lakonisch. »Ist François zurück? Ich weiß, er hatte irgendwelchen Ärger …«

Seine Schwester hebt die Hände, als wollte sie sagen: *Nichts Wichtiges,* und schaut ihn an. Ignazio ist zutiefst verstört, das sieht sie sofort. Sie würde ihn gerne fragen, warum, doch sie tut es nicht. Stattdessen winkt sie ihn herein, in der Hoffnung, er werde von selbst sprechen, es ihr erzählen.

Ignazio folgt ihr in den kleinen Salon. Giuseppina überfliegt die Aufschriften der Briefe, die auf dem Tisch liegen, und reicht ihm einige davon. »Die sind heute Morgen aus Palermo gekommen, zusammen mit einem Telegramm von Laganà.«

Ignazio nimmt alles entgegen.

Unter den Briefen einer von Giovanna, einer von Giulia.

Seine Frau schreibt über das Haus, die Kinder. Sie berichtet, Ignazziddu benehme sich gut, er sei verantwortungsbewusster geworden; und sie hätten ein paar Tage in der

Villa im Hügelland verbracht, wo die Luft besser sei, und auch Antonino Leto als Gast beherbergt. Almeyda mit seiner Frau hätte sie ebenfalls besucht. Alle seien guter Dinge, doch das Haus fühle sich ohne ihn leer an. *Ich hoffe, du kommst bald zurück*, schließt Giovanna in der gewohnten Zurückhaltung; sie behält ihre Gefühle lieber für sich und verbirgt die Liebe, die sie für ihn empfindet, ohne etwas dafür zu erwarten.

Ignazios Kehle wird eng.

Dann Giulias Brief. Seine *stidduzza*, sein Augenstern.

Mit noch unbeholfener und zarter Schrift schreibt ihm seine Tochter, sie würde ihm gerne zeigen, wie gut sie mittlerweile schon zeichnen kann; tatsächlich hat sie auf der Rückseite mit Bleistift einen der Pudel aus der Olivuzza abgebildet. Sie schreibt, ihre Mama und Donna Ciccia versuchten, ihr das Sticken beizubringen, aber ohne großen Erfolg. Sie schaue lieber Antonino Leto beim Malen im Park zu. Am Ende schreibt sie noch, er fehle ihrer Mutter so sehr. *Und ich kann es auch kaum erwarten, dass du endlich wieder zurückkommst.*

Es ist das Brieflein eines kleinen Mädchens, das seinen Vater anbetet, den es schon seit Wochen nicht mehr gesehen hat.

In ihm wütet ein stummer Sturm.

Er spürt, dass der Blick seiner Schwester auf ihm ruht.

»Gute Nachrichten aus Palermo?«, fragt sie.

Er schluckt. Nickt. Schüttelt den Kopf, als würde er aus einem Traum erwachen. »Nächste Woche nehme ich das Dampfschiff und fahre nach Hause«, verkündet er. »Ich bin schon viel zu lange weg. Meine Familie braucht mich.«

Giuseppina seufzt mit schmalen Lippen. »So soll es sein.«

OLIVENBAUM

Dezember 1883 – November 1891

Cu di cori ama, di luntano vidi.
»Wer wirklich liebt, hat einen weiten Blick.«
Sizilianische Redensart

Am 18. Oktober 1882, während eines Banketts für die Wähler seines Wahlkreises Stradella, hält Ratspräsident Agostino Depretis eine Rede, die erneut die Politik des sogenannten *Trasformismo* ins Spiel bringt, die er bereits acht Jahre zuvor, bei einer Rede vor dem gleichen Gremium, ebenfalls in Stradella, umrissen hat. Danach löst sich die Unterteilung in Rechte und Linke zugunsten dessen auf, was der Historiker Arturo Colombo als eine »Absorption, ebenso klug wie handlungsfähig, zwischen Personen und Ideen, die auch in Opposition zueinander standen«, bezeichnete. Der Erfolg dieser neuen Haltung tritt bereits bei den Wahlen mit einem »erweiterten Wahlrecht« (bei dem von mehr als neunundzwanzig Millionen Bewohnern zwei Millionen ein solches Recht zur Wahl besitzen) zutage, die am 29. Oktober abgehalten werden: Die Linke von Depretis geht daraus als Siegerin hervor, und es werden hundertdreiundsiebzig sogenannte »ministeriale« Abgeordnete in die Kammer gewählt, die formell nicht einer bestimmten Partei zuzuordnen sind. Es beginnt eine Zeit, in der die italienische Politik sich nicht mehr auf ideologischer Basis ausdrückt, sondern immer wieder versucht, zwischen Notwendigkeiten, Gefälligkeiten und Zugeständnissen Übereinstimmungen zu finden.

Um die Isolation auf internationalem Parkett zu überwinden und als Reaktion auf die sogenannte »Ohrfeige von

Tunis« (die französische Besetzung Tunesiens, für das Italien koloniale Bestrebungen hegte) besiegelt Italien am 20. Mai 1882 ein Defensivbündnis mit Deutschland und Österreich, genannt Dreibund. Seine expansionistischen Bestrebungen richten sich jetzt auf Eritrea, zunächst mit dem Erwerb der Bucht von Assab (1882) und dann der Besetzung von Massaua, finden jedoch mit der Niederlage bei Dogali am 26. Januar 1887 ein jähes Ende. Beim Tod von Agostino Depretis (29. Juli 1887) macht der neue Regierungschef Francesco Crispi keinen Hehl aus seinen imperialistischen Zielen, und so rückt im Frühjahr des Jahres 1889 die italienische Armee erneut auf Asmara vor. Der Negus Menelik II. unterzeichnet in der Folge den Vertrag von Uccialli (2. Mai 1889), durch den Abessinien zum italienischen Protektorat wird. Eritrea wird am 1. Januar 1890 zur »italienischen Kolonie« erklärt, doch im Oktober desselben Jahres legt Menelik gegen diese Interpretation des Vertrages von Uccialli in einem Brief an König Umberto I. Protest ein. Es folgt ein internationaler Skandal, als dessen Folge Crispi zum Rücktritt gezwungen ist.

Der Eintritt in den Dreibund verschlechtert zusätzlich die Beziehungen Italiens mit Frankreich, dem Land also, mit dem Italien den größten wirtschaftlichen Austausch hat. Immer noch unter dem anhaltenden Einfluss der »Großen Depression« wendet sich die italienische Regierung sogar von der Politik des freien Austauschs ab, die seit den Zeiten der Destra Storica praktiziert wird, und erhöht 1887 die Zölle für importierte Waren, mit der Absicht, die aufstrebende Industrie (vor allem die Textilindustrie und die Stahlindustrie, aber auch den Schiffbau) zu schützen. Es bricht ein Zollkrieg aus, für den vor allem der Süden

Italiens bezahlen muss, als der stete Fluss der Exporte von Wein, Zitrusfrüchten und Öl nach Frankreich plötzlich unterbrochen wird.

Am 15. Mai 1891 gibt Papst Leo XIII. die Enzyklika *Rerum Novarum* heraus, die sich mit der sogenannten Arbeiterfrage befasst und in der ausgeführt wird, es sei von besonderer Notwendigkeit, »ohne Zögern und mit den entsprechenden Maßnahmen dem Proletariat zu Hilfe zu kommen, von dem ein Großteil unter elenden, menschenunwürdigen Bedingungen sein Leben friste«. In ihrer Kritik, die sich sowohl an den Liberalismus als auch den Sozialismus richtet, unterstreicht die Enzyklika den Geist der Barmherzigkeit der Kirche und ihr Recht, zu gesellschaftlichen Themen Stellung zu beziehen.

Für die alten Ägypter war er ein Geschenk der Göttin Isis. Im Judentum war er ein Symbol für die Wiedergeburt. Für die Griechen war er der Göttin der Weisheit, Athene, heilig. Und bei den alten Römern war er der Baum, unter dem Romulus und Remus geboren wurden.

Der Olivenbaum ist ein Baum mit knotigem Stamm und silbrig grünen Blättern, die in der Sonne schimmern und einen scharfen Geruch abgeben. Sein goldbraunes und warmes Holz ist widerstandsfähig gegen Schädlinge und eignet sich gut zum Schnitzen und Formen: Es ist das Holz, aus dem haltbare Möbel gebaut werden, in denen man eine Mitgift oder Erinnerungen aufbewahrt.

Aber nicht nur das.

Versucht einmal, einen Olivenbaum anzuzünden oder ihm einen Ast abzuschneiden. Es wird sehr lange dauern – sogar Jahre –, aber früher oder später wird an der verletzten Stelle ein zäher, wütender Spross erscheinen, der den Baum zu neuem Leben erweckt.

Um einen Olivenbaum zu zerstören, muss man ihn entwurzeln. Man muss ihm die Wurzeln ausreißen und diese so gründlich von Erde säubern, dass nichts mehr davon übrig bleibt.

Deshalb ist der Olivenbaum auch ein Symbol der Unsterblichkeit.

Zusammen mit den Zitrusbäumen sind die Olivenbäume

auf Sizilien die am meisten verbreiteten Bäume. Es gibt keinen Garten, keinen Hain, in dem keiner steht. Manche Exemplare waren im Jahre 827, als die Araber Sizilien eroberten, kaum mehr als ein kümmerliches Bäumchen; bei der Ankunft der Normannen im Sommer 1038 waren sie immer noch da; und auch beim Aufstand gegen das Haus Anjou im Jahre 1282, den man die Sizilianische Vesper nennt. Ganz zu schweigen von 1516, bei der Ankunft der Spanier, oder 1860, als Garibaldi zum ersten Mal den Fuß auf die Insel setzte …

Altehrwürdige Kreaturen, demütig, heldenhaft, heilig.

Ein einziger Olivenbaum fristet vor einem der Eingänge der Villa Florio in der Olivuzza sein Leben, sich selbst überlassen und in einen viel zu kleinen Zementkübel gesperrt, und reckt seine uralten Zweige zu dem Parkplatz der Wohnanlage.

Der letzte, stumme Zeuge einer ebenso wundersamen wie grausamen Geschichte.

Im Dezember 1883 trifft Ignazio Abele Damiani auf dem Flur des Senats. Damiani stammt ursprünglich aus Marsala, ein ehemaliger Garibaldiner und heutiger Abgeordneter, in jeder Hinsicht ein Mann seiner Zeit, was man auch am modisch großen, gezwirbelten Schnurrbart und den buschigen Augenbrauen erkennt.

»Senatore! Ich darf Euch doch so nennen, oder?«

Ignazio breitet die Arme aus und bricht in Gelächter aus. »Stattgegeben!«

Im glänzenden Marmorboden spiegelt sich das Bild ihrer

Umarmung, und die dicken Wandteppiche dämpfen ihr lautes Lachen.

»*Mi putete chiamari comu vuliti*, Damiani, Ihr könnt mich nennen, wie Ihr wollt.«

»Dann also Don Ignazio. *Pure si ca' semu nel Continente*«, erwidert der andere. »Auch wenn wir uns hier im Herzen des Kontinents, ja, des italienischen Königreichs befinden«, fügt er lachend hinzu.

Der Palazzo Madama hat früher den Medicis gehört und ist seit 1871 der Sitz des Oberhauses, trotz Crispis zahlreicher Versuche, die beiden Kammern des Parlaments schon aus Kostengründen unter einem Dach zu vereinen. Die Wahl des Gebäudes wurde durch eine Kommission übernommen, die sich nach ausgiebigen Diskussionen auf ein Gebäude einigen konnte, das den gleichen Namen trägt wie der Palazzo, der zuvor in Turin den Senat des Königreiches beherbergt hat. Allerdings hat sich ansonsten nicht viel verändert: Auf den Stühlen des Oberhauses sitzen nicht etwa vom Volk erwählte Senatoren, sondern die Fürsten des Hauses Savoyen ab ihrem einundzwanzigsten Lebensjahr sowie einige vom König auf Lebenszeit ernannte Männer, die ihr vierzigstes Lebensjahr überschritten haben und zu einer der Kategorien gehören, die in Artikel 33 des Albertinischen Statuts aufgeführt sind: Minister und Botschafter, Offiziere »zu Lande und zur See«, Staatsanwälte und Richter. Jedoch nicht nur: Auch »Personen, die seit mehr als drei Jahren eine direkt auferlegte Steuer von dreitausend Lire* auf Basis ihrer Güter oder ihres Gewerbes« zahlen.

---

* Circa 13.500 Euro. Eine im Vergleich zu heutigen Standards eher niedrige Summe, die für damalige Verhältnisse jedoch hoch war. (Anm. d. Autorin)

So wie Ignazio Florio.

Damiani tritt einen Schritt zurück, betrachtet sein Gegenüber und breitet die Arme aus. »Mein Kompliment, ganz im Ernst, Don Ignazio. Endlich ein Mann, der sich mit der Wirtschaft dieses Landes auskennt.«

Ignazio steht auf der Schwelle zu seinem fünfundvierzigsten Lebensjahr. Wie immer vermittelt sein Blick eine Ruhe, die unverbrüchlich scheint.

»Wohin geht Ihr? Wenn Ihr mir die Frage gestattet, natürlich …« Damiani senkt die Stimme, spielt mit der Goldkette seiner Taschenuhr.

Angestellte und Hausboten drängen sich an ihnen vorbei und betrachten sie mit kaum verhohlener Neugier. Die Sizilianer bilden ein beträchtliches Trüppchen im Palazzo Madama, und niemand stutzt mehr, wenn sie mit ihrem behäbigen Dialekt untereinander kommunizieren.

Ignazio hebt das Kinn in Richtung hinterer Korridor. »Zu Crispi.«

»Ach, da war ich gerade vor Kurzem. Ich begleite Euch gern.« Abele Damiani tritt an seine Seite. Leise plaudernd und mit gemessenen Schritten gehen sie den Flur entlang. »Er ist sehr aufgebracht wegen der Sache mit Magliani und böse auf Depretis, der ihn als Minister der Finanzen haben wollte. *Uno chi pari chi ci ficiru agghiuttere una canna.* Der sieht doch aus, als hätte er einen Zollstock verschluckt. Ihr gebt mir sicher recht, dass Magliani im Parlament nicht viel erreichen wird, und von Bilanzen hat er erst recht keine Ahnung.«

»Depretis sucht sich ganz bestimmt keinen, der ihm in die Quere kommen kann.« Ignazios Stimme ist nur noch ein Flüstern. »Der Fisch stinkt immer am Kopf«, fügt er in tiefstem Dialekt hinzu.

Damiani bleibt vor einer Tür stehen und klopft an. »Das hier sind doch alle *piscicani*, Haie, Don Ignazio.«

»Herein!« Eine klangvolle Stimme, die jedoch leicht gereizt klingt.

Ignazio tritt ein, gefolgt von Damiani.

Crispi sitzt hinter seinem Schreibtisch, versunken in die Lektüre eines Dokuments, und blickt nicht auf, als sie eintreten. Im kalten Dezemberlicht sieht sein großer Schnurrbart noch grauer und buschiger aus, als Ignazio es in Erinnerung hat. Um ihn herum Akten und offene Mappen, bündelweise Bleistifte, Federhalter, aus denen Tinte tropft, und aufgesetzte Briefe, einige von ihnen zerknüllt. Vor ihm sitzt ein magerer junger Mann mit gelocktem Spitzbart und Metallbrille, lauscht Crispi mit gesenktem Kopf und macht sich Notizen.

»Dass die nur ja keine Flausen im Kopf haben«, poltert Crispi. »Die Bilanzen müssen uns vorliegen, bevor sie in den Sitzungssaal kommen. Das fehlt uns gerade noch …«

»Anwalt Crispi! Es ist immer ein Vergnügen, Euch so kampfeslustig zu sehen!«

Crispi fährt erschrocken zusammen, springt auf und ruft: »Don Ignazio! Ihr seid schon da?«

Ignazio geht auf ihn zu, während der Sekretär aufsteht und diskret zur Seite tritt. Es folgt Händeschütteln, ein paar geflüsterte Worte. Eins hat Ignazio sofort gelernt: Selbst hier haben die Wände Ohren und hören all das, was sie hören wollen.

Damiani hält sich neben den beiden zurück, bis er merkt, dass die Floskeln versiegen. Jetzt hat er verstanden. »Na gut. Nun habe ich Euch beide begrüßt und verabschiede mich«, sagt er mit einem Lächeln. »Don Ignazio, stets zu Euren

Diensten, *vossignoria.*« Er geht hinaus, lässt aber die Tür offen. Ein diskreter Hinweis, den der Sekretär jedoch nicht zu nehmen weiß, oder vielleicht wartet er auch auf eine Anweisung des Anwalts. Letzterer wirft ihm einen gereizten Blick zu.

»Wir machen später weiter, Fabrizio«, sagt Crispi und rückt ein wenig zur Seite, damit der junge Mann vorbeikann.

Der Mann schiebt seine Papiere in eine Ledermappe zurück. »Wünscht Ihr einen Likör, Senator?«

»Nein, danke.«

Jetzt, nachdem sich die Tür geschlossen hat, sind Francesco Crispi und Ignazio Florio allein. Einen Moment lang sieht Ignazio den Mann wieder vor sich, den er damals, nach der Ankunft Garibaldis auf Sizilien, in Palermo kennengelernt hat, doch allzu verändert scheint er ihm nicht. Aber er hat seither eine steile Karriere hinter sich gebracht: Abgeordneter, Präsident der Abgeordnetenkammer, Innenminister, eine Gestalt, die in London, Paris und Berlin wohlbekannt und geschätzt ist … Und außerdem, schon immer und immer noch, ist er der Anwalt der Casa Florio.

Er hat Crispi kennengelernt, als er noch ein Kämpfer war. Jetzt ist er ein Staatsmann.

Vielleicht ist er ja immer beides gewesen.

Crispi bedeutet ihm, sich zu setzen, und nimmt auf dem Ledersessel ihm gegenüber Platz. Wortlos bietet er ihm eine Zigarre an. »Und, *Senator*?«, fragt er mit einem Lächeln in den Augen.

Ignazio saugt den Rauch der Zigarre tief in seine Kehle, lässt ihn entweichen. Er antwortet im gleichen Ton, senkt nur kurz den Blick zu Boden. »Ihr seid es gewesen, der dafür gesorgt hat, dass es so weit gekommen ist. Danke.«

Crispi nimmt einen Zug von seiner Zigarre, kreuzt die Hände über den Knien. »Abgesehen davon, dass es Euer Wunsch war, war es verrückt, dass ein Mann wie Ihr kein Senator sein sollte. Mit all den Firmen, die Ihr habt, und den Steuern, die Ihr zahlt …«

»Ich bin kein Industrieller nach Depretis' Geschmack, das wisst Ihr sehr wohl. Man muss nur die *Perseveranza* lesen, um das festzustellen.«

»Das ist die Zeitung der lombardischen Industriellen, Don Florio: Es ist normal, dass sie gegen die Subventionen für das Seewesen und die Unternehmen des Südens sind. Ihr müsst Euch bewusst machen, was Eure Freunde für Euch tun.«

»Ach, aber das weiß ich ja.« Ignazio denkt an die Artikel in gewissen römischen Zeitungen wie der *Opinione* oder der *Riforma.* Besonders letzteres Blatt, das Crispi nahesteht, hat die Forderung nach Subventionen für die neuen Strecken in den Fernen Osten befürwortet. »Aber die Situation bleibt schwierig.« Er macht eine Pause, zupft nachdenklich an seinen Lippen. »Mittlerweile spielt sich die Politik mehr auf den Seiten der Zeitungen ab als hier. Meistens reicht ein wenig Rascheln im Blätterwald, und schon stehen alle parat.«

Diesmal ist es Crispi, der ihn schief ansieht. »*Veru è puru che 'stu scruscio avi cubbaida.* Wie sagt man so schön bei uns: Wo es raschelt, gibt es auch etwas zu knuspern. Dass es nämlich durchaus auch Gründe für diese Klagen gibt.«

Ignazios Finger halten inne, und sein Mund verzieht sich zu einem sarkastischen Grinsen. »Ach, also Ihr auch, Anwalt? Die Geschichte von den alten Schiffen, oder die von den zu hohen Preisen für die Passagen? Welche ist es?«

»Beide. Bei aller Wertschätzung, die ich Euch und Eurer

Familie entgegenbringe, darf ich offen sein: Einige Schiffe der *Navigazione Generale Italiana* sind richtige Schrottkähne, und die Tarife sind in der Tat zu hoch. Da müsst Ihr etwas ändern.«

Ignazio schnaubt. Ganz langsam schlägt er mit der Faust auf die Armlehne seines Sessels. »Dann beeilt Ihr Euch, endlich den Gesetzesentwurf für die Subventionen der Schiffswerften vorzulegen, dann können wir in den Werften von Livorno funkelnagelneue Schiffe bauen. Von allein schafft das die NGI nicht. Ihr wisst ja, was dieses Jahr bei der Gesellschafterversammlung der Reederei passiert ist. Laganà hat es Euch doch bestimmt haarklein erzählt, oder?«

»Natürlich.«

»Dann kennt Ihr auch den Grund für diese meine Bitte.«

Der Verwaltungsrat der NGI geht einer schwierigen Phase entgegen: Die Zahl der Passagen ist drastisch gesunken, weil die anderen Reedereien die gleichen Strecken zu günstigeren Preisen befahren oder mit Schiffen, die sicherer, komfortabler und besser ausgerüstet sind. Die gestiegenen Preise für Kohle, die für die Heizkessel benötigt wird, belasten die Transportkosten, und die Warenzölle tun ein Übriges.

Crispi streicht sich über den Schnurrbart, betrachtet ihn. Er wartet, dass Ignazio zu Ende spricht.

»Dieses Jahr werden die Dividenden nur an die Zinsen gekoppelt sein, was sich die Reederei eigentlich gar nicht erlauben kann. Dabei müssen wir alles tun, damit es nicht zu einem Zusammenbruch der Aktien kommt. Aber um neue Schiffe zu bauen, brauchen wir Geld, sehr viel Geld, das die NGI im Moment nicht hat.« Die Falten auf Ignazios Stirn werden noch tiefer.

»Alles zu seiner Zeit. Denken wir lieber über das nach, was man *heute* tun kann.« Crispi zeigt mit der Zigarre auf ihn. »Jetzt seid Ihr hier, Don Ignazio, und das bedeutet, Ihr werdet die Möglichkeit haben, direkt mit denen zu reden, die Euch nützlich sein können.«

»Das habe ich vorher auch schon getan.«

»*Unn'è 'a stissa cosa*, das ist nicht dasselbe. Jetzt müssen sie Euch zuhören, weil Ihr hier seid und so seid wie sie. Ihr braucht keinen Vermittler mehr.«

»Deshalb habe ich Euch ja auch gebeten, Euch für meine Nominierung einzusetzen.« Ignazio steht auf, beginnt im Zimmer auf und ab zu gehen. Die Zigarre lässt er im Aschenbecher liegen. »Freunde hat die Casa Florio viele. Auch ich habe genug davon. Aber das hier geht über Freundschaft hinaus.«

Crispi weiß das, und er nickt.

Macht. Bekanntschaften. Beziehungen.

»Ihr habt es dorthin geschafft, wovon Euer Vater nicht einmal träumen konnte.«

Ignazio weiß sehr wohl, dass sein Vater rigoroser und direkter gewesen wäre. Diplomatisch zu sein, Strippen zu ziehen, seine Beziehungen zum eigenen Vorteil zu nutzen, Allianzen zu schmieden, ohne jemanden damit zu brüskieren, das alles hat er ganz allein lernen müssen. Und er hat es gut gelernt. »Ich weiß.« Er richtet seine Aufmerksamkeit auf Crispi, der mit übergeschlagenen Beinen dasitzt und ihn mustert. »Aber die Welt hat sich seither verändert. Heute muss man wesentlich vorsichtiger sein.«

In dem mit Holz und Leder ausgekleideten Raum ist Crispis Stimme nur noch ein Flüstern: »Heute gehört zur Politik das, was wir auf Sizilien *canziarisi* nennen, also genau darauf zu achten, wie man agiert und ... biegsam zu sein. Auch wenn das womöglich bedeutet, Freunde zu betrügen oder die politische Seite zu wechseln.« Sein Blick wird schneidend. »Ihr habt Depretis im Sinn, oder?«

»›Wenn jemand in unsere Reihen will, wenn er sich ändern und zum Progressiven werden will, wie könnte ich ihn da zurückweisen?‹ Das ist seine fixe Idee. Er wiederholt es schon seit Jahren. Und er hat gehandelt, kaum war die Gelegenheit günstig.« Ignazio verzieht die Lippen zu einem schiefen Lächeln. »Man kann nicht gerade behaupten, dass es ihm an Konstanz mangelt. Oder an Pragmatismus.«

»Richtig.« Mit einem Seufzer der Unduldsamkeit steht Crispi auf, streicht sich das Gilet zurecht. »Eins muss ich ihm lassen: Er benimmt sich wie ein Draufgänger, aber er kann, was er kann. Er ist ein raffinierter Hund und mit allen Wassern gewaschen, sagen wir es klar und deutlich: Zuerst hat er alles darangesetzt, dass die Industriellen des Nordens in den Senat kommen, dann hat er begriffen, dass er, wenn er seine Pläne umsetzen wollte, die größtmögliche Mehrheit erlangen musste, und hat begonnen, sich umzuschauen. Mit diesem Thema hat er die Lager im Parlament aus den Angeln gehoben. Heutzutage kann jeder sein Fähnchen wechseln, wie es ihm passt, und fühlt sich auch noch legitimiert dazu.«

Ignazio steht auf und lehnt sich an die Wand. Über ihm hängt ein großer Druck mit dem italienischen Stiefel. »Ihr bewundert ihn«, sagt er betont und mit einem Hauch von Verwunderung und verschränkt die Arme vor der Brust.

»Ich bewundere seinen politischen Scharfsinn, nicht ihn. Das ist etwas anderes.« Crispi schaut in Richtung des Fensters, das von einem Vorhang verdeckt ist. »Er hat dazu beigetragen, eine Praxis zu legitimieren, die schon lange in Kraft war, und hat ihr das Stigma genommen. In gewisser Weise hat er der Heuchelei, die in diesem hohen Hause herrscht, ein Ende bereitet. Die Linke oder die Rechte existieren nicht mehr; es gibt nur noch Seilschaften und Machtspiele.« Sein Blick ist eisern. »Und Ihr, Don Ignazio, müsst Euch dessen bewusst sein und begreifen, mit wem Ihr Euch am besten verbündet.«

Ignazio wandert mit seinem Blick über die vielen Papiere auf dem Schreibtisch. »Ich werde mich nur an eine Partei binden: meine eigene.« Als er das Gesicht hebt, sind seine Augen wie dunkle Spiegel. »Abgesehen davon ist Sizilien eine Welt für sich, Anwalt Crispi. Denn hier in Rom können die Politiker machen, was sie wollen – die Sizilianer gehen immer nach ihrem eigenen Kopf, auch wenn dabei oft genug Blödsinn herauskommt, weil es fast den Anschein hat, als wären sie nicht in der Lage zu begreifen, wer in ihrem Interesse handelt und ihnen Gutes tut. Nichts und niemand kann sie dazu zwingen, ein bestimmtes Verhalten an den Tag zu legen … ehe sie sich nicht selbst dafür *entscheiden*, es zu tun.«

»Und Ihr steht zwischen Sizilien und der Welt.«

»Genau.« Ignazio deutet ein sonderbares Lächeln an, eine Mischung aus resigniert und amüsiert. »Meine Leute in der Oretea wissen nichts über Amerika, und trotzdem reparieren sie Kessel für die Dampfschiffe, auf denen ihre Verwandten dorthin gebracht werden oder vielleicht sogar ihre Brüder. Die Gießerei hat keine spezialisierte Produktion wie die Fabriken im Norden; sie stellt alles Mögliche her. Ich verschicke Waren und lasse Menschen von Jakarta nach New York reisen, meine Schiffe gehen in mindestens siebzig verschiedenen Häfen vor Anker, ich verkaufe den Franzosen Schwefel und präsentiere meinen Marsala auf internationalen Ausstellungen … Aber zu Hause bin ich in Palermo.«

»Und in Palermo werdet Ihr bleiben.« Crispi setzt sich wieder an seinen Schreibtisch und schließt wie beiläufig einige Mappen, auf die Ignazio seine Aufmerksamkeit gerichtet hat. »Ich habe von der Verlobung Eurer Tochter Giulia mit dem Fürsten Pietro Lanza di Trabia gehört. Ich freue mich für Euch. Die Lanza di Trabias gehören zu den vornehmsten und ältesten Familien ganz Italiens.«

Es ist mehr die gerunzelte Stirn als sein Schweigen, die verrät, dass Ignazio beunruhigt ist. Crispi bemerkt es, sagt aber nichts. Er wartet.

»Auch deshalb habe ich Euch aufgesucht.« Ignazio setzt sich wieder, schlägt die Beine übereinander. »Ich möchte, dass Ihr Euch um die Eheverträge meiner Tochter kümmert. Auf vollkommen diskrete und informelle Weise versteht sich.«

Diesmal ist es an Crispi, seine Überraschung zu zeigen. »Was meint Ihr?«

»Ich meine damit, dass sie eine angemessene Mitgift bekommen wird, auch wenn die Hochzeit erst in ein paar Jahren stattfinden wird, da Giulia erst dreizehn Jahre alt ist und meine Frau Giovanna sie darauf vorbereiten will, die Gemahlin des Fürsten Trabia zu werden … Ich will die Zeit nutzen, um ihr eine wirtschaftliche Sicherheit zu geben, die einzig und allein die ihre ist. Sie soll sowohl über Geld als auch über Grundstücke verfügen.« Er sucht nach den passenden Worten. »Es gibt nichts Traurigeres, als in einer unglücklichen Ehe gefangen zu sein.«

Ignazio zögert, beschließt dann jedoch, nichts weiter zu sagen. Das Thema gegenüber Crispi anzuschneiden wäre ungehörig, auch wenn mittlerweile mehrere Jahre seit dem Skandal vergangen sind, in den er verwickelt war. Und doch: Auch der gefürchtete Francesco Crispi war vor einer Schlammschlacht nicht gefeit gewesen; damals ging es um ein Frauenzimmer, das ihn gezwungen hatte, sich vor Gericht zu verteidigen, und ihm eine nicht geringe Demütigung zugefügt hatte. Allerdings war es auch so, dass er damals von dem Vorwurf der Bigamie freigesprochen wurde: Seine erste Ehe mit Rose Montmasson war für ungültig erklärt worden, weil der Priester damals von seinem Amt entbunden gewesen war, sodass Crispis spätere Eheschließung mit der aus Lecce stammenden Lina Barbagallo – mit der Crispi bereits eine Tochter hatte – vollkommen legitim war. Doch die Erinnerung an seinen erzwungenen Rücktritt, an Geschrei im Parlament, an die Schlagzeilen in den Zeitungen und an den Moment, als Königin Margarethe sich weigerte, ihm in der Öffentlichkeit die Hand zu geben, sind unauslöschlich, und Ignazio weiß das. Auch weil damals, für seine zahlreichen Gegner, jene groteske Angelegenheit eine Wahrheit ans Licht kommen ließ – die Tatsache, dass Crispi ein Mann ohne Skrupel ist. Im privaten Leben ebenso wie im öffentlichen.

Der Anwalt beißt sich auf die Unterlippe und murmelt etwas Unflätiges. »Von allen Fallen, in die ein Mann gehen kann, ist die Ehe die schlimmste.«

Ignazios Antwort ist ein undurchsichtiger Blick. Fast hätte er gesagt: »Das kann ich selbst bestätigen«, doch er verkneift es sich. In den Augen der Welt ist er ein mustergültiger Vater und Ehemann, und das will er auch bleiben.

Und noch mehr: Er ist ein glücklicher und stolzer Vater und Ehemann. Eine Maske der Verstellung, die er schon vor vielen Jahren angelegt hat und die längst mit seiner Identität verschmolzen ist, etwas, auf das er weder verzichten will noch kann.

Von Camille hat er seit zwei Jahren nichts mehr gehört. Die Erinnerung an sie ist noch tiefer in ihn eingedrungen, ein Pulsschlag, der immer noch schmerzlich ist, ein tiefes Bedauern, versunken in einem See der Bitterkeit. Es gibt viele Methoden, den Schmerz zu überleben, und er hat sie auf der Suche nach etwas Frieden alle ausprobiert. Am Ende hat er entdeckt, dass die schwierigste, aber auch die wirkungsvollste, die ist, zu vergessen, dass man einmal geliebt hat.

Er räuspert sich und fährt fort: »Wisst Ihr, ich will nicht, dass meine Tochter in Schwierigkeiten gerät, sollte sie beschließen, weit weg von ihrem Gemahl zu leben, so wie es bei vielen Paaren üblich ist. Das Prestige ihrer Ehe genügt nicht, um sie vor gewissen … *Unannehmlichkeiten* zu bewahren, die sich möglicherweise nach Jahren einstellen, und ich will, dass sie dann nicht gezwungen ist, zur Bittstellerin zu werden. Außerdem wisst Ihr ja sehr gut, was man der Matriarchin der Lanza di Trabias nachsagt.«

Crispi nickt. Es ist kein Geheimnis, dass Sofia Galeotti, die Fürstin von Trabia, eine Frau mit gespaltener Zunge ist, die nicht zögern würde, den Sohn gegen seine Frau auszuspielen, wenn diese nicht auf der Hut ist. »Aber seid Ihr denn überhaupt sicher, ob Ihr Giulia mit Pietro vermählen wollt? Sie wird erst fünfzehn sein, und er dreiundzwanzig …«

Die Antwort wird von einem Achselzucken begleitet. »Die Trabias brauchen die Florios, um ihre Familienkonten auszugleichen, und für Giulia ist es die beste Partie, die sie machen kann. Sie ist jung, aber sie weiß, welche Verantwortung sie hat.« Er zieht fragend die Augenbrauen hoch. »Also? Kümmert Ihr Euch darum?«

»Ich setze einen Ehevertrag auf und zeige ihn Euch. Die kleine Giulia wird jeglichen Schutz bekommen, den das Gesetz ihr zusichern kann.« Crispi steht auf, geht in Richtung Tür.

Ignazio tut es ihm nach und gibt ihm auf der Schwelle die Hand.

»Dann kehrt Ihr also bald nach Palermo zurück?«, will Crispi wissen.

»Nächste Woche, hoffe ich. Die NGI kann ich von Rom aus betreuen, aber die Weinkellerei und die Tonnara benötigen meine Anwesenheit ... und das ist objektiv schwierig. Es stimmt, ich habe die allerbesten Mitarbeiter, aber ich möchte trotzdem meinen Firmen nicht allzu lange fernbleiben.«

»Und auch nicht Eurer Familie.« Crispis Mund verzieht sich zu einem Lächeln, das fast ganz unter dem großen Schnurrbart verschwindet. »Was sagt Donna Giovanna? Hat sie sich von der Geburt erholt? Es muss sehr anstrengend gewesen sein ...«

»Sie ist immer noch eine starke Frau.« Ignazios Gesicht wird weich, fast lächelt er. »Der Kleine wächst und wächst. Es wird mir eine Ehre sein, ihn Euch vorzustellen, wenn Ihr nach Palermo kommt.«

»Zweifellos.« Crispi macht eine kurze Pause. »Dann hat die Casa Florio also endlich wieder einen Ignazio und einen Vincenzo.«

»Ja. So wie es von Anfang an war und wie es sein soll.«

Einen Ignazio und einen Vincenzo …

Giovanna reibt das Gesicht am Hals des Kleinen. Ein Geruch nach Milch, nach Kölnischwasser, ein guter Geruch. Vincenzo gluckst, lacht. Er streckt ihr die Ärmchen entgegen, und sie hebt ihn hoch, drückt ihn an ihre Brust, gibt ihm einen Kuss. Sie sind allein im Kinderzimmer: Um diesen kleinen Sohn möchte sie sich persönlich kümmern. Es ist ihre letzte Gelegenheit, Mutter zu sein, und die will sie nicht verpassen.

»Kleine Kinder, kleine Sorgen, große Kinder …« Giovanna seufzt. Ignazziddu ist mittlerweile fünfzehn, legt sich gern mit Jungs an, die älter sind, und hat ein hitziges Gemüt. Giulia ist mit ihren dreizehn Jahren dem deutlich älteren Pietro Lanza di Trabia versprochen und bereitet sich darauf vor, eine Fürstin zu werden. Vincenzos Ankunft hat beide Geschwister überrascht: Je nach Laune betrachten sie ihr Brüderchen als Puppe, mit der man spielen kann, oder als störenden Gast.

Im Grunde ist es richtig so, denkt Giovanna. Beide schauen in ihrem Alter nach vorne, nach ihrer Mutter verlangen sie nicht mehr so oft, und vielleicht brauchen sie sie auch nicht mehr, so wie es der natürliche Lauf der Dinge ist. Sie hat sie aufwachsen und sich verändern sehen, doch das fast verzweifelte Bemühen, in den Augen Ignazios perfekt zu erscheinen und von ihm geliebt zu werden, hat einen großen Teil ihrer Energien aufgebraucht. Ihre Kinder sind einer der vielen Beweise dafür, dass sie den Erwartungen ihres Mannes mehr als gerecht geworden ist. Doch sie hat nicht die Absicht, den gleichen Fehler noch einmal zu machen. Jetzt will sie, dass dieser Sohn, dieses Kind, vor allem *ihr* Sohn, *ihr* Kind ist.

Giovanna hat viel gebetet. Während ihr Blick angesichts der stillen Gleichgültigkeit ihres Mannes immer trauriger wurde, ihr Gesicht alterte und ihr Körper welk wurde, flehte sie Gott an, er möge ihr für die Jahre, die noch vor ihr liegen und ihr so leer erschienen, etwas geben.

Dann ist Vincenzo auf die Welt gekommen, und sie hat alle Zuneigung, deren sie fähig ist, über ihm ausgeschüttet.

Zu Beginn hatte sie noch gedacht, das Ausbleiben ihrer Regel sei das erste Zeichen für ihre Alterung. Doch dann begann ein seltsames Ziehen in den Brüsten, ihr Bauch war auf einmal ungewohnt hart. Nach mehreren Wochen wandelte sich ihre Verwirrung in Fassungslosigkeit.

Sie hatte die Hebamme gerufen. Und als diese ihren Verdacht bestätigte – »Ja, Donna Giovanna, Ihr seid mindestens im zweiten Monat« –, schlug Giovanna, den Rock noch über den Hüften hochgeschoben, bestürzt die Hand vor den Mund.

Schwanger. Sie. Ihre Überraschung war wirklich groß. Und die von Ignazio war noch viel größer.

Mein Wunder – so nannte Giovanna Vincenzo.

Ein Wunder, denn sie hat ihn mit fast vierzig empfangen, in einem Alter, in dem Frauen keine Kinder mehr bekommen, sondern sich bereits um ihre Enkel kümmern.

Ein Wunder, weil es ein Junge ist und weil er zwar zu früh auf die Welt kam, dies aber mit einem kräftigen Schrei tat. Er ist stark, er ist gesund. Und er lacht immer.

Ein Wunder, weil Ignazio zu ihr zurückgekommen ist.

Und es ist vielleicht das Letztere, das sie am allermeisten mit Freude erfüllt.

Mit dem Kleinen auf dem Arm verlässt Giovanna das Zimmer. Auf der Schwelle wartet eine Kinderfrau auf sie.

»Soll ich ihn tragen, Donna Giovanna?«

»Nein, danke.« Vincenzo gluckst, streckt die Händchen nach den Korallenohrringen seiner Mutter aus. Sie lacht. Er ist mittlerweile fast neun Monate alt: Am 18. März des Jahres 1883 ist er zur Welt gekommen, und es wird nicht mehr lange dauern, bis er seine ersten Schritte machen wird. Das merkt man daran, wie er die Füße ausstreckt, wenn er auf dem Arm ist, und wie er versucht, sich von selbst aufzurichten. »Wo sind Giulia und Ignazziddu?«, fragt Giovanna mit einem Hauch Schuldgefühl.

»Der junge Herr übt mit seinem Französischlehrer. Das junge Fräulein hingegen hat gerade eine Stunde Deutschkonversation gemacht und wartet jetzt mit Donna Ciccia auf Euch.«

»Hat sie die Arbeit dabei, an der wir gerade sitzen?«, fragt Giovanna, während sie die Treppe hinuntergeht, eine Hand am Geländer, auf dem anderen Arm ihren kleinen Sohn.

»Die Filetstickerei? Ja, Signora.«

Am Fuß der Treppe prüft Giovanna mit gestrengem Blick die Arbeit der Dienstmädchen, die dabei sind, die Möbel mit Bienenwachs zu polieren. Dann richtet sie ihre Aufmerksamkeit auf den Weihnachtsschmuck im Flur. Sie betrachtet die Kerzen, die Blumengestecke mit roten und weißen Bändern, die Girlanden aus Tannenzweigen, aus den Madonien stammend, die nach englischer Art aufgehängt sind. In Silbervasen auf Tischen und Anrichten stehen Sträuße aus Stechpalmenzweigen und Lorbeer, mit Samtbändern gebunden und mit Goldpapier dekoriert.

In der Mitte des Ballsaals, über dem Aubusson-Teppich

mit rosa, himmelblauen und elfenbeinfarbenen Blüten und cremefarbener Borte, den sie vor einigen Jahren in Paris gekauft haben, ragt majestätisch eine riesige Tanne auf, die mit Kristallkugeln und Schleifen aus Satin und Taft geschmückt ist: eine Mode, von den angelsächsischen reichen Familien mitgebracht, die schon seit Langem in Palermo leben, und von den hiesigen Adelsfamilien aufgenommen. Das Dunkelgrün der Zweige wird mannigfach von den Spiegeln an der Wand zurückgeworfen, sodass man das Gefühl bekommt, mitten in einem Wald zu stehen. Ein harziger Duft liegt in der Luft und lässt an weite Räume und verschneite Berge denken.

Ignazio weiß von alldem nichts. Es wird eine Überraschung für ihn, wenn er aus Rom zurückkehrt.

Die Entscheidung, ihn auf diese Weise willkommen zu heißen, ist das offenkundigste Zeichen der Freude Giovannas, des Wissens, dass nach einer so langen Zeit der Finsternis endlich wieder Leben im Haus ist und es erleuchtet.

Mittlerweile fühlt sie sich ganz und gar wie eine Florio, und nicht nur, weil sie der Familie einen weiteren Erben geschenkt hat. Sie fühlt sich deshalb so, weil Ignazio ihr gegenüber voller Aufmerksamkeit ist. Manchmal begegnet er ihr sogar mit Zärtlichkeit; zum Beispiel versäumt er es niemals, ihr von den zahlreichen Reisen, die er auf dem Kontinent unternimmt, ein Geschenk mitzubringen.

Vincenzo streckt die Ärmchen nach dem Weihnachtsbaum aus und lacht.

Giovanna erinnert sich.

Alles hat sich geändert, als er damals, vor zwei Jahren, aus Marseille zurückkam. Damals hat sie ihn auf der Schwelle des Hauses willkommen geheißen, die Hände fest auf den

Leib gedrückt und mit einem verlegenen Lächeln auf den Lippen. Giulia stürzte auf ihn zu und fiel ihm in die Arme, Ignazziddu drückte ihm die Hand.

Dann endlich fiel Ignazios Blick auf sie, er kam auf sie zu und nahm ihre Hand, um sie zu küssen. In seinen stets gleichmütigen Augen stand ein ungewohntes Licht, in dem sie eine Mischung aus Bedauern, Einsamkeit und vielleicht auch Schmerz zu lesen glaubte. Ein Ausdruck, den sich Giovanna selbst aus der Distanz immer noch nicht erklären kann.

Dann, in jener Nacht, kam er auf ihr Zimmer und liebte sie mit der ganzen Glut der allerersten Monate ihrer Ehe. Es war eine leidenschaftliche Nacht, voll unterdrückter Seufzer und schamlos erkundender Hände.

Giovanna setzt Vincenzino auf dem Boden ab und lässt ihn auf dem Teppich krabbeln.

Etwas muss damals passiert sein, in Marseille, dort wo auch *sie* lebt. Was das war, wird sie niemals erfahren. Doch anders kann sie sich Ignazios Veränderung nicht erklären, die Tatsache, dass er viel liebevoller, viel zärtlicher ihr gegenüber ist, sogar respektvoller, wenn das überhaupt möglich ist. Nur einer Sache ist sie sich sicher: Während jener Reise, und vielleicht tatsächlich in Marseille, muss ihn etwas zutiefst verletzt haben. Das hat sie mit der ganzen Klarheit einer verliebten Frau gespürt: Es ist ein Echo von etwas, das tief in ihr sitzt, eine Intuition, geboren aus dem Gefühl, das sie seit so vielen Jahren für ihn hegt. Und diese Ahnung bestätigt sich in dem, was sie jeden Tag in seinen Augen liest, in seinem Verhalten und sogar in jener wiedergefundenen Leidenschaft. Es ist, als wäre der Teil von ihm, den Ignazio immer schon vor der Welt verborgen hat, endgültig und unwiderruflich unzugänglich geworden. Als hätte in seinem Inneren ein Erdbeben stattgefunden, und die Trümmer hätten für immer jede Öffnung verschlossen. Es ist ein Schmerz, von dem Giovanna nichts weiß und auch nichts wissen will. Fast überrascht sie sogar der Gedanke, dass er sie all die Jahre – zu viele Jahre – hat leiden lassen und dass es jetzt folglich nur richtig ist, dass es ihm mit gleicher Münze zurückgezahlt wird.

Ja, etwas ist in Ignazio aus den Fugen geraten. Doch aus diesen Trümmern kann sie etwas *anderes* aufbauen. Etwas Neues, das nur ihr gehören wird. Ganz abgesehen davon, dass es das ist, von dem sie am besten gelernt hat, wie man es macht: sich mit dem Wenigen zufriedenzugeben, das er ihr zugesteht, und es damit genug sein zu lassen.

Für sie ist es das einzig Wichtige, dass sie ihn zurückhat.

Und tatsächlich hat sie ihn wieder bei sich aufgenommen, ohne zu fragen.

Und dann, vollkommen unerwartet, hat sich Vincenzino eingestellt. Als Giovanna Ignazio sagte, sie sei wieder guter Hoffnung, hat sie bemerkt, dass in ihm ein Interesse an der Familie wiederaufflammte; und als es dann auch noch ein Junge war, war ihr Mann unendlich und deutlich sichtbar glücklich. Er hat ihm den Namen seines Vaters gegeben, jenes Vaters, der ihn Verantwortungsbewusstsein und Ehre gelehrt hat, doch zugleich wollte er auch an seinen Erstgeborenen erinnern. Der war mittlerweile seit vier Jahren tot; es war Zeit, dass es in der Olivuzza endlich wieder einen Vincenzo gibt. Und genau das hat er auch seinen Arbeitern in der Oretea gesagt, als er damals vor sie getreten ist, um ihnen die gute Nachricht persönlich zu verkünden.

Auf seine Weise ist Ignazio fröhlicher und unbeschwerter

geworden. Manchmal jedoch, wenn Giovanna ihn beobachtet, wie er mit seinen Kindern oder einem Gast spricht, sieht sie in ihm wieder Trauer aufschimmern, das Zeichen eines Verlusts. Dann ist es, als würde ein dunkler Schatten auf ihn fallen, den keine Sonne mehr verscheuchen kann.

Giovanna kann nicht wissen, dass bei jenem Erdbeben ein Teil von Ignazio gestorben ist. Und dass er das Stigma jener Trauer um etwas, das nicht greifbar ist, sein ganzes Leben mit sich herumschleppen wird.

Giulia sucht nach einem elfenbeinfarbenen Garn in ihrem Stickkörbchen. Sie findet einen Strang, schneidet ein Stück ab, befeuchtet das Ende und fädelt es mit zusammengekniffenen Augen ein.

Zwischen ihr und Donna Ciccia ist ein Stück Leinen ausgebreitet, das langsam und unter einiger Mühe die Gestalt einer kleinen, runden Tischdecke annimmt.

Giulia macht einen Fehler und noch einen. Sie schüttelt den Kopf, bringt den kleinen Chignon, zu dem ihr schwarzes Haar zusammengebunden ist, zum Wackeln, schnaubt. »Warum tut mir meine Mutter das eigentlich an?«

Donna Ciccia hebt eine Hand, um sich das Haar zurechtzurücken – es ist mittlerweile von vielen weißen Fäden durchzogen –, und legt sie dann Giulia auf den Arm. »*Picchì chistu avi a sapiri a fai 'na brava fimmina maritata*«, sagt sie. Das alles müsse sie können und wissen, um dereinst eine gute Ehefrau zu werden. Sie fädelt mit einer kurzen Handbewegung ihr Garn ein.

Giulia verzieht ihr Gesicht mit den feinen Zügen zu

einer hochmütigen Schnute, und das Lächeln auf dem Antlitz der Frau erlischt. In gewissen Momenten ist sie ihrer Mutter so ähnlich …

»Ich werde ganze Heerscharen Dienstboten haben«, erwidert sie. »Das hat mir mein Vater versprochen; ich muss also nicht sticken lernen. Zeichnen will ich.«

»Aber eine Stickerei ist doch etwas Wundervolles.«

Giulia rollt mit den Augen. »Mein zukünftiger Mann ist ein Fürst. Ich werde folglich eine Herrin sein.«

In diesem Moment betritt Giovanna den Raum, gefolgt von der Kinderfrau mit dem Kleinen. Sie nimmt vor ihrer Tochter und Donna Ciccia Platz und betrachtet beide.

Giulia hebt kaum den Blick. Einen Moment lang fragt sie sich, ob ihre Mutter den letzten Satz mitangehört hat, doch dann zuckt sie mit den Achseln. *Soll sie doch denken, was sie will,* beschließt sie. *Ich habe auf jeden Fall nicht die Absicht, brav zu Hause zu bleiben wie sie.*

»Wie weit bist du denn beim Rand der Tischdecke?«, fragt Giovanna und greift nach einem Zipfel der Handarbeit.

Giulia streicht den Stoff glatt, zeigt ihn ihr. Ihre Mutter nimmt das Leinen in die Hand, dreht und wendet es, betrachtet es mit kritischem Blick. »Die Arbeit ist nicht akkurat genug«, entgegnet sie und zeigt auf einige unsaubere Stiche. »Es braucht Gewissenhaftigkeit und Genauigkeit bei einer solchen Arbeit. *A' scola ci sunnu piccittedde che sannu fare cosi d'oro.* In der Schule gibt es kleine Mädchen, die können so was schon viel besser.«

Giulia würde ihr am liebsten antworten, die Mädchen aus der Stickschule könnten ihr gestohlen bleiben; die hätten ja keinerlei andere Möglichkeit, ein paar Lire zu verdienen. Doch sie sagt nichts, weil ihre Mutter sie dann zurechtweisen würde, und in eine so nutzlose Diskussion will sie sie gar nicht erst verwickeln. Auf diese Schule hält Giovanna jedenfalls große Stücke, wer weiß warum.

Donna Ciccia betrachtet die beiden und seufzt. »*Chidde u fanno p' amuri e p' piaciri.* Sie tun es aus Liebe und mit Vergnügen.«

»Nicht alles tut man mit Vergnügen, Donna Ciccia. Wer wüsste das besser als ich. *E idda, chi ora è na' fimmina.* Und sie ist jetzt eine junge Frau, die bald heiraten wird, und muss sich sputen, es zu lernen.« Dann wendet sich Giovanna an ihre Tochter. Giulia muss sich in der Tat sputen, und vor allem muss sie lernen, dass sie nicht mehr immer nur das tun kann, was ihr passt und worauf sie gerade Lust hat, denn schon bald wird sie Verantwortung und vor allem eine gesellschaftliche Rolle übernehmen. Deshalb gibt Giovanna ihrer Stimme einen Klang, der halb drängend, halb warnend ist: »Wenn du dereinst Gäste hast, solltest du sie immer mit einer Stickerei in der Hand empfangen. Das wird von einer guten Gastgeberin und Dame des Hauses erwartet. Wenn du lesen willst, lies, wenn du allein bist. Denk daran, dass die Männer allzu kluge Frauen fürchten, und du solltest deinem Mann keinen Schrecken einjagen.«

»Aber das war einmal, Mama. *Ora unn'è cchiù accussì.* Heute ist das doch nicht mehr so.« Giulias Lippen beben, und ihre Fäuste schließen sich fest um das Leinen. »Außerdem – ich bin ich, und ich mag es nun mal, zu lesen, zu zeichnen, zu reisen. Ich bin nicht wie Ihr, die Ihr lieber zu Hause bleibt.«

Giovannas Augen werden schmal. »Was willst du damit sagen?«

In Giulia brennt der Wunsch, ihr wehzutun. Am liebsten

würde sie ihr das sagen, was sie in all den Jahren begriffen hat, Jahren, in denen sie gesehen hat, wie Giovanna und Ignazio getrennter Wege gingen. Auf der einen Seite die Liebe ihrer Mutter – erstickend, bedrängend, von ängstlichen und flehenden, fast mitleiderregenden Blicken begleitet. Und andererseits die Distanziertheit ihres Vaters, diese Kälte, die sich innerhalb weniger Sekunden in Groll verwandeln kann.

Sie: still, hartnäckig und so geduldig, dass es an Stumpfsinn grenzt. Er: kalt, nie zufrieden, gereizt.

Wie sehr sie mit ihrem Vater leidet. Er ist immer ihr Bezugspunkt gewesen, ihre Gewissheit. Für ihre Mutter hat Giulia immer nur Verachtung übriggehabt, für diese Frau, die eigentlich ihr Vorbild sein müsste und doch nichts zustande gebracht hat, als sich selbst kleinzumachen und um Zuneigung und Aufmerksamkeit zu betteln. Niemals hat sie auch nur einen Funken Stolz gezeigt. Und niemals war sie in der Lage, sich einfach das zu nehmen, was sie wollte.

Ihre Mutter hat sich auf dem Altar der Familie geopfert, sie hat sich erniedrigt und erniedrigen lassen.

Es ist ein hartes Urteil, das Giulia fällt, das ins Fleisch schneidet wie mit einem Messer, das Urteil einer Tochter, die nicht weiß, was ihre Eltern durchlebt haben, und das sich mit einem einzigen, hochmütigen Gedanken umreißen lässt: *Ich werde nicht so enden wie sie.*

»Damit will ich sagen, dass sich die Dinge ändern«, erwidert sie besserwisserisch. »Ist ja gut, dass Ihr und Papa einen Mann für mich gefunden habt, aber ich bin keine Lumpenpuppe!«

»Na hör dir das an! Was sind das denn für moderne Ideen, die dir im Kopf herumspuken? Willst du etwa studieren und Anwältin werden, so wie diese Frau aus dem Norden, diese Lidia Poët? Du hast aber auch gesehen, was sie mit ihr gemacht haben, oder? Nach Hause zurückgeschickt haben sie sie.«

Giulia bläst empört die Backen auf, wirft ihre Stickarbeit beiseite.

Donna Ciccia mischt sich ein, um die Gemüter zu beruhigen, und legt Giovanna eine Hand auf den Arm. »*Quannu fate accussì, mi pariti vostra matri,* wenn Ihr so redet, klingt Ihr wie Eure Mutter, die auch immer geschrien hat, um sich Gehör zu verschaffen.«

Giovanna wird blass. Ihre Lippen beben, und fast sieht es so aus, als würde sie gleich wirklich schreien. Doch sie tut es nicht; sie schluckt ihre Wut herunter, schüttelt den Kopf. Sie schaut Donna Ciccia an und zeigt dann auf Giulia. »Sie ist nicht dazu geboren, eine gewöhnliche Frau zu sein. Sie muss den Namen achten, den sie trägt, und das Blut, das in ihren Adern fließt.«

Giulia hebt den Blick zur Mutter, sagt aber nichts.

In diesem Blick erkennt Giovanna den eigenen Willen wieder, einen Platz auf der Welt zu finden, jenen Wunsch, der dazu geführt hat, dass sie ihre Seele verdammt hat, um ein wenig Liebe und Achtung von Ignazio zu bekommen.

Giulia jedoch hat weder die Demut noch die Geduld, die sie gehabt hat.

Sie ist so anders … Ein Geheimnis, das Giovanna niemals hat lösen können. Für sie, für diese ebenso schöne wie entschlossene Tochter, empfindet sie Zärtlichkeit und Wut zugleich. In den vergangenen Monaten hat sie sie darauf vorbereitet, eine perfekte Dame des Hauses zu werden, eine Fürstin, die des Namens würdig ist, den sie trägt, doch

Giulia scheint dies gar nicht bewusst zu sein. Im Gegenteil: Fast hat es den Anschein, als würde sie sich über ihre Bestrebungen lustig machen.

Doch Giulia tut ihr auch leid, weil sie so jung ist. Sie weiß noch nicht, dass sie sich künftig gegen alles und alle verteidigen muss, sie denkt nicht an den Verzicht in so vielen Dingen, den sie nur deshalb leisten muss, weil andere es von ihr erwarten. Sie kann sich nicht einmal vorstellen, wie viel es sie kosten wird, ihre Seele in einer Welt zu schützen, in der Geld, Titel und äußerer Schein die einzig möglichen Wahrheiten sind.

Das sind Dinge, die jede Frau von allein herausfinden muss.

Giovanna seufzt, steht auf. »Ich gehe zu Ignazziddu«, sagt sie, ohne Giulia anzuschauen. Und sie verlässt das Zimmer, gefolgt von der Kinderfrau.

Einige Augenblicke herrscht vollkommenes Schweigen im Raum.

Donna Ciccia geht zu Giulia, bis sich ihre Gesichter fast berühren, und flüstert: »Eure Schwiegermutter wird Euch beobachten und jede *fissaria,* jede Dummheit, die Ihr anrichtet, Eurem Gemahl Pietro berichten.« Sie schaut sie ernst an. »Eure Mutter hat Euch das noch nicht gesagt, aber so ist es. Seid auf der Hut. *U' principe è impastato cu so' matri e chidda è fimmina putente …* Der junge Fürst ist eng mit seiner Mutter verbunden, und die ist eine mächtige Frau.« Sie sagt es leise, voller Behutsamkeit, denn sie weiß, sie *spürt es*, dass in jenem Haus große Schwierigkeiten auf Giulia zukommen. Das ist mehr als eine Vorahnung: Es ist ein beklemmendes Gefühl, denn sie weiß, dass ihre *picciridda* leiden wird, und das nicht wenig.

»Wenn sie eine so schreckliche Frau ist, dann werde ich ihr in nichts nachstehen.« Giulia reckt das Kinn. »Ich weiß, was mein Platz ist und wo.«

Donna Ciccia schüttelt den Kopf und macht mit dem Sticken weiter. Sie hat dieses Mädchen aufwachsen sehen, hat Giulias Weg ihre ganze Kindheit hindurch verfolgt, und jetzt ist sie fast eine Frau, die allzu selbstsicher ist, so wie alle Heranwachsenden … und wie alle Florios. Donna Ciccia hat keinen Zweifel: Giulia wird von selbst herausfinden, wie es ist, als junge Braut – und als Fremde – in eine der bedeutendsten Dynastien Italiens einzuheiraten. Mit einem Charakter wie dem ihren wird jede Demütigung Grund zum Streit sein. Doch sie weiß auch, dass niemand in der Familie ihr das Wasser reichen kann, was Entschlossenheit und Stolz angeht, und das beruhigt sie. Giulia wird sich nicht unterkriegen lassen, von nichts und von niemandem, genau wie ihre Großmutter, deren Namen sie trägt. Von jener Giulia hat sie den Mut und die Fähigkeit, Schmerz zu ertragen, geerbt; und von ihrem Großvater Vincenzo die Ungeduld, den Hochmut und die Unduldsamkeit jedem Versuch gegenüber, diese zu schmälern.

Dennoch kann sich Donna Ciccia nicht vorstellen, wie sehr das Schicksal ihre Kleine, ihre *picciridda*, auf die Probe stellen wird.

Der Sommer des Jahres 1884 ist glühend heiß und schwül. Der Schirokko bringt den schweren Odem von fauligem Seetang und den Kohlerauch von den Dampfschiffen in die Büros der *Navigazione Generale Italiana*; er weht Sand in jede Ritze der Möbel und lässt die Umrisse der Palazzi und der fernen Berge hinter seinen Schwaden verschwimmen.

Ignazio klappt die Akte zu, die vor ihm auf dem Schreibtisch liegt und die Aufschrift SOCIETÀ CERAMICA trägt. Darüber hat er schon eine ganze Weile nachgedacht, doch jetzt ist es ihm endlich gelungen, in Palermo eine Keramikfabrik zu eröffnen, in der unter anderem das Geschirr für die Schiffe der NGI hergestellt wird. Nie wieder wird er Teller, Tassen oder Suppenschüsseln aus England oder von der Firma Ginori kaufen – jetzt produziert er sie selbst, und sie tragen alle den Stempel der Firma Florio. *Vielleicht lasse ich ja auch noch ein Service für Favignana anfertigen … Ja, ich werde Ernesto Basile bitten, eins zu entwerfen,* denkt er.

Er geht zur Tür, bittet einen der Laufburschen, er möge dafür sorgen, dass seine Kutsche fertig gemacht wird, die ihn in die Olivuzza bringen soll, kehrt an den Schreibtisch zurück und lockert sein Plastron. Er reibt sich die Augen. Seit einiger Zeit sind sie immer gereizt, und die täglichen Packungen aus Hamamelis und Kamille lindern das Brennen nur vorübergehend. *Nur noch ein paar Tage*, denkt er voller Erleichterung und schließt die Augen. Ein Lächeln erblüht auf seinen Lippen: Dieses Jahr hat er beschlossen, der sommerlichen Gluthitze mit einer Reise zunächst nach Neapel und dann in die Toskana zu entfliehen. Doch es ist gar nicht die Aussicht auf die Ferien, die ihn so heiter stimmt. Schon vor einiger Zeit hat er einen Eisenbahnwagen angeschafft und ihn so einrichten lassen, als wäre er eine Art »bewegliches Haus«, wie es im europäischen Adel gerade *en vogue* ist: Seine Familie und er werden auf Reisen von ihren eigenen Möbeln umgeben sein, die Dienstboten werden ihnen jeden Wunsch von den Augen ablesen, und es gibt sogar einen Waggon nur für das Gepäck. Luxus, Bequemlichkeit, Privatsphäre: auch eine Methode, die alltäglichen Sorgen abzustreifen und den Wert zu demonstrieren, den man in der Gesellschaft erreicht hat.

Er öffnet wieder die Augen, entschlossen, diesen Arbeitstag zu beenden, denn er ist am Rande der Erschöpfung. Doch eine Sache muss er noch auf den Weg bringen: Er muss sich mit der persönlichen Korrespondenz beschäftigen, die mit den Dampfschiffen vom frühen Nachmittag in Palermo eingetroffen ist.

Er greift zum Brieföffner, schlitzt die Umschläge auf. Das erste Schreiben kommt von seiner neapolitanischen Arbeiterschaft, die ihn auffordert, sich für gerechtere Löhne einzusetzen. *Ihr, der Ihr wie ein Vater zu Euren Arbeitern seid*, schreiben sie. Ihnen wird er morgen antworten.

Dann eine Depesche von Damiani, der ihn über die letzten Senatssitzungen auf dem Laufenden hält und allerlei Klatsch und Tratsch anschließt. Auch der ist wichtig, und das wissen sie beide. Ignazio überfliegt das Schreiben und legt es dann beiseite.

Schließlich ein Umschlag mit Trauerrand.

Er dreht und wendet ihn, betrachtet ihn mit einem Argwohn, als könnte er gefährlich sein. Manchmal sieht man schlechte Nachrichten mit dem Herzen eher als mit den Augen.

Marseille, steht auf dem Poststempel.

Die Schrift kennt er nicht. Aber an die Adresse erinnert er sich gut. Und nein, es handelt sich nicht um die seiner Schwester oder der Merles.

Ihm wird der Mund trocken, fast stockt ihm der Atem.

Es sind nicht seine Hände, die den Umschlag öffnen, es

sind nicht seine Finger, die zittern, noch seine Augen, die sich mit Tränen füllen, während er liest, was da steht.

Juni … Krankheit … Cholera … Nichts mehr zu machen.

Seine Hand zerknüllt das Schreiben, schließt sich zur Faust. Sie schlägt auf den Schreibtisch, einmal, zweimal, dreimal. Ein Schluchzen entfährt ihm, doch er unterdrückt, was immer noch aus ihm herauswill.

Er darf nicht weinen.

Er nimmt noch einmal das Kärtchen zur Hand, streicht es glatt, liest.

Worte, von einem Witwer verfasst, Sätze, die unter dem Schleier der Formalität einen sengenden Schmerz offenbaren. Er hat sie geliebt, dieser Mann, das weiß Ignazio jetzt.

Seine Frau, so schreibt der Mann, habe ihn nur wenige Stunden vor ihrem Tod darum gebeten, ihm die traurige Nachricht zu überbringen, ihm, einem *lieben Freund aus alten Zeiten.*

Kurz fragt er sich, was Admiral Clermont wohl empfunden haben mag, als er diesen Brief geschrieben hat. Ob ihm Camille – *Gott, wie sehr es ihn schmerzt, ihren Namen auch nur zu denken!* – wohl jemals erzählt hat, was zwischen ihr und Ignazio vorgefallen ist? Oder hat sie geschwiegen, ihm bestenfalls Raum für einen Verdacht gegeben? Oder hat sie es gar beiläufig erwähnt, wie eine Sache von geringer Bedeutung, die längst der Vergangenheit angehört?

Sie hätte alles Recht gehabt, ihrem Mann von dieser ihrer Beziehung zu erzählen, ebenso wie jener Mann jetzt das *Recht* hat, seinen Schmerz zu durchleben.

Er hingegen hat gar kein Recht.

Er legt die Stirn auf die Schreibtischplatte. Er kann an nichts anderes denken als an ihren Duft, an dieses Aroma von frischen Nelken, so lebensfroh, so frühlingshaft.

Das ist es, was ihm bleibt. Ihr Duft, der noch immer an ihm haftet, nicht an seinem Körper, aber an seiner Seele. Ihr Lächeln. Der Schmerz, den sie ihm verursacht hat, als sie ihm all diese Vorwürfe machte, denn sie brennen immer noch, oh, wie sie brennen …

Draußen macht sich Palermo für den Abend bereit. Aus der Ferne dringen die Geräusche der Piazza an sein Ohr: das metallische Klirren und Quietschen der Wagen und Kutschen, die ihre Insassen zu einem Spaziergang am Meer fahren, das Schnaufen der Dampfschiffe, die Schreie der Zeitungsjungen, die die Nachmittagsblätter verkaufen, die wütenden Stimmen der Mütter, die ihre Kinder nach Hause rufen. Die Straßenlaternen kämpfen gegen die Schatten an, die sich allmählich des Cassaro bemächtigen, und in den Fenstern der Häuser brennen die ersten Lichter. Ein Windstoß trägt den Geruch des Meeres herbei, ein anderer duftet nach Essen, nach der Glut offenen Feuers.

Um ihn herum ist alles lebendig.

Doch in ihm ist nur – Stille.

Es ist der 3. Oktober 1885, und Giulia steigt am Arm ihres Vaters die breite Marmortreppe des Rathauses von Palermo hoch. Ihre Ähnlichkeit ist schier unglaublich: die gleichen ruhigen, aufmerksamen Augen, die gleiche ausgeprägte Nase, die gleichen fleischigen Lippen. Und die gleiche Distanziertheit.

Doch diese Ähnlichkeit betont auch den Kontrast zwischen dem schwarzen Frack Ignazios und Giulias eleganter, cremeweißer *toilette*, mit ihren zwei Walfischkorsetts, die die schmale Taille betonen, das eine ärmellos, das andere mit Dreiviertelärmeln, die mit Spitze besetzt sind. Der Rock, üppig und schwer, ist aus acht Schichten Stoff genäht und schließt mit einer Schleppe ab. Das dunkle Haar ist in großzügige Wellen gelegt, die mit Diamantspangen zusammengehalten werden.

Donna Sofia Galeotti, die Fürstin di Trabia und Hofdame von Königin Margarethe, betrachtet die junge Braut und verzieht kurz das Gesicht, fängt sich aber sogleich wieder und setzt ein falsches Lächeln auf, das ihren verletzten Stolz angesichts des zur Schau gestellten Reichtums verbirgt. In ihren Augen stellt diese Ehe nicht die Vereinigung zweier Familien dar, sondern vielmehr einen Rettungsanker: Da das Vermögen der Trabias im Laufe der Jahrhunderte durch eine Reihe von Erbteilungen empfindlich geschrumpft ist, was sogar einige Residenzen der Familie betrifft – darunter ihren Hauptsitz, den Palazzo Butera –, bedarf es dringend der Auffrischung. *Und die kommt jetzt endlich*, scheint Donna Sofia zu denken, als sie die Zähne zusammenbeißt und nickt.

Nur wenige Schritte von Ignazio und Giulia entfernt steht Donna Ciccia. Sie ist sichtlich bewegt, aber auch besorgt darum, dass Giulias Kleid nicht zerknittert. *Und das hier ist nur die standesamtliche Trauung!*, denkt sie. *Ich muss für die kirchliche Zeremonie unbedingt noch die beiden Perlen annähen, die sich am Kragen des Kleides gelockert haben, den Saum des Unterrocks überprüfen, die kleine Laufmasche am geklöppelten Schleier reparieren …* Kurz wird ihr bang zumute.

Die Zeit wird nie reichen! Es ist wie eine böse Vorahnung, und es läuft ihr eiskalt den Rücken herunter.

Giovanna folgt dem Terzett mit gesenktem Blick am Arm von Ignazziddu, der sich mit gehobenem Kopf und forscher Miene in der Menge umsieht. Er trägt einen kecken Schnurrbart und darunter einen gelockten Kinnbart, um über sein immer noch jungenhaftes Aussehen hinwegzutäuschen, das ihm im Alter von siebzehn zur Last wird.

Plötzlich gerät Giulia ins Straucheln. Vielleicht ist sie mit einer der Satinsohlen auf dem Marmor ausgerutscht oder hat sich den Fuß vertreten, wer kann das schon sagen. Giovanna zuckt zusammen, während Donna Ciccia zu der jungen Braut eilt, um sie, ein leises Stoßgebet an die Muttergottes auf den Lippen, zu stützen. Doch Giulia hält sich am Arm ihres Vaters fest und deutet ein amüsiertes Lachen an. »Das hat uns gerade noch gefehlt«, flüstert sie ihm zu, und er erwidert ihren Blick, indem er ihre Hand fester packt. Schließlich richtet sich das Mädchen kerzengerade auf, hebt das Kinn und setzt seinen Weg auf der Treppe fort.

Trotz seiner beherrschten Miene empfindet Ignazio Stolz und Erleichterung: Giulias Reaktion auf das kleine Missgeschick ist das Zeichen dafür, dass sein Augenstern sich zu wehren weiß und niemals den Mut verliert. Auch wenn nur wenige Jahre seither vergangen sind – die Zeit, in der die Kleine ihm jeden Abend bei seiner Rückkehr nach Hause unter dem Olivenbaum neben dem Kutschhaus entgegenlief, ist lange her. Ignazio kann weder auf ihr Geplauder beim Morgengrauen, während des Frühstücks, zählen noch auf das tröstliche Gefühl, wenn sie sich wortlos und nur mit Blicken verständigten.

Sie wird ihm furchtbar fehlen.

Es ist Giovanna gewesen, die die Verhandlungen mit der Fürstin von Trabia geführt hat: zwei Aristokratinnen, die dieselbe Sprache sprachen und sich in der Kunst des gegenseitigen Stichelns – ohne einander wirklich wehzutun – in nichts nachstanden. Und sie ist als Siegerin aus dem Wettstreit hervorgegangen, indem sie eine bemerkenswerte Souveränität und geradezu olympische Indifferenz gegenüber dem übertrieben standesbewussten und teilweise auch unangenehm herablassenden Verhalten der zukünftigen Schwiegermutter ihrer Tochter an den Tag legte. Doch es ist Ignazio gewesen, der die Bedingungen des Ehevertrages – von Anwalt Crispi verfasst – diktiert hat, die allesamt auf den Schutz ihrer Tochter abzielten, und er hat auch kostspielige Möbel zur Einrichtung des Palazzos in Auftrag gegeben und Objekte erworben, die der Kunstsammlung der Familie neuen Glanz verleihen würden, darunter die Putten von Giacomo Serpotta aus der Kirche San Francesco delle Stimmate. Den Lanza di Trabias blieb nichts anderes übrig, als zu akzeptieren und zu schweigen.

Es war eine von Umsicht getragene Investition, denn durch diese Heirat würde Giulia eine Rolle ersten Ranges in der hohen Gesellschaft Italiens einnehmen. Zugleich war es für Ignazio auch Balsam auf eine alte Wunde. Er hat damals Giovanna, die Tochter der Grafen d'Ondes Trigona geheiratet, die dem niederen Adel angehörten. Die Lanza di Trabias hingegen sind Fürsten uralten Geblüts und die wahren Protagonisten sizilianischer Geschichte. Mit ihnen verbinden sich jetzt die Florios, die Familie, die von Geld und harter Arbeit geadelt wurde.

Einen Moment lang wandern Ignazios Gedanken zu seinem Vater. Er streicht über den Ring, der einst ihm gehört hat, als könnte er ihn damit herbeizaubern. Und tatsächlich sieht er ihn vor sich stehen, mürrisch und mit finsterer Miene. *Hast du gesehen, Papa? Endlich betrachten sie uns nicht mehr als Hungerleider. Giulia wird die Fürstin von Trabia.*

Und doch.

Er dreht sich um und sucht nach seiner Frau, weil sie gleich das Gebäude betreten werden, und begegnet dabei dem Blick von Donna Sofia. Sie lächelt, doch in ihren Augen steht eine Härte, die Ignazio nicht entgeht und einen Hauch von Verärgerung in ihm weckt.

Ich habe es gut gemacht, sagt er sich dann und lächelt zurück, mit einem Gesichtsausdruck, der ebenso liebenswürdig wie eiskalt ist. *Ob du es willst oder nicht – du wirst meiner Tochter den Respekt entgegenbringen, den sie verdient.*

Denn noch an diesem Morgen, in der Kutsche, hat er Giulia alles erklärt, und sie, seine *stidduzza*, hat es begriffen. Glück und Zufriedenheit kann er ihr nicht schenken, aber er wird ihr dabei helfen, sich zu verteidigen, damit ihre Rolle, in der Öffentlichkeit wie im Privaten, anerkannt wird. Er hat ihr die Waffen gegeben, die dazu nötig sind.

Nachdem sie die Olivuzza inmitten eines Spaliers aus zwei Reihen livrierter Diener verlassen hatten, war Giulia in die Kutsche gestiegen, gefolgt von ihrem Vater. Mit angespannter Miene, die ihre Züge ganz starr werden ließ, schaute sie auf die Stadt hinaus, ohne sie zu sehen und ohne auf die Umrisse der vielen neuen Gebäude an der Straße zu achten, die von der Villa bis ins Zentrum von Palermo führte, einzig und allein konzentriert auf den Duft ihres Brautbouquets.

Kaum hatten sie jedoch die Baustelle des Teatro Massimo hinter sich gelassen und die Kutsche bog auf die Via Maqueda ein, machte Giulia große Augen. Unter den barocken Balkonen, auf den gepflasterten Bürgersteigen und vor den großen Toren der vornehmen Adelssitze drängte sich dicht an dicht eine Menge aus einfachen Leuten aus dem Volk und Kleinbürgern, man reckte die Hälse, um einen Blick ins Innere des Gefährts zu werfen und ein noch so flüchtiges Bild der jungen Braut zu ergattern, der Tochter des Herrn von Palermo und zukünftigen Fürstin Lanza di Trabia.

Verärgert zog Ignazio den Vorhang zu, um die neugierigen Blicke abzuschirmen. Giulia drehte sich um, um sich all diese unbekannten Gestalten anzusehen, die Beifall klatschten, als sie vorüberfuhren.

»Sind die hier, um … mich zu sehen?«, fragte sie leise, die Finger fest um ihren Blumenstrauß geschlossen. Auf einmal schien sie ihm wieder das zu sein, was sie ja auch war: ein Mädchen von fünfzehn Jahren, das an diesem Tag einen Schritt machen würde, der ihr Leben veränderte.

»Sie sind hier für das, was wir darstellen.« Ignazio beugte sich nach vorne. »Die Florios sind Palermo. Pietro, dein zukünftiger Mann, hat den Rang eines Vizekönigs inne, und doch erinnert er sich immer daran, dass zuerst mein Vater und dann ich uns die Ländereien, die Werkstätten und Fabriken und schließlich auch die Menschen, die darin arbeiten, gekauft haben, und du bist meine Tochter, folglich die Tochter des Herren. Wir sind reich, weil wir diese Stadt aufbauen, Stück für Stück.«

Giulia hörte ihm mit staunenden Augen zu. Es war nicht das erste Mal, dass ihr Vater so mit ihr sprach, wie mit einer

Erwachsenen, doch noch nie hatte er es mit solcher Offenheit getan.

Er bemerkte ihr Erstaunen nicht. »Hör mir zu. Du hast eine gebundene Mitgift. Weißt du, warum? Hat dir deine Mutter etwas erklärt?«

»Meine Mutter hat mir … andere Sachen erklärt«, wisperte sie und wurde rot vor Verlegenheit.

Die Falte auf Ignazios Stirn vertiefte sich kurz und entspannte sich wieder. Er lächelte. »Aha. Verstehe.« Er nahm die Hand seiner Tochter, die kalt und angespannt war, und drückte sie. »Vergiss jetzt diese anderen Sachen und hör mir zu. Es bedeutet, dass du eine Mitgift von vier Millionen Lire hast, eine gewaltige Summe*, doch da die Familie deines Bräutigams keine Einkünfte aus Unternehmen hat und ich nicht gewillt bin, kapriziöse Adlige auszuhalten, habe ich es zur Bedingung gemacht, dass du es dir in Abstimmung mit deinem Ehemann aussuchen kannst, in welchen wirtschaftlichen Bereichen du das Geld anlegen willst. Anwalt Crispi hat darauf geachtet, dies im Ehevertrag genau festzuhalten.«

Sie starrte ihn an, eher fragend als erstaunt. »Das heißt?«

»Das heißt, ich will verhindern, dass die Lanza di Trabias dir das abnehmen, was dir gehört, weil man nie sicher sein kann, was im Leben passiert. Pietro wird mich auf Häuser und Grundstücke hinweisen, und ich kaufe sie in deinem Namen und entnehme das Geld der Mitgift.« Er rückte näher an sie heran, strich ihr mit dem Finger zärtlich übers Gesicht. »Aber du musst aufpassen, *stidduzza mia.* Solange ich noch da bin, hast du nichts zu befürchten. Aber du

---

* Circa achtzehn Millionen Euro. (Anm. d. Autorin)

musst dort in jenem Haus lernen, dich zu schützen und dich nicht übervorteilen zu lassen, selbst wenn es dein Ehemann ist oder, schlimmer noch, deine Schwiegermutter, die, man muss es klar sagen, eine Schlange ist. Pietro ist dreiundzwanzig Jahre alt, hängt aber in jeder Hinsicht von ihr ab. Du hingegen bist ein kluges Mädchen und weißt dich zu verteidigen, so wie es deine Großmutter getan hat, deren Namen du trägst und die eine tatkräftige und weise Frau war. Denk immer daran, dass das Geld dir die Unabhängigkeit und die Macht gibt, Entscheidungen zu treffen, und darauf darfst du niemals verzichten. Hast du mich verstanden?«

Giulia nickte mit glänzenden Augen. Doch ein paar Augenblicke später schüttelte sie den Kopf und murmelte: »Aber ich will dich nicht enttäuschen …«

Er nahm sie in die Arme. Sein Bart kitzelte sie am Hals und fuhr kratzend über ihr Gesicht. »Unsere Familie hat nie vor etwas oder jemandem Angst gehabt. Selbst eine Revolution und einen Bürgerkrieg haben wir überstanden. Wir können auf keine so lange Geschichte zurückblicken wie die Lanza di Trabias, aber du bist eine Florio, und was Intelligenz und Mut angeht, macht dir niemand etwas vor, erst recht nicht diese neunmalklugen Adligen. Denk immer daran: Geld regiert die Welt, und wer es besitzt, der hat die Macht.«

Genau mit diesem Gedanken steigt Giulia nun die letzten Stufen der Treppe empor, hin zu Herzog Giulio Benso della Verdura, den man gebeten hat, anstelle des Bürgermeisters von Palermo die Trauung zu vollziehen.

Der Mann, ein hagerer Zeitgenosse mit eingefallenem Gesicht, wartet mit gütigem Lächeln hinter einem Tisch auf die Brautleute. Gleich neben ihm steht Pietro Lanza di Trabia, ein untersetzter junger Mann mit Geheimratsecken und einem geschwungenen dunklen Schnurrbart.

Er hat ihr formvollendet den Hof gemacht, wie es sich für einen Adligen gehört. Er hat ihr einen wertvollen Ring geschenkt und sie auf Feste der Aristokratie Palermos begleitet. Er hat sie behandelt wie eine Prinzessin.

Schlägt ihr Herz höher, wenn sie ihn sieht? Nein. Pietro ist eine angenehme Gesellschaft, ganz gewiss nicht der Mann, bei dem man den Kopf verliert. Sie weiß nicht, ob er ein guter Ehemann sein wird. Doch sie weiß, was ihre Aufgabe ist: gesunde und kräftige Kinder in die Welt zu setzen und eine Fürstin zu sein, die dem Titel, den sie trägt, alle Ehre macht.

Die Ehe ist ein Übereinkommen, denkt Giulia, während sie die Hand aus der lauwarmen Hand ihres Vaters zieht und sie auf die eisige und ein wenig zitternde Pietros legt. Ein Übereinkommen zwischen Familien, in dessen Mittelpunkt sie selbst und ihre Mitgift steht.

Und wenn es ums Geschäft geht, kann den Florios niemand das Wasser reichen.

»Ach was, ihr könnt euch gar nicht vorstellen, wie toll das Jubiläum von Königin Viktoria war!« Ignazziddu streckt die Beine aus, das Champagnerglas in der einen Hand, ein Zigarillo in der anderen, und schaut seine Freunde an: seinen Vetter Francesco d'Ondes, genannt Ciccio, Romualdo Trigona, einen weiteren, jedoch entfernteren Vetter, sowie Giuseppe Monroy. Die drei haben Ignazziddus Einladung, ein paar Tage mit ihm in der Villa ai Colli außerhalb von Palermo zu verbringen, gerne angenommen. Momentan ist noch die ganze Familie dort, doch sie wird bald nach Favignana aufbrechen.

Die jungen Männer sitzen auf der Terrasse, die auf den Zitronenhain hinausgeht, und haben es sich auf den Rohrsesseln, die die Dienstboten nach draußen gebracht haben, gemütlich gemacht. Der Abend ist schon fortgeschritten, und endlich lindert nächtliche Frische die Gluthitze des vergangenen Sommertages. Der Duft der Orangenblüten in den Bäumen mischt sich mit dem scharfen Aroma der wilden Minze in den Töpfen, die auf der Steinbalustrade aufgereiht sind.

»Jedenfalls, als wir in London ankommen, regnet es wie aus Kübeln: Ich brauche euch nicht zu sagen, wie mühsam es war, bei den Wassermassen mit all den Koffern und Truhen aus dem Zug auszusteigen. Meiner Mutter und meinem Bruder war es die ganze Fahrt von Calais nach Dover furchtbar schlecht gewesen, und sie gingen direkt aufs Zimmer, um sich auszuruhen. Mein Vater hingegen wollte gleich in die Stadt, und ich habe ihn begleitet. Zum Glück hatte es aufgehört zu regnen. Und was für ein Spektakel! Blumen, Flaggen, Girlanden, Porträts der Königin überall, selbst in den verborgensten Sträßchen. Und nicht nur das: Ich habe ein Haus gesehen, vor dem sie eine große Plattform aufgebaut hatten, voller Palmen, mit japanischen Schirmchen umgeben, und in der Mitte stand eine riesengroße Marmorbüste der Königin, mit Blumengirlanden umkränzt; und ein anderes Haus, dessen Fassade komplett mit Flaggen behängt war, und noch eins mit lauter Blumen am Balkon, die die Zahl 50 bildeten! Und dann die Parade am Tag danach! Es war ein sonniger Tag, und die Degen und Helme funkelten und glitzerten so sehr, dass man das Gefühl hatte, auf einen silbernen Fluss zu schauen. Aber was mich am allermeisten beeindruckt hat, ist vor der Parade am Buckingham Palace passiert. Wir ihr euch vorstellen könnt, war eine riesige Menschenmenge gekommen. Und zugleich war da auch eine große Stille.«

»Stille?«, hakt Giuseppe nach.

»Kaum zu glauben, oder? Hierzulande hätten die Leute gerufen, Hurra geschrien … Dort hingegen war es ganz still. Erst als die cremefarbenen Pferde der königlichen Kutsche aufgetaucht sind, waren die Menschen außer Rand und Band. Sie haben sogar die Trompeten übertönt, die die Ankunft der Monarchin verkündeten. Da flatterten die Taschentücher, Hüte wurden in die Luft geworfen … Man hat mir gesagt, als die Königin an uns vorbeikam, habe ein Kerl gerufen: ›Da ist sie! Ich habe sie gesehen! Sie lebt!‹, und alle lachten. Jedenfalls lieben die Untertanen von Königin Viktoria sie wirklich, sie beten sie an! Nicht so wie hier mit den Savoyern!«

Die Freunde lachen und schauen Ignazziddu mit einer Mischung aus Faszination und Neid an.

Er erzählt weiter. Nur die Florios, die Trabias und einige wenige andere Italiener seien überhaupt eingeladen gewesen, sagt er. Wieder und wieder sagt er es, unterstreicht es. »Da waren Königsfamilien aus ganz Europa, ganz zu schweigen von den vielen Adligen, Bankiers und Politikern! Mein Vater hat sie alle begrüßt, ging vom einen zum anderen, und meine Mutter immer hinterher. Wenn ihr wüsstet, wie die uns angeschaut haben! Da gab es keinen Einzigen, der uns nicht gekannt hätte oder meinem Vater nicht vorgestellt werden wollte, dem Herrn über die große Schifffahrtsgesellschaft *Navigazione Generale Italiana* …«

»Aber dann bist du nach Paris gefahren, oder?«, unterbricht ihn Romualdo.

»Ja, wir waren zu Gast bei den Rothschilds.« Ignazziddu lächelt, beugt sich vor. »Vor allem aber habe ich einen unvergesslichen Nachmittag im Chabanais verbracht …«

»Aber weiß denn deine Mutter, dass du ins Bordell gehst?« Ciccio schenkt sich nach und betrachtet ihn scheinheilig.

»Meine Mutter … die hat sich ein Kruzifix aufs Hotelzimmer bringen lassen und eine Kniebank«, schnaubt Ignazziddu. »Aber sie betet mich an; auch wenn sie mich oft rügt und tadelt, am Ende vergibt sie mir immer.« Er leert sein Glas und richtet sich auf dem Sessel auf. »Außerdem war sie sehr beschäftigt. Sie musste Möbel für die Olivuzza aussuchen, Teppiche für die Salons … Ganz zu schweigen davon, dass sie und meine Schwester zu Worth gegangen sind und einen ganzen Tag damit verplempert haben, Kleider anzuprobieren. In der Zwischenzeit hat mein Vater seine ganzen Geschäftstermine gehabt und mich praktisch gezwungen, auch daran teilzunehmen. Mich verdünnisieren konnte ich nur, indem ich ihm sagte, ich würde in ein Museum gehen.«

»Ach, mein Guter … dein Vater hat schon kapiert, dass du ein großer Schürzenjäger bist!« Romualdo steht auf, gibt ihm einen Klaps in den Nacken. Die beiden sind gute Freunde und teilen die Leidenschaft für das andere Geschlecht und für kostspielige Vergnügen.

»Wenn eine Frau schön ist und mich will und ich sie will, was ist schon dabei?«, erwidert Ignazziddu gelassen und hebt die Augen zum Himmel. »Im Hotel war eine russische Gräfin mit ihrem Mann, glaubt mir, eine Frau, die allen den Kopf verdreht hat. Eine wahre Göttin, blond, grüne Augen … Ich schaute sie an, und sie schaute mich an, und …« Er lachte, seine Augen funkeln bei der Erinnerung. Dann nimmt er seinen Vetter Romualdo ins Visier. »Sag mal, hörst du mir überhaupt zu?«

Ciccio und Giuseppe haben auf einmal aufgehört zu lachen, und Romualdo hebt, plötzlich ganz ernst geworden, das Kinn in Richtung von etwas, das sich hinter Ignazziddus Schultern befindet.

Ignazio steht im Rahmen der Terrassentür. Sein Gesicht ist von Müdigkeit gezeichnet, und er betrachtet die vier jungen Männer mit vorwurfsvoller Miene. »Meine Herren«, beginnt er mit leiser Stimme, die Arme vor der Brust verschränkt. »Es ist sehr spät. Darf ich vorschlagen, dass ihr euch auf eure Zimmer zurückzieht?«

Romualdo lässt den Kopf sinken. »Gewiss, Don Ignazio … und entschuldigt bitte, wenn wir Euch gestört haben.« Er steht auf, packt Ciccio am Ärmel, und die beiden schleichen sich ins Innere der Villa, gefolgt von Giuseppe, der Ignazziddu noch einen besorgten Blick zuwirft. Dieser schickt sich an, es ihnen nachzutun, denn er kennt diesen Gesichtsausdruck seines Vaters sehr gut und weiß, dass Streit in der Luft liegt.

Und tatsächlich tritt Ignazio ihm in den Weg und legt ihm eine Hand auf den Arm. »Du hättest dir keine schlechtere Art und Weise aussuchen können, über mich und deine Mutter zu reden. Vor allem über deine Mutter, die dir jeden Wunsch von den Augen abliest und alles verzeiht.«

Worte wie eine Ohrfeige mitten ins Gesicht. Der Junge wird puterrot und versucht, sich aus dem Staub zu machen. »Aber was habe ich denn gesagt?«

»Du sollst nicht so reden, und damit hat es sich. Wir müssen niemandem mehr etwas beweisen, und du solltest nicht mit dem prahlen, was du hast oder was du bist. Überlass das bitte den Emporkömmlingen und Neureichen, den *pirocchi arrinisciuti.*« Er packt ihn fester, zieht ihn zu sich heran. »Und noch etwas. Wenn du dich das nächste Mal amüsieren willst, genügt es, dass du es mir sagst. Ganz gewiss werde ich dich nicht daran hindern. Aber du musst begreifen, dass es Verantwortlichkeiten gibt, und die kommen vor dem Vergnügen. Du hast mir zu sehr die Frauenzimmer im Kopf. Du bist ein *masculu,* du bist jung, und das verstehe ich. Aber sich gewisser Handlungsweisen zu brüsten ist erbärmlich. Respekt ist wichtig, und zwar nicht nur den Frauen gegenüber, mit denen du verkehrst, sondern auch dir selbst gegenüber.«

»Aber Papa! Das war ein geschlossenes Haus, und die Frauen …«

Ignazio schließt die Augen und versucht, seine Gereiztheit zu zügeln. »Es interessiert mich nicht, wer oder was sie waren.«

»Wenn es nach dir ginge, müsste ich wie ein Mönch leben, nur Arbeit und zu Hause bleiben«, murrt sein Sohn.

»Verdammt noch mal! Du bist ein Florio und hast deiner Familie vor allem Respekt zu erweisen.« Er hebt die Hand. »Eines Tages musst du dieses Ringes würdig sein, der deinem Urgroßonkel Ignazio gehört hat, einem aufrichtigen und mutigen Mann, dann deinem Großvater Vincenzo, dem wir alles verdanken, und jetzt mir. Du musst die Kontrolle über dein Leben wahren und Anstand walten lassen. Sonst wirst du nicht weit kommen.«

Ignazio gibt vor, die Grimasse nicht zu sehen, mit der der

junge Mann sich entfernt und das Haus betritt. Er lässt ihm die Illusion, der Schlauere zu sein, vom Leben mehr begriffen zu haben als er, der er doch immerhin sein Vater ist. Er hat begriffen, dass er gut auf ihn achtgeben muss, diesen seinen Sohn, und ihm beibringen, wie wichtig es ist, seinen Platz auf der Welt zu kennen und auch dort zu bleiben. Denn man wird nicht erwachsen, wenn man nicht weiß, wie man sich zu bewegen hat und wann man sprechen kann. Und vor allem, wann es besser ist zu schweigen.

Das Wasser des Hafens von Favignana ist so klar, dass man bis auf den Grund sehen kann, auf all die Fische, die zwischen den Seetangbüscheln umherschwimmen. Die Brandung hat einen lieblichen Klang: ein Murmeln aus Wasser und Wind, das den Rumpf der Boote sanft umspielt und langsam an dem Sandstreifen vor dem Gebäude der Tonnara ausläuft.

Ignazio atmet tief durch. Die Luft duftet salzig und ein wenig betäubend nach Neptungras; am Himmel kreisen einige wenige Möwen, die darauf warten, dass die Fischer, die mit dem Flicken ihrer Netze beschäftigt sind, die Fischreste ins Meer werfen.

So ist das immer im Frühling, und der Mai des Jahres 1889 macht keine Ausnahme.

Seit seiner Ankunft anlässlich der Mattanza folgt ein herrlicher und lichtdurchfluteter Tag auf den anderen, die Sonne hat von der Insel Besitz ergriffen und hüllt sie in das weiche, helle Licht, das er so liebt.

Ignazio deutet ein Lächeln an, beschirmt seine Augen

mit einer Hand und richtet den Blick auf den Palazzo, den Damiani Almeyda für ihn gebaut hat. Aus der Ferne erkennt er Giovanna, die mit Donna Ciccia im Garten ist, und Vincenzo, der Ball spielt. Sein Jüngster ist mittlerweile sechs Jahre alt, ein aufgeweckter, kluger kleiner Kopf, wie ein sprühendes Feuer.

Giovanna ist lieber dort mit Vincenzo, auch weil sie sich um das Haus und um die Dienerschaft kümmern muss, die aus Palermo kommt. Sie hat sich mittlerweile damit abgefunden, dass die Leute von der Insel – diese grobschlächtigen, sonnenverbrannten Menschen – nicht als Dienstboten zu gebrauchen sind, und hat sie für die körperlich schweren Arbeiten eingeteilt. Doch jedes Mal, wenn sie auf Favignana eintreffen, legen die Bediensteten aus der Olivuzza ein so nachlässiges Verhalten an den Tag, dass es sie verärgert, und so sieht sie sich in der Pflicht, persönlich jedes einzelne Zimmer und jeden Gang, der bei Tisch serviert wird, einer Prüfung zu unterziehen, erst recht, wenn sie Gäste haben. Mittlerweile richtet Giovanna ihre ganze Energie auf ihre Rolle als Dame des Hauses.

Ignazio hingegen hat beschlossen, auf der *Queen Mary* zu wohnen, der Jacht, die er kürzlich von dem Marseiller Louis Pratt gekauft hat. Der Franzose hatte sie *Reine Marie* genannt, doch Ignazio wollte ihr den Namen zurückgeben, den sie bei ihrem Stapellauf in der Werft von Aberdeen bekommen hat. Sechsunddreißig Meter ist sie lang, hat einen Rumpf aus Eisen und eine Kuttertakelung, einen dampfbetriebenen *compound*-Motor sowie einen Schraubenantrieb. Die *Queen Mary* ist die größte dampfbetriebene Jacht, die in Italien zugelassen ist, und wahrscheinlich auch die schnellste: zehn Knoten. Ein Juwel. Nur die *Louise* seines

Freundes Giuseppe Lanza di Mazzarino kann es mit seiner *Queen Mary* aufnehmen.

Es war auch Lanza di Mazzarino, der Ignazio den entscheidenden Anstoß gegeben hat, die Jacht zu kaufen. Der Gedanke, sich ein solches Boot anzuschaffen, hat Ignazio schon lange gereizt, doch bis dahin hatte er immer seinen anderen Geschäften, der Mitgift für seine Tochter sowie der Anschaffung neuer Dampfschiffe den Vorrang gegeben. Gewiss, er ist dem *Regio Yacht Club Italiano* in Genua beigetreten, doch das war ein Schritt, den alle Reeder – von Raffaele Rubattino über Giuseppe Orlando bis zu Erasmo Piaggio, dem Direktor des Genueser Zweiges der *Navigazione Generale Italiana* – vollzogen haben.

Dann hat Lanza di Mazzarino, einer der Gesellschafter und Förderer des Klubs, zu ihm gesagt: »Du musst endlich auch ein eigenes Boot haben, Ignazio. Alles andere ist unter deiner Würde! Oder soll etwa der Herr über die bedeutendste Flotte Italiens nicht einmal eine Nussschale sein Eigen nennen?« Und war in Gelächter ausgebrochen.

Auf diesen Sarkasmus war Ignazio nicht gut zu sprechen. »Ich habe schon darüber nachgedacht, aber es ist nicht der richtige Moment«, entgegnete er pikiert. »Gerade eben könnte ich es auch nicht genießen: Mir geht so viel im Kopf herum, mit der NGI und den Tonnare. Ich kann es mir einfach nicht erlauben, irgendwo auf einer Jacht herumzuschippern, während andere meine Geschäfte führen.« Doch sein Gegenüber ließ nicht locker: »Das ist doch nur eine Frage der Perspektive. Du machst Millionen mit deinen Unternehmen und genierst dich, ein Boot zu besitzen? Vielleicht verbringst du ja wirklich nur einen Tag im Jahr an Bord, aber du hast das Boot, es gehört dir.«

Ignazio wurde bewusst, dass Lanza di Mazzarino recht hatte: Die Jacht würde ein Symbol sein – ein *weiteres* Symbol – für die Macht der Florios. Wie die Olivuzza, wie der Reisewaggon der Familie. Wie Giulias Heirat mit dem Fürsten von Trabia.

Jetzt, auf der Jacht, wird es Ignazio bewusst, dass er eine Wahl von großer Bedeutung getroffen hat, denn sie hat sein gesellschaftliches Ansehen auf eine höhere Ebene gehoben.

Unter seinen Füßen, unter den Ledersohlen seiner Schuhe, pulsiert das Meer, es atmet. Er spürt es: ein Vibrieren, das seine Waden und den ganzen Rumpf emporsteigt, bis hoch zu den Schultern, zum Kopf.

Einmal – es war genau hier auf Favignana – hat sein Vater zu ihm gesagt: »Wir Florios haben das Meer im Blut.«

Die Ursprünge seiner Familie kommen wieder zum Vorschein, das Blut singt unter seiner Haut.

Und dann Favignana. Der einzige Ort auf der Welt, an dem er sich vollständig fühlt. Der einzige Platz, an dem ihm die Erinnerungen nicht wehtun, an dem er sich erlauben kann, sich den Gespenstern der Vergangenheit zu stellen, ohne dass es ihm Schmerz bereitet, einfach, indem er sie neben sich stehen sieht, und doch verborgen in jenen kleinen schattigen Bereichen, die dem gleißenden Licht der Insel entgehen können.

Seine Eltern. Sein Sohn. Camille.

»Don Ignazio.«

Er dreht sich um. Ein Matrose im blauen Anzug und weißer Mütze wartet darauf, ihm etwas zu sagen.

»Was gibt's, Saverio?«

»Signor Caruso ist da, um mit Euch zu sprechen. Er wartet im kleinen Salon auf Euch.«

Der kleine Salon der *Queen Mary* ist ein repräsentativer Raum, in dem die Erfordernisse eines Bootes vom Luxus der Einrichtung überdeckt werden. An den mit Holz verkleideten Wänden hängen kleine Seestücke in Öl; das Sofa ist mit Samt bezogen und an die Wand gerückt; und der Perserteppich, ein tresterfarbener Senneh, ist am Boden festgenagelt, um Stürze zu verhindern.

»Don Ignazio, welche Freude, Euch zu sehen.« Gaetano Caruso nimmt seinen Strohhut ab und steht auf. Sein schmales Gesicht ist von tiefen Falten durchzogen, und sein Kinnbärtchen ist weiß geworden. *Zuerst sein Vater mit meinem Vater, und jetzt ich mit ihm … auch eine Familiengeschichte*, denkt Ignazio, drückt seine Hand und schaut ihm in die Augen. Es gibt nur wenige Menschen auf der Welt, denen er mehr vertraut als diesem Mann.

Caruso hat eine Mappe voller Briefe dabei. »Ich habe Euch die Post gebracht. Sie ist in genau dem Moment mit dem Schiff aus Trapani gekommen, als ich mich auf den Weg zu Euch machte.«

Ignazio dankt ihm und bittet ihn, wieder Platz zu nehmen, während er die Korrespondenz überfliegt. Mehrere Schreiben tragen den Stempel des Senats des Königreiches, andere sind geschäftlicher Natur. Nichts, das nicht warten kann.

»Nun denn«, murmelt er und nimmt auf dem Sofa Platz. »Was führt Euch zu mir?«

Caruso überkreuzt die Hände auf den Beinen. Seine Augen – dunkel, aufmerksam – wirken auf einmal, als wäre er auf der Hut, doch die Worte sprudeln nur so aus ihm heraus. »Es geht erneut das Gerücht, dass es im Zuchthaus einen neuen Direktor geben soll. Wir wissen nicht, wer kommt und ob er uns gestatten wird, die Insassen in der Fabrik arbeiten zu lassen. Es wird schon eine ganze Weile gemunkelt, das wisst Ihr. Aber jetzt scheint es nur noch eine Frage von Tagen zu sein.«

»*Arrè? Ma unn'hannu chiffari?* Jetzt? Aber haben die nichts Besseres zu tun?« Ignazio pfeift verärgert durch die Zähne. »Müssen wir eigentlich die ganze Zeit über das nachdenken, was diese *spicciafacenne*, diese Fädenzieher, im Ministerium vorhaben? Und ausgerechnet jetzt, wo Mattanza ist?« Ignazio ist so verärgert, dass er vergisst, wie gut er sich gerade eben noch gefühlt hat. Die Falte zwischen seinen Augenbrauen vertieft sich. »Ich schreibe sofort nach Rom, Abele Damiani wird sich um die Angelegenheit kümmern. Ich musste ihn schon einmal mit einer solchen Angelegenheit behelligen.« Er macht eine Pause, schüttelt den Kopf. »Wenn ich nicht wüsste, dass der Einsatz der Gefangenen uns eine Menge Geld erspart, könnte ich gut und gerne darauf verzichten. Denn hier, von der Mattanza einmal abgesehen, machen wir momentan nur Verluste.«

Betrübt breitet Caruso die Hände aus. »Wem sagt Ihr das, Don Ignazio? Durch die Gehälter der Fischer und der Arbeiter in der Fischfabrik, durch die Reparaturkosten für die Kessel der Anlage und die für den Weinberg schreiben wir schon eine Weile rote Zahlen …« Er zeigt in einer unbestimmten Geste in Richtung Dorf. »Ganz zu schweigen von dem Geld für den Priester und die beiden Küster!«

Dabei schaut Caruso so finster, dass Ignazio lachen muss. »Ich weiß, dass Euch zwei Küster für eine so kleine Insel wie Favignana zu viel erscheinen«, sagt er, »aber schließlich kümmern sich diese Männer um den Erhalt der Kirche, und sich um unser Gotteshaus zu kümmern gehört zu den

Pflichten des Besitzers der Insel, da hier das Meer alles frisst, angefangen bei den Gebäuden … Außerdem habe ich es meiner Frau versprochen. Was den Weinberg betrifft …« Er stützt den Ellbogen auf die Armlehne des Sofas, legt das Kinn auf die geschlossene Faust. »Das Aroma des Weines aus jenen Rebstöcken ist einer der wenigen Genüsse, die mir bleiben. Ich schmecke das Meer darin.«

Caruso gelingt es nicht, sein Staunen unter einer Maske der Ehrerbietung zu verbergen. Es kommt manchmal vor, dass sich im Verhalten seines *Herrn* – genau so, nämlich *principale*, nennen ihn die Arbeiter und er auch – Risse auftun, die an ihm eine menschlichere Seite entdecken lassen. Meistens schließen sie sich jedoch schnell wieder …

»Don Gaetano … wenn jemand reich ist, hat er die Wahl zwischen zwei Dingen. Entweder er genießt das Leben, ohne Rücksicht zu nehmen, oder er tut alles, damit es für ihn und für diejenigen, die für ihn arbeiten, so gut läuft wie nur möglich. Ich brauche Euch wohl nicht zu erklären, wofür ich mich entschieden habe.«

»Ich weiß, Don Ignazio. Und doch seid Ihr hier, auf diesem Boot, und auch wenn es so aussieht, als würdet Ihr prassen, weiß ich, dass Ihr arbeitet.« Er tippt sich an die Schläfe. »Ihr arbeitet hier drinnen. Niemals hört Ihr auf, an die NGI zu denken, an die Gießerei, an die Weinkellerei, die Tonnara …«

»Weil das meine Aufgabe ist.« Ignazio sagt es schlicht. »Die Casa Florio ist meine Familie, und eine Familie darf man niemals vernachlässigen.« Er steht auf und bedeutet Caruso, ihm nach draußen zu folgen. »Aber das bedeutet nicht, dass ich nicht die guten Dinge genießen kann, die ich habe.«

Caruso kneift die Augen gegen die Sonne zusammen. »Und das heißt?«

»Ich diskutiere gerade mit Crispi über ein Projekt. Eine große Sache.« Ignazio senkt die Stimme, deutet ein Lächeln an. »Eine landesweite Ausstellung.«

Der andere zuckt zusammen. »Tatsächlich?«

»Die Zeit ist reif, dass es endlich eine Ausstellung im Süden gibt. Und wo, wenn nicht in Palermo? Wir haben die nötigen Räumlichkeiten, zwischen den Randbezirken der Stadt und der Favorita, und dann ...« Er zeigt auf sich selbst, hebt eine Augenbraue. »Wir haben das Geld und die geeigneten Personen, um ein solches Ereignis zu planen.«

»Das wäre großartig ...« Caruso öffnet den Mund, hält inne, breitet die Hände aus. »Eine Ausstellung in Palermo würde Tausende Besucher bedeuten und die Möglichkeit, unsere Produkte vorzustellen. Damit könnte man Rom und dem Norden endlich begreiflich machen, dass wir hier nicht nur Ziegenhirten und Fischer sind.«

»Oh, das wissen die in Rom sehr wohl. Genau deshalb hat es ja von dort auch Widerstand gegeben.« Ignazio zeigt auf das Meer hinter ihm. »Wenn wir das durchkriegen, wer, glaubt Ihr, wird sich um den Transport der Ware kümmern? Und wenn man Euch fragt – an wen werden sich die Firmen, die ausstellen wollen, wenden müssen, wenn nicht an die Organisatoren der Ausstellung?« Er nähert sich Caruso und drückt seinen Arm. »Aber ich bin nicht der Einzige, der diese Sache will. Crispi höchstpersönlich will sie, und die Tatsache, dass es der Ratspräsident, der erste Mann im Süden, ist, der diese Ehre hat, kann viele Hindernisse aus dem Weg schaffen. Er weiß, dass er die Unterstützung der gesamten politischen Welt Siziliens hätte. Ich würde nichts anderes tun, als die nötigen *picciuli* bereitzustellen …« Er reibt Zeigefinger und Daumen aneinander. »Damit die mir dann die Räumlichkeiten geben, die ich will.« Er richtet sich auf und schließt kurz die Augen. Von der vielen Sonne hat sich ihre Reizung, unter der er mittlerweile schon seit Jahren leidet, verschlimmert. »Aber noch ist nichts in trockenen Tüchern. Ihr lasst bitte nichts davon verlauten, und seid auf der Hut, denn eine solche Idee ist eine große Sache. Wenn sich die Nachricht verbreitet, werden wir beginnen, einen Pavillon für unsere Unternehmen zu planen, und der Thunfisch, *unser* Thunfisch, wird zusammen mit dem Marsala die Hauptrolle auf der Messe spielen.«

»Kein Sterbenswörtchen, Don Ignazio.« Weiter sagt Caruso nichts. Zu groß ist seine Überraschung, und so weitreichend wären die Konsequenzen, wenn diese Ausstellung Wirklichkeit würde. Ignazio nickt und begleitet ihn dann zum Laufsteg. »Ich erwarte Nachrichten von der Gießerei bezüglich gewisser Verbesserungen, die noch mit dem Personal der neuen Schifffahrtslinie nach Bombay abgestimmt werden müssen.«

»Ich bringe sie Euch persönlich, sobald sie eintreffen.«

In diesem Moment bemerkt Ignazio seinen Sohn. Ignazziddu hat einen Hut in der einen Hand und einen Spazierstock mit Silberknauf in der anderen, was gerade der letzte Schrei ist, doch er rennt wie ein Wahnsinniger und wirbelt dabei Wölkchen von Staub auf. Schließlich kommt er am Ende des Laufstegs an und bleibt stehen, um Luft zu holen.

Ignazio seufzt. Es gibt Tage, an denen er in seinem Ansinnen, seinen Sohn zu seiner rechten Hand in der Verwaltung der Casa Florio zu machen, verzweifelt. Und das nicht nur, weil Ignazziddu keinerlei Interesse an den Verhandlungen zeigt, in die sein Vater ihn immer einbeziehen will. Es ist etwas, das tiefer liegt, als wollte Ignazziddu in der Welt immer nur die schönen Dinge sehen. Was, wie der Zufall es will, für ihn auch stets die kostspieligsten sind.

Caruso spielt mit der Krempe seines Strohhutes. »Dann erwarte ich Euch also später, Don Ignazio? Für den Rundgang in der Anlage, *u' sapiti,* Ihr wisst schon …«

»Ich werde da sein. In der Zwischenzeit schicke ich noch ein Telegramm an Damiani.«

Caruso und Ignazziddu begegnen sich auf dem Laufsteg. Der Mann von der Insel tippt sich an die Hutkrempe und murmelt einen Gruß; der junge Florio hebt in einer etwas lustlosen Geste die Hand. Dann geht er auf seinen Vater zu, der ihn mit trauriger Miene von Kopf bis Fuß betrachtet. »Offenbar haben wir dir keine Manieren beigebracht. Was ist das denn für ein Benehmen?«

Ignazziddu zuckt mit den Achseln. »Das war doch nur Signor Caruso, Papa. Der kennt mich schon, seit ich ein *picciriddu* war. Soll ich etwa vor ihm katzbuckeln?«

»Anstand kennt kein Alter. Du bist jetzt fast einundzwanzig und müsstest es besser wissen. Es ist die Erziehung, die aus einem Mann einen Herrn macht.« Ignazios Blick wandert zu den Lederschuhen seines Sohnes hinab, einer Maßanfertigung aus der Toskana. »Du bist ganz staubig. Was hast du denn so zu laufen?«

Der junge Mann fächelt sich mit einem Blatt Papier Luft zu. »Eine Sache, über die Giulia und ich gesprochen haben. Heute hat sie mir ein Telegramm geschickt und bestätigt.«

Ignazio spürt, wie ihm warm ums Herz wird. Nach drei Jahren Ehe wird ihn Giulia, seine *stidduzza,* endlich zum Großvater machen. Als er sie das letzte Mal gesehen hat, vor wenigen Wochen, war sie guter Dinge, wenngleich unförmig geworden von ihrer Schwangerschaft. »Und zwar?«

Auf einmal zögert Ignazziddu, ringt um Worte. Unentschlossen geht er auf der Brücke auf und ab. »Giulia möchte sich nach der Geburt ausruhen, aber offenbar will ihr Mann nicht, dass sie auf Reisen geht, erst recht nicht mit einem Neugeborenen. Du weißt ja, wie er ist …« Er senkt die Stimme, deutet ein verschwörerisches Lächeln an. »Jetzt war sie schon die gesamte Schwangerschaft gezwungen, bei ihrer Schwiegermutter zu bleiben. Wenigstens danach möchte sie endlich ein wenig ihre Ruhe haben.«

Ignazio schaut ihn an. Seine Miene ist versteinert. »Und? Komm doch endlich zur Sache, Sohn. Was willst du mir sagen?«

»Giulia und ich wollten wissen, ob du uns erlaubst, die *Queen Mary* diesen Sommer für ein paar Tage für einen Ausflug nach Neapel zu benutzen.« Er sagt es fast atemlos, seine Lippen unter dem Schnurrbart beben, zu einem schiefen Lächeln verzogen. Plötzlich wird sein Blick flehentlich.

In diesem Moment reißt bei Ignazio der Geduldsfaden. Ein kurzer, leiser Fluch entringt sich seinen Lippen. Er beginnt wieder auf und ab zu gehen, die Hände auf dem Rücken verschränkt, die Zipfel seiner Jacke flattern im Wind. »*Du* hast deine Schwester gefragt, ob sie mit dir wegfahren will, und sie, da bin ich mir sicher, hat die Gelegenheit beim Schopf ergriffen, von ihrer Schwiegermutter wegzukommen, die nichts anderes macht, als sie zu kritisieren und Pietro gegenüber schlecht über Giulia zu reden …« Er bleibt stehen, richtet seine Augen auf ihn. »Genau … Und ich könnte wetten, du hast auch mit deinem Schwager darüber gesprochen und ihm vorgeschlagen, das sei eine Möglichkeit, Giulia zu ermöglichen, dass sie sich ein wenig erholt. Habe ich recht?«

Der junge Mann beißt sich auf die Lippe. Fast sieht es so aus, als müsste er sich ein verlegenes Lächeln verkneifen, wie ein Kind, das mit dem Finger im Marmeladenglas erwischt wurde. Das ist ein Verhalten, das bei Giovanna fast immer zieht, die ihrem Sohn gegenüber immer sehr nachsichtig war und ihm zu viel erlaubt hat, um nicht zu sagen alles. Doch Ignazio ist nicht Giovanna, und Ignazziddu muss lernen, um Dinge zu ringen, sie sich im Schweiße seines Angesichts zu verdienen und sie nicht einfach zu verlangen, als stünden sie ihm selbstverständlich zu.

Ignazio bleibt vor ihm stehen und zeigt mit einem Finger auf ihn. »Hör endlich auf, die Menschen zu manipulieren, wie es dir gefällt, und erst recht nicht mich: Das ist etwas, das ich verabscheue, und das weißt du. Das alles hast du hinter meinem Rücken gemacht, um mich dann vor vollendete Tatsachen zu stellen, damit ich Pietro und Giulia gegenüber nicht Nein sagen kann, ohne als Despot dazustehen.«

Der junge Mann verzieht verärgert die Lippen. »Dich kann man doch nie um etwas bitten, ohne zu sagen, warum, wieso und weshalb. Was kostet es dich schon, zu erlauben, dass Giulia und ich ein bisschen Zeit mit unseren Freunden verbringen? Du und *maman* würdet die Jacht sowieso nicht nutzen, und wenn ihr irgendwo hinwollt, könnt ihr immer noch unseren Zug nehmen.«

»Freunde?« Ignazios Ton wird schärfer. Ein Schiffsjunge, der dabei ist, den Handlauf zu polieren, hebt den Kopf und schaut ihn neugierig an. Ignazio vernichtet ihn mit einem Blick, und der Junge zieht den Kopf ein und arbeitet weiter.

»Wie viele Leute hast du eingeladen? Willst du mir jetzt endlich alles sagen, oder hast du vor, mir einen Fortsetzungsroman zu erzählen, so wie die, die Donna Ciccia immer liest?«

Ignazziddu fährt sich mit der Hand durch die Haare, verwuschelt sie. Dann wird ihm bewusst, dass diese Geste seiner Nervosität geschuldet ist, und er streicht sie schnell wieder in Form. »Diese Jacht kann halb Palermo beherbergen, Papa, und das weißt du.« Er hebt die Augen zum Himmel. »Außerdem schlägst du nicht nur mir einen Wunsch ab …«

Dieser kleine Mistbengel, denkt Ignazio. *Nein, von wegen klein! Ein ausgewachsener Hornochse, das ist er!* Ignazziddu weiß sehr wohl, dass sein Vater eine Schwäche für Giulia hat und niemals etwas tun würde, was sie unglücklich macht. Im Manipulieren von Menschen ist sein Filius richtig gut. Eine Fähigkeit, die er selbst sich erst mit der Zeit angeeignet hat, doch bei seinem Sohn ist sie angeboren.

Eine Gabe, die man kultivieren sollte.

Der Junge tritt auf ihn zu, senkt die Stimme. »Ich bitte dich, Papa.« Sein Blick ist flehentlich, fast unterwürfig. Ohne es zu wollen, deutet Ignazio ein Lächeln an. Wenn er nachgibt, dann wird er es zu seinen Bedingungen tun.

»Ich lasse es dich in den nächsten Tagen wissen. Aber eines kann ich dir jetzt schon sagen.«

Ignazziddu starrt ihn an. In seinen Augen steht Hoffnung, zugleich aber auch eine vage Furcht. »Sag es mir. Was auch immer es ist.«

»Von diesem Herbst an kommst du mit mir ins Büro.«

Auf dem Berg Bonifato wirft die Septembersonne lange Schatten. Sie sehen aus wie gewaltige Wellen, die vom Gipfel ins Tal wandern und dabei der Linie der Terrassierungen folgen.

Ignazio steigt aus der staubbedeckten Kutsche aus, atmet tief die süßliche, von Dämpfen durchzogene Landluft ein. Nach ihm steigt auch Ignazziddu aus, mit mürrischer Miene. Es ist eine reiche Landschaft, in der sich das helle Braun der gepflügten Felder mit dem silbrigen Grün der Olivenhaine und dem etwas dunkleren der Weinberge abwechselt. Ignazio senkt den Blick auf die metallene Plattform, die neben den Geleisen steht, ein Schnittpunkt, nur wenige Meter vom Bahnhof entfernt. In der Mitte des Schildes steht:

GIESSEREI ORETEA
1889
PALERMO

Im Jahre 1885 hat er dieses Anwesen direkt außerhalb von Alcamo gekauft, wo viele ihrer Lieferanten von Trauben und Most für den Marsala ansässig sind. Darüber hat Ignazio viel nachgedacht. Er hat einen *baglio*, ein Landhaus mit quadratischem Innenhof, bauen lassen: eine Anlage, wie geschaffen für die Weinproduktion, mit großen Trögen für das Keltern draußen und Öfen drinnen für die Zubereitung des Mosts. Die Idee dazu war ihm in einem Gespräch mit Abele Damiani gekommen, den er während einer Parlamentssitzung in Rom getroffen hatte. Wie so oft sprachen sie darüber, was man wohl noch tun könne, um die sizilianische Wirtschaft zu stärken, und Damiani pries die Möglichkeit eines landwirtschaftlichen Betriebs in der Gegend von Alcamo in den höchsten Tönen. »Ihr könntet den größten Teil des Mosts genau dort herstellen und ihn dann nach Marsala bringen lassen«, sagte er. »Das wäre eine große Erleichterung, Don Ignazio.«

»Von Alcamo bis Marsala, und bei den Straßenverhältnissen? Und wie überhaupt? Mit Schubkarren?«, entgegnete Ignazio ein wenig pikiert. Doch dann hatte er einen Gedankenblitz gehabt und buchstäblich vor sich gesehen, was er tun könnte.

Eine Revolution.

Nein, nicht mit Schubkarren. Mit viel größeren Karren.

Noch bevor er ihn sieht, nimmt er ihn wahr, den Güterzug, der aus Palermo eintrifft. Er verspürt sein Vibrieren, das vom Boden ausgeht und die Haut zum Beben bringt, hört das leise Zischen der Räder, das der Wind herbeiweht. Jetzt dreht er der Eisenbahn den Rücken zu, durchquert zusammen mit seinem Sohn das gewaltige Tor mit dem Halbmond darüber, auf dem das Wappen seiner Familie prangt – der Löwe, der unter dem Chinarindenbaum aus einem Bach trinkt – und geht auf den Direktor der Anlage zu, der zusammen mit Abele Damiani auf sie wartet. Sie begrüßen sich mit einem kräftigen Händedruck. Wenn Damiani die Tatsache überrascht, dass auch Ignazziddu mitgekommen ist, lässt er sich nichts anmerken. »Ich habe es Euch ja gesagt, dass es eine gute Idee war, den *baglio* hier zu errichten«, ruft er und strahlt.

Ignazio nickt. »Wie wahr, und heute wollte ich höchstpersönlich dabei sein, um zu sehen, wie die ersten Fässer aus Palermo abgeladen werden, die wir zum Keltern des Weines benutzen. Und da die Gleise bis hierher verlegt wurden, brauchen wir die Ware nicht mehr außerhalb zu verladen.«

Ja, denn das hier ist sein Meisterwerk: dass er bei der Eisenbahn die Genehmigung beantragt und auch bewilligt bekam, diese Linie, eine *staatliche* Linie, umzulenken und die Geleise bis mitten in die Fabrik legen zu lassen. Das war für Sizilien etwas Außergewöhnliches, und für einen so kleinen Landwirtschaftsbetrieb fast unglaublich.

Darüber hat er lange mit Vincenzo Giachery diskutiert, dessen langjährige Erfahrung er zu schätzen wusste, und als im vergangenen Jahr der Direktor der Oretea verstarb, hat ihm dieser intelligente und sensible Mann sehr gefehlt. Dennoch ließ er sich davon nicht aufhalten, und kaum hatte er Damiani seine Idee vorgestellt, setzte der kluge Politiker alle Hebel in Bewegung, das Projekt zu einem guten Ende zu führen. Und so konnte er sich schließlich sogar dessen brüsten, derjenige gewesen zu sein, der die Florios davon überzeugt hatte, Arbeitsplätze in diesem verlassenen Landstrich zu schaffen. Denn Menschen Arbeit zu geben bedeutete Ansehen zu mehren. Und Wählerstimmen zu erhalten.

Doch Ignazio ist das alles nicht wichtig. Er hat seine wirtschaftlichen Ziele erreicht: die Produktion des Marsala zu verbessern und die Kosten zu verringern. Zumindest hat es den Anschein, und jetzt ist der Moment gekommen, es zu überprüfen. Er wendet sich an den Direktor der Anlage. »Dann haben sich die Prognosen bezüglich der Lese also bestätigt?«

»Bis auf die letzte Traube, ja. Es war eine gute Ernte, Don Ignazio. Kommt, ich bringe Euch zu den Büros.«

In diesem Moment fährt die Lokomotive in den Hof ein, begleitet von einer großen schwarzen Dampfwolke, die den Himmel verdunkelt. Mit einem lauten Zischen bleibt der

Zug stehen, unter den staunenden Blicken der Arbeiter, die an den Bahnsteigen und am Eingang der Lagerräume warten. Für ein paar Sekunden hält alles inne. Dann brandet Beifall auf, Jubelschreie. Ignazio drückt den Arm seines Sohnes, blickt voller Stolz auf die beeindruckende Szenerie und sagt zu ihm: »Behalte diesen Moment im Gedächtnis. Es sind wir Florios, die das hier möglich gemacht haben.«

Während die Arbeiter mit dem Entladen beginnen, steigt das Grüppchen in den ersten Stock des Gebäudes und steht schließlich vor einer großen Doppeltür, die zu den Büroräumen der Handelsfirma führt.

An der Tür sieht man zwei Bronzelettern, groß wie Hände – ein I und ein F, ineinander verflochten; um sie herum ein Zahnrad, ebenfalls in Bronze, in das ein Motto eingraviert ist:

DIE INDUSTRIE HERRSCHT ÜBER DIE GEWALT

Ein Gedanke, der von Ignazio selbst stammt. Verstand, Forschung, Arbeit – sie werden die Ignoranz, die rohe Gewalt und die Rückständigkeit besiegen.

Langsam nimmt seine Idee einer großen Ausstellung in Palermo Gestalt an. Er hat in Rom mit vielen Politikern gesprochen, auch mit anderen großen Unternehmern in ganz Italien. In dem Architekten Ernesto Basile hat er die ideale Person gefunden, der er das Projekt der Pavillons anvertrauen kann. Ernesto hat eine architektonische Vision, die Ignazio sehr gefällt, denn sie ist verfeinerter, aber auch moderner als die seines Vaters Giovan Battista, der das Teatro Massimo entworfen und geplant hat. Gewiss, man wird viel Geld brauchen, Zeit, Energie …

Doch in genau diesem Motto liegt auch der tiefe Sinn seines Projekts.

Was bedeuten da schon die vielen Hindernisse, die vor ihm liegen?

Er wird sie alle überwinden.

Der Fortschritt ist nicht mehr aufzuhalten.

Kurz vor Weihnachten des Jahres 1890 beginnt Ignazio, an sich eine seltsame Erschöpfung wahrzunehmen, durch die es ihm schwerfällt, morgens aufzustehen; an den Nachmittagen muss er sein Büro an der Piazza Marina verlassen, um sich zu Hause auszuruhen, und auf seine gelegentlichen Besuche im Banco Florio hat er ganz verzichtet. Giovanna scheint die Beschwerden ihres Mannes nicht zu bemerken; einer ihrer liebsten Freundinnen, Giovanna Nicoletta Filangeri, der Fürstin von Cutò, geht es schlecht. Sie besucht sie fast jeden Tag, steht ihr liebevoll zur Seite. Und doch sieht sie jeden Tag, wie ihre Freundin von einer Krankheit dahingerafft wird, die alle Ärzte vor ein Rätsel stellt.

»Wie es scheint, könnte es die Folge eines schlecht kurierten Leistenbruchs sein, weißt du«, erklärt sie Ignazio beim Abendessen; es ist kurz nach Immacolata, dem Tag der Unbefleckten Empfängnis, der am 8. Dezember gefeiert wird. Sie sitzen ganz allein im Speisesaal der Olivuzza. Ignazziddu ist mit Giuseppe Monroy und Romualdo Trigona zu einer Feierlichkeit gegangen. Vincenzo hat mit der Kinderfrau gegessen und ist auf seinem Zimmer.

Ignazio gibt keine Antwort.

Giovanna blickt auf. Schaut ihn an.

Er ist reglos, hat die Augen geschlossen. Er ist kreidebleich.

»Aber … was hast du denn, geht es dir schlecht?«

Ignazio wedelt mit der Hand, als wollte er diesen Gedanken verscheuchen. Dann öffnet er die Augen wieder, greift zu einem Esslöffel, taucht ihn in die Fischsuppe und schaut Giovanna an, versucht sich an einem Lächeln, das jedoch mehr aussieht wie eine Grimasse. Seit einiger Zeit verspüre er Übelkeit, wenn er etwas esse, sagt er, und wirft ihr einen Blick zu, der sie jedoch nur noch mehr beunruhigt.

Auf einmal wird ihr bewusst, dass Ignazio fast gar nichts gegessen hat und es nicht das erste Mal ist, dass das passiert. Das Unwohlsein, das ihn überkommt und das er bislang hartnäckig zu ignorieren versucht hat, wird auf einmal konkret, greifbar, auch für sie. Es geht ihr unter die Haut und lässt alle Alarmglocken in ihr ertönen.

Plötzlich hat Giovanna Angst.

Angst, weil ihr Mann noch nie solche Ringe unter den Augen hatte. Angst, weil sein Gesicht ausgezehrt ist und sogar seine Haare, die eigentlich immer noch dicht und glänzend waren, auf einmal matt und wie erloschen wirken. Angst, weil an Ignazio auch ein seltsam unangenehmer Geruch ist.

»*Si' fatto sicco* … Dünn bist du geworden«, murmelt sie.

»Ja, das stimmt, ich habe ein bisschen abgenommen. Es war eine anstrengende Zeit, wenig Schlaf …«

»So wenig hast du gegessen?«, fragt sie und nimmt seine Hand. Sie weist mit dem Kinn in Richtung Teller, und er zuckt mit den Achseln.

»Ich glaube, morgen lasse ich mich von unserem Arzt untersuchen«, schließt Ignazio und schiebt den Teller von sich.

Giovanna überrascht diese plötzliche Entscheidung. Sie weiß nicht so recht, wie sie sie deuten soll, aber eins weiß sie: Sie macht ihr Angst. »Ja, gewiss. Morgen gehe ich nicht zu Giovanna. Ich bleibe bei dir. Du wirst dich untersuchen lassen. Vielleicht reicht ja ein Stärkungsmittel oder ein Saft, der dir beim Einschlafen hilft.«

Ohne darauf einzugehen, steht Ignazio auf und gibt ihr einen Kuss auf die Stirn. »Gut. Aber jetzt gehe ich und lege mich hin.« Er entfernt sich. Er wirkt gebeugter, und sein Schritt ist weniger federnd, weniger sicher.

Giovanna lauscht den Schritten auf der Treppe. Als es wieder ganz still geworden ist, faltet sie die Hände und beginnt zu beten.

Der Arzt kommt am späten Vormittag. Um sich abzulenken, hat Giovanna angeordnet, mit dem Schmücken der Villa zu Weihnachten zu beginnen und den Salon für die Ankunft der großen Tanne vorzubereiten.

Doch die Angst folgt ihr Schritt für Schritt, von Zimmer zu Zimmer, bemächtigt sich ganz allmählich ihres gesamten Körpers, bis tief in die Magengrube, und raubt ihr den Atem. Donna Ciccia sieht, wie sie immer wieder die Hände an ihren Bauch legt, wie sie den Rosenkranz aus Korallen und Silber hervorholt und betet, ihn wieder in die Tasche steckt. Sie sieht sie an, schüttelt den Kopf, ohne etwas zu sagen, denn es gefällt ihr nicht, was in der Luft liegt, und sie fragt sich, ob man sich nicht besser an die Heerscharen des Fegefeuers, die *armicedde du purgatorio,* wenden und sie fragen sollte, was denn eigentlich vorgeht.

Erschöpft ist Ignazio im Bett geblieben und liegt bei geschlossenen Läden im Halbdunkel.

Giovanna gibt Anweisungen, rückt Vasen und Kerzen hin und her, überschüttet die Dienstboten, die ihrer Meinung nach viel zu langsam sind, mit Tadel. Schließlich nimmt sie sich sogar Vincenzo zur Brust, der mit seinen Scherzen die Bediensteten stört, die mit dem Ausdekorieren des Hauses beschäftigt sind. Sie ordert ihn zum Geigeüben ab, was ihr prompt wieder leidtut, doch sie fleht ihn an, endlich damit aufzuhören, anderen auf die Nerven zu gehen.

Dann kommt der Arzt. Er spricht mit Ignazio, untersucht ihn mithilfe des Kammerdieners. Giovanna begreift schnell, dass etwas nicht in Ordnung ist. Sie sieht es seinem Gesicht an, während Ignazio erklärt, wie er sich fühlt, und es bestätigt sich in dem Moment, als er sich entkleidet und sichtbar wird, wie erschreckend mager er geworden ist.

Mit gesenktem Kopf verlässt sie das Zimmer. In ihr ist es, als würde sich etwas, das vorher noch vage war, verfestigen. Ihre Unruhe wird zu Angst, nackter Angst.

Donna Ciccia wartet auf sie und drückt sie an sich. Im Grunde war sie immer die Mutter, die sie nie gehabt hat, der Trost, dessen sie stets bedurft hat. »Nur Mut, beruhigt Euch. Noch hat der Doktor nichts gesagt, *u' dutturi ancora nenti rissi …*«

»Aber er ist immer noch da«, sagt Giovanna. Sie schließt die Augen, schlägt eine Hand vor den Mund, als wollte sie ihre Verzweiflung daran hindern, sich Luft zu machen.

Kurz darauf ruft der Arzt nach ihr. Donna Ciccia muss sie fast ins Zimmer schieben, schließt dann die Tür hinter ihr und faltet die Hände, um zu beten.

»Euer Gatte, Signora, ist ziemlich geschwächt. Ich werde seinen Urin prüfen und auch ein wenig Blut abnehmen. Bis wir Ergebnisse haben, sollte er eine leichte, aber nahrhafte Diät bekommen, die ihm dabei hilft, wieder zu Kräften zu kommen. Und er muss sich ausruhen, viel ausruhen.« Der große Mann mit den grauen Schläfen und der mit roten Äderchen übersäten Nase dreht sich in Richtung Ignazio und ermahnt ihn streng: »Keine Reisen, keine Anstrengung, Senator. Es ist nicht die Zeit dafür.«

Vom Bett aus nickt Ignazio. Giovanna schaut er nicht an; er will nicht, dass sie sich noch mehr sorgt, als sie es sowieso schon tut.

Und das ist auch der Grund, warum er ihr das verschweigt, was der Arzt ihm gerade eröffnet hat: dass der stechende Geruch seines Schweißes, die angespannte Haut, so brüchig wie Papier, die Reizung seiner Augen, die Müdigkeit, die Gewichtsabnahme und die Schlaflosigkeit die Annahme nahelegen, dass seine Nieren nicht gut funktionieren und ihre Aufgaben, die Reinigung des Blutes, nicht mehr richtig erfüllen.

Ignazio schweigt, während der Arzt und seine Frau sich über die Einzelheiten der Therapie verständigen. Er hört, wie sie von Dampfbädern sprechen, von Fingerhut, von Eisen zur Stärkung des Blutes, von Milch … Dann wendet er sich an Nanài und sagt ihm, er solle in sein Arbeitszimmer gehen und ihm Papier und Feder bringen. Giovanna schüttelt den Kopf, möchte ihn ermahnen, doch Ignazio erklärt, fast behutsam: »Nur ein paar Briefe. Ich kann doch nicht einfach alle Geschäfte ruhen lassen …«

Und so macht er es.

Allein geblieben, schreibt er an seinen Freund Abele

Damiani und bittet ihn darum, ein großes Augenmerk auf die Angelegenheit der Postverträge zu legen; zwar sind die Vereinbarungen immer noch in Kraft und der Postverkehr wird von der *Navigazione Generale Italiana* ausgeführt, doch in etwa einem Jahr laufen sie ab, weshalb die Casa Florio unbedingt auf ihre Verlängerung dringen muss. Anschließend bereitet er ein Memorandum für Caruso vor und bittet, ihn über bestimmte Neuerungen in der Thunfischkonservierung auf Favignana auf dem Laufenden zu halten.

Plötzlich hört er eine Stimme hinter der Tür.

»Papa!«

Mit angespanntem Gesicht, Unruhe in der Stimme, Unglauben in den Augen tritt Ignazziddu ein, lehnt seinen Spazierstock in die Tür und wirft den Hut auf einen Sessel, während Nanài in Windeseile wenigstens den Übermantel auffängt, der fast zu Boden gefallen wäre.

Er bleibt vor Ignazio stehen, will sich schon fast aufs Bett setzen, zögert. »Darf ich?«

Sein Vater übt sich an einem Lächeln und klopft mit der Hand auf die Bettdecke. »Na klar. Komm. Ich bin nur ein bisschen müde.«

Ignazziddu gehorcht.

»Und? Was passiert an der Piazza Marina?«

Seit dem vergangenen Jahr arbeitet sein Sohn mit ihm zusammen, und Ignazio hat ihm sogar generelle Prokura für die Geschäfte der Casa Florio gegeben. Dennoch ist da immer seine lenkende Hand gewesen – diskret, sanft und doch entschlossen, und das hat ihnen beiden bis jetzt Sicherheit gegeben.

»Nichts Besonderes. Laganà beharrt darauf, wenn wir die neuen Verträge für die Dampfschiffe unterzeichnet haben wollen, müssen wir den Service verbessern, die Unterkünfte der Passagiere modernisieren und die Gehälter des Personals erhöhen. Doch er weiß sehr wohl, dass wir auf Sparflamme arbeiten, nachdem die staatlichen Subventionen nur tröpfchenweise ankommen und wir nicht in der Lage sind, alle Kosten zu decken. Obwohl die Reparatur der Dampfschiffe von der Oretea gemacht wird …«

»Und die Kellerei? Was hört man von ihr Neues?«

Der Sohn senkt den Kopf, spielt mit einem Zipfel des Lakens. »Gutes, Papa, sei ganz beruhigt. Erst heute kam ein Brief von Mr Gordon. Der Direktor behauptet, sie hätten mit dem Siegel von Antonio Corradi, das wir übernommen haben, um zu verhindern, dass während des Transports oder beim Zoll Wein gestohlen wird, hervorragende Ergebnisse erzielt. Seit es diesen Deckel aus Blech auf dem Korkverschluss der Fässer gibt, können diese nicht mehr gewaltsam geöffnet werden, ohne dass man es merkt.«

Ignazio setzt sich auf. Er fühlt sich schon besser. Vielleicht hat der Arzt ja recht: Er muss weniger arbeiten und sich mehr ausruhen. Was im Grunde bedeutet: mehr an andere abgeben. »Hervorragend. *P'un curnuto, un curnutu e menzu*«, sagt er. Ja, man muss einfach nur schlauer sein als die anderen.

Ignazziddu lacht.

Ignazio macht Anstalten aufzustehen und bittet seinen Sohn, ihm seinen Kaschmirmorgenrock zu reichen. »Wir machen einen Spaziergang im Garten«, erklärt er.

»Bist du sicher? Es wird schon bald dunkel …«

»Hauptsache, deine Mutter sieht mich nicht. Apropos, wo ist sie denn?«

Der junge Mann zuckt mit den Achseln. »Wahrscheinlich betet sie im grünen Salon zusammen mit Donna Ciccia und den Dienstmädchen die Novene zur Unbefleckten Empfängnis. Gibt es denn noch etwas anderes, was meine Mutter macht, außer Beten und Sticken?«

»Ignazziddu …«, ermahnt ihn sein Vater. »Deine Mutter ist, wie sie ist.«

»Nonne hätte sie werden sollen.«

Ignazio lacht und schaut aus dem Fenster: Draußen wird es nach einem für Dezember ausgesprochen milden Tag Abend. Der Park – seiner Blätter beraubt, still und von den Gärtnern für den Winter vorbereitet – liegt im Halbschatten, und nur das Rauschen des Windes in den Zweigen lässt erahnen, dass es Winter ist. Schon jetzt stellt Ignazio sich vor, welchen Frieden er empfinden wird, wenn er auf den Wegen bis zur Voliere schlendert, in der Papageien, Wellensittiche, Amseln und sogar ein großer Königsadler leben.

Er wirft einen Blick auf das Bett hinter ihm und stützt sich auf seinen Sohn. »*L'amuri pu' letto unn'è cosa bona.*« Nein, es ist nicht gut, wenn man sein Bett zu sehr liebt … Während er das sagt, fallen ihm jedoch wieder die Andeutungen seines Vaters auf die Erkrankung seines Großvaters Paolo ein. Vincenzo hat nie viel über ihn gesprochen, und das Wenige, das er über ihn weiß, hat er von seiner Großmutter Giuseppina, *recamatierna*, sie ruhe in Frieden. Von ihm sind nur noch ein paar Anekdoten und das Grab in Santa Maria di Gesù geblieben.

Doch eine Erinnerung ist noch lebendig und unauslöschlich in ihm verankert: Es ist viele, viele Jahre her, dass sein Vater ihn einmal zu einem eingefallenen Haus mitgenommen hat, das neben einem verwilderten Zitronenhain lag. Das war das Haus, in dem Paolo Florio seinen letzten Atemzug getan hatte, nachdem er an der Schwindsucht erkrankt war. Vincenzo, sein Vater, war damals acht Jahre alt. Das war der Moment gewesen, in dem sein Onkel Ignazio begonnen hatte, sich seiner anzunehmen.

Es überläuft ihn kalt.

Auch *sein* Vincenzo ist acht Jahre alt.

Das Weihnachtsfest verbringen sie im Anschein von Fröhlichkeit. Jeden Abend erstrahlt die Olivuzza – warm und willkommen heißend – inmitten des Parks: Licht ergießt sich aus den Fenstern, liebkost die Bäume, umhüllt die Umrisse der Hecken und zeichnet die Palmen nach, die sich gen Himmel recken. Doch das Licht scheint auch in alle Zimmer einzudringen, selbst in die entlegensten, als hätte Giovanna den Dienstboten befohlen, sämtliche Lampen, Kerzen und Fackeln anzuzünden, um der Dunkelheit Einhalt zu gebieten. Die Gäste scharen sich um den großen Weihnachtsbaum, an dem unzählige rote Kerzen brennen: Da sind Giulia und Pietro – zusammen mit dem kleinen Giuseppe, der anderthalb Jahre alt ist, und seinem Brüderchen Ignazio, geboren am 22. August –, und auch Ignazios Schwester Angelina ist mit ihrem Mann Luigi de Pace gekommen. Wie so oft ist hingegen die Familie Merle in Marseille geblieben; nach dem Tod von Auguste, dem Schwiegervater von Giuseppina, ist diese nicht ein einziges Mal mehr nach Sizilien zurückgekehrt. Giuseppina, François und Louis Auguste, der mittlerweile ein ausgewachsener Mann ist, haben jedoch eine Truhe voller Geschenke geschickt.

Giovanna tut alles, um Geist und Hände zu beschäftigen: Sie hat die traditionelle Verteilung von Gaben an die Armen des Viertels vorbereitet, hat den bedürftigsten Familien eine kleine Ausstattung für ihr Neugeborenes überbracht, und allen hat sie aufgetragen, für sie und ihre Familie zu beten. Sie hat höchstpersönlich bei den Schülerinnen der Stickschule vorbeigeschaut, die emsig damit beschäftigt waren, die Aussteuer für die Hochzeiten fertigzustellen, die im Frühjahr nach der Fastenzeit stattfinden. Sie hat zu jeder Tageszeit Gäste unterhalten, bis auf die Momente, in denen sie sich zusammen mit den Frauen des Hauses zum Gebet zusammenfand.

Alles, nur um ihrer wachsenden Besorgnis keinen Raum zu lassen.

Ignazio selbst verbringt den Morgen abwechselnd zu Hause, um sich auszuruhen, und in seinen Büroräumen an der Piazza Marina. Er versucht nach Kräften, sich nicht anmerken zu lassen, wie geschwächt er ist: Damit würde er der Casa Florio einen schlechten Dienst erweisen. Am Nachmittag lässt er es sich nicht nehmen, mit Gästen zu plaudern. Doch er bewegt sich wenig, isst widerwillig, und oft sitzt er auf dem Sessel vor dem Kamin oder schreibt Briefe auf seinem Schreibtablett aus Walnusswurzelholz und Messing.

Während der Festtage hat Giulia bemerkt, dass ihr Vater noch müder war als sonst, sich aber nicht getraut, ihm direkte Fragen zu stellen. Doch es wird gemunkelt, es gibt verstohlene Blicke, es wird geflüstert. Ignazziddu ist ihr sehr nervös vorgekommen, beinahe mürrisch, und auch ihre Mutter hat Andeutungen ihr gegenüber gemacht, jedoch schnell wieder das Thema gewechselt. Im Strudel der Verpflichtungen, der sie mit sich gerissen hat – den Kindern gegenüber, bei den Empfängen im Palazzo Butera, bei Wohltätigkeitsbesuchen –, hat sich nie die Gelegenheit zu einem direkten Gespräch mit ihrem Vater ergeben, um zu begreifen, ob denn wirklich etwas mit ihm nicht in Ordnung war.

Und so wird Giulia an einem kalten und klaren Nachmittag kurz nach Neujahr in der Olivuzza vorstellig, von einer Sonne beschienen, die nicht wärmt, erfüllt von einer bangen Vorahnung, die von ihrem schlechten Gewissen noch genährt wird. Giovanna ist nicht da; sie sitzt am Sterbebett der Fürstin von Cutò, die mittlerweile nicht mehr bei Bewusstsein ist.

Ohne sich ankündigen zu lassen, betritt Giulia das Arbeitszimmer. Doch am Schreibtisch sitzt niemand. »Wo ist mein Vater?«, fragt sie etwas barsch einen Dienstboten, der gerade die Kassenbücher im Bücherschrank abstaubt. Der Mann schaut sie unsicher an. Dem Senator geht es nicht gut, und alle im Haus wissen das. Doch das ist etwas, über das nur hinter vorgehaltener Hand gesprochen wird.

»Wo ist er?«, beharrt Giulia.

Der Mann hat keine Gelegenheit mehr zu antworten, denn auf der Schwelle des Zimmers steht Vincenzino mit verstrubbeltem Haar und einem Zeichenbuch unter dem Arm. Er betritt das Arbeitszimmer, zupft sie am Kleid. »Giulia! Ich gehe gerade zu ihm. Komm mit.«

Der kleine Junge streckt ihr die Hand hin, und seine Schwester ergreift sie. Oft haben sie sich in letzter Zeit nicht gesehen, sie und dieser kleine Teufel mit den dunklen Augen: Immerhin liegen dreizehn Jahre Altersunterschied zwischen ihnen. Als sie damals geheiratet hat, war er gerade mal zwei Jahre alt, und dem Alter nach ist er ihren Kindern näher als ihr selbst.

»Wie geht es Papa?«, fragt Giulia leise.

Vincenzino hebt die Schultern. Er hält sich an ihrer Hand fest. »*Accussì.* Geht so.«

Als sie beim Zimmer ihres Vaters ankommen, klopft Giulia.

»Herein«, tönt es von drinnen.

Giulia zögert, die Hand auf der fein geschmiedeten Messingklinke, und ihr Mund wird bitter. Die Stimme ihres Vaters war immer tief und selbstsicher. Jetzt hingegen ist sie schwach, unsicher.

Er sitzt in einer Hausjacke im Sessel. »Hast du verstanden, Nanài?«, sagt er gerade zu seinem Kammerdiener. »Um neun Uhr pünktlich will ich die Kutsche sehen. Und erinnere Ignazziddu daran, dass er auch kommen soll. Laganà erwartet uns an der Piazza Marina, und …« In diesem Moment schaut er auf und erblickt Giulia. Sein Gesicht öffnet sich zu einem Lächeln, und er steht auf, kommt ihr entgegen.

Sie schließt ihn in die Arme.

Und begreift.

Sie schmiegt das Gesicht in das Samtrevers ihres Kleides, bildet rasch einen Schutzwall um sich auf, um sich die Angst nicht anmerken zu lassen, die sie auf einmal durchströmt. Giulia hat gespürt, wie mager und zerbrechlich Ignazios früher so stabiler, kräftiger Leib geworden ist. Sie riecht ihn auch, diesen Geruch, den sogar sein vertrautes Kölnischwasser, das Eau de Cologne des Princes, gekauft in Paris bei Piver, nicht überdecken kann. Sie hat gesehen, wie schwer es ihm gefallen ist, die Arme zu heben, als kostete ihn selbst diese kleine Bewegung zu viel Kraft.

Giulia löst sich aus der Umarmung, schaut ihn an. Ihre Augen füllen sich mit Tränen. »Papa ...«

Vincenzo beobachtet die Szene, einen Buntstift zwischen den Zähnen. Sein Blick aus schmalen Augen wandert vom Vater zur Schwester.

Ignazio bedeutet Giulia mit einem flehenden Blick, nichts zu sagen, ruft dann den Jungen zu sich, der es sich bereits auf dem Sessel seines Vaters gemütlich gemacht hat. »Warum gehst du nicht runter in die Küche und bittest die Köchin, uns etwas zu essen zu bringen, hm, Vice'?«, sagt er.

Der Junge reißt die Augen auf. »Ich weiß, dass es frische Taralli gibt, es riecht überall danach«, ruft er aus und springt vom Sessel. Jeder weiß, wie sehr er die knusprigen Gebäckkringel liebt. »Für dich Milch, Papa?«

»Ja, bitte.«

»Taralli?«, unterbricht ihn Giulia. »Aber die gibt's doch nur an Allerseelen!«

Vincenzino zuckt mit den Achseln. »Für mich machen sie sie trotzdem«, erwidert er mit einem schalkhaften Blitzen in seinen Augen. Und schon ist er hüpfend aus der Tür.

»Ihr verwöhnt diesen kleinen Kerl viel zu sehr«, kommentiert sie, während Nanài ihr einen Stuhl bringt.

»Deine Mutter vor allem. Sie kann ihm nichts abschlagen.«

Nanài wechselt einen Blick mit seinem Herrn und macht dann die Tür hinter sich zu.

»Also, was geht hier vor?«, fragt Giulia, während ihr Vater sich wieder setzt. Die Panik in ihrer Stimme lässt sich nicht mehr verbergen. Sie beugt sich zu ihm, nimmt seine Hände.

»Nichts, nichts. Ich war krank, eine Art Vergiftung der Nieren ... Aber jetzt geht es mir besser«, antwortet er ihr und legt ihr einen Finger an die Lippen, um sie zum Schweigen zu bringen. »Sie haben mir Stärkungsmittel verabreicht, dann musste ich Wasser mit irgendwelchem Gebräu trinken … Schließlich haben sie mir Milch gegeben, als hinge ich noch an der Mutterbrust. Aber die Diät, die sie mir verschrieben haben, scheint anzuschlagen. Ganz bei Kräften bin ich noch nicht, aber ich weiß, dass ich auf dem besten Wege bin.«

Giulia schiebt ihm eine Haarsträhne aus der Stirn und sucht verzweifelt auf seinem Gesicht nach einem Zeichen, nach einer Spur Wahrheit in dem, was er da sagt. Doch sie findet sie nicht. Also sucht sie weiter. Sie nimmt sein Gesicht in beide Hände, blickt prüfend in die Augen ihres Vaters und erkennt das, was da versteckt ist, unter der Lüge, die er sich selbst und anderen auftischt.

Angst. Sorge. Resignation.

Auf einmal ist da eine kalte Stelle in ihr, wie eisiges Quellwasser, das irgendwo in ihrem Inneren entspringt. »Und *maman*, was sagt sie?«

Er zuckt mit den Achseln. »*Scantata è.* Sie hat Angst. Aber ich habe nicht vor, mich unterkriegen zu lassen.«

Auf einmal steht das Bild eines Olivenbaums vor Giulias innerem Auge, eines hohen, kräftigen Olivenbaums. Eines Baumes, der – wie ihr Vater immer gesagt hat – nicht einmal dann stirbt, wenn man ihn an der Wurzel abschneidet. Doch *dieser Olivenbaum* hier, er verkümmert vor ihren Augen, als würden seine Lebenssäfte austrocknen, als wären seine Wurzeln nicht mehr dazu in der Lage, Nahrung aus dem Boden zu ziehen. »Und die Ärzte?«

»Sie sagen, dass es mir allmählich besser geht. Aber noch vor ihrer Meinung zählt das, was ich sage. Und ich sage, es geht mir besser.« Als wollte er dieser Aussage Nachdruck verleihen, schlägt er sich mit der Hand auf die Brust. Dann fährt er, betont heiter, fort: »Ich muss so bald wie möglich wieder auf die Beine kommen: Du weißt ja, dass die Casa Florio die Schirmherrschaft über die Nationalausstellung im November, hier in Palermo, hat …« Und mit einem Lächeln fügt er hinzu: »Palermo, wie Mailand, wie Paris, stell dir vor! Du solltest mal sehen, was Basile gerade alles für uns auf die Beine stellt. Wundervoll, seine Projekte. Der Pavillon am Eingang zum Beispiel nimmt Elemente der maurischen Architektur auf, und es wird sogar einen Aussichtspunkt geben, von dem aus man die ganze Stadt bewundern kann.«

»Der Architekt Giovan Battista Basile? Aber ist der nicht viel zu alt für eine solche Aufgabe?«, fragt Giulia. Sie ahnt die Antwort bereits, freut sich aber zu sehen, wie verändert ihr Vater ist, wenn er mit ihr über seine Geschäfte spricht. Sein Blick leuchtet wieder, das Kreuz ist durchgedrückt, und seine Stimme klingt so frisch und lebendig wie früher.

»Nicht er. Ernesto, sein Sohn. Dem Vater geht es allem Anschein nach nicht gut. Aber er hat die Pavillons im arabisch-normannischen Stil entworfen, mit kleinen Kuppeln über den Türen und einem großen Eingang, gegenüber von seinem neuen Theater, dem Vittorio Emanuele.«

Giulia lässt die Hände ihres Vaters los und verschränkt die Arme vor der Brust. »Ach, ich habe etwas über die Nationalausstellung gehört. Vorgestern ist bei uns zu Hause der Präfekt gewesen und hat ein längeres Gespräch mit Pietro geführt. Er hat ihm gesagt, der Fürst von Radalì sei sehr zufrieden mit der Angelegenheit. Offenbar zählt er bereits das Geld, das in seine Taschen fließen wird.«

Ignazio schaut sie von der Seite an und lächelt. Mit ihrer ruhigen und zurückhaltenden Art hat Giulia schon immer die wirklich wichtigen Botschaften in einem Gespräch aufgenommen. Einen schwindelerregenden Moment lang stellt er sich vor, sie würde die Casa Florio leiten, würde sie dank ihrer Intuition und dem Scharfsinn, die sie in den vergangenen Jahren an den Tag gelegt hat, wachsen und gedeihen lassen. *Nicht so wie Ignazziddu, der nur Flausen im Kopf hat …* Doch dann schüttelt der Vater den Kopf, als wollte er sich von dieser absurden Idee befreien. »Radalì war schlau, meine Tochter«, erwidert er. »Er hat uns unentgeltlich die Nutzung seines *firriato*, seines Weingutes, in Villafranca genehmigt, eines Anwesens, auf dem vor allem Zitrusfrüchte angebaut wurden, weil er sehr wohl weiß, dass er, wenn die Ausstellung beendet ist, seine Grundstücke für jeden nur erdenklichen Preis verkaufen kann. Er wird tatsächlich jede Menge Geld damit machen.«

Giulia nickt. Sie ist froh darüber, dass die Krankheit ihres Vaters vorerst nicht mehr im Mittelpunkt des Gespräches steht. »Er ist kein Dummkopf: Einerseits besitzt er ein Theater, andererseits die Via della Libertà und am anderen Ende die Grundstücke, Hotels und die neuen Gärten, zusammen mit der Straße, die zum Parco della Favorita führt. Er kann dort machen, was er will.«

»Durchaus.« Ignazio streckt sich. »Palermo kann uns wieder einmal nur dankbar sein. Es ist wegen der Florios und ihrer Heiligen im Paradies, dass bestimmte Dinge Wirklichkeit werden. Weißt du, in Rom wollte niemand, dass die Ausstellung hier in Sizilien stattfindet: Es sei viel zu weit weg, hieß es, und der Transport per Schiff viel zu teuer … Das heißt, der Transport mit unseren Schiffen, und das ist für viele *un'arrinescinu ad agghiuttere*, eine Kröte, die sie schlucken müssen.« Er macht eine Pause, trinkt ein Glas Wasser. Die innere Unruhe, die sich einen Moment lang gelegt zu haben schien, ist wieder da. »Die Florios machen die gesamte Organisation. Den Florios gehören die Schiffe, auf denen die Aussteller und ihre Waren eintreffen. Die Florios haben die größten Pavillons mit Thunfisch, mit Marsala und den Maschinen der Oretea.« Ignazio lächelt, schaut auf den Boden seines geleerten Glases und betrachtet das Muster seines Morgenrocks. Es ist ein wie abwesendes, schiefes Lächeln. »Und wir wiederum dürfen Anwalt Crispi dankbar sein«, schließt er.

Giulia zieht die Augenbrauen hoch, nickt dann langsam. Francesco Crispi, er ist die Schutzgottheit der Casa Florio im Allgemeinen, doch auch ihre ganz persönliche; das hat sie bereits vor fünf Jahren, am Tag ihrer Hochzeit, begriffen, als ihr Vater ihr erklärt hat, es sei Crispi gewesen, der die Paragrafen des Ehevertrages aufgesetzt habe, die ihre Mitgift betreffen. »*Caciettu*, sicher. Aber ohne dich hätte er das alles nicht geschafft«, sagt die junge Frau lakonisch und ohne Umschweife. Der Wille jenes Politikers wäre nutzlos ohne das Geld der Florios.

Ignazio will darauf gerade etwas sagen, als Vincenzino hereinkommt, mit einer Serviererin im Schlepptau, die ein Tablett mit Milch und den gepriesenen Keksen trägt.

Giulia dankt ihr und nimmt sich ein Tarallo: einen weichen Keks mit Zitronenglasur, den man eigentlich nur zu Allerseelen bäckt. Doch in diesem Hause weiß jeder, dass Vincenzino das Gebäck liebt, und so wird gerne einmal eine Ausnahme für ihn gemacht … *Vielleicht sind es zu viele Ausnahmen, die gemacht werden*, denkt Giulia und zieht die

Stirn in Falten. Doch kaum hat sie das andere Tellerchen auf dem Tablett entdeckt, muss sie lachen. »*A' pignuccata!* Noch viel besser!« Sie nimmt sich eines der mit Honig überzogenen Teigbällchen und steckt es sich in den Mund. Dann leckt sie sich die Finger, was ihr kleiner Bruder ihr gleich nachtut.

Ignazio sieht die beiden an, und ihm wird warm ums Herz. Er sieht Giulia als kleines Mädchen wieder, und zum ersten Mal nach langer Zeit ist da auch *sein* Vincenzino an ihrer Seite, jenes Kind, dem es verwehrt blieb, erwachsen zu werden. Er erinnert sich an ihre Spiele im Park, an ihr Lachen, an ihr Schnaufen und Seufzen im Schlaf, an all ihre kleinen Streiche, die Giovanna manchmal schier in den Wahnsinn trieben.

Er ist nicht mehr da.

Was nun *diesen* Vincenzino angeht, so kann er ihn immer nur aus der Ferne anschauen. Er ist zu lebhaft, immer in Bewegung, und Ignazio kann ihm nicht mehr folgen, so viel Anstrengung kostet es ihn, wieder zu Kräften zu kommen. Er nimmt einen Schluck Milch, hält erneut inne. Er beobachtet Giulia, die ihren kleinen Bruder mit Keksen füttert und ihm von seinen Neffen erzählt, die für ihn aufgrund des geringen Altersunterschiedes mehr wie Vettern sind. Er lauscht ihrem Lachen und fragt sich, wie viel von ihrem Leben er eigentlich verpasst hat. Wo sind sie geblieben, all die Jahre, in denen seine Kinder noch klein waren? Er war immer damit beschäftigt, sein Unternehmen wachsen zu lassen und endlich den Gipfel des Reichtums und der Macht zu erklimmen, den sein Vater bestenfalls kurz berührt hatte. Das hat ihm seine Mutter vor langer Zeit einmal gesagt: *Unter den Dingen, die verloren gehen, ist die Kind-*

heit unserer Kinder einer der schmerzlichsten Verluste. Das begreift Ignazio erst jetzt. Jetzt, wo daran nichts mehr zu ändern ist.

Und dieser Schmerz, er kommt noch zu jenem anderen, jenem namenlosen hinzu, der von einer Zeit erzählt, die hätte sein können und die doch nicht war, von einem Glück, dem er den Rücken zugekehrt hat und der im Reich der verlorenen und deshalb vollkommenen Dinge zum glitzernden Kristall versteinert ist.

Einen Moment lang verschwindet der Duft der Taralli, und an seine Stelle tritt der nach Nelken und nach einem Sommer in Marseille.

Dann ist er wieder verflogen.

Die Wochen vergehen, der Winter liegt in den letzten Zügen. Ignazio kommt wieder auf die Beine, versucht sich voll seinen Geschäften zu widmen. Er plant sogar nach Rom zu fahren und schreibt diesbezüglich Adele Damiani, seinem Freund, dem Senator.

Doch sein Körper ist anderer Meinung.

Das bemerkt er eines Morgens, nach einer durchwachten Nacht, in der ihm urplötzlich auftretende Rückenschmerzen, begleitet von Brechanfällen, den Schlaf geraubt haben. Als er versucht, vom Bett aufzustehen, dreht sich alles um ihn, die Beine geben nach. Er schaut auf seine Hände und sieht, dass sie zittern. Er taumelt in Richtung Frisierkommode, wobei er sich zuerst an der Bettkante und dann am Sessel festhalten muss, und will sich im Spiegel anschauen.

Doch da ist er nicht mehr.

Denn dieses Gespenst mit den eingefallenen Wangen, das kann nicht er sein, denkt er erschrocken. Dieses ausgemergelte Gesicht, dieser Körper, wie verloren im Nachthemd, diese fahle, gelbliche Haut. Nichts davon hat etwas mit ihm zu tun.

Er ruft nach Nanài, einmal, zweimal. Auf den dritten Ruf kommt der Kammerdiener endlich, und als Ignazio den Blick sieht, den der Diener auf ihn richtet, weiß er Bescheid. Er weiß, dass nicht mehr viel Zeit ist, dass diese Sache, die ihn von innen vergiftet, entschlossen ist, ihn mit sich fortzureißen, und zwar in Windeseile.

»*Chiama e me' mugghiere*, ruf meine Frau«, murmelt er. »Und ruf auch den Arzt.«

Nur wenige Augenblicke später wird die Verbindungstür zwischen Ignazios und Giovannas Zimmer aufgerissen. Seine Frau – im Morgenrock und mit aufgelöstem Zopf – durchquert stolpernd in Pantoffeln das Zimmer.

Als sie ihn sieht, schlägt sie die Hand vor den Mund. »So warst du gestern nicht«, murmelt sie.

Ignazio bleibt reglos, sagt nichts. Es würde ihn zu viel Kraft kosten.

Sie erwidert seinen Blick. Giovanna ist stark. Doch sie ist auch verängstigt. »Etwas … Es muss heute Nacht etwas passiert sein.«

Als die beiden Ärzte eintreffen, horchen sie ihn ab, nehmen Blut und Urin in der Hoffnung, die Untersuchung würde ihnen irgendwelche Erkenntnisse bringen. Doch dafür braucht es Zeit. Wären sie woanders, zum Beispiel in einer Stadt im Norden, stünden ihnen ganz andere Möglichkeiten zur Verfügung, aber hier …

Kaum haben sie ihre Visite beendet, treten sie zu Giovanna, die in den Park gegangen ist, weit weg von indiskreten Lauschern. Die beiden Doktoren sehen sich verlegen an, suchen nach den richtigen Worten, so behutsam und so wenig grausam wie möglich. Doch sie zögern.

Giovanna genügt ein Blick, und sie hat verstanden.

Und sie hat nur einen Gedanken: Sie will es nicht wissen.

Sie fährt herum, sucht nach Ignazziddu und trifft ihn im Arbeitszimmer seines Vaters an, über Papiere gebeugt. Sie bittet ihn, fleht ihn an, er solle doch mit den Ärzten reden, denn es könne doch nicht sein …

Die beiden Ärzte stehen immer noch im Garten und schauen sich ratlos um, sie wissen nicht, was sie tun sollen. Dann tritt endlich der Sohn zu ihnen, und mit ihm sprechen sie.

Der junge Mann lauscht ihnen mit gesenktem Kopf. Als er hört, was sie sagen, ist es, als würde der Himmel ihn zerschmettern, als würden die Bäume im Park auf ihn herabstürzen, und die Erde würde beben. Er sagt, man werde ihnen zwei Zimmer zur Verfügung stellen, dort in der Olivuzza. Es komme nicht infrage, dass sie sich lange Zeit entfernten, nicht bei *diesem* Patienten, nicht in *diesem* Zustand.

Er geht ins Haus, gibt den Dienstboten Anweisungen, verabschiedet die Ärzte mit einem Händedruck, flieht dann erneut in den Park.

Niemand hält ihn auf.

Taumelnd geht er durch den Garten, die Arme ausgebreitet, als suchte er Trost in einer Umarmung.

Er weint.

Einen Bruder hat er bereits verloren, und er erinnert sich noch gut daran, er weiß, was es bedeutet, wenn man ein

Stück seines Lebens zu Grabe trägt, und das will er nicht noch einmal zulassen. Er kennt ihn genau, den Geruch jener Trauer – den Duft der Lilien, die Vincenzos Sarg umgaben. Sein Vater ist nur etwas mehr als fünfzig Jahre alt, er kann nicht einfach so gehen.

Es ist zu früh, viel, *viel* zu früh.

Was soll ich nur tun?, fragt er sich. Er weint, er schluchzt, während seine Mutter in ihrem Zimmer in Donna Ciccias Armen liegt und weint.

Doch er kann nur an den Schmerz denken, der in ihm wütet.

Während draußen der Frühling schüchtern Einzug hält, spürt Ignazio, wie das Leben sich von ihm löst, als wäre es ein Mantel, den er ausziehen muss. Er ist allein im Zimmer, tief im Sessel neben dem Fenster versunken. Die Luft ist mild, und sie duftet nach Heu und Blumen. Das Summen der Insekten im Garten wird vom Gezwitscher der Vögel in der Voliere und Vincenzinos Schreien durchbrochen, der auf seinem Hochrad durch den Park fährt.

Es ist März, und er spürt es, riecht den würzigen Duft der Erde, die von der Sonne gewärmt wird. Oh, es wird auch noch kalte Tage geben, das ist immer so. Doch die Herrschaft des Winters ist vorüber, und schon bald wird es Knospen an den Zweigen der Bäume geben, die Rosenstöcke werden blühen, die Pomelien werden mit vielen weißen Blüten bedeckt sein, und in seinem geliebten Orangenhain bei der Villa dei Colli werden die Bäume ihre letzten Früchte tragen.

Ihm bleibt nicht mehr viel Zeit.

Ein so roher, so harter Gedanke, dass die Verzweiflung über ihn hereinbricht.

Alles. Er ist dabei, alles zu verlieren.

Seine Söhne, die er nicht weiter heranwachsen sehen wird und denen er weder Ratschläge geben wird noch ihrem weiteren Weg folgen: Vincenzino, der noch so klein ist, aber auch Ignazziddu, der noch viel zu lernen hat und dem die Demut fehlt, es auch zu tun. Seine Frau Giovanna, für die er, wenn nicht Liebe, so doch eine tiefe Zärtlichkeit empfindet, für die großzügige Ergebenheit, die sie ihm immer entgegengebracht hat. Doch auch Favignana wird er verlieren, die schroffe Erhebung von Marettimo und die zarte von Levanzo, die man beide erst erkennt, wenn man um Favignana herumfährt, wenn die Boote für die Mattanza zu Wasser gelassen werden, jene schwarzen Ungetüme, die das tiefe Blau der Wellen durchstoßen, bevor es sich zu Blutrot verfärbt. Das pudrige Weiß der Tuffhöhlen. Den Geruch des Meeres, der sich mit dem des Thunfischs mischt. Und auch das: die Weinkellerei in Marsala mit ihren Tuffmauern, an denen das Meer nagt, das Eisen, das in der Oretea geschmiedet wird, die Schornsteine der Schiffe der NGI …

All das wird er verlieren, und er kann nichts dagegen tun, denn er weiß, der Tod holt die Menschen nackt und rein, so wie sie auch das Leben betreten. Und weil sein Wille nichts gegen das Schicksal ausrichten kann.

In seinem Mund ist der bittere Geschmack von Galle, und er scheint sich mit Tränen zu mischen. In letzter Zeit weint er oft, mehr, als ihm lieb ist, doch wie kann er es verhindern? Ignazio weint stumm und spürt, wie ihm die Verzweiflung durch die Adern rinnt, bis in die Knochen dringt und ihn völlig entkräftet zurücklässt, ein Wrack, das zum Spielball der Wellen wird.

Natürlich wird er weiter so tun als ob, wird allen sagen, dass er wieder auf die Beine kommt, dass die Ärzte eine neue Kur finden werden, die ihn heilen wird. Natürlich wird er bis zum Ende kämpfen, aber sich selbst kann er nicht anlügen.

Er liegt im Sterben.

Und dieser Gedanke – ja, diese Gewissheit – zerstört ihn.

Sein Leben war ein Leben der Arbeit, genau wie das seines Vaters. Eine Existenz, die ganz und gar einem Gedanken gewidmet war: die Florios immer noch reicher, noch mächtiger und noch wichtiger zu machen als jeden anderen. Und so ist es gewesen. Es ist ihm gelungen.

Und jetzt?

Und jetzt, wo er es bewiesen hat?

Und jetzt, wo er kein Projekt mehr hat, kein Amt mehr, keine geschäftliche Angelegenheit, der er seine ganze Zeit und Energie widmen kann?

Ich habe die Hände voller Dinge und ein leeres Herz. Ideen und einen Willen habe ich immer noch, und wie gern würde ich bei meiner Familie bleiben, meine Enkel aufwachsen sehen und einfach dem Leben folgen, so wie es sich eben entwickelt.

Doch nein.

Die Verzweiflung steigt in seiner Kehle auf, nimmt ihm den Atem.

Und jetzt, wo ich gehe – was bleibt?

Die Wochen vergehen, es wird Mai.

Ignazio hat nicht einmal mehr die Kraft, im Sessel zu sitzen.

Von der Schwelle zu seinem Zimmer sieht Giovanna dabei zu, wie Nanài und ein anderer Dienstbote ihn waschen. Sie betrachtet das reglose Gesicht ihres Mannes, sieht ihm an, wie sehr er sich dafür schämt, sich wie ein kleines Kind pflegen zu lassen, eine peinliche Berührtheit, die noch schlimmer ist als der körperliche Schmerz, den er sicher auch empfindet.

Einen Schritt von ihr entfernt steht Ignazziddu. Er hat den Arm um die Schulter seiner Mutter gelegt und versucht das Unbehagen zu verbergen, das es ihm bereitet, zu sehen, wie andere Menschen sich an seinem Vater zu schaffen machen. Er wendet das Gesicht ab, murmelt, er müsse in das Büro an der Piazza Marina gehen, um nach dem Rechten zu schauen, und dann zum Banco Florio, um alle zu beruhigen.

Ignazziddu flieht. Er flieht vor dem Schmerz, der ihm unerträglich ist.

Ignazio hat es gesehen.

Er schüttelt leicht den Kopf, versucht sich den Wellen des Schmerzes entgegenzustemmen, die sich über ihm brechen. Er betet darum, dass sein Sohn irgendwann seine Ängste abschütteln kann und doch noch ein guter Geschäftsmann wird. Bei dem Gedanken kommt ihm eine Idee, und er wendet sich an seine Frau.

»Giovannina … ruf einen Notar.«

Sie beschränkt sich auf ein Nicken.

Notar Francesco Cammarata kommt, als es dunkel wird. Er nimmt Ignazios Letzten Willen zu Protokoll: Das Vermögen wird unter den beiden männlichen Erben, Ignazziddu und Vincenzo, aufgeteilt. Er weiß, dass Ignazziddu noch nicht bereit ist, dass er starke Zähne, *scagghiuna*, brauchen wird, um sich durchzubeißen und nicht selbst aufgefressen zu werden, und dass sein Sohn, der gegen seinen Willen zum Stammhalter geworden ist, vielleicht gar nicht das nötige Geschick besitzt, um die Casa Florio zu leiten. Doch es geht nicht anders. Weiterhin ordnet er an, Giovanna eine Leibrente zu zahlen, und teilt Giulia einen Anteil an seinem Vermögen zu. Auch die Dienstboten und einige Arbeiter bedenkt er mit einem Legat.

Giovanna sitzt hinter der Tür, neben Donna Ciccia, und lässt die Glieder ihres Rosenkranzes aus Koralle und Silber durch ihre Finger gleiten, fast ohne die Lippen zu bewegen. Sie betet, auch wenn sie selbst kaum weiß, warum. Vielleicht um ein Wunder. Oder sie betet um die Vergebung von Sünden, von denen sie nicht einmal weiß, dass sie sie begangen hat. Vielleicht betet sie um Erleichterung, um Trost. Oder darum, dass ihr Mann endlich Frieden findet.

Als der Notar aus dem Zimmer kommt, begleitet Donna Ciccia ihn zur Tür. Giovanna bleibt auf der Schwelle zu Ignazios Zimmer stehen, eine Hand an den Türsturz gelegt, mit der anderen presst sie den Rosenkranz an ihre Brust.

Ignazio dreht den Kopf auf dem Kissen, erblickt sie. Er bedeutet ihr, näher zu kommen.

»Ich hab an dich gedacht«, sagt er zu ihr und versucht zu lächeln. Seine Lippen sind aufgesprungen, der Bart fast völlig grau.

»Ich denke auch an dich«, antwortet sie und hebt den Rosenkranz. »Du musst wieder gesund werden. Du wirst wieder gesund. *U' Signuri m'avi a fari 'sta grazia.* Der Herr muss mir diese Gnade gewähren.«

Er drückt ihr die Hand, weist mit dem Kinn in Richtung Tür. »*U' sacciu*, ich weiß. Und jetzt lass mich schlafen. Wenn Ignazziddu zurück ist, sag ihm, er soll zu mir kommen und mir berichten, was bei der NGI los ist. Er muss auch an Crispi schreiben und ihn an die Erneuerung der Postverträge erinnern.«

Sie nickt und schluckt ihre Tränen herunter. In ihr steigt eine Mischung aus Wut und Bitterkeit auf, zusammen mit dem Gefühl, zum unzähligsten Male den Vorrang im Leben ihres Mannes verloren zu haben.

Die Casa Florio geht vor Gott, vor der Familie, vor den Kindern. Die Casa Florio steht immer an erster Stelle.

Ignazio bleibt allein zurück. Er schläft ein, fällt in einen tiefen, schweren Schlaf, der seiner Erschöpfung ebenso geschuldet ist wie dem Laudanum, das ihm zur Linderung seiner Schmerzen seit einigen Tagen verabreicht wird.

Im Halbschatten des Zimmers brennt nur eine kleine elektrische Lampe an der Wand und taucht mit ihrem Lichtschein alles in einen gelben Schimmer.

Ein leises Geräusch weckt ihn. Es ist das Rascheln eines Rocks, das aus der dunkelsten Ecke des Zimmers kommt, ein vertrauter und uralter Klang, der sein Herz höherschlagen lässt.

Er öffnet die Augen, blickt suchend ins Halbdunkel. Er hebt sogar den Kopf, um besser zu sehen.

Dann erblickt er sie, lässt den Kopf wieder sinken.

Es konnte nur sie sein.

Die Gestalt kommt mit kleinen, leisen Schritten aufs Bett

zu. Ein Schopf aus blonden, leicht rötlichen Locken. Milchweiße Haut. Ein Lächeln, das auf den schmalen Lippen kaum erblüht.

Ihr Duft: frisch, sauber. Nelke.

Camille.

Es ist, als wäre sie wieder zwanzig Jahre alt. Sie trägt das gleiche Kleid wie damals in Marseille, im Sommer 1856, als sie einander zum ersten Mal begegnet sind.

Sie setzt sich auf die Bettkante, streckt die Hand nach ihm aus. Die Matratze sinkt nicht ein unter ihrem Gewicht, und ihre Hand zerknittert auch nicht den Stoff. Doch ihre Berührung ist warm, und ihr Blick – *jener* Blick – ist voller Mitgefühl und Liebe. Die himmelblauen Augen sind nicht mehr vom Weinen oder von Wut gerötet, sondern scheinen vom Licht des Verzeihens erhellt, das Ignazio – so denkt er einen Moment lang – gar nicht verdient hat. Dann begreift er und schließt die Augen. Jetzt hat er verstanden, dass die Liebe, die wahre Liebe, die nicht stirbt, nur dann existiert, wenn sie von Verzeihen begleitet wird. Und dass jeden von uns eine Reue plagt, die nach Erlösung sucht.

Er kostet diese Berührung aus, atmet tief das Aroma jener Blüten ein, das den Odem seiner Krankheit verscheucht.

Er könnte nicht sagen, ob es wirklich Camille ist, die da sitzt, oder nur ein Hirngespinst aus jener Region zwischen Schlafen und Wachen. Doch er weiß, dass er aufgehört hat, Angst zu haben, und dass die Wunde, die er schon seit Jahren in sich trägt, dieses ausgebliebene Verzeihen von ihr für all das, was er ihr angetan hat, diese Leere, einer Abwesenheit geschuldet, zu der er selbst sich gezwungen hat, nicht mehr da ist. Und auch sein Schuldgefühl gegenüber Giovanna wird milder, schwächer, denn jetzt hat Ignazio begriffen, dass man zur gleichen Zeit verschiedene Arten von Liebe empfinden kann und dass man einfach nur annehmen muss, was man empfindet und was man wie ein Geschenk empfängt. Dass er vielleicht einen Fehler gemacht hat, doch nicht mehr die Zeit ist, ihn wiedergutzumachen, und dass er jetzt nur noch verzeihen und sich verzeihen lassen kann.

Jetzt spricht sie zu ihm.

Er schließt die Augen. Er gibt sich dem Klang ihrer Stimme hin, die den Klang der Erinnerung hat, jenen geflüsterten französischen Worten, die sein Herz streicheln und einigen wenigen Tränen gestatten, seine Seele reinzuwaschen, bevor sie unter seinen Lidern hervorquellen. Und endlich erlaubt er sich, in Frieden zu sein.

In der Olivuzza scheint die Zeit langsamer zu vergehen, und manchmal hat es den Anschein, sie würde ganz stillstehen und warten.

Vincenzino hat mit seinem Geigenunterricht aufgehört. Er geht auf Zehenspitzen am Zimmer seines Vaters vorbei, begleitet von seiner Gouvernante, die ihn daran hindert, das Zimmer zu betreten, um ihn »nicht zu stören«. Und so lebt er, ein Junge von gerade einmal acht Jahren, in einem Zustand namenlosen Schreckens, einer Angst, die sich auch im verzweifelten Gebaren seiner Mutter spiegelt, die immer trauriger und abwesender wird, stets mit dem Rosenkranz in der Hand, ins Gebet vertieft, von Donna Ciccia verfolgt, die sie anfleht, etwas zu essen und sich wenigstens ein bisschen auszuruhen.

Der Einzige, der sich seiner annimmt, ist Ignazziddu, der

jedoch schon am frühen Morgen das Haus verlässt, um zur Oretea oder ins Büro an der Piazza Marina zu gehen, oder wer weiß wohin, und oft auch am Abend noch in seinen Klub geht und erst spät, sehr spät, zurückkommt. Doch auch sein großer Bruder hat angespannte Züge, und Vincenzino bemerkt es.

Er möchte ihn fragen, möchte wissen, möchte begreifen, doch er weiß nicht so recht, welche Fragen er stellen soll. Ihm ist klar, dass etwas Schlimmes vorgeht, doch er ist immer noch ein Kind und kann sich keinen Reim auf das machen, was er um sich herum wahrnimmt.

Er weiß nur, dass sein Bruder dem Haus entflieht, sobald er kann.

Dann holt ihn eines Abends die Gouvernante in seinem Zimmer ab. Er ist schon im Bett und reibt sich verschlafen die Augen.

Die geröteten Augen der Frau sind das letzte Steinchen des Mosaiks, das er sich zurechtgelegt hat.

Denn in diesem Moment begreift Vincenzo.

Sein Vater liegt im Sterben.

Der Tod – das sind für ihn die Grabsteine in der Familiengruft von Santa Maria di Gesù, hinter denen, wie man ihm gesagt hat, seine Großeltern liegen oder auch jener Bruder, der genauso hieß wie er und dessen Platz er eingenommen hat, was ihm mit der intuitiven und wilden Art von Kindern bewusst ist. Dieser andere Vincenzo ist für ihn ein Bild, eine Fotografie, die seine Mutter auf ihrer Spiegelkommode stehen hat und jeden Tag betrachtet. Und so stellt er ihn sich vor, diesen Bruder: bleich, schlafend, mit Staub bedeckt inmitten von Girlanden aus Seidenblumen, wie eine Puppe aus Porzellan.

Die Gouvernante hilft ihm dabei, seinen Morgenrock anzuziehen, und begleitet ihn zum Zimmer seines Vaters. Er tritt ein. Es riecht nach abgestandener Luft, nach Schweiß, nach Angst. Neben dem Bett steht seine Mutter, die dem Vater die Hand hält und in der anderen ein Taschentuch hat. Ein Priester mit violetter Stola legt das Salböl und das Messbuch beiseite.

Ignazio ist kaum mehr als ein Umriss unter dem Laken. Wie durchsichtig aufgrund der Krankheit ist seine Haut von einem Netz aus bläulichen Adern durchzogen. Auf dem Nachttisch steht eine Tasse Milch mit einem Löffel.

Vincenzino lässt die Hand der Frau los und tritt ans Bett. Er nimmt eine Hand seines Vaters und legt sie an seine Wange, als wollte er ihn bitten, ihn zu streicheln, obwohl sein Vater immer sparsam mit Zärtlichkeiten war.

Die Hand ist heiß, glühend heiß.

»Papa.« Vincenzino hat Angst. Er muss Luft holen und drängt dabei die Tränen zurück, die ihm die Kehle verbrennen.

»Vincenzo …«, murmelt Ignazio. »Mein Sohn.« Seine Stimme ist kaum mehr als ein Krächzen. Sein Blick wird lebendig, ein zärtliches Lächeln spielt um seine Lippen. Er streichelt seinem kleinen Sohn über die Wange, übers Haar. Auf der anderen Seite entringt sich Giovannas Kehle ein Schluchzen.

»Du wirst sein wie mein Vater. Wie er.«

Dann blickt Ignazio auf einen Punkt hinter Vincenzo, und sein Lächeln wird breiter. Der Junge spürt, wie sich die Finger seines Bruders auf seine Schulter legen und sie so fest drücken, dass es fast wehtut.

»Ein Ignazio und ein Vincenzo.« Ignazios Worte sind wie

ein Hauch. Der letzte Hauch. »So wie es schon zu Beginn war und wie es sein soll.«

Als sich am 17. Mai 1891 die Nachricht vom Tode Ignazio Florios wie ein Lauffeuer verbreitet und die Gießerei Oretea erreicht, fallen sich die Arbeiter ungläubig in die Arme und brechen in Tränen aus, als wäre nicht ihr Herr gestorben, sondern einer von ihnen. Die Matrosen der NGI verlassen die Schiffe und versammeln sich vor der Fabrik. Eine Menschenmenge aus Männern und Frauen, schluchzend und mit verweinten Augen, bewegt sich durch die Straßen, erreicht die große Villa, bleibt stumm vor den Gittertoren des Parks stehen und schaut sich die lange Reihe von Kutschen an, die vorbeifahren: Die wichtigsten Familien Palermos und dann von ganz Sizilien kommen, um Senator Florio die letzte Ehre zu erweisen, doch sie – die Arbeiter und Matrosen – sind seine Leute, seine Familie.

In der Villa herrscht ein großes Hin und Her, Dienstboten ziehen aus den Truhen Kleidung aus schwarzem Crêpe, sie verhängen Spiegel und schließen Fenster. Nur eines bleibt offen: das des Schlafzimmers von Ignazio, damit seine Seele davonfliegen kann, so wie es die Tradition will und wie Donna Ciccia es angeordnet hat, die noch lange neben seinem Bett stehen geblieben ist, stumm und reglos wie eine Statue, als könnte sie immer noch mit dem Mann sprechen, den ihre Schutzbefohlene geliebt hat und den sie, das weiß sie, auch bis ans Ende ihrer Tage lieben wird.

Ignazios sterbliche Hülle wurde mit einem schwarzen

Anzug von großer Eleganz bekleidet, einer Maßanfertigung von Henry Poole, dem renommiertesten Schneider an der Londoner Savile Row, einem Kleidungsstück, das Ignazio immer zu besonders bedeutenden gesellschaftlichen Ereignissen trug. Doch es ist kaum zu glauben, dass es wirklich sein Anzug ist, denn er ist ihm viel zu groß geworden.

Am Fußende des Bettes murmelt ein Priester Gebete, zusammen mit einer kleinen Schar Waisenkinder und Novizinnen aus dem nahen Kloster. In der Luft eine Mischung aus Weihrauch, Blumen und Kerzenwachs, so stark, dass es einem fast den Atem nimmt.

Nach der Segnung hat Donna Ciccia den Priester und seine kleine Schar zur Tür gebracht, während Vincenzino wieder auf sein Zimmer gegangen ist. Er ist untröstlich und hört nicht auf zu weinen, weshalb die Gouvernante bei ihm bleibt.

Giovanna, die in ihrem Kleid aus schwarzer Ripsseide noch zarter aussieht als sonst, irrt unsicheren Schrittes im Haus umher, knetet mit knochiger Hand den Stoff ihres Rockes. Ihr Blick ist wie verloren. Sie läuft den Dienstmädchen hinterher, gibt ihnen Anweisung, das Parkett und die Böden im Schachbrettmuster auf Hochglanz zu bringen und alles abzustauben; den Majordomus bittet sie, ein Kondolenzbuch herzurichten, damit jeder, der kommt, um sein Beileid auszusprechen, sich eintragen kann. Keiner soll sagen, die Florios wären jemals einen Dank schuldig geblieben.

Ignazziddu hingegen ist im Zimmer seines Vaters geblieben und sitzt zusammen mit seiner Schwester Giulia in einer Ecke. Die junge Frau trägt ein Kleid aus schwarzem Seidenkrepp und ein Hütchen mit Trauerschleier. Sie schaut Ignazziddu an. »Ich kann nicht glauben, dass er nicht mehr da ist.«

Ihr Bruder schüttelt den Kopf und murmelt: »Jetzt muss ich mich um die Familie kümmern. Ich. Verstehst du?«

Giulia richtet ihre hellen Augen auf ihn, die gleichen Augen, die auch ihre Großmutter hatte. Sie kann die Ängste ihres Bruders weder nachvollziehen noch rechtfertigen. Sie schluckt ihre Tränen hinunter, richtet sich auf und erwidert mit selbstsicherer Stimme: »Ja, du. Jetzt bist du Ignazio Florio.«

Ihr Bruder öffnet den Mund, um etwas zu sagen, doch in diesem Moment betritt Giovanna das Zimmer. »Es kommen die ersten Trauergäste, die Schwestern d'Ondes sitzen im Salon, zusammen mit deinen Verwandten«, erklärt sie, an Giulia gerichtet.

Sie nickt. »Dann gehe ich und empfange sie.«

Ignazziddu folgt ihr mit den Augen. Er weiß sehr wohl, dass Giulia immer stärker war als er, und sie weggehen zu sehen vergrößert seine Angst noch.

Jetzt macht ihm alles Angst.

Er verabscheut Beerdigungen, er hasst den Schmerz, der ihn verzehrt und jenes Gefühl des Verlassenseins wieder in ihm aufkommen lässt, das er damals empfand, als sein Bruder starb. Am liebsten würde er sich verkriechen, verschwinden, unsichtbar werden für alles und alle.

Und so zieht er seine Mutter, als sie ihn am Ärmel packt, in seine Arme. Es ist eine verzweifelte Umarmung, doch sie macht sich los, legt ihm die Hände auf die Schultern, schiebt ihn von sich. Dann richtet sie ihren Blick aus dunklen Augen auf ihn und flüstert: »Du darfst mich jetzt nicht allein lassen.«

Es sind genau diese Worte, durch die Ignazio plötzlich aufhört, Ignazziddu zu sein. In dieser wütenden, verzweifelten, unglücklichen Stimme liest er seine Zukunft.

Giovanna dreht sich um und schaut zu ihrem Mann, dem Mann, den sie so sehr geliebt hat und den nur der Tod von ihr wegholen konnte. Sie nähert sich ihm. Berührt seinen Ärmel. Dann sinkt sie auf die Knie, legt den Kopf einen Augenblick lang auf das Bett, nimmt seine Hand, die kalt und steif ist.

Sie nimmt ihm seinen Ehering ab, küsst ihn, drückt ihn an ihr Herz. Dann streift sie ihm auch den Familienring ab, den sein Vater Vincenzo ihm am Tage ihrer Hochzeit überreicht hat und der davor einem anderen Ignazio gehört hat, und noch davor seiner Urgroßmutter Rosa Bellantoni.

Der Ring, der einer anderen Zeit angehört, der Zeit, in der die Florios nur *putiàri*, einfache Gewürzhändler, waren.

Giovanna kann es nicht wissen. Über diese so ferne, so erbärmliche Vergangenheit hat niemand, nicht einmal Ignazio, mit ihr gesprochen, kaum mehr als peinlich berührte Anspielungen. Sie weiß nur, dass ihr Mann sich niemals von diesem Ring getrennt hat.

Sie streift ihm den Ehering wieder über und legt die Hand zärtlich auf die stille Brust. Sie wird ihn nie mehr berühren, den Mann, den sie in sich aufgenommen hat, mit dem sie vier Kinder hatte, der Mann, der ihr so wenig Liebe geschenkt und so viel Kummer bereitet hat.

Sie wird ihn nie mehr berühren, aber sie wird nie aufhören, ihn zu lieben. Jetzt kann ihn ihr niemand mehr nehmen.

Giovanna richtet sich auf. Erhebt sich.

Sie tritt zu ihrem Sohn, nimmt seine Hand und muss ihn

fast zwingen, sie zu öffnen. Dann streift sie ihm den Ring seines Vaters über.

»Jetzt bist du das Familienoberhaupt.«

Ignazio bleibt keine Zeit, ihr zu widersprechen, zu sagen, dass dieser alte Ring ihm viel zu groß ist und dass er ihn nicht will, weil er zu schwer ist, denn auf einmal ist das Zimmer voller Menschen, die sich bekreuzigen, ein Gebet murmeln und sich ihm dann nähern, um ihm ihr Beileid auszusprechen.

Als Giovanna die Schwestern d'Ondes erblickt und eine von ihnen sie in die Arme nimmt, bricht sie in Tränen aus, den Mund weit aufgerissen zu einem stummen Schmerzensschrei.

Ignazio bleibt neben seiner Mutter stehen, die nur noch weinen kann. Er spürt, wie sich die Blicke der Leute auf ihn richten, er hört ihr Flüstern, hört Gesprächsfetzen. Jetzt schauen ihn alle an.

Und er weiß nicht, was er tun soll.

Am 15. November 1891 durchquert ein imposanter Zug aus Kutschen Palermo und kommt in der Nähe des *Salone delle Feste* am Eingangspavillon der Nationalausstellung zum Stehen, gleich neben dem Teatro Politeama Garibaldi – 1882 umbenannt –, an dem zu dieser Gelegenheit letzte Hand angelegt wurde.

Aus der größten Kutsche, die das Wappen des Hauses Savoyen trägt, steigen König Umberto I. und Königin Margarete. Dann folgt die Kutsche des Ratspräsidenten, des Palermitaners Antonio Starabba, des Marchese di Rudinì:

Er hat seit einigen Monaten Crispis Platz eingenommen, doch auch er ist ein Mann des Südens, ehemaliger Bürgermeister und ehemaliger Präfekt von Palermo. Nachdem sie die Ausstellung eröffnet haben, überqueren der König und sein Gefolge die halbrunde Piazza, lassen die beiden Türme mit den maurischen Kuppeln rechts und links des Eingangs hinter sich, dort, wo auch die Bronzestatuen der *Industrie* und der *Arbeit* stehen, auch sie Werke eines Mannes aus Palermo, von Benedetto Civiletti.

Der Zug durchquert die Pavillons. Sie sind imposant, voller Licht, darüber gewaltige, mit Arabesken verzierte Gewölbe. Im Mittelpunkt der Ausstellung öffnet sich ein maurischer Garten mit einem Brunnen in der Mitte, der von anmutigen Lichtspielen erleuchtet wird; danach kommt eine weitere Grünfläche mit dem arabischen Café, das unter einem Zelt eingerichtet wurde, und daneben folgen die Strohhütten des abessinischen Dorfes, das im Mittelpunkt der eritreischen Ausstellung steht, eine Hommage an die Kolonie, die das Königreich Italien unter großen Mühen und viel Blutvergießen, zum Beispiel bei der Schlacht von Dogali, erobern konnte.

Währenddessen wartet Palermo immer ungeduldiger. Mit ihrer Eintrittskarte in der Hand stehen dicht an dicht Arbeiter und Barone, Lehrerinnen und Anwälte, kleine Kaufleute und Schneiderinnen vor den Toren der Ausstellung, geeint durch die gleiche Erregung und die ebenso große Begeisterung. In den acht Monaten, die Ernesto Basile gebraucht hat, um das Projekt dieses kurzlebigen Dorfes der Wunder Wirklichkeit werden zu lassen, hat es allerhand Klatsch und Tratsch gegeben, Gerüchte und Indiskretionen, oft übertrieben und fast immer widersprüchlich. Man munkelte sogar von einem Café mit spärlich bekleideten arabischen Tänzerinnen und von Brunnen, aus denen statt Wasser Wein sprudele.

Und so kommt es, dass sich, kaum werden die Tore geöffnet, die Menge mit der gleichen Wucht in die Pavillons ergießt wie ein Schwall Lava. Mit offenem Mund, nach oben gereckter Nase und staunenden Augen betrachten die Menschen begeistert das Belvedere, das mehr als fünfzig Meter hoch ist und an dessen Spitze man dank des hydraulischen Fahrstuhls, der in der Gießerei Oretea gefertigt wurde, hochfahren kann. Oder man durchläuft die imposante *Galleria del Lavoro* mit ihren Pavillons, die der mechanischen und der chemischen Industrie sowie der Goldschmiedekunst gewidmet sind. Frauengrüppchen bewundern die Produkte der Textil- und Möbelindustrie; die Reicheren unter den Gästen erkunden den Pavillon der Schönen Künste, in dem mehr als siebenhundert Gemälde und dreihundert Skulpturen versammelt sind, während Müßiggänger und Genießer zum *café chantant* pilgern, das hinter dem Pavillon für Keramik und Glaswaren eingerichtet wurde.

Von alldem jedoch hat Ignazio nur wenig gesehen. Zuerst musste er den König und die Königin willkommen heißen, zusammen mit seiner Mutter, die – ein Fleck aus schwarzem Wollkrepp inmitten eines Wirbels aus Farben und eleganten Kleidern – gefasst die Beileidsbekundungen des königlichen Paares entgegennahm. Dann kamen die Feierlichkeiten, denen er sich nicht entziehen konnte. Nur langsam vorankommend, hat er Hände geschüttelt, Freunde und Bekannte begrüßt, hat Würdenträgern des Hofes die Ehre erwiesen und mit Politikern verschiedenster Ebenen geplaudert, die aus ganz Italien angereist sind.

Irgendwann jedoch, inmitten der Menge, die ihn fast zu überrennen droht, inmitten des ohrenbetäubenden Geplauders der Leute und all der Geräusche, die aus den Pavillons kommen, fast benommen vom klebrigen Geruch der Süßwaren für die Kinder, die gerade geliefert wurden, hat Ignazio endlich die Muße gehabt, kurz seines Vaters zu gedenken, der sich diese Ausstellung so sehr gewünscht hatte und sie am Ende nicht mehr sehen konnte. Solange er noch seinen Geschäften nachgehen konnte, hat dieses Projekt bei ihm immer im Mittelpunkt gestanden: Er kümmerte sich darum, dass die Aufbauten rechtzeitig fertig wurden, dass sie besonders üppig und prachtvoll gerieten und dass alle Unternehmen der Casa Florio gut sichtbar waren. Höchstpersönlich hat er dafür gesorgt, dass die Cafés und andere Vergnügungen entsprechenden Raum einnahmen und jene ganz besondere, exotisch-sinnliche Note hatten, die gerade so sehr in Mode war. Um alles andere haben sich die Ingenieure und natürlich auch der unermüdliche Architekt Basile gekümmert.

Alle haben sie ihm und seiner Familie gratuliert, denn zwar hat auch die Regierung ihren Teil geleistet, doch der Impuls und auch die Finanzierung sind von den Florios gekommen. Und in Palermo wissen das alle: Man liest es in den Blicken, die man sich zuwirft, einer Mischung aus Staunen, Ehrfurcht und vor allem Neid.

»*Lassali taliàre.* Lass sie schauen«, hätte sein Vater gesagt. »Es bleibt ihnen gar nichts anderes übrig. Und wir haben zu tun.«

Nur dass Ignazio begreifen will. Er will *sehen*, was die anderen gesehen haben.

Und so lässt er eines Morgens seinen Landauer anspannen. Mit geschlossenem Verdeck, um unerkannt zu bleiben, fährt er den Corso Olivuzza entlang, dicht mit den neuen Villen des Bürgertums bestanden, die sich mit kleinen Gärten abwechseln, und erreicht schon bald die Baustelle des Teatro Vittorio Emanuele, wo seit einiger Zeit die Arbeit wieder aufgenommen wurde, immer noch unter der Leitung von Ernesto Basile.

È un genio, 'stu cristiano, ein Genie, dieser Mann, denkt er, als er die hohen Säulen sieht, die sich gen Himmel recken. Gewiss erkennt man in dem Gebäude immer noch die Handschrift des Vaters Giovan Battista – der im Juni desselben Jahres das Zeitliche gesegnet hat –, doch Ernesto hat einige bauliche Mängel festgestellt und deshalb zumindest einen Teil des Projekts neu entworfen. Seit mehr als fünfzehn Jahren wartet dieses Gebäude nun auf seine Fertigstellung. *Wenn es Basile nicht gelingt, das Theater zu Ende zu bauen, dann werden wir für immer mit dieser halb fertigen Ruine leben müssen*, denkt Ignazio bitter.

Von hier zu den Toren der Ausstellung ist es nur eine kurze Entfernung. Ignazio steigt aus der Kutsche und tritt mit raschem Schritt ein, versucht, den Blicken der Wartenden auszuweichen, auch denjenigen, die rasch den Hut vor ihm ziehen, um einen Gruß oder auch nur einen Blick zu erhaschen. Immer in Eile durchquert er den Goldschmiedepavillon und gelang zu dem Bau, der der mechanischen Industrie gewidmet ist und von dessen Fenstern aus man auf den dicht mit Besuchern gefüllten Garten blicken kann. Er senkt den Kopf, hält sich eine Hand vors Gesicht. Er will nicht erkannt werden.

Langsamer werdend richtet er seine Schritte auf die Mitte des Geländes, wo die Kessel der Gießerei Oretea ausgestellt sind. Riesige Ungeheuer aus Metall mit klaffenden, unförmigen Mündern aus glänzendem Eisen. Zylinder, so groß, dass ein Mann, der darin die Arme ausbreitet, die Wände nicht berühren kann. Sie sind das Herz der Schiffe, die Waren und Menschen überallhin auf der Welt bringen. *Ihrer* Schiffe.

Ringsum stehen verschiedene hydraulische Pressen und auf kleineren Ausstellungstischen Besteck, Töpfe und verschiedene andere Haushaltsgegenstände. Die Produkte anderer Gießereien scheinen vor denen der Oretea zu verblassen; sie mögen vom technischen Standpunkt her weiter entwickelt, anmutiger und leichtfüßiger sein, doch sie haben nicht ihre Grandezza, ihre Kraft. *Außerdem – was soll's*, sagt er sich. *Von all diesen Objekten sind unsere am besten sichtbar. Und um genau das zu sehen, kommt man aus Palermo und aus ganz Italien hierher. Die Macht der Florios.*

Er geht langsam weiter, sieht sich um und findet sich in der *Galleria del Lavoro* wieder: einem gewaltigen Korridor mit Giebeldach, von dem eine Lichtkaskade herabfällt. Dutzende von Stimmen hallen hier wider, wie ein hohles Rauschen.

Unmöglich, die schwindelerregend hohen Stapel Thunfischdosen zu übersehen, die aus seinen Tonnare kommen. Blechdosen jeglicher Größe – von jenen riesigen, roten, die als Proviant fürs Militär dienen, bis zu den kleinen für den Hausgebrauch –, auf die das Sonnenlicht fällt, sodass die darauf gedruckten Farben noch besser zur Geltung kommen. Dazu Fischernetze, Thunfische aus Pappmaschee und Olivenzweige, künstlerisch drapiert, um das Ambiente einer Tonnara zu schaffen. Es gibt sogar eine *muciara*, eines der kleinen Boote, die man für die Mattanza benutzt.

Er geht weiter zur Weinabteilung. Und muss ein Lächeln verbergen, denn diesen Bereich würde er sogar mit geschlossenen Augen finden, indem er einfach dem süßen und intensiven Aroma des Weines und der Liköre folgt.

Dennoch ist er nicht auf das vorbereitet, was er dort vorfindet.

Ein Turm, der fast bis zum Dach reicht, aus Flaschen gebaut und mit Fässern umgeben. Ganz oben, auf einem korinthischen Kapitell, eine Statue von Apollo, dem Gott der Heilkunst, der für die gesundheitsfördernden Eigenschaften des Weines steht. Ringsum mehrere andere Flaschenpyramiden für die verschiedenen Typen von Marsala, vom uralten bis zum Riserva.

Ein Angestellter nähert sich. »Don Ignazio, was für eine Überraschung! Wie kann ich …«

»Nein.«

Brüsk hebt Ignazio einen Finger, um den Mann zum Schweigen zu bringen, den Blick auf den Flaschenturm und die Fasspyramiden gerichtet, auf die Regale voller Liköre. Der andere zieht sich zerknirscht zurück.

Und da ist er. Der Cognac Florio an einem Ehrenplatz.

Eine Produktion, mit der sie vor Jahren nach den Techniken, die in der Charente üblich sind, begonnen haben, die sein Vater bis zuletzt verfolgt hat und jetzt von Ignazio höchstpersönlich mithilfe französischer Experten betreut wird. Ergebnis ist ein vollmundiger Weinbrand, warm und zart zugleich, der in sich die Süße des Honigs, die Farben des Sonnenuntergangs und eine üppige Fülle verschiedenster Aromen vereint.

Und er ist das Produkt, das gerade den allergrößten Erfolg hat.

Er nähert sich, legt den Kopf in den Nacken, um besser zu sehen.

Jetzt kann er ihn erkennen. Jetzt, wo er gezwungen ist, sich diesen gewaltigen Turm aus Flaschen anzusehen, der bis zur Decke reicht, begreift er, was seine Kellerei hervorbringen kann.

Meine Kellerei.

Sie gehört den Florios, und sie gehört ihm, denn jetzt ist *er* Don Ignazio Florio. Nicht mehr seinem Vater gehört sie, und auch nicht seinem Bruder. Sie gehört ihm.

So wie ihm die Tonnare gehören. Wie ihm die Oretea gehört. Und alles andere auch.

Warum ist ihm das erst jetzt bewusst geworden? Warum hat er nicht längst begriffen?

Weil sie es vor ihm verborgen haben. Angefangen bei seinem Vater, der ihn immer unter seiner Fuchtel hatte, der ihm immer nur zeitlich begrenzte Aufgaben anvertraute. *Wirklich* vertraut hat er ihm nie.

Kurz nach seinem Tod haben sie ihn überschüttet mit lästigem Kram, mit Repräsentationspflichten, mit Schreibkram, mit Rechnungen, die beglichen werden mussten. Dann hat Laganà begonnen, ihn zu piesacken, diese Nervensäge, die immer nur Klage darüber führen kann, dass kein Geld da ist, und seine Mutter, die nicht damit aufhört, ihn zur Vorsicht zu ermahnen und ihm unter Tränen und Seufzern von den außergewöhnlichen Qualitäten seines Vaters vorzuschwärmen.

Es ist nicht mehr wichtig, denkt Ignazio. *Er ist tot, und ich bin am Leben. Ich bin hier. Und ich werde allen beweisen, dass ich ebenso groß sein werde wie er.*

Er holt tief Luft und schaut sich um. In seinen Augen

stehen Stolz und Verwunderung, zusammen mit etwas Neuem, von dem ihm ganz schwindelig wird, das ihm zu Kopfe steigt und ihm den Blick vernebelt.

Er wird niemals der Gefangene eines Namens sein.

Er wird nicht sein wie sein Vater.

Er wird nicht sein wie die anderen.

PERLEN

Februar 1893 – November 1893

Malidittu u' mummuriaturi,
ma chiossai, cu' si fa mummuriare.
»Verflucht ist der, der andere verleumdet,
doch noch mehr derjenige, der verleumdet wird.«
Sizilianische Redensart

Nach dem Sturz Crispis (31. Januar 1891) wird Ratspräsident zuerst der Palermitaner Antonio Starabba di Rudinì und dann, am 15. Mai 1892, der Piemonteser Giovanni Giolitti, der diese Aufgabe zwischen 1892 und 1921 für mehr als zehn Jahre in Folge innehaben wird. Allerdings scheitert die erste Regierung Giolitti am 15. Dezember 1893 in Folge des größten Finanzskandals in der Geschichte Italiens.

Ende des neunzehnten Jahrhunderts ist die Banca Romana eines der sechs Geldinstitute Italiens, die dazu autorisiert sind, Banknoten zu einem legalen Kurs auszugeben und eine solche Ausgabe innerhalb gewisser Grenzen auch über die Goldgarantie hinaus zu erweitern. 1889 veranlasst Industrieminister Francesco Miceli auf Anordnung Crispis eine Untersuchung über die Tätigkeiten der Bank und stößt auf gravierende buchhalterische Unregelmäßigkeiten, darunter die zusätzliche Ausgabe von fünfundzwanzig Millionen Lire, den unerlaubten Druck von Banknoten im Wert von neun Millionen sowie verdächtige illegale Zahlungen an Unternehmer, Politiker, ja, sogar den König. Dennoch werden die Ergebnisse dieser Untersuchung erst am 20. Dezember 1892 publiziert, als sie in die Hände des sizilianischen Abgeordneten Napoleone Colajanni geraten, der sie während einer turbulenten Sitzung der Kammer verliest. Am 19. Januar 1893 wird der Präsident der Banca Romana, Bernardo Tanlongo, zusammen mit dem obersten Kassierer Cesare Lazzaroni, verhaftet und der Amtsunterschlagung sowie der Urkundenfälschung angeklagt; die beiden Untersuchungen – sowohl die parlamentarische als auch die strafrechtliche – sind jedoch von Vertuschungen und Unterlassungen geprägt, eine Fülle kompromittierender Dokumente »verschwinden« unter rätselhaften Umständen, während sich Giolitti und Crispi in gegenseitigen Beschuldigungen ergehen. Am 23. November wird der Bericht des sogenannten »Siebener-Komitees« – das heißt des parlamentarischen Untersuchungsausschusses – verlesen, in dem die Verantwortlichkeiten von Ex-Ministern, Abgeordneten, Verwaltungszuständigen und Journalisten aufgezeigt werden. Giolitti muss zurücktreten, und Francesco Crispi wird zum dritten Mal Regierungschef (15. Dezember 1893). Der Prozess gegen Tanlongo und Lazzaroni hingegen endet am 28. Juli 1894 mit einem »politischen« Urteil: Tatsächlich werden beide freigesprochen.

Doch der Skandal um die Banca Romana (der schließlich die Gründung der Banca d'Italia am 10. August 1893 begünstigt) ist nicht der einzige Unruheherd im Lande. Seit dem Jahr 1891 formieren sich auf Sizilien, das durch die Wirtschaftskrise in ernste Schwierigkeiten geraten und immer noch fest in der Hand der Latifundienwirtschaft ist, die *Fasci Siciliani dei Lavoratori*, Zusammenschlüsse, die sich eine größere soziale Gerechtigkeit auf die Fahne geschrieben haben. Ursprünglich vor allem ein städtisches Phänomen – das zunächst als eine Art Wohltätigkeitsverein angesehen und für harmlos gehalten wird –, erlangt die Bewegung der *Fasci* nationale Bedeutung, als sich ihnen die ländlichen Massen anschließen: Am 20. Januar 1893 »besetzen« in

Caltavuturo, in der Provinz Palermo, fünfhundert Männer und Frauen symbolisch Ländereien aus Gemeindebesitz, um aufzuzeigen, dass diese dem Kollektiv gehören (*Corriere della Sera*, 21. Januar 1893). Die Carabinieri eröffnen das Feuer und erschießen dreizehn Menschen. Die Proteste halten noch das gesamte Jahr an, vor allem ab August finden in den Provinzen Palermo, Agrigento, Caltanissetta und Trapani Streiks und Demonstrationen statt.

Obwohl sie nur entfernt miteinander zu tun haben, sind der Skandal um die Banca Romana und die Entstehung der *Fasci Siciliani* einschneidende Ereignisse für die Geschichte Italiens, wie es Napoleone Colajannis Rede vor der Abgeordnetenkammer am 30. Januar 1892 zeigt: »In den vergangenen Tagen habe ich Sie mit der Bankenfrage aufgehalten, doch heute muss ich Sie kurz mit den überaus schmerzlichen Vorfällen in Caltavuturo behelligen. Wenngleich diese beiden Fragen auf den ersten Blick nichts miteinander zu tun haben, besteht doch ein innerer Zusammenhang, denn während es sich bei ersterer um einen gesellschaftlichen Kampf handelt, der sich ganz oben, bei den herrschenden Klassen, abspielt, die das Maximum an Gewinn für sich herausholen wollen, haben wir es bei dem Vorfall in Caltavuturo mit dem Ringen der Armen ums nackte Überleben zu tun.«

Perlen sind etwas Herrliches. Und seltsam sind sie auch. Keine leblosen Dinge, und doch auch nichts, das lebt.

Sie entstehen in einer Auster, die genauso aussieht wie der Fels, an den diese Auster sich klammert, doch deren Inneres behaglich und mit schimmerndem Perlmutt ausgekleidet ist. Und sie werden aus einem Schmerz geboren, indem sich ein Fremdkörper in der Auster einnistet und sie dazu zwingt, zu reagieren, eine Konkretion aus Perlmutt rund um das Element zu erschaffen, das sein Fleisch verletzt.

Aus Leiden entsteht Schönheit, so wie es bei vielen raren und kostbaren Dingen ist.

Plinius der Ältere sagt in seiner Naturgeschichte *Naturalis historia* (1. Jahrhundert n. Chr.): »Von allem, was es gibt, sind die Perlen das Kostbarste und Teuerste.« Und er erklärt, ihr Wert hänge vom Tau ab, »den sie empfangen haben. Wenn er rein in sie eingeströmt ist, zeigen sie seinen hellen Glanz, war er aber trübe, so wird auch die Frucht von schmutzigem Aussehen.«

Plinius erzählt, Kleopatra habe mit Marc Anton gewettet, sie sei dazu in der Lage, bei einem einzigen Abendessen zehn Millionen Sesterzen zu verzehren. Dann ließ sie sich eine Schale mit Essig bringen, gab eine der beiden Perlen von ihren Ohrringen dazu, löste sie auf und trank sie.

Unter der Herrschaft von Augustus bringt die Leidenschaft für die Perlen – die laut Gesetz nur von Patriziern getragen werden durften – einige Kaufleute dazu, sich auf den Handel mit dieser Kostbarkeit zu spezialisieren. Eine Leidenschaft, die viele Jahrhunderte andauert: So wird Elisabeth I. stets mit Perlenschmuck abgebildet, der abgesehen von wirtschaftlicher Macht auch für Reinheit und Jungfräulichkeit steht; neben Jan Vermeers berühmtem *Mädchen mit dem Perlenohrring* (1665–1666) kann man auf vielen Gemälden holländischer Maler des 17. Jahrhunderts Ohrringe, Ketten und Armbänder aus dieser Kostbarkeit sehen; so trägt zum Beispiel auf dem Porträt Queen Victorias aus dem Jahre 1859, das Franz Xaver Winterhalter zugeschrieben wird, die damals vierzigjährige Monarchin eine Kette mit Diamanten von sagenhaften einhunderteinundsechzig Karat sowie ein Perlenarmband, geschmückt mit einer Gemme, die ihren Gemahl Prinz Albert zeigt; dasselbe Armband trägt die Königin auch auf Bertha Müllers Gemälde aus dem Jahre 1900, das man in London in der National Portrait Gallery bewundern kann. Es zeigt eine gealterte, traurige Königin im Trauergewand (obwohl Albert zu diesem Zeitpunkt bereits vierzig Jahre tot ist), die das Armband zum Zeichen ihrer unverbrüchlichen Treue in Ehren hält.

Doch all diese Perlen sind immer noch natürlich. Erst gegen Ende des neunzehnten Jahrhunderts entwickelt der Japaner Kōkichi Mikimoto eine Methode, Perlen zu züchten. Auf diese Weise wird er sagenhaft reich; als geborenes Marketing-Talent sagt er einmal: »Ich möchte den Tag erleben, an dem es so viele Perlen gibt, dass sich jede Frau der Welt eine Perlenkette kaufen kann, und wenn sie sich das nicht leisten kann, könnte man sie ihr schenken.«

Eine prophetische Aussage: Heutzutage sind Zuchtperlen für jedermann zugänglich und erschwinglich. Perlenschmuck ist beliebt, manchmal sogar fast banal.

Natürliche Perlen jedoch, die Töchter des Meeres und einer verborgenen Wunde, bleiben etwas, das den Reichen vorbehalten ist.

Es ist ein kalter Tag – hell und licht, aber von einem heftigen Wind durchfegt. Die Windböen lassen die geladenen Gäste fluchen, die im Laufschritt die Kirche San Jacopo in Acquaviva betreten, um nicht von den Wellen, die an die Mole donnern, nass gespritzt zu werden.

San Jacopo ist eine Kirche mit schlichten, fast strengen Formen, ganz anders als die opulenten Barockkirchen Palermos, der Heimatstadt der künftigen Brautleute. Sie steht an der Strandpromenade von Livorno, als wäre hier für alle ein sicherer Hafen, den sie anlaufen können.

Das gesamte Kirchenschiff ist mit Körbchen voller Rosen und weißen Lilien geschmückt, die mit Efeu umrankt sind. Der Duft von Weihrauch mischt sich mit dem der Blumen. Das Rauschen und Donnern des Meeres jenseits der Kirchenmauern ist der Kontrapunkt zum Orgelspiel.

Durch die angelehnte Tür der Sakristei späht der Priester zu den Gästen, die bereits auf den Bänken Platz genommen haben. Er streicht sich mit den Händen über seine Kutte, fährt sich übers Gesicht, schüttelt den Kopf. Niemals hat er damit gerechnet, einmal eine so wichtige Hochzeit zu zelebrieren. Und dann auch noch im Februar!

Kurz darauf nähert sich ein Mann dem Kirchenportal

und lugt herein. Er verschwindet wieder, kehrt kurz darauf zurück, mit einer schwarz gekleideten Frau am Arm.

Mutter und Sohn.

Ignazio und Giovanna.

Hinter ihnen Giulia Lanza di Trabia und Emma di Villarosa, die einen unruhigen und aufgewühlten Vincenzino an der Hand halten.

Mit hoch erhobenem Kopf, schön, hochmütig, elegant durchschreiten sie den Mittelgang. Während sich Ignazio neben dem Altar aufstellt, nehmen die drei Frauen und der Junge in der Bank vor ihm Platz, gefolgt von Romualdo Trigona und Giuseppe Monroy, den Trauzeugen des Bräutigams; lächelnd küssen sie den Damen die Hand und verwuscheln Vincenzino das Haar. Sie treten auf Ignazio zu, lachen.

Wer hätte gedacht, dass ausgerechnet er als Erster in den Stand der Ehe tritt?

Giulia legt die Hand an ihre Brust, um ihre Aufregung zu überspielen. Ihr fehlt der Mut zu sprechen, Fragen zu stellen. Ihr Letztgeborener, der kleine Blasco, erst zwei Jahre alt, ist sehr krank, und sie war bis zum Schluss unentschlossen, ob sie überhaupt an der Hochzeit ihres Bruders teilnehmen kann. Sie legt die Hand auf den Arm ihres Mannes, eine stumme Frage, die dieser jedoch sofort versteht.

»Nichts Neues seit dem, was sie uns gestern Abend telegrafiert haben«, murmelt Pietro und zuckt mit den Achseln. »Er ist immer noch durch das Fieber geschwächt, hustet.« Er verkneift sich ein Seufzen, drückt ihr Handgelenk. »Nur Mut. Nun sind wir eben hier.«

Giulias Lider zucken, sie wendet den Blick ab. Sie wird nicht weinen, nicht heute, nicht hier.

Sie schaut Giovanna an, beschränkt sich auf ein Kopfschütteln. *Nichts Neues*, will sie ihr sagen, und ihre Mutter sinkt in sich zusammen, den Rosenkranz aus Korallen und Silber fest in den Händen. Dann hebt Giulia den Blick und schaut Ignazio an. Vierundzwanzig Jahre ist ihr Bruder, und immer noch so unreif… Und doch ist er so verliebt, dass er dafür sogar bereit ist, sein Leben zu ändern.

Trotz ihres Schmerzes muss Giulia lächeln. Nein, bei seiner Hochzeit konnte sie unmöglich fehlen.

»Da wären wir also«, ruft Romualdo Trigona und schlägt Ignazio herzhaft auf die Schulter.

Sein alter Freund duckt sich, lacht aber. »He, sachte!«

Ignazio ist glücklich, so glücklich, wie er es vielleicht nie war. Ganz gewiss jedenfalls nicht seit dem Tod seines Vaters.

Der Gedanke an ihn ist wie ein Schatten, ein Tropfen Tinte, der sich langsam im glasklaren Meer des Glücks verteilt.

Gleich wird er die schönste Frau Palermos heiraten. Er macht ihr schon eine Weile den Hof, seit der Zeit, als sich die Krankheit seines Vaters, die ihn schließlich das Leben kostete, bereits andeutete, aber er hat es immer auf spielerische, leichte Weise getan.

Nur dass sich dann alles geändert hat. Es entstand ein zärtliches Gefühl, das ihn ganz behutsam durch die Wochen begleitete, die dem Tod seines Vaters vorangingen. Die Worte dieser Frau waren die einzigen echten Worte des Trostes für ihn, und ihre Zärtlichkeiten haben den Schmerz über jenen Verlust leichter gemacht.

Romualdo hebt den Blick zum Gewölbe des Gotteshauses. »Sicher, diese Kirche ist sehr karg, aber na ja …« Dann wendet er sich wieder seinem Freund zu, schaut ihn an, und einen Moment lang tritt ein seltsamer, ungewohnter Ernst in seinen Blick, der doch sonst meist spöttisch und voller Schalk ist. »Hättest du dir das jemals gedacht, als du sie kennenlerntest, dass du sie mal heiraten würdest?«

Ignazio neigt den Kopf zu seinem Freund. Er runzelt die Stirn, dann glättet ein Lächeln seine Gesichtszüge, und Stolz tritt in seinen Blick. »Nein. Aber ich habe sofort begriffen, dass sie etwas ganz Besonderes ist.«

Und wie sie das ist, bekräftigt er insgeheim.

Alles hat an einem lichtdurchfluteten Nachmittag im Frühling begonnen, während eines Spazierganges in Begleitung eben dieses Romualdo im Park der Villa Giulia, der zwischen dem Foro Italico und dem Botanischen Garten liegt. Dort, zwischen den palmenbestandenen Gartenwegen und den Klebsamensträuchern erblickten die beiden drei junge, in Weiß gekleidete Frauen, in Begleitung einer Hauslehrerin mit starkem deutschem Akzent. Unverfroren wie immer, folgten sie den dreien. Die Mädchen bemerkten es und begannen zu kichern, setzten ihr Gespräch umso intensiver fort. Er und Romualdo fingen an zu pfeifen und noch lauter als zuvor miteinander zu reden.

Dann, ein Windstoß. Ein Strohhut flog davon, landete im Staub und entlockte den drei jungen Frauen einen leisen Schrei. In diesem Moment erkannte Ignazio Emma und Francesca, die Schwestern Notarbartolo di Villarosa, einer Familie, die mit den Florios eine alte Freundschaft verband. Die beiden jungen Frauen gehörten zu den schönsten Vertreterinnen ihres Geschlechts in Palermo.

Und ... die dritte? Wer ist das?

Groß, bildhübsch, bernsteinfarbene Haut. Sie fing an, auf dem Parkweg dem Hut hinterherzulaufen, den der Wind immer weiter wegblies. Alles an dieser jungen Frau war von einer munteren und unwiderstehlichen Anmut geprägt: vom biegsamen und leichten Gang bis zum festen Griff ihrer Hand, die den weißen Rock raffte, welcher, als er sich ein wenig hob, den Blick auf zwei wohlgeformte Fesseln freigab; von der anderen Hand, die zum Schutz vor der Sonne über den Augen lag, bis zum verhaltenen Lächeln, in dem es anscheinend keine Spur von Arglist gab.

Ignazio war schneller: Flink lief er dem Hut hinterher, schnappte ihn sich, brachte ihn ihr und stellte sich vor, charismatisch und unverschämt, wie nur er es sein konnte.

Das Mädchen nahm den Hut entgegen, hob kurz den Blick und sagte seinen Namen, während ein Hauch von Röte ihm in die Wangen stieg.

Franca Jacona di San Giuliano.

Ja, Ignazio hatte von ihr gehört, in der *Casina dei Nobili* am Foro Italico. Während einer dieser langweiligen Unterhaltungen, die nur von Zigarrenrauchwolken und dem gelegentlichen Klirren von Cognacschwenkern unterbrochen wurden, hatte jemand gesagt, jenes Mädchen sei aufgeblüht wie eine Knospe und zu einer echten Schönheit herangewachsen. Und dann hatte dieser Jemand ihm zugezwinkert.

Ignazio hatte gelächelt, das Lächeln eines Raubtiers, und gesagt, das würde er höchstpersönlich überprüfen, sobald sich die Gelegenheit dazu bot.

Doch niemand hatte ihm von diesem langen, biegsamen Hals erzählt, der sich über dem Spitzenkragen erhob; von dem vollen Busen, der sich unter den Volants der Bluse hob und senkte; von den eleganten Fußknöcheln, die während ihrer Jagd auf den abtrünnigen Hut unter dem Rocksaum hervorgeblitzt hatten. Und von diesen grünen Augen, die ihn jetzt anschauten, klar und rein und voller Verlegenheit.

Diese Augen waren schuld daran, dass Ignazio den Verstand verlor. Keine andere Frau hatte ihn jemals so unverhohlen und aufrichtig angeschaut, nicht einmal die schamlosesten Frauenzimmer. In diesen Augen lag die Verheißung wundersamer Dinge, und sie schien einzig und allein ihm zu gelten.

Weder frequentierten sie die gleichen Freundeskreise noch die gleichen Salons, doch nach jener Begegnung suchte er ohne Unterlass nach ihr. Er begann, wieder und wieder mit seinem Landauer unter den Balkonen des Palazzo Villarosa entlangzufahren, wo sie lebte; er warf ihr lange Blicke aus der Ferne zu; er sorgte dafür, dass sich ihre Wege in der Villa Giulia kreuzten, wo sie gerne spazieren ging, und schickte ihr leidenschaftliche Briefe. Nach einer anfänglichen Phase unschuldiger Sprödigkeit hatte Franca sein Werben akzeptiert, zuerst mit vager Ungläubigkeit und dann mit einer solchen Hingabe, dass es selbst Ignazio verstörte. Doch die wenigen Momente, in denen es ihnen gelang, allein miteinander zu sein, hatten sie mit bebendem Herzen und der Angst, entdeckt zu werden, durchlebt, denn die Jacona di San Giuliano hätten für ihre Tochter niemals einen Freier wie Ignazio akzeptiert, der als schamlosester Schürzenjäger von ganz Palermo galt.

Das hat Ignazio immer gewusst, und er konnte es ihnen auch nicht verübeln. Er ist noch nie ein Heiliger gewesen, und Frauen gefallen ihm einfach.

Und wie sie ihm gefallen.

Doch sie ist anders. Sie ist Franca. Und er – das weiß er, das spürt er – wird sie sein ganzes Leben lang lieben.

Giulia tritt zu ihrer Mutter und bringt sie auf den neuesten Stand, was Blasco angeht. Die Frau murmelt ein müdes: »Der Wille des Herrn geschehe«, und schlägt dann ihrer Tochter vor, nach draußen zu gehen und auf die Braut zu warten. Giulia nickt und macht sich mit Emma auf den Weg. Vincenzino nutzt die Ablenkung aus, schlüpft aus der Bank und läuft zu Ignazio.

Giovanna wendet sich Donna Ciccia zu, die weiter hinten sitzt, und schüttelt den Kopf. Die alte Frau bekreuzigt sich. Die beiden brauchen nicht mehr viele Worte, um sich zu verstehen.

Es sind nicht ganz zwei Jahre vergangen, seit Giovanna ihren Mann verloren hat, und sie trägt ein eng geschnittenes, elegantes Trauerkleid aus Atlas und Samt, mit einem schmalen Perlenarmband. Ein düsterer Fleck inmitten dem Farbenrausch der Blumen, die Ignazio aus den Treibhäusern von halb Italien hat kommen lassen. Giovanna fühlt sich deprimiert und fehl am Platze, als wäre ihr das Leben aus den Händen geglitten und sie könnte nichts mehr tun, um es sich zurückzuholen. Sie ist sehr verbittert: Diese Ehe ist ganz und gar nicht das, was sie sich für ihren Sohn gewünscht hat. Nicht nur, weil die Feier in einer unbekannten Stadt stattfindet, weit weg von Palermo und ihren Freunden, und in einer Kirche, die so schlicht ist, dass ihr beim Eintreten fast beklommen zumute war. Unruhig rutscht sie auf der Kirchenbank herum. *Fast scheint es, als wären wir von zu Hause geflohen*, denkt sie, und in gewisser Weise ist es auch so.

In Palermo fehlt es nie an neugierigen Blicken und an Menschen, die Urteile fällen, es wird geflüstert und gemunkelt, Worte werden beiläufig und genau im richtigen Moment fallen gelassen, und genau deshalb wiegen sie schwerer als ein Felsbrocken. Zu denken, gewisse Dinge blieben unbemerkt, ist eine Illusion, und die Vorstellung, es sei möglich, sich vor den Augen der Öffentlichkeit unsichtbar zu machen, zeugt von einer Naivität, die man möglicherweise teuer bezahlen muss. Umso saftiger wird der Klatsch, je mehr er das magere Ego dessen füttert, der ihn verbreitet oder schürt.

Und so war es auch unvermeidlich, dass die Gerüchte darüber, dass Ignazio Franca den Hof machte, irgendwann Giovanna erreichten, auch wenn sie dafür zuerst den schweren Schleier ihrer Trauer um den geliebten Mann durchstoßen mussten. Doch als sie dann endlich durchgedrungen waren, versetzten sie Giovanna in eine solche Unruhe, dass sie Donna Ciccia bat, Erkundigungen einzuziehen, ob denn dieses Getändel nicht dabei sei, sich zu etwas Ernstem zu entwickeln.

Die Schnelligkeit, mit der es Donna Ciccia gelang, Informationen über Franca und Rückschlüsse auf ihre Tugend einzuholen, machte Giovanna sprachlos. Ja, berichtete sie, die beiden jungen Leute hätten sich mehrfach getroffen, und Franca habe dabei ein Verhalten an den Tag gelegt, das für ein Mädchen aus gutem Hause unangebracht sei. Doch noch beunruhigender sei die Seelenruhe, mit der Ignazio zugegeben hatte, in Franca verliebt zu sein: Sie würden sich schon seit Monaten sehen, obwohl die Eltern des Mädchens gegen die Beziehung seien.

Das hat Ignazio mit entschlossener Stimme und einer Fiebrigkeit in den Augen gesagt, die seine Mutter zutiefst aufwühlte, denn es rief ihr wieder einmal in Erinnerung, dass ihr Sohn ein *masculu fatto*, ein ausgewachsener Mann, war und längst nicht mehr auf sie hörte.

Er hatte ihr geschworen, Franca sei die Richtige – »*Me lo sento, mamà: nuddu mi talìa comu idda.* Ich spüre es, Mama: Keine sieht mich so an wie sie« –, er wolle sie heiraten, nur mit ihr fühle er sich endlich glücklich und leicht. Dass er es satthabe, in jenem Zuhause zu wohnen, das nach dem Tod seines Vaters so trist geworden war; dass er sich amüsieren und lieben und nicht nur an die Arbeit und die Toten denken wolle, die ihn wie düstere Schatten umgaben.

Für Giovanna war das alles zu viel. Was fiel ihm eigentlich ein, ihr ihren Schmerz vorzuhalten? Giovanna hielt dagegen, sie erinnerte ihn an all die Liebschaften, die er in ganz Europa gehabt hatte, an das viele – zu viele – Geld, das er für Partys und Reisen ausgegeben hatte, an seine würdelosen Bekanntschaften, den Mangel an Respekt für das Andenken seines Vaters, seine Undankbarkeit ihm und ihr selbst gegenüber. Sie ließ sich sogar zu der Andeutung hinreißen, die Jaconas wollten nur Profit aus ihm schlagen; immerhin hätten sie zwar einen Adelstitel, aber auch jede Menge Schulden. Es sei allgemein bekannt, dass die Geschäfte von Francas Vater schlecht gingen und die Familie ihre Lieferanten nicht mehr bezahlen könne. Bei dieser Behauptung zuckte Ignazio jedoch nur mit den Achseln – »In Palermo haben doch alle Schulden, *maman*« – und beharrte auf der Feststellung, Franca sei für ihn die ideale Frau. Daran gebe es nichts zu rütteln.

Und so reagierte Giovanna, wie sie es nicht anders kannte,

oder, besser, wie es eben so üblich war. Sie nahm sich Zeit, wartete darauf, dass sich die erste Verliebtheit ihres Sohnes legte. Und sie leugnete alles, ließ verbreiten, Ignazio habe sich untadelig verhalten, und wenn man jemandem einen Vorwurf machen könne, dann jenem Mädchen, denn es habe sich zwar nicht gerade leichtsinnig verhalten, aber doch mangelnde Vorsicht ihrem Sohn gegenüber walten lassen, der, wie man wusste, ein junger, heißblütiger Spunt sei.

Alles vergebens. In Palermo brodelte weiterhin die Gerüchteküche; die Namen von Franca und Ignazio waren in aller Munde, man flüsterte sie in den Salons, hinter vorgehaltener Hand, hinter Fächern oder rasch vor das Gesicht gelüpften Hüten, man stieß sich in die Rippen, lächelte vielsagend, und sogar von heimlichen Stelldicheins war die Rede, die schon bald zu Schäferstündchen wurden.

Dann aber passierte etwas Unvorhergesehenes: Francas Familie sah sich gezwungen, für einige Zeit nach Livorno umzuziehen, vermutlich weil ihre Gläubiger ihnen allzu hartnäckig auf den Fersen waren. So zumindest hieß es.

Damals stieß Giovanna einen Seufzer der Erleichterung aus. Sie hatte gehofft, damit sei alles vorbei, wie bei einem Feuer, bei dem kein Holz nachgelegt wird, und Ignazio würde schon bald eine andere finden, um sich mit ihr zu vergnügen.

Aber weit gefehlt.

»Gewiss wäre es mir lieber gewesen, wenn diese Hochzeit in Palermo gefeiert würde, aber es ist schon gut so. Wichtig ist, dass meine Franca glücklich ist.«

Costanza Jacona Notarbartolo di Villarosa, die Baronin von San Giuliano, drückt die Hand ihrer Nichte Francesca di Villarosa, die neben ihr in der Kutsche sitzt. Die junge Frau nickt. »Sicher«, murmelt sie, presst die schmalen Lippen zusammen und senkt das Gesicht, sodass es mit dem Halbschatten im Inneren der Kutsche verschmilzt.

Sie trägt ein schwarzes Kleid. Ein Trauerkleid.

Sie ist mit nicht einmal zwanzig Jahren Witwe geworden. Ihren Gemahl Amerigo Gondi, einen toskanischen Adligen, hat nur drei kurze Monate nach der Hochzeit eine schreckliche Krankheit dahingerafft; nichts konnten all die vielen Kuren ausrichten, noch die salzige Luft auf dem Land bei Palermo, wohin sie in der Hoffnung auf Besserung gezogen waren. Als er fühlte, wie sich sein Ende näherte, hatte Amerigo den Wunsch geäußert, in Viareggio zu sterben, und auf Anordnung von Ignazio war er auf einem der Dampfschiffe der Florios dorthin gebracht worden; Ignazio wusste sehr wohl um die tiefe Zuneigung, die Francesca und Franca verband. Und eben weil Franca für Francesca wie eine Schwester ist, hat Letztere auch eingewilligt, an deren Hochzeit teilzunehmen: Die Eheschließung der Cousine ist der einzige Lichtblick in der zähen Finsternis, in der sie ihre Tage fristet.

Sie wischt sich mit einer schnellen Geste die Tränen ab. Sie will nicht, dass ihre Tante sie weinen sieht oder Mitleid mit ihr hat. Sie will an einem Tag der Freude kein Trauerkloß sein.

Doch Costanza hat es bemerkt und beißt sich verlegen auf die Lippe. Dann wendet sie sich Franz, ihrem Sohn, zu, und rückt das Revers seiner Jacke zurecht. Der Junge deutet eine Grimasse an, die ein Lächeln sein könnte. Seine Mutter wendet sich mit einem Seufzen an ihre Gesellschaftsdame. »Wischt ihm die Lippen ab. Er sabbert«, murmelt sie mit einem Hauch von Schmerz in der Stimme.

Auch in Francescas Augen, die die Frau schweigend beobachtet, steht Schmerz. Sie weiß sehr wohl, was ihre Tante für den seit seiner Geburt kranken Jungen empfindet, was sie durchgemacht hat: Costanza hat fünf Kinder im zarten Alter verloren, und nur Franca und Franz haben überlebt. Doch nun steht ihr und ihrer Familie endlich Freude ins Haus: Sie hat Franca mit liebevoller Entschlossenheit behütet, hat gebetet, dass wenigstens sie glücklich werden möge. Und diese Ehe ist die Antwort auf ihre Gebete.

Als die Kutsche vor San Jacopo in Acquaviva zum Stehen kommt, zuckt Franca zusammen. Sie schaut ihren Vater Pietro Jacona an und senkt den Blick. Eigentlich müsste sie gar nicht angespannt sein: Sie ist bildschön, und das weiß sie. Als Bestätigung hat ihr ein Blick in den Spiegel genügt, kurz bevor sich alle auf den Weg gemacht haben. Was sie dort in dem Spiegel aus vergoldetem Holz sah, war ein fein ausgewogenes Gesicht, große grüne Augen, schwarzes langes Haar, das in großzügige Wellen gelegt war, eine schlanke Figur.

Franca ist neunzehn Jahre alt, verfügt über Anmut und Eleganz und trägt ein herrliches Kleid aus elfenbeinfarbener Seide mit einem langen Schleier aus Tüll. Da zählt es nur wenig, dass sie blass ist oder dass sie furchtbar friert. Gleich wird sie den Mann heiraten, den sie liebt, sie, die zuvor noch nie jemanden geliebt hat.

Ihr zittern die Finger, und das Herz pumpt ihr das Blut in unglaublicher Geschwindigkeit durch die Adern: Sie spürt es am Rauschen in ihren Ohren, so laut, dass es fast die Wellen übertönt, die sich mit großer Wucht an der Mole brechen, ein düsteres Geräusch, das all ihre Gedanken auslöscht. Sie fühlt sich wie eine romantische Heldin, aber das, sagt sie sich, ist kein glückliches Ende. Es ist der Beginn eines wundervollen Lebens, ihres Lebens.

Dann stellen sich auf einmal die bitteren Erinnerungen an Momente ein, in denen sie gelitten hat, in denen sie dachte, sie würde alles verlieren, in denen sie und Ignazio gezwungen waren, sich zu trennen. Am Anfang, als sie ihn gerade kennengelernt hatte, war es so, als würde ein gleißendes Licht den Halbschatten beleuchten, in dem sie fast zwanzig Jahre gelebt hatte. Bis dahin hatten nur wenige sie bemerkt, die Baronesse Jacona di San Giuliano, die in einer nur wenig ansprechenden Zimmerflucht im Palazzo Villarosa lebte, *u' palazzo cornutu,* dem gehörnten Palazzo, wie sie ihn spöttisch nannten, ob nun wegen der beiden Schornsteine, die über der Fassade aufragten, oder der zahlreichen außerehelichen Beziehungen, die sein Bauherr Francesco Notarbartolo, der Herzog von Villarosa, einst geführt hatte. Dann war Ignazio Florio auf der Bildfläche erschienen, mit seinen Aufmerksamkeiten und seiner hartnäckigen Art, ihr den Hof zu machen, und auf einmal hatte eine ganze Stadt sie bemerkt. Und sich das Maul über sie zerrissen. Da man ihre unbestreitbare Schönheit nicht aufs Korn nehmen konnte, hatten sich die Kritiken – teilweise heftig – darauf eingeschossen, wie Franca ging, wie sie sprach, wie sie sich kleidete. Doch auch sie hatten nur eine kurze Lebensdauer: Auch wenn sie jetzt in wirtschaftlichen Schwierigkeiten steckten, hatten die Jacona di San Giuliano keine Kosten und Mühen gescheut, wenn es um ihre Tochter ging, und ihr nicht nur eine makellose Erziehung angedeihen lassen, indem sie sie einer deutschen Hauslehrerin anvertrauten, sondern sie in der Liebe zum Schönen und zur Eleganz aufwachsen lassen. Und so kam es, dass der Klatsch sich schließlich, auf einer Welle mit dem, was man über Ignazio sagte – dass er ein Schürzenjäger sei, ein sittenloser Luftikus –, an den Erzählungen orientierte, die sie als »längst Kompromittierte« handelten. Beschädigte Ware, eine Frau, die viel zu unvorsichtig gewesen war, um noch als respektabel durchzugehen, eine schamlose Sünderin.

An diesem Punkt sah sie sich dem Zorn ihres Vaters ausgesetzt, der sie zuerst zu Hausarrest verdonnerte und dann zusammen mit ihrer Mutter und dem Bruder nach Livorno schickte. Und nichts hatte sie mit ihren Beteuerungen ausrichten können, sie sei *wirklich* in Ignazio Florio verliebt: Wie eine Flut, die sich aus Palermo ergoss, hatten die Gerüchte und Verleumdungen auch Livorno erreicht und sich mit den gemeinen Anschuldigungen gegenüber ihrem Vater und seinen unbezahlten Krediten vereint.

Franca betrachtet das Kirchenportal. Die Beklemmung, die sich ihrer bemächtigt, ist wie eine dicke Eisschicht. Wird sie die Ansprüche ihrer neuen Familie erfüllen können? Die Florios besitzen die größte Schiffsflotte Italiens, ihre Schwiegermutter ist mit gekrönten Häuptern in ganz Europa bekannt, ihre Schwägerin eine Fürstin. Sie wird eine der ihren werden, nicht die Frau eines Provinzbarons oder eine halbseidene Gräfin.

Eine Florio.

Ihr wird bewusst, dass sich alles verändern wird, und von

dem Gedanken wird ihr schwindelig. Das Mieder ihres Kleides ist auf einmal viel zu eng und schnürt ihr die Luft ab.

Und Ignazio? Wird er sie wirklich immer lieben, wie er so oft betont, oder wird er ihrer schon bald überdrüssig sein?

Angst.

Warum ausgerechnet jetzt?

Ihr Vater schaut sie mit gerunzelter Stirn an und scheint ihr all diese Befürchtungen im Gesicht abzulesen, diese Unsicherheit, die sie die Augen schließen lässt. Sein Mund ist nur noch ein schmaler, harter Strich inmitten des Bartes. Er war von Beginn an gegen diese Verbindung, hat mit allen Mitteln versucht, seine Tochter davon abzubringen, zuerst mit Worten und Appellen an ihre Vernunft, dann mit Wut und schließlich mit massiven Anschuldigungen: Ignazio sei nicht vertrauenswürdig, ihm fehle das Rückgrat, er sei viel zu verwöhnt, um die Verantwortung für eine Familie zu übernehmen … Ein Mann, der zu Treue nicht fähig war, der sein ganzes Leben nur dem Genuss verschrieben hatte.

All seine Anschuldigungen sind an ihnen abgeprallt – an Francas Tränen einerseits und an der Entschlossenheit des jungen Mannes andererseits, der eine unerwartete Hartnäckigkeit an den Tag legte und sie sogar bis in die Toskana verfolgte. An einem gewissen Punkt hat Pietro die Waffen strecken müssen. Ganz damit abgefunden hat er sich allerdings nicht, und insgeheim fürchtet er sich vor dem Tag, an dem seine Tochter selbst begreifen wird, dass seine Ablehnung begründet war. Doch in diesem Augenblick kann er nur hoffen, dass die Wunden, die dieser Kampf hinterlassen hat, eines Tages verheilen werden.

»Alles in Ordnung?«, fragt er sie.

Sie versucht zu antworten, bringt aber keinen Ton heraus. Dann räuspert sie sich und murmelt: »Ja.«

Er drückt ihre Hand. »Sei immer auf der Hut, Checchina. Er ist ein *fimminaro,* ein Schürzenjäger, und auch wenn er dir sagt, dass er dich gernhat, musst du immer auf der Hut sein.«

Die junge Frau hebt ruckartig den Kopf, starrt ihren Vater an. Jede Spur von Furcht ist verschwunden. »Er wird sich nicht nach anderen Frauen umschauen müssen. Er hat mich«, sagt sie bestimmt, fast trotzig. »Er hat es mir versprochen, dass er nur mich will.«

Ohne abzuwarten, dass der Kutscher den Schlag der Kalesche öffnet, beugt sich Pietro vor und macht die Tür auf. »Ich weiß, dass er sagt, er habe dich gern, meine Franca, und ich zweifele auch nicht daran, dass er das tut«, erwidert er und hilft ihr beim Aufstehen. »Aber der Mann ist ein Jäger …«, fügt er mit leiserer Stimme hinzu, und der Wind trägt den Satz mit sich fort.

Francesca und Emma helfen ihr beim Aussteigen aus der Kutsche, halten den Saum des Kleides, damit es nicht schmutzig wird. Costanza versucht vergebens, den Schleier in Schach zu halten, an dem der Wind zerrt. Nur wenige Schritte, dann stehen sie auf der Schwelle der Kirche.

Die Cousinen lachen, küssen sie und tun ihr Bestes, um die Falten des Rockes wieder in Ordnung zu bringen. Einige Schritte hinter ihnen kämpft Costanza mit den Tränen, schlägt kurz die Hände vors Gesicht, ruft dann aber: *»Chi si' bedda figghia mia!«* Wie schön sie ist, ihre Tochter. Sie nimmt Franca in die Arme, weinend und lachend zugleich, worauf Emma und Francesca protestieren, bei einer Hochzeit weine man doch nicht, das bringe Unglück.

Die Mutter nimmt ihr Gesicht in die Hände, küsst sie auf die Stirn und murmelt: »Du heiratest jemanden, der Berge versetzt hat, um dich zu bekommen, das weißt du, ja?« Doch auf die Antwort ihrer Tochter kann sie nicht mehr warten; ihre beiden Nichten schieben sie praktisch in die Kirche und lassen Franca mit ihrem Vater allein.

Er geht auf sie zu, nimmt ihre Hand und legt diese auf seinen Arm. Sie drückt ihn. Schweigend. Kurz blitzt in beiden die Erinnerung an all das auf, was gesagt wurde, und was nicht gesagt wurde. Doch all diese Worte sind nur noch das Echo einer längst verstrichenen Vergangenheit, an deren Stelle wieder die Zuneigung getreten ist und die Hoffnung.

Die großen Kirchentüren öffnen sich. Der Hochzeitsmarsch ertönt, und Franca lässt sich von den Klängen mitreißen, hinein in das von Blumen übersäte Kirchenschiff. Ihre ersten Schritte sind noch unsicher, fast strauchelt sie, Pietro wirft ihr einen fragenden Blick zu. Doch in dem Moment, in dem sie Ignazio vor dem Traualtar stehen sieht, ist Franca wie verwandelt: Nur noch leicht liegt ihre Hand auf dem Arm ihres Vaters, sie richtet sich auf und legt das letzte Stück des Weges selbstsicher und erhobenen Hauptes zurück.

Am Rande bemerkt sie Giovanna, ganz in Schwarz gewandet, stocksteif und mit kummerverzerrtem Gesicht; Vincenzino, der sie mit erstaunter Miene betrachtet und den Kopf reckt, um sie besser sehen zu können; Giulia, die ihr einen liebevollen Blick zuwirft. Ihre Mutter und die Cousinen haben feucht glänzende Augen und umklammern ihre Taschentücher. Sonst ist fast niemand da.

Es ist eine Hochzeit, so ganz anders als die, die sich Franca in ihren Träumen als junges Mädchen ausgemalt hat. Ein trüber Himmel, ein eisiger Wind, eine Kirche, die sie nicht kennt, keine Blumenkinder, nur wenige geladene Gäste.

Doch sie hätte es nicht anders gewollt, und sie braucht auch nur einen Menschen – Ignazio.

Alles, was sie sich wünscht, steht da direkt vor ihr, zum Greifen nah.

Pietro legt Francas Hand auf die von Ignazio, und der hebt sie an seine Lippen. »Du bist wunderschön«, flüstert er, fast atemlos.

Am liebsten würde sie lachen, vor Freude schreien. Das ganze Leben tanzt in ihrer Brust. Sie ist die glücklichste und am meisten geliebte aller Frauen, sagt sie sich, und dafür dankt sie dem Himmel.

Doch ein einziges Wort gelingt es ihr zu sagen, ein einziges, das alles hinwegfegt – das Warten, den Klatsch, die bösen Zungen, die Zweifel, das Getrenntsein, den Streit. Franca schaut den Mann an, der im Begriff ist, *ihr Mann* zu werden, und ruft: »Endlich!«

Die Stimmung beim Hochzeitsessen ist heiter und entspannt. Franca und Ignazio halten Händchen, lachen. Sie sind in ihrer Welt, eingetaucht in ein Glück, das nur schwer vorstellbar ist: Fast scheint es, als würde die Luft um sie herum leuchten. Giulia, Ignazios Schwester, schaut sie an und senkt den Kopf über dem Porzellanteller, der immer noch fast voll ist, weil sie kaum mehr als probiert hat. Ihr war es nicht gestattet, sich auszusuchen, wen sie lieben darf, denn ihre Ehe war arrangiert. Giulia di Trabia lässt den

Blick über die geladenen Gäste schweifen, und es geht ihr durch den Kopf, wie anders ihr von außen betrachtet so beneidenswertes Leben ist als das, was es scheint: Sie hat einen Sohn, der schwer erkrankt ist, vielleicht sogar in Lebensgefahr schwebt, eine Schwiegermutter, die sie verachtet, und einen Mann, der sie bestenfalls mit Respekt behandelt. Niemals hat sie das Feuer erlebt, das sie nun auf Francas Antlitz erkennen kann.

Pietro beobachtet sie aus der Nähe. Ja, Giulia ist schön, intelligent, gebildet; aber mit den Jahren ähnelt sie immer mehr ihrer Mutter, der Baronin Giovanna d'Ondes. Sie hat ihre Lippen, hart und streng, die gleiche Falte zwischen den Augenbrauen, und auch ihr Wesen … Sein Blick fällt auf die Schwiegermutter, die über eine nicht existierende Falte im Tischtuch streicht, die Augen ins Leere gerichtet. Pietro kann es nicht verhindern, dass ihn ein Schauder der Unruhe durchfährt: Wird seine Frau so werden?

»*Amunì*, na komm, was soll dieses traurige Gesicht?«

Romualdo Trigona wartet nicht ab, bis der Kellner ihm einen Stuhl anbietet. Er nimmt sich einen, stellt ihn neben Pietro und setzt sich, schlägt die Beine mit der ihm eigenen Nonchalance übereinander. Schließlich weist er mit dem Kinn auf die Brautleute und verschränkt die Hände über den Knien. »Noch weiß Ignazziddu nicht, was ihn erwartet«, murmelt Pietro und lacht sarkastisch.

Romualdos Erwiderung ist wie ein Echo. »Verliebt ist er …«

»Ich weiß. Momentan denkt er an nichts anderes, aber lange kann es nicht dauern. Bei dem Unheil, das sich zusammenbraut …«

Sein Freund runzelt die Stirn. Er bittet den Kellner, ihm

ein Glas Champagner zu bringen, und fragt Pietro: »Was meinst du?«

Der beugt sich zu ihm, senkt die Stimme. »Na ja, nach der Verhaftung von Bernardo Tanlongo, dem Präsidenten der Banca Romana, und diesem Cesare Lazzaroni, dem Chefkassierer ... Nach all den Schweinereien, die die gemacht haben ...«

Romualdo nickt. »Na ja, aber eigentlich wusste man ja schon im Dezember, dass da was im Gange war, nach dem Tumult, den Colajanni in der Abgeordnetenkammer verursacht hat, als er fragte, warum die Regierung eigentlich die Untersuchungen der parlamentarischen Ausschüsse über die Kreditinstitute nicht öffentlich gemacht hat ...«

»... Untersuchungen, die auch in der Zeit angestellt wurden, in der Crispi noch Ratspräsident war«, schließt Pietro. Er macht eine Pause, neigt den Kopf in Richtung Ignazio. »Die Florios haben sich nicht besonders gut vorgesehen, auch weil unser lieber Ignazio ganz andere Sachen im Kopf hatte ... aber die Tatsache, dass auch Crispi involviert war, ist ziemlich schwerwiegend. In Wahrheit ist leider niemand in dieser Sache ganz von Schuld freizusprechen.« Er schlägt ihm mit der Hand auf den Arm, sein Gesicht wird angespannt. »Wenn Crispi die Sache nicht gemeldet hat, kann ich es noch verstehen: Es waren zu viele Leute beteiligt, und zu viele Banken. Erinnerst du dich noch an den Banco di Napoli und den Prozess, der Direktor Cuciniello gemacht wurde, weil er wie wild Leuten Geld geliehen hat, die gar nicht die Berechtigung hatten, ihn darum zu bitten?« Er beugt sich vor. »Und in den Büros der Banca Romana haben sie einen Riesenschlamassel entdeckt. Gefälschte Papiere, Druckvorlagen, Dokumente, von wichtigen Personen unterzeichnet, die jetzt natürlich Angst haben. Tanlongo hat die Kasse der Bank geführt, als wäre es seine eigene.«

Romualdo nickt, nimmt einen Schluck Champagner, hält sich dann eine Hand vor den Mund und flüstert: »Gewiss. In Wirklichkeit haben er und Lazzaroni die Druckvorlagen für die Geldscheine, die eigentlich hätten zerstört werden sollen, aufgehoben und noch einmal damit gedruckt, indem sie einfach das Datum und die Unterschrift des alten Kassierers fälschten. Banknoten mit neuem Papier, aber mit alten Seriennummern, die sie an diejenigen ausgaben, die sie um eine Anleihe baten, ohne dafür Garantien anbieten zu können, irgendwelchen Freunden und Verwandten oder einfach Leuten, die nicht in den Registern der Bank auftauchen wollten … oder es nicht durften.«

Pietro murmelt: »Im Parlament sagt man jetzt, das ganze System ist faul. Alles. Und es kursieren sogar Gerüchte, dass der König darin verwickelt ist.«

Romualdo hebt die Hand, um ihn zum Schweigen zu bringen, und wendet den Blick ab. »Es wird viel geredet, und du weißt besser als ich, wie es läuft. Wenn so viele Gerüchte im Umlauf sind, dann ist meistens irgendwo mittendrin die Wahrheit verborgen.«

Pietro beschränkt sich auf ein Nicken, sagt aber nichts dazu. Er ist Sizilianer und hält sich an die goldene Regel, die man auf Sizilien schnell lernt: *A' megghiu parola è chidda ch'un si dice.* Oder auch: Reden ist Silber, Schweigen ist Gold. Dann hebt er den Blick, und sein ernster Gesichtsausdruck ist auf einmal wie weggeblasen. Er lacht. Ignazio kommt auf sie zu, am Arm von Giuseppe Monroy. »Ach, da ist ja unser Bräutigam!«

Romualdo hält einen Kellner an und gibt ihm die Anweisung, noch mehr Champagner zu bringen. In diesem Moment hört man jemanden laut lachen: Es ist Franca, die ganz in der Nähe fröhlich mit ihren Cousinen und der Schwägerin plaudert; selbst Giulia lächelt, als hätte sie wenigstens für den Moment ihre Sorgen vergessen.

Ignazio nimmt dem Kellner die Flasche aus der Hand, erklärt, er wolle sie selbst öffnen, doch er ist zu aufgeregt, kichert, und ein Teil der prickelnden Flüssigkeit ergießt sich über seine Freunde. Sie lachen.

Während sie trinken, legt Ignazio Romualdo den Arm um die Schultern. »Und? Worüber habt ihr geredet? Ihr habt ja Gesichter gemacht, als wäre jemand gestorben …«

»Über das, was in Rom passiert ist, und über die Tatsache, dass Leute wie Crispi auf einmal in die Sache verwickelt sind«, antwortet Pietro. Abgeordneter des Königreichs zu sein hat ihm die Augen über viele, zu viele obskure Dinge geöffnet, und auch wenn er nicht ins Detail gehen kann, liegt ihm etwas daran, seine Freunde zu warnen.

»Weil sie in Rom Leuten wie Tanlongo und seiner Mischpoke zu viel freie Hand gegeben haben. Wie kann es denn sein, dass seit Jahren niemand seine Bank unter die Lupe genommen hat? Gelegenheit macht Diebe, wie es so schön heißt … und in diesem Fall Fälscher noch dazu«, erklärt Ignazio. Er gibt Romualdo eine Art Kopfnuss, und der macht ihm Platz auf seinem Stuhl. Sie quetschen sich beide darauf, wie zwei Schulbuben.

»Ich weiß nicht. Ich an deiner Stelle wäre vorsichtiger gewesen.« Sein Schwager ist ernst geworden. Er ignoriert das Gelächter, das hinter seinem Rücken wieder aus der Damenecke kommt, und schaut Ignazio mit einer Miene an, in der sich Vorwurf und Besorgnis mischen. »Ich hätte es nicht zugelassen, dass der Credito Mobiliare eine Filiale in den Räumlichkeiten des Banco Florio eröffnet. Auch die sind nicht ganz sauber. Größere Vorsicht wäre besser gewesen.«

Pietro trennen nicht viele Jahre von seinem Schwager, doch er verhält sich wie ein wesentlich älterer Mann. Manchmal agiert er so vorsichtig und bedächtig, dass sich Ignazio fragt, wie es seine Schwester nur schafft, nicht an Langeweile zu sterben. Er zuckt mit den Achseln. »Die mögen ihre Mängel haben, aber der Banco Florio ist solide und hat nichts zu verbergen. Mein Vater hat seit der Fusion mit Rubattino mit ihnen zusammengearbeitet. Der Credito Mobiliare ist eine große Bank, von anständigen Leuten verwaltet. Außerdem hat man mir den Posten als Vizepräsident des Sitzes in Palermo gegeben, und ich gehöre ihrem Verwaltungsrat an … Wenn es da nicht mit rechten Dinge zuginge, dann wüsste ich das doch längst. Sie haben mir genügend Garantien angeboten. Jedenfalls, in Palermo wissen die Leute, dass wir zwei verschiedene Geldinstitute haben.«

»Mag sein«, brummt Pietro.

Giuseppe dreht sich um und berührt Ignazio an der Schulter. »Sieh nur, deine Frau sucht dich. Lass Geschäfte Geschäfte sein, es ist nicht in Ordnung, eine so schöne junge Braut zu vernachlässigen, nur um über so langweiligen Kram zu reden.«

Ignazio dreht sich um, begegnet Francas Blick, der verliebt, fast anbetend ist. Er schickt ihr einen Luftkuss und wendet sich dann wieder seinen Freunden zu. »Ich bringe sie nach Florenz und Venedig, und dann fahren wir noch nach Paris. Ich möchte ihr die allerschönsten Orte zeigen …

Sie hat es verdient, nein, wir haben es uns alle beide verdient nach alldem, was wir durchmachen mussten, bis diese Ehe zustande kam, all der Klatsch und die schmutzige Wäsche, die gewaschen wurde. Das alles nur, um mich von Palermo wegzubringen.«

Romualdo erhebt sich, rückt seine Krawatte zurecht. »Na gut. Fahrt, amüsiert euch und kommt mit Nachwuchs zurück, möglichst männlichem Nachwuchs, denn die Familie braucht frisches Blut.«

Ignazio und Giuseppe lachen, Pietro schnaubt. Franca steht auf, kommt auf sie zu. Sie nimmt die Hand ihres Mannes, und er drückt sie, dann küsst er sie vor aller Augen.

Draußen, jenseits der Fenster, bläst immer noch der Wind.

In Paris, während ihrer Flitterwochen, begreift Franca etwas Entscheidendes.

Sie hat es in den Augen des Verkäufers bei Cartier gelesen, der mit einer Verbeugung auf sie zukam und sich ihnen zur Verfügung stellte. Sie hat es an der trockenen, fast brüsken Art gesehen, mit der Ignazio den Kopf schüttelte, gefolgt von der Anordnung: »*Appelez-moi le directeur, s'il vous plaît*«. Sie hat es in dem unterwürfigen und beflissenen Ton des Geschäftsführers gehört, der sich vielmals dafür entschuldigt hat, sie nicht höchstpersönlich willkommen geheißen zu haben, um sich dann in überschwänglichen Glück- und Segenswünschen und Komplimenten für die Eleganz der jungen Braut und den Bräutigam zu ergehen, der sich überaus glücklich schätzen könne.

Franca hat begriffen, dass Ignazio eine universelle Sprache spricht, die jede Tür öffnet: die Sprache des Geldes.

Man hatte sie in einen eleganten Salon mit vielen Spiegeln und Samtdiwanen gebracht, ihnen Champagner angeboten – den sie in kleinen Schlückchen trank, glücklich darüber, wieder diesen perlenden Wein zu kosten, den sie erst vor wenigen Tagen zum allerersten Mal probiert hatte –, und dann hatte die Parade der Schmuckstücke begonnen: eine Schatulle nach der anderen wurde für sie aufgeklappt und offenbarte ihren prachtvollen, wundersamen Inhalt. Ab und zu gab Franca mit ihrem dürftigen Französisch einen Kommentar ab. Ignazio lauschte ihr lächelnd, korrigierte ihre Aussprache und berührte sie wieder und wieder am Hals, Zärtlichkeiten, die ihr mehr als nur einen Seufzer entlockten.

»Such dir aus, was dir gefällt«, flüsterte er ihr ins Ohr. Und sie strich mit Fingern, die vor Erregung bebten, über eine Perlenkette, die auf rotem Samt schimmerte. Sie liebte Perlen, doch bislang hatte sie sich nur einmal ein schmales Kettchen aus diesen Kostbarkeiten leisten können.

In Franca drehte sich alles, doch das lag nicht am Champagner. Es lag an diesem Taumel aus Brillanten, Smaragden, Rubinen und Perlen, der sie in ihren Bann zog und in größte Verwirrung stürzte. Denn all diese Juwelen waren das untrügliche Zeichen für etwas, das ihr erst jetzt wirklich bewusst wurde: Die Familie Florio war steinreich. Und die Familie Florio … war jetzt *ihre* Familie.

Ignazio hatte ihr ein Paar herrliche Perlenohrringe gekauft, vor allem aber eine Kette, die einer Prinzessin würdig gewesen wäre: dreizehn Reihen Engelshautkorallen aus Japan, lauter zartrosa Kugeln, die sich vortrefflich von Francas Honighaut abhoben. Und dann hatte er auch noch Anweisung gegeben, passend zum Schwanenhals seiner Gemahlin, ein *collier de chien,* ein enges Halsband aus Perlen, anfertigen zu lassen, mit Diamantriegeln durchsetzt und einer Reihe größerer Perlen darunter.

Ähnliche Szenen hatten sich auch bei Houbigant, dem Parfümeur Queen Victorias und des Zaren, abgespielt; in jenem riesigen Duftpalast an der Rue du Faubourg Saint-Honoré hatte Franca erfahren, wie Ignazios Parfüm hieß – Fougère –, und sich ihr eigenes Eau de Toilette aussuchen dürfen.

Bei Worth, dem Schöpfer von Abendkleidern, die Kaiserin Eugenie und Elisabeth von Österreich getragen hatten, hatte man sie wie eine Monarchin empfangen und ihr die Modelle vorgeführt, die ihre wohlgeformte Figur am besten zur Geltung brachten. Bei Lanvin hatte sie Dutzende von Schals für sich und ihre Mutter erstanden. Bei Mademoiselle Rebours hatte man ihr die allerschönsten Fächer gezeigt, darunter auch den aus Straußenfedern, der für Marie Alexandra von Edinburgh gefertigt worden war, die junge Braut des Erbprinzen von Rumänien.

»Für mich?«, fragte sie jedes Mal mit Staunen in ihren großen grünen Augen. Und Ignazio wurde es warm ums Herz, er streichelte ihr das Gesicht oder eine Hand, nickte und lud sie dazu ein, sich etwas auszusuchen.

Das hier ist ein Traum, dachte Franca und strich über den Schmuck, den ihr Mann ihr geschenkt hatte. Und dann war da Paris mit seinen Lichtern, seinen Boulevards, seinen Palästen, all den eleganten Frauen und den schicken Kutschen. Alles hier war ein Wunderwerk, das ihr das Herz und die Augen mit solcher Schönheit erfüllte, dass sie manchmal am liebsten vor Freude laut gejubelt hätte. So war es auch für Ignazio, der durch Franca die Stadt mit neuen Augen erblickte und fast gerührt war, wenn er seine Frau sah, wie sie mit der Unschuld und der Begeisterung eines Kindes durch Paris flanierte.

Ein ebensolcher Traum war auch ihre Ankunft in der Olivuzza. Bei ihrer Rückkehr nach Palermo hatten sich die Brautleute zunächst in der Villa ai Colli häuslich eingerichtet, doch nur so lange, bis die Renovierungsarbeiten an der Olivuzza fertiggestellt sein würden. Was genau die Arbeiter dort zu tun hatten, darüber hatte Ignazio nur wenig verraten, nur, dass das Haus ihm immer ein wenig zu düster erschienen und es nun nötig sei, es zu vergrößern und mehr Licht in die Räume zu lassen. Doch jedes Mal fügte er mit einem Lächeln hinzu: »Du wirst schon sehen, warte nur …«

Und dann ist der Moment endlich gekommen.

Die Kutsche bleibt wenige Meter, bevor das Grundstück der Olivuzza beginnt, vor einem großen Tor aus Schmiedeeisen stehen; von hier aus geht es direkt zu dem Flügel des Hauses, den Ignazio für sich und seine Frau vorgesehen hat.

Er hilft Franca beim Aussteigen und nimmt sie an der Hand, führt sie eine breite Treppe aus rotem Marmor hoch. Sie durchqueren einen Wintergarten voller üppig wachsender Pflanzen, durch dessen Glasdach warmes Licht hereinfällt, gefolgt von einer Schar Dienstboten und von Giovanna, die ein nachsichtiges Lächeln auf dem Gesicht trägt und Vincenzo an der Hand hat. Franca schaut sich um, mehr eingeschüchtert als überrascht, auf dem Antlitz einen Ausdruck puren Staunens.

Nachdem sie einen weiteren Flur durchlaufen haben,

bleibt Ignazio vor einer Tür stehen. »Ihr wartet hier«, weist er die Bediensteten an. Giovanna tritt beiseite, und einen Moment lang lässt ein trauriger Ausdruck, wie Bedauern, ihre Züge und das bleiche Gesicht weich werden.

Franca dreht sich um und schaut sie alle an: lächelnde Gesichter, verschmitzte Mienen … Fast ärgert sie die Tatsache, dass alle wissen, was sie erwartet, alle außer ihr selbst … Doch dann tritt Ignazio von hinten an sie heran und legt ihr die Hände vor die Augen. »Nicht schauen. *Teni l'occhi chiusi.* Augen zu«, flüstert er, macht die Tür auf und führt sie ins Zimmer.

Ein wenig lachend, ein wenig stolpernd gehorcht Franca und macht mehrere Schritte vorwärts.

Als sie die Augen öffnet, glaubt sie sich zwischen Himmel und Erde.

Über ihr wölbt sich ein blauer Himmel, an dem vergoldeten Stuckrand sieht man Putten mit Rosengirlanden. Direkt vor ihr ein elfenbeinfarbener Baldachin über einem großen Bett, daneben Möbelstücke aus Federmahagoni mit vergoldeten Intarsien. Die Kacheln aus elfenbeinfarbener Majolika zu ihren Füßen sind über und über mit Rosenblütenblättern bedeckt, als hätten die Putten an der Decke sie verstreut.

Das ist ihr ganz persönliches Stückchen Paradies.

»Für meine Rose. Alles für dich«, murmelt ihr Ignazio ins Ohr.

Franca dreht sich um, schaut ihn an. Ihr Glück ist so groß, dass sie nicht sprechen kann.

Sie küssen sich vor den Augen aller.

Der erste Schirokko des Frühlings in Palermo ist wie eine Ohrfeige ins Gesicht. Er ist Wärme, er ist Luft, die schwer wird, er ist Unduldsamkeit. Er kündigt sich schon am Morgen an, wenn man das Gefühl hat, von der Bettdecke erdrückt zu werden, einem der Schweiß über den Rücken rinnt und man rasch aus dem Bett springt, um sich Kühlung zu verschaffen. Wenn man dann das Fenster aufreißt, kommt nur noch wärmere Luft herein. Der Himmel ist verhangen, kein Lüftchen regt sich.

Im Inneren der Kutsche, die ihn zur Piazza Marina bringt, spürt Ignazio die Schwüle. Schnaufend fächelt er sich mit dem Taschentuch Luft zu, trocknet sich den Schweiß von der Stirn. Er hasst die Hitze.

Einen solchen Tag, mit diesem Wind, mit diesen Temperaturen würde man am besten am Meer verbringen, vielleicht auf der *Fieramosca*, der Jacht, die er kurz nach dem Tode seines Vaters gekauft hat. Sie hat ihn einiges gekostet – »Der Kauf eines Gewissenlosen«, waren die Worte seiner Mutter –, aber es hat sich gelohnt. Sicher, sie hatten bereits eine Jacht, die *Sultana*, riesig, mit weißem Rumpf, auf der er seine wunderschöne Frau herumgeschippert hat, die begeistert war. Mit diesem Schiff hat Ignazio die *Queen Mary* ersetzt, die längst überholt war und die er an einen toskanischen Marchese verkauft hat.

Genauer gesagt hat er sich auch die *Aretusa* bauen lassen, eine dampfbetriebene Schaluppe aus Stahl, doch vor allem hat er die *Valkyrie* gekauft, eine Regattajacht mit schlankem Bug und schmalem Rumpf: Sie zischt durch die Wellen wie der Wind, ein wahres Kleinod. Verkauft hat sie ihm der Cousin von Kaiser Franz Joseph, Erzherzog Karl Stefan von Österreich, mit dem er vorhatte, an den bedeutendsten

Segelregatten des Mittelmeeres teilzunehmen. Er kann einfach nicht nur mit seinen Geschäften leben, aber das scheinen weder seine Mutter noch Giovanni Laganà oder Domenico Gallotti zu begreifen.

Die beiden haben ihn sogar »dringend« ins Büro gerufen.

Miii, chi camurria sunnu chisti! Wie lästig die doch sind!

Laganà und Gallotti haben Ignazio nicht einmal in Ruhe gelassen, als er auf seinen Flitterwochen durch Europa reiste: Briefe, Nachrichten, Telegramme … Begreifen die denn wirklich nicht, dass er auch anderes braucht und nicht ständig in diesem Büro eingesperrt sein kann? Er will sich frei fühlen. Er will leben. Er will nicht so enden wie sein Vater, der mit gerade mal fünfzig nach einem Leben voller Arbeit das Zeitliche gesegnet hat, sagt er sich leicht verärgert.

Manchmal empfindet er sogar eine dumpfe Wut auf seinen Vater: Er hätte einfach nicht so früh krank werden dürfen, hätte ihn nicht dazu zwingen dürfen, diese Rolle einzunehmen, sich Verantwortung aufzuladen, denn auf diese Weise hat er ihn auch daran gehindert, *wirklich* zu leben. Das nagt an ihm.

Voller Unruhe schiebt er den Vorhang der Kutsche zurück: Gerade fahren sie durch die Sträßchen des Borgo Vecchio, und Arbeiter und Tagelöhner grüßen ihn ehrerbietig. »*Assabbinirìca*, Don Ignazio«, tönt es aus den Gassen und hinter den Türen der *catoi*, der Kellerwohnungen. Arme Gesichter, ausgemergelte Gesichter, Frauen, die frühzeitig gealtert sind, Kinder mit großen, hungrigen Augen, die auf der Straße spielen. Der Geruch von verdorbenem Fisch ist wie eine Beleidigung für die Nase und mischt sich unter den des Mülls, der in den Straßenecken und den Abwasserkanälen verrottet, wo sich Schlamm, Lumpen und Essensreste sammeln.

Doch diese Leute scheinen es gar nicht zu bemerken. Manche von ihnen arbeiten für die Florios, sagt sich Ignazio, auch wenn er sie nicht persönlich kennt. Sein Vater hingegen kannte sie alle, jeden Einzelnen von ihnen, und wurde von ihnen geschätzt, ja verehrt.

Doch wozu das alles?, fragt er sich und erwidert lustlos die Grüße. Ihm gefällt dieses Viertel nicht, so elend und voller Verzweiflung. Ihm gefällt auch Palermo nicht, *dieses* Palermo, um genauer zu sein. Ihm gefallen die eleganten Villen, die am Rande der Stadt entstehen, die Ballsäle in den Adelspalästen und die Foyers der Theater. Er liebt London und Paris, die Côte d'Azur und die friedliche Stille in den österreichischen Bergen.

Er liebt es, den Wind auf seinem Gesicht zu spüren, wenn er auf dem Deck einer seiner Jachten spazieren geht.

Nicht diese abgestandene Luft, diesen fauligen Geruch.

Ignazio kann sich nicht erinnern – oder er will es nicht –, dass vor gerade mal einem Jahrhundert sein Großvater Vincenzo an genau einem solchen Ort gelebt hat und dass vor ihm der Onkel, von dem er seinen Namen und jenen Ring hat, aus Kalabrien kam, um einem bitterarmen Leben zu entfliehen. Beide haben darum gekämpft, in dieser so feindseligen, so unschönen Stadt ihr Glück zu machen. Und es ist ihnen gelungen, weil sie das Ansehen, die Wertschätzung der einfachen Leute, des Volkes erlangt hatten.

Doch seine Eltern haben dafür gesorgt, dass diese Erinnerung fast gänzlich ausgelöscht wurde, indem man sie zu Hause so wenig wie möglich erwähnte. Denn wenn man über die Vergangenheit nicht spricht, dann verschwindet sie am Ende. Und wenn sie verschwindet, dann ist es so, als hätte es sie nie gegeben.

Heute ist es die Gegenwart, die ihn erwartet. Und es wird ein schwerer Tag, das spürt Ignazio.

Er steigt die Treppe hoch, grüßt die Angestellten, die ihm entgegenkommen, und betritt das Büro im ersten Stock. Domenico Gallotti, der Präsident der *Navigazione Generale Italiana*, hat ein rundes Gesicht mit dichtem Backenbart, und sein dicker Bauch verrät seine Vorliebe für gutes Essen. Er wartet schon seit zwanzig Minuten auf ihn und geht, die Hände auf dem Rücken verschränkt, im Zimmer auf und ab.

»Ich bitte um Verzeihung wegen der Verspätung«, sagt Ignazio beim Eintreten.

»Und ich bitte um Verzeihung, wenn ich Euch zur Eile angehalten habe, aber es gibt Dinge, die nicht mehr warten können.« Keinerlei Vorrede, kein Austausch von Höflichkeiten. Gallotti bemüht sich gar nicht, seine Ungeduld zu verbergen, ganz im Gegenteil: Er bleibt stehen und trommelt mit den Fingern auf eine schmale Akte, die er auf dem Schreibtisch abgelegt hat.

»Ihr habt mir während meiner Flitterwochen sehr beunruhigende Briefe geschrieben«, erwidert Ignazio und nimmt am Schreibtisch seines Vaters Platz. Er hält inne, betrachtet die große Menge an Dokumenten, die auf der Arbeitsfläche liegen und seiner Unterschrift harren. Nach einigen Momenten des Schweigens bedeutet er dem Mann schließlich, Platz zu nehmen.

Gallotti setzt sich und schaut ihn aus verhangenen Augen an. »Mir ist bewusst, dass ich hartnäckig gewirkt haben muss, doch es ist auch eine besonders delikate Situation. Die Sache mit der Banca Romana bringt viele Probleme in unserem Bankensystem ans Licht… und ich kann Euch versichern,

›Probleme‹ ist noch untertrieben. Andererseits gibt es auch einige haarige Fragen, die die Casa Florio im engeren Sinne betreffen, angefangen bei der Erneuerung der maritimen Verträge. Euer Vater, Gott hab ihn selig, hatte eine Übereinkunft für zehn Jahre abgeschlossen, und bald, sehr bald, wird man von Neuem entscheiden … und wir müssen sicher sein, dass eine solche Erneuerung zu unseren Gunsten beschlossen wird. Denkt immer daran, Don Ignazio, dass die staatlichen Subventionen ein wichtiger Posten für die *Navigazione Generale Italiana* sind, ja, ich würde sogar sagen, fundamental, denn sie erlauben uns, Routen zu bedienen, die sonst nicht wirtschaftlich wären, und stützen unsere Bilanz.«

Ignazio rutscht auf seinem Stuhl herum; er fühlt sich unbehaglich. Es ärgert ihn kolossal, wie ein kleiner Junge abgekanzelt zu werden. »Ich weiß sehr wohl, wie wichtig sie sind, Signor Gallotti. Sagt mir doch vielmehr, wie der parlamentarische Dienstweg vorangeht.«

Gallotti schlägt die Akte auf, zieht einen Merkzettel heraus. »Hindernisse, Don Ignazio. Hindernisse vor allem im Parlament, weil Giolitti und die ihm nahestehenden Industriellen einer Erneuerung in unserem Sinne nicht wohlwollend gegenüberstehen. Sie werden vom Staat eine Überprüfung verlangen, wie es um die Gesundheit der Gesellschaft bestellt ist, angefangen beim Zustand der Flotte, die, das wisst Ihr besser als ich, in all den Jahren niemals auf einen modernen Stand gebracht wurde.«

»Hier können wir Abhilfe schaffen.« Ignazio winkt ab. »Wir werden die dringendsten Reparaturen vornehmen und uns ansonsten Zeit lassen. Es ist der Name Florio, der die Solidität der NGI garantiert. Bei einer eventuellen Inspektion ist nichts zu befürchten.«

»Das stimmt. Doch man hört allerlei, die Leute haben Angst, und die Ungewissheit um die Erneuerung der Verträge ist im Moment wenig hilfreich. Erst vor ein paar Tagen haben die Vertreter der Marinearbeiter von Palermo mittels des *Consolato Operaio*, des Zusammenschlusses ihrer Interessensvertreter, im *Giornale di Sicilia* erklärt, dass viertausend Familien ohne Arbeit bleiben, wenn die Verträge nicht erneuert werden. Es gab bereits einen Protestmarsch vor dem Palazzo Villarosa, an den Quattro Canti di campagna, und es besteht das Risiko, dass es zu Unruhen kommt. Oder, schlimmer noch, zu Streiks. Das sollten wir im Hinterkopf behalten.«

»Die Arbeiter an der Bootsrampe und in der Oretea waren immer schon Hitzköpfe, und ich weiß, dass sie gerne streiken würden, aber sie werden es nicht tun. Mein Vater wusste, wie mit ihnen zu reden war; das werde auch ich tun. Streiks können wir gar nicht gebrauchen, besonders jetzt nicht, wo wir uns darum kümmern müssen, was in Rom passiert.«

»Ach, genau.« Aus der Akte lugt ein weiteres Papierbündel. Gallotti reicht es ihm.

Noch etwas? Hört das denn gar nicht mehr auf?, denkt Ignazio, während er sich vorbeugt und es entgegennimmt. Es handelt sich um einen parlamentarischen Bericht, unterzeichnet von einem norditalienischen Abgeordneten namens Maggiorino Ferraris. »›Man könnte durchaus meinen, der Tag, an dem die *Navigazione Generale* ihre Arbeit einstellt, könnte für unser Land ein nicht unglücklicher Tag sein‹«, liest er laut vor. »*E che minchia vulissi 'sto Ferraris?* Was will dieser Ferraris eigentlich?«, ruft er verärgert aus. »Meint der etwa, um den italienischen Seehandel wäre es besser bestellt, wenn es uns nicht gäbe? Aber weiß er denn eigentlich, was er da sagt?«

Gallotti verzieht die Lippen zu einer Grimasse. »Die Parlamentarier, die unsere Freunde sind und Crispi nahestehen, sind gegen ihn aufgetreten. Das sind Überlegungen, die nur wenig mit Wirtschaft zu tun haben und viel mit den politischen Freunden von Ferraris und vor allem des Ratspräsidenten.«

»Bei dem ganzen Schlamassel, der bei der Banca Romana herausgekommen ist, würde es mich sehr überraschen, wenn sich Giolitti noch lange halten kann. Crispi hat mir über ihn in einem Brief geschrieben. Er ist ein Bürokrat ohne Erfahrung und ohne Führungsqualitäten. Einer, der sich im mollig warmen Turin vergraben hat, um zu studieren, während Leute wie Crispi für die italienische Einheit gekämpft haben …«

»Mag sein, aber jetzt ist er Ratspräsident und hat klar und deutlich verkündet, er müsse die Unternehmen im Norden schützen, weil es die seien, die für ihn gestimmt haben, genauso, wie Crispi und seine Leute ihre Wähler unter ihre Fittiche nehmen, die aus dem Süden im Allgemeinen und aus Sizilien im Besonderen kommen. Ferraris' Worte spiegeln das wider, was viele denken, Don Ignazio: Die Bauerntrampel aus dem Süden, die südlich von Rom die Felder beackern, bringen ihnen keine Stimmen. Und was die Adligen angeht, denen die Ländereien gehören – die haben kein Interesse daran, mit der Industrie zusammenzuarbeiten, und Handel wollen sie auch keinen betreiben.«

Plötzlich scheint die Luft zu stehen. Ignazio starrt Gallotti mit halb offen stehendem Mund an und wartet.

»Lest weiter«, fordert Gallotti ihn auf und zeigt auf eine

Passage im Text. »Ferraris beklagt sich über die Tatsache, dass unsere Dampfschiffe ausländischer Machart sind, und schlägt vor, die Unternehmen zu bevorzugen, die in italienischen Werften gebaute Schiffe benutzen ... also toskanische und ligurische. Außerdem fordert er, Ausschreibungen für die einzelnen Post- und Transportlinien stattfinden zu lassen, wodurch die Verträge, wie sie Euer Vater gewollt hat, obsolet würden.«

Ignazio spürt, wie Wut in ihm aufsteigt. »Die wollen uns den Boden unter den Füßen wegziehen. Wenn sie uns die Verträge nehmen, können wir den Laden dichtmachen.« Ein langer Seufzer entringt sich seinen schmalen Lippen. Er schaut aus dem Fenster, fragt sich, was sein Vater getan hätte, wie er reagiert und an wen er sich gewandt hätte.

»Wir fahren nach Rom«, beschließt er dann. »Wir drei, Ihr, Laganà und ich. An uns kommt keiner vorbei. *Keiner*«, wiederholt er. Er fährt sich mit der Hand über die Stirn. »Und jetzt muss man den Arbeitern mitteilen, dass sie sich nicht aufstacheln lassen sollen ... Diese *capuzzelli*, diese Holzköpfe, die Propaganda machen, wollen doch nur Schaden anrichten.«

Ignazio steht auf, steckt die Hände in die Taschen und geht zum Fenster. Wenn er zum Dialekt überwechselt – das weiß Gallotti – ist das bei ihm ein untrügliches Zeichen für Verärgerung. »Zuerst mein Vater und dann ich haben dafür gesorgt, dass sie alles haben, was sie brauchen: medizinische Behandlung, wenn sie sich verletzen, einen Lohn, von dem andere Arbeiter in Palermo nur träumen können, Unterkünfte in der Nähe der Gießerei oder an der Bootsrampe ... Mein Vater hatte ihnen sogar vorgeschlagen, ihre Kinder in die Schule zu schicken, wenn sie mit der Arbeit fertig sind, aber das wollten sie nicht. Trotzdem schreien sie immer noch lauthals nach Rechten, Rechten, Rechten! Und jetzt haben sie auch noch diese Organisation gegründet ... die *Fasci Siciliani* der Arbeiter.« Er sagt es mit einer Abscheu, als hätte er etwas Schlechtes gegessen. »Sie verkünden in den Zeitungen, wir sollen die Arbeitszeit verkürzen und dafür mehr *picciuli*, mehr Lohn zahlen ... *Chi stannu diciennu?* Wissen die eigentlich überhaupt noch, was es heißt zu hungern? *Si scurdaru di soccu sugnifica circare travagghiu a journata a piazza Vigliena*. Haben die etwa vergessen, wie es war, sich an der Piazza Vigliena als Tagelöhner zu verdingen?«

Gallotti nickt. »Ihr habt recht, Don Ignazio, die *Fasci* könnten ein Problem werden, weil sie unter einer einzigen Fahne viele Organisationen der Arbeiter vereint haben, indem sie sagen: ›Einen Stock kann man immer zerbrechen, aber ein ganzes Bündel Stöcke, wer wird die zerbrechen?‹ Ihr wisst ja, dass ihr Chef, Rosario Garibaldi Bosco, sogar an der Gründung der italienischen Arbeiterpartei beteiligt war. Ganz zu schweigen von den dreizehn Bauern aus Caltavuturo, die Ländereien besetzen wollten und von Soldaten des Königreichs erschossen wurden, eine Tragödie, die die Blicke von ganz Italien auf uns gerichtet hat. Es gärt, daran besteht kein Zweifel. Aber ...« Gallotti senkt den Blick und nähert sich Ignazio. »Ich muss Euch raten, die Sache für den Moment ad acta zu legen. Gott sei Dank haben nur wenige Arbeiter der Oretea sich den *Fasci* angeschlossen: Der größte Teil von ihnen weiß, dass sie privilegiert sind, weil man eine andere feste Arbeit nicht einfach so findet. Glaubt mir, die wissen sehr wohl noch, wie es war, an der Piazza Vigliena darauf zu warten, als Tagelöhner genommen zu werden.

Denken wir jetzt an die Verträge, sonst bleibt uns gar keine Arbeit mehr, *di travagghiu unn'arresta pi' nuddu.*«

»Sei's drum. Jedenfalls will ich auch Laganà dazu hören. Er hatte mir versichert, dass es keine Probleme im Senat geben würde …« Ignazio sagt es eilig und begleitet den Satz mit einem Achselzucken.

Was er nicht sieht – oder nicht sehen will –, ist der skeptische Blick, den ihm Gallotti zugeworfen hat. Und tatsächlich kann es sich der Präsident der NGI nicht verkneifen, in schneidendem Ton hinzuzufügen: »Es gibt ganz andere Dinge, für die Laganà gerade sorgen muss.«

Ignazio zieht die Stirn in Falten. »Was meint Ihr?«

Gallotti zögert, beißt sich auf die Lippe. Er weiß nicht recht, wie er sich verhalten soll. Mit dem Senator hätte er keine Skrupel gehabt, zu reden, doch bei seinem so arroganten, so unduldsamen Sohn ist er sich unsicher. Am Ende jedoch ist es gerade der Respekt für das Gedenken an den Vater, der den Ausschlag gibt. Seine Treue zu dem Mann, der viel zu früh gestorben ist. »Nun, Don Ignazio, wenn ich es mir erlauben darf… Sagen wir so: Er hätte ein weniger kooperatives Verhalten gegenüber Euren Rivalen an den Tag legen sollen.«

Ignazio starrt ihn entgeistert an. Wie perplex er ist, zeigt sich zuerst in seinem Blick, wird zu einem Ausdruck des Misstrauens. Dann erinnert er sich vage an ein paar Dinge, die er in Livorno direkt nach seiner Hochzeit hat sagen hören. Er hatte sie in ein winziges Kämmerchen seiner Erinnerung verdrängt, weil er dachte, sie seien nicht wichtig. Mit einem Schauder der Beunruhigung sagt er vorsichtig: »Nun ja, gewiss, es sind mir manche wenig schmeichelhafte Dinge über ihn zu Ohren gekommen …« Ignazio möchte begreifen, möchte fragen, doch da sind so viele Dinge, die er nicht weiß oder die er vernachlässigt hat, und er hat Angst, sich bloßzustellen.

Gallotti verzieht das Gesicht und stößt einen Seufzer aus. »Ich weiß genau, welche Dinge Ihr meint, Don Ignazio. Man hat Euch gesagt, Laganà stehe Erasmo Piaggio nahe, der größtes Interesse daran hätte, einen Teil der Aktivitäten der NGI nach Genua zu verlagern, stimmt's?«

Ignazio bleibt regungslos. *Laganà?* Der Laganà, den sein Vater so sehr schätzte und achtete, dass er ihn zum Generaldirektor der NGI ernannte, verhält sich so? Gewiss, er war immer sehr hartnäckig, manchmal auch lästig, doch dass jetzt auf einmal Zweifel an seiner Arbeit, seiner Loyalität aufkommen …

Gallotti scheint ihm seine Unsicherheit anzumerken. »Versteht mich nicht falsch; ich weiß sehr wohl um seine Verdienste. Allerdings kann ich Euch versichern, dass er sich auf eine Weise verhält, die zumindest undurchsichtig ist. Und er ist auch kein Neuling in diesen Spielchen, Don Ignazio. Ihr wart noch zu jung, aber wer schon weißes Haar hat wie ich, der erinnert sich noch gut daran, was er als Verwalter der Trinacria getan hat. Und tatsächlich hat Euer Vater, der ihn gut kannte, ihn wie einen besonders angriffslustigen Wachhund behandelt – das heißt, er hielt ihn an der kurzen Leine.«

Ganz langsam dämmert es auch Ignazio, er erinnert sich an etwas. Als die Trinacria gescheitert war, hat sein Vater erst einmal abgewartet, was Laganà tat, bevor er sie kaufte. Und dann war es ausgerechnet Laganà als gescheiterter Geschäftsführer gewesen, der es ihm ermöglichte, Ausrüstung und Dampfschiffe zu lächerlich geringen Summen zu kaufen. *Er hat ihn als Spion eingesetzt und ihm einen Posten in unserer Firma versprochen*, begreift er plötzlich.

Und jetzt ... jetzt treibt Laganà das gleiche Spielchen mit umgekehrten Vorzeichen?

»Ich werde mit Laganà sprechen«, sagt er indigniert. »Er ist mir eine Erklärung schuldig, allein schon wegen alldem, was diese Familie ihm gegeben hat.«

Gallotti macht eine Geste, die offenbar bedeuten soll: *Nichts anderes habe ich erwartet.* Dann schlägt er die Mappe auf, entnimmt ihr ein paar Papiere und reicht sie Ignazio, damit er sie unterschreibt. Schließlich steht er auf und verabschiedet sich. »Ich komme mit Euch nach Rom, aber sprecht vorher mit Laganà. Vergewissert Euch, dass er loyal ist.«

Der Wind bringt den Duft von Orangenblüten und Erde in die Villa und bauscht die weißen Vorhänge in den großen Verandatüren, die auf den Garten hinausgehen. In einer Ecke des grünen Salons, eingetaucht in das rosige Licht des Frühlings, sitzt Franca in einem duftigen weißen Kleid und ihrem Cartier-Halsband auf einem Stuhl mit hohem Rücken. Sie sitzt Modell für ein Porträt.

»Ich bitte Euch, haltet still, Signora«, ermahnt sie mit einem Seufzer der Maler, wenn sie sich auf ihrem Stuhl bewegt. Ettore De Maria Bergler hat spärliches schwarzes Haar, eine imposante Nase und ein Korsarengesicht über einem schlanken Körper. Er hat eine Zigarette im Mund und wirkt gedankenverloren, was nur durch seine gelegentlichen Anfälle von Ungeduld angesichts des mangelnden Sitzfleisches seines Modells durchbrochen wird.

»Zwar hat mich Euer Gemahl gebeten, Euch möglichst natürlich abzubilden, doch so riskieren wir, dass ich Euch mit einer Grimasse auf dem Gesicht male. Nur den Göttinnen und wenigen Frauen ist vom Schicksal eine Schönheit wie die Eure beschieden. Aber Ihr dürft Euch nicht bewegen, wenn es mir gelingen soll, sie einzufangen«, sagt er zu ihr und konzentriert sich wieder auf seinen Kohlestift.

»Ich werde reglos sein wie eine Statue«, verspricht sie mit dem Lächeln eines kleinen Mädchens.

»Oh, das kann ich schwerlich glauben«, murmelt der Maler. Schweißperlen stehen auf seinen Geheimratsecken. »*Vous êtes si pleine d'esprit et d'élégance!* Ihr seid so voller Esprit und Eleganz. Es ist eine Herausforderung, Euch auf eine Leinwand zu bannen.«

Sie wirft ihm einen dankbaren Blick zu, benetzt ihre Lippen. Sie schmecken süß, und ein genussvoller Schauder durchfährt sie. Jeden Morgen bäckt der *monsù* frische Croissants für sie. Oft füttern sich Ignazio und sie damit gegenseitig zum Frühstück, sie lachen, und ihre Küsse schmecken anschließend nach Begehren und nach Puderzucker.

»Donna Franca, guten Tag. Bitte entschuldigt die Störung, aber Donna Giovanna schickt nach Euch.«

Franca wendet sich an Rosa, die sich zusammen mit Giovanna d'Ondes um die Stickschule kümmert, dankt ihr und bittet den Maler mit einem Blick um Verzeihung.

»So werde ich nie fertig …« De Maria Bergler klingt verärgert. »Was soll ich denn jetzt Eurem Gemahl sagen?«

»Ich werde ihm sagen, es ist alles die Schuld seiner Mutter.« Franca steht auf, fasst sich plötzlich an den Hals. »Ach, seid doch so gut, Maestro, und helft mir, das hier auszuziehen.«

Der Maler tritt auf sie zu, öffnet den Verschluss des Halsbandes und reicht es ihr. Franca liebkost es zärtlich und lässt es in ihre Tasche gleiten. Sie möchte es berühren können, es immer bei sich spüren: Das Schmuckstück erinnert sie an ihre Hochzeitsreise.

»Eure Schwiegermutter liebt keine Juwelen?«, fragt der Maler und schiebt die halb fertige Skizze in eine große Mappe.

»Meine Schwiegermutter ist in Trauer und mag im Allgemeinen keinen Prunk. Ich möchte ihrem Schmerz Respekt zollen. Eigentlich müsste ich mich auch umziehen, aber dazu fehlt mir die Zeit …«

De Maria Bergler nickt. Er kann nicht wissen, dass Franca seit ihrer ersten Begegnung mit Giovanna sehr genau darauf achtet, welchen Schmuck sie in Anwesenheit ihrer Schwiegermutter trägt.

Jene erste Begegnung fand im Hotel Excelsior in Abetone statt, einem kleinen Ort zwischen Bologna und Livorno und wegen seiner Abgeschiedenheit von den Jacona di San Giuliano ausgewählt. Giovanna traf per Kutsche mit ihrem Sohn ein, und die beiden Familien setzten sich zu einem Tee in einem kleinen Salon zusammen. Franca saß respektvoll schweigend und mit gesenktem Blick da; das Wissen, dass Ignazio sie ohne die Einwilligung seiner Mutter niemals heiraten würde, schüchterte sie ein. Sie lauschte dem Austausch von Höflichkeiten, den banalen Plaudereien – »Ach, und wie war es denn in Livorno? Immer noch frisch dort?« – »Und der kleine Blasco, wie geht es ihm?« – und verfolgte den Fortgang jenes stillen Krieges, den die beiden Mütter gegeneinander ausfochten: Costanza bewaffnet mit einem uralten Adelstitel, aber unter Schulden begraben;

Giovanna zwar mit gewaltigem Reichtum gesegnet, aber auch mit einem Namen, der trotz allem nicht mehr und nicht weniger war als der Name von Kaufleuten.

Das Gespräch zog sich schier endlose Zeit hin. Dann bedeutete Giovanna Franca plötzlich, näher zu kommen. Unsicher gehorchte sie, während Ignazio auf seinem Stuhl herumrutschte und Costanza den Atem anhielt.

Giovanna musterte sie von Kopf bis Fuß. Lange. Franca schien es, als dringe ihr Blick bis tief in ihre Seele vor, auf der Suche nach Eigenschaften, die sie zu einer wahren Florio machen könnten, und war entsetzt bei dem Gedanken, Giovanna könnte möglicherweise keine finden. Instinktiv berührte sie mit der Hand das goldene Kettchen an ihrem Hals, an dem eine elegante Gemme hing.

Donna Giovanna verfolgte die Geste und zuckte fast unmerklich zusammen. Dort an Francas Hals, halb verborgen von der Gemme, hing der Ring ihres Mannes. Der, den sie ihrem Sohn am Tag von Ignazios Tod gegeben hatte und der sich seit Generationen in der Familie Florio befand.

Franca begriff. Die Furcht, Donna Giovanna in irgendeiner Weise gekränkt zu haben, wurde von der Verlegenheit überlagert, dass sie jenen Ring ohne deren Wissen trug. Doch dann sah sie wieder Ignazio vor sich, in dem Moment, als er ihn ihr geschenkt hatte: Er hatte ihr gesagt, wie wichtig das Schmuckstück für ihn und für seine Familie sei, und dass es dafür stehe, wie ernst es ihm mit ihr sei. Dieser Ring war das Zeichen seiner Liebe, und damit war er viel kostbarer als jedes andere Schmuckstück.

Und so richtete sie ihre großen grünen Augen auf die von Giovanna. Selbstsicher, stolz, verliebt.

Und im Blick ihres Gegenübers stand auf einmal eine

unendliche Traurigkeit: die einer Frau, die ihren Mann verloren hatte und nun dabei zusehen musste, wie ihr auch ihr so geliebter Sohn genommen wurde.

Giovanna löste den Druck ihrer Hände, die auf ihrem Bauch geruht hatten, und forderte Franca mit einer stummen Geste dazu auf, sich neben sie zu setzen. Die Traurigkeit in ihren Augen war immer noch da, doch jetzt lag auch eine feine Drohung darin: *Ich lasse ihn dir, aber wehe, du erweist dich seiner und des Namens Florio nicht würdig.*

Als sie nun an jenen Blick zurückdenkt, erfasst Franca eine mittlerweile wohlbekannte Unruhe. Wird der Argwohn ihrer Schwiegermutter ihr gegenüber jemals nachlassen?, fragt sie sich. *Ach, wäre doch wenigstens Ignazio nicht auf Reisen, ausgerechnet jetzt …*

Ignazio ist in Rom, um sich um die Verträge für seine Schiffe zu kümmern. Er hat ihr erklärt, er könne die Reise unmöglich aufschieben, und da es sich um eine Geschäftsreise handele, sei es besser, wenn sie in Palermo bleibe. Franca hat resigniert genickt und versucht zu begreifen, wieso ihr geliebter, sonst immer lächelnder Ehemann auf einmal so beunruhigt gewirkt hat.

Auf dem Weg in die Gemächer ihrer Schwiegermutter, die sich im älteren Teil der Olivuzza befinden, schaut sie sich um und fragt sich, ob sie sich jemals an diese schier endlosen und mit Luxusmöbeln eingerichteten Zimmerfluchten gewöhnen wird – von den Walnusskommoden Louis Seize bis zu den französischen Spiegeltoiletten im Empirestil mit Marmorplatte, von den Tischen aus vergoldetem Holz bis zu den Ebenholz-Monetieren mit Griffen aus Halbedelstein und Elfenbein, den Porzellanstatuen aus Capodimonte, den fein ziselierten Silberarbeiten, den antiken

Statuen aus Bronze und Marmor, den Teppichen aus Persien, Indien, China und den vielen Gemälden jeder Größe, ob es sich nun um kleine Seestücke handelt oder um düstere Porträts aus dem siebzehnten Jahrhundert, auf denen es kaum Lichtflecke gibt, von mythologischen Darstellungen bis zu sizilianischen Landschaften, so lichtdurchflutet, dass man glauben mag, aus einem Fenster zu schauen: Das alles ist außergewöhnlich für sie.

Wie durch Zauberhand öffnen sich vor ihr die Türen und geben den Blick auf ganze Scharen von Dienstboten frei, die sich vor ihr verbeugen und dann wieder in den endlosen Labyrinthen des Hauses zu verschwinden scheinen.

Manchmal jedoch kommt ein Unbehagen in ihr auf, das sie nachdenklich macht: Sie selbst könnte diesen Menschen nicht einmal sagen, was sie zu tun haben, denn sie alle kennen ihre Aufgaben und versuchen sie nach Kräften zu erfüllen; Franca muss sich weder allein anziehen noch kämmen, denn sie hat Diodata, ihre Kammerzofe, ein Mädchen mit großen schwarzen Augen, schüchtern und schweigsam und immer in Erwartung von Francas Anweisungen; sie muss ihre Kleider nicht wegräumen, weil ihre Garderobiere das tut; und sie hat auch nichts mit den Arrangements der Blumen zu tun, weil es einen Bediensteten gibt, der sich nur darum kümmert und jeden Tag für frischen Blumenschmuck sorgt. Sie muss nicht einmal die Menüfolge für ihre Empfänge auswählen, weil der *monsù* den Geschmack der Gäste kennt und darauf eingeht. Und so zieht Franca es vor, zu schweigen, weil sie Angst hat, Fehler zu machen, fehl am Platze zu sein, und damit allen – an erster Stelle ihrer Schwiegermutter – zu zeigen, dass sie dem Namen, den sie trägt, nicht gerecht wird.

Manchmal hat sie das Gefühl, ein Gast in ihrem eigenen Haus zu sein.

»*Ah, ccà si'*. Da bist du ja.«

Giovanna hebt den Kopf über dem großen Stickrahmen, dem Prachtstück des Salons, in dem sie ihre Tage mit Sticken und Beten verbringt. Franca bleibt einen Moment lang auf der Schwelle stehen und tritt dann in den Halbschatten des Raumes, der von Blumenduft durchdrungen ist. Hinter ihr liegt ein riesiges, lichtdurchflutetes Haus, in dem emsig gearbeitet wird. Hier drinnen jedoch ist alles still und reglos. Selbst die großen Verandatüren sind zugezogen.

Aus einer Ecke des Zimmers begrüßt sie, fast unsichtbar, Donna Ciccia. Franca weiß, dass die Frau ihr wohlwollend gegenübersteht, doch sie ist immer noch nicht recht warm mit ihr geworden.

Sie geht zu ihrer Schwiegermutter und küsst sie auf die Wange.

Giovanna bemerkt Francas weißes Kleid und verzieht missbilligend den Mund. Dann nimmt sie eine Korallenperle, fädelt sie auf und heftet sie auf den Stoff. »Heute Abend lassen wir eine Messe für die *animuzza santa* unseres verblichenen Blasco, Giulias Sohn, lesen. Du kommst doch auch, oder?«

Franca hält den Atem an. Sie weiß sehr wohl, dass keine Frau im Hause Florio es wagen würde, bei einer Messe für einen Verstorbenen zu fehlen, erst recht nicht für Giulias drittes Kind, das kurz nach ihrer Hochzeit mit Ignazio das Zeitliche gesegnet hat. Dann stellt Giovanna sie also erneut auf die Probe.

»Natürlich … Der arme Kleine. Er hat nicht mehr die Zeit gehabt, groß zu werden«, murmelt sie.

Giovannas Hände kommen über dem Stickrahmen zum Stillstand. »*Ju u saccio chi significa virisi moriri un figghio.* Ich weiß, wie es ist, einen Sohn sterben zu sehen«, sagt sie. »Man glaubt, es zerreißt einen, und am liebsten würde man sterben. Und nun passiert das auch noch meiner Tochter.«

»Denkt nicht mehr daran. *Sunnu du' angiuliddi ora.* Sie sind jetzt bei den Englein im Himmel«, mischt sich Donna Ciccia mit einem Seufzer ein.

Giovanna nickt. Sie wischt sich eine Träne ab und schweigt.

Franca macht einen Schritt zurück, und ein Schauder läuft ihr über den Rücken. Verstohlen fährt sie mit der Hand über ihren Bauch, lässt den Blick durch den Raum schweifen. Überall hängen gerahmte Bilder ihres Schwiegervaters. Da an der Wand ein weiteres Gemälde in Öl von ihm, und daneben das noch größere von Vincenzino, dem Bruder ihres Mannes, der schon vor Jahren gestorben ist.

Das ist kein Zimmer, sondern ein Tempel der Erinnerung, denkt sie. Ohne sich dessen bewusst zu sein, weicht sie weiter in Richtung Tür zurück, ergriffen von einer großen Angst, Giovannas Leid könnte auf sie übergehen, wie ein Schatten, oder, noch schlimmer, wie ein Fluch. *Wenn ein Mensch so unglücklich ist*, denkt sie, *dann kann er sich vermutlich gar nicht vorstellen, dass es anderen gut geht; ja, möglicherweise betrachtet er das Glück anderer als Ungerechtigkeit.* Das sagt sie sich, als sie die Tür erreicht, während das beklemmende Gefühl, das sich ihrer bemächtigt hat, seit sie das Zimmer betrat, immer stärker wird. Es ist kaum mehr als eine Ahnung, doch auf einmal begreift sie, dass all das geschieht, wenn das Leid so unermesslich geworden ist, dass man unfähig ist, auch nur einen Hoffnungsschimmer am Horizont zu ertragen.

Warum ist Ignazio nicht hier, um mich vor alldem zu beschützen?

Franca.

Der Gedanke an sie – an ihren halb geöffneten Mund, an die vor Begehren glänzenden Augen, den sinnlichen, biegsamen Körper – lenkt Ignazio ab, doch nur für einen Moment, wie ein Sonnenstrahl, der sogleich wieder erlischt. Hier in Rom gibt es nur graue Wolken, gestrenge Männer und die weißen Bauten der Ministerien.

Vor ihm an seinem Schreibtisch sitzt Camillo Finocchiaro Aprile, der Minister für Post und Fernmeldewesen, ein Mann von ruhigem Wesen mit schmalem Schnurrbart und einem vergoldeten Kneifer, hinter dem seine Augen noch kleiner wirken. Ein Mann aus Palermo, den mit dem mittlerweile ehemaligen Ratspräsidenten Crispi nicht nur die garibaldinische Vergangenheit vereint, sondern auch die Tatsache, dass er all denen, die Sizilien und seine Interessen vertreten, sein Hauptaugenmerk schenkt; allen voran Ignazio Florio.

Der Raum – streng, rot tapeziert und mit schweren Mahagonimöbeln eingerichtet – ist durchdrungen vom Duft männlichen Kölnischwassers. Neben Ignazio sitzt die Spitze seiner Schifffahrtsgesellschaft, der *Navigazione Generale Italiana:* Präsident Gallotti und Generaldirektor Laganà. Entgegen Gallottis Empfehlungen hat Ignazio nicht den richtigen Zeitpunkt für eine Auseinandersetzung unter vier Augen mit Laganà gefunden, doch die Meinungen über ihn sind widersprüchlich: Einerseits scheint es, dass er tatsächlich »äußerst freundschaftliche Beziehungen« zu verschiedenen ligurischen Reedern hegt, andererseits hat niemand geleugnet, dass er sich sehr für die Eröffnung der Zweigstelle des Credito Mobiliare beim Banco Florio eingesetzt und der Casa damit noch mehr Glanz verliehen hat. Wie auch immer: Es besteht kein Zweifel daran, dass er ganz genau weiß, wie er sich zu bewegen hat. Am Ende ist Ignazio zu dem Schluss gekommen, er könne Menschen besser beurteilen als jemand wie Gallotti, der ihn am liebsten am Gängelband führen würde, und hat Laganà mit nach Rom genommen. Doch die Spannung zwischen den beiden Männern ist spürbar.

Auch deshalb, weil die Situation extrem delikat ist. Es ist keineswegs gesichert, dass die Verträge tatsächlich für die NGI erneuert werden. Zu viele rudern dagegen, angefangen bei den Schifffahrtsgesellschaften in Ligurien, die gerne ebenfalls am reich gedeckten Tisch öffentlicher Subventionen Platz nehmen würden und von einem soliden politischen Block unterstützt werden.

Aber wie glauben die denn, mit der NGI konkurrieren zu können?, fragt sich Ignazio und fährt sich mit den Händen durchs Haar. Die Florios besitzen mittlerweile die größte Flotte Italiens, an die hundert Dampfschiffe.

»Eure Flotte ist eine der ältesten und heruntergekommensten im gesamten Mittelmeer: Es gibt Schiffe, die auf die Zeit Eures Großvaters zurückgehen, Gott hab ihn selig. Das müsst Ihr doch zugeben«, wendet Finocchiaro Aprile ein und zieht die Augenbrauen hoch.

Ignazio zeigt Verärgerung. Domenico Gallotti räuspert sich und erhebt Protest: »Aber nein. Nichts, was man nicht mit ein paar Reparaturen und dem Kauf neuer Schiffe beheben könnte, vor allem, wenn wir die Subventionen erhalten. Aber deshalb gleich die Erneuerung der Verträge infrage zu stellen … Das wäre doch Unsinn!«

»Ach ja?«, erwidert der Minister mit einem Hauch Provokation in der Stimme. »Warum habt Ihr dann noch nicht selbst daran gedacht?«

Laganà beschränkt sich darauf, den Kopf zu schütteln. Dann will er doch etwas sagen, doch Ignazio hält ihn davon ab. »Weil es kostet, und das wisst Ihr sehr wohl. Die *Navigazione Generale Italiana* kommt voran dank der Subventionen, die jedoch nur dazu dienen, mit der französischen und österreichischen Flotte mitzuhalten, ganz bestimmt nicht, um Gewinne zu erzielen. Deshalb hatte ich ja auch um Unterstützung bei der Verwirklichung einer Schiffswerft gebeten: damit wir unsere eigenen Dampfschiffe bauen können, da wir für die Reparaturen bereits die Bootsrampe haben, an der die Arbeiter der Gießerei Oretea tätig sind. Doch die Gemeinde hatte nicht das nötige Kleingeld, und von Rom kam sowieso nichts. Was ist denn aus dem Projekt geworden? Von meiner Seite aus hat es gewiss nicht am Willen gefehlt, es zu Ende zu bringen.«

Der Minister verzieht das Gesicht, die Augen fest auf die Schreibtischkante gerichtet.

»Helft uns. Gebt uns Geld, und wir werden alles modernisieren«, hakt Ignazio nach, und jetzt ist in seiner Stimme sogar ein Hauch von Flehen, das so gar nicht zu seinem brennenden Blick und den zur Faust geballten Händen passen will.

»Ja, aber so ist einfach nichts zu machen«, murmelt Finocchiaro auf Sizilianisch. »Wir haben eine viel zu knappe Mehrheit, um eine Zustimmung zur Erneuerung zu bekommen.« Er steht auf, öffnet das Fenster. Der römische Verkehrslärm dringt herein. Schreie, Räder, die sich auf dem Kopfsteinpflaster drehen, sogar ein Leierkasten ist zu hören. Verärgert lehnt Aprile die Läden an, dreht sich um und fragt leise: »Habt Ihr mit Crispi gesprochen?«

Ach ja. Crispi.

Die drei Männer wechseln angespannte Blicke.

Crispi hat Ignazio in seinem Arbeitszimmer empfangen und ihn lange angeschaut, ohne etwas zu sagen, als wollte er die Bilder des Vaters und des Sohnes verschmelzen lassen, vielleicht in der Hoffnung, einen Gesprächspartner vor sich zu haben, der ebenso aufmerksam und scharfsinnig ist wie der verstorbene Senator. Oder vielleicht musste er auch seine Rechnung mit der Zeit machen, die verstrichen war – schließlich war das bereits das dritte Mitglied der Familie Florio, das bei ihm vorstellig wurde. Alle waren sie bei ihm gewesen: zuerst der brüske und Furcht erregende Vincenzo, dann Ignazio, ein ebenso feinsinniger wie erbarmungsloser Mann. Und dann der hier, der kaum mehr war als ein Jüngelchen und den Crispi einfach noch nicht einschätzen konnte.

Ignazio wiederum hat bei der Begegnung einen Mann gesehen, der ganz anders war als der energiegeladene, scharfsinnige Zeitgenosse mit dem rebellischen Funkeln im Blick, den er vor so vielen Jahren in Rom kennengelernt hatte. Damals befanden sie sich im Foyer des Hotel d'Angleterre, inmitten des gepolsterten Luxus eines Hotels voll ausländischer Reisender. Er erinnerte sich daran, wie Anwalt Crispi sich tief verbeugte, um seiner Mutter die Hand zu küssen, und wie sein Vater sich dann bei Crispi eingehängt hatte und mit großen Schritten auf ein etwas abgelegenes

Sofa zugesteuert war. Dort hatten die beiden Männer lange gesessen und geredet, während er seine Mutter und die Schwester auf einen Ausflug mit der Kutsche begleitete.

Ignazio konnte nicht umhin zu denken, dass dieser blässliche und erschöpfte Siebzigjährige wohl kaum mehr über die Energie verfügte, in der Politik am Steuer eines Schiffes zu stehen, erst recht nicht, wenn es ewigen Stürmen zu trotzen hatte.

Vielleicht hatte er auch gar nicht mehr den Einfluss, das zu tun.

Crispi bot ihm einen Stuhl an und nahm selbst unter gewissen Mühen Platz. »Es herrscht große Verwirrung, Don Ignazio. Meine Feinde hören nicht auf, zu schreien und zu zetern, und die Stimmung ist schlecht«, begann er, zwischen einem Zug an der Zigarre und dem nächsten, die Stimme rau vom Rauch. »Doch eines kann ich Euch sagen: Es stimmt zwar, dass momentan Giolitti und seine Freunde im Norden das Spiel bestimmen, aber das wird nicht mehr lange dauern. Der mit seinem scheinheiligen Gehabe als *parrino spugghiato*, als falscher Priester, der sich nicht in die Karten schauen lässt! Tut so, als könnte er kein Wässerchen trüben, dabei ist er ein Aas, schlimmer als die meisten. Die Schweinereien, die an der Banca Romana passiert sind, sind der Beweis dafür, dass keiner unschuldig ist. Er hat Leute auf sämtlichen Ebenen gedeckt, und früher oder später kommt alles ans Tageslicht. Doch für den Moment ist er noch da, und ich kann wenig ausrichten. Ihr müsst mit Finocchiaro Aprile reden. Er ist aus Palermo. Er erwartet Euch.«

»Daran hatte ich auch schon gedacht«, antwortete Ignazio. »Doch zuerst wollte ich Eure Meinung einholen. Ihr seid seit so vielen Jahren der Anwalt der Casa Florio und kennt meine Familie gut.«

Francesco Crispi kniff die Augen zusammen – der Blick eines alten Spürhundes – und lächelte selbstgewiss, ein Lächeln, das seine Augen funkeln ließ. »Und wie ich sie kenne, Don Ignazio. Deshalb hat ja auch diese Rede von Ferraris nicht noch größeren Schaden angerichtet. Wäre ich nicht gewesen, dann hätten noch andere nach ihm das Wort ergriffen, und die Konsequenzen wären viel schlimmer gewesen. Ich habe dafür gesorgt, dass das, was er gesagt hatte … nun, in Vergessenheit geriet, sagen wir's mal so.«

»Und dafür danke ich Euch sehr.«

Crispi wedelte mit der von Altersflecken übersäten Hand. »Ich habe getan, was ich konnte. Doch nun ist Finocchiaro Aprile an der Reihe.«

Und jetzt sind es genau diese Worte, die Ignazio dem Minister gegenüber wiederholt. »Crispi hat das Mögliche getan, um den Schaden zu begrenzen«, wiederholt er pikiert. »Ihr wisst besser als ich, dass man für den Moment nicht mehr verlangen kann.«

»Aber wir können nicht mehr warten, *nuatri 'un putemu aspittari*. Keiner kann wirklich wissen, wann diese Regierung fallen wird. Die politischen Allianzen werden von den Gegebenheiten des Moments diktiert, das wisst auch Ihr.« Domenico Gallotti kann seine Frustration kaum im Zaum halten. Laganà nickt, wie immer stumm.

»Leider sind mir hier die Hände gebunden«, sagt der Minister. »Es gibt zu viel Kritik an der Art und Weise, wie die *Navigazione* ihre Strecken bedient, und …«

Ignazio steht auf, geht im Zimmer auf und ab. »Verdammt, wir brauchen diese Verträge, das versteht Ihr doch, oder? Eine ganze Stadt verdient ihre Brötchen mit dem Geld, das Ihr in die NGI einbringt. Wenn diese Verträge nicht erneuert werden, was würde dann passieren?« Er kann seine Wut nicht mehr verbergen.

Finocchiaro Aprile seufzt. Jetzt kann er sich nicht länger verstecken, nicht unter den eindringlichen Blicken dieser drei Männer. Er verschränkt die Arme vor der Brust. »*U sacciu,* ich weiß. Aber in diesem Moment kann ich nur sehr wenig ausrichten. Die Abgeordneten des Nordens rund um Giolitti sind mehr als unsere, und sie stehen fester zusammen.« Er wirft ihm einen vielsagenden Blick zu. »Jetzt ist es mehr an Euch, Don Ignazio, als an denen im Parlament, das Ruder herumzureißen. Macht ihnen Angst. Ihr wisst sehr gut, dass es nichts Überzeugenderes gibt als die Angst.«

Ignazio hat begriffen. Finocchiaro Aprile legt ihm nahe, sich eine schwierige Realität zunutze zu machen, indem er sie in noch düstereren Farben malt, das Trugbild eines hinterlistigen Gegners heraufbeschwört, mit einer zerstörerischen Wirtschaftskrise droht und damit die öffentliche Meinung beeinflusst.

Die Idee gefällt ihm. Das Lächeln, das auf seine Lippen tritt, ist ebenso fein wie schneidend.

Finocchiaro Aprile entspannt sich ganz leicht auf seinem Stuhl. Gallotti blinzelt, dann ergreift auch er das Wort. »Ihr meint Demonstrationen?«

Der Minister breitet die Arme aus. »Protestmärsche, Kundgebungen ... Eure Arbeiter der Oretea gehören zu den aktivsten, und in Palermo sind die sizilianischen *Fasci* sehr präsent, diese politischen Amateure, die behaupten, die Rechte der Arbeiter zu verteidigen ...«

»Agitatoren, die vom Arbeiten nichts wissen wollen«, brummt Laganà.

Gallotti wirft ihm einen vernichtenden Blick zu.

»Es sind Arbeiter, denen ihr Arbeitsplatz am Herzen liegt. Wenn sie Angst haben, machen sie Lärm.« Ignazio richtet den Blick auf Finocchiaro Aprile. Der nickt und fügt hinzu: »Ihr wisst, mit wem Ihr reden müsst, oder wen Ihr an Eurer Stelle reden lasst. Sorgt dafür, dass sie Angst bekommen, und lasst es die ganze Insel wissen, denn wenn der Hafen von Palermo zu arbeiten aufhört, bricht die gesamte Wirtschaft Siziliens zusammen.«

Ignazio erinnert sich daran, was sein Vater damals getan hat, als es darum ging, eine brenzlige Situation zu schüren, um seine Fusion mit Rubattino voranzubringen. Ein Manöver, das perfekt gelungen war. *Und gewisse Dinge ändern sich nicht*, sagt er sich. *Angst ist Angst.*

In diesem Moment klopft es an der Tür, und ein rundes Gesicht erscheint in der Öffnung. »Darf man eintreten?«

Ein peinliches Schweigen senkt sich über den Raum. Ignazio wendet den Blick ab. Der Minister bedeutet dem Neuankömmling einzutreten. »Wir hatten Euch nicht erwartet, Don Raffaele. Das hier ist eine geschlossene Runde«, fügt er hinzu, kaum hat sich die Tür geschlossen.

»Das habe ich mir schon gedacht. Deshalb habe ich auch draußen gewartet. Ich wollte es nicht an Respekt mangeln lassen«, erklärt Raffaele Palizzolo in unterwürfigem Ton. »Ich bin gekommen als aufrichtiger Sizilianer, aber auch als Verwandter von Don Ignazio. Seine Gattin Franca ist die angeheiratete Nichte meiner Schwester, der Herzogin von Villarosa, das wisst Ihr doch sicher, oder?« Er streckt Ignazio die Hand hin, der diese mit einem gewissen Zögern drückt, und nimmt dann, ohne dazu aufgefordert worden zu sein, auf dem Stuhl neben ihm Platz. »Jedenfalls bin ich hier, um meinen Beitrag zu leisten, damit Palermo die Verträge nicht verliert.«

Das Unbehagen, das im Raum steht, ist fast körperlich spürbar. Schon seit Jahren gilt Raffaele Palizzolo als ein Mann, der seine Finger überall hat: Er hört alles, beobachtet und weiß dann sehr genau, wie er aus diesen Informationen einen Vorteil ziehen kann. Eine Fähigkeit, die ihm sicher auch in Rom nützlich ist, zumindest seit er Abgeordneter geworden ist. Seit einiger Zeit jedoch liegt ein langer und bedrohlicher Schatten auf ihm, der mit einem Verbrechen zu tun hat, das die ganze Stadt zutiefst erschüttert hat. Am ersten Februar dieses Jahres wurde Emanuele Notarbartolo, der ehemalige Direktor des Banco di Sicilia, ein überaus integrer und allseits beliebter Mann, mit siebenundzwanzig Messerstichen in dem Zug getötet, der ihn von Termini Imerese nach Palermo bringen sollte. Und es hielt sich hartnäckig das Gerücht, dass Palizzolo in den Mord verwickelt sei, da auch er sich wie so viele bei den Finanzen der Bank die Finger schmutzig gemacht hatte und ihn Notarbartolo dabei erwischt habe – so sagten es jedenfalls die gut Informierten. Auch wenn dies nur Gerüchte waren – *natürlich* gab es für den Mord keine Zeugen –, fiel es den Anwesenden schwer, sich über das Gefühl hinwegzusetzen, mit einem Verbrecher im selben Raum zu sein.

Die Stille, die auf Palizzolos Ankündigung folgt, wird am Ende von Laganà durchbrochen. »Gewiss, hier sind wir uns alle einig. Das Problem ist nur, *wie* man sich einmischen soll, ohne Schaden anzurichten.«

»*Ascutàte a mia,* hört mir zu«, sagt Palizzolo und beugt

sich mit einer Vertraulichkeit, die ihm niemand gestattet hat, zum Schreibtisch des Ministers vor. »*A chisti, l'avemu a fari scantari.* Wir müssen denen Angst machen. Und Ihr wisst, Herr Minister, in der Abgeordnetenkammer hört man auf mich. Ich müsste mich nur dementsprechend zu Wort melden.«

Der Minister hebt den Kopf, streicht sich übers Kinn. Er schaut ihn an, und Palizzolo neigt den Kopf, nickt. Er bittet ihn implizit, tätig zu werden, denn noch bevor sie Politiker sind, sind diese Männer vor allem Sizilianer und setzen sich erst dann in Bewegung, wenn die richtige Person von ihren Absichten in Kenntnis gesetzt wurde und ihre Zustimmung gegeben hat.

Jetzt ist der Minister ganz Ohr. »Also, *chi vulissi fari,* was wollt Ihr tun?«

»Im Moment gibt es in Palermo viel Unmut. Es reicht, wenn wir ihnen vor Augen halten, was passieren könnte.« Palizzolos Gesicht wird finster. Dann schaut er Laganà und Gallotti an. »Denkt doch nur, was passieren würde, wenn die Nachricht dort einträfe, dass die Verträge nicht erneuert werden. Die Leute würden auf die Barrikaden gehen. Und welche Regierung kann sich einen Volksaufstand leisten? Ganz gewiss nicht *diese* Regierung, mit all den Katastrophen, gegen die sie in letzter Zeit anzukämpfen hat.«

Ignazio wechselt einen Blick mit Gallotti, und der verdreht die Augen zum Himmel. Ja, Palizzolo muss ihr Gespräch belauscht haben.

Laganà bewegt sich, lehnt sich an den Schreibtisch des Ministers. Als er spricht, kann er seine Irritation nicht verbergen. »Genau das haben wir gesagt, bevor wir durch Euch unterbrochen wurden, aber ich kann mir vorstellen, Ihr habt es schon geahnt. Dass man die Hilfsarbeiterschaft der Oretea und an der Bootsrampe dazu anstacheln könnte, zu protestieren.«

Palizzolo schüttelt den Kopf. Wenn er sich durch den soeben erhaltenen Tadel brüskiert fühlt, lässt er es sich nicht anmerken. »Ein Streik muss im Raum stehen. Es braucht etwas, um allen Angst einzujagen.« Er wendet sich an den Minister. Ohne auf den Gesichtsausdruck Finocchiaro Apriles zu achten, fährt er fort, die Hände auf den Oberschenkeln, den Oberkörper nach vorne gebeugt: »*Vossia palermitano è, e sapi che intendo,* Ihr als Palermitaner wisst, was ich meine: Giolitti will dieses Feuer nicht schüren, aber wir müssen ihn dazu bringen, dass er es tut.«

Ignazio blickt auf seine Fingerspitzen hinab. »Ihr wollt ihn also erschrecken und so unter Druck setzen, dass er gezwungen wird, auf die Forderungen seiner Leute nicht einzugehen.«

Wie zur Bestätigung breitet Palizzolo die Hände aus. »Was die hier in Rom noch nicht begriffen haben, ist, dass in Palermo die Gedärme Italiens sitzen. Was auch immer in Rom entschieden wird, verdaut werden muss es dort.«

Gallotti nickt, wendet sich an Finocchiaro Aprile. »Was meint Ihr, Herr Minister?«

Der Angesprochene zuckt mit den Achseln. »Gewiss, es ist riskanter als das, woran ich gedacht hatte, aber es kann funktionieren. Ihr müsst aufpassen, die Kontrolle über die Situation in Sizilien nicht zu verlieren; ich tue hier alles, was ich kann. Wir können jede Hilfe gebrauchen, ganz gleich, von welcher Seite sie kommen mag«, schließt er gewandt. Seine Stimme ist so gleichmäßig wie das Schwingen eines Uhrpendels in einem leeren Zimmer.

Ignazio nickt zufrieden. Er erhebt sich, gibt dem Minister die Hand. »Die NGI und Palermo werden Euch für das, was Ihr tun könnt, zu Dank verpflichtet sein.« Er schaut ihn voller Intensität an. »Und die Familie Florio wird Euch persönlich dankbar sein.«

Camillo Finocchiaro Aprile hat verstanden. Er lächelt.

Unschlüssig hebt Franca eine Hand an ihre Lippen. Das Kleid aus dunkelgrünem Atlas hebt die üppigen Formen ihres Busens hervor. Es kommt ihr beinahe so vor, als blicke ihr das missbilligende Gesicht der Schwiegermutter aus dem Spiegel entgegen. Und sie hört sogar ihre Stimme: »Du bist viel zu tief ausgeschnitten, meine Tochter, *figghia mia*, besonders unter den Umständen, in denen du bist.«

Den Umständen, in denen sie ist.

Ihre ringgeschmückte Hand gleitet zu ihrem Bauch hinab, der sich allmählich zu runden beginnt. Sie ist seit fast vier Monaten schwanger. Sie lächelt. Gewiss, mit dem Beginn der Junihitze ist die Schwangerschaft deutlich beschwerlicher geworden, doch die Freude, die Franca empfindet, hilft ihr über alle Unbill hinweg.

Und Ignazio ist glücklich, überhäuft sie mit Aufmerksamkeit und mit herrlichen Geschenken, wie den Ohrringen aus Smaragden und Brillanten, die wie durch Zauberhand an dem Tag, nachdem sie ihm verkündet hatte, sie erwarte ein Kind, auf ihrer Spiegelkommode auftauchten.

Sie legt sie an, zieht mehrere Armbänder über ihr Handgelenk und ruft Diodata, zeigt auf einen Schal im Schrank. Er ist aus elfenbeinfarbener Seide und von Lanvin; sie lässt ihn sich über die Schultern drapieren, damit er wenigstens einen Teil ihres Dekolletés bedeckt.

Ignazio wartet an der Einfahrt, neben dem Olivenbaum, auf sie. Auch Giovanna und Donna Ciccia sind bei ihm. Die Mutter küsst ihren Sohn, fährt ihm mit der Hand über die Brust. »*'Un faciti tardi,* lass es nicht so spät werden«, bittet sie ihn. »Sie soll sich nicht so anstrengen.«

»*Maman*, Franca wird in Palermo gerade zur größten Expertin in Sachen Sofas. Seit bekannt ist, dass sie ein Kind erwartet, wetteifern die Gastgeber darin, dafür zu sorgen, dass sie sich nicht anstrengt. Und Donna Adele de Seta liegt in diesen Bemühungen ganz vorn.«

Ohne auf die Schnurren ihres Sohnes zu achten, mustert Giovanna ihre Schwiegertochter von Kopf bis Fuß. Die kann sich immer noch nicht an diesen strengen und traurigen Blick gewöhnen und schaut instinktiv zu Boden. Prompt tritt die Schwiegermutter auf sie zu und rückt ihren Schal zurecht. »Es stimmt ja, es ist heiß, aber *accuppunati*, bedeck dich.«

Natürlich soll sie sich bedecken. Und nicht nur wegen der nächtlichen Kühle.

»*Ne vous inquiétez pas, maman*«, versucht Franca ihre Schwiegermutter zu beruhigen, und beugt sich hinab, um sie auf die Wange zu küssen.

Ignazio hilft ihr dabei, in die Kutsche zu steigen, mit einer Hand auf ihrem Rücken, die kaum merklich nach unten wandert. Im Inneren der Kutsche zieht er sie an sich und küsst sie. »Mein Gott, du bist ein Augenschmaus. Die Schwangerschaft macht dich immer schöner«, murmelt er und lässt die Hand über ihre wohlgeformten Hüften gleiten, die vom Mieder befreit sind.

Franca errötet im Dunkeln und erwidert seine Umarmung. Man hat ihr gesagt, wenn sie erst einmal schwanger sei, würde Ignazio nicht mehr zu ihr ins Bett kommen, um »dem Kind nicht zu schaden«. Seine Besuche sind jedoch nicht ausgeblieben … Trotzdem hat seine Liebesglut sie nicht vergessen lassen, dass ihr Mann auf den Empfängen, zu denen sie eingeladen waren, sich oft ein wenig zu ungezwungen bestimmten weiblichen Gästen gegenüber verhalten hat. Deshalb ist es ihr auch – trotz ihrer Müdigkeit – lieber, ihn zu begleiten: weil sie alle daran erinnern will, nicht zuletzt ihn selbst, dass Ignazio Florio kein Junggeselle mehr ist, der sich amüsieren will.

Als sie am Palazzo der Familie de Seta ankommen, sind die Salons bereits gut gefüllt. Unter geflüstertem Klatsch und heimlich prüfenden Blicken zeigt sich das Palermo der Frauen in einem Wirbel aus Seide und Juwelen, und das der Männer – wesentlich diskreter – knüpft neue Beziehungen oder frischt alte Allianzen auf. Eine Vorführung, in der Ignazio und Franca längst die Hauptrollen spielen. Wie es scheint, wurden all die Boshaftigkeiten und all der Klatsch, den es um sie gegeben hat, von ihrem augenscheinlichen Glück und der Nachricht von Francas Schwangerschaft hinweggefegt. Seit sie von ihren Flitterwochen zurück sind, wurden sie von einem Fest zum nächsten weitergereicht, doch einen Empfang in der Olivuzza musste man bislang verschieben, weil Franca guter Hoffnung ist. Mittlerweile ist die Saison fast zu Ende, und der Ball bei den de Setas eines der letzten gesellschaftlichen Ereignisse: Schon bald werden die Familien ihre Stadtresidenzen verlassen, um in die französischen Badeorte oder auch in die Sommerfrische in den österreichischen oder Schweizer Alpendörfern zu fahren; andere werden sich in ihre Villen auf dem Land zurückziehen. Was Ignazio und Franca angeht, so erwartet sie ihre Lieblingsjacht, die *Sultana*, zu einer Kreuzfahrt im Mittelmeer.

Darüber spricht Ignazio gerade mit Giuseppe Monroy. »Es gibt keinen Grund, nicht zu reisen«, sagt er zu ihm. »Die *Sultana* ist ein solides Schiff, und der Bordarzt wird mit allem ausgerüstet sein, um sich um Franca zu kümmern.«

Giuseppe nickt und prostet ihm zu. »Immerhin erwartet sie den Stammhalter. Da ist es nur richtig, vorsichtig zu sein.«

»Ach, das brauchst du mir nicht zu sagen. Auch wenn meine Mutter protestieren wird und ...« Ignazio unterbricht sich, abgelenkt von einer jungen Frau im hellrosa Kleid, die in Begleitung einer älteren Dame, wahrscheinlich der Mutter, an ihnen vorbeigeht.

»Und wer ist das da? Ich möchte zu gern wissen, wo sie die immer versteckt halten«, flüstert Giuseppe grinsend.

»Na ja, Hauptsache sie kommen irgendwann raus ... im richtigen Moment«, schließt Ignazio.

Plötzlich steht er auf und beginnt, hinter der jungen Frau herzugehen, während Giuseppe ihn amüsiert beobachtet und den Kopf schüttelt.

Die Frau geht ein paar Schritte und bleibt stehen, um mit einer Freundin zu plaudern, während ihre Tochter sich umdreht und ihn anschaut. Und es ist kein beiläufiger Blick, alles andere als das. Ihm bleibt genug Zeit, um das alles in sich aufzunehmen – die mandelförmigen dunklen Augen, den üppigen Mund, die milchweiße Brust, die fast das Mieder sprengt. Er fragt sich, ob dieser Busen wohl fest oder weich und bereits ein wenig schlaff ist. Allzu oft hat er sich schon von einem Kleid täuschen lassen, das den Busen »an den richtigen Stellen« stützt …

Sie sieht ihn immer noch an, auf fast unverschämte Weise. Ignazio durchfährt ein freudiger Schauder, doch er zögert. *Zuerst müsste ich wissen, wer sie ist*, sagt er sich. *Gott bewahre, dass sie eine Verwandte der Marquise de Seta ist, vielleicht eine Nichte …*

In diesem Moment geht jemand an ihm vorbei, gibt ihm einen Klaps auf die Schulter und flüstert ihm zu: »Deine Frau sucht dich, Igna' …«

Er dreht sich abrupt um. Franca kommt auf ihn zu, mit strahlendem Lächeln und federndem Gang. Sie nimmt ihn am Arm, schlingt ihre Finger um die seinen. »Liebster, hilf mir doch, befrei mich aus den Fängen von Donna Alliata. Sie will mir haarklein erzählen, was bei ihren Geburten und denen ihrer Töchter so passiert ist, und ich hab schon genug Angst vor meiner eigenen. Komm, fordere mich zum Tanzen auf, ich bitte dich: Ich bin schwanger, nicht krank, und kann mir einen Walzer mit meinem Gemahl erlauben.«

Ignazio nimmt ihre Hand und führt sie in genau dem Moment in die Mitte des Saales, als das kleine Orchester zu spielen beginnt. Er legt den Arm um ihre Taille, und sie lacht laut und heftig, genau so, wie man ihr beigebracht hat, es *nicht* zu tun.

Und doch tut sie es. *Sollen mich nur alle sehen*, denkt Franca und richtet kurz den Blick auf diese unverschämte Frau im rosa Kleid, denn sie hat sehr wohl bemerkt, wie die ihren Mann angeschaut hat, und wie sie es bemerkt hat! Und das hat sie gewaltig verärgert.

Die junge Frau dreht sich um, kehrt ihr den Rücken zu, entfernt sich.

Franca lässt den Blick über all die Matronen im Saal schweifen und antwortet mit einem Lächeln auf ihren stummen Tadel. Sie weiß, was sie alle denken: Eine Frau in ihrem Zustand dürfte nicht einmal an einem Ball teilnehmen, geschweige denn tanzen. Doch ihr ist das egal. Sie dreht sich weiter zu den Walzerklängen, wirft auch den jüngeren Frauen, die noch schön und begehrenswert sind, herausfordernde Blicke zu und stellt sich vor, was sie denken: Sie sind davon überzeugt, dass Ignazio schon bald eine andere findet, um sich mit ihr zu vergnügen. Denn genau das tut ein Mann, wenn seine Frau schwanger ist.

Ich habe all das, was ihr nicht mehr haben könnt und vielleicht auch nie hattet, sagt ihr Blick den Matronen. Dann lehnt sie sich an Ignazio und streichelt ihm den Hals, in einer stummen Besitzerklärung. Und bei sich denkt sie: *Eure Männer verhalten sich so. Ignazio nicht. Er gehört mir, und er liebt mich. Und ich bin ihm genug.*

Der Juli in Palermo ist wie ein launisches Kind; klare Tage wechseln sich mit feuchtwarmen ab, so schwül, dass die Haut klebt und das Atmen schwerfällt. Dann kommt der Schirokko, der den Staub der Wüste mit sich bringt und die Gipfel der Berge zu dunklen Flecken macht, die sich vor einem elfenbeinfarbenen Himmel abheben.

An diesem Tag jedoch hat der Juli beschlossen, artig zu sein: Es ist ein strahlender Tag, ein Lüftchen weht und lädt dazu ein, draußen zu verweilen. Und so hat Franca die Anweisung gegeben, den Tee im Park der Olivuzza zu servieren, unter den Palmen neben der Voliere.

Sie wartet auf Francesca und Emma di Villarosa, die den Nachmittag mit ihr verbringen und ihr Gesellschaft leisten werden. Sie sitzt in dem kleinen Salon, der an ihr Schlafzimmer angrenzt, und liest in *Marion, die Sängerin des Café-chantant* von Annie Vivanti, einem Roman, den ihre Schwägerin ihr geliehen hat, wobei sie ihr gesagt hat, sie solle das Buch besser nicht ihrer Schwiegermutter zeigen, weil darin »unanständige Dinge« vorkämen. Mittlerweile ist ihre Schwangerschaft sichtbar, sie ist ständig müde, und vor allem ist sie allein. *Das war nicht richtig von Ignazio,* denkt sie und blättert nervös die Seiten um. Zuerst hat er ihr versprochen, sie würden eine Kreuzfahrt auf der *Sultana* machen, dann hat er ihr mit dem Hinweis, sie müsse auf sich achtgeben, zu verstehen gegeben, sie würden doch zusammen in Palermo bleiben. Am Ende hat er es sich dann noch einmal anders überlegt und ist zu einer Reise nach Afrika aufgebrochen, mit der Begründung, er müsse sich nach dem anstrengenden Warten auf die Erneuerung der Verträge dringend ein wenig ausruhen.

Eine Erneuerung, die endlich stattgefunden hat: Für weitere fünfzehn Jahre, das heißt bis 1908, wird die *Navigazione Generale Italiana* das Monopol auf subventionierte Schifffahrten haben. Ein Ergebnis, erlangt dank einer flammenden Rede Raffaele Palizzolos vor der Abgeordnetenkammer – »Dass von einem Tag auf den anderen sechstausend Familien ohne Arbeit und Brot sind … wäre eine nationale Katastrophe« –, dank dem geschlossenen Auftreten der Gruppe ehrenwerter Sizilianer rund um Crispi, der sich wieder einmal als wertvoller Verbündeter erwiesen hat, und dank dem gesellschaftlichen Druck, hervorgerufen durch die Artikel im *Giornale di Sicilia*, die nicht nur das Schicksal Palermos, sondern das ganz Siziliens in den düstersten Farben geschildert haben, falls die Verträge nicht erneuert würden. Voller Angst bei dem Gedanken, ihre Arbeit zu verlieren, strömten die Menschen auf die Straßen, und es kam zu täglichen, lautstarken Demonstrationen, die sich dann jedoch in einen wahren Freudentaumel verwandelten, als die gute Nachricht endlich eintraf. Ob an der Bootsrampe oder in der Gießerei Oretea, die Begeisterung war groß, wie ein erfrischender Regenguss nach Monaten der Dürre. Allerdings gab es auch einen Tribut zu zollen, da die NGI ihre alten Dampfschiffe modernisieren und weitere drei anschaffen muss, doch das sind keine Hindernisse, die unüberwindlich sind.

In der Olivuzza stieß Ignazio mit dem besten Champagner auf den großen Erfolg an und erzählte Franca, wie das alles abgelaufen war, indem er mal die Stimme Crispis und mal die von Palizzolo nachahmte. Und Franca hörte kichernd zu, wie er ihr berichtete, dass sich Finocchiaro Aprile endlich das Gut hatte kaufen können, das er schon lange im Auge hatte – eine Enthüllung, die Giovanna nur mit einem Kopfschütteln quittierte.

Doch die Begeisterung war schnell verflogen, nachdem Ignazio abgereist war, und Franca und die Olivuzza verfielen in ein dumpfes Brüten, das nur wenig mit der großen Hitze zu tun hatte.

Als das Hausmädchen die Ankunft ihrer beiden Cousinen ankündigt, steht Franca auf und geht ihnen entgegen.

»Franca, meine Liebe, du wirst immer schöner …« Emma, in Strohhut und weißem Baumwollkleid, küsst sie auf beide Wangen.

Hinter ihr, wie immer ernst und gesetzt, begrüßt Francesca sie mit einem Nicken. Sie war immer die Lebhafteste von den dreien, von allen beneidet wegen ihrer Schönheit. Doch jetzt wirkt sie … erloschen. Die viel zu frühe Witwenschaft hat sie in eine Art Zwischenreich versetzt, aus dem sie nur schwerlich wieder herauskommt, auch weil viele sie behandeln, als wäre sie die Unglücklichste aller Frauen.

Franca versucht diesen Gedanken zu verscheuchen und öffnet die Verandatür. »Kommt, gehen wir in den Garten. Ich habe den Tee neben der Voliere servieren lassen«, sagt sie mit etwas erzwungener Fröhlichkeit.

Die beiden Schwestern tauschen einen erstaunten Blick. »Aber … begrüßen wir denn nicht zuerst deine Schwiegermutter?«, fragt Francesca.

»Aber nein, wir stören sie nicht. Sie sitzt in ihrem Salon und stickt. Wir gehen später zu ihr«, ruft Franca voller Ungeduld aus. Sie nimmt Emma an der Hand und zieht sie die Wege des Gartens entlang. In den vergangenen Tagen fühlt sie sich, abgesehen von ihrer Sehnsucht nach Ignazio, seltsam unruhig und verspürt das Bedürfnis, sich zu bewegen.

An der Voliere treffen sie auf Vincenzino, der unter dem trägen Blick seiner Gouvernante mit einem Reifen spielt. Der Junge grüßt die drei Frauen, küsst den beiden Schwestern mit einer solchen Ernsthaftigkeit die Hand, dass es sogar Francesca ein Lächeln entlockt, und läuft dann hüpfend davon.

Genauso, wie es immer war, nimmt Franca zwischen den beiden Cousinen Platz.

»*Comu si'*, wie geht es dir?«, erkundigt sich Emma und nimmt ihre Hand.

»Das Kind hat angefangen, sich zu bewegen, und zwingt

mich nachts dazu, auf der Seite zu schlafen. Und du, wie geht es dir, mein Herz?«, fragt Franca, an Francesca gewandt.

»Mir? Ach, recht gut«, erwidert die Angesprochene mit ihrem ganz leichten toskanischen Akzent.

Franca ergreift ihre Hand, die in einem Handschuh aus schwarzer Spitze steckt. »Eigentlich wäre ich viel lieber unterwegs, aber bei dieser Hitze und wo Ignazio nicht da ist, habe ich nicht viele Gelegenheiten zum Ausgehen … Für meine Schwiegermutter heißt ausgehen in die Kirche zu gehen. Ich langweile mich also, das ist es.«

Emma deutet ein Lächeln an, streckt die Hand nach Francas Bauch aus, zögert aber. »Darf ich?«, fragt sie.

Franca nickt, nimmt auch Francescas Hand und legt beide an die Wölbung unter ihrem Kleid.

»Vorgestern war ich bei Robert und Sofia Whitaker«, fährt Emma fort. »Da war ein Grüppchen, das über euch beide gesprochen hat, über dich und Ignazio.«

Francesca wirft ihr einen vernichtenden Blick zu, doch Franca lächelt. »Und, was haben sie sich diesmal ausgedacht? Dass Ignazio eine neue Geliebte hat? Vor einiger Zeit ist mir das Gerücht zu Ohren gekommen, dass auf der *Sultana* eine spanische Sängerin war …« Sie richtet den Blick gen Himmel. »Unglaublich! Ist es denn so schwer zu glauben, dass er mich gernhat und Vernunft angenommen hat, jetzt, wo er Vater wird?«

Francesca presst die Lippen zusammen. »In Wirklichkeit hat Robert in den höchsten Tönen von ihm gesprochen, weil er die Erneuerung der Verträge erreicht hat, und auch Giuseppe Monroy hat ihn über den grünen Klee gelobt. Außerdem gibt es doch immer Gerüchte. Sie sind das Salz in der Suppe dieser Tage, die ansonsten zum Sterben langweilig wären. Aber du weißt besser als ich, dass diese Geschichten Schall und Rauch sind.«

Franca nickt, auf einmal ernst geworden. »Ja, und tatsächlich schenke ich ihnen keine Beachtung. Aber …« Sie senkt die Stimme. »Manchmal habe ich das Gefühl, mir jede Geste genau überlegen zu müssen, und nicht nur gegenüber meinem Mann oder meiner Schwiegermutter, sondern gegenüber einer ganzen Stadt.«

»Aber es ist unvermeidlich, dass dich alle beobachten, in der Position, in der du bist«, erwidert Francesca. »Das Wichtigste ist, dass du dir selbst nichts zuschulden kommen lässt. Du hast dich immer vorbildlich verhalten.«

»Aber wenn du schwanger bist und trotzdem mit deinem Mann einen Walzer tanzen willst, machen sie dir den Prozess«, murmelt Franca.

»Wie sagte mein Hauslehrer immer so schön: ›So wie der Rost am Eisen frisst, frisst der Neid an den Neidischen‹«, wirft Emma ein.

Franca legt den Kopf in den Nacken und betrachtet die Voliere. »Und dann, euch gegenüber kann ich es ja zugeben: Mich hat es irritiert, dass Ignazio ohne mich gefahren ist. Außerdem muss ich mich vorsehen. Gott bewahre, dass …«

Emma wedelt mit der Hand, als wollte sie den Gedanken verscheuchen, während Francesca Francas Schulter drückt und ihr einen Kuss gibt. »Manche Sachen sagst du ihm am besten gar nicht, *ma chère.* Und denk immer daran, dass Männer ihre Freiheit brauchen … oder wenigstens die Vorstellung, frei zu sein.« Sie schenkt ihr ein boshaftes Lächeln, das Erste, das man seit Langem an ihr gesehen hat.

Franca lächelt und sagt, da habe sie wohl recht. Sie beugt sich vor, schenkt den Cousinen Eistee ein, bietet ihnen

Kekse an. Sie lachen und albern herum, als wären sie immer noch junge Mädchen.

Und doch ist da der Gedanke, *dieser* Gedanke, der wie ein böses Samenkorn in ihr keimt. *Warum ist Ignazio trotzdem gefahren?* Selbst seine Mutter hat versucht, ihn davon abzubringen: Es sei nicht angebracht, eine Frau unter diesen Umständen allein zurückzulassen. Und auch wenn die Sache mit den Verträgen endlich unter Dach und Fach sei, sei es wohl nicht klug, die Geschäfte zu vernachlässigen …

Warum also?

Giovanna sieht, wie ihre Schwiegertochter sich mit ihren Cousinen auf den Gartenwegen entfernt. Sie hat das Knirschen der Kutschräder auf dem Pflaster gehört, dann die Stimmen, die immer schwächer wurden.

Giovanna hätte es zu schätzen gewusst, wären die beiden jungen Frauen bei ihr vorbeigekommen, um sie zu grüßen, doch ihre Schwiegertochter hat sie einfach weggebracht. Sie schnauft leise. *Sperta idda,* schlau von ihr, denkt sie. Wenn sie die beiden gleich zu ihr gebracht hätte, hätte sie ihnen nicht erlaubt, in den Garten zu gehen, nicht bei dieser Hitze.

Sie trommelt mit den Fingern auf den Fenstersturz, und Donna Ciccia hebt fragend eine Augenbraue. »*Chi fu?* Was ist?«, fragt sie und macht einen Stich.

»Er hätte nicht fahren sollen, mein Sohn«, murmelt Giovanna. »Es war einfach nicht richtig, zu verreisen, bei dem, was da gerade im Gange ist. Es ist so viel Aufruhr unter den Arbeitern …« Gewiss, Giovanna versteht nicht allzu viel von Politik und Geschäften – das sind Sachen für *masculi* –, und Ignazio hat ihr oft gesagt, sie solle ganz beruhigt sein, weil es bei ihnen keine Hitzköpfe gebe, und selbst diese *Fasci dei Lavoratori*, die vor ein paar Monaten in Palermo einen Kongress abgehalten hätten – *einen Kongress! Als wären sie Abgeordnete!* –, würde es nicht lange geben. Doch Giovanna liest, genau wie zu Lebzeiten ihres Ignazio, das *Giornale di Sicilia* und hat dort keinerlei beruhigende Nachrichten finden können. Ja, vor einiger Zeit ist dort diese überaus verzwickte Geschichte von den Banken herausgekommen, die pleitegehen, weil sie kein Geld mehr haben … oder so hat sie es wenigstens verstanden. Sie hat versucht, mit Ignazio darüber zu sprechen, aber der hat nur lachend gesagt, der Credito Mobiliare und der Banco Florio stünden auf soliden Füßen und ihnen könne nichts und niemand etwas anhaben.

Und die Situation in Palermo ist nicht das Einzige, was ihr Sorgen bereitet.

Sie dreht sich in Richtung Garten, hört die Stimmen der drei Frauen, die vom Wind herübergetragen werden, und sieht Vincenzino laufen und lachen. Ob sie es nun will oder nicht, sie muss zugeben, dass Franca sich genauso verhält, wie man es von einer guten Ehefrau und werdenden Mutter erwartet, sie isst und ruht sich aus. Ignazio hingegen …

Unruhe steigt in ihr auf, macht sich in ihr breit. Giovanna reibt sich mit den Händen über ihr Gesicht, massiert die Falten, die sich seit dem Tod ihres Mannes vertieft haben.

Auf einmal steht Donna Ciccia neben ihr. Sie ist alt geworden, ihr Haar ganz weiß, und ihr Gesicht, das immer schon streng war, wirkt wie aus Stein gemeißelt. »*'Un vi scantati chi u' Signuri ci pensa.* Macht Euch keine Sorgen, der

Herr wird es schon richten. Die beiden haben sich gern, und Ignazziddu wird schon keine Dummheiten machen.«

Donna Ciccia muss nicht erklären, was sie mit diesen Dummheiten meint: dass Ignazio dem schönen Geschlecht sehr zugeneigt ist, ist wohlbekannt, und er hat aus dieser Neigung auch nie einen Hehl gemacht. Es stimmt, er ist jetzt verheiratet und scheint aufrichtig verliebt in Franca zu sein. Doch hat er sich wirklich geändert? Oder war es nur die Begeisterung der ersten Ehemonate?

Giovanna schüttelt den Kopf; Donna Ciccia seufzt und breitet die Arme aus, als wollte sie sagen: *Was sollen wir machen?*

Auch sie hat Ignazio gern; sie war bei seiner Geburt dabei, hat ihn aufwachsen und zum Mann werden sehen. Von der Mutter verwöhnt, behütet und beschützt, ist er wie ein Rosenstock, der sofort verwildern wird, wenn man ihn vernachlässigt. Doch wie kann man das Giovanna zum Vorwurf machen? Vincenzinos Tod ist ein Schicksalsschlag gewesen, von dem sie sich nie erholt hat. Sie ist mit ihrem Schmerz allein geblieben und hat sich dafür umso stärker an Ignazziddu gebunden. Sie hat all ihre Liebe über diesem Sohn ausgeschüttet, der zu einem weltgewandten und hochmütigen jungen Mann heranwuchs. Und der nach dem Tode seines Vaters auch steinreich ist.

Ignazio ist daran gewöhnt, dass alle nach seiner Pfeife tanzen. Im Leben, in geschäftlichen Dingen ebenso wie bei den Frauen. *Doch jetzt, wo er Vater wird, was wird passieren?*, fragt sich Donna Ciccia und setzt sich wieder an ihren Stickrahmen.

Als Giovanna ihr damals erzählt hat, Ignazio wolle, dass sie sich mit den Jaconas von San Giuliano in Abetone träfen, um die Verlobung »anzubahnen«, war sich Donna Ciccia zunächst unsicher. In ihren Augen war Ignazio ein Schwärmer und auch viel zu jung, um bereits in den Stand der Ehe zu treten.

Also beschloss sie nach reiflichem Nachdenken, auf die alte Sitte Palermos zurückzugreifen und die *armicedde du purgatorio*, die Heerscharen des Fegefeuers, zu befragen, was denn das Schicksal für jene Ehe bereithalten würde. Donna Ciccia wusste, wenn sie ihre Frage schlicht und reinen Herzens stellte, würden sie immer antworten, ob im Guten oder im Schlechten, und nicht lügen. Und auch wenn Giovanna es nicht gerne sah, wenn sie solche »Dinge« machte …

Und so schlüpfte Donna Ciccia eines Nachts im Sommer durch eine Gartenpforte nach draußen und begab sich schnurstracks zu der Kreuzung am Eingang der Villa, denn dort, so wie an allen Kreuzungen, trafen sich das Gute und das Böse, Leben und Tod, Gott und der Teufel. Sie kam auch an einem der Wachmänner vorbei, doch der nickte ihr nur kurz zu. Es blies ein unangenehmer, scharfer Wind, und sie zog den Schal um ihren Kopf fester, damit sich keine Blätter oder Sand in ihrem Haar verfingen. Als sie an der Kreuzung angelangt war, bekreuzigte sie sich, sagte ein Vaterunser, ein Ave-Maria und ein »Ehre sei Gott in der Höhe«, damit der Herr sich nicht darüber erzürne, wenn die Toten gerufen würden, um auf eine Frage der Lebenden Antwort zu geben.

»*Armuzzi di li corpi decullati, tri 'mpisi, tri ocisi, tri annigati* …«, beschwor sie murmelnd die Geköpften, die Gehängten, Ermordeten und Ertrunkenen herauf, immer leiser werdend, weil sie wusste, dass das, was sie da sagte, nicht für jedermanns Ohren bestimmt war.

Anschließend wartete sie. Und die Antwort kam.

Zuerst glaubte sie ein paar Glockenschläge zu hören, auch wenn sie nicht hätte sagen können, woher sie kamen. Dann tauchten aus einer der Straßen drei Katzen auf. Es waren Weibchen, nach ihrer Farbe zu urteilen. Sie überquerten die Kreuzung, blieben stehen und schauten sie mit dieser Mischung aus Trotz und Gleichgültigkeit an, wie sie nur streunende Katzen haben.

Da hatte Donna Ciccia begriffen: Ja, es würde eine Ehe geben, aber auch Frauen, viele Frauen, mit denen diese Ehe gebrochen würde. Und so war sie mit gesenktem Kopf nach Hause gegangen, ohne auf den Wind zu achten, der ihr das Haar zerzauste. Anfangs war sie unsicher, was sie tun sollte, doch am Ende hat sie beschlossen, Giovanna nichts davon zu sagen.

Später kam sie noch einmal in Versuchung, die Heerscharen des Fegefeuers zu befragen, was denn aus dem Kind werden würde, das bald auf die Welt kam, doch etwas hat sie davon abgehalten.

Jetzt schaut sie Giovanna an. Sie hat sie gern, als wäre sie ihre eigene Tochter, und in gewisser Weise ist sie das auch. Mit gerade einmal zwanzig Jahren hat sie begonnen, sich um sie zu kümmern, und jetzt ist Giovanna fünfzig und sie selbst siebzig Jahre alt. Die Tatsache, dass sie bereits am Ende ihres Lebensweges angekommen ist, macht Donna Ciccia Angst, doch nicht um ihrer selbst willen: Sie spürt, wenn sie selbst nicht mehr da ist, wird es andere Stürme geben, gegen die Giovanna nicht ankommen kann, ohne vielleicht noch mehr zu leiden, als sie bereits gelitten hat.

Nach Ignazios Rückkehr herrscht in der Villa großes Durcheinander. Überall in der Olivuzza stehen Koffer, Truhen und Kisten; auch mehrere Tierhäute hat er mitgebracht, die entweder an die Wand gehängt oder als Teppich genutzt werden sollen, so wie das Tigerfell, das sich in dem kleinen Salon der Jacht *Sultana* vortrefflich machen wird. Es ist Ende Juli, und in der Hitze geben die Felle einen üblen Geruch ab, von dem Franca – die mittlerweile im sechsten Monat ist – schlecht wird, worauf Giovanna anordnet, die tierischen Mitbringsel wegzuschaffen.

Ignazio ist voller Energie von seiner Reise zurückgekehrt: Er geht im Haus ein und aus, läuft die Treppe hinauf und hinunter, trällert. Gefolgt von Saro, seinem Kammerdiener, der Nanàis Platz eingenommen hat, geht er von Zimmer zu Zimmer, gibt Anweisungen, wo die eine Truhe und der andere Koffer hinsollen; ab und zu bleibt er bei Franca stehen, die in dem kleinen Salon neben ihrem Schlafzimmer sitzt, und gibt ihr einen Kuss auf die Stirn. Aus dem Gepäck tauchen Figürchen aus Bein auf, behauene Steine oder fremdartige Kästchen, aus Holz geschnitzt, die er ihr zeigt und erzählt, wo er sie gekauft oder was er in diesen Tagen alles gemacht hat. Franca lauscht ihm sichtlich glücklich; sie ist froh, ihn wieder an ihrer Seite zu haben, bewundert die vielen sonderbaren Dinge, dreht und wendet sie und atmet tief den Holzgeruch und das würzige Aroma der Duftessenzen ein.

Am späten Vormittag schließlich greift Ignazio nach seinem Strohhut und sagt seufzend zu ihr: »*Avissi a gghiri all'ufficio* … Ich muss kurz ins Büro.«

Sie nickt. »Komm bald zurück, mein Lieber. Du musst mir noch mehr von deiner Reise erzählen«, murmelt sie und gibt ihm einen Kuss.

Auf der Schwelle des Hauses steht jedoch Giovanna, die auf ihn wartet, die Hände vor dem Schoß gefaltet und mit gestrenger Miene. Sie hat Romualdo Trigonas Kutsche vor dem Eingang stehen sehen und begriffen, was ihr Sohn in Wirklichkeit vorhat.

»Du fährst doch gar nicht zur *Navigazione*«, sagt sie tadelnd und folgt ihm.

Ohne langsamer zu werden, winkt Ignazio ab. »Aber natürlich gehe ich ins Büro, *maman.* Morgen, in aller Ruhe. Was für einen Unterschied macht schon ein Tag? Jetzt gehe ich mit Romualdo in den Klub: Ich werde erwartet«, erklärt er und entfernt sich, denn er kann es kaum erwarten, seinen Freunden von seinen afrikanischen Abenteuern zu berichten und auf den letzten Stand darüber gebracht zu werden, was in seiner Abwesenheit in Palermo alles passiert ist.

Giovanna bleibt stehen und schüttelt perplex den Kopf. Ihr Mann wäre nach seiner Rückkehr von einer Reise sofort an die Piazza Marina geeilt und nicht mehr von dort nach Hause zurückgekehrt, solange er nicht jede Abrechnung und jede geschäftliche Transaktion kontrolliert hätte. Sein Sohn hingegen … Aber was kann sie schon tun? *Ignazziddu ist einfach so.*

Mit gesenktem Kopf geht sie ins Haus zurück und in Richtung ihrer Gemächer. Genau in diesem Moment ist aus dem obersten Stock ein lautes Rumpeln zu hören, Koffer werden gerückt, eilige Schritte. Giovanna schaut zur Decke und seufzt. Seine Ehefrau zurückzulassen und zu seinen Freunden zu eilen ist nie ein gutes Zeichen.

Es ist fast unmöglich, sich in Ignazios Schlafzimmer zu bewegen, so viele Reisetruhen und Koffer stehen herum. Auf der einen Seite Anzüge und Schuhe, auf der anderen Hemden und englische Krawatten, so gut wie möglich aufgerollt. Saro ist dabei, schmutzige Wäsche in einen großen Korb zu werfen, der mittlerweile so voll ist, dass Diodata ihn bittet, damit aufzuhören, weil sie ihn sonst nicht mehr in die Waschküche tragen kann. Er tritt einen Schritt zurück, und die Frau hebt den Korb hoch, beugt den Rücken mit einem kleinen Schmerzenslaut und will sich auf den Weg zur Tür machen, als ihr Fuß sich in einer Falte des Teppichs verfängt und sie zu Boden stürzt.

»Um Himmels willen, was für ein Sturz … Hast du dir wehgetan?«

Franca läuft auf sie zu, von Saro gefolgt. Während Diodata sich in tausend Entschuldigungen ergeht, das Gesicht puterrot vor Scham, hebt der Kammerdiener die Hemden auf, die sich auf dem Boden verstreut haben.

Und genau hier, mitten in all dem Weiß, wird plötzlich etwas Rosarotes sichtbar.

Franca sieht es, der Kammerdiener auch. Und er versucht, das rosa Etwas mit dem Fuß zu bedecken, doch vergeblich: Ein Stück lugt unter seinem Schuh hervor.

Spitze.

Franca begreift nicht gleich, doch auf einmal macht sich ein sonderbares Gefühl in ihr breit, eine Enge, die ihr den Atem nimmt. »Weg da«, befiehlt sie ihm.

Saro ist gezwungen beiseitezutreten.

Franca bückt sich, hebt das Kleidungsstück auf.

Rosa. Aus Seide. Ein durchsichtiger Unterrock. Aus einem Stoff, der mehr zeigt, als er verbirgt. Ein auffallendes

Stück, das Kleidungsstück einer Frau, die ihre Ware präsentieren will. Und das Parfüm … Tuberose. Sie findet es widerlich, ihr schwirrt der Kopf.

Hinter ihr schlägt Diodata die Hand vor den Mund. Saro schiebt seiner Herrin einen kleinen Sessel hin, damit sie sich setzen kann, denn jetzt zittert sie wie Espenlaub.

»Das muss beim Zoll passiert sein, Donna Franca«, beeilt sich der Kammerdiener zu erklären. Er versucht ihr das Häuflein Seide aus der Hand zu nehmen, aber sie hält es fest und schaut ihn dabei wie benommen an.

»An der Grenze haben sie das ganze Gepäck geöffnet und alles auf den Kopf gestellt, *li misiro ri sutta n'capo.* Bestimmt haben sie Don Ignazios Wäsche mit der irgendeiner Dame vermischt.« Saro streckt noch einmal die Hand aus.

Franca blickt hoch, schaut ihn an, schüttelt den Kopf.

Sie würde sich so gern an diesen Gedanken klammern, aber etwas in ihrer Brust gerät ins Rutschen.

Eine Ahnung.

Die Worte wirbeln nur so in ihrem Kopf herum, werden zu Dämonen. Die Worte ihres Vaters, der immer gegen Ignazio war. Die von Francesca und Emma, diskret und doch glasklar. Die ihrer Schwiegermutter, von ungeduldigen Seufzern untermalt. Und dann erhebt sich der ganze Chor von Palermo: das Getuschel der Klatschweiber, die sich hinter ihren Fächern verstecken, die boshaften Anspielungen der Matronen, die ihr mitleidige Blicke zuwerfen, und die der jungen Frauen, begleitet von arroganten und wissenden Mienen; das anzügliche Gemurmel der Männer, die Ignazio zugrinsen oder ihn mit dem Ellbogen rempeln, wenn er an ihnen vorbeigeht. Schrille Stimmen, misstönende Stimmen, die jedoch alle die gleiche Geschichte erzählen.

Franca betrachtet den Unterrock, den sie immer noch in Händen hält, hebt ihn hoch. Etwas Derartiges hat sie selbst nie besessen: etwas, das zu einer Kokotte gehört, einer schamlosen Dirne, wie ihre Mutter sagen würde. Sie hat immer gedacht, Ignazio seien ihre Schönheit und ihre Liebe genug. Doch weit gefehlt …

Sie senkt den Blick auf ihren Bauch, der ihr auf einmal riesengroß vorkommt. Ihre Hände sind geschwollen, das Gesicht aufgedunsen. Sie fühlt sich monströs, unförmig. All das Schöne, was ihr die Schwangerschaft gebracht hat, kommt ihr jetzt vor wie das Zeichen einer Wandlung, die nicht mehr rückgängig zu machen ist.

Vielleicht sieht mich Ignazio ja auch so, und da hat er …

Sie schlägt die Hände vors Gesicht und bricht in Tränen aus, ohne sich dafür zu schämen.

»Raus hier! Raus!«, schreit sie mit einer schrillen Stimme, die gar nicht ihr zu gehören scheint. Während Saro und Diodata schweigend den Raum verlassen, weint sie hemmungslos, erfüllt von einem Gefühl, das sie bis in ihr Innerstes erschüttert hat. Sie braucht ein paar Minuten, bis sie sich wieder beruhigen kann. Dann trocknet sie ihre Tränen und setzt sich, mit dem Häuflein rosa Seide in der Hand, auf den Sessel, den Rücken kerzengerade und mit fest zusammengebissenem Kiefer. So sitzt sie und wartet, den Blick auf die Tür gerichtet. Sie *muss* es wissen. Sie hat ein Recht darauf.

Und genau so findet Ignazio sie bei seiner Heimkehr vor, als es gerade dunkel wird. Er betritt trällernd sein Schlafzimmer, über dem lange Schatten liegen, bemerkt, dass immer noch Unordnung herrscht, und fragt sich vage nach dem Grund. Dann erblickt er seine Frau, lächelt und geht zu ihr.

»Franca, Liebes, was machst du denn hier? Fühlst du dich nicht gut? Und was soll dieses Chaos hier? Ich hatte Saro gebeten, das alles …«

Sie beschränkt sich darauf, ihm die Hand hinzustrecken, in der sie den Unterrock hält. »*Das da.* Wem gehört das?«

Ignazio wird blass. »Ich weiß es nicht … was ist das?«

»*Das ist von einer Frau!*«, schreit Franca mit zitternder Stimme. Sie erhebt sich aus dem Sessel, baut sich vor ihm auf. »Das lag zusammengerollt zwischen deinen Hemden. Was macht das bei deiner Wäsche, hm?«

»Aber … da muss es ein Missverständnis gegeben haben. Beruhig dich doch …«, sagt Ignazio und weicht einen Schritt zurück. »Ganz sicher gab es da eine Verwechslung im Hotel, oder vielleicht haben die Bediensteten meine Wäsche mit deiner verwechselt …«

»Wie bitte? Ich besitze so etwas gar nicht … so etwas haben nur …« Francas Stimme wird noch lauter, und als wäre er gerufen worden, kommt Saro aus dem Ankleidezimmer ins Schlafzimmer gestürzt.

»Signora, ich bitte Euch! Ich habe Euch doch gesagt, es war eine Verwechslung beim Zoll«, ruft er.

»Ja, genau, das stimmt, *accussì è!*«, tönt auch Ignazio. »Die haben von allen das Gepäck geöffnet, es gab ein großes Durcheinander!«

»Ich glaube dir kein Wort«, sagt Franca. Ihre Stimme bricht, und gleich wird sie in Tränen ausbrechen. »Du … du …«, stammelt sie und hält ihm dabei immer noch das rosa Stoffbündel entgegen, doch jetzt zittert ihre Hand.

Dann sieht sie ihn.

Den Blick, den Saro und Ignazio gewechselt haben. Den Blick von Komplizen, von Männern, die unter einer Decke stecken.

Sie begreift.

Sie lässt den Unterrock fallen, dreht sich um, greift nach dem Fläschchen mit Fougère und schleudert es in Richtung Ignazio. »Du dreckiger Lügner! Du betrügst mich!«

Er weicht zur Seite aus; der Flakon fällt zu Boden und zerbricht, der durchdringende Duft, in dem sich Lavendel mit Gewürznoten mischt, breitet sich im Zimmer aus. Ignazio schafft es nicht, sich wieder aufzurichten, ehe eine silberne Bürste ihn trifft, dann ein Tiegel mit Brillantine, der zu seinen Füßen in Stücke geht. »Aber was machst du denn, Liebes? Jetzt beruhig dich doch! Ist das denn ein Benehmen?« Er versucht sie an den Armen zu packen, aber sie macht sich los und schlägt ihm mit der Faust auf die Brust.

»Du Schwein! Wie konntest du nur?«

»Das ist nicht gut für das Kind, Franca! So beruhig dich doch!«

»Du verdammter Hurensohn!«

Franca schreit laut. Die Wut und all das, was die Schwangerschaft in ihrem Körper anrichtet, übernehmen die Macht in ihr, die Angst und die Scham tun ein Übriges. Er hat sie betrogen, es stimmt, und alle wissen es. Sie haben es *imme*r gewusst, dass er sie betrogen hat. Die Demütigung ist wie ein schreckliches Gift, sie macht alles kaputt, auch die Liebe, auch die Freude darüber, dass sie Mutter wird.

Das Geräusch von Schritten auf dem Flur. Giovanna taucht auf der Schwelle auf, neben ihr Vincenzino im Nachthemd, der das Geschehen mit Kinderaugen beobachtet. »Was ist, streiten sie, *si sciarriano*?«, fragt er kichernd.

Seine Mutter schiebt ihn von der Tür weg, tritt dann selbst ein und geht zu Franca.

»Was ist los?«, fragt sie mit leiser, strenger Stimme.

»*Iddu*, der da!«, schreit Franca und zeigt auf Ignazio. »Er hat mich betrogen! Mich, die ich sein Kind unter dem Herzen trage!« Ihr Schluchzen wird lauter, das Gesicht ist vom Zorn entstellt.

Giovanna fährt zu ihrem Sohn herum. Ignazio versucht etwas zu sagen, breitet die Arme aus, als wollte er sich entschuldigen, doch sie bringt ihn mit einem Blick zum Schweigen, der scharf ist wie eine Ohrfeige und ihm sagt: *Halt den Mund, wenn du nicht noch mehr Schaden anrichten willst!* Schließlich wendet sie sich an Saro, der sich in eine Zimmerecke zurückgezogen hat. »Du, komm hierher. Bring den jungen Herrn Vincenzino auf sein Zimmer und bleib bei ihm, bis ich wieder zurück bin.«

Während der Junge weggebracht wird, lässt sich Franca tränenüberströmt auf den Sessel fallen. *Es tut in der Seele weh, sie so weinen zu hören*, denkt Giovanna und schließt die Tür ab. Dann holt sie tief Luft, die Hand an den Türsturz gelegt. Sie hat gewusst, dass dieser Moment irgendwann kommen würde.

Ignazio steht stocksteif mitten im Zimmer und lässt die Arme hängen, blickt zwischen Mutter und Ehefrau hin und her, wie ein Mann, der weiß, dass er verdammt ist, aber noch nicht, welche Strafe auf ihn zukommt.

Giovanna dreht sich um, überkreuzt die Hände vor ihrem Schoß und mustert beide. Seit dem Beginn dieser Ehe hat sie begriffen, dass weder Ignazio noch Franca die innere Stärke besitzen, um wirklich eins zu werden. Denn diese beiden haben geheiratet, ohne gelernt zu haben, sich in

Geduld zu üben, ohne sich bewusst zu machen, was Aufopferungsgeist wirklich bedeutet. Sie haben geglaubt, »für immer und alle Zeiten« bedeute, das ganze Leben auf einem breiten und angenehm ruhigen Fluss zuzubringen. Tatsächlich jedoch bedeutet es, Felsen zu umschiffen, Untiefen und Stromschnellen auszuweichen und zu versuchen, niemals auf dem Trockenen zu landen. Und all das gelingt nur, wenn beide in derselben Richtung unterwegs sind und denselben Horizont im Auge haben.

Sie selbst hat es sich damals mehr gewünscht als alles andere, sie hat alles für dieses Ideal der Liebe geopfert. Doch am Ende hat sie sich der Tatsache fügen müssen, dass es bei einem Paar nicht selten ist, dass einer für zwei liebt. Weil es Menschen gibt, die nicht lieben wollen oder es einfach nicht können. Und so hat sie auch gelernt, dass die Liebe weiterleben kann, auch wenn der andere vergisst, ihr Nahrung zu geben. Sie hat gelernt, dass man, um nicht der Verzweiflung anheimzufallen, auch akzeptieren kann, jeden Tag den Preis einer Lüge zu zahlen. Sie hat gelernt, dass es besser ist, sich mit den Brosamen zu begnügen, als Hungers zu sterben.

Und jetzt sind diese beiden an der Reihe zu lernen. Zu begreifen, wie es ihnen gelingen soll, sich mit dem Wenigen zu begnügen, das sie gemeinsam haben.

Ihr Sohn tritt an ihre Seite. »Mama, so sagt Ihr doch, dass ein Irrtum vorliegt. Ich schwöre es, so etwas würde ich doch niemals tun …«

»Ach, sei doch endlich still!«

Verblüfft macht Ignazio einen Schritt zurück. In diesem Ton hat seine Mutter noch nie mit ihm gesprochen. Sie ist immer auf seiner Seite gewesen, hat ihn immer in Schutz genommen. Und jetzt, was geschieht jetzt?

Giovanna bückt sich, nimmt den Unterrock zwischen Zeigefinger und Daumen, hebt ihn hoch, lässt ihn dann wieder fallen und tritt darauf.

»Ich habe immer schon gedacht, ihr beiden hättet geheiratet, ohne zu wissen, was ihr da tut. Jetzt habe ich die Gewissheit, dass das so ist.«

»Ich habe es sehr wohl gewusst, *maman*«, gibt Franca irritiert zurück. »Aber er …«

»Sie macht eine Riesenszene wegen nichts, dabei handelt es sich doch nur um ein Miss…« Ignazios Stimme ist schrill geworden.

»Ruhe. Alle beide.« Giovanna schaut ihre Schwiegertochter an, legt zwei Finger unter ihr Kinn und hebt es. »Meine Tochter, schau mich an. Du musst dir endlich bewusst machen, dass es immer die Frauen sind, die das größere Gewicht tragen.« Sie sagt es in ruhigem, fast zärtlichem Ton. »Das ist ein Naturgesetz, zumindest so lange, wie die Welt nicht auf den Kopf gestellt wird und wir es sind, die zu Hause die Hosen anhaben. Du musst den Mund halten und dich gegebenenfalls blind stellen. Was auch immer geschieht, jetzt bist du seine Frau, und so ist es eben. Es ist nicht wichtig, dass dir das Herz blutet; es gibt wichtigere Dinge als deinen Stolz, und eines davon ist der Name der Familie. Das andere ist dein Kind.«

Franca legt unwillkürlich eine Hand an ihren Bauch, als wollte sie das Kind in ihrem Leib gegen das verteidigen, was da geschieht. Ein Auge zudrücken? Hinnehmen? Schweigend ertragen? Nicht einmal ihre Mutter würde es wagen, ihr etwas Derartiges zu sagen. Sie möchte aufbegehren, möchte ihr sagen, dass auch sie eine Würde hat, doch dann hebt sie den Blick und liest auf einmal etwas in Giovannas Augen.

Diese Frau ist nicht nur dabei, den äußeren Schein zu schützen; sie erklärt ihr damit auch, wie *sie* es geschafft hat, den Schmerz zu überwinden, den es ihr bereitet hat, immer an zweiter Stelle zu stehen, niemals so viel wert zu sein wie ein Mann, und die Demütigung, die es einem Menschen bereitet, wenn er oder sie nicht *wirklich* beachtet wird. Es ist ein Leid, das lange zurückliegt und das doch immer noch lebendig ist, immer noch brennt. Und Franca spürt es, begreift es. Erkennt es wieder.

»Ich habe ihn geheiratet, weil ich ihn liebe, *maman*, und nicht wegen des Namens, das wisst Ihr«, murmelt sie und wischt sich die Tränen mit dem Handrücken ab. Sie richtet sich auf. »Ich will den Respekt, den ich verdiene.«

»Er ist nicht dazu in der Lage, ihn dir zu geben«, erwidert Giovanna unverblümt. »Mein Sohn muss allen zeigen, dass ihm die Frauen zu Füßen liegen. Du hast keine Ahnung, wie oft sein Vater ihn ermahnt hat, und wie er ihn hat zahlen lassen. Er hat dich gern, das sieht man, sonst hätte er schon längst Fersengeld gegeben und wäre in den Klub geflohen. Denn er ist einer, der sich gerne aus dem Staub macht«, fährt sie fort, während Ignazio sie anschaut, bestürzt, mit offenem Mund. »Wenn er hierbleibt und versucht, dich davon zu überzeugen, dass er dich nicht betrogen hat, dann deshalb, weil du seine Frau bist. Doch glaub bloß nicht, er wird aufhören, anderen Frauen nachzustellen, nur weil er dein Mann ist. Er ist einfach so, und an seiner Natur kannst du nichts ändern.«

Ignazio glaubt es kaum, was er da hört. Sicher ist es gut, dass seine Mutter Franca Ratschläge gibt, wie sie sich zu verhalten habe, doch zugleich hätte er nie gedacht, dass sie eine so niedrige Meinung von ihm hat oder ihn so leicht demaskieren kann. »Nein, nein und nochmals nein«, protestiert er und beginnt im Zimmer auf und ab zu gehen. »Mama, Ihr sprecht von den Lügen, die die Leute über mich erzählen, und nehmt sie doch für bare Münze? Ihr wisst nicht, was ich empfinde … Woher solltet Ihr das auch wissen? Ihr und mein Vater habt euch doch nie gerngehabt. Meint Ihr etwa, ich weiß das nicht? Dass Ihr Euch immer weiter zurückgezogen habt und er Euch gar nicht beachtete?«

Giovanna scheint den Atem anzuhalten; rote Flecke erscheinen auf ihren bleichen Wangen. »Was weißt du denn schon über mich und deinen Vater?« Ihre Stimme ist schrill geworden, verbittert, voll innerer Wut. Sie legt eine Hand an die Brust ihres Sohnes, als wollte ihn von sich wegschubsen. Stille senkt sich über den Raum. »Keiner von euch beiden weiß, was es bedeutet, ein ganzes Leben lang an der Seite eines Menschen zu bleiben«, fährt Giovanna fort. »Ihr seid nur zwei Kinder, *picciriddi,* zwei Grünschnäbel, die nichts vom Leben wissen. Liebe!« Sie lacht, doch es ist ein hartes Lachen, das aus Steinen und Glas gemacht ist. »Ihr nehmt dieses Wort in den Mund und wisst gar nicht, was es bedeutet. Du«, sagt sie und zeigt mit dem Finger auf Ignazio, »du hattest immer alles und hast niemals etwas getan, um es dir auch zu verdienen. Und *idda*«, fährt sie fort und zeigt auf Franca, »ist ein kleines Mädchen, das unter einer Glasglocke aufgewachsen ist, von allen und vor allem beschützt … Die Liebe – das ist etwas für Romantiker, denn sie ist nichts anderes als ein *cunto*, ein Märchen. Ihr wisst nicht, was es heißt, zu büßen und Opfer zu bringen. Verzicht üben, das kannst du nicht, und deine Frau offenbar auch nicht, wenn sie so redet.« Ihre Stimme wird leise, als spräche sie zu sich selbst. »Das war unser Fehler: Wir haben dir nicht beigebracht, dass ein Mensch sich die Dinge erst einmal verdienen muss, und dann muss er dafür sorgen, dass er sie auch behalten kann.«

Sie nähert sich Franca. »Du hast ihn geheiratet. Er ist so, und daran kannst du nichts ändern«, sagt sie zu ihr, nur eine Handbreite von ihrem Gesicht entfernt. »Du kannst einen Skandal machen, Schande über dieses Haus bringen, aber dann wirst du mich zur Feindin haben, und ich werde dir keine Ruhe lassen. Oder du kannst stark sein und es ertragen, denn er hat dich gern, auf seine Weise.« Ihre Stimme ist nur noch ein Hauch. »Eine einzige Sache ist wichtig. Lass es dir gesagt sein, als wäre ich deine Mutter: Er wird immer zu dir zurückkehren. Ganz gleich wie oder nach wie langer Zeit. Wenn du ihn halten willst, dann muss er wissen, dass du ihm immer verzeihen wirst. *Attuppati l'occhi l'aricchi e, quannu torna, statti muta.* Verschließ deine Augen und Ohren, und wenn er zurückkommt, halt den Mund.«

»Bei all dem Schlimmen, was er mir angetan hat?« Auch Francas Stimme ist nur noch ein Flüstern. Wieder laufen ihr Tränen über die Wangen. »Nachdem ich … das hier gesehen habe?«, fügt sie hinzu und zeigt auf das Häuflein rosa Seide auf dem Boden.

Giovanna bückt sich, hebt es hoch, verbirgt es in ihren Händen. »Jetzt ist es nicht mehr da«, murmelt sie, mit einem fast verschwörerischen Unterton in der Stimme. Und dann, vollkommen unerwartet, streichelt sie sie zärtlich: die erste wahre Geste der Zuneigung, seit Franca in dieses Haus gekommen ist. »*Figghia mia,* meine Tochter … Du weißt noch nicht, was es heißt, mit einem Florio verheiratet zu sein. Wenn es dir bewusst wird, wirst du dich an all das erinnern, was ich dir eben gesagt habe, und begreifen.« Sie richtet sich auf. »Jetzt gehe ich und werfe diesen Dreck weg«, sagt sie und schwenkt den Unterrock. »Gebt euren Angestellten keinen Anlass mehr zu klatschen. Und du richte nicht noch mehr Schaden an, als bereits geschehen«, schließt sie, an ihren Sohn gerichtet.

Ignazio nickt, murmelt ein »Ja«.

Giovanna öffnet die Tür und geht hinaus. Sie ist erschöpft, weil ihre Ahnung vom Unglück konkret geworden ist. Und das Leid, *ihr Leid*, ist wieder zurück und quält sie.

Sie geht den Flur entlang. Die Seide in ihren Fingern fühlt sich glühend heiß an. Sie kann es kaum erwarten, sie loszuwerden, und mit ihr auch all die Erinnerungen, die sie in ihr hervorgerufen hat.

Sie hat Ignazio geliebt, *ihren* Ignazio, blind, so wie ein geprügelter Hund immer zu seinem Herrn zurückkehrt. Und nach so vielen Jahren, nachdem *jene andere* vielleicht auch aus seinen Gedanken verschwunden war, hat auch er sie gerngehabt: eine schlichte Zuneigung, gewiss, gemacht aus Vertrauen, aus Anhänglichkeit. Zuneigung, keine Liebe, doch ihr hat es genügt, denn sie hatte begriffen, dass sie nur das haben konnte und nicht mehr, weil Ignazio ihr etwas anderes nicht geben konnte. Es hat Zeit gebraucht, und viele Tränen, doch sie hatte es begriffen.

Jetzt kann sie nur noch hoffen, dass auch diese beiden begreifen, was ihr Schicksal ist. Und dass sie es akzeptieren.

An jenem Abend verschafft sich Ignazio, allein im Arbeitszimmer seines Vaters, einen Überblick über die Papiere, die sich während seiner Abwesenheit angesammelt haben. Die

Weinkellerei in Marsala berichtet von einer geringeren Traubenproduktion aufgrund von Reblausbefall. Er zuckt mit den Achseln, denkt, dass aus der Gegend um Trapani zwar bislang noch keine Nachrichten über eine Ausbreitung des Ungeziefers eingetroffen sind, doch man wird aufpassen müssen, denn für die Marsala-Produktion wäre es ein harter Schlag. Dann liest er die Beschwerden von einigen Schwefelminenbesitzern, die ihn bitten, sich für eine weitere Senkung der Zölle einzusetzen. »*Cartazze!*«, flucht er laut und springt auf, beginnt im Zimmer auf und ab zu gehen. Sein Vater hat einen Zusammenschluss der Schwefelproduzenten gegründet und ihnen dabei geholfen, eine günstigere Besteuerung zu bekommen, doch das hat ihnen offenbar nicht genügt. Sie beschweren sich darüber und beklagen außerdem den Anstieg der Kosten im Vergleich zu den mit dem Verkauf des Produkts erzielten Gewinnen. Und doch …

Ignazio setzt sich wieder und liest sich die Schreiben genauer durch. Nein, der italienische Markt genügt nicht, um den sizilianischen Schwefel aufzunehmen: Vielleicht sollte er ja einige der Minen, zum Beispiel die von Rabbione oder von Bosco, zur Vermietung ausschreiben … Oder er könnte sich ans Ausland wenden, vor allem an die Franzosen und die Engländer. Letztere haben sogar ein schnelleres und wirtschaftlich günstigeres Verfahren für die Schwefelförderung ausgearbeitet … Er könnte Kontakt zu Alexander Chance aufnehmen, dem Industriellen, der sich das Verfahren in Großbritannien patentieren ließ. Nicht auszuschließen, dass Chance daran interessiert sein könnte, ihnen die Produktion zu einem vorteilhaften Preis abzunehmen …

Es sind einfach zu viele Dinge, die es zu beachten gilt, und zu viele sind auch die Fragen, die ihm gestellt werden. Zum tausendsten Mal fragt er sich, wie sein Vater es nur geschafft hat, nichts zu übersehen und immer den Überblick zu behalten … Doch dann denkt er, dass er sich eigentlich nichts vorzuwerfen hat, denn er agiert stets auf die bestmögliche Weise. *Außerdem … was für Probleme gibt es eigentlich? Nichts Ernstes.* Weder hat er den Eindruck, dass irgendwo Sand im Getriebe ist, noch sieht er Anzeichen für eine Krise. Seine Firma ist solide und gesund, ein Haus, das auf Fels gebaut ist, so wie es schon in der Bibel stand. Außerdem gibt ihm der Credito Mobiliare, mit dem er eine recht fruchtbare Verbindung eingegangen ist, Rückendeckung; dieser hat eine Zweigstelle beim Banco Florio, eine Beteiligung an den Aktien der Firma und ist bereit, der Regierung zu garantieren, dass die NGI ihre Schiffe modernisieren und neue hinzukaufen wird. Jedenfalls – das Geld ist da.

Allerdings wird das Bankwesen durch immer neue Krisen erschüttert. Der Prozess gegen die Verantwortlichen bei der Banca Romana hat gerade erst begonnen, und die Anklagepunkte sind schwerwiegend: von Amtsunterschlagung bis zu Korruption, von der Ausgabe falscher Banknoten bis zu Veruntreuung. Man munkelt sogar, im Haus von Bernardo Tanlongo seien Schuldscheine mit der Unterschrift des Königs gefunden worden, der dringend Geld gebraucht habe, um die Launen seiner »Freundinnen« zu befriedigen … Es ist unvermeidlich, dass ein solcher Skandal Konsequenzen hat, doch dass man sich deshalb gleich Sorgen um die Zukunft der Casa Florio machen soll …

Ignazio steht wieder auf. Zuerst geht er zum Fenster, schiebt die Gardinen zurück und blickt eine Weile auf die menschenleere Piazza hinaus. Dann dreht er sich abrupt um und geht zu dem Schränkchen, wo auf einem Silbertablett mehrere Flaschen Cognac, Armagnac und Brandy stehen, einige davon aus seiner eigenen Produktion. Er schenkt sich einen Fingerbreit Cognac ein, riecht daran.

Doch der wahre Grund für seine Unruhe lässt sich damit nicht auslöschen.

Idiot, sagt er sich und schlägt mit der flachen Hand an die Wand.

Er hätte mit seinem Gepäck besser aufpassen sollen. Doch wie zum Teufel ist der Unterrock *dieser Frau* überhaupt zwischen seinen Hemden gelandet?

Diese Frau.

Er sieht sie wieder vor sich, im Foyer des Hotels in Tunis. Eine schlichte Erinnerung, bei der es ihm dennoch wohlig über den Rücken läuft: blondes Haar, helle Haut und zwei eisig himmelblaue Augen, die sich auf ihn richteten, ein Blick voller Verheißungen, die sich mehr als erfüllen sollten.

Mit ihr hat er zwei Tage voller Lust und Leidenschaft erlebt, sie haben auf dem Zimmer gegessen und Champagner getrunken. Nur ein einziges Mal hat er das Hotel verlassen, um in die Juweliersgasse des Basars zurückzukehren, wo er für Franca eine Halskette aus goldenen Herzen kaufte und für *sie* einen Armreif, ebenfalls aus Gold, mit einem gefassten Smaragd in der Mitte.

Genau, wahrscheinlich hat sie sich da umgezogen, und der Unterrock ist dabei zwischen meinen Hemden gelandet. Am Tag der Abfahrt hatte ich es so eilig, dass ich alles einfach in die Koffer geworfen habe, ohne mir von Saro helfen zu lassen. Aber was soll's? Wieso sollte ich mich für ein Abenteuer ohne Bedeutung schuldig fühlen? Ich erinnere mich nicht einmal mehr an ihren Namen.

Er trinkt noch einen Schluck Cognac. Nicht genug, dass er die ganze Verantwortung für die Firma auf seinen Schultern hat, jetzt führt sich auch noch seine Frau so auf. Dabei müsste sie doch verdammt noch mal begreifen, dass er seine Bedürfnisse hat. *Schwangere Frauen sind immer so empfindlich, dabei sind sie doch auch keine Madonnen*, denkt er und schürzt die Lippen. Und er muss sich einfach frei fühlen. Er will das tun, was er will, will sich amüsieren und unbeschwert leben.

Außerdem bleibt sie ja seine Frau, oder etwa nicht? Sie ist sein Zuhause. Die Königin seines Herzens. Die Mutter seiner Kinder. Am Ende wird er immer zu ihr zurückkehren. Und sie wird ihm verzeihen müssen.

Ignazio trägt seinen Dreiteiler von Meyer & Mortimer und die Seidenkrawatte, die mit einer Brillantnadel befestigt ist, und frühstückt Kaffee und Croissants im Speisesaal im ersten Stock der Olivuzza, der auf den Wintergarten hinausgeht. In der Nacht hat es geregnet, und auf der Balustrade glitzern Wassertropfen; alles ist in ein trübes graues Licht gehüllt. Der November hat das Gold des Herbstes unter einer milchigen Decke verborgen.

Giovanna betritt das Zimmer, eingehüllt in einen schwarzen Schal. Sie gibt einem der Dienstboten Anweisung, das Feuer im Kamin zu schüren und ihr Frühstück zu bringen, das aus einer Tasse Tee mit eingebrocktem Brot besteht. Franca ist nicht da. *Vielleicht schläft sie noch*, überlegt Giovanna. *Und sie tut gut daran, denn jetzt könnte es jeden Tag so weit sein.* Sie hat sie in letzter Zeit aufmerksam beobachtet.

Genauer gesagt hat sie sowohl Franca als auch Ignazio beobachtet, weil sie wissen möchte, ob ihr Streit Folgen hat. Ignazio hat seine Frau mit Aufmerksamkeiten überschüttet: Blumen, kleine Schmuckstücke, ein ganzer Nachmittag, den sie zu zweit verbrachten … Franca war stets guter Laune, doch Giovanna sind keineswegs die Blicke verborgen geblieben, die sie Ignazio zuwirft – manchmal ein wenig traurig, manchmal auch streng, fast tadelnd. *Man muss ihr Zeit lassen*, hat sie sich gesagt.

Während man ihr eine Kanne serviert, nähert sich Nino, der Majordomus, und bleibt mit einem Tablett, auf dem eine Visitenkarte liegt, vor Ignazio stehen. Der ist so in seine Zeitungslektüre versunken, dass er es zunächst nicht bemerkt. Dann erblickt er das cremefarbene Kärtchen, nimmt es, zieht die Stirn in Falten. »Gallotti? Um diese Uhrzeit?«, ruft er. »Klar, lasst ihn rein.«

Giovanna hebt den Blick zu ihrem Sohn, trinkt ihren Tee weiter.

Dann steht Domenico Gallotti in der Tür: die Haare in Unordnung, die Krawatte nachlässig gebunden. Er wirkt verstört. Ignazio mustert ihn erstaunt: Noch nie hat er Gallotti so nachlässig gekleidet gesehen, und auch seine offenkundige Verwirrung passt nicht zu seinem sonst stets gefassten und geschliffenen Auftreten.

»Was ist denn passiert, Signor Gallotti? Setzt Euch doch. Möchtet Ihr einen Kaffee?«

Der andere schüttelt nervös den Kopf. Es ist, als wäre mit ihm ein düsterer Nebel hereingekommen, der sich bis in die Ecken verkriecht und das Zimmer mit Schatten erfüllt. »Don Ignazio, verzeiht, aber ich habe überaus dringende Nachrichten, und …« Er dreht sich um, scheint erst jetzt zu bemerken, dass Giovanna sich im Raum befindet. Auf einmal wirkt er unsicher, senkt den Kopf zum Gruß. »Donna Giovanna, ich hatte Euch gar nicht gesehen. Guten Tag«, murmelt er und richtet einen zögerlichen Blick auf Ignazio.

Doch der winkt nur ab, als wollte er sagen: *Sie ist meine Mutter, sie kann bleiben.* »Setzt Euch doch, und erzählt mir, was passiert ist. Ist ein Schiff gesunken? Hat es ein Erdbeben gegeben? Hat es gebrannt?«, fügt er mit ironischem Lächeln hinzu, während der Dienstbote den Stuhl für den Präsidenten der *Navigazione Generale Italiana* zurechtrückt.

Gallotti wird eine Tasse Kaffee serviert, die er anstarrt, als enthielte sie etwas Unappetitliches. Dann fährt er sich mit der Hand über die Stirn. Es sind keine Regentropfen, die er abwischt, sondern Schweiß. »Nein, Don Ignazio. Und erlaubt mir hinzuzufügen, jedes dieser Unglücke wäre besser gewesen.«

Ignazio greift zu einem Croissant, zupft die Spitze ab und tunkt sie in seinen Kaffee. »Ach so?«

»Ja.« Schweigen, lang, düster.

Jetzt hat er Ignazios volle Aufmerksamkeit.

»Gestern Abend habe ich Francesco La Lumia getroffen … Ihr wisst schon, einer der Kassierer beim Credito Mobiliare, ein braver Junge. Ich habe ihn aufwachsen sehen … Nach dem Tod seines Vaters, eines überaus integren Mannes, den ich die Ehre hatte, seit der Kindheit zu kennen, habe ich ihm die Arbeit dort besorgt. Und auch der junge Mann ist sehr vertrauenswürdig, einer, der weiß, was er sagt …«

Ignazio unterbricht ihn mit einem Blick. Jetzt ist auch er beunruhigt, ein ungutes Gefühl macht sich in ihm breit. »Kommt zum Punkt, Gallotti. *Chi fu*, was ist denn nun?«

»Lasst es mich erzählen. Gestern, am späten Nachmittag, kam er mir am Eingang der NGI an der Piazza Marina entgegen und sagte, er müsse mich dringend sprechen. Und er sagte es mit einer Stimme, die mich sehr überrascht hat, weil er sonst ein sehr besonnener Mensch ist. Ich dachte, er hätte vielleicht irgendetwas angestellt, und so habe ich gleich eingewilligt. Ich ging wieder rein, sagte dem Wachmann, ich würde später selber abschließen ... Und Francesco kam hinter mir her, mit einem Gesicht, bei dem mir angst und bange wurde, glaubt mir ... Kaum waren wir in meinem Büro angelangt, brach er in Tränen aus. Und er sagte mir ... er sagte mir ...« Er fährt sich mit der Hand über die Stirn. Seine Finger zittern.

»Heilige Muttergottes, Ihr erzählt ja einen Fortsetzungsroman. Was ist passiert?« Ignazio schiebt die Tasse grob von sich. Die Krümel der Croissants verteilen sich auf der Tischdecke, während Giovanna, die bis dahin reglos war, den Kopf hebt und Gallotti ansieht.

Der Mann schluckt, schlägt die Hände vors Gesicht. »Bis Ende des Monats wird der Credito Mobiliare all seine Zweigstellen schließen. In den nächsten Tagen meldet er Konkurs an.«

Ignazio schlägt sich auf den Mund, als wollte er einen Aufschrei ersticken. »Wie ... Konkurs?«, sagt er in fast jammerndem Ton.

Giovanna schaut zuerst ihren Sohn und dann den Präsidenten der NGI erschrocken an. Sie versteht nicht. Konkurs? Und was haben sie damit zu tun?

»Das ist alles die Schuld von diesem größenwahnsinnigen Giacinto Frascara!«, ruft Gallotti und springt auf. »Der in diesem Moment die Entlassung aus seinem Amt als Verwalter beantragt, weil er Angst hat. Und die armen Leute, die sie in den Ruin treiben, was werden die sagen? Er war es, der die Geschäfte der Bank ausweiten wollte, weil er beschlossen hatte, dass der Credito Mobiliare die größte von allen werden soll. Francesco hat mir gesagt, es sei schon eine Weile das Gerücht im Umlauf gewesen, sie könne keine Kredite mehr geben, weil es an Liquidität fehle, aber niemand hat sich vorstellen können, wie ernst die Lage ist. Frascara hat mit allen gesprochen, von Giolitti bis zu Gagliardo, dem Finanzminister, und hat sogar versucht, die Nationalbank ins Boot zu holen …. Aber das Problem ist, dass es kein Geld mehr gibt. Wenn alles gut geht, bekommt er einen Zahlungsaufschub, aber sonst nichts.«

Auch Ignazio erhebt sich. Doch er tut es ganz langsam, als befürchtete er, seine Beine könnten ihn nicht tragen, und schaut sich um. Auf einmal kommt ihm dieses Zimmer mit den schweren Mahagonimöbeln im Neorenaissance-Stil, das er seit seiner Kindheit kennt, wie ein unbekannter Ort vor. Er nähert sich seiner Mutter, die ihn erschrocken anschaut, streichelt ihr die Wange. Dann geht er zum Fenster. »Die Zweigstelle … Ich habe es zugelassen, dass sie ihre Büros neben unseren bekommen …«, murmelt er, und seine Stimme bebt, bricht. »*Porta cu' porta*, buchstäblich Tür an Tür. Die Leute gaben ihnen gerne ihr Geld, denn auch wenn Credito Mobiliare dranstand, waren es doch unsere Büros. Ich hatte schon einige beunruhigte Stimmen gehört, nach all den Schweinereien, die sie in Rom angerichtet haben … Aber ich dachte nicht, dass es so kritisch um sie stand. Immer habe ich mir gesagt, wir hätten uns nicht zu stark hineinziehen lassen sollen, aber jetzt …« Er fährt sich mit der Hand übers Gesicht. »Die Leute haben unserem Namen vertraut, weil wir die Florios sind. *Sulu che arristammu fregati puru nuatri*, jetzt stecken auch wir mit drin. Und natürlich habe auch ich in den Credito Mobiliare investiert, weil ich ihn für solide gehalten habe …«

Das Schweigen, das folgt, ist eisig wie ein Winterwind. *Das war's*, denkt Ignazio.

Prompt geht ein prasselnder, heftiger Regenschauer über der Villa herab. Die Läden quietschen, Türen schlagen. Die Dienstboten beeilen sich, Fenster und Läden zu schließen, doch zu spät, die Kälte ist ins Zimmer eingedrungen.

Alles um ihn herum scheint sich zu drehen.

Giovanna gibt den Bediensteten ein Zeichen. Nino nickt, bedeutet dem Servierpersonal hinauszugehen, und macht dann die Tür hinter sich zu. »Dann werden jetzt alle denken, es sind die Florios, die kein Geld mehr haben, und werden auch ihre Einlagen von unserer Bank nehmen, obwohl die gar nichts damit zu tun hat.« Giovannas Stimme ist scharf wie ein Messer. Ihre Hände streichen wieder und wieder über die Tischdecke, die sie selbst vor Jahren bestickt hat. »*Accussì è*, so ist es.«

Gallotti nimmt langsam Platz und richtet einen erstaunten Blick auf sie. Er nickt. Niemals hätte er gedacht, dass Donna Giovanna mit derlei geschäftlichen Mechanismen vertraut ist.

Ignazio hingegen geht immer noch mit leerem Blick im Zimmer auf und ab. »Ich kann nicht zulassen, dass unser Name von denen in den Dreck gezogen wird. Das werden sie mir bitter bezahlen.« Er reibt sich die Augen, als wollte er aus einem hässlichen Traum aufwachen. Dann wendet er sich seinem Stuhl zu und schlägt mit der flachen Hand auf den Tisch. Das Silberbesteck und das Porzellan aus Limoges hüpfen. »Diese Verlierer … man hat mir gesagt, ich sollte ihnen nicht so viel freie Hand lassen, dass ich einen Fehler machte, aber wie hätte ich das wissen sollen? Wer konnte das wissen?«

Gallotti starrt ihn an und schüttelt den Kopf. *Wie es scheint, haben es alle gewusst, alle bis auf Euch*, würde er am liebsten antworten. Aber das kann er nicht. Es würde jetzt auch niemandem mehr nützen.

Ignazio schlägt die Hände vors Gesicht. »Und jetzt? Was soll ich jetzt tun?«, fragt er.

Niemand gibt ihm eine Antwort. Man hört nur das leise Knistern der Holzscheite im Kamin und das Prasseln des Regens an den Fensterscheiben.

Giovannas Atem geht schnell; Ignazio schnauft hörbar.

Gallotti steht mit einem Quietschen des Stuhles auf dem Boden auf. Er fährt sich mit der Hand durchs Haar. »Don Ignazio, wenn Ihr gestattet, würde ich ein paar Freunden einen Besuch abstatten, die vielleicht mehr wissen«, sagt er verlegen. »So könnten wir in Erfahrung bringen, wie viel Zeit uns noch bleibt.«

Ignazio hebt den Kopf, nickt. Ja, das soll Gallotti tun. Er hat nicht die Kraft zu antworten. Gallotti breitet resigniert die Hände aus, deutet eine Verbeugung in Richtung Giovanna an.

Sie dankt ihm, bittet, ihnen so bald wie möglich Bescheid zu geben, bleibt aber reglos sitzen, bis die Tür hinter ihm ins Schloss gefallen ist. Dann springt sie auf, packt ihren Sohn am Arm, schüttelt ihn.

»Genug jetzt. *'Un ti scantari*, hab keine Angst«, sagt sie entschieden. »Du gehst jetzt zum Banco Florio. Hör, was die Angestellten sagen, berechne die Schäden. Es sind ihre Konten, nicht unsere; schau nach, ob es Schulden bei ihnen gibt, und wie hoch sie sind. Schau dir alles mit eigenen Augen an.« Sie hält inne, beugt sich zu ihm. »*To' patri accussì avissi fatto*. So hätte es dein Vater gemacht«, schließt sie. Es ist kein Tadel, mehr eine Ermahnung, ein Appell an seinen Stolz. »Und jetzt hör endlich auf, wie ein geprügelter Hund dreinzuschauen. *Nuautri semu i Florio, e sulu chistu cunta.* Wir sind die Florios, und allein das zählt.«

Ignazio lässt einen tiefen Seufzer hören. Er trommelt mit den Fingern auf den Tisch, steht auf. Giovanna lässt ihn gehen, als sie sieht, dass sich die Panik in ihm gelegt hat und er allmählich wieder Herr seiner selbst wird. Erst da erlaubt sie sich, ein Lächeln anzudeuten. »Ist gut, Mama«, erwidert er. »Aber wenn Franca …«

Giovanna nickt, versucht ihm mit einem Blick Mut zu machen. »Dann lasse ich dich rufen, ja. Mach dir keine Gedanken.«

Als sich die Tür hinter ihrem Sohn schließt, lässt sich Giovanna erneut in ihren Stuhl sinken. Ihre Gedanken wandern zu ihrem Ignazio. Mit ihm wäre nichts von alldem geschehen, da ist sie sich sicher. Ihre Augen füllen sich mit Tränen, denn niemals zuvor hat sie mehr seine starke Hand vermisst, seinen ruhigen, kühlen Blick.

»Was sollen wir nur machen, *cori meo,* mein Herz?«, fragt sie, das Gesicht zum Fenster gerichtet. »Was sollen wir nur tun?«

Der Credito Mobiliare schließt am 29. November seine Pforten.

Nur wenige Tage vorher bringt Franca ein Kind zur Welt.
Giovannuzza.
Ein Mädchen.

COGNAC

März 1894 – März 1901

Abballa quannu a fortuna sona.
»Tanz, wenn das Glück erklingt.«
Sizilianische Redensart

Ende 1893 verschlechtert sich die Situation auf Sizilien: In Giardinello (Provinz Palermo) endet eine Demonstration gegen die Steuern in einer Tragödie mit elf Toten und zahlreichen Verletzten; bei einem weiteren Protestmarsch in Lercara Friddi (Provinz Palermo) kommen am 25. Dezember sieben Menschen zu Tode. Ebenfalls zahlreiche weitere Proteste flammen auf der ganzen Insel auf und werden, nicht selten mit Gewalt, niedergeschlagen.

Am 4. Januar 1894, als die Zahl der Toten mittlerweile mehr als tausend beträgt, ruft Francesco Crispi für die Insel den Ausnahmezustand aus und ernennt General Roberto Morra di Lavriano, den ehemaligen Präfekten Palermos, zum *Regio Commissario Civile Straordinario*, der von Crispi uneingeschränkte militärische wie auch zivile Vollmachten erhält. Der General agiert – auch dank seiner Truppen, die vierzigtausend Mann stark sind – mit größter Brutalität: Mehrere juristische Schnellverfahren enden mit drakonischen Strafen, und, so der General selbst in seinem Bericht, Grundrechte wie »die persönliche Freiheit, die Unversehrtheit der Wohnung, die Pressefreiheit, das Recht auf Versammlung und Interessensvertretung« werden ausgesetzt.

Vorerst sind die *Fasci* ausgeschaltet, doch ihre wirtschaftlichen und sozialen Forderungen – die es geschafft haben, Arbeiter und Tagelöhner, Handwerker und Bergleute im

Schwefelabbau, selbst öffentliche Angestellte und Lehrer zu einen – gehen weit über die Grenzen der Insel hinaus (es werden Proteste und Tumulte von Apulien bis in die Emilia, von Ancona bis Brescia, vor alle aber in Lunigiana entfacht, wo zweihundertfünfzig Personen festgenommen werden) und fließen zumindest teilweise in die »Sozialistische Partei der Arbeiter Italiens« ein, die offiziell 1893 gegründet wird und am 13. Januar 1895 zur Sozialistischen Partei Italiens wird, mit Filippo Turati als Generalsekretär.

Es herrscht folglich eine tiefe soziale Gespaltenheit, als Finanzminister Sidney Sonnino am 21. Februar 1894 im Parlament die Notwendigkeit einer Steuererhöhung verkündet, um die wirtschaftlichen Probleme des Landes zu überwinden. Er trifft auf entschlossenen Widerstand und muss am Ende seinen Hut nehmen, doch Crispi gibt sich nicht geschlagen: Zwar stürzt am 4. Juni seine dritte Regierung, doch bereits am 14. Juni steht eine neue Exekutive in den Startlöchern.

Unterstützt auch durch das enorme Echo, das das gescheiterte Attentat auf ihn durch den Anarchisten Paolo Lega am 16. Juni 1894 hervorruft, gelingt es Crispi am 20. Juli, eine Reihe wirtschaftlicher Maßnahmen verabschieden zu lassen, darunter die Erhöhung des Getreidezolls und des Salzpreises, vor allem aber die Erhöhung der Einkommenssteuer um zwanzig Prozent.

Am 10. März 1896 stürzt die Regierung Crispi erneut, diesmal wegen der Niederlage von Adua (1. März 1896), einer Schlacht, in der vierzehntausendfünfhundert Italiener vergeblich dem Ansturm von Hunderttausenden Soldaten des Negus Menelik II. standzuhalten versuchten und mindestens sechstausend von ihnen ums Leben kamen. Der liberale

Abgeordnete Bernardo Arnaboldi Gazzaniga fasst die desaströse Erfahrung der Italiener in Afrika wie folgt zusammen: »In zwölf Jahren Kolonialpolitik ist es uns gelungen, fünfhundert Millionen Lire zu verpulvern, ohne etwas zu erreichen, und dazu Armut und Unzufriedenheit unter der Bevölkerung zu säen« (Redebeitrag vor der Kammer am 19. Mai 1897).

Auf Crispi folgt Antonio Starabba di Rudinì, der (in vier verschiedenen Regierungen) bis zum 29. Juni 1898 Ratspräsident sein wird. Auch aufgrund der überaus hohen Finanzierungskosten für die kolonialen Bestrebungen des Landes ist die wirtschaftliche Situation in Italien sehr angespannt und wird durch mehrere ungenügende Ernten noch verschlimmert (in den Monaten September und Oktober des Jahres 1896 kommt es vor allem im Piemont und in Kalabrien zu großen Überschwemmungen), zu denen die erhöhten Kosten für importiertes Getreide und damit einhergehend eine Erhöhung des Brotpreises, der von fünfunddreißig auf sechzig Centesimi das Kilo steigt, ein Übriges tun.

Die tiefe Unzufriedenheit im Volk – die indessen zur Herausbildung eines echten sozialen Gewissens geführt hat (im Jahre 1895 haben es fünfzehn Abgeordnete der Sozialisten ins Parlament geschafft, darunter Leonida Bissolati und Filippo Turati) – äußert sich in einer Reihe von Protesten, die in ganz Italien aufflammen, beginnend in den ersten Monaten des Jahres 1898 (Florenz, Ancona, Rom, Foggia, Neapel), und von Streiks, die am 8. Mai auf dem Mailänder Domplatz ihren Höhepunkt finden: Mit jeglicher Vollmacht ausgestattet und mit zwanzigtausend Mann unter seinem Kommando gibt General Fiorenzo Bava Beccaris den Befehl, das Feuer auf die Demonstranten zu eröffnen, was zu mehr als hundert Toten führt. In den darauffolgenden Tagen ordnet Bava Beccaris die Inhaftierung von etwa zweitausend Menschen an, lässt vierzehn Zeitschriften verbieten und veranlasst die Auflösung der *Camera del Lavoro*, der Gewerkschaft. Mit einem königlichen Erlass ernennt ihn der König »wegen seiner großen Verdienste für den Staat und das Gemeinwohl« zum *Grand'Ufficiale dell'Ordine Militare di Savoia.*

Die Proteste im Volk halten jedoch an: Am 9. Mai wird für die Toskana und die Provinz Neapel der Ausnahmezustand verhängt, am 11. Mai kommt Como hinzu. Nach dem Rücktritt von Rudinì ruft der König General Luigi Pelloux an die Regierung (29. Juni 1898), der im Februar 1899 versucht, einen Gesetzesentwurf durchzubringen, der die Militarisierung der Bahn- und Postangestellten vorsieht, massiv die Versammlungsfreiheit sowie das Streikrecht einschränkt und eine präventive Zensur der Zeitungen vorschlägt. Die linke Opposition wehrt sich vehement dagegen, und nach einer langen Reihe parlamentarischer Auseinandersetzungen tritt Pelloux von seinem dann bereits zweiten Mandat (14. Mai 1899 – 24. Juni 1900) zurück. An seinen Posten wird der moderate Giuseppe Saracco berufen, der bis zum 15. Februar 1901 im Amt bleibt.

Am 4. Juni 1899 erlässt Umberto I. eine Amnestie für all diejenigen, die im Zusammenhang mit den sogenannten »Brotunruhen« verurteilt wurden, doch das genügt nicht, um dem Anarchisten Gaetano Bresci Einhalt zu gebieten, der am 29. Juli 1900 in Monza den König mit drei Pistolenschüssen ermordet und erklärt: »Ich habe es für die bleichen und blutenden Opfer von Mailand getan … Ich wollte keinen Menschen umbringen, sondern ein Prinzip.« Bresci wird am 29. August zu einer lebenslänglichen Zuchthausstrafe verurteilt und stirbt – möglicherweise durch eigene Hand – am 22. Mai 1901.

Der dreißigjährige Vittorio Emanuele III. besteigt den Thron am 10. August 1900.

Der Cognac, er ist ein Produkt von Erde, Holz, Geduld und Meer. Wie der Whiskey. Wie der Marsala. Man spricht bereits im 17. Jahrhundert über ihn, doch ab dem 1. Mai 1909 muss sich der Rest der Welt gemäß einem Regierungsdekret damit begnügen, einfach nur »Brandy«, »Branntwein« oder »Weinbrand« zu produzieren, weil das Department Charente im Südwesten Frankreichs zur einzigen Wiege des Cognacs deklariert wird. Ein gipshaltiger Boden, reich an marinen Sedimenten, bewachsen mit Rebsorten wie dem Ugni Blanc – einem Ableger des Trebbiano, der nach dem desaströsen Reblausbefall des späten neunzehnten Jahrhunderts nach Frankreich verpflanzt wurde –, dem Colombard mit seinen zarten gelben Weinbeeren, sowie dem Folle Blanche, bekannt für seine kompakten Trauben. Um zu Cognac werden zu können, muss der Wein zu mindestens neunzig Prozent aus diesen drei Rebsorten bestehen, allein oder als Cuvée. Für die restlichen zehn Prozent kann man auf andere Sorten zurückgreifen: Montils, Semillon, Jurançon Blanc, Blanc Ramé, Select oder Sauvignon.

Doch damit nicht genug: Es gibt eine genau festgelegte Zeit für die Lese, normalerweise von Oktober bis zum ersten Frost. Und dann sind da noch die Fässer. Das Holz dafür muss von den Steineichen der Wälder rund um Limousin und Tronçais stammen. Die Dauben für die Fässer trocknen an der Luft und werden dann einzig und allein mit Reifen aus Eisen gebunden, damit weder Nägel noch Leim den Geschmack verändern können. Am Ende werden sie »getoastet« oder geröstet – das heißt, langsam und vorsichtig von innen erhitzt. Bevor er in die Fässer kommt, muss der Wein destilliert werden, und zwar im traditionellen Destillierkolben *charentais*, mindestens zwei Mal, einmal bei fünfundzwanzig bis siebenundzwanzig Grad und dann bei siebzig bis zweiundsiebzig Grad.

Erst dann ist die Zeit zum Reifen gekommen. Denn das ist die Wahrheit: Für alles, was schön und kostbar ist, braucht es Zeit. Ruhe. Geduld. Das alles sind Ingredienzen, die zwar nicht niedergeschrieben werden, dafür aber umso essenzieller sind. Man muss warten und nochmals warten, denn nichts, was gut ist, kann vor der ihm gebührenden Zeit fertig werden.

Beim Cognac handelt es sich um einen Zeitraum von mindestens zwei Jahren, doch können es durchaus auch fünfzig Jahre und manchmal sogar mehr sein. In jenen Weinkellern, die vom Geruch des Atlantiks durchdrungen sind, wo die Verdunstung ganz langsam vor sich geht und sich das Aroma des Alkohols mit dem des Holzes und der Salzluft vermischt, nimmt der Cognac ganz allmählich die Aromen von Vanille, Tabak, Zimt und Trockenfrüchten an, die so typisch für ihn sind, er erhält seine Bernsteinfarbe und die seidige Konsistenz. Gewiss verliert er mit jedem Jahr, das vergeht, um drei bis fünf Prozent an Volumen. Doch die Franzosen wissen, dass das der *part des anges*, der sogenannte Engelsanteil, ist, der den geflügelten Wesen des Himmels zusteht. Übrigens gibt es in einem Weinkeller passenderweise auch einen Ort, der sich *Paradis* nennt; darin stehen große Glasballons, die den mindestens fünfzig Jahre gereiften Cognac beherbergen.

Ein Mädchen. Leider.

Ignazios Lächeln war verblasst, als die Hebamme ihm die Nachricht überbrachte, und er hatte die Glückwünsche mit einem knappen Nicken entgegengenommen. Dann hatte Diodata die Tür zu Francas Schlafzimmer geöffnet, ihn hereingelassen und ihm eine *cusuzza nica*, ein winziges Wesen, in die Arme gelegt, knallrot und wie am Spieß schreiend, dick eingemummelt in Decken, um die Kleine vor der Novemberkälte zu schützen.

Franca lag auf dem Bett, die Augen geschlossen und die Hände auf dem Bauch. Es war eine lange und schwere Geburt gewesen.

Er trat näher. Als sie seine Schritte vernahm, öffnete sie die Augen.

»Es ist ein Mädchen. Tut mir leid.«

Als er diese gramerfüllten Worte hörte, schwappte eine Welle der Zärtlichkeit über Ignazio hinweg. Er setzte sich neben sie aufs Bett und küsste sie auf die Stirn. »Unsere Tochter Giovanna«, antwortete er und reichte ihr das Neugeborene. Sie waren nun eine Familie, und nicht mehr ein Paar, das mühevoll um sein Gleichgewicht rang.

Jetzt, nach drei Monaten, hat er Giovannuzza längst ins Herz geschlossen. Franca wird immer die Königin seines Herzens sein, doch die Kleine ist seine Prinzessin.

Es wird auch einen Stammhalter geben. Das ist nur eine Frage der Zeit. Die Casa Florio braucht einen Erben. Der

Arzt hat gesagt, er dürfe schon recht bald wieder zu seiner Frau ins Schlafzimmer, und das ist eine der wenigen guten Nachrichten in dieser Zeit.

Ja, denn der Januar 1894 ist ein schwieriger Monat gewesen. Wenige Feierlichkeiten, außer in der Familie, und kaum Gelegenheit auszuspannen. Man schließt sich zu Hause ein, mit entsprechendem Personenschutz, damit niemand die wohlhabenden Leute belästigt.

Palermo ist nicht mehr sicher.

In den ersten Tagen des Jahres wird auf der Insel der Ausnahmezustand ausgerufen. Das ist der Agitation durch die *Fasci Siciliani* zu verdanken, der Organisation, die Tagelöhner vom Land ebenso wie Arbeiter vereint, Männer und Frauen, die allesamt unzufrieden mit der Last der Steuern und der Gängelei durch die Obrigkeit sind. Unaufhaltsam wie eine ansteckende Krankheit haben sich die Proteste rasch von der Stadt aufs Land ausgebreitet und sind zu echten Revolten geworden. In Pietraperzia, Spaccaforno, in Salemi, Campobello di Mazara, Mazara del Vallo, Misilmeri, Castelvetrano, Trapani und Santa Ninfa haben die Menschen Zollhäuser in Brand gesteckt und öffentliche Gebäude ebenso wie Zuchthäuser besetzt und die Insassen befreit.

Auf der Insel herrscht so großes Chaos, dass die Armee einschreiten muss, um wieder Ruhe und Ordnung zu schaffen. Die Piemonteser, wie sie von den alten Leuten immer noch genannt werden, sind einmarschiert, unter dem Kommando von General Morra di Lavriano, der von der Regierung weitreichende Machtbefugnisse erhalten hat; ohne zu zögern haben die Soldaten die Gewehre gezückt und geschossen, auch auf Frauen. Niemand ist vor diesen Männern sicher, die Bauern wie auch Arbeiter schikanieren und sie dem Hunger und der Verzweiflung überlassen. Und nicht nur das: Bei jedem Protest hat es Tote und Verletzte gegeben, zahlreiche Menschen wurden festgenommen und ihnen der Prozess gemacht. Eine Enttäuschung folgte auf die nächste, zumal mit Crispi, dem ehemaligen Garibaldiner, der nach dem Skandal um die Banca Romana auf Giolitti gefolgt ist, ausgerechnet ein Sizilianer an der Regierung und damit für das brutale Vorgehen der Armee verantwortlich ist.

Jetzt regiert eine belastende Ruhe das Land, von Angst diktiert und aufrechterhalten durch zahlreiche Festnahmen und drakonische Strafen. Und man muss Donna Ciccia recht geben, die schon lange murrte, denen da oben sei einfach nicht zu trauen, und es sei wieder so wie unter den Bourbonen.

Es ist Abend; wenige Lampen erhellen die Zimmer und den Garten. Warm spiegelt sich das Licht auf dem Cognac im Glas, das Ignazio noch kurz zuvor in Händen gehalten hat. Sein Aroma – würzig, mit einem Hauch Honig – erfüllt den Raum.

Es klopft an der Tür. »Herein!«, brummt Ignazio, der sich in seiner Lektüre über die Eigenschaften der *Britannia*, des Kutters des Prince of Wales, gestört fühlt; das Boot ist im April 1893 in Glasgow vom Stapel gelaufen und im Juni beim Channel Race siegreich gegen seine *Valkyrie* angetreten.

Die Tür geht auf, und Francas Gesicht erscheint. »Bist du noch nicht fertig?«

»Noch nicht, meine Liebe. Aber sag, wie geht es Giovannuzza?«, fragt er und legt seine Lektüre beiseite. »Heute Nachmittag hat meine *picciridda* so geweint. Warum denn?«

»Die Amme hat mir gesagt, sie hätte eine schlimme Kolik gehabt. Sie hat ihr lange das Bäuchlein massiert.«

Allein der Gedanke an jenen zarten und duftenden kleinen Körper erfüllt Franca mit einer Zärtlichkeit, die sie sich nie vorstellen konnte zu empfinden. Zu Beginn, nach den Strapazen der Geburt, hatte sie befürchtet, eine Art Abneigung gegen ihre Tochter zu entwickeln: Zu groß war der Schmerz gewesen, zu mühsam die Erholung davon. Und doch hat dieses kleine Mädchen sie mit einem einzigen Blick erobert, hat ihr eine warme und vollkommene Liebe entgegengebracht, die den Rest der Welt ausschloss und Franca vor ihren hässlichen Seiten beschützte.

Sie tritt an seine Seite. Nach Giovannuzzas Geburt ist ihr Körper – wenn das überhaupt möglich ist – noch üppiger und sinnlicher geworden. Ignazio kann nicht widerstehen: Er umarmt sie und küsst sie auf den Hals. »Du bist eine Göttin«, murmelt er und streift mit den Lippen ihre Haut.

Franca lacht und lässt ihn gewähren, auch wenn Diodata fast zwei Stunden gebraucht hat, um ihr das Haar zu machen. Ignazio ist in letzter Zeit einfach zu angespannt, und sie hat das Gefühl, ihm nicht die Unbeschwertheit schenken zu können, die er braucht. Und sie will unbedingt vermeiden, dass er diese noch einmal in den Armen einer anderen sucht.

Gewiss, nach dem Skandal um die Banca Romana ist so viel geschehen. Mehrere Tage lang sind in dem Arbeitszimmer in der Olivuzza Männer mit gestrengen Mienen ein und aus gegangen, und Ignazio hat viel mehr Zeit als sonst an der Piazza Marina verbracht. Franca hat auch gehört, nachdem sich die Zweigstellen des Credito Mobiliare für immer geschlossen hatten, habe Ignazio eine Summe von fünf Millionen* zahlen müssen, ein Betrag, der ihr mal gigantisch und mal winzig klein vorkam. Aber was verstand sie schon davon? Die Rechnungen für die Schneiderin und die Modistin sind früher an ihre Mutter gegangen und jetzt direkt an Ignazio ... Sie hat versucht, ihn zu fragen, doch sowohl Ignazio als auch Giovanna haben sie mit vagen Worten und der allgemeinen Aufforderung abgespeist, sich »keine Gedanken« zu machen.

»Müssen wir denn wirklich fahren? Könnten wir nicht gleich zu dir aufs Zimmer gehen?«, fragt er, das Gesicht in Francas Haar geschmiegt. Er schiebt die Hände unter ihren Morgenrock, wandert zu ihrem Mieder hoch, streichelt ihre Brust.

Sie windet sich, lacht und schiebt ihn von sich. »Wer hätte das gedacht, dass ich einmal meinen Mann dazu überreden muss, ins Theater und auf einen Empfang zu gehen!« Sie schließt ihren Morgenmantel, schaut ihn von der Seite an. »Ich mache mich jetzt fertig ... und das solltest du auch.«

Ignazio lächelt. »Wir reden bei unserer Rückkehr weiter«, sagt er zu ihr und lässt sie erst nach einem Kuss aufs Handgelenk gehen.

Am Nachmittag des 4. März 1894 bleibt die Kutsche der Lanza di Trabias vor dem Eingang der Olivuzza stehen. Zuerst steigt Pietro aus, dann Giulia und schließlich ein Mann mit dunklem, onduliertem Haar und einer breiten Stirn,

* Circa 21 Millionen Euro. (Anm. d. Autorin)

sein Blick ist lebhaft und sein Schnurrbart dicht und leicht gezwirbelt. Der Majordomus heißt alle willkommen und führt sie zu der breiten Treppe aus rotem Marmor, die mit einer Kaskade von Blumen geschmückt ist. Oben auf der Treppe wartet Franca. Sie streckt sofort die Arme nach Giulia und Pietro aus, küsst sie, sagt, sie sollen in den Wintergarten vorausgehen und es sich bequem machen. Dann wendet sie sich an den anderen Mann und lächelt. »Seid willkommen, Maestro. Es ist uns eine große Ehre, dass Ihr gekommen seid.« Sie hebt den Saum ihres Kleides. »Kommt doch bitte mit mir. Unsere Gäste erwarten Euch voller Ungeduld.«

Giacomo Puccini folgt ihr und betrachtet diskret die schönen Formen der Hausherrin. Er ist zu einer Aufführung von *Manon Lescaut* nach Palermo gekommen, die einen Monat zuvor in Turin uraufgeführt wurde, und die Stadt hat ihm einen großartigen Empfang bereitet: Applaus auf offener Bühne, der Ruf ans Proszenium für ihn und die Sänger, stehende Ovationen und ein donnernder Schlussapplaus, der das ganze Teatro Politeama zum Beben brachte. Franca und Ignazio haben ihn bereits am Abend zuvor bei einem Essen zu seinen Ehren im Palazzo Butera kennengelernt und ihn zum Tee eingeladen, um seinen triumphalen Besuch in der Stadt perfekt zu machen.

Franca verlangsamt ihre Schritte, nähert sich ihm. »Wisst Ihr, Maestro, Eure *Manon* ist ein Werk, das wirklich die Seele berührt. Gestern fehlte mir der Mut, es Euch zu gestehen, aber ich habe heiße Tränen vergossen.«

Puccini wirkt verlegen, doch dieses Kompliment, mit so viel Innigkeit vorgetragen, freut ihn. Er bleibt stehen, nimmt Francas Hand, küsst sie. »Eure Worte, Signora, wiegen mehr als der ganze Applaus von gestern Abend. Ich bin gerührt und geehrt«, ruft er aus.

Franca zögert kurz und fügt dann mit einem Seufzer hinzu: »Aber warum nur lässt uns große Musik so leiden?«

Puccini reißt die großen, dunklen Augen auf und murmelt, nah an Francas Ohr: »Weil sie dort beginnt, wo die Worte aufhören. Genau wie die Schönheit … Ich bin mir sicher, Ihr wisst, was ich meine.« Und er küsst ihr erneut die Hand.

Franca errötet, lächelt, hakt sich dann bei Puccini ein, und sie gehen weiter.

»Ignazio!« Die Dringlichkeit in Giovannas Stimme ist unmissverständlich.

Auch sie hat die Szene mit eigenen Augen gesehen: wie Puccini sich gleich zwei Mal über Francas Hand gebeugt und sie geküsst hat, wie er ihr etwas ins Ohr flüsterte. Eine Vertraulichkeit, die Ignazio wütend gemacht hat, der neben der Tür zum Wintergarten auf ihren Gast gewartet hat. Giovanna kennt ihn nur allzu gut: Er ist eifersüchtig, besitzergreifend, und da spielt es keine Rolle, dass er selbst untreu ist, denn wie ein verwöhntes Kind kann er es nicht ertragen, wenn sich ein anderer für sein Spielzeug interessiert.

Mittlerweile stehen Franca und Puccini vor ihm, und Ignazio ringt sich mit Mühe ein Lächeln ab. »Maestro, willkommen!«, ruft er mit etwas zu scharfer Stimme. Dann tritt er zwischen seine Frau und den Komponisten und führt Letzteren zu Giovanna, die, zusammen mit Donna Ciccia, ein Grüppchen älterer Damen in Schwarz unterhält.

Tatsächlich war es Giovanna, die sich bis ins Detail um diesen nachmittäglichen Empfang gekümmert hat: Sie hat die Blumen ausgesucht, die Tischwäsche, das Tafelsilber, die Tassen, hat für reichlich Auswahl an Tee in den vornehmen Holzschachteln gesorgt und sogar bestimmt, welche Kuchen und Süßigkeiten zubereitet werden sollen. Und das alles ist ein wahrer Augenschmaus, wie gemalt. *Sie vertraut mir noch nicht,* denkt Franca und sieht sich um.

Ein Lachen reißt sie aus diesen Gedanken. Es ist die unverwechselbare Stimme von Tina Scalia Whitaker, der Frau von Joseph Isaac Whitaker – den alle einfach nur Pip nennen –, dem Enkel eben des Ben Ingham, der im Leben von Ignazios Großvater Vincenzo eine so große Rolle gespielt hat. Als das vielleicht auffallendste Paar von ganz Palermo könnten Pip und Tina gar nicht unterschiedlicher sein: Während er der alten Familientradition folgt, die mit der Produktion und dem Handel mit Marsala zu tun hat, zu der auch noch seine wahren Leidenschaften kommen – die Archäologie und die Vogelkunde –, ist Tina, die Tochter eines garibaldinischen Generals, eine gebildete und intelligente Frau, die das mondäne Leben in sich aufsaugt wie Nahrung: Niemand kann sich ihren kleinen Lästereien und ihrem Sarkasmus entziehen.

Franca wendet sich dem Grüppchen von Frauen der Familie Whitaker zu, die in einer Mischung aus Englisch und Sizilianisch miteinander plaudern, als sich ihr Blick mit dem von Tina kreuzt. Einen Augenblick lang schauen sich die beiden Frauen an, und Franca liest in den Augen der anderen etwas, das zwischen Mitgefühl und Spott liegt. Sie weiß, dass Tina sie für schön, aber etwas dumm hält, ein gut angezogenes Püppchen zum Vorzeigen, nicht mehr. Sie presst die Lippen zusammen, berührt ihr Collier aus Topasen und Perlen, als wollte sie sich Mut machen, und beschränkt sich auf ein leichtes Nicken.

Es ist eine andere Stimme, die sie ablenkt – die von Ignazio.

»Das Teatro Politeama ist ein vornehmes Haus, aber es hat keine ideale Akustik«, sagt er gerade zu Puccini und der kleinen Menge, die ihn umringt. »Aber ich vertraue darauf, dass das Teatro Massimo bald fertig wird. Ich sage es mit einem gewissen Stolz, da das Dach des Gebäudes das Werk unserer familieneigenen Gießerei ist.«

»Und ich danke dem Mäzen, der in Palermo einen Tempel der Oper zu erschaffen hilft … und seiner Gießerei«, ruft Puccini aus und erntet damit Gelächter bei der Runde.

In der Stille, die folgt, tritt eine junge Frau mit ernster Miene auf ihn zu. »Maestro … Es ist ein solches Privileg, mit Euch sprechen zu können … Darf ich Euch eine Frage stellen?«

»Nur zu«, erwidert Puccini mit einem Lächeln.

»Wie … wie schreibt Ihr Eure Musik?«

»Die Arbeit eines Musikers ist keine wirkliche Arbeit, und vor allem kennt sie keine Pausen«, antwortet Puccini. »Sie ist eher … eine Verpflichtung des Geistes. Selbst jetzt, wo ich hier bei Euch stehe … finden in meiner Seele Noten zusammen, verbinden sich. Es ist wie ein Bach, der erst zur Ruhe kommt, wenn er einen Fluss erreicht. Zum Beispiel …« Er geht zum Piano, das der kleine Vincenzo zwei Mal in der Woche bei seinen Musikstunden malträtiert.

Das Geplauder verstummt, Tassen werden abgestellt, und selbst die Servierkellner bleiben stehen, um zu lauschen.

In der plötzlich eintretenden Stille tritt Franca an das

Instrument und schaut Puccini an, wie um ihn zu ermutigen.

Die Hände des Mannes legen sich auf die Tastatur, und plötzlich erfüllt eine Melodie den Raum.

»Che gelida manina, se la lasci riscaldar
Cercar che giova?
Al buio non si trova.
Ma per fortuna è una notte di luna,
e qui la luna l'abbiamo vicina.

Wie eiskalt ist dies Händchen!
Vergönnt mir, dass ich's Euch wärme.
Vergeb'ne Mühe, zu suchen hier im Dunkel,
bis erst der Vollmond am Himmel emporsteigt
und überstrahlet der Sterne Gefunkel.«

Puccini singt und spielt, und die nach Vanille und Tee duftende Luft scheint die verklingenden Töne noch ein paar Momente festzuhalten. Am Ende verharrt Puccini, die Finger über der Tastatur schwebend, das Gesicht gerötet von Erregung.

Während Applaus aufbrandet, erhebt sich Puccini und beugt sich zu Franca. »Ich habe mich sehr gefreut, Euch ein kleines Fragment meiner nächsten Oper präsentieren zu können. In Erinnerung an diesen Moment wird es mir sicher leichter fallen, sie zu vollenden.«

Franca errötet, während Ignazio Champagner bestellt, damit sie »auf den zukünftigen Triumph von Maestro Puccini« anstoßen können, in der Hoffnung, »dass er nach Palermo kommen werde, um ihn hier zu präsentieren.« Die

Männer nicken, die Frauen seufzen und sagen, ja, das sei wirklich und wahrhaftig eine göttliche Musik.

Doch nachdem sie angestoßen haben, nähert sich Puccini noch einmal Franca.

»Ihr wart großartig. Danke für dieses unverhoffte Geschenk«, sagt sie gerührt.

Statt einer Antwort ergreift Puccini ihre Hände und führt sie beide an seine Lippen. Plötzlich werden die Blicke der Anwesenden hungrig, das Flüstern schamlos. *Franca wird doch diesem Mann nicht zu viel Aufmerksamkeit schenken? Glaubt sie etwa, sie könne sich über alle Regeln hinwegsetzen?*

»Danke Eurer Familie, die mir die Türen dieses herrlichen Anwesens geöffnet hat«, antwortet er. »Und ich danke Euch, Signora. Ihr habt ein ganz besonderes Licht in Euch, ein kostbares Licht. Ich hoffe, Ihr könnt es Euch für immer bewahren.«

Bei diesen Worten lächelt Franca. Doch ihre Augen werden einen Moment lang feucht.

Und ein Mensch bemerkt es.

Ihre Schwägerin Giulia.

Palazzo Butera, die Residenz der Lanza di Trabia, liegt direkt hinter der Stadtmauer, nur wenige Schritte von der Porta Felice entfernt. Vom Wintergarten aus blickt man auf ein stahlgraues Meer, in dem sich an diesem für Anfang Mai ungewohnt düsteren Tag graue Wolken spiegeln. In der Luft liegt der Duft von trockenen Blättern, von feuchter Erde und jungen Knospen. In Rohrsesseln sitzend, zwischen eingetopften Zitronenbäumchen und kleinen Bananenstauden, können Franca und Giulia ungestört reden, während die Kinder – Vincenzo und Giulias Kinder – nicht weit entfernt unter den aufmerksamen Blicken der Gouvernanten draußen spielen.

»Und, weshalb wolltest du mich sehen?«

Franca packt den Henkel des Tässchens aus Sèvre-Porzellan mit dem Wappen der Lanza di Trabias fester und fragt sich, seit wann Giulia eigentlich so brüsk geworden ist, ganz anders als die junge Frau, die Franca liebevolle Briefe geschrieben hat, als sie damals neu zur Familie gestoßen war. Doch sie will ihr keinen Vorwurf daraus machen: Die angespannte Beziehung zu ihrer Schwiegermutter ebenso wie der Tod des kleinen Blasco haben Giulia vermutlich verhärtet. Letzterer ist eine Tragödie gewesen, deren Tragweite sie erst jetzt, wo sie selbst Mutter geworden ist, begreifen kann.

Irgendwo zwischen den Bäumen stößt Vincenzo einen kleinen Schrei aus, den Giuseppe, Giulias Erstgeborener, mit einem Lachen erwidert. Kleine Füße trappeln, man hört einen Ball springen. Seltsam, wenn man diese beiden Kinder sieht, die elf und fünf Jahre alt sind, und denkt, dass es sich um Onkel und Neffe handelt …

Giulia deutet ein Lächeln an, das erste, seit Franca eingetroffen ist, und schaut dann ihre Schwägerin an, als wollte sie sie zum Sprechen auffordern.

»Ich wollte dich um einen Rat bitten«, sagt Franca. »Einen ehrlichen, *comu si tu fussi vero me' suoro,* als wärst du wirklich meine Schwester.«

Giulia zieht die Augenbrauen hoch und richtet den Blick auf Francas Finger. Sie zittern.

Sie nimmt ihr die Tasse aus den Händen, stellt sie auf den

Tisch und lehnt sich im Sessel zurück. »Warum zitterst du?« Sie senkt die Stimme. »Du ängstigst dich also immer noch vor allem, stimmt's? Hast Angst vor dem Urteil anderer?«

Franca blinzelt. Sie nickt überrascht und senkt den Blick auf ihre ringgeschmückten Finger.

»Ich habe mich gefragt, wann du endlich begreifst, dass du so nicht mehr weitermachen kannst. Als würdest du jeden Moment den Leibhaftigen und die Heerscharen des Fegefeuers sehen.«

Francas Hände kneten ihren Rock, und ihre Stimme wird brüchig. »Halt mich bitte nicht für unbedarft. Ignazio … Ich habe immer gedacht, es sei vor allem er, über den geredet und geklatscht wird, und ich habe mir vorgenommen, nicht darauf zu hören, weil er am Ende immer zu mir zurückkehrt und in mich verliebt ist. Doch auch ich bin es, die kritisiert wird. Ich höre die Kommentare, die kleinen Bemerkungen, jedes Mal, wenn wir ausgehen … Gestern Abend zum Beispiel, als wir bei den de Setas waren, hat er bei der Gastgeberin auf eine wirklich vulgäre Weise Süßholz geraspelt. Es war mir so peinlich! Und zu Hause komme ich mir wie ein Gast vor, weil niemand etwas von mir wissen will – alle wenden sich gleich an deine Mutter. Fast scheint es mir, als würden mich die Dienstboten scheel anschauen. Und deine Mutter – so fromm sie auch sein mag – lässt kein gutes Haar an mir.« Jetzt ist Franca nicht mehr zu bremsen, so groß ist ihr Bedürfnis, jemandem ihr Herz auszuschütten. Ein Schluchzen entringt sich ihren Lippen. »Sie hat ständig etwas an mir auszusetzen, und nicht nur sie. Alle, alle, die ganze Stadt! Ob ich zu wenig rede oder zu viel, wie ich mich anziehe … Ständig trete ich in ein Fettnäpfchen, und zu bewegen weiß ich mich auch nicht …«

Giulia schüttelt den Kopf, während die verschiedensten Regungen auf ihrer Miene Revue passieren, die Franca jedoch nicht recht deuten kann. Eine Augenbraue geht nach oben. »Du lässt dir zu viel gefallen, meine liebe Franca. Viel zu viel. Du musst denen, die kein gutes Haar an dir lassen und alles in den Dreck ziehen, was du tust, endlich Zähne zeigen. *E chistu vali puru pi' me matri.* Und das gilt auch für meine Mutter.«

Franca reißt die grünen Augen auf. Giulia hat deutliche Worte gefunden, getragen von schonungsloser Ehrlichkeit. »Wirklich?«, fragt sie mit einem Schluchzen.

»Oh ja.« Giulia steht auf, geht in Richtung Fensterfront. »Glaubst du denn, ich habe nicht gemerkt, wie es dir geht?«

Sie wartet nicht ab, bis ihre Schwägerin ihr folgt, und Franca muss sich beeilen, um an ihre Seite zu treten.

»Du bist Donna Franca Florio. Nicht meine Mutter, die Witwe ist und mittlerweile nur noch die Messen im Kopf hat, die sie für unseren Vater lesen lässt. Du bist Ignazios Frau, die Frau des Familienoberhaupts, und musst dir das nehmen, was dir zusteht, angefangen beim Respekt.« Sie packt sie an den Armen, und ihre Gesichter sind nur noch Zentimeter voneinander entfernt. »Als ich damals geheiratet habe, hat mir mein Vater begreiflich gemacht, dass sich mir niemand, und zwar *niemals*, in den Weg stellen darf. Ich selbst müsse diejenige sein, die sich verteidigt, sonst würde die Familie meines Mannes mich ersticken. Und genau das sage ich dir jetzt auch.« Sie schaut sie voller Intensität an. »Ich habe meinen Bruder gern, aber ich kenne ihn: Er hat den Kopf in den Wolken, und viel zu viele Frauen schwänzeln um ihn herum. Außerdem ist er sehr von sich eingenommen und begreift nicht, dass du in Schwierigkeiten steckst, dass die Leute dich auch seinetwegen kritisieren. Ich kenne ihn, er ist kein böser Mensch, aber er ist einfach so … oberflächlich. Er würde nicht einmal verstehen, wie es dir geht, weil er überhaupt nicht wahrnimmt, was man dir so nachsagt. Ja, *sangu meo*, mein Herz, er weiß es nicht, was sie über dich lästern.«

Giulia hebt Francas Gesicht an, das bleich vor Scham ist. Ohne auf die tränenbenetzten Wimpern zu achten, packt sie sie an den Schultern, schüttelt sie.

»*Talìami*, schau mich an! Du bist es, die du verteidigen musst, denn ich weiß, was die Welt über uns, die Frauen der Florios, sagen. Dass wir viel zu viel Geld für Kleider und Juwelen verplempern, dass wir Schmarotzerinnen sind, die die *picciuli* der Familie verjubeln, und dass wir nichts im Kopf haben. Und dass wir so arrogant sind, dass wir nicht wissen, wo unser Platz ist.« Giulias Hand schließt sich zu einer Faust. »Mich interessiert nicht, was sie sagen. Und dich sollte es auch nicht interessieren; wenn du auf sie hörst, dann gibst du ihnen Macht über dich. Das sind alles armselige Würstchen, die mit solchen Reden nur zeigen, wie neidisch sie sind. Wir haben alles, was sie nicht haben, und deshalb reden sie schlecht über uns und werden es auch immer tun.«

Giulia nimmt kein Blatt vor den Mund. Und sie ist schonungslos.

Franca weiß nur wenig von den Schwierigkeiten, mit denen ihre Schwägerin zu kämpfen hatte. Sie hat keine Ahnung, dass auch sie schwere Demütigungen zu ertragen hatte, besonders zu Beginn, als ihre Schwiegermutter nichts anderes tat, als ihr im Beisein anderer ihre bürgerliche Herkunft vorzuhalten. Jahrelang hat sie keine Gelegenheit ausgelassen, sie daran zu erinnern, dass ihre Ehe kaum mehr ist als ein Vertrag, der abgeschlossen wurde. Und Pietro hat sie seinerseits niemals in Schutz genommen, hat ihr niemals geholfen. In keiner Weise.

Doch all die Jahre haben Giulia gelehrt, niemals aufzugeben oder sich unterbuttern zu lassen. Stattdessen haben diese Jahre in ihr eine Wut wachsen lassen, die der ähnelt, die ihr Großvater Vincenzo sein Lebtag lang mit sich herumgeschleppt hat. Er hat diese Wut damals benutzt, um sich eine ganze Stadt untertan zu machen, die ihn demütigen wollte; er hat sich ihrer bedient, zuerst als Schutzschild und dann als Waffe, um den Respekt der Lanza di Trabias zu erringen. Und jetzt ist Giulia tatsächlich die Herrin dieses Hauses und dieser Familie. Und sie hat sich auch die eiserne Regel ihres Vaters ins Gedächtnis gerufen: Nichts ist kostbarer als ein klarer Verstand, als Selbstbeherrschung. Auch zu ihr hat er des Öfteren gesagt: »Hör auf deinen Kopf, nicht auf dein Herz.« Das Bild, das sie nach außen abgibt, ist das einer hochmütigen und widerspenstigen Frau, doch dieses Bild hat sie nur aufgebaut, um sich zu schützen.

Nein, Franca kann nicht zur Gänze begreifen, welchen Preis ihre Schwägerin dafür gezahlt hat, um das zu werden, was sie ist: eine entschlossene, stolze und unberührbare Frau.

Doch genau das ist es, was ihr Giulia zeigen will. Dass Franca sich ihren Platz bei den Florios und in Palermo erobern muss. Anders geht es nicht. Und sie kann es nur tun, wenn sie in sich selbst die nötige Kraft und Distanziertheit findet. Sie muss all das, unter dem sie leidet, an sich abprallen lassen. Und sie muss einen Schutzwall um ihre Seele errichten.

Franca schaut Giulia ins Gesicht, wischt sich nervös eine Träne von der Wange. Sie denkt nach.

Für ihre Schwiegermutter besteht das Leben einer Florio darin, in allem ihrem Mann beizustehen, ihm niemals einen Anlass zur Rüge oder einen Grund zur Klage zu geben, bei allen gesellschaftlichen Ereignissen zu glänzen und jeder Situation gewachsen zu sein. Und sollte er sich einen Fehltritt erlauben, so ist es ihre Aufgabe, ihm zu verzeihen.

Giulias Worte hingegen zeigen ihr eine Wirklichkeit auf, in der es nur zweitrangig um Ignazio geht. In dieser Wirklichkeit gibt es nur sie, Franca, die getrennt – und frei? – von ihrer Rolle als Ehefrau ist. Vor allem muss sie eins sein – sie selbst. Sie soll stolz sein, über den Dingen stehen. Keine Kritik darf sie jemals verletzen, und selbst wenn es zu einer Verletzung kommt, muss sich die Wunde gleich wieder schließen.

Sie befreit sich aus Giulias Griff, tritt einen Schritt zurück. Das alles ist so weit von dem entfernt, was ihr Giovanna gesagt hat, so weit entfernt auch von ihrer eigenen Erziehung: Sie ist immer eine gehorsame Tochter gewesen, eine respektvolle Ehefrau, und jetzt … »Aber ich … Ich habe mich gut benommen. Ich habe nicht aufbegehrt, habe nicht geweint, als er …«, murmelt sie mit schmerzerfüllter Stimme. »Auch als ich erfahren habe, dass er mich betrügt, war ich … Ich bin ihm eine gute Ehefrau gewesen, oder zumindest habe ich es versucht zu sein.«

»Und genau das ist dein Fehler gewesen: der Versuch, es allen recht zu machen. Du musst dich nicht gut benehmen: Du musst dir das nehmen, das zu haben dein gutes Recht ist, und zwar ohne die Angst, dafür verurteilt zu werden. Du bist keine *picciridda* mehr, die um die Zustimmung der

Mutter buhlt. Es genügt nicht, einen berühmten Nachnamen zu tragen. Und es genügt auch nicht, deinem Mann ein Kind geschenkt zu haben, um dir seinen Respekt zu verdienen. Und du kannst auch nicht darauf hoffen, dass meine Mutter freiwillig den Platz räumt. Das wird sie erst dann tun, wenn du dem Namen gerecht wirst, den du trägst, und glaub mir, das wird weder einfach sein noch schnell vonstattengehen. Denk immer daran, *chi po' fari e 'un fa, campa scuntento,* wer sich nicht selbst hilft, ist verloren.« Ihre Stimme wird sanft. »In Palermo kriegst du von niemandem etwas geschenkt.« Sie zeigt zu der Stadt jenseits der Mauern des Palastes, in Richtung Cassaro. »In dieser Stadt leben alle, ob sie Gemüse vom Karren verkaufen oder ein Fürst sind, von Brot und Neid. Manche würden sich lieber umbringen lassen, als zuzugeben, dass sie Mittelmaß sind. Wenn du eine Kritik hörst, dann denk daran, dass du eine Florio bist, und sie nicht. Wenn sie dir sagen, dass dein Schmuck zu auffallend ist, denk daran, dass der ihre nur halb so wertvoll ist. Wenn sie dich dafür, wie du dich anziehst, ans Kreuz schlagen, denk daran, dass sie weder den Körper noch das Geld haben, um Kleider wie deine zu tragen. Denk daran, wenn du hörst, wie sie hinter deinem Rücken tuscheln. Behalt es im Kopf, und lache, lach über sie und ihre Mittelmäßigkeit.«

Franca lauscht.

Giulias Worte öffnen in ihr unbekannte Räume und schenken ihr eine neue Sicht auf die Dinge. Es ist, als schaute sie zum allerersten Mal in einen Spiegel und entdeckte Vorzüge an sich, die sie sich nie vorgestellt hatte zu besitzen. Und als würden ihr mit einem Mal die unendlichen Möglichkeiten vor Augen geführt, die das Leben ihr bieten kann.

Giulia beobachtet sie. Und sie begreift. Sie macht einen Schritt zurück, deutet ein Lächeln an. Auf dem Gesicht ihrer Schwägerin hat sie eine ureigene Bewusstheit aufleuchten sehen, etwas, das sie am Ende ihr ähnlich machen wird. »Du musst keine Angst haben. Du bist dafür geboren, eine Florio zu sein.« Sie streichelt ihr Gesicht. »Du bist nicht nur schön: Du bist auch intelligent und besitzt Liebreiz und Eleganz. Deine Kraft ist so groß, dass sie der Welt nicht verborgen bleiben kann. Hab keine Angst davor, zu sein, was du bist. Doch denk daran: Ein Kind ist immer eine gute Sache, aber ein Stammhalter ist ein Segen. Du musst so bald wie möglich wieder schwanger werden.« Ihre Stimme wird leise und füllt sich mit Wissen, das nur zwischen den Zeilen zu lesen ist. »Mit einem Jungen wird es leichter. Und du wirst freier sein.«

Als sie den Palazzo Butera verlässt, mit der Gouvernante und Vincenzino im Schlepptau, der immer noch von den vielen Spielen aufgedreht ist, hat Franca einen leichten Gang. Sie schaut vor sich auf den Weg, ohne auf den Himmel zu achten, aus dem sich jeden Moment ein Frühlingsregenschauer auf sie ergießen könnte.

Ja. Sie ist still gewesen, zurückhaltend, duldsam, gefügig.

Doch jetzt muss sie lernen.

Nicht mehr so sehr an sich zu zweifeln.

Sich das zu nehmen, was ihr zusteht.

Donna Franca Florio zu werden.

Der Gedanke ist so neu, dass ihr der Kopf davon schwirrt.

Ich muss lernen, ich selbst zu sein.

Ferner Donner.

Ignazio hebt den Kopf über seinen Papieren, geht zum Fenster, öffnet es. Der Schirokko dieser Tage weicht allmählich einem grauen und mit Sand gefüllten Himmel, bedrohlich für die Cala und die glänzenden schwarzen Kutschen, die zum Foro Italico unterwegs sind. Männer im Gehrock und Frauen in Kleidern aus Ripsseide, Taft und Musselin flanieren auf dem letzten Abschnitt des Cassaro, um sich sehen zu lassen und gesehen zu werden. Es ist ein neues Palermo. In den Erinnerungen aus seiner Kindheit war die Stadt elegant, zurückhaltend, doch sie ist respektlos geworden, unverschämt. Früher schaute man verstohlen aus dunkel verhangenen Fenstern und tat leise seine Meinung kund; jetzt jedoch schauen einem die Leute direkt ins Gesicht, nur allzu bereit, über deine Art, dich zu kleiden, das Fahrzeug, das du besitzt, oder über deinen Bekanntenkreis zu lästern. Und diese Frechheit ist etwas, über das sich Ignazio maßlos ärgert.

Sein Blick fällt auf eine Wäscherin, die einen Korb voller Bettlaken trägt und an der Seite eines kleinen Jungen, der barfuß ist, dahinschlurft. Am Rande des Corso stehen immer noch einige Hütten, in denen die Ärmsten der Armen leben, ausgemergelte Frauen, ewig auf ihre Männer wartend, die in der Fabrik arbeiten oder zur See gefahren sind. Menschen dieses Schlages sieht man in Palermo lieber gar nicht. Auch er will sie nicht sehen, obwohl seine Mutter darauf besteht, dass er sich für wohltätige Zwecke einsetzt. Ja, er weiß sehr wohl, dass dies für den guten Namen der Familie wichtig ist, und tatsächlich betreiben die Florios eine Suppenküche, die Mahlzeiten an die Armen verteilt, und Franca gehört der *Congregazione delle Dame del Giardi-*

nello an und spendet besonders großzügig für junge Mädchen, die verlassen wurden … Doch Ignazio ist Unternehmer: Er gibt den Angestellten der NGI Arbeit und Brot, den Arbeitern der Oretea ebenso wie denen, die an der Bootsrampe tätig sind. Ganz zu schweigen von all den anderen wirtschaftlichen Betätigungen, auch außerhalb von Palermo …

Gedankenverloren fährt sich Ignazio mit den Händen durchs Haar, hält inne, um die sorgfältig gelegte Welle nicht zu ruinieren. Im offenen Fenster sieht er sein Spiegelbild: den pomadisierten Schnurrbart, die Nelke im Knopfloch, die perfekt geknotete Krawatte, die mit einer Brillantnadel am Hemd befestigt ist. Wie aus dem Ei gepellt.

Doch die Papiere auf dem Schreibtisch – die auf eine Unterschrift warten, eine Lektüre, eine Entscheidung – machen jede gute Laune zunichte.

Manchmal, wenn er ganz allein im Büro ist, glaubt er Geräusche zu hören, als klagte der Palazzo über einen Schmerz. Als würden irgendwo hinter der Holzvertäfelung auf einmal Risse klaffen und sich langsam vergrößern. Eine absurde Idee – das weiß er –, die ihn aber dennoch mit Unbehagen erfüllt.

Ignazio geht vom Fenster weg und betrachtet das Gemälde, das sein Vater einst bei Antonino Leto in Auftrag gegeben hat und die Kellerei in Marsala zeigt. Das Wasser vor dem Gebäude ist grün und unbewegt; das Licht warm, wie Samt.

Diese Ruhe könnte er jetzt auch gut gebrauchen.

Dem Meer verdanken die Florios ihren Reichtum, doch mit diesem Gedanken hat er seit Wochen seine Mühe. Als Grundvoraussetzung für die Erneuerung der Verträge hat man von ihm eine radikale Modernisierung der Dampfschiffe für den Personentransport verlangt. Er hat sich dagegen gewehrt, hat versprochen, es zu gewährleisten, hat es immer wieder aufgeschoben. Doch jetzt kann er sich der Forderung nicht mehr verweigern.

Aber mit welchem Geld? Der Ärger mit dem Credito Mobiliare – *diese verfluchten Idioten!*, denkt er voller Wut – hat ihn dazu gezwungen, auf die Liquiditätsrücklagen des Handelshauses zurückzugreifen. Um den Namen der Florios zu retten, hat er die Sparbücher und Konten der palermitanischen Kunden der Bank übernommen, sie aus eigener Tasche bezahlt und die verlustbringenden Titel übernommen. Außerdem hat er die Insolvenzabwicklung des Credito Mobiliare durchgeführt und versucht, über den Betrag hinaus, den er selbst investiert hatte, Geld zurückzuholen, doch ohne Hoffnung. Er hat den guten Namen der Familie gerettet, das stimmt, doch jetzt hat er fast keine Liquidität mehr – nur noch ein Meer nutzloser Kreditbriefe.

Papier, Papier, Papier. Immer nur Papier.

Und es gibt keine Lösung: Er wird die Banca Commerciale Italiana um die Bewilligung eines Darlehens bitten müssen, um die Liquidität zu erlangen, die es ihm ermöglicht, die nötigsten Ausgaben zu decken. Er, der niemals jemanden um Geld gebeten hat, muss sich beugen und bitten. Um Geld, um Vertrauen, um Kredit.

Und nicht nur das. Es gibt eine Sache, die ihn ganz besonders verbittert, auch wenn er das niemandem gegenüber zugeben würde. Er ist zu stolz, um sich selbst einzugestehen, dass er sich eine gewaltige Fehleinschätzung geleistet hat. So viele, angefangen bei Gallotti oder seinem Schwager Pietro, haben ihn gewarnt, vorsichtiger zu sein und nicht den Beteuerungen der Verwaltung jener Bank zu trauen.

Und doch.

Er denkt an seinen Vater, daran, was er wohl getan hätte, wenn er in diese Lage geraten wäre. Doch er muss zugeben, dass er vermutlich niemals an diesen Punkt gekommen wäre. Er hätte anderen nicht blind vertraut so wie er.

Fast erleichtert ihn der Gedanke, dass sein Vater es nicht mehr erlebt hat, wie er einen solchen Fehler begeht, doch zugleich spürt er tiefe Niedergeschlagenheit, wenn er sich vorstellt, sein Vater wäre noch am Leben und hätte all das miterleben müssen – er hätte ihn mit einem tadelnden Blick bedacht und ihn vor die Tür gesetzt.

Für Ignazio ist das alles zu viel. Er geht im Zimmer auf und ab, zermartert sich das Gehirn nach der Person, die ihn dazu gebracht hat, diese fatalen Entscheidungen zu treffen, demjenigen, der befürwortet hat, diese Bank zu unterstützen, denn es kann nicht allein seine Schuld sein. Und er beschließt, dass jener Fehler einen Vor- und einen Nachnamen hat.

Giovanni Laganà.

Giovannuzza gurgelt, plappert, hebt den Blick und lacht. Vor ihr kniet ihre Mutter und streckt die Arme nach ihr aus. Gestützt von Mademoiselle Coudray, dem Kindermädchen, macht die Kleine vorsichtig ein Schrittchen, dann noch eins. Für sie ist es eine ganz neue Erfahrung, und sie gibt alles: Man sieht es an ihrem konzentrierten Blick und wie sie sich auf die Lippen beißt.

»Na komm her, *cori meu,* mein Herz«, ermutigt sie Franca und klatscht in die Hände.

In dem Moment, als sie spürt, dass die Kleine sich sicher fühlt, lässt das Kindermädchen sie los. Auf noch wackeligen Beinchen tapst Giovannuzza auf die Mutter zu und erreicht sie lachend. Ihre Zähnchen sind wie kleine Perlen.

»Prima, meine *picciridda*, meine Kleine!« Franca schließt sie in die Arme, überhäuft sie mit Küsschen.

»Du solltest nicht da auf dem Boden knien. Das ist würdelos.«

Wie ein Gespenst ist Giovanna urplötzlich im Zimmer aufgetaucht und steht hinter Franca.

Instinktiv drückt Franca ihre kleine Tochter noch fester an sich und schaut ihre Schwiegermutter von unten an. »Ich bin mit meiner Tochter in ihrem Kinderzimmer. Wir spielen. Niemand sieht uns«, gibt sie gelassen zurück.

Giovanna hebt das Kinn in Richtung Mademoiselle Coudray, die errötet und Anstalten macht, das Zimmer zu verlassen, doch Franca hindert sie daran, übergibt ihr Giovannuzza und bittet sie, die Kleine nach draußen zu bringen, damit sie ein wenig frische Luft schnappt: *»S'il vous plaît, emmenez-la dehors, qu'elle puisse respirer de l'air frais.«*

»Du verwöhnst sie«, murmelt Giovanna, kaum sind Mademoiselle Coudray und die Kleine draußen. »Kleine Mädchen müssen mit Bestimmtheit behandelt werden. Mehr als Jungen.«

»Bestimmtheit?«, ruft Franca aus und erhebt sich mit einem bitteren Lachen vom Boden. »Euer Sohn hat doch immer gemacht, was er wollte, und benimmt sich heute noch schlimmer als ein launisches Kind!«

Überrascht von Francas Widerworten, legt Giovanna den Kopf schief. »Was meinst du?«, entgegnet sie irritiert.

»Euer Sohn, mein Mann, ist ein verwöhntes Balg, das sich nicht um die Konsequenzen seines Handelns schert. Und tut bloß nicht so, als wüsstet Ihr das nicht, wo doch in Palermo alle darüber reden. Und seit diese *chanteuse* in der Stadt ist…«, Franca verzieht das Gesicht, »…mit ihrem schamlosen Dekolleté, geht er jeden Abend ins Alhambra, das Varieté am Foro Italico, und setzt sich in die erste Reihe. Und nach der Aufführung wartet er auf sie.«

»Aha.«

Zwei Silben.

Franca betrachtet ihre Schwiegermutter mit trotziger Miene.

Giovanna hält ihrem Blick stand. »Ich habe es dir schon einmal gesagt, meine Tochter«, erwidert sie. »Du musst lernen wegzuschauen.«

»Ich habe oft genug weggeschaut. Aber das bedeutet nicht, dass er das Recht hat, sich so zu benehmen. Und es gibt Euch nicht das Recht, die Erziehung meiner Tochter zu kritisieren.«

Giovanna durchläuft ein Beben. Sie ist es nicht gewöhnt, dass man ihr widerspricht. »Du solltest dich von jemandem leiten lassen, der mehr Erfahrung hat als du, auch als Mutter…«

»Eine Mutter, die ihrem eigenen Sohn zugesteht, dass er den Bund der Ehe mit Füßen tritt? Ich werde es niemals an Respekt ihm und der Familie gegenüber mangeln lassen, das soll klar sein. Aber ich will, dass meine Tochter sich geliebt fühlt und schon früh lernt, wie wichtig es ist, die eigene Würde zu verteidigen. Die Ehre des Namens kommt danach.«

Giovanna ist ob dieser Widerworte zu entgeistert, um

sogleich zu antworten. Sie blickt auf ihre faltigen Hände hinab und streichelt den Ehering ihres Mannes, den sie als Vorsteckring für ihren eigenen trägt. »Manchmal ist ein Name das Einzige, das dich am Leben hält«, murmelt sie schließlich.

Doch Franca kann sie nicht mehr hören; sie ist aus dem Zimmer geeilt und hat sie allein dort zurückgelassen.

Und so ist es, sagt sich Giovanna. Der Name der Florios – die Definition ihrer gesellschaftlichen Rolle, ihrer Bedeutung, ihrer Macht – ist immer der Anker ihrer Ehe gewesen, ihre Daseinsberechtigung. Und so bleibt es, auch wenn sich jetzt, nach dem Tod ihres Mannes, in ihr eine Leere auftut, die nur mit Mühe von Gebeten gefüllt werden kann.

Auf ihrem schwarzen Kleid fängt sich das Licht, das vom Fenster hereinfällt, umrahmt ihre schmale Gestalt. Aus dem Park weht der Duft der letzten Blüten herein, das Klappern der Gartenscheren, mit denen die Gärtner die trockenen Zweige wegschneiden.

Giovanna starrt die Tür an, hinter der Franca verschwunden ist.

Und sie denkt: *Du hast noch viel zu lernen, meine Tochter.*

Franca legt die Stirn an den Türsturz, eine Hand auf dem Schlüssel, die andere auf ihrem Herzen, um sich zu beruhigen. Sie atmet tief durch.

Aus ihrem Ankleidezimmer tritt Diodata, die sich leicht verbeugt. »Braucht die Signora mich?«

»Nein, danke. Ich habe Kopfweh und möchte mich ein bisschen hinlegen. Lass niemanden zu mir vor.«

Diodata nickt. »Wollt Ihr, dass ich die Balkontüren schließe?«

»Ja, bitte.«

Endlich allein, streift Franca ihre Schuhe ab und legt sich aufs Bett, einen Arm über den Augen. Das Zimmer liegt im Halbschatten; die Luft duftet nach ihren Parfüms. Das ist ihr Rückzugsort; jedes Mal, wenn jemand oder etwas – die Schwiegermutter, Ignazio oder die Stadt Palermo dort draußen – ihr die gute Laune vermiest, genügt es ihr, sich in dieses Zimmer zurückzuziehen, das Rosenmuster auf dem Boden und die Fresken an der Decke zu sehen, und sie fühlt sich sogleich besser.

Sie hat nicht aufgehört, an das zu denken, was ihr vor Monaten Giulia gesagt hat. Dass sie sich Mut machen und sich selbst immer an erste Stelle setzen soll. Doch wie mühsam es doch ist, gegen die anzukämpfen, die kein gutes Haar an ihr lassen, sie kritisieren, ihr Vorwürfe machen! Und wie schwer, die Menschen dazu zu bringen, sie nach dem zu beurteilen, was sie ist, und nicht nur nach dem, was sie nach außen hin darstellt.

Franca gleitet in einen leichten Schlaf, der sie einhüllt wie in eine weiche Decke, der sie tröstet und all die hässlichen Gedanken von ihr abgleiten lässt.

Ein Schlaf, der allerdings schon bald wieder gestört wird. Jemand klopft an die Tür.

Sie stöhnt, dreht sich auf die andere Seite, legt sich ein Kissen auf den Kopf. »Ich habe doch gesagt, dass ich nicht gestört werden will!«, ruft sie aus.

»Liebes, ich bin's, Ignazio. Mach auf!« Er klopft wieder, diesmal hartnäckiger als vorher. »Ich hab eine Überraschung für dich!«

Eine Überraschung.

Bitterkeit steigt in Franca auf und macht sofort die Entspannung zunichte, die der kurze Schlaf ihr geschenkt hatte. Noch vor einem Jahr hätte dieser Satz genügt, um sie aufspringen und zu ihm laufen zu lassen. Doch mittlerweile hat sie begriffen, dass eine solche »Überraschung« immer ein Zeichen ist, das stillschweigende Eingeständnis von Schuld. Das ist Ignazios Methode, sich reinzuwaschen: indem er seiner Frau etwas schenkt, meistens etwas Wertvolles, nachdem er sie betrogen und die Launen seiner Geliebten befriedigt hat.

Eine Entschädigung, die Franca gar nicht gewollt hat.

Sie steht vom Bett auf und geht zur Tür, um sie zu öffnen. Sie würdigt ihn keines Blickes, sondern geht schnurstracks zur Spiegelkommode und beginnt mit Haarnadeln und Bürste, ihr Haar zu richten.

Ignazio lächelt in den Spiegel und streichelt ihren Hals. Er murmelt ein Kompliment und legt ihr ein mit Leder bezogenes Kästchen in den Schoß. »Für meine Königin.« Er streicht mit dem Handrücken über ihre Wange. »Mach auf.«

Seufzend greift sie nach der Schatulle, dreht sie hin und her. »Wer ist es?«

»Was meinst du? Aber …«

Sie fällt ihm ins Wort. »Ist es diese *chanteuse*, die sich im Alhambra fast nackt präsentiert?«

»*Mon Dieu*, Franca, was redest du denn?« Ignazio spielt den Erstaunten. »Kann ich denn meiner Frau nicht einfach so ein Geschenk machen, ohne besonderen Grund? Was sollen diese Anspielungen? Das ist doch gar nicht deine Art!«

Dann klappt sie endlich die kleine Schatulle auf. Darin steckt ein Ring mit einem Saphir im Cabochon-Schliff, umgeben von Brillanten. Sie dreht sich um und schaut Ignazio an. »Ein Geschenk ›ohne besonderen Grund‹?«, fragt sie eisig. »Je größer die Dummheiten sind, die du machst, desto größer fallen deine Geschenke aus, so ist es doch. Alle wissen, dass du mich betrogen hast. Wieder mal.« Sie schluckt ihre Tränen hinunter. Sie wird nicht weinen, das darf sie nicht. »Die Wüstlinge aus dem Klub haben es ihren Frauen erzählt, und die … die haben es mir gesagt!«

Ignazio weicht vor ihr zurück, in seinem Blick steht eine Mischung aus Überraschung und Enttäuschung. »Du glaubst also diesen …«

»Ach, verlier doch keine Zeit mit Leugnen. Ich weiß alles, bis in die kleinsten Einzelheiten: von den Abenden, die du mit ihr verbringst, bis zum Feiern mit deinen Freunden im Klub, mit denen du auf deine Eroberung angestoßen hast – und dass du dich sogar damit brüstest, wie … entgegenkommend sie ist. Mir ist nichts erspart geblieben.« Sie hält das Schmuckkästchen fest in der Hand, erhebt die Stimme. »Und weißt du, was ich diesen Schlangen erwidert habe, nachdem sie mir alles erzählt hatten? Dass ihre Männer das alles deshalb wussten, weil sie selber mit von der Partie waren!«

Ignazio ist verblüfft. Er kehrt ihr den Rücken zu, flucht. »Diese verdammten Hurensöhne …« Dann dreht er sich wieder um, lächelt, versucht, sie an sich zu ziehen.

Doch sie entwindet sich, will nichts von einer Umarmung wissen.

»Aber mein Schatz, diese Frauen reimen sich das alles nur zusammen … Sicher, ich war bei einigen der Aufführungen, und diese … diese Frau hat mir Aufmerksamkeit geschenkt und mir zugelächelt. Aber sonst nichts.« Er schnaubt. »Manche Männer sind noch neidischer als Frauen und denken sich alles Mögliche aus …«

»Neidisch?« Franca wirft den Kopf in den Nacken und lacht, ein bitteres Lachen. »Klar sind die neidisch! Du kriegst die schönsten Frauen ins Bett, überhäufst sie mit Geld … Man könnte auch sagen, in deiner Anwesenheit tragen sie nichts anderes mehr auf dem Leib als Geldscheine!«

»Jetzt sei bitte nicht vulgär!«, erwidert Ignazio.

»Ach, ich bin jetzt vulgär? Ich?« Franca springt auf, wirft mit dem Ring nach ihm, der abprallt und zu Boden fällt. »Ich will ihn nicht, verdammt noch mal! Ich bin deine Frau, nicht irgendein Weib, das du dir kaufen kannst! Und jetzt geh! Geh zu dieser Schlampe, die die Beine für dich breit macht!«

Ignazio weicht noch einen Schritt zurück, hebt den Ring auf. Er schaut Franca an, die zornentbrannt ist. »*Chista è l'ultima!* Jetzt reicht's! Du glaubst dem Klatsch und Tratsch der Frauen mehr als deinem Mann«, murmelt er in einem Ton, der abfällig klingen soll. »Ich komme wieder, wenn du zur Vernunft gekommen bist!«

Franca bleibt reglos stehen, die Arme an die Seiten gelegt, die Augen geschlossen.

Sie hört, wie die Tür geöffnet wird und laut ins Schloss fällt.

Jetzt strömen ihr die Tränen über die geröteten Wangen. Sie weint und weint, spürt wieder dieses Gewicht, das auf ihrer Brust liegt, als wäre es ein lebendiges Wesen, das atmet.

Doch sie weint nicht, weil sie wieder einmal betrogen

worden ist. Sie weint, weil sie ihm verzeihen wird. Ja, das wird sie, aber nicht, weil Giovanna ihr gesagt hat, sie müsse ihm immer verzeihen.

Sie wird ihm verzeihen, weil sie ihn liebt, wirklich liebt. Und sie hofft von ganzem Herzen, dass er diese Liebe erwidert und irgendwann begreift, dass er niemals eine andere Frau finden wird, die ihn so liebt wie sie. Doch jedes Mal, wenn er sie betrügt, bekommt ihre Seele einen neuen Riss, der Enttäuschung und Verbitterung hereinlässt. Und so weint Franca und betet verzweifelt darum, dass diese Risse nicht irgendwann so groß werden, dass sie selbst in Stücke geht.

Schließlich trocknet sie verärgert ihr Gesicht ab, dreht sich zum Spiegel und betrachtet sich. Sie hätte es nicht zulassen sollen, dass der Zorn sie übermannt; jetzt sieht sie schrecklich aus, hat rote, verweinte Augen. Eine wunderschöne Frau, aber mit einem Gesicht, das von Kummer und Gram gezeichnet ist.

Und jetzt?, fragt sie sich. *Wie soll ich es nur schaffen weiterzumachen?*

Entschlossene Schritte kündigen die Ankunft Giovanni Laganàs in Ignazios Büro im Sitz der *Navigazione Generale Italiana* an der Piazza Marina an.

Er betritt den Raum mit sicherem Gebaren, grüßt Ignazio nicht, der vor dem Fenster steht. Stattdessen lässt er die Tür laut ins Schloss fallen und nimmt, ohne dazu aufgefordert worden zu sein, vor dem Schreibtisch Platz.

»Ihr habt mich wissen lassen, dass Ihr auf meine Arbeit

keinen Wert mehr legt«, beginnt Laganà ohne Vorrede. »Und so sei es, es ist Euer gutes Recht. Aber das könnt Ihr mir nicht in einem lapidaren Brief verkünden, als wäre ich einer der Hungerleider, die in der Gießerei arbeiten. Das habe ich nicht verdient, nicht nach all dem, was ich für Euch und Eure Familie getan habe.« Die Feindseligkeit in seinem Ton ist nur die äußere Schale einer schwer im Zaum gehaltenen Wut. »Ich will wissen, warum. Wissen, was Euch zu dieser Entscheidung gebracht hat. Ins Gesicht sollt Ihr es mir sagen.«

Ignazio geht ganz langsam zum Schreibtisch, setzt sich. Er erwidert seinen Blick voller Hochmut. »Wenn Ihr wütend seid, so tut es mir leid. Ihr wollt also wissen, warum. Weil Ihr mein Vertrauen missbraucht und meine Familie hintergangen habt. Ihr wolltet mehr Geld und mehr Macht, und weil Ihr das hier nicht haben konntet, habt ihr es Euch bei anderen geholt, indem Ihr mich und mein Handelshaus in ein schlechtes Licht gerückt habt. Das habt Ihr auch getan, als Ihr mich dazu gedrängt habt, Vertrauen in den Credito Mobiliare zu setzen ... Ich erinnere mich gut daran, wie Ihr auf die Vertrauenswürdigkeit der Bank gepocht habt, und schaut nur, was mich das gekostet hat! Wollt Ihr das etwa abstreiten?« Er lässt ihm keine Zeit zum Antworten. »Und jetzt ... Wollt Ihr sehen, was für Papiere mir aus Genua zugegangen sind? Briefe von Eurer Hand!« Er zeigt auf eine sandfarbene Mappe, die einzige, die auf der Schreibtischplatte liegt.

Laganà greift danach, schlägt sie mit wütender Heftigkeit auf, überfliegt die Schreiben.

»Denkt Ihr etwa, ich sei nicht über Eure Absicht im Bilde gewesen, die Verbesserungen an den Schiffen zu verhindern, damit *uns* die Verträge nicht erneuert werden?« Ignazio zeigt mit dem Finger auf ihn. »Ihr seid nicht nur falsch und ein Lügner, sondern ein Angeber. Ich bin derjenige, der darüber entscheidet, welche Modernisierungen vorgenommen werden, ich zusammen mit dem Verwaltungsrat. Habt Ihr etwa geglaubt, Ihr könntet mich an der Nase herumführen wie den letzten Idioten? Für wen haltet Ihr Euch?«

Laganà scheint ihm nicht zuzuhören. Er lässt die Briefe auf die Tischplatte fallen, schüttelt den Kopf, schaut auf seine Hände hinab: Er hat breite Finger, die Haut ist von Altersflecken gezeichnet. Ignazio schweigt, wartet, dass seine Worte Wirkung zeigen. *Er ist erwischt worden, und jetzt wird er um Verzeihung bitten*, denkt er. *Er wird seine Unschuld beteuern, wird versuchen, alles zu erklären …*

Doch als der Mann den Blick hebt, zuckt er beinahe zusammen.

Auf Laganàs Gesicht zeigt sich nur eine einzige Regung: Verachtung.

»Euer Problem, Don Ignazio, ist, dass Ihr alles glaubt, was die Leute sagen. Ich weiß nicht, ob Ihr nur unbedarft seid oder ein riesengroßer Dummkopf. Was Ihr auf jeden Fall seid, ist inkompetent.«

Ignazio bleibt reglos, schaut ihn entgeistert an.

Von draußen hört man das Knirschen der Räder der Karren und Kutschen auf dem Kopfsteinpflaster, es sind die einzigen Geräusche, die den Raum erfüllen. »Ihr habt mir als Verwalter die Treue gebrochen, habt das Vertrauen der Casa Florio verraten, und jetzt … beleidigt Ihr mich auch noch?«

Giovanni Laganàs Lippen unter dem grau melierten

Schnurrbart bilden eine schmale, harte Linie. »Ja. Euch. Eurem Vater war ich treu ergeben, ich bin ihm bei jeder Unternehmung gefolgt, habe ihn stets nach bestem Wissen und Gewissen beraten. Meine Treue der Casa Florio gegenüber stand niemals zur Debatte, und jetzt sagt Ihr, ich hätte Euch zugunsten unserer Konkurrenz verraten und verkauft … Auf welcher Basis behauptet Ihr das eigentlich? Irgendwelches Gerede? Geplauder, das Euch über Dritte zu Ohren gekommen ist?« Er greift nach den Papieren, zerknüllt sie, wirft sie in die Ecke.

»Ihr habt mit unseren Rivalen geklüngelt!«

Laganà beginnt zu lachen. Es ist ein düsteres, ein böses Lachen. »Jetzt habe ich endlich kapiert. Ihr seid ein Dummkopf! *Siti 'un fissa!*« Er reißt die Augen auf, als könne er es kaum glauben. »Ihr seid schwach, Don Ignazio. Die Casa Florio hat kein Geld mehr in den Kassen, und ohne Kohle kann man auch nicht mehr heizen. Ist Euch denn gar nicht bewusst, dass Ihr nicht genug Geld habt, um die Flotte in Ordnung zu bringen? Und statt mir dafür zu danken, dass ich mit Euren Konkurrenten verhandelt habe, um den Schaden zu begrenzen, um zu verhindern, dass sie sich auf Euch stürzen und Hackfleisch aus Euch machen, zeigt Ihr mit dem Finger auf mich, der ich Euch immer gedient habe. Der Euch in Schutz genommen hat!«

Er droht mir, denkt Ignazio. Er krallt die Finger tief in die Armlehne des Sessels, der einst seinem Vater gehört hat. *Das ist eine waschechte Drohung, und dieser Gauner will mir Angst machen … und mich demütigen.*

Seine Überzeugung, dass Laganà ein Lügner ist und versucht, ihn zu manipulieren, gibt ihm Kraft.

Er versucht, seine Autorität auszuspielen. Er will es, er

muss es. »Und ich danke Euch für die Arbeit, die Ihr getan habt. Auch mein Vater, wäre er hier gewesen, hätte Euch gedankt, doch so wie ich hätte er niemals auch nur den Schatten eines Zweifels an Eurer Treue zur Casa Florio geduldet.« Ignazio legt beide Hände vor sich auf den Tisch. »Im Namen dessen, was geschehen ist, bringe ich Euch noch immer Respekt entgegen. Ich biete Euch die Möglichkeit an, ohne Aufhebens und mit einer angemessenen Vergütung zu gehen. Macht Ihr diesen Schritt. Zwingt mich nicht dazu, Euch zu entlassen und die Gründe, warum ich es tue, publik zu machen.«

Laganà wirft ihm einen mitleidigen Blick zu. »Ihr habt mit Eurem Vater nur den Namen gemeinsam. Einen Namen, der schon bald keine Macht mehr haben wird. Und das wird Eure Schuld sein. Seht Euch vor, wie Ihr handelt und auf wen Ihr hört: Das ist der letzte Rat, den ich Euch gebe. Ihr habt offenbar keine Ahnung, welchen Schaden Ihr der NGI zufügt. Alles, was von nun an der Casa Florio passiert, wird allein das Ergebnis Eurer Entscheidungen sein.« Er steht auf, fährt mit den Fingern über die Krempe seines Hutes. »Gleich morgen früh reiche ich meine Kündigung ein. Jetzt bin ich es, der nicht mehr für Euch arbeiten will. Nach so vielen Jahren auf diese Weise vor die Tür gesetzt zu werden … Nein, das habe ich nicht verdient.« Laganà beugt sich vor, und einen Moment lang fürchtet Ignazio sogar, er könnte ihn körperlich angreifen. Die blanke Wut in Laganàs Gesicht ist wie glühende Lava. »Aber Ihr werdet mich bezahlen müssen, denn meine Arbeit und meine Treue haben einen Preis.«

Ignazio schweigt. Kurz hat er das Gefühl, ein Knirschen in den Wänden zu hören, als würde sich die Holzvertäfelung zusammenziehen. Doch vielleicht sind es auch nur die Geräusche Palermos, einer Stadt, der es gleichgültig ist, was hier geschieht.

Laganà geht zur Tür und dreht sich auf der Schwelle noch einmal um. »Das hier ist noch nicht zu Ende, *Signor* Florio«, sagt er. »Denn alles im Leben hat einen Preis, auch die Undankbarkeit. Und es braucht Zeit. Aber das, was Ihr Euch dank mir angeeignet habt, das müsst Ihr mir zurückgeben.«

Dann schließt sich die Tür mit einem dumpfen Knall hinter ihm.

Alles im Leben hat seinen Preis. Das ist so offensichtlich, sagt sich Ignazio verärgert. Hat Laganà etwa geglaubt, er könne ungestraft davonkommen? Und dass er, Ignazio, mit seinem Vater nicht mithalten könne? *Soll das ein Witz sein?*

In der Kutsche, die ihn nach Hause bringt, denkt Ignazio über das nach, was gerade vorgefallen ist, ohne sich bewusst zu sein, dass die Sonne mittlerweile untergegangen und die Temperatur merklich gesunken ist. Im Oktober werden die Tage kürzer, und mit jedem Windstoß scheint es finsterer zu werden.

Als sich die Tore der Olivuzza öffnen und die Kutsche neben dem großen Olivenbaum zum Stehen kommt, haben sich seine Gedanken bereits anderen Dingen zugewandt. Er hat Lust auf Lachen, auf Champagner, auf Musik, auf fröhliches Geplauder. Es war ein zu schwerer Tag, um den Abend zu Hause oder bei irgendeiner kleinen Zusammenkunft zu verbringen. Er wird Franca fragen, welche Einladungen sie erhalten haben, und dann die exzentrischste davon aussuchen.

Seine Frau trifft er im Kinderzimmer von Giovannuzza an. Sie steht vor Mademoiselle Coudray und der Kleinen, die die Fingerchen fest um einen silbernen Kaffeelöffel geschlossen hat. Franca begrüßt ihn und lächelt. »Schau nur, unsere *picciridda* lernt gerade, ganz allein zu essen«, sagt sie stolz.

Ignazio nähert sich dem Kinderstuhl. Giovannuzzas Gesicht leuchtet auf, und sie streckt die Ärmchen nach ihm aus, wobei Grießbrei in alle Richtungen spritzt. »Papaaaa!«, plappert sie.

»Iss«, sagt er lachend zu ihr und zeigt auf den Teller.

Die Kleine lässt das Löffelchen auf den Boden fallen und klatscht in die Hände.

Einen Moment lang sind all seine Sorgen vergessen – Laganà, der Papierkram, die Rechnungen, die nicht aufgehen ... alles scheint an Bedeutung zu verlieren. Doch es ist nur ein Moment. Während Madame Coudray Giovannuzza den Mund abwischt, murmelt Ignazio Franca zu: »Heute Abend möchte ich ausgehen. Ich muss mich ablenken.«

Sie spielt mit einer Haarlocke. »Ich würde lieber zu Hause bleiben, Ignazio. Diodata hat mir gesagt, es hat wieder Aufruhr gegeben, und eine Kutsche wurde mit Steinen beworfen. Ich mache mir Sorgen.«

»Aber nein, das ist nur Dienstmädchenklatsch. Komm, mach dich fertig.«

Franca schüttelt den Kopf. »Ich bitte dich, bleiben wir zu Hause. Nur heute. Wir sind doch ständig unterwegs, und ich hätte Lust, wenigstens ein paar Stunden mit dir und unserer Tochter zu verbringen.«

»Daheim? Wie Hungerleider, die es sich nicht leisten können, auf ein Fest zu gehen oder eine Einladung?« Ignazio schüttelt den Kopf, geht in Richtung Tür. »Ich kann es nicht glauben, dass du, ausgerechnet du, mir so etwas sagst!«

Franca folgt ihm auf den Flur, hält ihn am Arm fest. »Ich verstehe nicht … nur einen Abend … Ich dachte, du würdest dich freuen …«

»Ich will ausgehen! Ich halte das nicht mehr aus, hier immer eingesperrt zu sein!«

Franca lässt ihn los, senkt den Kopf.

»Spiel du nur die Gouvernante, wenn es dir so viel Spaß macht.« Er rauscht mit wütenden Schritten an ihr vorbei. »Ich gehe zu Romualdo und dann in den Klub … oder woandershin, wenn es mir passt. Wart nicht auf mich.«

»Was für eine Freude für meine geschundenen Augen! Du hast dich seit einer ganzen Woche nicht gemeldet. Heute Abend bin ich zum Kartenspielen eingeladen, kommst du mit?«

Das Haus von Romualdo Trigona an der Piazza della Rivoluzione hat nicht ansatzweise die Modernität der Olivuzza, doch Ignazio liebt es, den Hauch von Freiheit einzuatmen, der von diesen Räumen eines Junggesellen ausgeht. Romualdo steht in seinem Schlafzimmer vor dem Spiegel und kleidet sich mit dem ihm eigenen Phlegma an. Überall um ihn herum, auf dem Bett, auf der Kommode aus Mahagoni und auf den Stühlen liegen wild durcheinander Jacketts und Krawatten.

»Du hast mehr Kleidung als ein Frauenzimmer, Vetter!«, ruft Ignazio aus.

»Das sagt ausgerechnet derjenige, der bei seinem Londoner Schneider Sakkos und Anzüge für eine ganze Armee in Auftrag gibt!«, gibt sein Freund zurück. Er trägt eine Weste aus Damast, hält eine Krawatte aus Moiré-Seide daran und fragt Ignazio mit einem Blick, was er dazu meint.

»So wirst du aussehen wie ein Sofa, *curò*«, lacht Ignazio und bedeutet ihm, eine andere Krawatte zu wählen. »Vielleicht besser die aus glattem Satin.«

Romualdo lächelt über die lustige, aber auch liebevolle Bezeichnung, die Ignazio nur bei ihm verwendet, folgt seinem Ratschlag, legt den Binder an und wirft dabei seinem Freund schräge Blicke zu. »Was ist dir denn über die Leber gelaufen, Igna'?«

Ignazio zuckt mit den Achseln. »Ärger in der *Navigazione*. Und ich hatte Streit mit Franca.«

»Ach, hat sie etwa einen deiner kleinen Fehltritte entdeckt? Oder hat ihr jemand etwas gesteckt?«

»Nein, diesmal nicht. Aber sie hat sich auf eine Art aufgeführt, die mich geärgert hat.«

Romualdo fragt nicht weiter nach. Die Streitereien zwischen den beiden sind nichts Neues. »Was meinst du wohl, warum ich immer noch nicht geheiratet habe? Auf diese Weise erspare ich mir jede Menge Gezeter und Türenknallen.«

»Aber bist du dir denn nicht einig geworden mit …«

»… mit dem Vater von Giulia Tasca di Cutò, ja. Aber sie ist für meinen Geschmack immer noch eine *picciridda*, ein Kind, und ich will mich amüsieren.«

Ignazio legt den Kopf an die Rückenlehne des Sessels. »Reden wir lieber nicht davon. Franca wird jedes Mal hysterisch, wenn sie mal wieder was erfährt. Aber als ich dann heute Abend mit ihr ausgehen wollte, hatte sie es sich auf einmal in den Kopf gesetzt, wir könnten zu Hause bleiben und uns in die Augen schauen, wir und die Kleine. Was soll das denn? Einer schuftet den ganzen Tag und soll dann auch noch daheimbleiben wie ein armer Schlucker?«

Romualdo zuckt mit den Achseln, während er sich kämmt. »Frauen eben«, sinniert er. Er betrachtet seinen Scheitel, der exakt gezogen ist und vor Brillantine glänzt. »Die Frauenzimmer wollen einfach irgendwann zu Hause bleiben und gute Mütter sein.«

»Das ist ja auch in Ordnung so. Aber Franca kann mich nicht einfach an die Kette legen.« Ignazio seufzt. »Jedenfalls muss sie begreifen, dass ein Mann bestimmte Ansprüche hat … So ist es seit der Welt Beginn. Und es ist ja nicht so, dass ich meine Frau weniger liebe, wenn ich mich amüsiere oder eine Geliebte habe: Die eine Sache ist Franca, die andere sind die anderen Frauen. Außerdem lasse ich es ihr an nichts mangeln.«

»Die Frauen haben so viele Flausen im Kopf, denken, dass die Männer ihnen für alles, was sie tun, Rechenschaft schuldig sind …«, murmelt Romualdo und wedelt abfällig mit der Hand, als wollte er sagten: *Dummes Zeug.*

Ignazio schüttelt den Kopf. »Aber nein, sie hat einfach Angst, dass ich sie nicht mehr anschaue, und die Sache ist, dass sie es gerade dadurch nicht schafft, dass ich mir bestimmte Dinge aus dem Kopf schlage. Ich brauche einfach andere Frauen. Ich will mich amüsieren, will mich von ihnen faszinieren lassen und mir das nehmen, was sie mir anbieten. Besonders, wenn es sich um die Schönsten, die Begehrenswertesten handelt. Und ich akzeptiere es nicht, dass sie Nein sagen. Ist das wirklich eine Sünde? Nun, dann habe ich noch das ganze Leben vor mir, um zu beichten und zu büßen.«

»Und in der Tat sagen sie doch alle Ja zu dir … und besonders sagen sie es zu deinen *picciuli*, deinem Geld.« Romualdo zündet sich eine Zigarette an, bläst den Rauch aus und grinst unter dem exakt gezwirbelten Schnurrbart. »Jedenfalls ist mir über diesem Gerede von Frauen Lust auf einen Spaziergang gekommen. Lassen wir doch die Karten Karten sein und gehen wir in die *Casa delle Rose*. Ich habe gehört, es gibt neue Mädchen dort.«

Roter Samt, lauschige Nischen, Spitzenmorgenröcke, die sich öffnen und den Blick auf einen weichen, sinnlichen Körper freigeben. Auf einmal sieht Ignazio das alles vor sich und glaubt ihn fast zu riechen, den Duft nach Puder und Parfüm. Die *Casa delle Rose* ist ein elegantes Haus, ganz anders als die Absteigen, die sich in der Nähe der Piazza Marina oder bei der Gießerei Oretea befinden. Ein Ort, an dem ein Mann sein Bündel an Müdigkeit und Sorgen einfach an der Tür abgeben und ein wenig Frieden und, warum nicht, auch ein Quäntchen Fröhlichkeit finden kann.

»*Raggiuni hai*, du hast recht. Gehen wir«, sagt er und springt auf. Romualdo drückt seine Zigarette aus, nimmt den Gehrock aus dem Schrank und lacht zufrieden vor sich hin. Es braucht wirklich nicht viel, um Ignazios Laune zu verbessern.

Es ist weit nach Mitternacht, als Ignazio in die Olivuzza zurückkehrt. Er hat mehrere Gläser Champagner intus und schwankt leicht, ein beseeltes Lächeln spielt um seine Lippen. Der Abend ist recht unterhaltsam gewesen, und das Mädchen, das er sich als Begleiterin ausgesucht hat, war wie eine üppige Blüte, eine echte neapolitanische Schönheit mit pechschwarzen Augen und einem Mund, der …

»Was fällt dir ein, um diese Uhrzeit nach Hause zu kommen?«

Giovanna wartet im Morgenmantel oben auf der roten Treppe.

»*Maman*, es ist spät«, seufzt Ignazio, auf einmal gereizt. »Worüber auch immer wir sprechen müssen, könnten wir es nicht morgen tun? Ich habe Kopfweh.«

Sie kommt einige Treppenstufen herunter, baut sich vor ihm auf. »Du stinkst nach Wein und nach Huren«, beschimpft sie ihn. Giovanna bebt vor Verachtung, vor Wut. So hat sie ihren Sohn nicht erzogen. Sie erkennt ihn nicht wieder. Ihr Mann, Gott hab ihn selig, war immer respektvoll ihr gegenüber und gegenüber dem Namen, den er trug, doch jetzt hat es den Anschein, als würde ihr Sohn alles tun, um diesen Namen in den Schmutz zu treten.

»Ich erlaube Euch nicht, so mit mir zu reden, auch wenn Ihr meine Mutter seid.«

Ignazio hebt die Hand, will sie zur Seite schieben, doch Giovanna hält die Stellung, als wäre sie eine Statue aus Marmor. Sie legt ihm eine Hand auf die Brust und ruft ihn mit einem zornigen Blick zur Ordnung. »Du benimmst dich unverantwortlich. Ich habe erfahren, was du in der *Navigazione* getan hast: Laganà auf diese Weise hinauszuwerfen war ein folgenschwerer Irrtum. Er ist fuchsteufelswild, und das zu Recht, denn bei solchen Dingen muss man wissen, wie man sie macht. Und jetzt? Wen wirst du auf seinen Posten berufen?«

»Das geht Euch nichts an!« Ignazio schreit fast. »Was soll das, wollt Ihr mir erklären, wie ich meine Arbeit zu machen habe? Wollt Ihr Hosen anziehen und an meiner Stelle ins Büro gehen? Dann macht es nur! Ihr tut mir einen Gefallen!«

Giovanna rührt sich nicht. Es gibt Dinge, die gesagt werden müssen, und sie weiß, dass niemand das kann außer ihr. Einen Moment empfindet sie Groll auf ihren Mann, weil er sie allein gelassen hat, mit diesem Sohn, der noch viel zu unreif ist. »Du machst einen Fehler nach dem anderen, Ignazio. Du solltest bei deiner Frau bleiben, die eine *ciure*, eine kostbare Blüte, ist, doch stattdessen schreist du sie an und suchst das Weite. Die Kleine ist schon seit vielen Monaten auf der Welt, und du solltest darangehen, endlich einen *masculu*, einen Stammhalter, zu zeugen, statt dich herumzutreiben wie ein ...« Sie hält inne, schlägt sich mit der Hand auf den Mund, damit ihm kein Schimpfwort entweicht. »Du hast eine schöne und treue Frau, die auf dich wartet; statt Zeit und Geld an andere Frauen zu verplempern, denk an das, was du hast.«

Ignazio errötet. Jetzt ist er wieder vollkommen nüchtern. »Dann wollt Ihr also jetzt auch noch in unser Schlafzimmer?«

»Mich interessiert nicht, was du tust.« Giovannas Stimme ist scharf wie ein Rasiermesser. »Das Einzige, was mich wirklich interessiert, sind diese Familie und ihre Zukunft.« Sie tritt beiseite, kehrt ihm den Rücken zu und beginnt die Stufen aus rotem Marmor hochzusteigen. »Du und ich, wir zählen nicht. Es zählt nur der Name der Florios, und du musst ihm gerecht werden. Und jetzt geh dich waschen.«

Sie lässt ihn einfach dort auf der Treppe stehen, reglos, mit verhangenen Augen, als ihn eine Welle der Übelkeit überkommt. Ignazio schlägt die Hand vor den Mund und schafft es gerade noch vor die Haustür, bevor er sich übergibt.

Die Stirn an die Mauer gelehnt, schweißüberströmt und von Schaudern durchlaufen, wartet er, bis die Übelkeit abebbt. Er schaut auf seine Hand mit dem Goldring seines Vaters hinab. Franca hat ihn ihm während der Hochzeitsreise zurückgegeben und gesagt, es sei richtig, dass Ignazio ihn trage, denn er sei das Familienoberhaupt.

Sein Vater … Er ja, er ist ein echtes Familienoberhaupt gewesen. Nüchtern, ernsthaft, seriös, diskret. Er hat die Familienehre der Florios verteidigt, koste es, was es wolle. Niemals hat er seine Frau gedemütigt, und niemals hat er einen Mitarbeiter der Tür verwiesen, ohne ihm die Möglichkeit zu geben, sich zu erklären.

Und er? Wer ist er?

Der Ballsaal ist taghell erleuchtet. Die Lampen aus Muranoglas tauchen die Zierleisten der Türen, die Spiegelflächen über den französischen Konsolen und die elfenbeinfarbenen Damastvorhänge in ein goldenes Licht; an den Wänden warten Sofas und Puffs auf die Gäste, die in Kürze eintreffen werden.

Von den beiden Ballsälen der Olivuzza hat Franca diesen ausgewählt, weil er sich im ältesten Teil des Hauses befindet, weil er größer und reicher ausgestattet ist. Der erste Ball der Saison im Palermo des Jahres 1895 ist nicht der erste für sie und Ignazio, aber vielleicht der wichtigste, weil er für alle anderen in der Stadt Maßstäbe setzt.

Auf dem glänzenden Parkett mit Fischgrätmuster sind Francas Schritte kaum zu hören, weil die Klänge des noch stimmenden Orchesters sie übertönen. Man wird mit einem Walzer beginnen, und sie und Ignazio werden den Tanz eröffnen. Neben den hohen Verandatüren, die sich auf den Garten öffnen, warten Bedienstete in Livree, herausgeputzt wie eine königliche Garde. Franca hebt den Blick zur hellen Decke, die mit vergoldetem Stuck eingerahmt ist, und erinnert sich daran, wie klein sie sich damals gefühlt hat, als sie diesen so prunkvollen Raum zum allerersten Mal betrat, und wie aufregend sie den Anblick der großen Fackeln fand, die jenseits der Glastüren den Garten beleuchteten.

Sie tritt auf die Terrasse: Unter der Gartenlaube aus Schmiedeeisen, die mit weißem Tuch verhängt ist, stehen die langen Tische für die Erfrischungen. Limonade und frisch gepresste Säfte warten in Karaffen aus Baccarat-Glas oder böhmischem Kristall. Champagner und Weißwein hingegen werden in silbernen Sektkühlern kalt gehalten, die so riesig sind, dass man ein Kind darin baden könnte. In den großen, auf Hochglanz polierten Silbertabletts spiegeln sich Weinkelche und Flöten aus allerfeinstem Glas.

Franca nickt zufrieden, kehrt in den Ballsaal zurück und begibt sich in den Raum mit dem Büfett, den Antonino Leto mit Fresken ausgeschmückt hat, als ihr Schwiegervater noch lebte. Sie trifft auf Nino, der mit dem Sommelier des Hauses spricht. Das Servicepersonal ist gerade dabei, die letzten Flaschen des allerbesten Marsalas der Casa Florio auf den Tischen zu arrangieren, zusammen mit Cognac, Portwein und Brandy.

Auf der anderen Seite des Saales legt eine Servierkraft das Silberbesteck neben die Teller und Tassen aus Limoges-Porzellan. Kaum erblickt sie ihre Herrin, errötet das Mädchen und deutet einen raschen Knicks an. »Ich bin hier fertig, Signora«, stammelt sie ein wenig verlegen. Und macht sich eilig aus dem Staube.

Franca unterdrückt ein verärgertes Seufzen und schaut dem Mädchen hinterher, das sich in Richtung oberstes Stockwerk flüchtet. Während der Bälle haben die Dienstboten die *strikte* Anweisung, in der Küche zu bleiben. Auch weil sie dort durchaus jede Menge zu tun haben, da die Florios sich nicht, wie andere adlige Familien, darauf beschränken, in der Küche einen einzigen *monsù* mit einer Handvoll Helfer wirken zu lassen, sondern über eine ganze Brigade von Köchen verfügen, die sich auch um die Patisserie kümmern. Für diesen Abend hat Franca Obsttörtchen, Blätterteigtaschen mit Crème Chantilly, Torte Savarin und Cremetörtchen geordert, doch es gibt auch Sahneschnitten und *spongate*, einen gehaltvollen Kuchen aus Nüssen und Mürbteig. Außerdem werden auch *gelo di mellone*, gekühlter Wassermelonenpudding, verschiedene Sorbets sowie Schalen mit kandierten Früchten gereicht.

Auf dem großen Tisch sind auch die alten silbernen Kaffeemaschinen aus neapolitanischer Herstellung mit Griffen aus Ebenholz und Elfenbein aufgestellt, Teil eines der zahlreichen Services, welche in den großen Schränken und Kredenzen der Olivuzza wie ein Schatz gehütet werden. Zärtlich streicht Franca über die Tischdecke aus schneeweißem flandrischem Leinen, über der ein Tischläufer aus Atlas liegt; seine langen Fransen reichen bis auf den Boden. Sie lächelt zufrieden, nickt Nino zu. »Ich hatte angeordnet, dass die Körbchen für den Cotillon mit Lilien aus dem Treibhaus geschmückt werden. Habt ihr dafür gesorgt?«

Der Majordomus nickt. »Alles erledigt, Donna Franca. Wir haben die Blumen im Eisraum untergebracht, um sie frisch zu halten, und wenn der Moment gekommen ist, stellen wir sie zusammen mit den Gastgeschenken auf.«

»Gut. Sobald der Saal etwa halb voll ist, beginnt ihr, den Champagner auszuschenken. Ich möchte, dass die Gäste sich sofort amüsieren und zu tanzen beginnen.«

Sie entlässt den Mann zu seinen Pflichten und durchquert eine Reihe von Räumen, bis sie im karmesinroten Salon steht, wo sie zusammen mit Ignazio beschlossen hat, einige Spieltische aufzubauen; auch eine reiche Auswahl an toskanischen Zigarren darf nicht fehlen. Ein Kellner stellt Flaschen mit Brandy und Cognac der Marke Florio auf den Rollwagen, der mit Intarsien aus Schildpatt, Elfenbein und Perlmutt geschmückt ist; darüber hängt ein Gemälde von Antonino Leto, das mehrere Boote mit geblähten Segeln zeigt.

Der Salon, der den Damen vorbehalten ist, liegt direkt daneben und ist ebenfalls bereit: Auf den Etageren stehen unzählige kleine Vasen aus chinesischem und japanischem Porzellan, üppig gefüllt mit Gartenblumen, und die Lampen mit ihren Schirmen aus bedruckter Orientseide verbreiten ein weiches Licht, das die Gemälde an der Wand besonders gut zur Geltung bringt, darunter Werke von Francesco de Mura, Mattia Preti und Francesco Solimena, die Franca eigens für diesen Raum ausgesucht hat.

Und genau hier im Halbschatten, auf einem der Diwane, trifft Franca auf Giovanna, eine schwarz gewandete Gestalt, die sich deutlich von dem rosa Samtbezug abhebt. Ihre

Schwiegermutter betrachtet sie von Kopf bis Fuß und lächelt. »*Tutti cosi boni facisti*, das hast du alles gut gemacht«, sagt sie zu ihr und streckt ihr die Hand entgegen. Überrascht ergreift Franca sie und setzt sich neben Giovanna auf das Sofa.

»Fast scheint mir, als wären die Zeiten zurückgekehrt, in denen mein Ignazio noch lebte, mit all den herrlich herausgeputzten Zimmern und den Salons voller Leute, die tanzen und sich bei uns so wohlfühlen wie nirgends sonst.« Giovanna deutet ein vages Lächeln an. »Meine Tante, die Fürstin von Sant'Elia, sagte, mit unseren Bällen könne es niemand aufnehmen.« Die Erinnerung an eine längst vergangene Freude macht ihren Blick einen kurzen Moment milde. Sie entzieht Franca ihre Hand. »Und jetzt geh deine Gäste willkommen heißen.«

Während sie den allerletzten Salon durchquert, bleibt Franca kurz vor einem Spiegel stehen und streicht sich eine widerspenstige Haarsträhne von der Wange. Ihr tief ausgeschnittenes Kleid ist aus pfirsichfarbener Seide, mit einem Überwurf aus elfenbeinfarbener Spitze; es wurde von Worth für sie entworfen. In den ringgeschmückten Fingern hält sie einen Fächer mit Einlagen aus Perlmutt, und am Hals schimmern ihre geliebten Perlen.

Ja, alles ist bereit.

Unter den ersten Gästen, die eintreffen, sind die Tasca di Cutò: Giulia, die Franca eine liebgewonnene Freundin geworden ist, begleitet von Alessandro, dem jungen Erben der Familie, und der jüngeren Schwester Maria. Familie Tasca di Cutò ist in der Olivuzza wie zu Hause und gehört zu den wenigen, die Giovanna mit Freuden willkommen heißt, in Erinnerung an ihre Freundschaft mit Giulias Mutter, der

Fürstin Giovanna Nicoletta Filangeri, die wenige Monate vor Ignazio gestorben war.

Franca begrüßt alle und hängt sich dann bei Giulia ein. »Meine Liebe, wo ist Romualdo?«

Ihre Freundin macht eine vage Geste. »Mein Zukünftiger ist bei Ignazio stehen geblieben, um meinen Schwager Giulio und seine Frau Bice zu begrüßen.« Sie verzieht das Gesicht. »Du weiß ja, wie es ist: Wenn meine Schwester aufkreuzt, liegen ihr alle zu Füßen.«

Franca sagt nichts dazu, doch kurz blitzt Verständnis in ihren Augen auf: Ignazio kann sich genauso wenig dem Reiz von Beatrice Tasca du Cutò, der Frau von Giulio Tomasi, dem Herzog von Palma und zukünftigen Fürsten von Lampedusa, entziehen. Auch weil Bice, wie es heißt, sehr wohl weiß, wie sie ihre »Reize« einzusetzen hat.

Doch Giulia, die eher nüchterner Natur ist, hält sich nicht mit derlei Überlegungen auf. »Ich wollte dich noch um deinen Rat bitten, was das Kleid für die standesamtliche Trauung angeht … Könntest du mich morgen zur Schneiderin begleiten? Ich vertraue nur dir und deinem Geschmack.«

Franca nickt und drückt ihr die Hände.

»Aber jetzt möchte ich erst einmal Donna Giovanna die Grüße meines Vaters überbringen. Weißt du, wo sie ist?«

»Im Damensalon. Geh nur, wir sprechen später weiter.«

Franca sieht Giulia hinterher, wie sie hinter den mit abgestepptem Samt gepolsterten Türen verschwindet, und begrüßt die anderen Gäste: ihre Schwägerin Giulia mit ihrem Mann Pietro, dann eine weitere liebe Freundin, Stefanina Spadafora, die sie von Kopf bis Fuß mustert und sich zu einem bewundernden Schrei ob der Eleganz ihres Kleides hinreißen lässt.

Franca lächelt. Dieses Lächeln, das Kleid und der Schmuck sind ihr Schutzschild geworden, der sie vor ihren Ängsten, vor Klatsch und Neid abschirmt. Und die sind an diesem Abend stärker denn je. Denn der erste Ball der Saison in Palermo *muss* unvergesslich werden.

»Was hast du denn, *curò*? Amüsierst du dich nicht?«, fragt Romualdo Trigona und tritt an die Seite seines Vetters.

Der andere zuckt mit den Achseln. »*Camurrie.* Der übliche Ärger, du weißt schon.«

»Da, schau ... die Damen stehen alle beisammen wie die Glucken. Bestimmt nageln sie uns gleich ans Kreuz«, scherzt Romualdo, ohne auf Ignazios Antwort zu warten. Er schnappt sich ein Glas Champagner von einem Tablett, genießt einen Schluck des prickelnden Getränks mit geschlossenen Augen. Als er sie wieder öffnet, fällt sein Blick auf Pietro Lanza di Trabia, der ihn amüsiert beobachtet.

»Ach, die perfekte Temperatur! Aber wie viele Karren Eis aus den Madonie hast du denn kommen lassen, Ignazio?«

Doch der hat ihm gar nicht zugehört. Er wirkt zerstreut, und Falten zerfurchen seine Stirn.

»Oh, Ignazio, du wirst mir doch nicht sagen wollen, dass dir der Perrier-Jouët nicht mehr schmeckt!«, sagt Pietro lachend, und Romualdo schließt sich ihm an. »Ach, vielleicht habe ich kapiert, was mit dir los ist! Es betrübt dich, dass du keine Frauen anschauen kannst, weil deine Frau da ist, stimmt's?«

Endlich löst sich Ignazio aus seiner Versunkenheit. »Nein, nein.« Er zögert und fährt dann fort: »Ich kriege einfach diese Geschichte mit Laganà und seinem Sohn nicht aus dem Kopf.«

Plötzlich ernst geworden, dreht sich Pietro um und lässt den Blick durch den Saal schweifen. Mehrere Paare bewegen sich zu den munteren Takten einer Mazurka, und das Klacken ihrer Absätze ist so laut, dass es fast die Musik übertönt. »Nicht hier. Gehen wir raus.«

Sie treten auf den großen Balkon, der auf den Garten hinausgeht, in nur geringer Entfernung von den Tischen, auf denen Süßspeisen und Eis serviert werden. Der Park der Olivuzza ist wie ein dunkles Meer, das von Dutzenden kleiner Fackeln an den Wegen erhellt wird. Hier und da sieht man Paare flanieren, manche der jüngeren von Anstandsdamen begleitet.

»Er hat Augusto, seinen Sohn, als Abgeordneten kandidieren lassen und strebt selbst einen Sitz im Senat an«, erklärt Ignazio, als er sicher sein kann, dass niemand sie belauschen kann. »Er will in die Politik, weil er meint, der Casa Florio und dem Land so gut gedient zu haben, dass er mehr als andere das Recht dazu hat.« Aus seiner Stimme sprechen Verbitterung und Ärger. »Und dann hat er doch tatsächlich die Chuzpe, zu mir zu kommen und das Geld zu verlangen, das ich ihm als Ablöse schuldig bin.«

Pietro schaut ihn an, dann Romualdo. »Moment mal, einiges von dem habe ich nicht gewusst. Was ist das für eine Geschichte mit dem Senat?«

Romualdo klopft seine Jacke ab und zieht ein Zigarrenetui mit Wachsstreichhölzern heraus. »Das kommt von dem Schlamassel, den dein Schwager angerichtet hat, als er Laganà entlassen oder, besser, ihn hochkant aus der *Navigazione Generale Italiana* herausgeschmissen hat. Jetzt will Laganà

Satisfaktion.« Er fährt sich mit der Hand über die Lippen. »Ein Gemetzel hat er veranstaltet, das ist es.« Er inhaliert, blickt zum Himmel. »Ein wahres Gemetzel.«

»*E iddu ora voli i picciuli e va faciennu scruscio.* Jetzt will er Geld und macht einen Mordsaufruhr«, sagt Ignazio gereizt zu Pietro. Romualdo schaut sein leeres Glas an und nickt einem der Kellner zu, er möge ihm ein frisches bringen.

Pietro verzieht missbilligend den Mund. In letzter Zeit trinkt Romualdo über den Durst und benimmt sich entsprechend.

»Ich habe mich mit verschiedenen Abgeordneten in Verbindung gesetzt, die mich danach mit Briefen überhäuft und mir empfohlen haben, ›mit Vorsicht‹ zu handeln. Aber ist euch eigentlich bewusst, dass der mir sagen wollte, wie ich mich zu verhalten hätte? Ich habe ihm diese Ablöse versprochen, und ich werde sie ihm geben, aber da muss er noch ein bisschen schwitzen. Ganz abgesehen davon, dass ich das Geld im Moment gar nicht in der Kasse habe.«

»Aber von wem hast du eigentlich erfahren, dass der Sohn kandidiert?«, fragt Romualdo, ohne auf den letzten Satz Ignazios einzugehen. »Ich meine … das ist doch nur ein Gerücht. Ich hatte es für eine bloße Vermutung gehalten.«

Ignazio schiebt die Hände in die Taschen, betrachtet den makellosen Umriss seiner englischen Schuhe. »Nein, das ist es leider nicht. Abele Damiani hat mir alles bestätigt: Laganà ist zu ihm gegangen, hat eine Menge schmutzige Wäsche über mich gewaschen und ihn gebeten, mit Crispi zu sprechen, damit er sich höchstpersönlich dafür einsetzt, dass er Senator wird. Es war Damiani richtig peinlich, mir das zu erzählen.«

Romualdo winkt ab. »Dass Damiani irgendwas peinlich ist, kann ich mir gar nicht vorstellen, aber …«

»Jetzt unterbrich mich doch nicht ständig!«

Pietro und Romualdo zucken zusammen. Solche Wutanfälle hat Ignazio nie gehabt. Er streicht sich über den Schnurrbart, reibt sich die Hände.

Pietro begreift, dass es ihm peinlich ist. »Laganà ist ein Hai, Ignazio. Das hättest du wissen müssen.« Ein Tadel, den er von seinem Schwager zu Recht bekommt.

»Aber dass er jetzt ins Parlament will, ist doch eine Schande«, faucht Ignazio. »Das ist eine Kanalratte. So jemand darf nicht Senator werden.«

Romualdo trinkt den Champagner, den man ihm gebracht hat, in einem Zug herunter. »Und sein Sohn?«

»Augusto Laganà? Der wird von Crispi höchstpersönlich unterstützt.«

Pietro schaut sich um, holt zwei Stühle und bietet einen davon Romualdo an. »Es ist nicht gut für dich, wenn du dich gegen ihn stellst, Igna'. Immerhin handelt es sich um Crispi.«

»Und der war schließlich mal unser Anwalt, er müsste uns eigentlich ein bisschen Dankbarkeit erweisen. Stattdessen …« Ignazio legt den Kopf in den Nacken. Einen Moment lang gibt er sich den Klängen des Festes hin, den Stimmen und dem Lachen, die in Wellen durch das offene Fenster kommen. Eine Welt, der anzugehören sein gutes Recht ist. Er hebt eine Hand, um sich gegen das Licht abzuschirmen, das vom Saal auf ihn scheint. Über ihm, jenseits der Voluten der Gartenlaube, wölbt sich der nächtliche Himmel. »Aber mittlerweile ist er fast achtzig, und sein Stern ist schon lange am Sinken. Wenn man auf ein halb totes Pferd setzt, kommt man nirgendwo hin. Nein, wir brauchen eine neue Kraft, die Lust hat weiterzukommen.«

»Was meinst du damit?«, fragt Pietro perplex.

»Wenn der Laganà bringt, dann bringe ich Rosario Garibaldi Bosco.«

»Den Sozialisten? Den Crispi höchstpersönlich wegen der Revolten der *Fasci* ins Gefängnis gebracht hat?« Pietro macht große Augen.

»Ja, genau den. Die Sozialisten haben unter den Arbeitern und den Seeleuten meiner Unternehmen viele Sympathisanten. Es genügt, wenn die ein bisschen Rabatz machen und Druck auf die da oben ausüben. Ich habe das alles gut durchdacht. Oder hältst du mich etwa für blöd?«

Pietro scheint immer noch nicht recht überzeugt zu sein. »Du riskierst, für einen Sozialisten gehalten zu werden, so wie dieser Hitzkopf Alessandro Tasca di Cutò.«

Romualdo spreizt die Finger, sagt aber nichts.

»Ich? Wo denkst du hin? Hier geht es nicht um politische Ideen, sondern darum, wer die Interessen der Casa Florio schützen kann. Crispi und seine Freunde tun so, als wollten sie mir gewisse Regeln auferlegen, aber das ist ein Vorgehen, das mittlerweile überholt ist, und ihre Politik hinkt hinter den Fakten her. Es genügt nicht mehr, Geld und Titel zu haben, um im Parlament zu zählen. Wenn die Macht meiner Familie auf den Fabriken und den Menschen, die dort arbeiten, basiert, dann muss ich mir Unterstützung bei denen holen, die Interesse daran haben, dass diese Unternehmen weiter in Betrieb sind und prosperieren.« Ignazio spricht langsam und mit gesenkter Stimme, damit die anderen begreifen, dass er es ernst meint.

»Das heißt, bei den Arbeitern.« Romualdo neigt sein Glas in seine Richtung, um mit ihm anzustoßen.

Ignazio nickt. »Wenn die Politik ein Markt ist, dann kann ich mir auch erlauben, mir denjenigen auszusuchen, dem ich meine Unterstützung gebe.«

Mitternacht ist gerade vorbei. Die älteren Damen haben sich in den Salon zurückgezogen, der für sie vorgesehen ist, damit sie in Ruhe plaudern und sich ausruhen können; im karmesinroten Salon hingegen spielen mehrere Männer Karten, in eine dichte Wolke aus Rauch gehüllt. Doch auch im Ballsaal ist noch einiges los; trotz der weit geöffneten Fenster ist es sehr heiß hier.

Franca steht zusammen mit Emma di Villarosa und Giulia Tasca di Cutò am Eingang des Büfettsaales und schaut den Tänzern zu. Sie weiß und spürt es: Auch wenn es boshafte Kommentare gegeben hat, haben sie im Grunde keine Wirkung gezeigt. Alles ist absolut perfekt gewesen: Unter ihren Augen hat Palermo gegessen, es hat getanzt, gelästert, hat sich amüsiert.

»Wirklich ein wundervolles Fest, Franca. Kompliment.«

Franca dreht sich um. Vor ihr steht, würdevoll und streng, Tina Whitaker, begleitet von ihrem Ehemann Pip. Er ist den gesamten Abend allein durch die Salons geschlendert, hat die Sammlung von Capodimonte-Statuetten bewundert und ist ganze fünf Minuten vor der großen Porzellangruppe Filippo Tagliolinis stehen geblieben, darunter auch dem Abbild des Herkules, der Königin Omphale unterlegen ist. Tina hingegen stand wie immer im Mittelpunkt der Aufmerksamkeit und hat ihren gesamten Köcher an scharfsinnigen Kommentaren abgeschossen.

»Danke, Tina«, erwidert Franca, erstaunt darüber, dass der unverblümtesten Frau von ganz Palermo nicht mehr zu diesem Ball einfällt. »Ihr habt Euch etwas Süßes vom Büfett geholt, oder?«

»Ja. Euer *monsù* ist wirklich erstklassig. Dieses Jasmineis ist der Renner. Aber jetzt werden mein Mann und ich uns zurückziehen.«

»Jetzt schon? Aber es ist doch noch früh, nicht einmal eins!«, protestiert Franca, doch sie kennt Tinas Angewohnheiten.

Die andere schlägt ungeduldig mit einer Hand auf den Puls der anderen, während Pip, sichtlich unbehaglich, auf seine Schuhspitzen starrt. »Ihr, Franca, seid eine Frau, die sich ganz und gar dem mondänen Leben verschrieben hat. Mir hingegen ist es wichtig, mich nach einer gewissen Uhrzeit nicht mehr bei anderen Leuten aufzuhalten.«

Franca breitet in einer resignierten Geste die Arme aus. »Dann sei es so. Doch erlaubt mir wenigstens, Euch eine kleine Erinnerung an diesen Abend zu überreichen.« Sie nickt diskret Nino zu, der hinter ihr steht. Der zieht sich zurück und taucht einen Augenblick später mit einem Binsenkörbchen, das mit weißen Lilien umkränzt ist, wieder auf. Mehrere Gäste nähern sich, neugierig geworden.

»Das ist für Euch«, sagt Franca und reicht Tina eine kleine Schatulle. Pip hingegen bekommt ein längliches Präsent, das in moiriertes Papier gehüllt ist. »Für die Damen haben wir uns für einen Anhänger der Juweliere Fecarotta entschieden: einen Granatapfel zu Ehren des Herbstes, der vor der Tür steht«, erklärt Franca, während Tina die Schachtel aufklappt. Der kleine Anhänger ist aus Gold, die roten Kerne aus Granaten. »Die Herren hingegen freuen sich vielleicht über ein Zigarrenetui aus Silber.« Sie beugt sich zu Pip und senkt die Stimme. »Ich bin mir sicher, dass Ihr es zu schätzen wisst.«

Joseph Whitaker errötet.

Tina schaut zum Himmel, steckt das Schmuckstück ins Etui zurück und lässt dieses in ihr Täschchen aus Satin gleiten. »Die Gastfreundschaft der Florios erweist sich wieder einmal als unvergleichlich, meine allerliebste Franca.« Während sie ihr die Hand drückt, lässt sie einen letzten Blick über die Tänzer schweifen, die gerade eine Mazurka zum Besten geben, und murmelt: »*Ma chisti unn'hanno case e letti*? Haben die eigentlich kein Bett zu Hause?« Dann geht sie, bei Pip eingehängt, davon.

Franca seufzt, was Emma und Giulia ihr nachtun. Letztere kommentiert: »Es ist stärker als sie. Sie muss einfach am Ende noch ein bisschen Gift verspritzen, diese Frau.«

In genau diesem Moment kommt Ignazio von der Terrasse zurück in den Salon, sieht Franca und winkt ihr zu.

Auch sie hat ihn erblickt, lächelt und geht ihm entgegen.

Noch ein Walzer mit ihm besiegelt einen perfekten Abend.

»Ist er da?«

»Gleich, gleich … Wenn er hier ist, bekommt er einen richtigen Triumphzug!«

»*Chistu si firriò tutti i carceri del continente e ora deputato è, grazie ai Florio!* Kein Zuchthaus in ganz Europa hat er ausgelassen, und jetzt ist er Abgeordneter, dank der Florios!«

»Endlich haben auch die Herren der Fabriken eingesehen, dass sie mit uns Arbeitern reden müssen!«

»Da ist das Dampfschiff! *Cà è!*«

»Lang lebe Rosario Garibaldi Bosco! Lang leben die Florios!«

Es ist drei Uhr in der Frühe, doch am Hafen von Palermo könnte man meinen, es sei helllichter Tag. Die Mole und die Anlegestellen sind voll mit Arbeitern aus Castellammare und Tribunali, und sie alle warten auf ihren Abgeordneten Rosario Garibaldi Bosco, der zwei Jahre zuvor, im Februar 1894, als Anführer der *Fasci Siciliani*, zu deren Begründern er auch gehört, verurteilt wurde. Er ist kein Arbeiter, sondern Buchhalter, an seinen Händen klebt kein Maschinenöl, noch sind seine Lungen mit Ruß verklebt, doch hat er bereits mit jungen Jahren um den Triumph sozialer Gerechtigkeit gekämpft: Schon im Gymnasium hat er den Arbeitern, die weder lesen noch schreiben konnten, Propagandawerke vorgelesen und später als Journalist lange Artikel über ein Sizilien geschrieben, wie er es sich vorstellte, ein Land, in dem die Arbeiter nicht länger von ihren Herren, die sich an die Seite einer repressiven Regierung stellten, schikaniert und gegängelt wurden.

Selbst im Zuchthaus ist er Kandidat der Kammer der Linken gewesen und hat ganze drei Stichwahlen gewonnen, einschließlich der gegen Augusto Laganà, den Sohn von Giovanni. Und als nun, im August 1896, die Amnestie für ihn und seine Kampfgenossen kam, konnte er endlich wieder nach Palermo zurückkehren.

Das Dampfschiff *Elettrico*, das zur *Navigazione Generale*

Italiana gehört, nähert sich mit einem langsamen Manöver der Mole. Nur wenige Minuten später erscheint Rosario Garibaldi Bosco am Ende des Laufstegs. Es brandet Applaus auf, Jubelschreie werden laut, die Fahnen der *Fasci* wie auch der sozialistischen Partei werden geschwenkt.

Die lange Haft hat deutliche Spuren hinterlassen: Rosario ist ganze dreißig Jahre alt, sieht aber viel betagter aus, als wäre er plötzlich gealtert. Er ist abgemagert und bewegt sich nur langsam. Er geht an Land, grüßt seine Genossen und Weggefährten und fällt seinem Vater in die Arme, der seinen Tränen freien Lauf lässt.

Während der Mann, begleitet von einem Menschenstrom, sich auf den Weg nach Hause macht, setzt sich eine Kutsche in Bewegung, folgt ihm und bleibt in einer Seitenstraße stehen. Es vergeht eine weitere halbe Stunde, bis sich die Menge zerstreut hat und die Vorhänge an dem Balkon zurückgezogen werden, auf dem sich Garibaldi Bosco schon des Öfteren gezeigt hat, um sich für einen ihm dargebrachten Empfang zu bedanken.

Erst jetzt verlassen Ignazio und ein anderer Mann, dessen Gesicht halb unter einem Hut verborgen ist, die Kutsche, öffnen die Gartentür des Hauses und steigen die Steintreppen hoch. Als Ignazio an die Tür klopft, verstummt das fröhliche Stimmengewirr im Haus plötzlich.

Es ist Rosario, der die Tür öffnet. »Ihr hier?«, ruft er erstaunt aus.

Er ist in Hemdsärmeln und hat Kekskrümel im Schnurrbart. Ein Mädchen klammert sich fest an seine Beine. Die Kleine scheint Angst zu haben.

Er nimmt sie auf den Arm. »Beruhige dich, *nica mia.* Das sind keine Polizisten«, sagt er mit einem Lächeln zu der

Kleinen, küsst sie und setzt sie wieder auf dem Boden ab. »Geh zur Mama, na, geh schon«, sagt er und gibt ihr einen kleinen Schubs. »Sag ihr, dass ich mit ... mit Freunden spreche.« Dann wendet er sich an die beiden Neuankömmlinge. »Verzeiht, aber ich habe nicht so früh mit Euch gerechnet. Kommt herein«, murmelt er und geht ihnen in einen Raum voraus, der mit einer Glastür verschlossen ist.

Während Rosario eine Petroleumlampe entzündet, nehmen die beiden anderen Männer auf einem Sofa Platz. Und es ist Ignazio, der, ein wenig verlegen, als Erster das Wort ergreift. »Wir wollten nicht auffallen. Ihr wisst ja, dass es weder für Euch noch für uns von Vorteil wäre, wenn man erführe, dass wir uns getroffen haben«, sagt er, ein wenig entschuldigend. »Stimmt's, Erasmo?«

Der Genueser Erasmo Piaggio hat vor einiger Zeit Giovanni Laganàs Posten als Generaldirektor der NGI übernommen; er ist ein gestrenger, entschlossener, fähiger Mann mit wenig Skrupeln. Er legt seinen Hut auf den Knien ab, streicht die Spitzen seines Schnurrbarts glatt und nickt. Dann betrachtet er Rosario und wartet.

Der Mann fährt mit den Händen über seine Oberschenkel und sucht nach den richtigen Worten. »Ich weiß nicht, wie ich Euch meinen Dank ausdrücken soll. Ich habe erfahren, dass Ihr Druck wegen der Amnestie gemacht habt, dass Ihr meiner Familie geholfen und meinen Genossen erlaubt habt, auch in der Oretea und an der Bootsrampe Wahlkampf zu machen. Dass man mich und meine Weggefährten ins Zuchthaus geworfen hat, ist absurd. Das Militärtribunal hat nicht begriffen, dass wir – wenn wir es gewollt hätten – einen Aufstand auf der ganzen Insel hätten anzetteln können.«

»Vielleicht hat es das aber auch ganz genau begriffen«, kommentiert Piaggio in ruhigem Ton.

Rosario nickt und senkt den Kopf. »Mag sein. Es gibt so vieles, was auf dieser Insel schiefgelaufen ist, Dinge, die zurechtgerückt werden müssen, doch der Staat scheint taub und blind zu sein.« Er macht eine Pause. »Doch Ihr wisst auch, dass die Sympathisanten der sozialistischen Partei sehr zahlreich geworden sind.«

»Das weiß ich, ja«, erwidert Ignazio. »Alessandro Tasca di Cutò ist für die gleichen politischen Interessen wie Ihr ins Gefängnis gekommen«, präzisiert er. Im September des vergangenen Jahres hat er sich Romualdos endlose Klagen anhören müssen, der lang und breit von der Polizei zu den »subversiven Bekanntschaften« seines Schwagers befragt wurde. »Wie Ihr Euch vorstellen könnt, teile ich viele Eurer Ansichten nicht. Dennoch halte ich mich für einen intelligenten Menschen und bin der Ansicht, dass Arbeiter und Bauern mehr Bedeutung haben müssen. In anderen Worten, dass ihre Stimme auch von unseren Politikern in Rom gehört werden muss.«

Rosario erstarrt. »Wenn die Arbeiter sich geschützt fühlen, dann sind sie auch kooperativ, und auf diese Weise kann ein Unternehmen erfolgreich sein. Ist es das, was Ihr andeuten wollt?«

»Ja, genau das.« Ignazio lächelt. »Ihr habt unsere Unterstützung aus vielerlei Gründen erhalten, nicht zuletzt, weil wir den Aufstieg eines unehrenhaften Mannes verhindern wollen, der in jeder erdenklichen Weise versucht hat, Palermo und seinem Seewesen zu schaden.«

»Laganàs Sohn. Augusto. Er ist im selben Bezirk gegen mich zur Wahl angetreten …«

»In der Tat. Natürlich entsprach seine Niederlage meinen Interessen, aber auch denen der Arbeiter. Denn es ging darum, zu verhindern, dass Sizilien die Quote an staatlichen Zuwendungen und Aufträgen für die Reparaturen entzogen wurde, welche sowohl die Oretea als auch die Bootsrampe am Leben erhalten.«

Piaggio richtet sich auf und lenkt seinen Blick auf Rosario. »Worum wir Euch bitten, Signor Bosco, ist, dass Ihr unsere Stimme bei den Arbeitern seid. Damit diese begreifen, welche Vorteile sie aus dieser … dieser Zusammenarbeit mit uns ziehen können«, schließt er mit ruhiger Entschiedenheit.

Rosario antwortet nicht sogleich. Er nimmt auf einem Sessel Platz und lässt den Blick von Piaggio zu Ignazio schweifen. »Ich stehe in Eurer Schuld, das ist richtig«, sagt er am Ende. »Und im Falle von Laganà stimmt Euer Interesse mit meinem überein. Doch glaubt nicht, dass meine Genossen und ich bereit sind, für Almosen vonseiten des Herrn auf unsere unverbrüchlichen Rechte zu verzichten.«

»Aber niemand verlangt doch von Euch, dass Ihr …«, beginnt Piaggio.

»Eines ist klar: Die Zeiten haben sich geändert«, unterbricht ihn Ignazio gereizt. »Früher konnten wir auf Crispi zählen, doch der ist alt geworden und hat nach der Schlappe von Adua mehr und mehr Feinde. Und auch auf den neuen Ratspräsidenten würde ich nicht allzu sehr zählen: Es stimmt, Rudinì stammt aus Palermo, aber er ist im Grunde konservativer Natur. Nein, Sizilien braucht neue Männer, die etwas davon verstehen, sowohl den Politikern als auch den Arbeitern zuzuhören. Und entsprechend zu handeln. Das ist die Zukunft.«

»Crispi hat immer und vor allem die Interessen derjenigen vertreten, die ihn gewählt haben und ihn haben wählen lassen.« Rosario hat die Stimme gesenkt, doch in seinen Worten ist keine Unsicherheit zu spüren.

»Das stimmt.« Ignazio breitet die Arme aus. »Er verdankt meiner Familie viel, so wie die Florios ihm viel verdanken. Aber er steht für die Vergangenheit. Er kann sich nicht einmal vorstellen, wie und warum die Welt sich ändert. Ihr hingegen kennt die Interessen unseres Landes und habt sie im Herzen. Zusammen können wir verhindern, dass Sizilien an den Rand des wirtschaftlichen Lebens in diesem Land gedrängt wird. Seid Ihr bereit, uns zu helfen?«

»Lieber Giovanni, weißt du, wie man hierzulande sagt? *Si vuoi pruvari li peni di lu 'nfernu, lu 'nvernu a Missina e l'estati 'n Palermu.* Wenn du die Hölle erleben willst, dann verbring den Winter in Messina und den Sommer in Palermo. Doch ich bin überzeugt davon, dass es dir in Palermo hervorragend gehen wird, trotz des Schirokkos.« Mit einem Lächeln war sich Marchese Antonio Starabba di Rudinì durch den Bart gefahren und hatte geschlossen: »Und du wirst eine hervorragende Arbeit leisten.«

Graf Giovanni Codronchi Argeli hatte das Lächeln des Premierministers erwidert. Doch hinter seinem beflissenen Grinsen verbarg sich das Bewusstsein, dass diese wohlklingende Aufgabe des *Regio Commissario Civile Straordinario per la Sicilia* in Wirklichkeit eine äußerst delikate Angelegenheit mit zahlreichen Fallstricken war.

Ja, die Insel war ein Pulverfass. Zu viele Unruhen, von

den *Fasci* begonnen; zu weit verbreitet die Korruption, zu ausgedehnt das zwielichtige Leben. Di Rudinì wusste sehr wohl, dass es dringend nötig war, sich die Bilanzen anzuschauen, Zölle und Steuern neu aufzustellen, die Ämter in der Verwaltung einer Prüfung zu unterziehen und verdächtige Funktionäre auszutauschen. Doch um all dies zu tun, musste man sich einem Politiker zuwenden, der unabhängig von Bevorzugungen und von Druck war, der keine persönlichen Interessen zu verteidigen hatte und dessen Hände frei waren.

Unter dem Strich eben *keinem* Sizilianer.

Und der ernste, vorsichtige, nachdenkliche Giovanni Codronchi – seines Zeichens seit gut acht Jahren Bürgermeister seiner Heimatstadt Imola – war der ideale Kandidat. Ganz zu schweigen von der Tatsache, dass er auch sehr nützlich sein würde, um Crispis Einfluss weiterhin zu schwächen und zugleich die Verbreitung sozialistischer Ideen in Grenzen zu halten. Und unter dem Strich die Stellung der Rechten auf der Insel zu stärken.

Ein ehrgeiziges Vorhaben, das für seine Vollendung wichtige Bündnispartner benötigte. Personen des öffentlichen Interesses.

Wie Ignazio Florio.

Der dann tatsächlich Anfang Juni des Jahres 1896 zu einer Unterredung mit dem Commissario gebeten wird. Ignazio wartet seit seinem Gespräch mit Rosario Garibaldi Bosco auf diesen Moment. Die Forderungen der Arbeiter – so weit das eben möglich war – unter Kontrolle zu halten, war nur der allererste Schritt; jetzt muss er die Regierung davon überzeugen, dass der einzige Weg zur Vermeidung von Protesten und Aufmärschen – wenn nicht gar Schlimmerem –

der ist, den Leuten Arbeit zu geben, und zwar viel davon. Das hat er lange mit Piaggio diskutiert, doch am Ende schien es ihm immer noch die beste Lösung zu sein, den Bau einer Schiffswerft neben dem Trockendeck auf den Weg zu bringen und damit die schon existierende Bootsrampe zu vergrößern. Ein Gedanke, der erst drei Jahre zuvor am Fehlen von Gemeindegeldern gescheitert war.

Codronchi hat ihn warten lassen. Zwei Monate hat er ihn warten lassen. Doch jetzt sitzt Ignazio dort vor ihm, in seinem privaten Arbeitszimmer im Königspalast. Und er betrachtet neugierig diesen breit gebauten Mann mit den Hamsterbacken und dem großen grauen Schnurrbart, einen Mann, der Palermo und seine Bewohner kennt wie seine Westentasche und nicht etwa nur vom Hörensagen.

Durch die Fenster kommen die Geräusche der Stadt herein: die Rufe der Straßenverkäufer, das Geschrei von spielenden Kindern, das Dudeln eines Leierkastens. Die beiden Männer haben einen Kaffee getrunken, geplaudert. Am Ende bringt der Sekretär die Tassen weg und lässt sie allein, macht die Tür hinter sich zu.

»Also.« Giovanni Codronchi wischt sich den Schweiß von der breiten Stirn, Zeichen dafür, dass Rudinì recht hatte mit seiner Feststellung über den Sommer in Palermo. »Persönlich stehe ich Eurem Plan sehr positiv gegenüber, Don Ignazio. Der Neubau sowie die Reparatur der bereits existierenden Schiffe würden auf lange Dauer Aufträge hereinholen, und diese würden eine größere gesellschaftliche Ruhe schaffen.«

Ignazio, der die Beine übereinandergeschlagen und die Hände auf die Knie gelegt hat, nickt. »Es freut mich, dass Ihr einverstanden seid«, sagt er und beugt sich in Richtung

Schreibtisch. »Palermo braucht Gewissheiten: Es herrscht eine Krise, die die Leute böse macht und sie manchen Rattenfängern auf den Leim gehen lässt, die von märchenhaften Löhnen für alle erzählen. Die Arbeiter meiner Gießerei …«

»… der Oretea.«

»Genau die. Sie protestieren, weil ihre Einkommen seit Jahren gleich sind, aber vor allem, weil es viele Entlassungen gegeben hat. Doch glaubt mir, es ist einfach nicht möglich, es anders zu machen: Ich bin Unternehmer, ich muss für das Wohlergehen meiner Firma sorgen. Wir können nicht alle mitschleppen.« Er runzelt die Stirn, seufzt ausgiebig. »Die glauben, hier auf Sizilien könne man ebenso viele *picciuli* machen wie im Norden, als hätten wir die gleichen Möglichkeiten, die gleichen Aufträge. Doch in Wirklichkeit liegt das Geld hier nicht auf der Straße; gäbe es nicht uns, die Florios, und ein paar wenige andere, wäre die Insel längst entvölkert, weil alle nach Amerika oder sonst wohin gegangen wären. Andererseits müsste die Regierung endlich begreifen, dass es gefährlich ist, so viele Leute ohne Arbeit zu lassen, weil man damit riskiert, dass Hitzköpfe sich die Situation zunutze machen und sich jeden Vorwands bedienen, um sich einzubringen.«

»Gewiss, gewiss.« Codronchi stützt sich auf eine Armlehne und trommelt mit der anderen Hand auf eine Mappe, die vor ihm auf dem Tisch liegt. »Meiner Meinung nach würde das Projekt genau diesen Schlammschlägern den Wind aus den Segeln nehmen. Und das ist es auch, was der Regierung am Herzen liegt, vor allem unserem Ratspräsidenten, der ja wie Ihr aus Palermo stammt. Es wird meine Aufgabe sein, es persönlich zu befürworten, aber …« Er richtet sich kerzengerade auf seinem Sessel auf und verschränkt die Finger vor seinem Gesicht. »Ihr wisst besser als ich, dass sich die italienische Schifffahrt im Moment keiner guten Gesundheit erfreut: Livorno und Genua stecken in Schwierigkeiten, und die Aufträge für den Bau von Schiffen landen oft genug im Ausland, in England …«

»Arbeit schafft Arbeit, Signor Commissario, das wisst Ihr sehr wohl. Seit Jahren wird die *Navigazione Generale Italiana* dazu aufgefordert, ihre Schiffe zu modernisieren: Hätten wir eine eigene Werft zur Verfügung, könnten wir das auch tun, ohne dafür nach Genua oder gleich nach Southampton oder Clyde zu gehen und die Schiffe dafür auf unabsehbare Zeit aus dem Verkehr zu ziehen. Außerdem, um es klar zu sagen: Die Vögel pfeifen es vom Dach, dass die Genueser gegen Palermo rudern und alles tun, um uns Steine in den Weg zu legen. Hätten wir stattdessen die Möglichkeit, hier Schiffe zu bauen, gäben wir neuen Arbeitern eine Beschäftigung und hätten Aufträge sowohl für das Trockendeck als auch für die Gießerei. Deshalb brauchen wir auch staatliche Unterstützung: Die Casa Florio kann vieles zur Verfügung stellen, aber nicht alles. Wir können die Schiffswerft ausstatten, aber wir brauchen steuerliche Ermäßigungen und müssen die Gebiete nutzen, die jetzt dem Staat gehören und auf den Anbau von Tabak beschränkt sind.«

Codronchi nickt, reibt sich die Lippen. »Ihr wisst schon, dass niemand, der Crispi nahesteht, dieses Projekt befürworten wird, oder?«, fragt er vorsichtig. »Und dass Ihr auch in der Regierung auf Hindernisse stoßen werdet …«

Ignazio lehnt sich zurück und verschränkt die Hände vor dem Bauch. »Crispi hat ausgedient, Commissario. Er ist nicht mehr der hochgeschätzte Mann aus der Zeit, als mein

Vater noch lebte …« Er senkt die Stimme, schlägt einen distanzierten Ton an. »Mittlerweile sind unsere Positionen weit voneinander entfernt, um nicht zu sagen, nicht mehr miteinander vereinbar. Heutzutage stehen wir vor anderen Notwendigkeiten. Wenn es uns gelänge, Arbeitern, Zimmerleuten und Maurern Arbeit zu geben, würden wir den Sozialisten und Anarchisten den Boden unter den Füßen wegziehen, die dann nicht mehr von der Unzufriedenheit profitieren könnten, um Unruhe zu stiften. Wir müssen Platz für neue, weitblickende Kräfte machen, denen die wirtschaftliche Entwicklung Siziliens am Herzen liegt und die eine Vision von der Zukunft haben, in der Institutionen und Unternehmen zusammenarbeiten können.«

Als der erfahrene Politiker, der er ist, weiß Codronchi zwischen den Zeilen zu lesen. Er nickt. »Ihr seid ein Industrieller und Finanzier, der weiß, wie man dem Gemeinsinn Einfallsreichtum und Ressourcen zur Verfügung stellt. Außerdem habt Ihr einen aufmerksamen Blick in Richtung Zukunft«, erklärt er.

Ignazios Mund verzieht sich zu einem feinen, selbstsicheren Lächeln, dem Lächeln eines Mannes von Welt. »Finanzen und Politik müssen an einem Strang ziehen«, bestätigt er. »Und es ist an Leuten wie uns, dafür zu sorgen, dass das passiert.«

»*Mamma mia*, was für ein Durcheinander!«, ruft Giulia und umarmt ihre Schwägerin.

Franca hat sie am Fuße der großen Treppe erwartet, die in den Garten führt, umgeben von einer ganzen Schar Gärtner und Dienstboten, die sich nach dem Besuch des Kaisers von Deutschland und Königs von Preußen, Wilhelm II., Kaiserin Auguste Viktoria sowie ihren beiden Söhnen Wilhelm und Eitel Friedrich, ans Aufräumen gemacht haben. Denn tatsächlich war die kaiserliche Familie einen Tag zuvor bei den Florios zum Tee.

»Ja, das war in der Tat eine bewegte Woche: die Olivuzza vorzubereiten, zu entscheiden, was man serviert, das strenge Protokoll zu beachten … Aber zum Glück ist alles gut gegangen. Dem Kaiser hat besonders das Mandelgebäck geschmeckt, die Kaiserin hat die Papageien in der Voliere und die großen Yuccapalmen bewundert, während Vincenzino lange mit dem jungen Wilhelm gesprochen hat, der so alt ist wie er …« Sie lächelt. »Er hat ein paar Grammatikfehler gemacht, aber seine deutsche Aussprache ist perfekt!«

»Und du bist jetzt hundemüde, das sieht man«, sagt Giulia, die wie immer kein Blatt vor den Mund nimmt.

»Ja, schon«, gibt Franca zu. »Aber vor allem wollte ich ein bisschen mit jemandem plaudern, der …« Sie senkt den Blick, hebt dann einen Fuß. »Na ja, mit jemandem, der nicht gleich halb Palermo erzählt, dass ich staubige Schuhe habe, weil ich noch keine Zeit hatte, mich umzuziehen …«

Giulia lacht. »Und da hast du eben mich rufen lassen. Komm, wir machen einen Spaziergang im Garten. Dann kriege ich auch staubige Schuhe!«

Sie hängt ihre Schwägerin bei sich ein, und sie machen sich auf den Weg. Die Sonne geht bereits unter, und schon bald werden sich die ersten Schatten über den Park legen.

»Also … offenbar ist gestern auch bei den Whitakers alles hervorragend gelaufen«, ruft Giulia fröhlich aus. »Tina hat mir ein Brieflein geschickt, in dem sie mir alles erzählt hat.«

»Ja, mir hat sie auch geschrieben. Und sie hat besonders darauf hingewiesen, dass dem Kaiser ihr Gesang gefallen hat«, sagt Franca und spielt mit der Perlenkette, die sie trägt.

Giulia bemerkt das Schmuckstück und drückt ihren Arm. »Ist die neu?«

Franca senkt den Kopf und nickt.

»Ist Ignazio mal wieder … na ja, du weißt schon?«, fragt sie leise. »Hast du mich deshalb gerufen?«

»Nein … das heißt, ja. Er hat mir diese Perlen geschenkt, und du weißt, was das bedeutet.« Franca macht eine verbitterte Pause. »Es heißt, Perlen bringen Tränen. Eigentlich habe ich das nie glauben wollen, weil sie für mich zu den schönsten Dingen gehören, die es gibt. Und doch haben sie natürlich Tränen gebracht, ja. Ich weiß nicht einmal, wer diesmal … wer seine Auserwählte ist.« Sie seufzt, richtet sich auf. »Immerhin weiß ich jetzt, wie die Dinge in einer Ehe so laufen. Selbst Romualdo hat eine Geliebte, dabei ist er erst seit Kurzem verheiratet.«

Giulia zuckt mit den Achseln. »Leider sind Romualdo und mein Bruder aus dem gleichen Holz geschnitzt.« Sie bleibt stehen, schaut Franca in die Augen. »Du hast dir eine bemerkenswerte Selbstbeherrschung angeeignet, weißt, wie du dich zu verhalten hast … Aber es geht dir trotzdem durch den Kopf, das ist mir klar.« Sie umarmt ihre Schwägerin. Sie würde ihrem Bruder so gerne den Kopf waschen, ihn dazu auffordern, diskreter zu sein, ihm klipp und klar sagen, dass er Franca mit seinem Verhalten quält, aber das würde nichts bringen.

Deshalb löst sie sich aus der Umarmung und wechselt brüsk das Thema. »Jetzt, wo sogar der deutsche Kaiser ihre

Stimme gelobt hat, werden wir vermutlich zum hundertsten Mal die Geschichte von Wagner hören, der vor Wonne zergeht, wenn er Tina den *Lohengrin* singen hört! Aber man muss natürlich auch Verständnis für sie haben: Mutter Natur war sehr großzügig mit ihr, was ihre Stimme und ihren Verstand angeht, ganz gewiss aber nicht ihre Schönheit …«

Franca verzieht die Lippen zu einem boshaften Lächeln. »Zum Glück sind ihre Töchter wesentlich anmutiger als sie und haben keine künstlerischen Ambitionen.«

Sie lachen und gehen eine Weile stumm in der Stille des Gartens spazieren, nur von Vincenzinos Stimme durchbrochen, der unter den strengen Augen von Donna Ciccia und Giovanna mit dem Veloziped spielt. Sie gehen in ihre Richtung: Giulia möchte ihre Mutter und den Bruder begrüßen.

Auf einmal bemerkt Franca jenseits der Hecken und zwischen den Bäumen einen Mann. Mit seiner braunen Jacke und der abgewetzten Hose sieht er aus wie ein Mann vom Lande. Er schaut sie an, fasst sich zum Gruß an den Hut und verschwindet.

Die Frau runzelt die Stirn und bleibt stehen.

»Ist es eigentlich wirklich nötig, diese Leute hier zu haben?«, erkundigt sie sich bei Giovanna, die jetzt neben ihr steht.

Die andere beobachtet den Mann inmitten der Bäume. Mittlerweile ist er so weit weg, dass er nur noch ein Schemen ist. Sie senkt den Blick, nickt mit fest zusammengepressten Lippen. »*Raggiuni hai,* du hast recht. Ich werde Saro darauf ansprechen, dass diese Leute diskreter sein sollen …«, murmelt sie. »Aber es ist trotzdem besser, sie in der

Nähe zu haben, weil man nie weiß, was passieren kann.« Sie schaut ihren Sohn an. »Rühr dich nicht von der Stelle«, befiehlt sie ihm, während sie in die Villa zurückkehrt.

Der Junge wartet, bis seine Mutter weit genug weg ist, und macht sich auf dem Gartenweg aus dem Staub, in Richtung Voliere.

»Vincenzo! Komm her!«, schreit ihm Giulia hinterher.

Er winkt mit der Hand und verschwindet hinter einem Rosenbusch.

Giulia breitet verzweifelt die Arme aus. »Jetzt wird meine Mutter bestimmt böse. Vincenzo ist einfach zu verwöhnt, er hört auf niemanden mehr. Neulich hat er zu mir gesagt, er wolle auf die Papageien schießen, und …«

Franca hört gar nicht zu. Der Mann hat sich entfernt, doch sie weiß, dass er immer noch irgendwo ist. Sie spürt seinen Blick durch die Bäume hindurch, nimmt seine Anwesenheit wahr. »*Cet homme m'inquiète et m'effraie.* Dieser Mann beunruhigt mich und macht mir Angst.«

»Ich verstehe dich. Mir gefällt es auch nicht, dieses … dieses Gesocks in meiner Nähe zu haben, aber es geht nicht anders«, murmelt Giulia. »Hier oder auf dem Land, in Trabia oder Bagheria, immer ist jemand da, der auf uns aufpasst. Pietro hat riesige Angst vor Entführungen.«

»Das verstehe ich ja, aber …« Franca schaut sich um. Sie möchte nicht zu laut sprechen. »Weißt du eigentlich, dass vor einiger Zeit Audrey, die Tochter von Joss, dem älteren Bruder von Pip Whitaker, entführt wurde und er jede Menge Geld zahlen musste, um sie zurückzukriegen? Was für eine Tragödie!«

Giulia nickt. »Ja, ich habe es gehört. Armes Ding, wie es scheint, hatte sie tagelang Albträume. Man hat mir gesagt, es sei im Favorita-Park passiert; anscheinend waren sie zu viert und haben den Reitknecht, der sie begleitete, übel zugerichtet. Wenn meinen Kindern so etwas passieren würde, ich wüsste nicht, was ich täte.«

»Du würdest bezahlen, so wie Joss auch. Sie haben hunderttausend von ihm verlangt, und er hat alles gezahlt. Der Polizeipräfekt hat versucht, sich einzumischen, aber mit den Whitakers war nicht zu reden. Auf Heller und Pfennig haben sie alles gezahlt. Sie wollten einfach kein Aufsehen erregen.«

Aus der Voliere hört man den Adler schreien, gefolgt von Vincenzinos Stimme. Giulias Gesicht wird finster. »Mein Gott! Wenn die meinen Bruder holen würden, wäre das der Tod meiner Mutter.«

Franca nimmt die Schwägerin in die Arme. »Das wird nicht passieren«, erklärt sie, doch aus ihrer Stimme spricht nicht die Sicherheit, die sie gern empfinden würde.

Sie erinnert sich, wie sie vor langer Zeit einmal Francesco Noto, den Obergärtner, getadelt hat, weil er die Rosen, die sie extra aus England hatte kommen lassen, schlecht beschnitten hatte. Ignazio hat gewartet, bis Franca wieder im Haus war, sie dann beiseite und in den Arm genommen und ihr zugeflüstert: »*Mon aimée,* ich bitte dich, behandele diesen Mann immer gut und mit Respekt, ebenso wie seinen Bruder Pietro, den Portier. Das sind … Freunde, die uns dabei helfen, in Ruhe zu leben.«

Seither hat Franca immer wieder bemerkt, dass niemand sich an die beiden wendet, ohne vorher seine Ehrerbietung zu zeigen. Niemand. Doch allzu viele Fragen hat sie nicht gestellt; sicher, sie ist wohlbehütet aufgewachsen, aber natürlich weiß sie, wie manche Dinge ablaufen.

In diesem Moment bemerkt sie Saro, Ignazios Kammerdiener, der mit schnellen Schritten in Richtung Reitstall geht. Er ist sichtlich nervös, deutet einen Gruß nur an.

Giovanna kommt ein paar Sekunden später aus der Villa und nickt ihnen zu.

Franca erwidert ihr Nicken. Sie nimmt Giulia am Arm und ruft Vincenzo zu, er solle mit ihnen ins Haus kommen.

Franca dreht dem Garten den Rücken zu. Sie will nichts sehen.

Der 10. August 1897 ist ein heller, warmer Tag. Palermo döst noch mit halb geschlossenen Augen, während das Morgenlicht mit seiner ganzen Kraft durch die Fensterläden und die angelehnten Türen scheint.

Ein Dienstmädchen durchquert die Zimmerflucht aus großen und kleinen Salons im Erdgeschoss der Olivuzza; sie zittert, stolpert, dreht sich immer wieder zu Giovanna um, die hinter ihr geht, die Hände über dem Bauch zu Fäusten geballt, den Rücken durchgedrückt, die Miene versteinert. Wenn sie an Spiegeln vorbeikommen, scheinen diese einen Moment lang das kämpferische junge Wesen zu zeigen, das vor dreißig Jahren in dieses Haus gekommen ist, und nicht eine ältere, müde und unglückliche Frau.

Die Dienstbotin stürzt in den Büfettsaal und zeigt auf eine der Anrichten, deren Türen weit offen stehen. »*Taliàte*, schaut nur«, murmelt sie zerknirscht.

Leer. Das Möbelstück ist gähnend leer.

Verschwunden sind die Silbertabletts, die Krüge und die Teekannen. Das große Becken aus getriebenem Silber, das sie damals in Neapel gekauft hat, als ihr Vincenzino noch am Leben war, ist nicht mehr da. Die Blumen, die darin ausgelegt waren, liegen auf dem Boden unter dem Mahagonitisch, von Füßen zertrampelt, deren schlammige Spuren deutlich zu sehen sind.

»Was fehlt noch?« Giovannas Stimme ist nur ein Hauch.

Das Dienstmädchen schlägt die Hand vor den Mund, zeigt auf das anliegende Zimmer. »Zwei von diesen Dingern mit dem französischen Namen, die man benutzt, um Früchte zu präsentieren ...« Sie zögert, verlegen und verängstigt. Gott bewahre, dass Donna Giovanna am Ende noch denkt, sie selbst habe etwas damit zu tun.

»Die beiden *épergnes*?« Giovannas Stimme ist schrill. Dann hebt sie den Blick zur Decke, als könnte sie dort sehen, was sich in der vergangenen Nacht zugetragen hat. Sie versucht, ihren Zorn zu zügeln, atmet tief durch. Dann fragt sie in gemessenerem Ton: »Wo ist Nino?«

Als wäre er durch ihre Frage herbeigezaubert worden, erscheint der Majordomus auf der Schwelle des Speisesaals. Giovanna vertraut ihm blind, diesem Mann, der lange auf Favignana gearbeitet hat, in ihrem Palazzo gleich neben der Tonnara, und mittlerweile seit vier Jahren in der Olivuzza tätig ist. Niemals mehr als in diesen Moment hat sie seine Ruhe gebraucht, seinen Blick, dem nichts entgeht.

»Ich bin hier, Donna Giovanna.« Er nähert sich. »Wie es scheint, fehlen auch noch die französischen Alabastervasen sowie einige der goldenen Aschenbecher Eures Sohnes.« Er macht eine Pause, räuspert sich. Auf seinem Gesicht steht eine Mischung aus Ärger und Furcht. »Und das ist nicht alles. Sie haben auch Spielzeug von Signorina Giovannuzza mitgenommen. Auf dem Flur sind überall Fußspuren.«

Giovanna spürt, wie die Luft ihr schlagartig aus der Brust weicht.

Das Mädchen.

Sie sind bis in ihr Schlafzimmer eingedrungen. Ganz nah.

Ein Einbruch im Hause der Florios.

Was für eine Schande. Ein Affront ihrer Macht gegenüber. Räuber, in ihrem Haus! Räuber, die einfach ihre Sachen nehmen, die sie selbst ausgesucht, gesammelt, gehütet hat wie einen Schatz. Erinnerungen, und nicht nur reine Objekte, so wie die beiden Vasen aus altem Alabaster, die sie damals zusammen mit ihrem geliebten Ignazio in einem Pariser Antiquitätenladen an der Place des Vosges erstanden hat.

Wie konnten sie es nur wagen? Giovanna schaut sich um und spürt etwas Seltsames in sich, das über die Angst hinausgeht. Über die Entrüstung, die Empörung.

Ihr ist regelrecht übel.

Sie schaut die Fußspuren an – *Drecksfüße*, denkt sie voller Verachtung –, die Fingerabdrücke auf den glänzenden Mahagoni-Oberflächen, die zertrampelten Blumen. Und ihr ist, als hätte sie all diese Spuren am eigenen Körper, an der Kleidung.

»Macht alles sauber«, befiehlt sie dem Dienstmädchen. »Alles!«, wiederholt sie deutlich lauter, jetzt ohne ihre Wut zu verbergen. »Und Ihr, Nino, stellt eine ausführliche Liste der Dinge auf, die fehlen. Lasst Euch von den Bediensteten helfen. Ich muss wissen, was sie alles haben mitgehen lassen, diese Verbrecher.«

Sie dreht sich um, verlässt das Zimmer, geht zu der Treppe hinunter, die in den Garten führt. Doch die frische Luft bringt ihr keine Linderung, im Gegenteil. Sie bemerkt weitere Schlammspuren auf den Stufen, Zeichen dafür, dass die Räuber diesen Weg gewählt haben, um herein- und wieder hinauszukommen

Sie müsste Ignazio rufen, doch der schläft noch. Er ist erst kürzlich von einer Kreuzfahrt in der Ägäis zurückgekehrt, die er an Bord seiner neuen Jacht mit dem alten Namen Favignanas, *Aegusa,* unternommen hat. Ein verdienter Urlaub; vor einem Jahr ist die Gründung der *Anglo-Sicilian Sulphur Company*, an der auch englische und einige französische Unternehmer beteiligt waren, dank Ignazios Vermittlung zustande gekommen, und die Arbeit der Firma beginnt langsam Früchte zu tragen. Kürzlich hat auch Nathaniel Rothschild mit seiner Jacht *Veglia* Palermo besucht und eine ganze Reihe von Empfängen, Besuchen, Stadtrundfahrten und beruflichen Verabredungen nach sich gezogen. So kam es, dass Ignazio nach der Abreise des illustren Gastes der ganzen Familie diese Kreuzfahrt vorgeschlagen hat, doch Giovanna war nicht danach, Palermo zu verlassen; sie sagte sich, die Kinder müssten sich endlich einmal amüsieren, ohne eine alte Frau, die ihnen im Weg herumlief, und so ist sie hiergeblieben, nur in Gesellschaft von Donna Ciccia und ihren Stickereien.

Niemals hat sie sich davor gefürchtet, ganz allein in der Olivuzza zu bleiben. Niemals in all den Jahren.

Sie betritt den grünen Salon und bleibt mitten in dem Raum stehen, in dem sie so viele heitere Momente erlebt hat. Sie geht zwischen den Möbeln herum, streichelt über die Fotos ihres Mannes, hebt ein paar Dinge hoch, als wollte sie sich vergewissern, dass sie immer noch da sind, und schaut auf ihre Hände hinab. Sie sind von Altersflecken gezeichnet, die Finger trocken und knotig. Sie hebt den Blick:

Auf einem der Tische stehen ihr Arbeitskorb, das Messbuch und das Kruzifix aus Elfenbein, daneben die Kerzen in den silbernen Haltern und die Vermeil-Schachtel für die Zündhölzer. In der Eckvitrine sind mehrere Porzellanstatuetten untergebracht, auf dem Tischchen neben dem Sofa die Kristallvase mit frischen Blumen und den Fotos von ihrem Vincenzino und von Ignazio in Silberrahmen. Alles wirkt vollständig.

Es ist eine Welt, in der sie niemals auch nur die geringste Angst verspürt hat. Der Name der Florios ist immer stark und gefürchtet gewesen. Und er hat immer genügt, um sie zu beschützen.

Jetzt hingegen ist er von schmutzigen Füßen zertrampelt worden, genau wie die Blumen im Stockwerk über ihr.

Und das ist es, was ihr wirklich Angst macht.

Nachdem sie Ignazio geweckt hat, geht Giovanna ins Zimmer ihrer Schwiegertochter. Als sie das Zimmer betritt, hebt Franca abrupt den Kopf. Diodata hat ihr erzählt, was passiert ist, und sie kann nicht verbergen, dass sie Angst hat. Nachdem sie ihrer Herrin geholfen hat, ihr Hauskleid anzuziehen, geht Diodata hinaus, auf die »ehrenlosen Nichtstuer« schimpfend, die weder einen Herrn noch eine Familie hätten.

Auf dem Bett ein Meer von Juwelen. Franca hat ihre gesamte Schmucktasche aus Goldgewebe ausgeleert, um sicherzustellen, dass nichts fehlt. Es sind so viele Geschenke von Ignazio: Armreife, Ringe, Ketten aus Gold und Platin mit Diamanten, Saphiren und Smaragden. Und dann die

Perlen – so viele Perlen, die im Morgenlicht schimmern. Giovannuzza hockt, noch im Nachthemd, auf dem Bett und spielt mit dem Schmuck, zieht Ringe über, die ihr jedoch zu groß sind und zurück aufs Bettlaken fallen.

»Von mir haben sie nichts angerührt«, bestätigt Franca und nimmt ihre Tochter in die Arme. »Bloß das Blechspielzeug aus dem Zimmer von …« Der Name des kleinen Mädchens will ihr nicht über die Lippen. »O mein Gott! Wenn sie geendet hätte wie Audrey Whitaker …«

Giovanna lässt den Blick über den Boden mit dem Rosenblättermuster schweifen. Sie hat dieses Zimmer nie geliebt, aber immer gefunden, es passe sehr gut zu Franca. »Aber das ist nicht passiert«, sagt sie tonlos.

Und sie schaut ihr direkt ins Gesicht, mit einem Blick, der mehr sagt als tausend Worte.

Franca lässt ihre Tochter los. »Ignazio wird nicht die Polizei rufen, oder?«, fragt sie murmelnd.

Giovanna schüttelt den Kopf. »*Chisti 'un sunnu cose di sbirri.* Das ist nichts für die Polizei.«

»Der Polizei ist nicht zu trauen: Das sind alles Leute von auswärts, die nichts über Palermo wissen; die kommen zu dir nach Hause, reden in diesem Singsang mit dir, stellen dir Fragen, die man noch nicht einmal denken dürfte, und machen die Opfer zu Tätern. Manche Angelegenheiten können ganz schnell gelöst werden und ohne mehr Aufwand als nötig. »Er redet schon mit Noto. Wir bezahlen ihn, und zwar reichlich.« Ihre Stimme ist rau, ein Geräusch wie Stein auf Stein. Die Wut, die sie empfindet, ist da, zwischen den Zeilen, kaum unter ihrem strengen Ton verborgen. »Wir geben ihnen Geld, wir haben ihnen sogar eine Arbeit gegeben, und jetzt machen sie das?«

»Wie konnte das passieren?«, schreit Ignazio wutentbrannt. Er schlägt mit einer Faust auf den Schreibtisch, die Füllfederhalter rollen hin und her. Dann senkt er die Stimme, und sein Zorn wird zu einer messerscharfen Spitze. »Wir bezahlen Euch für Euren Schutz, Euch und Euren Bruder, und nicht etwa nur zwei Lire … und jetzt muss ich erfahren, dass gewisse Leute zu uns in die Villa kommen und uns ausrauben?«

Francesco Noto, das Haar zurückgekämmt, die Miene schroff und abweisend, hat den Hut in der Hand, knetet die Krempe. Allem Anschein nach fühlt er sich mehr unwohl als zerknirscht, vielleicht ist er sogar verärgert; jedenfalls ist er es nicht gewöhnt, sich so anreden zu lassen. »Don Ignazio, es schmerzt mich sehr, Euch so zu hören. Niemals hätte ich gedacht …«

»Und doch ist es genau Eure Aufgabe, zu verhindern, dass diese *cani di mannara,* diese Hunde, einfach in mein Haus kommen und sich meine Sachen und die meiner Mutter nehmen. Die waren sogar im Zimmer meiner Kleinen, meiner *picciridda!* Was machen sie denn nächstes Mal, nehmen sie dann auch sie mit oder meinen Bruder? Wenn Ihr nicht dazu in der Lage seid, Euch darum zu kümmern, dann sagt es nur. Die Welt ist voller Menschen, die liebend gern mit Euch tauschen würden.«

Der durchdringende Blick des Mannes wird schneidend. Unter der dicht bewachsenen Linie der Augenbrauen steht auf einmal ein Ausdruck der Wachsamkeit. »Seid vorsichtig mit dem, was Ihr sagt, Don Ignazio. Wir haben Euch immer Respekt entgegengebracht.«

Doch Ignazio hat den warnenden Unterton anscheinend nicht wahrgenommen, oder er ignoriert ihn einfach bewusst. »Ihr wisst es besser als ich, dass der Respekt sich immer am Verhalten misst, Don Ciccio. *Vuatri, d'unni eravate*, wo wart Ihr eigentlich?«

Zuerst zögert der Mann mit einer Antwort. Doch sein Schweigen ist nicht das Schweigen eines Mannes, dem etwas peinlich ist; vielmehr überlegt er genau, was er sagt und wie er es sagt. »Jemand hat Euch beraubt, weil wir nicht da waren, und dafür bitte ich Euch um Verzeihung. Mein Bruder und ich werden dafür sorgen, dass alles, was Euch genommen wurde, zurückgegeben wird, bis auf die letzte Brosche. Ein Edelmann wie Ihr kann keine Räuber im Haus haben, die Eure Frau stören und Eure Mutter, die eine fromme Frau ist.« Er schaut kurz auf, und sein Blick begegnet dem von Ignazio. »Wir werden dafür sorgen, dass niemand mehr belästigt wird, weder Ihr noch Eure Familie.«

Worte, die für Ignazios Ohren Schnee auf dem Feuer sind und verheißungsvoll klingen. Sein Atem entspannt sich. »Ich hoffe sehr, dass das so ist, Signor Noto.«

Signor Noto und nicht *Don Ciccio.* Ein unmissverständliches Zeichen.

Francesco Noto blinzelt nur kurz. »So ist es. Keine Sorge.«

Ein Husten. Noch ein Husten.

»Das gefällt mir nicht«, seufzt Giovanna und lässt die Perlen des Rosenkranzes durch ihre Finger laufen. Normalerweise betet sie ihn zusammen mit Donna Ciccia, doch heute ist sie allein, weil ihre alte Gefährtin im Bett geblieben ist. Sie leidet seit einiger Zeit unter Schmerzen in den Beinen, die oft sehr stark sind.

Auf einer kleinen Bank sitzend spielt Giovannuzza mit Fanny, ihrer Lieblingspuppe aus Porzellan, einem Geschenk ihrer Tante Giulia, in der angenehmen Sonne eines milden Oktobertages. Sie ist sehr dünn, blass und wird oft von einem hartnäckigen Husten geplagt. Weder die langen Tage am Meer von Favignana noch die Rundfahrt in der Ägäis danach haben daran etwas geändert. Und Giovanna macht sich Sorgen.

Sie möchte noch einmal mit Franca darüber sprechen, damit die etwas unternimmt. Sie denkt, dass Giovannuzza vielleicht noch einmal die Kur mit den Pastillen aus Kiefernteer machen sollte, die sie damals direkt aus Paris bestellt haben und die ihr eine gewisse Linderung verschafften. Allerdings haben sie damals alles Mögliche tun müssen, um das kleine Mädchen dazu zu bringen, sie zu lutschen: Giovannuzza hatte sich mit Händen und Füßen dagegen gewehrt, die Lippen fest zugepresst und sich einmal sogar auf den Rock der Kinderfrau übergeben.

Doch ihre Schwiegertochter ist mit Giulia Trigona ausgegangen, um zur Hutmacherin zu gehen. Sie hat sie sagen hören, dass sie danach ihre Tochter im Palazzo Butera besuchen würde, um mit ihr zu Mittag zu essen. Sie wird also bis zum Nachmittag warten müssen, um mit ihr zu reden. Und vermutlich wird sie sich mal wieder sagen lassen müssen, dass sie eine ängstliche alte Frau ist.

Vielleicht wäre es besser, wenn ich Giovannuzza ins Haus bringe, sagt sie sich, doch vorerst will sie ihr das nicht antun. Es ist ein milder, duftender Tag, das Aroma der Yuccablüten mischt sich mit dem des Jasmins, der immer noch an der

Umgrenzungsmauer der Olivuzza blüht. *Und die Sonne tut uns beiden gut*, denkt sie und streichelt dem kleinen Mädchen übers Gesicht.

Giovannuzza muss wieder husten. Doch das hält sie nur kurz ab, dann wendet sie sich wieder ihrer Fanny zu und zieht ihr die winzigen Kleidungsstücke an, die ihre Mutter ihr geschenkt hat und die genauso aussehen wie das, was sie gerade anhat.

Nicht weit von ihnen entfernt versucht Vincenzino gerade, mithilfe eines Bediensteten auf sein neues Veloziped zu steigen. Am Ende schafft er es und freut sich.

Es kommt immer noch vor, dass Giovanna in ihm jenen *anderen* Vincenzino sieht, den Erstgeborenen, der seit mittlerweile achtzehn Jahren in der Gruft des Friedhofs von Santa Maria di Gesù seine ewige Ruhe gefunden hat, ebenso wie sein Vater und Großvater.

Er fehlt ihr. All ihre Toten fehlen ihr. An Tagen wie diesem, wenn das Licht so weich ist wie Honig und der Duft des Gartens die Luft erfüllt, glaubt sie manchmal ihre Stimmen zu hören, die vom Wind herbeigetragen werden: die ihrer Mutter, die seit mehr als fünfundzwanzig Jahren unter der Erde ist, heiser von ihrer Krankheit, der Schwindsucht; die ihres Sohnes, die es nicht einmal in den Stimmbruch geschafft hat; und die von Ignazio, ruhig und entschlossen.

Seine Stimme fehlt ihr am allermeisten. Ihr fehlt ihre Wärme, ihr fehlen seine Hände, seine Gesten. Von ihm glaubt sie manchmal immer noch den Blick zu spüren, oder sie hört, wie er lacht. In einem Speicherraum der Olivuzza hat sie seine Kleidung aufbewahrt, und manchmal steigt sie dort hoch, öffnet die Truhen, streichelt den Stoff, schnuppert daran, sucht nach einer Spur, einem Zeichen. Doch längst ist auch ihre Erinnerung verblasst und so mürbe geworden wie jene Stoffe.

Sechs Jahre sind seit seinem Tod vergangen. Schmerzliche Jahre, in denen Giovanna gespürt hat, wie das Herz ihr welk wurde, wie es unter ihren Rippen zu Pergament vertrocknet ist. Die Liebe hat erst dann aufgehört, sie zu schmerzen, als sie zu einer Erinnerung wurde, die ihr ganz allein gehört.

Das ist ungerecht, denkt sie und zieht ein Taschentuch aus ihrem Ärmel. *Er sollte hier bei mir sein, mit uns allen zusammen.*

Noch am Leben, wäre Ignazio jetzt neunundfünfzig Jahre alt; ein ideales Alter, um immer noch die Nummer eins in der Casa Florio zu sein, aber dennoch einige Verantwortlichkeiten abzugeben und an ihrer Seite ein wenig Frieden zu finden. Unter seiner Obhut hätte Ignazziddu die Möglichkeit gehabt, andere Erfahrungen zu machen, zu begreifen, zu … zu wachsen. Sie seufzt. Ihr Sohn ist neunundzwanzig Jahre alt, doch in manchen Dingen ist er immer noch so leichtsinnig und unreif wie ein Junge.

Kleine Schritte. Giovanna hebt den Blick. Vor ihr steht Giovannuzza, ihre kleine Enkelin mit den gleichen grünen Augen wie ihre Mutter, doch ihr Blick ist weicher, unschuldiger.

»Was machst du, *Oma?*«, fragt die Kleine.

Hinter ihr hebt das deutsche Kindermädchen Spielzeug auf. Franca wollte sie unbedingt haben, während Giovanna eine englische Kinderfrau lieber gewesen wäre.

»Ich bete«, antwortet sie und hebt den Rosenkranz in die Höhe.

»Warum?«

»Manchmal ist Beten wie Erinnern. Es ist die einzige Möglichkeit, die Menschen bei dir zu behalten, die du am meisten geliebt hast und die nicht mehr da sind.«

Giovannuzza schaut sie wissbegierig an. Sie hat nicht verstanden, was sie gesagt hat, doch mit der typischen Einfühlsamkeit kleiner Kinder spürt sie, dass ihre Großmutter traurig, sehr traurig ist. Sie nimmt ihre Hand. »Aber ich bin da, an mich musst du dich nicht erinnern. *Kommst du?*«, fragt sie auf Deutsch.

Die Frau nickt. »Ich komme, meine *nica*«, sagt sie zu ihr. Dann jedoch löst sie die Hand aus der ihrer Enkelin und fügt hinzu: »Komm, geh voraus und ruf Vincenzino.«

Das kleine Mädchen läuft davon, Fanny fest an die Brust gedrückt, und ruft mit lauter Stimme nach dem Onkel, von dem sie lediglich zehn Jahre trennen.

Giovanna hebt den Blick in Richtung Haus. Nach Ignazios Tod kam ihr die Olivuzza riesig vor, als hätte die Abwesenheit ihres Mannes diese riesigen Räume überflüssig gemacht. Erst mit der Zeit hat sie sich diese Zimmer zurückerobert, oder sie kann sie zumindest nutzen, ohne sich erdrückt zu fühlen. Ihr Blick wandert über die Fassade hinweg und bleibt an dem Fenster haften, hinter dem ihr Mann früher geschlafen hat.

Einen winzigen Augenblick lang sieht sie etwas. *Einen Schatten.*

Instinktiv bekreuzigt sie sich, wendet den Blick ab. Dann macht sie sich mit gesenktem Kopf auf den Weg. Allein.

Und die Wesen ihrer Fantasie, sie folgen ihr. Wie immer.

Es ist immer noch ihre Sorge um die Enkelin, die Giovanna einige Tage später den Schlaf raubt. In Morgenrock und Schal, den unverzichtbaren Rosenkranz in der Hand und mit traurigem Blick geht sie durch die Räume der Olivuzza. Sie schläft schon seit geraumer Zeit nicht mehr viel, wie es bei alten Leuten eben so ist, ihr Schlaf ist unruhig und von Sorgen und Erinnerungen gepeinigt.

Aus der Küche kommt Geschirrklappern und das Geplauder der Dienstbotinnen, die sich ans Putzen der Zimmer machen. Trotz ihrer Proteste – »Die Luft in dieser Stadt wird ihr nicht guttun, ganz zu schweigen von der Feuchtigkeit« – hat Franca darauf bestanden, Giovannuzza mit nach Venedig zu nehmen. Ignazio ist in einer geschäftlichen Angelegenheit in Rom, zusammen mit Vincenzo. Steuersachen, hat er ihr gesagt.

Mit langsamen Schritten geht Giovanna in Richtung Küche: An diesem Tag kommt eine Gruppe von adligen Damen zum Tee. Sie möchte den Frauen eine Reihe von wohltätigen Initiativen vorstellen, die vor allem die Stickschule betreffen, und hat beschlossen, den *monsù* zu bitten, belgische Waffeln mit Stachelbeermarmelade zu servieren, dazu vielleicht englische Pfannkuchen und Butterbrote mit Orangenkonfitüre.

Plötzlich stutzt sie, bleibt stehen. Sie dreht sich um, schaut, blinzelt.

Da stehen sie vor ihr, die Alabastervasen, die sie mit ihrem Mann in Paris gekauft hat und die im August gestohlen wurden, genau auf der Konsole, auf der sie zwanzig Jahre gestanden haben.

Giovanna zögert. Sie ist verwirrt, regelrecht verängstigt. Dann geht sie darauf zu, berührt sie.

Kein Zweifel. Sie sind echt. Es sind *ihre* Vasen.

Auf einmal ist sie wie im Rausch. Ihre Schritte huschen über den Schachbrettboden, über das Parkett im Ballsaal, erreichen den Büfettsaal. Sie öffnet die Kredenzen, die Anrichten, die Schränke, reißt Schubladen und Türen auf. Ungläubig berührt sie das Silberbesteck: Es ist blitzsauber und auf Hochglanz poliert. Sie greift nach einer Kaffeemaschine, dreht sie um, und ihre Lippen beben vor Aufregung, als sie den Stempel von Antonio Alvino, dem neapolitanischen Silberschmied, sucht. Und da ist er, unverwechselbar. Mit einer leichten Bewegung schließt sie die Tür der Kredenz wieder und nickt vor sich hin.

Das letzte Zimmer, das sie betritt, ist das von Giovannuzza. In der Truhe auf dem Boden liegt das Blechspielzeug der Kleinen.

Alles, was ihnen gestohlen wurde, liegt wieder an seinem Platz.

Francesco Noto hat seinem Namen Ehre gemacht.

Giovanna greift nach der Tischglocke, um Nino zu rufen, stellt sie jedoch wieder hin. *Das wäre sinnlos*, denkt sie. *Keiner der Dienstboten wird etwas sagen. Die werden nur erleichtert darüber sein, wie die Sache gelöst wurde.*

Es ist ein heftiges Gefühl gewesen; sie braucht dringend frische Luft. Doch sie ist erst ein paar Schritte auf einem Gartenweg entlanggegangen, als sie einen Mann sieht, der reglos unter einer Palme steht. Es ist der Obergärtner, und es liegt auf der Hand, dass er auf sie wartet.

Francesco Noto nimmt den Hut ab, deutet eine Verbeugung an. »Donna Giovanna, *assabbinirìca*, willkommen …«

Sie nickt ihm zu. »Ich muss Euch in eigenem Namen und dem der Familie danken, Don Francesco«, murmelt sie und geht zu ihm. Der Saum ihres schwarzen Kleides streift die staubigen Schuhe des Mannes.

»Das freut mich, sehr gern.« Er sieht ihr nicht ins Gesicht, vielmehr hat es den Anschein, als würde sein Blick durch den Garten schweifen, wo sich irgendwo sein Bruder Pietro, der Portier, befindet. »Es sind zwei aus dem Dorf gewesen, zwei Kutscher. Sie bitten um Verzeihung wegen der Unannehmlichkeiten.«

»Wer ist es? Die Namen.«

»Vincenzo Lo Porto und Giuseppe Caruso. Wir haben sie aus der Olivuzza entfernt.«

Giovanna nickt noch einmal. Das genügt ihr.

Was Giovanna nicht weiß, ist, *wie* die Angelegenheit geregelt wurde.

Sie weiß nicht, dass die Familien Lo Porto und Caruso verzweifelt nach den beiden Männern suchen, die zwar tatsächlich aus der Olivuzza entfernt wurden, doch weder nach Amerika noch nach Tunesien gegangen sind, wie jemand behauptet hat.

Im Viertel wissen es alle. Man kann sich einfach nicht mit den Gebrüdern Noto anlegen, kann sie nicht bei den Florios schlechtmachen und denken, man käme ungeschoren davon.

Sicher, auch die Notos haben einiges auf dem Kerbholz, nicht zuletzt die Tatsache, dass sie den größeren Bruder von Pip, Joss Whitaker, um ein *Geschenk* gebeten haben, ohne es dann mit Lo Porto und Caruso, ihren Freunden, zu teilen.

Und benimmt man sich etwa so gegenüber seinen Freunden?

Es gibt Leute, die sagen, die beiden Kutscher hätten das

mit den Florios gemacht, um die Dinge mit den Notos zurechtzurücken. Andere sagen, sie wollten die Notos aus dem Rennen werfen. Es wird so viel geredet …

Nur dass die Notos eine solchen Affront nicht dulden können.

Aber all das weiß Giovanna nicht, und will es auch nicht wissen.

Sie wird es allerdings Ende November erfahren, als sie die Kutsche besteigt, die sie für die *Tredicina* zu Ehren der heiligen Lucia zum Orden der *Suore della Carità* bringen soll. Begleitet von Donna Ciccia, deren Haltung immer gebeugter und sie selbst immer langsamer wird, lässt sie sich vom Kammerdiener beim Einsteigen in die Kutsche helfen, als neben ihr zwei Frauen erscheinen, in dunkle Schals zum Schutz gegen den heftigen Tramontana-Wind gehüllt.

»Donna Giovanna! Ihr müsst uns anhören!«, ruft die jüngere von ihnen. Sie hat das Haar zu einem strengen Dutt gesteckt, ihre Kleidung ist armselig, aber sauber. Die Haut auf ihren Wangen ist straff, und ihre Augen riesig, hungrig, vom Schmerz verdunkelt. »Das seid Ihr uns schuldig«, fährt sie fort und klammert sich an den Kutschschlag.

Überrumpelt macht Giovanna einen Schritt zurück. »*Chi vuliti di mia? Cu' site*? Was wollt ihr von mir? Wer seid ihr?«, fragt sie in strengem Ton.

»Wir sind die Frauen von Giuseppe Caruso und Vincenzo Lo Porto«, antwortet eine der beiden. Sie scheint auf den ersten Blick in Giovannas Alter zu sein, ist in Wirklichkeit aber viel jünger: All die Unannehmlichkeiten und die Schande haben sie schlagartig altern lassen. Sie trägt ein Kleid, das vielleicht nicht einmal ihr gehört, denn es ist sehr kurz und zu weit. »*Ni taliàsse, Donna Giovanna,* schaut uns an: Wir sind Frauen, Mütter wie Ihr selbst. Wir haben Kinder, doch niemand gibt uns Brot.«

Giovanna erstarrt. »Ihr kommt, um mich um Geld anzubetteln, weil ihr eure hungrigen Kinder großziehen müsst? Da solltet ihr euch an eure Männer wenden, die müsst ihr fragen. Das hätten sie sich vorher überlegen sollen, bevor sie in mein Haus kamen, um uns auszurauben! Stattdessen haben sie sich einfach aus dem Staub gemacht.«

Es ist Vincenzo Lo Portos Frau, die auf sie zutritt. »Mein Mann ist nirgendwohin gegangen«, zischt sie sie an. Ihre Augen sind rot verweint. »Nichts kann ich ihm bringen, keine Kerze, nicht einmal eine Blume. Und für Euch bin ich einfach nur allein.«

Giovanna verharrt reglos. Sie spürt, wie Donna Ciccia hinter ihr steif wird, hört ihren schweren Atem.

Sie schaut jetzt Giuseppe Carusos Frau an, die die Hände über dem Bauch gefaltet hat. Die nickt. »Auch mein Schwiegervater weiß es: Er hat um Gerechtigkeit gebeten, hat gesagt, er würde sogar nach Rom fahren, um herauszufinden, was aus seinem Sohn geworden ist. Da haben sie uns einen erschlagenen Hund vor die Haustür gelegt.« Sie greift nach ihrem Handgelenk, drückt es. »Versteht Ihr jetzt?«, flüstert sie ihr verzweifelt zu.

»Ihr wisst schon, dass andere Euch noch viel mehr abnehmen wollten als ein paar Silberteile, oder?« Jetzt ist das Gesicht der Frau von Lo Porto nur eine Handbreit von ihrem entfernt. »Dass sie Euren Sohn entführen wollten oder Eure Enkelin? Anderen ist das schon passiert, das wisst Ihr ja …«

Für Giovanna ist das zu viel. Sie tritt einen Schritt zurück, befreit sich, versetzt der Frau einen Stoß. »Lasst mich los«, befiehlt sie. In diesem Moment packt der Kutscher eine der

Frauen, zieht sie weg. Giovanna macht sich das zunutze, besteigt die Kutsche, auch wenn die andere immer noch nach ihr greift. Donna Ciccia gibt der Frau einen Schlag auf die Hand.

»Weg hier«, ordnet Giovanna an. Sie ist vollkommen aufgewühlt und außer Atem, legt sich eine Hand auf die Brust. »Na los, fahren wir«, wiederholt sie lauter, während die beiden Frauen draußen schreien und nach der Kutsche treten, sie mit Fäusten bearbeiten.

Dann setzt sich das Gefährt endlich in Bewegung. Die Schreie werden vom Knirschen der Räder auf dem Pflaster und dem schweren Atmen Donna Ciccias übertönt.

Giovanna kann nichts sagen. Sie ringt die in schwarzen Handschuhen steckenden Hände.

»Habt Ihr das gewusst?«, fragt Donna Ciccia.

Giovanna schluckt, sucht Trost in einem rasch gemurmelten Ave-Maria, findet ihn aber nicht. Eine Mischung aus Schuldgefühlen und Übelkeit rumort in ihrem Bauch. »Nein.«

»Aber habt Ihr gesehen? Die Kleider.«

Sie nickt ein einziges Mal, und sie blickt aus dem Fenster, ohne zu sehen.

Schwarz. Die beiden Frauen haben Trauer getragen. Wie Witwen.

Und Witwen werden sie auch offiziell sein, als einige Wochen später die Leichname ihrer Männer in einer Höhle gleich außerhalb der Stadt gefunden werden.

Sie sind nur wenige Tage nach dem Diebstahl ermordet worden. Von Palermo waren sie niemals weggegangen.

Eine Angelegenheit, die auch einem Polizeichef zu Ohren kommt, den es im darauffolgenden Jahr aus dem Norden nach Sizilien verschlägt. Ein unnachgiebiger Mann, der daran gewöhnt ist, seine Gegner zu zerschmettern, so wie er es vor einigen Jahren getan hat, als er die zweihundert Mitglieder der Favara-Bruderschaft ins Gefängnis brachte, einer kriminellen Organisation, die für eine lange Mordserie verantwortlich war.

Seine Aufgabe – die ihm von der Regierung anvertraut wurde – besteht darin, die Mafia zu besiegen, jene kriminelle Organisation, über die alle reden und die sich jeglicher Gesetzgebung zu entziehen scheint. Und nicht nur das: Er wird seine Hände tief in die Schlammgrube stecken müssen, in der sich so lange politische Macht und kriminelles Treiben mischen, bis das gesamte System betroffen ist. Ein System, in dem Verbrecher für Senatoren, Adlige und ehrenwerte Bürger zu Diensten sind, die »sie schützen und verteidigen, um dann selbst von ihnen geschützt und verteidigt zu werden«, wie ebenjener Polizeipräsident in seinem überaus langen Bericht schreiben wird. Und er wird erfahren, dass die Florios ausgeraubt wurden. Er wird versuchen, Donna Giovanna zu befragen, doch es wird ihm nicht gelingen; er wird auch ein Gespräch mit den Whitakers suchen, um Licht in Audreys Entführung und ihre Befreiung zu bringen, und doch nur auf Schweigen stoßen.

Er wird viel über die Mafia begreifen, dieser Mann mit dem kantigen Kinn und dem blonden Bart, der auf den Namen Ermanno Sangiorgi hört. Zum Beispiel über die Organisation: das Familiensystem; die *capomandamenti,* die Chefs der jeweiligen Mafiabezirke; die *picciotti,* die Kleinen; die Treueschwüre … Eine Struktur, die sich, praktisch unverändert, fast hundert Jahre später wieder in den Erklärungen des sogenannten »Boss der zwei Welten«, Tommaso

Buscetta, findet, die er zuerst in einer geheimen, sich über Monate hinziehenden Befragung durch Giovanni Falcone und dann während des ersten großen Prozesses gegen die Mafia von 1986 bis 1992 abgab. Und die verantwortlich für die Attentate sein wird, die Falcone selbst sowie Paolo Borsellino vier beziehungsweise sechs Monate nach dem Ende des Prozesses das Leben kosten werden.

Ja, Ermanno Sangiorgi wird viel über die Mafia begreifen. Und er wird nur sehr wenig beweisen können.

Der März des Jahres 1898 ist ein unsicherer Monat, der sich mit den wackeligen Schritten eines Kindes vorwärtsbewegt. Auch an sonnigen Tagen gibt es oft einen eisigen Wind, der durch den Garten der Olivuzza fegt und die Wipfel der Bäume zum Schwanken bringt.

Von dem Fenster des kleinen Salons neben ihrem Schlafzimmer betrachtet Franca die Schatten, die sich unter den Palmen abzeichnen, und lauscht dem Rascheln der Blätter. Es erinnert sie an das Rauschen des Meeres am Bug der *Aegusa* und die Kreuzfahrt, die sie mit Ignazio im vergangenen Sommer im östlichen Mittelmeer gemacht hat. Sie erinnert sich an die spröde Schönheit der ägäischen Inseln, das kristallklare Wasser der türkischen Küste; an den Reiz von Konstantinopel, zart wie Gift; an die Gassen von Korfu, durch die sie und Giulia lachend schlenderten, gefolgt von Giovannuzza, die zusammen mit der Kinderfrau hinter ihnen her stapfte; und an den Wind, der nach wildem Majoran und nach Rosmarin duftete …

Sie seufzt, denn ihr Herz sehnt sich nach jenen Momenten

zurück. Sie möchte wieder die Sonne über dem ägäischen Meer untergehen sehen, möchte ein Glas Nykteri trinken, jenen Wein, den man »Nachtwein« nennt, weil er vor Morgengrauen gelesen wird, möchte Ignazios Arme spüren, die sie umschlingen. Wie er sie an sich drückt, nur sie allein.

Doch sie kann nicht, nicht in ihrem Zustand.

Sie streichelt ihren Bauch. Die Geburt ist nicht mehr fern.

Matri sant'Anna, denkt sie, mach, dass es ein Junge wird. Das ist das Gebet, das sie begleitet, seit sie entdeckt hat, dass sie wieder ein Kind erwartet. *Einen Jungen für die Casa Florio, für mich. Für Ignazio, der dann vielleicht endlich damit aufhört, bei anderen das zu suchen, was ich ihm doch auch geben kann.*

Denn so ist es. Ignazio ist immer noch hinter den Frauen her: Es genügt, dass sie jung und schön sind, dann spielt es keine Rolle mehr, ob sie vornehm sind oder zwielichtig. Es grenzt an ein Wunder, dass er sich nicht längst eine Krankheit eingefangen hat; zweifellos ist er in dieser Hinsicht vorsichtig.

Andererseits – wieso sollte ausgerechnet er sich zurückhalten, wenn es in Palermo, unter ihren Bekannten, kein einziges Paar gibt, das von sich sagen könnte, dass es sich treu ist? Mit einer Mischung aus Wut und Schmerz denkt Franca an das zurück, was ihr Giulia, Romualdo Trigonas Frau, erst vor ein paar Wochen verraten hat. Dass ihr Mann mittlerweile eine feste Geliebte und sie selbst eine Entscheidung getroffen hat: Sie wird nicht mehr hinschauen. Ihr ist egal, was die Leute denken: Sie will die Freiheit haben, ihr Leben zu leben, zu lieben und glücklich zu sein.

Doch die Leute finden immer noch Möglichkeiten, andere zu kränken, immer noch.

Das letzte Mal war erst vor ein paar Tagen. Und zum Glück ist Maruzza gekommen …

Seit einiger Zeit hat Franca eine Gesellschafterin, die Gräfin Maruzza Bardesono, eine Frau mittleren Alters von spröder Art und strengem Gebaren. In einer wohlhabenden Familie aufgewachsen, fand sie sich nach dem Tod ihres Bruders auf einmal allein und ohne Lebensunterhalt vor. Jemand hatte Franca gesagt, sie suche Arbeit, und so hat sie sich mit ihr getroffen, mehr aus Pflichtgefühl als aus Überzeugung. Doch dann haben sie ihre vornehme Art, ihre Kultur und die sichere Art, die sie ausstrahlte, so sehr beeindruckt, dass sie ihr den Posten anbot. Und sie hat es nie bereut.

An jenem Tag war Maruzza in Francas Schlafzimmer gekommen, um ihr *Amuleto*, den letzten Roman von Neera, zurückzugeben, einer Schriftstellerin, die sie beide sehr lieben. Und sie fand ihre Herrin in Tränen vor, den Kopf auf die Spiegelkommode gelegt, in der Hand einen Brief. Auf dem Boden verteilt lagen Bürsten, Kämme, Fläschchen, Cremes und Parfüms, alle in einem Wutanfall zu Boden geschleudert.

»Was habt Ihr denn, Donna Franca? Geht es Euch nicht gut?«, fragte sie und legte das Buch aufs Bett.

Franca schluchzte weiter, hob ihr den Brief entgegen.

Während die Frau das Schreiben überflog, wurde ihr Gesicht puterrot. »Was für ein Abschaum«, rief sie aus. »Anonyme Briefe sind nur was für Feiglinge … und dann auch noch an eine Schwangere? Was für eine Schande!«

»Ich weiß nicht, mit welchen Frauenzimmern er sich umgibt, und ich will es auch nicht wissen«, murmelte Franca. »Ich habe es immer akzeptiert, weil ich weiß, dass er mich liebt und zu mir zurückkommt.« Sie stand auf und schaute ihrer Gesellschafterin in die Augen. »Aber seit einiger Zeit frage ich mich immer öfter, ob es nicht besser wäre, wenn ich gehe. Meine Tochter und ich, nur wir beide.«

Maruzza packte sie am Arm. »Donna Franca, mittlerweile kenne ich Euch eine Weile. Kann ich offen mit Euch reden?«

Franca nickte.

»Ihr habt doch alles, was eine Frau sich wünschen kann. Gesundheit, Schönheit, eine Tochter, die ein Engel ist, liebevoll und intelligent. Und … all das hier.« Mit einer weiten Geste zeigte sie auf das Schlafzimmer. »Ihr werdet wieder Mutter, habt Ihr das vergessen?«

»Aber …«

»Wir sind alle allein, Donna Franca, Männlein wie Weiblein. Da spielt weder das Geld eine Rolle noch der Titel oder der gesellschaftliche Rang. Wir suchen alle etwas, das wir nicht haben, das uns fehlt. Doch einem Mann werden die Waffen gegeben, um seine Schlachten zu schlagen. Eine Frau hingegen muss sie sich verdienen, diese Waffen, und wenn sie sie dann erhält, zahlt sie einen hohen Preis dafür. Ihr habt das Glück, viele Waffen zu haben, und Ihr habt auch gelernt, sie anzuwenden. Viele *fimmine* haben das nicht. Sie sind unnütz, genau wie das Wesen, das diesen Brief geschrieben hat …«

Stirnrunzelnd senkte Franca den Blick auf das Blatt, als wollte sie dort nach einer Bestätigung von Maruzzas letzter Bemerkung suchen.

»Ja, bestimmt war das eine Frau«, fuhr die andere fort. »Seht Ihr, bestimmte Frauen suchen auch gar nicht nach Waffen. Denn wenn sie sie fänden, müssten sie allzu viel ändern, und das fängt schon bei ihrem Kopf an. Sie müssten aufhören, sich Geschichten auszudenken. Genau wie Neera sagt …« Sie griff nach dem Buch, blätterte darin, begann vorzulesen. »›Da sie nicht nach dem trachten, was ihr eigentlicher Vorteil wäre, wenden sie sich der angenehmsten und naheliegendsten Lesart zu.‹ Sie nehmen Abstand vom Leben und werden zu Menschen, die Angst vor allem haben und sich nur dann stark fühlen, wenn sie andere beurteilen. Doch die Bitterkeit, die sie dabei empfinden, verwandelt sich in Galle, in Missgunst, eine Regung, die sie erstickt und die sie loswerden müssen, irgendwie, auch durch Briefe wie diesen. Das sind unglückselige Geschöpfe, Donna Franca. Sicher, sie beneiden Euch um das Geld, die Kleider, den Schmuck … Aber glaubt mir, sie greifen Euch vor allem deshalb an, weil sie sehen, was für eine Frau Ihr seid. Ihr habt Mut. Ihr wisst, was Euer Mann macht, doch Ihr geht erhobenen Hauptes durchs Leben, Ihr versteckt Euch nicht, noch zahlt Ihr es ihm heim, und Ihr lasst es nicht zu, dass irgendjemand *Eure* Würde angreift. Ihr seid Euch immer des Namens bewusst, den Ihr tragt.«

Franca setzte sich wieder hin. »Dann meint Ihr also, ich sollte Mitleid mit der Person haben, die diesen Brief geschrieben hat?«

»Ja. Und dann sind da noch die anderen Frauen …«

»Die … anderen?«

»Diese Schlampen, die Euer Mann mit Juwelen überhäuft. Sicher, sie haben nur wenige Waffen … die sie allerdings vortrefflich zu nutzen wissen!« Maruzza lachte, doch es war ein freudloses Lachen. »Aber denkt daran: Auch sie sind zu bemitleiden. Sie glauben, wichtig zu sein, dabei merken sie gar nicht, dass die Männer sie benutzen, um sich zu amüsieren, und damit hat es sich. Geliebte für ein paar Wochen, die man dann ohne jedes Bedauern fallen lässt, wie eine alte Puppe, die man wegwirft.«

Franca konnte ihre Überraschung über diese schonungslosen und doch so wahren Worte nicht verbergen. Maruzza rückte für sie in die Nähe ihrer Schwägerin Giulia. Zwei so verschiedene Frauen, die doch ein und dasselbe sagten: Dass Franca eine Pflanze mit gesunden Wurzeln sei, die keine Angst vor dem Blühen haben und ihre Zweige gen Himmel recken musste. Es war ihr Schicksal, zu wachsen und immer kräftiger zu werden.

Und doch.

»Aber warum muss das denn immer noch so wehtun, nach all der Zeit?«, fragte sie, mehr sich selbst als Maruzza.

Die andere seufzte. Und dann antwortete sie mit einem bitteren Lächeln: »Die Liebe, Donna Franca, ist ein undankbares Wesen: Sie beißt in die Hand dessen, der sie nährt, und leckt diejenige, die sie schlägt. Für immer und ewig zu lieben, bedeutet, sich nicht zu erinnern.«

Ein Stechen im Rücken. Es ist stark, geht ihr durch und durch.

Franca zuckt auf dem Sessel im kleinen Salon zusammen, holt tief Luft. *War das gerade eine Wehe?*, denkt sie. Sie streckt die Hand nach der Glocke aus, ruft nach einer Dienstbotin, die sofort auf der Schwelle erscheint.

»Was kann ich tun, Donna Franca?«

»Ruf die Gräfin Bardesono, bitte. Sag ihr, sie soll auf der Stelle kommen.«

Wieder der Schmerz. Seit ihrem Gespräch über den anonymen Brief vor einem Monat ist ihr Verhältnis zu Maruzza noch inniger geworden. Für Franca war es eine instinktive Geste, sie rufen zu lassen und nicht ihre Schwiegermutter.

Schnelle Schritte hallen aus dem Ballsaal wider. Eine Tür geht auf. Franca hebt den Kopf, begegnet Maruzzas freundlichem Blick. Doch im nächsten Moment krümmt sie sich nach vorne, kann nur mit Mühe ein Stöhnen unterdrücken; sie wird bleich, bekommt kaum Luft.

Die Gesellschafterin legt ihr eine Hand auf die Stirn, zieht sie wieder zurück. »Haben die Wehen eingesetzt? Möchtet Ihr, dass ich den Arzt hole? Eure Mutter?«

Eure Mutter, nicht *Donna Giovanna.* Ja, Maruzza kennt sie.

»Die Hebamme und den Arzt … und meine Mutter, ja. Sie kann auch ein paar Tage hier …«

Wieder Schmerz. Francas Finger schließen sich fest um Maruzzas Handgelenk.

»Sie kommen so schnell nacheinander«, murmelt sie, leichte Panik in den Augen. »Es hat einfach so angefangen, ganz plötzlich.«

Die winkt ab. »Das zweite kommt immer schneller als das erste. Wollt Ihr, dass ich Eurem Mann Bescheid sage?«

Ignazio. Franca hätte ihn gern an ihrer Seite. Zu wissen, dass er hier im Haus auf sie wartet, würde ihr sicher Kraft geben. Doch wo wird er wohl sein? Am Sitz der NGI oder unterwegs? Er ist gegangen, ohne ihr etwas zu sagen. Er hat sich mit einem flüchtigen Kuss von ihr verabschiedet, und Franca sah ihn nur noch entfleuchen, wie immer makellos gekleidet und mit einer Nelke im Knopfloch.

»Lasst Euch von Saro sagen, wo er ist«, murmelt sie.

Die eine Hand auf Maruzzas Arm gestützt, die andere auf

die Nierengegend gelegt, steht Franca auf und geht ein paar Schritte. Das Bett ist längst wieder gemacht, die Kleider hängen im Schrank. Durch das Fenster scheint ein weiches Licht, es ist still, die Welt scheint zu warten. Auf der Kommode stehen weiße Blumen, doch von ihrem Geruch wird ihr schlecht.

»Lasst die hier wegbringen«, sagt sie zu Maruzza und zeigt auf die Vase. Dann strahlt erneut eine Wehe von ihrem Unterleib aus und breitet sich im ganzen Bauch aus. Es besteht kein Zweifel: Ihr zweites Kind will auf die Welt.

Sich konzentrieren, einen Atemzug nach dem anderen. Spüren, wie das Blut schneller fließt, während eine weitere Schmerzwelle über einen wegschwappt, die sich dann zurückzieht, nur um mit noch größerer Kraft zurückzukehren. Der Körper bäumt sich auf, öffnet sich. Der Verstand schaltet sich aus, weil er diese Wucht nicht mehr ertragen kann, dieses Gefühl, dass dein Bauch jeden Moment zerrissen wird.

Dann, mit den letzten Presswehen, kommt die Ruhe. Es ist eine Art traurige Resignation. *Ja, jetzt sterbe ich*, denkt Franca, überströmt von Schweiß, von Blut, von Fruchtwasser, und fast wünscht sie es sich, weil sie so erschöpft ist, dass sie ihr Leid nicht mehr ertragen kann. Sie schüttelt den Kopf, stößt ein Schluchzen aus.

»Ich schaffe es nicht«, murmelt sie der Mutter zu, die ihr die Hand hält. »Ich kann es nicht.«

Costanza, die ebenso schweißüberströmt ist, packt ihre Hand noch fester, wischt ihr die Stirn ab. »Natürlich schaffst du das«, ermutigt sie sie. »Du hast es doch bei Giovanna auch geschafft! Und bei ihr war es schwierig, erinnerst du dich?«

Vor ihr, tief gebeugt zwischen ihren Beinen, stößt die Hebamme ein Geräusch aus, das halb Lachen und halb Schnauben ist. »Das Fräulein Giovanna lag falsch. Ich hab sie drehen müssen! Das Baby hier liegt gut, aber es ist ziemlich groß. Auf geht's, und die heilige Anna steh uns bei!«

Franca antwortet nicht. Sie spürt den Druck einer weiteren Wehe, beugt sich vor, unterdrückt einen Würgereiz. Jetzt muss sie sich befreien, muss zulassen, dass dieses kleine Wesen auf die Welt kommt. Sie presst.

»Genug … aufhören …« Die Hebamme legt ihr eine Hand auf den Unterleib, richtet den Rücken auf. Sie streichelt ihr eine Hand. »Jetzt kommt's. Wenn ich es Euch sage, presst, und dann haltet Ihr noch einmal inne. Jetzt!«

Franca schreit. Sie spürt, wie etwas aus ihr herausgleitet, als würde man ihr ein lebenswichtiges Organ entfernen. Sie streckt die Hand aus, ist aber zu erschöpft, ihr fehlt die Kraft zu fragen, es zu erfahren. Sie lässt sich in die Kissen zurücksinken, ihre Augen sind geschlossen.

Es ist vorbei. Was auch immer das war, es ist vorbei.

Lange Augenblicke vergehen.

Dann ein Wimmern.

Sie öffnet die Augen, sieht ihre Mutter. Sie ist glücklich, lacht und weint zugleich, nickt, die Hände vor den Mund geschlagen.

»*Masculu è!*« Ein Junge.

Er ist immer noch mit ihr verbunden, blutverschmiert und mit dem weißlichen Gewebe der Fruchtblase bedeckt. Doch es ist wirklich ein Junge, er ist gesund, er lebt, hat große Augen und den Mund zu einem Weinen verzogen, aus dem der ganze Schmerz des ersten Atemzuges spricht.

Es ist ein Junge. Es ist der Erbe.

»*Masculu è!*« Der Schrei hallt im ganzen Haus wider. Es war Giovanna, die Ignazio die gute Nachricht überbracht hat, Ignazio, der in einem Salon im Erdgeschoss in Gesellschaft von Romualdo Trigona, von Giulia und Schwager Pietro gewartet hat. Seit Jahren, vielleicht sogar seit seiner Kindheit, hat Ignazio auf dem Gesicht seiner Mutter nicht mehr ein so strahlendes Lächeln gesehen wie in dem Moment, als sie ihm sagte: »Es ist ein Junge, mein Sohn! Endlich!«

Ignazio ordnet auf der Stelle an, dass Champagner gebracht wird und alle Angestellten ein Glas trinken, stößt dann selbst mit Freunden und Verwandten an, umarmt sie, hebt freudig die Arme gen Himmel. Die Kinderfrau bringt Giovannuzza zu ihrem Vater, und der hebt sie hoch, wirbelt sie herum, gibt ihr einen Kuss auf die Stirn, küsst dann seine Schwester Giulia.

Er ist glücklich. Nach fünf Jahren ist er endlich da, der Stammhalter! Wirtschaftliche Probleme? Die Krise der Schifffahrt, der nicht enden wollende Mangel an Geld? Alles weit weg. Die Forderungen der Arbeiter der Gießerei? Wen kümmert es? Jetzt gibt es einen neuen Ignazio … denn so wird er heißen. Wie sein Vater wird auch er diesen Namen tragen, und er wird den Namen der Familie weiterbringen und ihre Geschichte fortschreiben.

Nach einem weiteren Glas Champagner ruft er Saro.

Der Mann bleibt auf der Schwelle des Salons stehen, verbeugt sich. »Meine allerherzlichsten Glückwünsche, Don Ignazio!«

Strahlend kommt ihm Ignazio entgegen. Er packt ihn an den Schultern, schaut ihm ins Gesicht. »Ich brauche Marsalaflaschen. Aber nicht irgendwelche: Ich will die von meinem Großvater, die ganz hinten im Keller aufbewahrt werden. Schick jemanden, der sie holt und nach oben bringt, schnell.«

Saro reißt erstaunt die Augen auf, geht dann eilig davon. Ignazio schaut sich um, dann nimmt er das Silberbecken von der Tischmitte, dreht es um, damit der Schmuck aus getrockneten Blumen herausfällt, und durchquert dann, laut darauf schlagend, wie auf eine Trommel, den Palazzo, bis er zu der großen roten Treppe kommt, die zu den Gemächern von Franca und ihm führt. Kichernd folgt Romualdo ihm die Treppe hoch. Pietro hingegen sieht eher ratlos aus, und bevor er den Fuß auf die unterste Treppenstufe setzt, wird er von Giovanna und Giulia aufgehalten, die Giovannuzza auf den Arm genommen hat.

»Aber was macht denn mein Bruder?«, fragt Giulia verwirrt.

Pietro breitet die Arme aus. »*E chi nni sacciu?* Was weiß denn ich? Er hat Saro befohlen, Marsala zu bringen.«

Giovanna schüttelt den Kopf, hebt den Blick zur Decke. »*Sa soccu avi n' testa* … Wer weiß, was der wieder im Kopf hat.«

Giulia vertraut Giovannuzza der Gouvernante an, packt ihren Rocksaum und steigt mit schwerem Schritt die Treppe hoch, gefolgt von ihrer Mutter. *Das würde uns gerade noch fehlen, dass Franca ohnmächtig wird, nur weil er wieder einen seiner Geistesblitze hat*, denkt sie. Sie weiß, was es bedeutet, eine Geburt durchzustehen, und sie weiß auch, dass sich Männer so etwas nicht einmal vorstellen können. Die beiden Frauen durchqueren den Flur und bleiben inmitten der Pflanzen des Wintergartens stehen. Plötzlich hören sie hinter sich schweres Atmen und ein Klirren. Es ist Saro, der mehrere staubige Flaschen trägt.

»Aber was machst du?« Giovanna ist entsetzt.

»Don Ignazio hat mir das gesagt.« Saro bleibt stehen, holt Luft.

»Saro!«, hallt Ignazios Stimme wider. »Saro, wo bist du?« Jetzt steht er vor Francas Zimmer, seine Augen funkeln vor Erregung. Er bedeutet seinem Kammerherrn, ihm zu folgen, und verschwindet im Zimmer.

Die kleine Prozession setzt sich in Bewegung und steht schließlich vor Franca: Sie sitzt in ihrem Bett, bleich und erschöpft, doch sie lächelt. Ihre Mutter hält das Neugeborene im Arm und wartet darauf, dass die Amme es wickelt.

Ignazio stellt die Schale auf die Spiegelkommode und greift dann nach den Marsala-Flaschen, leert sie in das Behältnis. Der Raum füllt sich mit dem scharfen Geruch nach Alkohol, der sich mit dem salzigen Aroma von Schweiß und dem eisenhaltigen Hauch von Blut mischt.

Als er fertig ist, wendet sich Ignazio seiner Schwiegermutter zu und hält ihr die Arme hin. Costanza weiß nicht, was er von ihr will, und schaut zu ihrer Tochter, doch Franca lacht, nickt, denn sie hat es begriffen und freut sich. Auch Giulia hat verstanden und packt ihren Bruder am Arm. »Warte mal!«, schreit sie lachend. Sie nimmt die Karaffe mit dem Wasser, in dem der kleine Junge gebadet werden sollte, und gießt die Flüssigkeit in das Becken, unter den entsetzten Augen der anderen. »Du musst den Marsala verdünnen, sonst ist das nicht gut für ihn! Er ist doch gerade erst auf die Welt gekommen!«

Nackt in den Armen seines Vaters schlägt der Kleine die Augen auf. Ignazio hält einen Augenblick lang inne und schaut ihn an. Das Gesicht des neuen Erdenbürgers ist zerknautscht, die Haut gerötet. Doch das ist sein Sohn. Sein Sohn und der seiner innig geliebten Franca.

Und so senkt er ihn ganz langsam auf dem Unterarm über das Becken, nimmt etwas von der Flüssigkeit in die Hand und benetzt damit das Köpfchen. Dann taucht er ihn ganz hinein.

Hinter ihm entsetzte Schreie.

»Aber was soll das? *Lu stai vattiannu*? Taufst du ihn?«, kreischt Giovanna, die diese Art von Taufe als Gotteslästerung empfindet.

Giulia hat die Hand vor den Mund geschlagen, schwankt zwischen Lachen und Empörung. Giovannuzza, die hinter ihrer Tante steht, betrachtet die Szene mit aufgerissenen Augen.

Doch Ignazio sieht oder hört niemanden. Er sucht Franca mit seinem Blick. Sie lacht und klatscht in die Hände. Auf ihrem Gesicht steht eine Zärtlichkeit, die er sein ganzes Leben lang in sich tragen wird.

Das Leben, ja. Das Leben, dem er immer gefolgt ist und das ihm so lange Zeit zu entfleuchen schien. Vom Tod wurde er schon seit dem Tag verfolgt, als sein Großvater seinen letzten Atemzug tat, fast am gleichen Tag, an dem er selbst auf die Welt kam. Dann der Tod seines Bruders Vincenzino. Und der Tod seines Vaters. All diesen Kummer hat er versucht, mit Franca zu vergessen, aber nicht nur mit ihr.

Auch mit so vielen, zu vielen Frauen. Auch mit all den

Launen und Verrücktheiten, die sein gewaltiger Reichtum ihm ermöglicht.

Und doch hat er erst jetzt, in diesem Moment, ein wenig Frieden gefunden. Denn dort in seinen Armen ist das Leben. Da ist seine Zukunft und die Zukunft der Casa Florio.

Der kleine Junge reißt die Augen auf, fängt an zu brüllen, doch Ignazio benetzt seine Lippen mit ein paar Tropfen Likörwein. »Diesen Geschmack musst du dir merken. Und zwar noch vor dem Geschmack von Milch, mein Junge.« Er drückt den Jungen an seine Brust, ohne darauf zu achten, dass er nach Wein riechen wird. »Das hier hat uns zu dem gemacht, was wir sind: die Florios.«

»Don Ignazio … die Arbeiter sind da.« Saro hat das Arbeitszimmer betreten und schaut durch die Vorhänge auf die Piazza hinaus. Ignazio, am Schreibtisch, wechselt einen fragenden Blick mit Erasmo Piaggio, der vor ihm auf dem Sessel sitzt, steht dann auf und späht über die Schulter seines Kammerdieners hinweg nach draußen, gefolgt vom Direktor der NGI. Und tatsächlich stehen da etwa ein Dutzend Arbeiter vor dem Eingang und sprechen mit Pietro Noto, dem Portier.

»Was wollen die nur?«, brummt er.

»Wer weiß? Vielleicht wollen sie eine Erklärung dafür, dass sich mit unseren Arbeiten alles verzögert hat«, mutmaßt Piaggio.

Ignazio nimmt wieder an seinem Schreibtisch Platz. »Dann geh runter und erklär ihnen, dass die Dinge seit letztem Jahr im Juli, als Codronchi seine Arbeit hat ruhen lassen, ziemlich kompliziert geworden sind. Man kann nur hoffen, dass die *Società Cantieri Navali, Bacini e Stabilimenti Meccanici Siciliani,* die wir zu gründen beschlossen haben«, er tippt mit dem Fingern auf die Papiere vor ihm auf dem Tisch, »die Dinge wieder in Gang bringt …« Er steht abrupt auf. »Ich hoffe bloß, dass die nicht schon wieder eine Gehaltserhöhung wollen! Nach dem, was im Januar passiert ist, wäre das auch eine Frechheit. Wir müssen noch mal mit Garibaldi Bosco sprechen; er ist der Einzige, der mit ihnen reden und sie wieder beruhigen kann. Übel, diese ständigen Proteste …«

»Die Männer sind gekommen, um dich zur Geburt des *nico,* des Kleinen zu beglückwünschen.« Giovanna steht auf der Schwelle. Sie ist aufgetaucht, ohne Lärm zu machen, und schaut ihren Sohn vorwurfsvoll an. »Ich habe angeordnet, sie willkommen zu heißen«, erklärt sie. Sie wendet sich an Saro. »Bring noch ein paar Stühle her, und dann stell Kekse und Wein auf den Schreibtisch. Das sind unsere Arbeiter, und wir müssen sie anständig begrüßen«, fügt sie hinzu, um dem Einwand ihres Sohnes, der erstaunt die Augen aufreißt, zuvorzukommen. »Dein Vater hätte es auch so gemacht«, murmelt sie. Und während sie das Zimmer verlässt, denkt sie voller Bitterkeit, dass ihr Ignazio höchstpersönlich in die Oretea gegangen wäre, um den Arbeitern dort die Nachricht von der Geburt seines Stammhalters zu überbringen, so wie er es auch bei Vincenzino getan hat.

Kurz darauf hallen die schweren Schritte der Arbeiter durch die Flure der Olivuzza, sie bedecken die Teppiche mit Staub und hinterlassen Spuren auf dem Parkett. In Sonntagskleidung schauen sich die Männer um, blicken eingeschüchtert auf die großen Gemälde, auf die riesigen Blumengestecke, das Gold und den Stuck, vor allem aber auf all die

Räume dieses Hauses, das kein Ende zu haben scheint. Sie haben nicht damit gerechnet, dass man sie hereinlässt; der Portier hat ihnen gesagt, er würde Don Ignazio ihre Grüße und Glückwünsche ausrichten, und sie könnten wieder nach Hause gehen. Doch dann kam Donna Giovanna, die Witwe des *principale* – Gott der Herr schenke ihm die ewige Ruhe, dem großen Mann –, und sagte einfach nur: »Herzlich willkommen! Kommt herauf«, und ging ihnen zu dem Kontor voraus, das früher einmal ihrem Mann gehört hat und jetzt Ignazio.

Die Männer kommen an dem grünen Salon vorbei und sehen Donna Ciccia, die in einem Sessel sitzt und mit offenem Mund ein Nickerchen macht. Jemand lacht, doch es ist nur ein Moment; dann sehen sie Ignazios Bild, in Silber gerahmt. Sie bleiben stehen, bekreuzigen sich.

Giovanna beobachtet die Männer, spürt, wie ihr die Augen feucht werden. Ein älterer Arbeiter mit großem grauem Schnurrbart schaut sie ehrerbietig an. »Er war für uns alle wie ein echter Vater. Der Herr hat ihn viel zu früh zu sich gerufen«, sagt er zu ihr.

Sie nickt rasch, kehrt ihnen dann wieder den Rücken zu und geht weiter in Richtung Arbeitszimmer. Ignazio steht auf der Schwelle des Raumes, zusammen mit Piaggio. Auf dem Schreibtisch, der voller Papiere und Mappen ist, stehen Weinflaschen und Tabletts mit Keksen. Daneben Stoffservietten mit den Initialen von Ignazio und Franca.

Die Arbeiter reihen sich an den Wänden des Raumes auf, und der Mann mit dem grauen Schnurrbart tritt auf Ignazio zu. »*Voscenza,* wir sind hier, um Euch unsere … unsere …«

»Glückwünsche«, schlägt ein junger Mann weiter hinten

im Raum vor. Er hat intelligente Augen und scheint von allen am besten angezogen zu sein.

»Genau, Glückwünsche. Die Geburt des *picciriddu* ist nicht nur für Euch, sondern für die ganze Casa Florio eine gute Nachricht, und wir freuen uns besonders, dass Ihr beschlossen habt, ihn zu nennen wie *u' principale*, Euren Vater, der Herr gedenke seiner.«

»Amen«, flüstert Giovanna aus dem hinteren Teil des Raumes.

»Vielen Dank. Es war wirklich nett von Euch, hierherzukommen«, stammelt Ignazio und schiebt die Daumen in seine Weste. »Kann ich Euch eine kleine Erfrischung anbieten? Ihr seid vermutlich zu Fuß gekommen.«

»Zu Fuß und mit Geleit.«

Das war erneut der junge Mann, der gesprochen hat, und niemandem ist der spöttische Unterton, den er angeschlagen hat, entgangen. Piaggio zieht die Augenbrauen hoch, tritt ans Fenster und sieht in einer Ecke der Piazza ein Grüppchen Carabinieri. Während die Männer an den Schreibtisch treten, um sich ein Glas Wein oder einen Keks zu nehmen, wendet er sich an den jungen Arbeiter. »Ihr seid …?«, fragt er.

»Nicola Amodeo. Dreher in der Oretea.«

»Gut, Signor Amodeo. Das Geleit scheint mir eine notwendige Sicherheitsmaßnahme zu sein, wenn man an die Januarproteste vor dem Sitz der NGI denkt.« Piaggio hat nur einen Moment gebraucht, um zu begreifen, dass es sich hier nicht einfach nur um einen Arbeiter handelt. Der Mann trägt den Kopf hoch und wollte offenbar zeigen, was für eine Rolle er spielt. *Das ist ein Gewerkschafter. Oder Schlimmeres.* »Das waren auch für uns schmerzliche Entscheidungen, wisst Ihr? Entlassungen sind niemals angenehm, doch solange keine Aufträge von der Werft kommen, kann die Gießerei es sich nicht erlauben, mehr Personen zu beschäftigen als die, die unbedingt nötig sind.«

Ignazio tritt nickend auf die beiden Männer zu.

»Euch ist nicht bewusst, wie unglückselig dieser Monat Januar für die armen Leute Palermos war.« Amodeo schüttelt den Kopf. »Die Entlassung der Lehrlinge war ein harter Schlag. Sie hatten nur eine Lohnerhöhung verlangt, weil alles teurer geworden ist, angefangen beim Brot, doch dann hat man sie vor die Tür gesetzt und auch noch bei der Polizei angeschwärzt. Und jetzt will niemand sie einstellen, weil sie als Anarchisten gelten.«

»Na, na, das ist doch übertrieben!«, ruft Piaggio aus. »Es handelte sich nur um Lehrlinge mit heißen Köpfen, undankbare Gesellen, die aufgebracht waren, weil man sie ohne Umschweife vor die Tür gesetzt hatte! Und dann habt Ihr es selbst gesagt, alles wird teurer. Die Steuern zum Beispiel!« Er nickt einem Dienstboten zu, der mit einem Tablett voller Marsalagläser auf sie zutritt. »Wärt Ihr an unserer Stelle gewesen, hättet Ihr das Gleiche getan. Einige wenige zu bestrafen dient auch dazu, dass man sich daran erinnert, wer der Herr im Hause ist.«

Amodeo lehnt den Wein ab. »Ihr habt sie entlassen, ohne ihnen die Zeit zu geben, sich zu erklären«, kommentiert er knapp.

»Was sollten wir denn nach den Protesten, die die angezettelt haben, machen? Sie wieder einstellen?«, mischt sich Ignazio ein. »Manche von diesen Aufrührern sind wie Mäuse in einer Kornkammer: Wenn man nicht aufpasst, fressen sie alles.«

Amodeo senkt den Kopf. »Ihr, Don Ignazio, begreift nicht, dass die Leute hier hungern, und zwar viel hungern, und dass der Hunger etwas Gefährliches ist. An den Januarprotesten haben nicht nur wir von der Gießerei und der Bootsrampe teilgenommen: Da waren auch Zimmerleute, Maurer, Steinmetze … Leute aus Tribunali, Monte di Pietà, Castellammare, sogar aus Zisa und Acqua dei Corsai. Palermo braucht Arbeit.«

»Glaubt Ihr denn, das weiß ich nicht?« Ignazio hat die Stimme erhoben, und ein Ausdruck des Überdrusses spielt um seine Lippen. »Solange Codronchi da war, ging es mit den Arbeiten in der Werft immer voran … Es schien, als könnten sie jeden Moment beginnen. Ich bin sogar nach Rom gefahren, um alles in Bewegung zu setzen … Doch jetzt ist der Minister zurückgerudert, von *picciuli* ist nicht mehr die Rede, und niemand will sich für uns einsetzen. Ganz zu schweigen davon, dass in ganz Italien protestiert wird und die Regierung andere Sorgen hat. Es hängt nicht von uns ab!«

Der Arbeiter schüttelt wieder den Kopf, zeigt ein bekümmertes Lächeln. »Don Ignazio, es hängt durchaus auch von Euch ab.«

»Ich …«

Es ist Giovanna, die ihn unterbricht. Sie legt ihm eine Hand auf den Arm, damit er sich zu ihr umdreht. »Da ist Franca mit dem Kleinen. Komm«, sagt sie zu ihm.

Ignazio hebt den Kopf. Auf der Schwelle steht seine Frau, von Maruzza gestützt. Hinter ihnen die Kinderfrau mit dem Bündel aus Gaze und Spitze, in das ihr kleiner Junge gewickelt ist.

Die Arbeiter heißen ihn klatschend willkommen, murmeln Segensworte und machen Komplimente für den Jungen und seine Mutter.

Sie ist noch blass, seine Franca, denkt Ignazio; die Geburt ist nur wenige Tage her, und sie hat noch Mühe, wieder zu Kräften zu kommen. Eine Welle von Zärtlichkeit durchströmt ihn. Im Sommer wird er eine Reise für sie und die ganze Familie organisieren, vielleicht mit ihrem Waggon, damit es weniger anstrengend ist und sie doch die Bequemlichkeit eines eigenen Wagens haben. Ja, sie werden noch einmal nach Paris und vielleicht auch nach Deutschland fahren. Bei dem Gedanken erblüht zum ersten Mal an diesem Tag ein Lächeln auf seinem Gesicht.

Hauptsache, sie können endlich Palermo und sein ganzes Elend hinter sich lassen.

Ignazio geht nervös auf und ab, versucht, seine schlechte Laune zu besänftigen.

Der Speisesaal im ersten Stock der Olivuzza hat noch nie zu seinen Lieblingsräumen gezählt; zu groß und zu trist die Mahagonimöbel, zu schwerfällig und altbacken die silbernen Kronleuchter. Und regelrecht verachtet hat er immer schon die beiden uralten Pfaue aus Koralle und Kupfer, die auf der Ablage des Kamins und über dem riesigen Funkenschutz ihr Rad schlagen. Doch seit Ignazios Geburt – alle nennen ihn Baby Boy – ist ein Jahr vergangen, und es ist an der Zeit, dass er und Franca ins Herz der mondänen Welt von Palermo zurückkehren. Auch wenn das bedeutet, dass er – wie an diesem Abend – auch die Personen mit allen Ehren empfangen muss, die ihm unangenehm sind.

Er bleibt neben dem Tisch stehen. »Eier auf Montebello-Art? Für ein Abendessen nach dem Theater?« Er schaut verdrossen auf die ausgelegten Speisekarten.

In genau diesem Moment betritt Franca den Raum; sie trägt ein Kleid aus schwarzer Spitze und eine elfenbeinfarbene Seidenstola. Ketten hat sie nicht an, dafür aber zwei Armreife sowie die Perlohrringe von Cartier, die ihr Ignazio auf der Hochzeitsreise geschenkt hat. Wieder ist ihre Figur so sinnlich und verführerisch geworden, wie sie es vor der Schwangerschaft war. Die kostspieligsten Cremes – von Charles Fays Veloutine bis zu der Cold Cream von Pinaud et Meyer –, kalte Bäder für die Frische der Haut und auch regelmäßige Massagen haben ihr geholfen; momentan denkt sie darüber nach, sich in Paris einer Behandlung zu unterziehen, die das Gesicht mit flüssigem Lack zu Porzellan werden lässt. Allerdings hat man ihr gesagt, dass die Prozedur sehr schmerzhaft ist, und mit sechsundzwanzig braucht sie sie eigentlich nicht – noch nicht.

»Du musst wissen, mein Lieber, dass d'Annunzio Eier liebt«, flötet sie. »Aber wie du siehst, gibt es auch noch Hummer in Tartarsauce, Spargel in feinem Schaum und am Ende eine große Torte, den *trionfo di gola.*« Sie dreht sich um, seufzt. »Was für ein faszinierender und einzigartiger Mann … Weißt du, wir haben zwischen dem dritten und vierten Akt lange geplaudert.«

»Ach, er ist zu dir gekommen, als gepfiffen wurde …«

»Aber was redest du? Das war doch ein Triumph! Acht Vorhänge allein im ersten Akt … Den Tumult haben diese blöden Studenten verursacht, oben in der Galerie. Man hat mir gesagt, die haben sogar Glas im Kassenraum des Theaters zerbrochen. Außerdem sind Gabrieles Werke immer sehr gewagt und regen zum Diskutieren an. Und diese wundervolle *Gioconda* macht da keine Ausnahme. Natürlich durchaus auch dank der Duse und Zacconis, die wirklich …«

»Du nennst ihn sogar mit Vornamen«, unterbricht Ignazio sie eisig. »Das ist doch ein Schürzenjäger, der keine Scheu hat, Frauen zu umgarnen.«

Franca konzentriert sich voll und ganz auf seine Anzugjacke und pustet ein nicht vorhandenes Stäubchen weg. »Ihr beschnuppert euch unter Gleichgesinnten, oder?« Sie macht einen der Dienstboten auf sich aufmerksam und reicht ihm ihre Stola, bittet ihn, den Schal zu Diodata zu bringen.

Ignazio reißt die Augen auf. »Das ist viel zu tief ausgeschnitten!«

Franca wirft ihm einen Blick zu, in dem sich Kälte und Unglauben mischen. »Ich glaube, das ist das allererste Mal, dass du so etwas zu einer Frau sagst. Oder kriegen das auch deine … deine Freundinnen zu hören?«

»Aber was hat das denn damit zu tun? Es wissen doch alle, dass d'Annunzio ein Mann ist, der sehr *empfänglich* ist, wenn es um schöne Frauen geht«, ruft Ignazio aus und geht auf sie zu. »Du bist schön, und er hat durchaus seine Ambitionen, dich zu erobern. Nein, streit es nicht ab! Das habe ich schon daran gesehen, wie er dich heute Abend angeschaut hat, wie er mit dir sprach …«

»Ich schätze, du kennst einige dieser Schachzüge, wenn du als Mann auf die Jagd gehst.«

Ignazio wird ernst. »Mach keine Witze, Franca.«

Sie winkt überdrüssig ab. »Er hat mich um einen Glücksbringer für seine neue Oper gebeten, und ich habe ihm einen versprochen. Ich dachte an eine Koralle … Außerdem – wärst du wirklich aufmerksam gewesen, hättest du gesehen, dass wir mit Jules Claretie sprachen.«

»Aber der ist Direktor der Comédie Française, und ich wette mit dir, der ist halber Päderast mit all diesen Theaterleuten. Franca, ich mache keine Witze: Halt dich von d'Annunzio fern.« Ignazio packt sie am Handgelenk.

Sie macht sich los. »Ich weiß alles über dich. Alles. Ich weiß, wie viel du für deine Geliebten ausgibst, wo ihr hingeht, ich weiß sogar, welches Parfüm sie benutzen, weil ich es an dir rieche. Das Geschwätz über dich ist so vorhersehbar, dass ich es mir mittlerweile gar nicht mehr anhöre. Und jetzt spielst du den Eifersüchtigen, nur weil ich in Anwesenheit eines ganzen Theaters mit einem Mann gesprochen habe? Du machst dich lächerlich.«

»Ich habe nicht die Absicht, vor ganz Palermo als gehörnter Ehemann dazustehen!«

Franca wirft den Kopf in den Nacken und lacht lauthals. »Gut! Wie fühlt es sich denn an, einmal auf der anderen Seite zu stehen? Zu sehen, dass andere das wollen, was du hast und was dir nichts bedeutet?« Sie streichelt ihren Hals, lässt ihre Hände langsam über ihren Ausschnitt gleiten. Sie ist entschlossen, ihn zu provozieren. »Was glaubst du denn, was die anderen Männer denken, wenn sie sehen, wie du ihre Ehefrauen bezirzt?«

»Was erlaubst du dir …« Ignazio ist purpurrot.

»Ich bin deine Frau, und ich erlaube es mir. Punkt. Aber jetzt ist es genug. Oder willst du dich vor allen lächerlich machen?«

Jemand hüstelt, diskret, aber hartnäckig, um sie zu unterbrechen. Nino steht in der Tür. »Das Ehepaar Trigona sowie

Monsieur Claretie sind eingetroffen. Darf ich sie hereinbitten?«

Franca hebt eine Falte ihres Rockes an. »Ich gehe ihnen entgegen«, erklärt sie mit einem kurzen, eisigen Blick zu Ignazio und verlässt mit ihrem federnden Gang das Zimmer.

»Deine Frau ist eine Augenweide heute Abend, *curò*. Das haben alle gemerkt, und zuallererst unser Poet. Er hat mehr sie angeschaut als die Vorstellung«, flüstert Romualdo und hebt das Kinn in Richtung Franca, die lebhaft mit Giulia und mit Monsieur Claretie auf Französisch parliert.

Giuseppe Monroy lacht unter seinem schmalen Schnurrbart. »Derlei Dinge solltest du nicht sagen, wenn Ignazio in der Nähe ist. Siehst du nicht, dass er jetzt schon nervös ist?«

»*Teste di cucuzza*, Rübenköpfe seid ihr«, zischt Ignazio.

»Aber es heißt, die Duse hätte bei ihm die Zügel in der Hand.« Giuseppe greift nach einer Champagnerflasche und schenkt sich unter dem entgeisterten Blick des Dienstboten selbst ein. »Das ist schon eine Mordsfrau. Allein die Augen, die brennen wie Flammen! Und was für eine Haltung, was für eine Brust!«

In diesem Moment kommen Schritte vom Flur, zusammen mit mehreren männlichen Stimmen, dem tiefen Lachen einer Frau. Franca und Giulia wechseln einen Blick, gehen zur Tür. Gabriele d'Annunzio ist der Erste, der hereinkommt, und er tut es auf ganz eigene, theatralische Weise, mit ausgebreiteten Armen, die Handflächen nach oben. Er richtet seinen Blick auf Franca, ergreift ihre Hände, hebt sie zuerst an seine Lippen und dann an sein Herz.

»Donna Franca, dieses Haus ist der würdige Rahmen für Eure Schönheit.«

»Ich danke Euch, Maestro«, erwidert sie mit einem Lächeln. Dann zeigt sie auf die Frau neben sich. »Darf ich Euch Gräfin Giulia Trigona vorstellen, eine gute Freundin von mir?«

Giulia, die ein flammend rotes Kleid trägt, deutet eine etwas unbeholfene Begrüßung an.

D'Annunzio lächelt zur Antwort, verbeugt sich. »*Enchanté*, Madame. Palermo kann sich überglücklich schätzen, dass die Schönheit seiner Töchter mit der Sinnlichkeit von Actea, der Nymphe der Flüsse, mithalten kann. Ihr seid leicht wie ein sanfter Windhauch, wie das Lüftchen über dem großen Mittelmeer.«

»Oh, lasst gut sein mit den Schmeicheleien«, ruft Franca aus. »Sonst werden unsere Ehemänner so eifersüchtig, dass sie sich verpflichtet fühlen, Euch zum Duell zu fordern!«

»Es wären nicht die Ersten«, tönt d'Annunzio. »Ich habe schon mehr als einmal das Raunen des Todes gehört …«

Von der Schwelle zum Speisesaal aus, eingehüllt in einen Umhang aus grauem Atlas, bestickt mit länglichen Glasperlen in den Farben Weiß bis Silber, beobachtet eine Frau die Szene mit einem Lächeln, das halb ironisch, halb bitter ist. Sie tritt auf Franca zu. »Es ist stärker als er. In Anwesenheit einer schönen Frau muss er sich immer in Stellung bringen.« Sie streckt ihr die Hand hin. »Ich bin Eleonora Duse. Es ist mir eine Freude, Euch kennenzulernen, Donna Franca.«

Einen Moment lang gerät Franca ins Zaudern. Aus der Nähe, ohne die Theaterschminke, mit dem langen dunklen Haar über den Schultern, ist die Duse nicht nur schön und sinnlich. Sie ist wie ein Magnet: die Inkarnation von Eleganz, gepaart mit einem harmonischen Körper, eine Schönheit, die so vollkommen ist, dass sie unwirklich erscheint. »Die Ehre und das Vergnügen sind ganz auf meiner Seite«, sagt sie schließlich. »Es ist ein Privileg gewesen, Eurer Darbietung heute Abend beizuwohnen. Ihr habt den inneren Qualen von Silvia eine Stimme gegeben, doch es ist Euch auch gelungen, etwas noch viel Schwierigeres darzustellen: ihr körperliches Leid. Allein mit einem Blinzeln …«

»Nur eine einfühlsame Frau weiß, wie nah Liebe und Leid einander sind«, erwidert die Duse.

Franca lächelt und bedeutet ihr, es sich bequem zu machen. In diesem Moment erscheint ein atemloser Mann in der Tür. Seine Gesichtszüge sind ebenso freundlich wie entschlossen, sein Blick lebhaft.

»Oh, da ist mein Bildhauer«, ruft d'Annunzio aus.

Ermete Zacconi, der in der *Gioconda* Silvias Mann, den Bildhauer Lucio Settala, spielt, verbeugt sich vor Franca, drückt ihr die Hand. »Donna Franca, es ist mir eine Ehre«, sagt er. »Bitte entschuldigt meine Verspätung, aber nach der Aufführung brauche ich immer einen Moment der Ruhe …«

»Das kann ich mir vorstellen, Signor Zacconi. Eure Figur ist … so intensiv, dass sie mir mehr als eine Träne entrungen hat.«

»Hoffentlich keine Angsttränen!« D'Annunzio ist an Francas Seite geeilt, drückt ihr eine Hand, bedenkt sie mit einem gespielt demütigen Blick.

»Tränen der reinsten und innigsten Rührung, das garantiere ich, Maestro!«

Er küsst ihr die Hand und lächelt.

Ignazio sucht vergeblich Francas Blick, um sie stumm zu

tadeln, doch sie kehrt ihm den Rücken zu und lädt mit einer Handbewegung alle ein, sich am Tisch einzufinden.

Kaum haben sich Franca und Ignazio jeweils an einen Kopf der Tafelrunde gesetzt, mit dem Dichter rechts von Franca und der Duse rechts von Ignazio, beginnt das Personal die Teller zu servieren, die noch mit Wärmeglocken bedeckt sind. Der Duft von Eiern und Brot, frisch aus dem Ofen, erfüllt den Raum.

»Eier auf Montebello-Art? Aber Ihr verwöhnt mich maßlos!«, ruft d'Annunzio aus, riecht an einem Bissen, ohne jedoch Franca dabei aus den Augen zu lassen.

Ignazio zuckt zusammen. Giuseppe wechselt einen Blick mit Romualdo, der kichert.

Dann, in der Pause zwischen Hummer und Spargel, kreuzt der Poet die Hände unter dem Kinn und betrachtet Franca. »Ihr habt einen Schwanenhals, meine Dame. Doch die Ohrringe, die Ihr tragt, lassen ihn kürzer erscheinen und lenken von Eurer wundersamen Schönheit ab.« Er nähert eine Hand den *pendants* von Cartier. »Na los, zieht sie aus.«

»Wirklich?«

»Ja.«

Gehorsam legt Franca zuerst einen Ohrring ab und betrachtet sich in der Oberfläche der Silberkaraffe, die vor ihr steht. Der Mann kommt näher, berührt fast ihre Wange. »Seht Ihr? Ihr solltet nur Colliers und Korsagen tragen, die die Linie Eures Halses hervorheben.«

Franca nickt. Sie nimmt auch den anderen Ohrring ab, betrachtet sich noch einmal.

»Ihr habt recht«, bestätigt sie und bewundert ihr Spiegelbild.

Von der anderen Seite des Tisches aus denkt Ignazio in seiner Verzweiflung nur daran, wann er endlich mit seiner Frau allein sein wird. Nein, diese Vertraulichkeiten kann er nicht mehr ertragen. Und er ist davon überzeugt, dass Franca d'Annunzios Aufmerksamkeit nur nutzt, um sich an ihm zu rächen. *Die wird sich noch wundern! Glaubt sie denn, nur sie habe das Recht, solche Szenen zu machen?*

Er schüttelt sich erst aus seiner Versunkenheit, als er Romualdos Blick sieht und ihm bewusst wird, dass seine schlechte Laune mittlerweile allen aufgefallen ist. Und so gibt er die Anordnung, Weißwein, einen Pinot, auszuschenken und erhebt sich. »Ich möchte auf unsere Gäste und ihren Erfolg anstoßen …«, verkündet er. »Doch vor allem auf Signora Duse, deren Talent sogar ihre Schönheit in den Schatten stellt.«

Die Schauspielerin schenkt ihm ein dankbares Lächeln und schaut dann die Hausherrin an. »Für eine Frau ist es ebenso wichtig, die eigene Intelligenz anerkannt zu sehen, wie ein Kompliment für ihre Schönheit zu erhalten. Findet Ihr nicht auch, Donna Franca?«

Die nickt. »Die Männer meinen oft, unsere Einfühlsamkeit sei mehr eine Einschränkung als eine Stärke, und dass sie uns minderwertiger macht. Wir sehen und begreifen alles, und oft entscheiden wir uns zu schweigen, doch sie scheinen es nicht zu bemerken.«

Giulia Trigona senkt den Kopf und fasst eine Stickerei auf der Leinentischdecke ins Auge. »Oder, schlimmer noch, sie glauben, ihre Position als Ehemänner und Väter versetze sie in einen Zustand, der über jede Beschränkung erhaben ist, und denken, das würde ihnen gestatten, ihre eigenen Frauen vor allen anderen zu demütigen und in Verlegenheit zu bringen«, murmelt sie.

Romualdo Trigona erbleicht und senkt den Kopf über seinem Teller.

»Meine Muse darf niemals von den dichten Nebeln der Alltäglichkeit erstickt werden.« D'Annunzio schaut zur Duse, hebt sein Glas in ihre Richtung. »Aus diesem Grunde habe ich auch die unzähligen Armseligkeiten des Alltags hinter mir gelassen und beschlossen, jenseits von ihnen zu leben, gelöst von den Netzen und Fallstricken, die eine mittelmäßige Gesellschaft wie unsere dem Individuum auferlegt. Für mich ist die Freiheit unantastbar und gilt für den Mann ebenso wie für die Frau.«

Die Duse schüttelt den Kopf, legt ihre Gabel ab. »Das bedeutet auch, sich jeglicher Verpflichtung zu entziehen, die aus einer Bindung entsteht. In anderen Worten, nicht die moralische Verantwortung für die eigene Wahl zu übernehmen.«

»Ganz im Gegenteil: Die individuelle Freiheit als einzige Göttin zu verehren bedeutet, *alle* Verantwortung zu übernehmen, die sich aus einer solchen Wahl ergibt.« Der Poet zeigt auf den Direktor der Comédie Française. »Gewiss kann mir Monsieur Claretie bestätigen, dass in Frankreich dank der Scheidung eine bürgerliche Ehe keine ewige Tortur mehr ist … Zeichen, wie gesagt, von bewundernswerter geistiger Unabhängigkeit.«

Claretie nickt, tupft sich die Lippen trocken. »Wobei es mir fernliegt, die Bedeutung der Ehe abzustreiten«, sagt er in ruhigem Ton. »Allerdings glaube ich, dass sich Künstler vor allzu tiefen Bindungen hüten sollten. Die Kunst braucht

Freiheit, auch weil sie oft zu inneren Veränderungen führt, die dem Nächsten Leid zufügen können.«

»Paradoxerweise enthüllt ausgerechnet das Theater mit seinen Masken und Verstellungen die Heuchelei menschlicher Beziehungen«, wirft Zacconi ein. »Es kann dir erlauben, alles zu sagen und zugleich das Gegenteil von allem, allein durch die Worte eines Poeten.«

»Na, na, übertreiben wir mal nicht. Die Ehe ist das Fundament einer fähigen Gesellschaft. Durch sie werden Rollen definiert, Kinder werden erzogen, es wird eine Grenze zwischen dem Erlaubten und dem Nichterlaubten gezogen. Ihre Wichtigkeit zu negieren ist purer Wahnsinn.« Ignazio hat mit einer etwas zu scharfen Stimme gesprochen und richtet den Blick auf Franca.

Die zieht die Augenbrauen hoch. »Ach, wirklich?« Sie stellt ihr Weinglas ab, streicht über den Stiel. »Meiner Meinung nach ist es das Verhalten, das für uns spricht; es sind unsere Handlungen und nicht unsere Worte oder Behauptungen. Es ist eine Frage der Würde, der Eigenliebe und der Korrektheit, weil oft Form und Substanz aufeinandertreffen. Ihr, Signor Zacconi, definiert das als Heuchelei, doch ich halte es lieber für authentischen Respekt für den anderen, beginnend bei den eigenen Familienangehörigen und dem Namen, den man trägt.«

Eleonora Duse betrachtet sie. Dann verziehen sich ihre Lippen langsam zu einem Lächeln. Sie hebt den Weinkelch in Francas Richtung. »Wie könnte ich widersprechen, Donna Franca?«

Franca wird viele Jahre später an diesen Abend zurückdenken, im Dunkeln eines Kinosaales, als sie die Duse wiedersieht – eine ältere Frau, ebenso zerbrechlich wie eindrucksvoll, in der Rolle einer Mutter, die ihren erwachsenen Sohn, den sie weggegeben hatte, wiederfindet. Im von tiefen Falten gezeichneten Gesicht, die Haare schneeweiß, wird sie vergeblich die Duse suchen, die sie damals kennengelernt und bewundert hat. Und sie wird nicht umhinkönnen, sich zu fragen, ob ebenso wie ihr Körper auch Eleonoras Geist, ihre Seele, am Ende vielleicht – so auch der Titel des Films – zu *cenere*, zu Asche geworden sind.

Denn das war ein Schicksal, das auch die kämpferischsten und intelligentesten Frauen ereilen konnte. Franca wusste das sehr gut.

Es ist ein milder Winter, der in Palermo den Wechsel zum neuen Jahrhundert einläutet. Und die Stadt, die ein Chronist des *Corriere della Sera* als die »schönste Stadt Italiens« bezeichnet hat, feiert ihn, indem sie sich in ein festliches Kleid wirft und endlich ihre vornehme Seele zeigt. Villen und kleine Palazzi mit anmutigen schmiedeeisernen Zäunen und gepflegten Gärten entstehen auf dem Gelände, das 1891 die Nationalausstellung beherbergt hat, stille Straßen, die von der Via della Libertà abgehen, der neuen, großen Arterie der Stadt, die an einen Pariser Boulevard erinnert. Und genau auf diese französische Hauptstadt schaut Palermo: Das sieht man an den Geschäften mit den Schildern aus bemaltem Holz, den Juwelierläden, die von Cartier inspirierte Broschen und Ringe feilbieten, den Hutmachersalons, die nach den Bildern aus der *Mode Illustrée* oder *Mode Parisienne* arbeiten, oder eben auch an den immer zahlreicher werdenden Varietés voller Lichter und Spiegel, mit ihren großen Theken aus Zink und den Tischchen mit Samtsesseln. Neben der alteingesessenen Patisserie Gulì, der Confiserie von Cavalier Bruno oder dem Caffè di Sicilia, wo Männer über Politik oder Geschäfte sprechen, werden Teesalons eröffnet, die nur für Frauen gedacht sind: Räume, mit Blumengemälden dekoriert und mit orientalischen oder arabisch angehauchten Möbeln eingerichtet, wo die Damen einen gepflegten Tee trinken oder Granite und Sorbets genießen können, ohne Angst haben zu müssen, belästigt zu werden. Das Teatro Massimo, endlich fertiggestellt, ist im Moment geschlossen, doch noch bleibt seine Vormachtstellung als drittgrößtes Theater Europas, nach der Pariser Oper und der Staatsoper von Wien, unangetastet; immerhin können die Palermitaner ihren Hang zur Weltoffenheit in den Badeanstalten, die in Acquasanta, in Sammuzzo und in der Arenella entstehen, ausleben.

Und genau auf halber Strecke zwischen Palermo und der Arenella erheben sich die Villa dei Quattro Pizzi – in der sich die Florios nur noch selten aufhalten – und auch die Villa der Familie Domville, ein Gebäude in neogotischem Stil, das Ignazio gekauft und von Grund auf umgebaut hat. Er hat sie Villa Igiea getauft und plant, sie zum schicksten Sanatorium in ganz Europa zu machen. Ein Gebäude mit großen, hellen, luftigen Empfangsräumen und zweihundert Zimmern mit Blick auf den Garten und dahinter das Meer. Hinter dem Komplex liegt der Monte Pellegrino, von dem ein würziges Duftgemisch aus Erde, Raute und wildem Majoran ausgeht. Der Kontrast der Farben und Düfte ist ebenso ungewohnt wie betörend.

»*And this is the terrace: 3000 square meters… Almost 32.300 square feet.* Wir sind mitten im Winter, und doch ist selbst hier an der frischen Luft die Temperatur sehr angenehm und die Luft balsamisch, besonders gut für die Heilung von erkrankten Bronchien und Lungen geeignet.«

Ignazio betrachtet neugierig die Reaktionen seiner Gäste auf die herrliche Terrasse und den großartigen Golf von Palermo, auf dem die Januarsonne funkelt. Die Männer nicken, sagen leise etwas, scheinen jedoch noch nicht wirklich begeistert. Doch er ist stolz auf diesen Platz und hat eine ansehnliche Summe gezahlt, um diese elf englischen Ärzte nach Sizilien kommen zu lassen, damit sie der Einweihung der Villa beiwohnen. Wie kann das nur sein, dass sie von all den Möglichkeiten, die diese Anlage bietet, nicht überwältigt sind?

»Vielleicht habt Ihr bemerkt, dass es hier nur Linoleumböden gibt. Das gesamte Gebäude ist vor Brand gesichert und wird mit Majolika-Öfen und Kaminen beheizt…«

»Wenn Don Ignazio es mir gestattet, möchte ich gerne hinzufügen, dass sowohl die Wäscherei als auch die Desinfektionsanlagen ebenso wie die Labors ein Stück entfernt von dem eigentlichen Komplex liegen, um den Aufenthalt der Patienten nicht zu stören und ihnen eine bestmögliche Heilung zu gewähren.«

Wer da gesprochen hat, ist ein magerer Mann mit tiefschwarzen Augen und einem großen grauen Schnurrbart namens Vincenzo Cervello, Professor für *Materia Medica*, also heilende Substanz, und Pharmakologie an der Universität von Palermo. Er wird der medizinische Direktor der Villa Igiea sein und dort seine innovative Methode zur Heilung von Lungenkrankheiten anwenden. Dafür werden die Patienten täglich zwei bis drei Stunden in einen Raum voller Formaldehyd-Dämpfe, angereichert mit Chloral und

Jodoform, gebracht. Ein ebenso neuartiges wie umstrittenes Verfahren: Die anwesende Gruppe von englischen Medizinern hat seine Erläuterungen mit offenkundiger Überraschung angehört und ihm mehrere eher peinliche Fragen gestellt. Doch Cervello hat stets voller Leidenschaft auf die Effizienz seiner Methode verwiesen.

»…einen Aufenthalt, den wir, wie Ihr alle gesehen habt, so gestaltet haben, dass den Patienten bis ins kleinste Detail Bequemlichkeit und Diskretion garantiert werden«, führt Ignazio fort. »Und nun, meine Herren, lasse ich Euch für einige Stunden allein. Wenn Ihr wollt, stehen Euch mehrere Kutschen für eine Stadtbesichtigung zur Verfügung. Und ich möchte daran erinnern, dass heute Abend das Galadiner stattfindet und es mir große Freude bereiten wird, Euch als meine Gäste zu haben.«

Da endlich erblüht auf den Gesichtern der Männer das ein oder andere Lächeln. Manche schauen sich um, spähen zwischen den Hecken und den Bäumen im Garten umher. Es gibt einen Moment des Zögerns. Bis der Jüngste der Gruppe schüchtern nach Franca fragt: »*And your wife… She will be there, won't she?*«

Ignazio lächelt etwas gequält. »*Of course.* Meine Frau kann es wirklich kaum erwarten, Euch alle kennenzulernen, Signori.«

Ein zufriedenes Murmeln geht durch die Gruppe, die sich langsam entfernt.

Mit einem Seufzen lehnt sich Ignazio an die Balustrade über dem Meer. »Dem Himmel sei Dank, es ist vorbei. Ihr seid Euch ganz sicher, dass sie die Zimmer im ersten Stock nicht gesehen haben?«, flüstert er Professor Cervello zu.

»Ganz sicher. Und von der Küche nur den vorderen Teil.

Außerdem haben sie nur ein Labor und einen der Säle für die Therapie besichtigt.«

Ignazio nickt. Die Arbeiten sind noch lange nicht abgeschlossen; es wird noch Wochen dauern, ehe das Sanatorium Patienten aufnehmen kann. Die üblichen Verzögerungen, verursacht durch faule Arbeiter, durch Material, das auf sich warten lässt, durch die Langsamkeit der Behörden bei den Genehmigungen. Dazu kommen die Kosten für den Erhalt, die schon jetzt sehr hoch sind, genau wie es auch einer der Gäste bei einem Vier-Augen-Gespräch mit Ignazio, bei einem Glas Brandy, prophezeit hat.

Er hat damals nur diplomatisch gelächelt und ist einer Antwort ausgewichen.

Doch das ist nicht wichtig. In den Augen dieser kompetenten Männer muss alles perfekt erscheinen und die Villa Igiea bereit für die Eröffnung. Dann werden sie ihren vermögenden Patienten diesen eleganten Ort empfehlen, von Sonne und Meer geküsst und mit dem modernsten Schnickschnack ausgerüstet. Und wenn sie erst einmal hier sind, wird die Wirksamkeit der Kuren von Professor Cervello ein Übriges tun.

In dem Moment, als die beiden Männer zurück ins Gebäude gehen, taucht ein Dienstbote, kaum älter als ein Junge, aus dem Flur auf und läuft direkt zu Ignazio.

»Langsam, langsam, verdammt noch mal!«, tadelt der ihn streng. »Hier müssen Ruhe und Gelassenheit vorherrschen!«

»*Mi scusasse*, Don Ignazio. Aber es ist ein Telegramm gekommen, und …«

Ignazio reißt ihm das Schreiben aus der Hand und bedeutet ihm, sich zu entfernen. Der Junge ergreift fast auf Zehenspitzen die Flucht.

Ignazio liest rasch, hält dann inne, packt den Professor Cervello am Arm. »O Herr, ich danke dir! Er kommt nicht! Minister Baccelli kann der Eröffnung der Villa Igiea nicht beiwohnen! Wir müssen verschieben!«

Professor Cervello lächelt ungläubig, bedeckt den Mund mit einer Hand. »Dann haben wir noch Zeit, alles fertig zu machen und erst im Frühling zu eröffnen!«

Die beiden Männer geben sich die Hand.

»Was für ein Glück! Heute Abend bei der Gala werde ich es verkünden. Oh, natürlich werde ich sehr zerknirscht sein …«

»Mir schien, dass sowieso nur wenige Euch zuhören werden. Ich glaube nämlich, das Hauptanliegen dieser Engländer ist es, Eure Frau zu treffen«, kommentiert Professor Cervello, geradezu beflügelt von der Nachricht.

Ignazio zerknüllt das Telegramm, steckt es in seine Tasche. »Sollen sie meine Franca nur anschauen. Es gibt sowieso etwas, das sie sogleich bemerken werden.«

»Und zwar?«, erkundigt sich Professor Cervello, neugierig geworden.

Ignazio lächelt. »Meine Frau ist wieder schwanger.«

»Allerliebster Ettore!«, ruft Franca aus.

Ettore De Maria Bergler, ein Zigarillo zwischen den Lippen, ist damit beschäftigt, in einer Schale verschiedene Grüntöne zu mischen. Als er Francas Stimme hört, hebt er den Kopf und dreht sich mit einem Lächeln auf den Lippen um. Einen Augenblick lang hängen beide der Erinnerung an einen Frühling vor vielen Jahren nach, an eine Kohlezeichnung, als Franca noch eine naive junge Frau war, die glaubte, Ignazio sehe keine andere außer ihr. Bergler streckt ihr eine lackverschmierte Hand hin, küsst die ihre. »Donna Franca, was für eine Freude, Euch zu sehen! Seid Ihr gekommen, um zu sehen, wie die Arbeit vorangeht?«

Sie nickt und verschränkt die Hände über ihrem Bauch.

Ihr drittes Kind wird in ein paar Monaten zur Welt kommen; nach ihrer geliebten Giovannuzza und Baby Boy wäre ein weiterer Junge ihre allergrößte Freude. Bis dahin muss dieser Salon fertig sein, weil sie für die Taufe des Kleinen Gäste empfangen werden.

»Nun, wir sind an einem guten Punkt. Michele Cortegiani und Luigi di Giovanni sind sogar fast noch weiter als ich.«

Franca hebt den Blick zu den beiden Männern, die auf einem Gerüst sitzen und einem Rosenkranz den letzten Schliff geben. »Seid gegrüßt, Signor Cortegiani, und auch Ihr, Signor di Giovanni!«

»Meine Verehrung, Donna Franca!«, sagen beide im Chor.

Über Franca tanzen mehrere Nymphen in hauchzarten Gewändern. »Wundervoll«, murmelt sie und dreht sich im Kreis, um die Fresken, die allmählich Form annehmen, auf sich wirken zu lassen. »Da ist etwas … etwas Magisches an diesen Geschöpfen.«

»Ich bin davon überzeugt, die Kunst ist eine Art Magie, der man sich ohne Vorbehalte hingeben sollte. Findet Ihr nicht?«

Sie seufzt, nickt. Sie ist mit Schriftstellern und Malern befreundet und weiß sehr wohl, wie wichtig es ist, dass ein Kunstwerk von einer Aura des Geheimen umgeben ist. Doch mittlerweile hat sie auch gelernt, die kleinen und großen Marotten der Künstler, ihre Kleinlichkeiten und vor allem ihre Ängste zu erkennen, die sie sogar in den Briefen spürt, die Puccini und d'Annunzio ihr schreiben. »Gewiss. Ihr Künstler seid Wesen, die ebenso mächtig wie zerbrechlich sind.«

Der Maler lüpft die Augenbrauen, zieht dann ein Taschentuch hervor und tupft sich ein Rinnsal aus Schweiß ab. »Das Problem von heute ist, dass es keine Demut mehr gibt. Manche Leute sehen ein einziges Bild oder hören eine einzige Oper und glauben, es sei ihr angestammtes Recht, herbe Kritik daran zu üben.« Er reicht seine Farbschüssel einem Helfer und weist ihn an, mit dem Vermischen der Grüns weiterzumachen. Dann reibt er sich die Finger mit einem Lappen ab. »Kommt, gehen wir in den Garten«, sagt er dann und lächelt. »Es ist ein milder April, und ich möchte nicht, dass Ihr Euch unnötig anstrengt.«

Sie durchqueren den Flur, steigen die schwungvoll geformte Treppe hinab und stehen kurz darauf auf der Terrasse, von der aus man übers Meer schaut. Hier stehen verschiedene Gartenmöbel aus Schmiedeeisen. Franca lässt sich mit einem Seufzer der Erleichterung in einen der Stühle sinken. Langsam macht sich die Anstrengung der Schwangerschaft bemerkbar.

Doch De Maria Bergler scheint das nicht zu bemerken. »Ihr seht so … so strahlend aus!«, ruft er. »Ach, was würde ich Euch jetzt gerne malen, in dieser Frühlingsbrise!«

»Ihr seid immer so gut zu mir«, erwidert Franca. Doch sie weiß, dass der Maler recht hat: In den vergangenen Monaten hat Ignazio sie wieder mit der gleichen Leidenschaft geliebt wie früher, und auch seine »Ablenkungen« scheinen in den Hintergrund getreten zu sein. Ihre wiedergefundene gute Laune ist unübersehbar. Fast denkt sie nicht mehr an die anderen Frauen: Sollen sie doch Ignazios Aufmerksamkeit haben – Franca ist die Mutter seiner Kinder. Diese Frauen haben die Krümel; Franca sitzt an einem reich gedeckten Tisch. Vor allem aber ist sie stolz auf sich selbst: Ihr Äußeres hat kein bisschen gelitten.

»Und, wie geht es Euch?«

»Das Kleine tritt wie ein Teufelchen«, murmelt Franca und streicht über ihren Bauch. Prompt reagiert das Kind mit einem kleinen Tritt in ihre Hüfte.

»Bis es auf die Welt kommt, sind wir mit den Arbeiten fertig. Riecht Ihr diese Mischung aus Imprägniermittel, Öl und Leim, aber auch Holz? Das kommt von den Möbeln, die Euer lieber Freund Ernesto Basile entworfen hat; gerade haben Leute aus der Fabrik von Vittorio Ducrot sie geliefert, sie sind noch verpackt. Wenn Ihr wollt, zeige ich sie Euch später. Ihr werdet sehen, am Ende wird es so sein, als würde man im Frühling in einem Garten sitzen.«

»Oder an einem Ort wie im Traum, wie aus der Zeit gefallen«, sagt Franca mit einem Lächeln. Denn das ist es, was sie im Sinn hat. Ein exklusives Hotel, ganz allein für den Adel der Welt, vor dem, was Goethe einst *das schönste aller Vorgebirge der Welt* genannt hat. Ein Refugium, in dem man Seele und Körper regenerieren kann.

Und die Idee dazu war von ihr gekommen.

Als Ignazio endlich begriffen hatte, dass die Villa Igiea niemals das Luxussanatorium werden wird, das er sich vorgestellt hat – zu viele bürokratische Hürden, zu hohe Kosten und vor allem zu viele Zweifel an der Wirksamkeit der Kurmethoden von Professor Cervello –, hat er sich tagelang in wütendes Schweigen gehüllt, aus dem er nur gelegentlich auftauchte, um auf sein mieses Schicksal zu schimpfen und sich zum Opfer des Lebens auf einer rückständigen Insel zu gerieren.

Franca ließ ihn eine Weile gewähren. Dann, eines Abends, hat sie ihn in sehnsüchtigem Ton an ihre Urlaube in Sankt Moritz, in Nizza und Cannes erinnert und mit einem Seufzen hinzugefügt, wie schön es doch wäre, auch hier in Palermo ein solches Luxushotel zu haben, wie eins von denen, die sie immer besuchen …

Ignazio schaute sie mit aufgerissenen Augen an und rief: »Genau! Meine Franca, das stimmt! Zum Teufel mit dem Sanatorium! *Unsere* Villa Igiea muss das schönste Luxushotel in ganz Europa werden!« Er nahm ihre Hände und küsste sie.

Zusammen mit ihrem guten Freund Ernesto Basile haben sie ganze Nachmittage mit Gesprächen darüber verbracht, wie sie sich dieses Hotel vorstellten: von der Einrichtung der Zimmer und der Salons bis zu den Spielfeldern für den *lawn tennis*, einen Sport, den Ignazio voller Begeisterung ausübt; vom panoramisch angelegten Garten mitsamt Brücken und Freitreppen bis zur Telegrafenstation; von der Möglichkeit, den Gästen mehrere Boote und vielleicht sogar eine ihrer Jachten zur Verfügung zu stellen, bis zur ausgezeichneten Qualität der Küche, die – hier war Franca nicht zu erweichen gewesen – von einem prämierten Küchenchef und selbstverständlich einer französischen Brigade geführt werden müsse, ebenso wie auch der Maître und der Sommelier aus Frankreich zu stammen hätten. Dank des milden Klimas auf Sizilien würde das Hotel ganzjährig, auch im Winter, geöffnet sein. Ignazio erzählte, einer seiner englischen Ärzte habe an einem gewissen Punkt erklärt: »Hier auf Sizilien ist der Januar wie ein heißer Juni in England!«

Und dann war der Mann, zusammen mit mehreren anderen Kollegen, zum Baden ans Meer gefahren.

Damals haben sie so viel miteinander gelacht, sie und Ignazio, waren wieder Komplizen wie früher. Franca hat Vorschläge gemacht, hat erklärt; und Ignazio hat ihr zugehört. Sie fühlte sich – und fühlt sich noch immer – wie ein Teil des Projekts. Außerdem liebt sie diesen Ort, weit weg von der Stadt, sie liebt seine Blumendüfte, das Aroma der Algen, das vom Meer herüberweht, und wie die Sonne auf dem Meer und der Küste funkelt und alles in Gold und Bronze taucht. Sie liebt es so sehr, dass sie beschlossen hat, ein ganzes Stockwerk der Villa Igiea für sich, für Ignazio und ihre Kinder frei zu halten.

Ihre Finger streichen über ihre Kette aus Gold und Sciacca-Korallen. »Wisst Ihr, ich möchte so gern umziehen, so schnell wie möglich. In der Olivuzza fühle ich mich wie mitten in einem Hafen … Da ist immer Chaos, mit all den Bediensteten und den Gästen, die kommen und gehen. Jetzt mehr denn je, und ich brauche wirklich meine Ruhe.«

»Natürlich! Im Übrigen, könnte es denn einen besseren Ort geben als diesen hier, der auch noch den Namen der Göttin der Gesundheit trägt?«

Franca lacht. »Ach, wenn Ihr wüsstet! Ganz am Anfang, als mein Mann noch dachte, das hier würde ein Sanatorium, hat er sich wochenlang mit dem Namen gequält, weil er nicht wusste, ob man Igiea nun mit i oder ohne i schreiben sollte. Am Ende war es unser lieber d'Annunzio, der uns bestätigte, dass der Name der Gesundheitsgöttin tatsächlich Igiea lautet.« Ihre Miene wird sanft. »Wenn es ein Mädchen wird, möchte mein Mann sie so nennen. Aber ich wünsche mir sehr einen Jungen.«

»Es wird das, was das Schicksal will. Das Wichtige ist, dass das Kind gesund ist. Und Eure Schwiegermutter, Donna Giovanna, wie geht es ihr?«

»Gut, ich danke Euch. Sie hat beschlossen, in der Olivuzza zu bleiben«, fügt sie hinzu, obwohl der Maler gar nicht danach gefragt hat. Doch die Erleichterung über die Entscheidung ihrer Schwiegermutter, zusammen mit ihrem jüngeren Sohn in der Villa zu bleiben, war so groß, dass Franca sie nicht verbergen kann; man hört es ihr an und sieht es auch. Seit sie vor mittlerweile sieben Jahren in der Olivuzza angekommen ist, hat Giovanna nicht mehr ihren Lebensstil geändert, der von Gebeten und ihren Stickarbeiten geprägt ist, von Melancholie und Bedauern. Der Schleier des Schmerzes und die Traurigkeit ihrer Gemächer ist zu einem Schatten geworden, den kein Licht mehr vertreiben kann.

Nein, da ist die Sonne hier viel besser, all das Leben und die Wärme, die dieser Ort ausstrahlt.

»Vor einigen Tagen habe ich gehört, wie Euer Mann mit Ernesto über die Möglichkeit gesprochen hat, im Park der Olivuzza ein Häuschen für Euren Schwager zu errichten«, fährt der Maler fort.

»Ach, ja. Das ist ein Projekt, von dem er schon eine Weile spricht. Ich bin nicht so begeistert davon, weil es bedeuten würde, dass man den Garten umgestaltet und den kleinen Tempel abreißt, aber so ist es nun mal. Wenn es um seinen Bruder geht, hört Ignazio weder auf mich noch auf seine Mutter. Mittlerweile ist Vincenzino siebzehn Jahre alt und hat ihn um *mehr Raum und mehr Freiheit* gebeten«, erklärt sie betont.

Der Maler verkneift sich eine scharfe Bemerkung und

zeigt ein diplomatisches Lächeln. In Wirklichkeit ist es so, dass der jüngste Florio sich längst all den Raum und die Freiheit nimmt, die er will: einerseits mit seiner Leidenschaft für die Automobile, die er laut eigenen Angaben aus dem Effeff kennt; andererseits mit seiner Sammlung von weiblichen Eroberungen, die der seines Bruders in nichts nachsteht. *Wie zwei so kapitale Schürzenjäger aus einem sittenstrengen Paar wie Ignazio und Giovanna Florio hervorgehen konnten, ist und bleibt mir ein Rätsel,* sinniert De Maria Bergler, hütet sich aber davor, dieser Überlegung auch laut Ausdruck zu verleihen.

Er steht auf. »Es tut mir sehr leid, Donna Franca, aber ich muss wieder an die Arbeit. Doch darf ich Euch noch eins sagen? Von meiner bescheidenen Mitwirkung einmal abgesehen, bin ich mir sicher, dass die Villa Igiea ein außergewöhnlicher Ort wird, um den uns alle beneiden werden. Ich glaube nicht, dass das mit dem Sanatorium ebenso gewesen wäre. Zum Glück hat Euer Mann sich das anders überlegt …«

»Nur Menschen, die keine Fantasie haben, ändern ihre Meinung nie. Und dumme Menschen«, erwidert Franca mit einem Lächeln. »Und ja, ich bin Eurer Meinung. Vielleicht rührt mein Optimismus ja von der Freude über diese neue Schwangerschaft, doch auch ich bin davon überzeugt, dass die Villa Igiea der Welt zeigen wird, wie außergewöhnlich schön Palermo ist.«

An diesem Sonntag im April ist die Sonne schon recht heiß und macht Jagd auf die Schatten in den Bäumen der Piazza

Marina, während der Libeccio-Wind Staubwolken über den *balate*, den Märkten am Cassaro, aufwirbelt. Schon am frühen Morgen musste Ignazio zur Villa Igiea fahren, um mit dem Bauleiter über die Feinarbeiten an den Geländern zum Meer zu sprechen. Am liebsten wäre er geblieben, um im Garten spazieren zu gehen, doch er hatte einen wichtigen Termin.

Jetzt sitzt er im Gebäude der *Navigazione Generale Italiana* und liest einen Brief zum zweiten Mal.

Es handelt sich um den Entwurf eines Schreibens, das er vor fast einem Jahr an das *Giornale di Sicilia* geschickt hat: eine lange und ausführliche Auflistung all dessen, das nötig sein würde, um die Insel aus ihren ewigen Schwierigkeiten zu holen. Ein sogenanntes *Progetto Sicilia*, so hat er es genannt, in dem es darum ging, extensive Landwirtschaft in intensive umzuwandeln, Ölförderung zu betreiben, den Abbau von Schwefel anzukurbeln, auf experimentelle Weise Hirse und Rote Bete anzubauen, die von Rebläusen befallenen Weinreben neu zu pflanzen, unter den Bauern die Notwendigkeit zu propagieren, die Anbaumethoden auf einen neueren Stand zu bringen, gesetzgeberische Maßnahmen auf den Weg zu bringen … Es war der Aktionsplan des *Consorzio Agrario Siciliano*, den er sich so sehr gewünscht hatte und für den er achtzehntausend Adlige, Intellektuelle und Politiker um sich versammelt hatte, geeint von der Idee, dass endlich der Moment gekommen sei, um die Wirtschaft auf der Insel auf Vordermann zu bringen.

Doch die Regierung hat zwar mit Worten nicht gegeizt, war ansonsten aber nicht bereit gewesen, finanziell etwas beizusteuern, was dem Projekt den Wind aus den Segeln nahm. Aus der Asche der Enttäuschung wurde jedoch eine neue Idee geboren, für die er sofort Feuer und Flamme war: die Gründung einer Zeitung.

Darüber hat er gut nachgedacht. In den Spalten einer Tageszeitung hätten die Interessen der Casa Florio eine ganz andere Sichtbarkeit. Außerdem wäre ein solches Organ ein unverzichtbares Instrument für den Druck auf die öffentliche Meinung. Zum Beispiel um die Entscheidungen einer Regierung zu kritisieren, mit der alle unzufrieden sind, weil sie immer nur Steuern verlangt, aber keine Hilfe anbietet. Wenn die Politiker begreifen würden, dass die einfachen Leute von der Straße ihnen nicht mehr folgen, ja sogar feindselig werden, könnten sie gar nicht anders, als ihre Handlungsweisen zu überdenken.

Am Ende war eine Zeitung die beste Methode, allen zu zeigen, wo die Zukunft liegt.

Eine Zeitung würde den Unzufriedenen und der Hoffnung gleichermaßen Stimme verleihen.

Und zwar *seine* Stimme.

Es herrschen nicht mehr die Zeiten seines Vaters, in denen ein einzelner Mann das Schicksal einer ganzen Stadt verändern konnte. Zudem hatte sein Vater jahrelang Crispi, der ihm den Rücken stärkte. Nachdem Crispi untergegangen ist und auch Rudinì seinen Abschied genommen hat, ist nun dieser Luigi Pelloux an der Spitze der Regierung, der rein gar nichts von Sizilien versteht und meint, alles mit Polizeigewalt und Waffen lösen zu können. Verärgerung kommt in Ignazio auf. Erst vor wenigen Tagen – am 8. April – hat Pelloux sogar die Erleichterungen für den Bau von Schiffen außer Kraft gesetzt und damit die Vervollständigung der Werft von Palermo in ernste Schwierigkeiten gebracht. *Mit diesen Politikern aus dem Norden kann man einfach nicht reden. Gewisse Dinge verstehen sie nicht, und so muss man eben ein Heer ausrufen, ihnen entgegentreten, sie zermalmen. Und dazu braucht man das Volk,* denkt er, fast wütend geworden.

Er hebt den Blick, schaut sich um. Im Haus ist es still. Heute ist nichts zu hören, kein Quietschen, kein Knirschen. Selbst die Risse in den Mauern scheinen verschwunden zu sein.

Jemand klopft an die Tür. Eine imposante männliche Gestalt steht auf der Schwelle.

»Nur herein, lieber di Rudinì, nur herein!«

Carlo Starabba di Rudinì, erstgeborener Sohn des ehemaligen Premierministers, ist ein überaus kräftiger Mann mit großem dunklem Bart, elegant gekleidet.

»Also, seid Ihr bereit?«, will Ignazio wissen.

»Vor allem bin ich geehrt. Besitzer einer neuen Zeitung zu sein ist nicht wenig. Der Direktor erwartet uns in der Redaktion, richtig?«

»Morello dürfte schon da sein, ja.« Ignazio nickt und richtet seine Aufmerksamkeit auf eine Seekarte, die an der Wand hängt und auf der die kalabrische Küste und die Meerenge von Messina abgebildet sind. »Wisst Ihr, er stammt aus Bagnara Calabra, wie mein Urgroßvater. Was für ein seltsamer Zufall.«

»Ach, ich dachte aus Rom. Er hat doch für *La Tribuna* geschrieben, stimmt's?«

»Ja, genau. Nun, es ist Zeit zu gehen.«

Das Dunkel im Inneren der Kutsche ist frisch und angenehm. Ignazio spielt mit den beiden Brillanten an seinen Manschettenknöpfen – zwei großen Steinen, die seine Handgelenke zum Strahlen bringen – und unterdrückt ein

Seufzen, überkreuzt die Beine, um sich seine Anspannung nicht anmerken zu lassen.

»Und Euer Vater, wie geht es ihm?«

»Gut, danke. Immer noch wütend auf Pelloux«, antwortet Rudinì mit einem Achselzucken.

»Ich verstehe ihn, er hat jeden Grund, es zu sein. Ihr wisst ja, dass ich ihn voller Überzeugung unterstützt habe und er in mir immer einen treuen Verbündeten hatte«, entgegnet Ignazio. »Und ich verstehe auch, warum er der derzeitigen Regierung nicht wohlwollend gegenübersteht, die von einem Wahnsinn der Normalisierung durchdrungen ist, die ganz gewiss weder Sizilien noch dem gesamten Mittelmeerraum hilft. Als wäre Sizilien wie das Piemont oder die Toskana! Die Bourbonen haben wir überlebt, aber von den Winkelzügen und den schändlichen Zöllen, die uns die Regierung in Rom auferlegt, können wir uns nicht befreien ... während die Unternehmen im Norden freie Hand haben!«

Carlo di Rudinì verzieht die Lippen zu einer Grimasse voller Bitterkeit. »Als er noch an der Regierung war, hat mein Vater immer alles getan, um die Interessen Süditaliens zu schützen, und die von Sizilien insbesondere. Wir sind eine noch zu junge Nation, die aus verschiedenen Landesteilen entstanden ist. Die ganze Einigung ist zu schnell und in Eile vor sich gegangen. Italien, mein lieber Don Ignazio, ist bereits geteilt zur Welt gekommen«, sagt Rudinì in entzaubertem Ton. »Wer vor vierzig Jahren Italien gegründet hat, dem war nicht bewusst, wie verschieden der Süden und der Norden sind, und jetzt bejammern wir die Konsequenzen.«

Ignazio nickt. »So ist es: Nach der Einigung wurden Sizilien und die Sizilianer beiseitegeräumt wie ein alter Schuh.

Kein Projekt, keine Innovation; nur der Vorwurf, Geldfresser zu sein, ohne Kunst und ohne Brot, eben die armen Leute des Südens, die *cafoni*.« Fast spuckt er es aus, dieses Wort. »Das ist auch ein Grund, warum ich den *Consorzio Agrario* gegründet habe – weil ich Vertrauen in die Tatsache hatte, dass man etwas Konkretes, etwas Modernes machen könne. Und ganz gewiss ist eins: Während anderswo die Landbesitzer eine politische Macht sind, der man zuhört und die man unterstützt, sieht man sie hier wie arme Idioten.«

Di Rudinì schaut ihn skeptisch von der Seite an. Subventionen hat die Casa Florio viele bekommen, und auch politische Hilfe war immer da, seit die Schiffsverträge erneuert wurden. Doch Ignazziddu Florio hat weder die Durchsetzungskraft seines Großvaters noch die anpackende Art seines Vaters. Er ist mit einem guten Willen gesegnet und hat brillante Ideen, das gewiss, doch er ist launisch – *'na bannera di cannavazzo*, er hängt seine Fahne nach dem Wind. Und was die produktiven Bereiche angeht, glänzt er sicher nicht durch Innovation: Er könnte mehr für seine Unternehmen ausgeben oder das Geld besser einsetzen, doch sie stagnieren, wie die Oretea, und können mit den Firmen in Norditalien nicht mithalten. Andererseits kann er ihm eine ganz besondere Einfühlsamkeit nicht absprechen, was gesellschaftliche Fragen angeht, und er weiß, dass Florio ein mächtiger, reicher Mann mit einem gewaltigen Netz an Beziehungen ist. Deshalb hat er sich auch auf eine Beteiligung an der Gründung der Zeitung eingelassen.

Ignazio scheint zu ahnen, was Rudinì durch den Kopf geht, denn er beugt sich vor und drückt seinen Arm. »Ich bin mir sicher, dass wir dank dieser Initiative endlich etwas bewirken werden. Die freie Information wird die Fahne dieser Zeitung sein! Ich werde meine Kontakte ins Ausland nutzen, um Nachrichten aus der ganzen Welt zu beschaffen, es werden wichtige Namen für uns schreiben: Colajanni, Capuana … sogar der große D'Annunzio hat mir seine Mitarbeit zugesichert. Das *Giornale di Sicilia* hat viel gemacht, aber es ist an der Zeit, dass jemand wirklich die Interessen der Sizilianer vertritt. Darin sind sich alle einig. Selbst Filippo Lo Vetere, ein Sozialist und keinesfalls ein Adliger, der faul auf einem Thron sitzt – zwischen den Landbesitzern und den Bauern Krieg zu führen sei sinnlos, sagt er. Niemand wird uns helfen; das müssen wir schon selbst tun.«

Gern hätte Ignazio hinzugefügt, dass er auch darüber nachgedacht hat, wie man Leser anzieht, indem man den Abonnenten Prämien wie zum Beispiel Vasen oder Geschirr aus seiner Keramikfabrik anbietet, doch er kommt nicht mehr zu Wort, denn das Gefährt ist in der Via dei Cintorinai angekommen, vor dem Sitz der Zeitung, deren erste Ausgabe genau an diesem Tag erscheinen und die es noch weit bringen wird. Viele Generationen lang wird sie die bittere Geschichte Palermos ehrlich und mutig erzählen; an ihren Schreibtischen werden einige der bedeutendsten Federn des sizilianischen und italienischen Journalismus ihr Handwerk ausüben. Und bevor die Zeitung wieder geschlossen wird, werden mehrere ihrer Journalisten von der Hand der Mafia sterben.

L'Ora. *Die Stunde.*

Politisches Tageblatt für Sizilien.

Costanza Igiea Florio wird am 4. Juni des Jahres 1900 geboren. Alle nennen sie Igiea, und von ihrer Familie wird sie als die Verheißung von Glück für das neue Jahrhundert angesehen.

Doch diesmal wird die Freude der Familie nicht von den Arbeitern der Casa Florio geteilt. Niemand von ihnen wird in der Olivuzza vorstellig, um Glückwünsche zu überbringen. Niemandem ist nach Feiern zumute, wenn es keine Arbeit gibt.

Denn zwischen Juni und November werden die Subventionen für den Bau von neuen Schiffen eingeschränkt. Eine Maßnahme, die auch den Schiffswerften im Norden schadet – die allerdings bereits ihre Aufträge haben – und die im Süden buchstäblich in die Knie gehen lässt, an allererster Stelle die Werft in Palermo, die immer noch nicht fertig gebaut ist. Die *Navigazione Generale Italiana* muss die Arbeiten unterbrechen. Und Ignazio ist gezwungen, Hunderte von Arbeitern zu entlassen.

In einer Situation, die durch das tödliche Attentat auf König Umberto I. noch schwieriger wird, ist es sinnlos, sich Hilfe suchend an Rom zu wenden; von dort kommen nur leere Versprechungen oder auch Zeichen der Angst vor einem möglichen Aufstand und daraus folgend die Aufforderung, ein Auge auf mögliche Provokateure zu haben. Man verweigert Palermo sogar Almosen: Der Präfekt bittet um Unterstützung für Familien in Schwierigkeiten, doch die Regierung stellt sich dagegen. Am Ende zieht derselbe Präfekt die Bitte zurück, weil er einen gefährlichen Präzedenzfall befürchtet.

Die Zahl der Arbeitslosen wächst. Zu Beginn des Jahres 1901 sind es fast zweitausend.

Es wachsen auch die Gemeindesteuern, in dem ungeschickten Versuch, eine Bilanz zu sanieren, die längst in chronischem Defizit steckt.

Und auf der langen, unendlich langen Welle des Hungers, der Verzweiflung, der Ungewissheit, hört man immer wieder einen einzigen Satz, den alle flüstern, ob es nun die Arbeiter der Oretea, die Angestellten, die Handwerker, die Tagelöhner oder die Seeleute auf der Werft sind. Einen Satz mit einem Vorwurf, der nicht zu entkräften ist.

Ignazio Florio ist ein Lügner.

Die Werft würde der Stadt Wohlstand bringen, hat er angekündigt. Die Wirtschaft würde neue Impulse bekommen, hat er bekräftigt. Und es würde Brot und Arbeit für alle geben, hat er versprochen.

Doch stattdessen kann man in Palermo nur noch Däumchen drehen und aus der Ferne diese riesengroße, unvollendete Werft anschauen, die schon veraltet ist, bevor sie überhaupt in Betrieb geht.

Und das ist Ignazio Florios Schuld.

Das Morgengrauen des 27. Februar 1901 ist eisig kalt, Schals werden um Schultern gelegt, die Berge sind mit Schnee bestäubt, und darüber wölbt sich ein bleierner Himmel. Erst im Februar wird es richtig kalt in Sizilien.

Und diese Kälte dringt in die Olivuzza, sie klettert über die Mauern und die Fenster, die mit Wollstücken verhängt sind, um Windstöße abzuhalten, sie lässt die Hitze in den Wärmflaschen erkalten und erreicht Ignazio unter der Decke.

Seltsam, aber er ist bereits wach. Genauer gesagt, hat er eigentlich kaum geschlafen. Er ist dreißig, doch an diesem Morgen fühlt er sich doppelt so alt.

Frierend steht er vom Bett auf, zieht seinen Morgenrock über und geht ins Arbeitszimmer. Er lässt sich einen Kaffee und einen Cognac bringen und bittet, nicht mehr gestört zu werden.

Er schaut auf den Haufen Papier, der sich auf dem Schreibtisch stapelt – Blätter, die er am liebsten gar nicht erst berühren würde. Und doch liegen sie da, verlangen von ihm, dass er sich mit ihnen beschäftigt. Schuldscheine gegenüber Banken, zuoberst die bei der Banca Commerciale Italiana, die ihm die Liquidität zurückgegeben hat, die er brauchte, um aus dem üblen Schlamassel mit dem Credito Mobiliare zu kommen. Damals hat er sich schwer verschuldet, und er war gezwungen, einen Teil seiner Aktien der NGI als Garantie zu geben.

Nun jedoch hat er erfahren, dass die Aufträge für die Militärschiffe, auf die er gezählt hat, nachdem die Regierung die Fonds für den Bau von zivilen Dampfschiffen gestrichen hat, an die Werften von Neapel und Genua gegangen sind. Palermo und die Florios sind leer ausgegangen, sie bekommen nichts, nicht einmal die Krümel vom Tisch.

Deshalb sind diese Aktien jetzt wenig wert, sehr wenig, und die Banken wollen andere Garantien, andere Sicherheiten.

Er läutet. »Ruf Morello in der Zeitung an. Sofort!«, befiehlt er, als der Dienstbote an der Tür erscheint. Dann setzt er sich wieder an den Schreibtisch. Er hat das Gefühl, den Boden unter den Füßen zu verlieren und dass es nichts mehr gibt, an dem er sich festhalten kann.

Auf einmal hört er ein leises Geräusch, wie ein unterdrücktes Seufzen.

Das ist es. Das Rascheln, mit dem sich das Ende ankündigt.

Ignazio schlägt mit der Faust auf die Tischplatte. Hätte er doch damals, vor Jahren, nur sorgfältiger die Solidität des Credito Mobiliare geprüft, statt ihm einfach Kapital zu geben. Hätte er doch nur auf diejenigen gehört, die ihm rieten, sich von diesem Bankinstitut zu distanzieren, als der Skandal um die Banca Romana seinen Lauf nahm. Hätte er doch nur nicht die Verluste der Sparer ausgeglichen und dafür eigenes Geld eingesetzt …

Stattdessen trägt die Casa Florio seit nunmehr acht Jahren die Konsequenzen aus jenen Entscheidungen.

Hilfe aus Rom gab es nur wenig, und mittlerweile hat Ignazio begriffen, dass es immer weniger wird. Die Politik ist eine Art Wette, mit Allianzen, die ebenso anfällig wie veränderlich sind; in der Politik gibt es ständig neue Gesichter – auf Luigi Pelloux ist der schon betagte Giuseppe Saracco gefolgt, und seit ein paar Tagen ist Giuseppe Zanardelli Ratspräsident, ein weiterer Politiker aus dem Norden –, und es war fast unmöglich, eine kontinuierliche und auch *nutzbringende* Beziehung zu einem Minister oder Untersekretär herzustellen, da diese nichts anderes tun, als alles an sich zu reißen und die eigenen Interessen sowie diejenigen der Menschen, die ihnen irgendwann einmal einen Gefallen getan haben, zu schützen.

Ja, denn mittlerweile haben die Industriellen des Nordens die gesamte politische Macht. Sie haben die Fabriken und die Schiffswerften, und sie haben die vielversprechende Stahlindustrie. Sie haben die Möglichkeit, ihre eigenen

Waren und Produkte auf Züge zu laden und blitzschnell irgendwohin zu schicken. Auf die Schwierigkeiten mit dem Transport per Schiff können sie pfeifen.

Einen Moment lang spürt Ignazio einen großen Druck auf seine Eingeweide, als wäre da überall Eisenstaub, der auf dem Magen und den Lungen lastet. Dann stößt er die Luft mit einem rauen Krächzen heraus, das halb unterdrückter Schrei und halb Schluchzen ist.

Wie haben wir es nur geschafft, so weit zu kommen? Wie bin ich *so weit gekommen?*, fragt er sich, den Blick starr auf das Gemälde gerichtet, auf dem seine *Valkyrie* abgebildet ist; ein Bild, das er in Auftrag gegeben hat, bevor er die Jacht verkaufte, und das in ihm glückliche Momente in Erinnerung ruft. Er denkt an die Tage zurück, als er noch Zeit und Muße hatte, um sich mit Regatten zu beschäftigen, mit Turnieren und seinem geliebten *lawn tennis.* Mittlerweile bleibt ihm nur noch wenig: sicher, ein paar Feste im Jahr, und dann noch die kleinen … Ablenkungen, die er sich gelegentlich erlaubt.

Er hat immer schon das Leben geliebt, den Sport, das Abenteuer. Doch stattdessen sitzt er jetzt wie angekettet hinter einem Schreibtisch – genau wie sein Vater – und muss einen Weg finden, wie er aus diesem Schlamassel wieder herausfindet, und niemand, *niemand* scheint gewillt, ihm dabei zu helfen. Nicht einmal Alessandro Tasca di Cutò, der ein einflussreicher Sozialist geworden ist und ihn nicht einmal mehr anhören will. Das letzte Mal, als sie miteinander gesprochen haben, hat er Ignazio gesagt, die Werft sei durch seinen Größenwahn gezeichnet, und es seien die Arbeiter, die die Konsequenzen für sein unverantwortliches Handeln zu tragen hätten. Noch an der Tür hat er ihn ermahnt: »Die Leute haben Angst, alles zu verlieren, Ignazio. Und aus der Angst entsteht das Chaos. Denk daran.« Und dann ist er grußlos gegangen.

Die Leute?

Ich *bin es, der Angst hat, alles zu verlieren.*

Denn jetzt besteht das Risiko, dass die Schiffswerft von Palermo niemals fertig gebaut wird.

Und *er* riskiert zu scheitern.

»Nein«, sagt er halblaut und schlägt mit beiden Händen auf den Tisch. »Das kann nicht sein«, wiederholt er.

Er muss reagieren. Aber wie? Wen soll er um Hilfe bitten?

Wie haben sie mir das nur antun können? Den Florios antun können?

Am 28. Februar 1901 hat die Titelseite der *Ora*, unterzeichnet von Rastignac – dem Pseudonym von Vincenzo Morello – eine überaus harte Schlagzeile: *Vergessen.*

> *Dann wurde Sizilien also vergessen … Für Palermo hat man sich eine besondere Behandlung ausgedacht; aber die Stadt vom Genuss aller Wohltaten auszuschließen, die den anderen Regionen zugutekamen und -kommen … In den Gesetzen und Anordnungen ist es immer Sizilien gewesen, das vergessen wurde, obwohl die Krise auf der Insel schlimmer ist als anderswo und in den Firmen Palermos schon seit langer Zeit die Arbeit stillsteht.*

Das ist Benzin auf dem Feuer der Angst einer Stadt, die erlebt hat, dass ihr alles verweigert wurde: die eigene glorreiche Vergangenheit, die Möglichkeit, in der Gegenwart des geeinten Italiens eine Bedeutung zu erlangen, eine Zukunft voll Hoffnung und Fortschritt.

Und so hebt Palermo den Kopf. Die Stadt tut es mit Wut und einem Zorn, der durchaus von der Angst herrührt, vor allem aber von einer verletzten Würde.

Das konkrete Ergebnis ist der erste wirkliche Streik in der Stadt. Und es ist nicht etwa eine Demonstration der Arbeiter der Gießerei Oretea oder der Werft, nein, das ist es nicht. Sicher, der Streik geht von den gewerkschaftlichen Vereinigungen des Bezirks Molo aus, wo die Werft steht, doch die Teilnehmer sind Tagelöhner, Kutscher, Schneider, Fischer, Friseure, Gärtner, Obsthändler, Maurer, Bäcker, Tischler ... denn alle wissen, wenn die Werft der Florios ihre Arbeit nicht aufnimmt, wird alles zusammenbrechen, und die Regierung interessiert es nicht, ob es in Palermo kein Brot und keine Arbeit mehr gibt, denn die da oben kümmern sich nur um ihre eigenen Angelegenheiten. Das haben sie immer schon getan.

Der Cassaro füllt sich mit Leuten: Frauen und Kinder gehen an der Spitze der Demonstrationszüge und marschieren zusammen mit den Arbeitern auf. Sie kommen an der *Navigazione Generale Italiana* vorbei und erreichen den Königspalast: eine Flut von Menschen, die an jeder Straße, jeder Kreuzung an Wucht gewinnt und zu einem reißenden Fluss wird. Die Carabinieri patrouillieren durch die Straßen, suchen nach den Anführern des Aufstandes; und die Polizei fahndet nach Arbeitern, die der Gewerkschaft angehören.

Doch die Palermitaner lassen sich nicht unterkriegen, es wird geschrien, irgendwann fliegen die Fäuste, und was als

Streik begann, wird zu einem kleinen Krieg, die Ordnungskräfte hetzen die Demonstranten durch die Stadt, doch diese greifen Kasernen an, besetzen Läden, sie zerstören und plündern, einfach weil der Hunger Hunger ist und die Angst Angst.

Wir sind der Abschaum, denken die Leute aus Palermo: Menschen, die nichts haben, die man mit der Peitsche im Zaum zu halten sucht, die man wie gemeine Verbrecher ins Zuchthaus bringt, die man erschießt. Und so werden die Auseinandersetzungen noch härter und brutaler: Ein Bajonettangriff der Scharfschützen wird mit Steinwürfen beantwortet, Plakatwände werden abgerissen und in Brand gesetzt, man schlägt sich mit Fäusten, mit Säbeln, schießt mit Pistolen. Jetzt fürchten sogar die Gewerkschafter, die die Proteste ins Leben gerufen hatten, dem Volkszorn keinen Einhalt mehr gebieten zu können.

Und tatsächlich bekommen auch die Streikenden nach Zanardellis letztem Aufruf voll leerer und unmöglich einzuhaltender Versprechungen kalte Füße, kapitulieren und verkünden das Ende der Erhebung.

Doch nichts hat sich geändert.

Am 3. März 1901 steht ein angespannter und mitgenommener Ignazio am Fenster der Redaktion der *Ora* und schaut hinaus. Zwei Tage lang hat man die Stadt beben gehört, als würde sie jeden Moment in die Luft fliegen. Er hat die Anspannung gespürt, die in den Straßen heranwuchs, das Unbehagen, das aus der Verzweiflung entstand. Er war bei den Auseinandersetzungen dabei, hat auf die Sozialisten ebenso geflucht wie auf die Politiker in Rom und ihre offiziellen Telegramme: das von Crispi – so nutzlos und geschwätzig wie der Verfasser selbst –, ebenso wie die von Giovanni Giolitti, dem Innenminister, und von Zanardelli selbst. Der Regierungschef hat ihm sogar eine persönliche Nachricht gesandt und ihn darum gebeten, Einfluss auszuüben, um die Wogen zu glätten.

Auf einmal redet er mit mir, denn er hat Angst, hat Ignazio sich gesagt.

Morello ist dabei, die letzten Korrekturen an seinem Text für die Titelseite anzubringen, und tritt schließlich zu ihm ans Fenster. »Die verhaften die Leute jetzt zu Dutzenden. Wenn die in Rom weiterhin nicht begreifen, was wirklich hier passiert, und mit den Repressionen weitermachen, dann werden diese Leute zu Verbrechern. Giolitti und Zanardelli werden Menschenleben auf dem Gewissen haben«, sagt er. Er sucht nach dem Zigarrenetui in seiner Jackentasche.

Ignazio zündet ihm eine Zigarre an, lehnt selbst eine ab und beißt sich auf die Lippe.

»Ach, und dann hat mir ein … ein Freund das Telegramm gezeigt, das zwei Abgeordnete aus Palermo, Pietro Bonanno und Vittorio Emanuele Orlando, Zanardelli geschickt haben: Sie bezichtigen Euch, den Streik angezettelt zu haben, weil Ihr in Schwierigkeiten steckt und aus den Unruhen Euren Nutzen ziehen wollt. Und ich selbst werde als Komplize bezeichnet.« Morello schüttelt den Kopf. »Ich habe so vieles erlebt, Don Ignazio, seit den Zeiten bei der *Tribuna*, und habe über viele Dinge geschrieben, und zwar ohne Angst.« Morello stößt Rauch aus, geht vom Fenster weg und nimmt in einem der lederbezogenen Sessel Platz, die vor dem Schreibtisch stehen. »Man hat mir viele Dinge vorgeworfen: dass ich ein Diener der Mächtigen sei *und* eine Bedrohung der eingesetzten Ordnung«, sagt er mit einem Hauch Belustigung in der Stimme. »Alles Blödsinn. Der Gedanke, einen Streik angefacht zu haben, erfüllt mich mit Stolz und nicht etwa mit Scham oder Angst, so wie die beiden es meinen.«

»Trotz der Verleumdungen von Bonanno und Orlando haben sich die palermitanischen Abgeordneten auf die Seite der Streikenden gestellt und sich gegen den Ausschluss von Aufträgen ausgesprochen: sowohl Baron Chiaramonte Bordonaro als auch der Fürst von Camporeale und mein Schwager Pietro. Arme und Reiche zugleich. Noch nie war die Stadt sich so einig wie heute.« Mit langsamen Schritten geht Ignazio zu dem anderen Sessel, lässt sich Morello gegenüber hineinfallen. Der warme Duft seines Zigarrenrauchs weht zu ihm herüber.

»Sogar der Präfekt de Seta hat versucht, sich zugunsten der Forderungen der Streikenden einzubringen …«

»Während der Polizeipräsident beschlossen hat, sich dagegen zu stellen. Der Staat gegen sich selbst, so weit sind wir schon … und dann werfen sie mir vor, ich würde mit öffentlichen Geldern spekulieren und ›größenwahnsinnig‹ auftreten, wie Tasca di Cutò sagt.« Ignazio macht eine verärgerte Geste, beginnt mit dem Fuß auf den Boden zu trommeln. Von der Straße hört man aufgebrachte Schreie, die sogleich wieder verstummen. »Selbst wenn das stimmte, bin nicht ich das Problem und auch nicht meine Verluste: Es sind die Arbeiter, die zu entlassen wir gezwungen sind, weil wir keinen Grund mehr haben, sie zu beschäftigen, wenn es keine Arbeit gibt. Das ist es, was mich wütend macht: Man sieht die Florios als Grund allen Übels, nach alldem, was wir getan haben, was *ich* für diese Stadt getan habe ... und ich bin mir sicher, diese Hornochsen vom *Giornale di Sicilia* denken sich ähnliche Absurditäten aus und verbreiten sie in der Bevölkerung!«

»Diese Leute machen ihre Arbeit, Don Ignazio, so wie ich die meine mache.« Dass Morello die Augenbrauen hebt, spricht Bände. »Ihr hingegen denkt darüber nach, wie Ihr diesen Moment ausnutzen könnt. Ihr habt einen Namen und den Zuspruch der Mehrheit der Politiker Palermos. Natürlich nicht aller, da die Sozialisten und diese beiden ihr eigenes Süppchen kochen, aber das ändert im Grunde nichts. Macht Druck, tretet in Aktion. In Rom wird man gezwungen sein, etwas nachzugeben, wenn sie nicht wollen, dass hier demnächst ein Bürgerkrieg ausbricht. Die Leute werden Euch wieder vertrauen und die bösen Zungen irgendwann gezwungen sein zu verstummen. Und die Arbeiter werden sehen, dass *'u principale* sich seinen Respekt einholt.«

Ignazio nickt. Doch tief in ihm ist eine Angst, die immer mehr Form annimmt. Denn er weiß nicht mehr, welche Macht sein Name in Rom noch hat; gewisse Kritiken hätte man in den Zeitungen früher nicht einmal gedacht, geschweige denn geschrieben.

Ihr tragt von Eurem Vater nur den Namen. Und bald wird dieser Name keinerlei Macht mehr haben. Und das wird allein Eure Schuld sein. So hat es vor Jahren Laganà prophezeit.

Ignazio schluckt benommen; auch wenn er es sich noch nicht eingesteht, ist dieser Tag jetzt gekommen.

»Das hier?«

»Nun ja, der grüne Samt passt sehr gut zu deinen Augen, Checchina, aber das Kleid scheint mir irgendwie nicht ... angebracht zu sein.« Francesca ist eine faszinierende und ungezwungene Frau geworden. Den Schmerz um Amerigos Tod hat sie überwunden, vor einigen Jahren noch einmal geheiratet und verbringt ihre Zeit nun an der Seite ihres Mannes Maximilien Grimaud, dem Grafen d'Orsay, zwischen Palermo, Florenz und Paris.

»Warte ...« Jetzt hat Stefanina Spadafora das Wort ergriffen. Sie ist seit Kurzem die Frau von Giulio Cesare Pajno und hat die Vorbereitungen für ihre Hochzeitsreise unterbrochen, um Franca bei ihrer schwierigen Wahl zu unterstützen. Sie nimmt einen Zug von der Ebenholzzigarettenspitze zwischen ihren Fingern und atmet den Rauch aus. »Nein, Francesca hat recht: Das ist alles noch nicht stimmig«, sagt sie schließlich.

»Du stehst für einen der berühmtesten Maler Italiens Modell, wenn nicht gar von Europa, *ma chère*. Du kannst dich nicht wie eine Schülerin präsentieren.« Giulia Trigona liegt auf der Bettkante und hat den Kopf auf die Hand gestützt, auf dem Gesicht einen leicht gelangweilten Ausdruck. Der Rock ihres Kleides ist bis über die Knöchel hochgerutscht und zeigt die langen, wohlgestalteten Beine.

In Morgenrock und Unterhemd schiebt Franca das Kleid von sich, zeigt bedauernd auf das Dekolleté und wirft ihren Freundinnen einen vielsagenden Blick zu, doch Stefanina winkt ab. Keine Chance, das geht einfach nicht. Dann steht sie auf, geht quer durchs Zimmer, über den Boden mit dem Rosenmuster hinweg, und macht sich neugierig an den Parfumflakons auf der Spiegelkommode zu schaffen, öffnet eine der Flaschen. »Herrlich, dieser würzige Duft! Was für ein Kölnischwasser ist das?«

Franca dreht sich nicht um, nickt aber. Der Duft heiße La Marescialla, stamme aus der *Officina Farmaceutica di Santa Maria Novella* und sei ein Geschenk von ihrer Mutter, erklärt sie, während sie nachdenklich und unter dem Blick der Putten an der Decke durch das Zimmer flaniert.

»Und das granatrote Kleid?«, schlägt Francesca vor, zieht die Schuhe aus und nimmt auf dem von Stefanina verlassenen Sessel Platz. »Das kannst du dir erlauben. Du hast doch eine beneidenswerte Figur, selbst nach drei Schwangerschaften.«

»Nein, das wäre allzu offensichtlich«, erwidert Franca. »Wir brauchen etwas …« Sie tippt sich grübelnd mit den Fingerspitzen auf die Lippen. Schließlich geht sie zu dem großen Schrank, der links vom Bett steht, öffnet die Tür und schaut, die Hände auf die Hüften gelegt, was er für sie bereithält. *Ja, ich brauche etwas, das die Menschen erstaunt.* Das daran erinnert, dass sie »die Einzige« ist, wie es d'Annunzio einmal gesagt hat, und keine Frau mit ihr mithalten kann, nicht einmal diese Lina Cavalieri, die ihr Mann nach Palermo kommen ließ, sogar trotz all der Streiks und der Demonstrationen, die die ganze Stadt in Aufruhr versetzen.

Ignazio ist, weiß Gott, beunruhigt. Und tatsächlich hält er sich gerade in Rom auf, um mit Ministern und sizilianischen Politikern zu sprechen und die Sache mit der Werft zu regeln, die sich immer noch hinzieht. Doch wenn er zurückkehrt, wird er – was Franca einen deutlichen Stich versetzt – direkt zum Teatro Massimo gehen und den Proben für die *Bohème* beiwohnen, statt bei seiner Familie oder den Arbeitern der Oretea zu sein.

Er hat sogar die Chuzpe besessen, sich vor seiner Abreise zu rechtfertigen: »Ich bin schließlich der Impresario und muss kontrollieren, dass alles läuft.«

Dummkopf.

Franca trommelt mit den Fingern an die Schranktür. Glaubt der denn wirklich, sie wisse nichts? Sie hat es ihm sogar einmal gesagt: »Ich weiß immer alles, Ignazio.« Mittlerweile müsste er begriffen haben, dass gewisse Dinge erst recht herauskommen, je mehr man versucht, sie geheim zu halten, besonders bei einem eitlen Pfau, wie er einer ist.

Ihr genügt ein kleiner Hinweis – ein neuer englischer Anzug, eine plötzliche Unternehmung am späten Abend, eine besondere Kur für den Bart –, um zu begreifen, dass wieder einmal eine Eroberung bevorsteht, eine Liebschaft, die eine Weile anhalten wird.

Was die Leute angeht – die weiterhin flüstern und lachen und Anspielungen machen –, so weiß Franca mittlerweile, dass der Klatsch ein Tier ist, das immer Hunger hat und sich, wenn es keine frischen Kadaver gibt, auf die es sich stürzen kann, mit dem zufriedengibt, was da ist. Und so gibt sie den Leuten eben eine ironische Antwort und schaut dabei zu, wie sie sie zerfleischen, oder sie protzt mit einem neuen Schmuckstück, denn sie weiß genau, dass die Leute immer versuchen werden, herauszufinden, wer *das andere* Schmuckstück bekommen hat.

Denn auch in dieser Hinsicht ist Ignazio ebenso schamlos wie vorhersehbar: Auch nach seinem hundertsten Abenteuer wird er ihr immer ein Geschenk bringen – einen Saphirring, ein Platinarmband, eine Diamantkette –, um Buße zu tun. Und oft genug wird dieses Schmuckstück dem sehr ähnlich sein, das er seiner derzeitigen Flamme geschenkt hat.

Die Juwelen kommen immer: Manchmal noch während er sie betrügt, manchmal auch, wenn die Sache bereits beendet ist. Franca hat gelernt, die Bedeutung, die Ignazio den Frauen beimisst, am Wert des Geschenks zu erkennen, das er ihr gibt. Und sie weiß auch, dass die Reue, die er empfindet, wie flüchtige Asche ist, die der nächste Wind davonweht.

Bei Lina Cavalieri ist das jedoch anders.

Lina, die Tochter einer Schneiderin, Veilchenverkäuferin und Falterin von Zeitungen, die zuerst Rom und Neapel erobert hat und dann die Folies Bergère von Paris und das Empire von London. Sie hat eine kristallklare Stimme, doch vor allem ist sie wunderschön, mit einem Madonnengesicht, aus dem zwei fast schwarze Augen blicken, und einem sündhaften Körper, der sich mit schamloser Sinnlichkeit bewegt. Die Männer sind verrückt nach ihr: Franca hat gehört, dass einmal ganze acht große Karren nötig waren, um all die Blumen wegzubringen, die man ihr auf die Bühne geworfen hatte. Und die Frau weiß, wie sie die Verrücktheit ihrer Anhänger ausnutzen kann: Hinter ihrem unschuldigen Äußeren – sie tritt stets ohne Schminke und Schmuck auf – verbirgt sich ein eisernes Wesen. Erst im vorigen Jahr hat Lina beschlossen, Opernsängerin zu werden: Ihren ersten Auftritt hatte sie in Lissabon, in *Pagliacci,* was allerdings ein solches Fiasko wurde, dass jede andere stillschweigend und in brennender Scham den Rückzug angetreten hätte. Jede, nur nicht sie. Mutig ist sie weiter aufgetreten, und jetzt, nachdem sie die Theater von Warschau und Neapel gefüllt hat, kam sie nach Palermo – bewundert, erwartet, ersehnt.

Es ist das erste Mal, dass sich Ignazio seiner Geliebten vor der ganzen Stadt brüstet und sie damit in direkten Vergleich mit Franca setzt. Vor einigen Jahren hat er das zwar annähernd getan, als er mit Agustina Carolina del Carmen Otero Iglesias ins Bett ging, einer Frau, die schlicht als »die schöne Otero« bekannt war. Auch sie Sängerin und Tänzerin von ungeklärter Herkunft, eine Frau, die es verstand, ihren Körper ungezwungen mit einer guten Dosis Zynismus einzusetzen. Ignazio hat sich damals nicht darauf beschränkt, sich bei seinen Klubfreunden dieser Eroberung – und ihrer üppigen Vorzüge – zu brüsten, sondern sich auch zu allerlei derben Details herabgelassen, die Franca zu Ohren kamen und sie in bebende Verachtung stürzten.

Doch das alles war nur das übliche Gehabe eines eitlen Gockels.

Das hier hingegen ist eine Beleidigung.

Vor Jahren hätte Franca gelitten, hätte sich in Tränen aufgelöst und wäre an der Erniedrigung schier zugrunde gegangen. Doch sie hat sich verändert und hat gelernt, Schmerz in Wut zu verwandeln. Sie hat die zerstörerische Macht des Zorns entdeckt, die Kraft, die dem Bewusstsein des eigenen Wertes entspringt. Wenn ihr etwas peinlich ist, dann wird sie sich nicht mehr daran reiben, wird sich nicht mehr fragen, ob sie es ist, die etwas falsch gemacht hat. Sie hat gelernt, an sich selbst zu denken und sich vor dem Schmerz zu schützen, den er ihr verursacht. Es ist ein seltsames Gefühl, eine Mischung aus Eifersucht und Zuneigung, aus Erniedrigung und Bedauern, das sie jetzt Ignazio gegenüber empfindet. Wehmut über das, was sie einmal waren und was mit Füßen getreten wurde.

Nein, Ignazio ist kein Dummkopf. Er ist nur ein Egoist, der nicht in der Lage ist, wirklich zu lieben.

Es ist genau dieser Gedanke, der sie dazu veranlasst hat, die letzten Zweifel ad acta zu legen und das Angebot anzunehmen, für Giovanni Boldini Modell zu stehen, den viel beklatschten, aber auch viel diskutierten Porträtmaler der Zeit. Der Maler ist ihr Hausgast: Ignazio hat ihn in die Olivuzza eingeladen, denn er möchte, dass er ein Porträt von ihr macht, so wie Boldini es bereits von verschiedenen anderen Damen der europäischen High Society angefertigt hat. Und mit der Arroganz, die typisch für ihn ist, hat Ignazio den Maler gebeten, Francas Bild in Venedig auszustellen, bei der Ausstellung, die er im Sommer abhalten wird.

Franca schüttelt den Kopf, lässt sich noch einmal Ignazios Unfähigkeit durch den Sinn gehen, an die Konsequenzen zu denken und jenseits der Oberfläche der Dinge zu blicken; er hat nur an das gesellschaftliche Prestige gedacht, und an den Neid, den diese so faszinierende Ehefrau erregen wird. Ihm ist gar nicht bewusst, dass Boldini eine Art und Weise zu malen hat, die die Seele eines Menschen zu entkleiden scheint, und dass er Frauen wie Wesen aus Fleisch und fleischlichen Gelüsten darstellt. Seine Modelle sind Frauen, die gerade der Liebe gefrönt haben und die Freude genießen, die sie daraus gezogen haben.

So möchte Franca nicht erscheinen, weder nackt noch entblößt. Gleichzeitig ist sie aber auch versucht, sich einmal gehen zu lassen und das zu enthüllen, was sie auch sein kann. Sinnlich. Voller Leidenschaft.

Sie ist versucht, der Welt und ihrem Ehemann zu zeigen, wer sie wirklich ist.

Sie greift nach einem cremefarbenen Kleid, betrachtet es eine Weile, legt es wieder zurück.

In diesem Moment klopft es an der Tür. Es ist Giovannuzza, gefolgt von der Gouvernante und zwei Möpsen, die so rund sind, dass sie eher rollen als laufen.

»*Maman*, ist denn der Maler schon da? Kann ich auch mal sehen?«, fragt das kleine Mädchen mit Blick auf die Kleider. Fasziniert streckt sie die Hand aus und berührt die Stoffe. »Schön …«, murmelt sie.

Franca gibt ihr keine Antwort. Mittlerweile betrachtet sie ein Kleidungsstück, das weit hinten im Schrank hängt und das sie noch nie angezogen hat, weil Ignazio es für zu gewagt hält.

Er. Eifersüchtig. Es wäre lachhaft, wenn dieser Gedanke sie nicht gleichzeitig wütend machen würde.

»*Maman?*«, beharrt die Kleine in flehendem Ton.

Die Gouvernante versucht, die Hündchen aus dem Zimmer zu bugsieren, die begonnen haben, den Gästen die Schuhe abzulecken, und ihnen Protestschreie entlocken.

»Nein, mein Schatz. Das ist nichts für kleine Mädchen.« Mit zufriedenem Lächeln dreht sich Franca um und streicht ihr über die Wange. »Ich lasse von dir auch ein Porträt anfertigen, wenn du größer bist. Aber jetzt *geh und spiel im anderen Zimmer*«, fügt sie auf Deutsch hinzu.

Giovannuzza seufzt, verzieht das Gesicht. »Aber die da dürfen …«, protestiert sie und zeigt auf die drei Frauen.

»Sie sind erwachsen, Giovannuzza. Und man sollte Großen gegenüber respektvoll sein.«

Mit gesenktem Kinn und zusammengepressten Lippen rauscht die Kleine hinaus. Sie grüßt niemanden, nicht einmal Francesca, die ihr immer jeden Wunsch von den Augen abgelesen hat.

Und genau die ist es, die jetzt sagt: »Sie hätte doch auch bleiben können …«

»Nein.« Franca geht langsam durch den Raum. Aus einem Aschenbecher nimmt sie eine Zigarettenspitze mit einer Zigarette, zieht daran. Das ist etwas, das sie sich während ihrer letzten Reise nach Frankreich angewöhnt hat. Sie findet Rauchen sehr entspannend.

Die Freundinnen schauen sie an, warten.

Es ist Giulia Trigona, die ihrem Gesicht etwas abliest, das die anderen nicht bemerken. Sie, die wie Franca die Aufs und Abs eines Lebens an der Seite eines untreuen und, wie man munkelt, auch gewalttätigen Mannes erleidet. »Was hast du denn vor, Franca?«

Die andere gibt keine Antwort. Sie zieht ihren Morgenrock aus und schaut sich, nur noch in langer Unterhose und Hemdchen, im Spiegel an. Dann geht sie zum Schrank und holt mit Diodatas Hilfe das Kleid heraus, das sie zuvor angeschaut hat.

Ein bewunderndes Murmeln ist unter den Freundinnen zu hören. Das schwarze Kleid aus schwarzem Pannesamt, auf Figur gearbeitet und mit einer Drapierung aus Stoff, die ihre Taille noch schmaler wirken lässt, macht sie größer und schenkt ihr eine fast königliche Aura. Dazu gehört auch ein knappes Jäckchen, das den langen Hals betont und das Kleid züchtiger wirken lässt, weil es das Dekolleté bedeckt.

Franca greift nach dem Jäckchen, betrachtet es, wirft es dann aufs Bett.

Nein.

Sie will keine gediegene Dame aus guter Gesellschaft sein. Sie will, dass man sie anschaut.

Sie betrachtet sich im Spiegel. Schüttelt den Kopf, bringt das lange, schwarze, lose Haar in Bewegung. Doch da ist etwas, das sie noch nicht ganz überzeugt.

Sie klappt das Kleid halb nach unten und nimmt das Bustier heraus. Und dann zieht sie das Unterhemd aus. Ihre Brust – weiß, voll – ist die eines jungen Mädchens und nicht die einer Frau, die drei Kinder geboren hat. Stefanina beugt sich nach vorne und beginnt zu lachen. »So?«, fragt sie mit aufgerissenen Augen, während Francesca die Hand vor den Mund legt und murmelt: *»Mon Dieu!«*

Giulia kichert. »Ignazziddu trifft der Schlag, wenn er nach Palermo zurückkehrt«, sagt sie. *Und er hat es verdient*, scheint sie hinzuzufügen.

Franca beachtet die Reaktionen gar nicht, sondern zieht das Oberteil des Kleides hoch und bittet Diodata, die Knopfreihe am Rücken zu schließen.

Sie bekommt kaum Luft. Aber das ist genau das, was es braucht. Das ist ihre Art, gegen die blinde Blödheit von Ignazio anzugehen. Und gegen Neid und Missgunst der Palermitaner.

Das hier ist kein Kleid; es ist eine Rüstung.

Giulia, die immer noch auf dem Bett sitzt, betrachtet sie mit einem vagen Lächeln. »Wenn du deinen Mann in Verlegenheit bringen willst, ist das ganz sicher das geeignete Kleid. Du weißt schon, was sie sagen werden, oder?«

Während Diodata beginnt, sie zu frisieren, zuckt Franca mit den Achseln. »Er hat Boldini gebeten, mich zu malen. Dann wird er auch meine Wahl der *mise* akzeptieren müssen«, entgegnet sie und benutzt einen Hauch Lippenstift. Sie zeigt auf die Schatulle auf der Kommode und bittet ihre Freundin: »Könntest du den Schmuck mitnehmen, bitte?«

Giulia gehorcht, stellt die Schatulle zwischen die Seide der Kleider und die Laken und klappt sie auf.

Auf den Gesichtern der drei Freundinnen blitzt ein Ausdruck puren Neides auf. Keine von ihnen verfügt über eine solche Ansammlung von Ringen, Ketten und Armbändern, Schmuckstücken von solchem Gewicht und solcher Eleganz.

Franca schließt halb die Augen und trennt insgeheim Ignazios Geschenke – den Schmuck, der an eine andere Frau erinnert – von ihren eigenen Juwelen. Von dem Schmuck, den er wirklich nur für sie, sozusagen mit Liebe, ausgesucht hat. Ja, denn außer ihren Kindern hat sie nichts, was ihr kostbarer ist. Diese Juwelen sind Zeichen dessen, was Franca Florio in den Augen der Welt ist: schön, reich und mächtig.

Sie steht auf, stöbert unter den Etuis und den Samtsäckchen. Da sind sie, ihre Perlen. Zärtlich lässt sie sie durch die Finger gleiten. Sie holt eine Kette nach der anderen heraus, nimmt schließlich auch den Halsschmuck mit den beiden gleichen Perlen heraus, groß wie Kirschen. Diese Kette zieht sie schließlich an: Wie eine Lichtkaskade leuchten die Perlen auf dem schwarzen Kleid.

Franca dreht sich zum Spiegel und betrachtet sich noch einmal kurz, versucht, ihren Atem zu beruhigen.

»Gehen wir.«

Klein, untersetzt, mit einer etwas unangenehmen Stimme, hat Giovanni Boldini einen winzigen, abgetrennten Salon mit hellen Wänden und einem etwas schummrigen Licht gewählt, um den bernsteinfarbenen Hautton der Hausherrin besonders gut zur Geltung zu bringen. Eine Luminosität voller Grün, voller Frühling, warm wie die Luft, die an diesem turbulenten Märztag durch die halb geschlossenen

Fensterläden hereinkommt. Um sie herum mehrere Sessel aus dunklem Damast; auf dem Boden liegt ein großer Perserteppich.

Die Freundinnen folgen Franca, plaudern und suchen sich einen Sitzplatz, während diese dem Hausmädchen sagt, sie wolle nicht gestört werden. Dann fällt die Tür ins Schloss. Der Maler, der die Leinwand bereits grundiert hat, bleibt ein paar Augenblicke stehen und betrachtet sie, die Hände an die Brust gelegt.

»So wahr ich hier stehe, Donna Franca, Ihr seid eine Augenweide.« Boldini hat einen winzigen französischen Akzent, da er seit nunmehr dreißig Jahren in Paris lebt.

Franca lächelt, jedoch nur mit den Augen. »Ich habe Euch nicht wegen der Wahl des Kleides konsultiert. Seid Ihr zufrieden?«

Sie breitet die Arme aus, um sich bewundern zu lassen, doch der Maler hält sie davon ab. »Fast …« Er packt sie am Handgelenk, als wollte er mit ihr tanzen. »Wir brauchen etwas mehr Licht.« Er macht einen Schritt rückwärts, die Hände auf den Hüften. Franca versucht sich vorzustellen, wie er sie sieht; dann ahnt sie es, und das bereitet ihr Unbehagen.

Stefanina geht zu ihr. »Eine andere Kette?«, schlägt sie vor. Boldini nickt. »Ja, etwas, das dem Ausschnitt mehr Licht gibt … eine Brosche oder ein Anhänger.«

Franca legt ihrer Freundin die Hand auf die Schulter. »Erinnerst du dich an die Goldarmreife, die ich in Istanbul gekauft habe? Genau, hol die, bitte. Und auch die orchideenförmige Brosche aus Brillanten und Platin, die mir Ignazio zum ersten Hochzeitstag geschenkt hat.«

Stefanina verschwindet hinter der Tür, während die anderen Frauen es sich auf den Sesseln gemütlich machen. Boldini überlegt, führt Franca durchs Zimmer, sucht nach dem besten Licht, hält ihr die Perlen ans Gesicht, lässt sie wieder fallen und murmelt dabei Sätze in einer kuriosen Mischung aus Ferrareser Dialekt und Französisch. Er ist fast komisch anzusehen, dieser kleine Mann neben ihr, so schön und schlank.

»Mhm ... es ist wirklich schwierig, den richtigen Winkel für Euch zu finden. Ihr seid so ...« Er macht eine Geste, die vulgär sein könnte, die er jedoch rasch zu einer wohlwollenden macht. In der Zwischenzeit kommt Stefanina mit dem Schmuck, und Franca zieht ihn an. Die Armreife passen nicht, weil die Ärmel des Kleides sie bedecken. Besser hingegen die Brosche, die dem samtigen Schimmer des Stoffes noch mehr Licht verleiht.

Boldini tritt auf die große Leinwand zu. Das Gemälde wird lebensgroß sein und Franca in ihrer ganzen Pracht zeigen. Er schiebt die kleine Brille auf die Nasenspitze und beginnt, den Umriss ihrer Figur zu zeichnen, doch als er bei den Schultern anlangt, hält er inne, den Pinsel in der Luft. Er schaut Francesca an. »Verzeiht, Signora ... Könntet Ihr Donna Franca Euren Schal geben?«

»Meinen ... Oh, aber natürlich, hier!«

Lachend reicht Francesca den Schal an Franca weiter, die jedoch nicht genau weiß, was sie damit tun soll, und auch lacht.

Mit ernster Miene bittet Boldini sie, ihn sich um den Körper zu schlingen, damit der weiße Stoff ihre nackten Schultern aufhellt. Das schwarze Haar leuchtet in der Frühlingsluft, während Franca mit dem Schal spielt und sich hineinhüllt.

Dann bewegt sie den Kopf, weil Giulia etwas gesagt hat, das sie nicht verstanden hat. Da gebietet der Maler ihr Einhalt. »Genau so! Bleibt genau so!«, befiehlt er mit weit aufgerissenen Augen. Er springt auf das Podest, das er zum Malen benutzt, und bringt leidenschaftliche, lange Pinselstriche auf die Leinwand, versucht, das Licht einzufangen.

Franca gehorcht. Überrascht, die Lippen halb geschlossen, den Blick abwesend, die Hüfte nach vorne gereckt, in einer sinnlichen Bewegung, die wie eine Welle vom Arm ausgeht.

Sie ahnt nicht, dass in diesem Moment ein Gemälde entsteht, das sie zur Legende machen wird.

PORZELLAN

April 1901 – Juli 1904

Li malanni trasino du sfilazzu di la porta.
»Das Unglück kommt durch die
Ritzen in der Tür herein.«
Sizilianische Redensart

Das Ende der zweiten Regierung Pelloux (24. Juni 1900) bedeutet auch den Abschluss einer Epoche, die von »reaktionären« Politikern wie Crispi (der am 11. August 1900 stirbt) und Rudinì geprägt war. Tatsächlich ruft der König einen Vertreter der Linksliberalen, Giuseppe Zanardelli, an die Regierung, der als Justizminister unter der ersten Regierung Crispi 1889 ein neues Strafgesetz erlassen, die Todesstrafe abgeschafft und das Streikrecht bestätigt hat (bis dahin wurde ein Streik noch als Verbrechen angesehen).

Als Innenminister setzt Zanardelli Giovanni Giolitti ein, der beschließt, keine repressiven Maßnahmen gegen die Streikwelle der Jahre 1901 (ganze fünfzehnhundert Erhebungen, sowohl in der Industrie als auch in der Landwirtschaft), 1902 (insgesamt über tausend) und nicht einmal während des ersten italienischen Generalstreiks (15. – 20. September 1904) zu ergreifen, weil er davon überzeugt ist, dass »das Aufwärtsstreben der Volksklassen [...] ein unbesiegbares Streben ist, weil es allen bürgerlichen Ländern gemein ist und auf dem Prinzip der Gleichheit der Menschen beruht« (Rede vor der Kammer am 4. Februar 1901).

Am 1. Dezember 1903 wird Giolitti Chef der Exekutive (Zanardelli tritt am 3. November zurück und stirbt nur einen Monat später) und stellt im Parlament seine Regierung vor, wobei er verkündet, es sei »notwendig, eine Periode sozialer, wirtschaftlicher und finanzieller Reformen« zu beginnen, da »die Verbesserung der Lebensbedingungen von weniger wohlhabenden Gesellschaftsschichten vor allem vom Anstieg wirtschaftlicher Prosperität des Landes« abhänge.

So beginnt die »Ära Giolitti«, gekennzeichnet durch eine Vermittlungsarbeit der Regierung im gesellschaftlichen und politischen Bereich, mit der Absicht, den liberalen Staat dank der Unterstützung sowohl der Katholiken als auch der Sozialisten zu stärken. Ersteren begegnet Giolitti mit Geduld und Entschlossenheit, um die Blockade des *Non expedit*, wenn auch noch nicht offiziell, zu überwinden; mit Letzteren versucht er einen Dialog und verhandelt in der Tat lange mit Filippo Turati, doch eine Koalitionsregierung mit den Sozialisten erblickt niemals das Licht der Welt.

Giolitti kann auch auf eine günstige wirtschaftliche Konjunktur zählen, die dem internationalen Aufschwung folgt, welcher im Jahre 1896 begann und sich in Italien auch dank staatlicher Aufträge verstärkt, der Fortsetzung der protektionistischen Politik (vor allem im Bereich der Stahl- und Bekleidungsindustrie), der Steigerung von Arbeitskräften (dem demografischen Wandel geschuldet) sowie ausländischen Investitionen im Bankbereich (schon 1894 ist die Banca Commerciale Italiana mit Kapital aus Deutschland, der Schweiz und Österreich entstanden), der immer engere Beziehungen zu der Unternehmenswelt knüpfte. Eine Entwicklung, die sich allerdings auf das industrielle Dreieck Turin, Mailand und Genua konzentriert, das Primat der Landwirtschaft unberührt lässt und den Süden Italiens im Grunde ausschließt, wo Probleme niemals auf organische Weise gelöst werden, sondern immer mit »speziellen Gesetzen«, die sich dann als ungenügend herausstellen.

Eine der Konsequenzen ist die Zunahme des migratorischen Flusses (begonnen nach der Einigung des Landes): Die Zahl der Emigranten wächst von dreihunderttausend in der Zeit von 1896 bis 1900 auf eine halbe Million in den Jahren zwischen 1901 und 1904 an (von denen etwa sechzig Prozent als Ziel den amerikanischen Kontinent haben).

In der Außenpolitik verlängern am 28. Juni 1902, immer noch unter der Regierung Zanardelli, Italien, Deutschland und Österreich den Dreibund (bereits 1887 und 1891 erneuert); in einer anhängenden Erklärung bestätigt Österreich, kein Interesse daran zu haben, eventuellen italienischen Aktivitäten in Tripolis (dem heutigen Westlibyen) entgegenzustehen: Nachdem die gescheiterten kolonialen Bestrebungen Crispis in Vergessenheit geraten sind, zielt Italien auf die Eroberung dieses Gebiets, mit dem es intensive Wirtschaftskontakte pflegt. Unter diesen Voraussetzungen erweitern sich auch die Beziehungen zu Frankreich: Nach der Einigung, die im Jahre 1898 den »Zollkrieg« beendet hat, kommen der italienische Außenminister Giulio Prinetti und der französische Botschafter Camille Barrère zu einer Vereinbarung, nach der Italien Frankreich in Marokko diplomatische Unterstützung zusichert und Frankreich wiederum erklärt, sich einem italienischen Eingreifen in Tripolis nicht zu widersetzen.

Am 20. Juli 1903 stirbt Papst Leo XIII. mit 93 Jahren. Auf ihn folgt am 4. August der Patriarch Venedigs, Kardinal Giuseppe Sarto, der sich Pius X. nennt. Am 11. Juni 1905 gesteht Pius mit der Enzyklika *Il fermo proposito* (»Die feste Absicht«) den Katholiken – im Falle »dringender Notwendigkeit für das Wohl der Seelen« – die Möglichkeit zu, vom *Non expedit* entbunden zu werden, das heißt, sich »achtsam und ernsthaft auf ein politisches Leben vorzubereiten, wenn sie dazu berufen werden«.

Sie ist etwas mehr als zehn Zentimeter hoch, weiß und mit bandförmig angeordneten Blüten geschmückt. Es ist die Vase, die Marco Polo im Jahre 1295 aus China mitgebracht hat und die jetzt in der Basilika von San Marco in Venedig aufbewahrt wird. Vor allem ist sie das Sinnbild einer Obsession, die im Neolithikum im Orient begann und sich dann auf der ganzen Welt ausbreitete: die Leidenschaft für das Porzellan. Jahrhundertelang blieb dieses zarte und doch widerstandsfähige Material, manchmal so zart, dass man, wie Abu Zayd al-Sirafi bereits im Jahre 851 schrieb, das »Glitzern des Wassers« hindurch sehe, für die Menschen im Westen ein Geheimnis. So schreibt zum Beispiel Marco Polo, diejenigen, die Tassen und Teller herstellten, »sammeln eine bestimmte Erde wie aus einer Mine und machen daraus große Berge, die sie dann Wind, Regen und Sonne dreißig oder vierzig Jahre überlassen, ohne sie zu bewegen«. Noch im Jahre 1557 behauptet der Gelehrte Giulio Cesare Scaligero, diejenigen, die Porzellan herstellten, benutzten dafür »Eierschalen und Muscheln, hauchfein zermahlen, pulverisiert und in Wasser mazeriert [...] Die Vasen werden dann unter der Erde begraben und erst nach hundert Jahren wieder hervorgeholt.« Und genau in dieser Zeit, unter der Ägide Francesco I. von Medici, beginnt man in Florenz, ein sogenanntes »feines Porzellan« herzustellen, das allerdings nicht aus einer Masse aus Kaolin und Feldspat besteht, sondern aus fünfzehn bis fünfundzwanzig Prozent weißem Ton und Quarz, was so ähnlich aussieht wie Porzellan, dabei aber wesentlich zerbrechlicher ist (in der Tat sind nur ganze vierundsechzig Manufakte davon erhalten) und verschiedene andere Mängel enthält. Kurz darauf jedoch werden zuerst die Portugiesen und dann die Holländer beginnen, das »originale« Porzellan nach Europa zu importieren, das auf der Stelle zum begehrten Objekt wird, so kostspielig, dass man es sogar als »weißes Gold« bezeichnet.

Auf der Suche nach der geheimen Formel ist auch Graf Ehrenfried Walther von Tschirnhaus, der zu Beginn des achtzehnten Jahrhunderts den Verschmelzungspunkt einiger Substanzen studiert, unter anderem auch von Kaolin. Doch er kommt nicht weiter, und so beauftragt König August II. den Alchemisten Johann Friedrich Böttger, ihm zur Seite zu stehen. Im Jahre 1708 haben die beiden Erfolg: Endlich kann auch das Abendland »sein« Porzellan produzieren. Kurz darauf stirbt von Tschirnhaus, doch der König zieht Böttgers Labor in die Burg Albrechtsburg, in der Nähe von Meißen, wo bereits 1710 die Produktion in vollem Gange ist: Dank dem Bildhauer und Chefmodelleur Johann Joachim Kändler kommt es zu äußerst kunstvollen Objekten (so ist eines der Hochzeitsgeschenke von Elisabeth II. ein Meißener Porzellanservice).

Das Geheimnis des Porzellans ist also keines mehr, und es kann sehr einträglich sein, es zu enthüllen. So entstehen im Verlauf weniger Jahre die Manufakturen von Höchst (mit den für sie typischen Statuetten von Johann Peter Melchior), von Wien (mit Motiven im barocken Stil), von Sèvres (wo das sogenannte »Rosé Pompadour« zu Ehren der Geliebten Ludwigs XV. und Schirmherrin der Fabrik umgesetzt wird) und diejenigen rund um die Stadt Limoges (begünstigt durch die Entdeckung einer Kaolinlagerstätte in der Nähe) sowie viele andere, auch in Dänemark, deren Produktion sich allerdings durch die besondere Verwendung von Kobaltblau unterscheidet, und natürlich in England, wo Josiah Spode das *fine bone china*, das Knochenporzellan, erfindet: Er fügt pulverisierte Tierknochen der Masse bei, welche dadurch besonders leicht und durchscheinend wird.

In Italien eröffnet im Jahre 1735 der Marchese Carlo Ginori die Manufaktur von Doccia (die bis ins Jahr 1896 im Besitz der Familie bleibt und sich auf alltagstaugliches Geschirr und ähnliche Objekte spezialisiert), und 1743 gründen der Bourbone Karl III. und seine Gemahlin die *Real Fabbrica di Capodimonte*: Dank der Entdeckung eines Kaolin-Vorkommens in Kalabrien kann seine Produktion wegen ihrer künstlerischen Feinheit schon bald mit der deutschen wie auch französischen Produktion mithalten und diese sogar übertreffen. In Capodimonte werden vor allem kleine Skulpturengruppen hergestellt, bei denen die Kunstfertigkeit der Modelleure ebenso zum Tragen kommt wie die besondere, an Milch erinnernde Tonalität des Porzellans.

Mit der Französischen Revolution und den darauffolgenden Umwälzungen schließt sich diese erste, glanzvolle Epoche des Porzellans in Europa. Als die Höfe, die das Schaffen der Manufakturen – auch, aber nicht nur finanziell – unterstützten, verschwinden, tritt an ihre Stelle das Prinzip des Profits, der die Kunst an zweite Stelle treten lässt und die Nutzung antreibt. Das mutet an wie der traurige Abschluss einer schönen Geschichte, ist es aber nicht. Denn die Tatsache, dass Porzellan mittlerweile ein alltäglicher Gegenstand ist, macht sein *wahres* Geheimnis vielleicht noch faszinierender, das Geheimnis, das Edmund de Waal in seinem Buch *Die weiße Straße* so ausgedrückt hat: »Porzellan ist weiß und hart, aber es lässt das Licht durch. Wie ist das möglich?«

An diesem Abend ist Palermo eine Kurtisane auf der Suche nach Liebhabern: ein sinnliches und missgünstiges Frauenzimmer, das mit schmalen Augen alles daransetzt, sein Gift zu verbergen, eine Frau, die sehen und gesehen werden will. Deshalb zeigt sie sich ohne Zurückhaltung: in einem figurbetonten Kleid in Sanduhrform oder mit weichen Linien, ohne Mieder getragen, wie es die neue französische Mode vorschreibt; mit einem Fächer aus Federn, Spitzenhandschuhen, Perlmuttbinokel, schimmerndem Schmuck, mit einem Lächeln, mit Luftküssen, Komplimenten.

Und das Teatro Massimo ist – im wahrsten Sinne des Wortes – ihre Bühne, auf der sich alles bei vollem Licht und doch unter dem Schleier eleganter Heuchelei abspielt.

Doch unter all den großen und kleineren Schauspielen, die im Parkett oder den Logen stattfinden – heimliche Berührungen von Geliebten; Mütter, die ihre Töchter im heiratsfähigen Alter präsentieren; leises Geplauder über die neuesten Skandale; gestrenge Blicke, die an nicht gezahlte Schulden erinnern – ist an diesem 15. April 1901 eines, das noch nicht begonnen hat und das alle voller Ungeduld erwarten. Ein Spektakel, das zum Drama werden könnte. Oder zu einer *pochade*, einer burlesken Skizze.

Das wird grandios, denkt Architekt Ernesto Basile, mit seinem Kneifer auf der Adlernase. Er sitzt neben seiner Frau im Parkett und hat sich, wie vor jeder Vorstellung, verzaubert der feierlichen Anmut des Saales gewidmet, den er selbst entworfen hat. Und während er auf die Bühne blickt, entdeckt er ganz kurz – einen Moment lang – Ignazio, der hinter einer Ecke des Vorhangs herausspäht. Er hebt den Blick zur Loge der Florios. Sie ist noch leer.

Ignazio Florios Geliebte hat heute in Palermo ihr Debüt in *La Bohème,* natürlich in der Rolle der Mimì. Und Franca Florio hat sich noch nie eine Premiere entgehen lassen.

Die Lichter gehen aus. Unter Stoffrascheln gelangen die letzten Zuschauer an ihre Plätze, während das Orchester die Partituren aufklappt und die erste Violine den Ton fürs Einstimmen gibt.

Ein Murmeln. In der Loge der Florios ist Vincenzo erschienen. Mittlerweile ist er achtzehn, von sinnlicher und maliziöser Art und einer Unbekümmertheit, die den Frauen den Verstand raubt. Man sieht ihn selten im Theater, denn er zieht sportliche Betätigung bei Weitem vor. Vor dem Massimo steht sein Fiat 12 HP, ein Fahrzeug, mit dem er gern durch die Stadt kutschiert und dabei unter dem Protest der Passanten jede Menge Staub aufwirbelt.

Während der junge Mann sich neugierig umschaut, tritt Giovanna neben ihn, in schwarze Seide gehüllt. Ihre Stirn ist leicht gerunzelt, die Lippen verkniffen. Vincenzo küsst sie auf die Wange, lässt sie vor sich Platz nehmen und setzt sich dann selbst.

Das Gemurmel im Parkett wird stärker. Einige der Zuschauer tun nur so, als würden sie mit ihren Platznachbarn sprechen, und spähen in Richtung Loge; andere heben den Blick ohne Vorwand.

Die große Leinwand des Vorhangs – auf dem Giuseppe

Sciuti den Krönungszug von Siziliens König Roger II. abgebildet hat – weht leicht, fast, als würde er atmen.

Franca erscheint wie aus dem Nichts, in ein wundervolles korallenrotes Kleid gehüllt. Einige Augenblicke lang bleibt sie reglos stehen und lässt den Blick über das Parkett schweifen, scheinbar gleichgültig den Bezeugungen von Neugier gegenüber. Dann lächelt sie Vincenzo zu, der ihr den Stuhl hingeschoben hat, und nimmt neben ihrer Schwiegermutter Platz. Francas Gesicht ist gefasst, fast ausdruckslos. Ihre Augen richten sich erwartungsvoll auf die Bühne. Als würde an diesem Abend *La Bohème* nur für sie allein in Szene gesetzt.

Palermo verstummt.

Selbst der Dirigent, der in der Zwischenzeit ans Podium getreten ist, scheint auf ihre Weisung zu warten. Von der Hinterbühne kommt ein kurzes Klatschen, es führt zu einem schüchternen Applaus. Der Dirigent verbeugt sich. Der Vorhang öffnet sich.

Von seinem Platz hinter den Kulissen sieht Ignazio sie.

Wut und Nervosität wüten kurz in ihm. Ja, er hat gehofft, sie würde einen Vorwand finden, um an diesem Abend nicht zu kommen, doch Franca ist da. Es ist eine Herausforderung zum Kampf, da ist er sich sicher.

Genauer gesagt: Rache.

Sie haben heftig gestritten, als er aus Rom zurückkehrte. Alles die Schuld dieses unmöglichen Malers und seines so vulgären Bildes, auf dem Franca aussieht wie eine Tänzerin, die sich in einem billigen Varieté zur Schau stellt. Dieser verfluchte Boldini hat Dinge an seiner Frau gesehen, die zu sehen nur Ignazio das Recht hat, angefangen bei ihren langen Beinen, und hat sie auf die Leinwand gebracht, unter den Blicken dieser Klatschbasen Stefanina Pajno, Francesca Grimaud d'Orsay und Giulia Trigona. Doch der Gipfel war dann, als Franca ihm in aller Seelenruhe gesagt hat, das Bild sei ein *»tableau fascinant«. Wie schamlos von ihr!*

Ignazio versetzt der Wand einen kurzen Schlag und beginnt nervös auf und ab zu gehen, muss Requisiteuren und einer Kostümbildnerin ausweichen, die mit einem Arm voller Kleidungsstücke an ihm vorbeiwill.

»Was ist denn los, Ignazio? Du solltest hier sein, um mich zu beruhigen. Und stattdessen …« Lina Cavalieri ist zu ihm getreten, legt ihm eine Hand auf den Arm.

Er holt tief Luft. »Aber nein, du wirst wunderbar sein: Du wirst sie alle verzaubern, so wie du mich verzaubert hast!«

Diese Frau hat wirklich seine Seele in Brand gesetzt, nicht nur seinen Körper. Seit dem ersten Mal, als er sie gesehen hat, wollte er mit ihr ins Bett, und es ist ihm auch gelungen. Da ist es kaum von Bedeutung, dass ihre Capricen kostspielig sind und sie ihn dazu zwingt, ihr kreuz und quer durch Italien zu folgen. Sie ist es mehr als wert, dieses Geld.

»Ach, ich weiß«, erwidert Lina und legt sich den Schal um die Schultern, der zu ihrem Kostüm gehört. Sie öffnet einen Knopf an ihrem Kleid, sodass ein Stückchen ihrer milchweißen Haut zu sehen ist, und betrachtet Ignazio mit einer Mischung aus Unschuld und Verruchtheit. Dann umschlingt sie seine Finger und lässt sich von ihm die Hand küssen. Schließlich hebt sie den Kopf, schaut auf die Ränge hinaus. »Deine Frau ist hier?«

Ignazio nickt. »Sie lässt sich eine Premiere nie entgehen.«

»Vermutlich ist ihr klar …«

Er zögert kurz, bevor er antwortet: »Sie ist eine Frau, die weiß, wie man sich in der Welt bewegt.« Sein Ton ist leicht, verbirgt gut die Wut, die er dabei empfindet.

»Das hoffe ich«, entgegnet Lina, doch die Angst in ihr trübt ihre dunklen Augen.

Ignazio streichelt ihr das Gesicht. »Wie auch immer, denk daran: Du bist in einem der schönsten Theater Europas, voller Menschen, die nur gekommen sind, um dich singen zu hören.«

Lina möchte ihm antworten, dass sie vor allem deshalb da sind, weil sie sie sehen wollen, denn ihre Gesangskünste seien zweitrangig, doch es ist keine Zeit mehr: Der Inspizient winkt sie heran. Ignazio schiebt sie sanft von sich und schaut zu, wie sie die Bühne betritt. Statt einer kleinen, schüchternen und unbedarften Näherin sieht Lina aus wie eine verarmte Adlige. Doch ihre Bühnenpräsenz ist so gewaltig, dass sie selbst einen Tenor wie Alessandro Bonci in den Schatten stellt, der für seinen virtuosen Gesang vom Publikum angebetet wird. Lina singt mit sinnlicher Hingabe und einer Körperlichkeit, die ihre eher schwache Stimme ausgleicht. Ihre Bewegungen sind voller Eleganz, sie lächelt Rodolfo an, als wäre er der einzige Mann auf der ganzen Welt, errötet sogar.

Altro di me non le saprei narrare.
Sono la sua vicina
Che la vien fuori d'ora a importunare …

Sonst weiß ich von mir nichts zu berichten.
Ich bin Ihre Nachbarin
Die eben hier eintrat, um Sie zu belästigen …

Es ist am Ende von Mimìs Arie, als die Pfiffe beginnen.

Einer, zwei, zehn, hundert.

Das Orchester erstarrt. Durch das Parkett geht ein Beben; ungläubige Blicke gehen von Zuschauer zu Zuschauer. Manche springen auf, um zu klatschen, doch aus den Logen regnet es Schreie, Unflätigkeiten vereinen sich mit den Protesten, die aus dem Parkett kommen. Unter all den Schreien, dem Gerempel, dem schrillen Pfeifen versuchen die Angestellten des Theaters nach Kräften, die Zuschauer wieder zur Ruhe zu bringen, drohen den Wütendsten von ihnen sogar, sie hinauszuwerfen. Doch alles vergeblich.

In der allgemeinen Verwirrung dreht sich Lina mit gerunzelter Stirn zu Ignazio. Sie hält Boncis Hand fest; dieser ist wie versteinert vor Schreck und blickt verwirrt umher.

Ignazio versucht, Lina mit Gesten zu beruhigen, doch ein einziger, schneidender Gedanke geht ihm durch den Kopf. Wieder einmal verweigert ihm Palermo seine Zustimmung. Noch nie – kein einziges Mal! – wurde ein Künstler so feindselig empfangen. Wie ist es nur möglich, dass diese Stadt nicht begreift, welche Ehre ihr zuteilwurde? Lina Cavalieri wird von den Theatern und Höfen Europas begehrt, von Theaterdirektoren belagert, von Fürsten und Magnaten geehrt, und was machen die Palermitaner?

Sie pfeifen sie aus.

Jetzt spürt er sie deutlich, die Feindseligkeit, die in der Luft liegt. Sie hat den trockenen Geruch von Schießpulver, und wie dieses hat sie sich entzündet und dieses Chaos verursacht. Dabei hat er selbst einiges dafür getan, dass Lina die richtige Menge Applaus bekommt: Er hat dem Theater diskret Geld zugeschoben, Claqueure bezahlt …

Doch er war nicht der Einzige, der diese Idee hatte.

Der Gedanke ist überraschend.

Ignazio macht einen Schritt nach vorne, blickt zu der Loge seiner Familie. Während Vincenzo hinter vorgehaltener Hand lacht und seine Mutter, peinlich berührt, den Blick gesenkt hält, schaut Franca mit undurchdringlicher Miene auf die Bühne, den Hauch eines Lächelns auf den Lippen.

Ignazio folgt der Richtung ihres Blickes, als hinge er an einem Faden. An seinem anderen Ende ist Linas Blick.

Er erschaudert. Ihm wird bewusst, dass er dem Kampf von Löwinnen beiwohnt, die um ihr Revier streiten, dem stummen Krieg von zwei wilden Kreaturen, die sich gegeneinander aufbäumen, ungeachtet dessen, was um sie herum vorgeht.

Franca.

Hinter diesen Pfiffen steht niemand anders als sie. Oh nein, nicht direkt, das war auch gar nicht nötig. *Sie hat so viele Freunde und Bewunderer, die alles tun, um ihr zu gefallen, dass wahrscheinlich ein einziges Wort gereicht hat, um diese Hölle zu entfesseln.*

Und um allen begreiflich zu machen, wer wirklich das Heft in der Hand hat.

Während das Orchester endlich weiterspielt, bleibt Ignazio reglos stehen. In Kürze endet das erste Bild, und er muss Lina trösten. Doch das wird nicht schwer sein: Jammern und Klagen sind nicht ihre Sache. Sie ist eine mutige Frau, die sich vom Leben nichts gefallen lässt, auch wenn es so manchen Schlag für sie bereithält. Und es ist auch dieser Mut, dieser Stolz, den Ignazio an Lina bewundert.

Doch bis zu diesem Abend war ihm nicht klar, wie sehr seine Frau sich weiterentwickelt hat. Franca ist eine ehrenhafte Frau, treu und loyal, die Mutter seiner Kinder, doch darum geht es nicht.

Entscheidend ist, dass er in ihrer Ehe der Schwache ist.

Und es immer sein wird.

Der große Saal des Corte d'Assise von Bologna ist voll besetzt und in Zigarettenrauch gehüllt, der die Gesichter der Anwesenden verzerrt. Mit Hut und Stock in einer Hand tritt Ignazio ein und schaut sich um. Vor ihm stehen lange Bankreihen für Journalisten und Anwälte, während oberhalb der Richter und auf einer Tribüne das Publikum sitzt. Viele erkennen ihn; das merkt er an dem Gemurmel, das bei seinem Eintreten durch die Aula läuft, und an den neugierigen Blicken, die sich auf ihn richten.

»Signor Florio, hier entlang.« Ein Gerichtsschreiber bedeutet ihm, ihm zu folgen, und Ignazio tritt unsicher nach vorne, zwingt sich dazu, die Richter anzusehen und nicht den Käfig, in dem, flankiert von zwei Gendarmen, Raffaele Palizzolo auf einer Holzbank sitzt. Doch einen Moment lang begegnen sich die Blicke der beiden Männer dennoch, und Ignazio zuckt erschrocken zusammen: Palizzolo wirkt mitgenommen und hat so viel Gewicht verloren, dass sein Anzug, wenngleich von guter Machart, ihm fast vom Körper fällt. Doch sein Kreuz ist durchgedrückt und der Blick gelassen. Er senkt leicht den Kopf, um Ignazio zu grüßen, und deutet sogar ein Lächeln an.

Acht Jahre sind seit dem Mord an Emanuele Notarbartolo vergangen: acht Jahre, in denen die Justiz versucht hat, nicht im Treibsand der falschen Spuren zu versinken und sich weder von Aussageverweigerung noch von Ablenkungsmanövern beeindrucken zu lassen. Vor zwei Jahren hat es in Mailand einen verworrenen Prozess gegeben, der an eine Farce grenzte: Angeklagt waren zwei Eisenbahnangestellte, die, da sie an Bord des Zuges waren, in dem Notarbartolo umgebracht wurde, notgedrungen Komplizen der Mörder sein *mussten.* Doch genau während jenes Prozesses war der Sohn des Opfers, Leopoldo, in die Zeugenbank getreten und hatte mit bemerkenswertem Mut das düstere Bild eines Palermos gezeichnet, das Gefangener von Protektionismus sei, in dem die Leute zu allem bereit waren – auch zu einem Mord –, wenn es darum ging, ihre Privilegien zu bewahren, und hatte Palizzolo des Mordes an seinem Vater bezichtigt. In dem Durcheinander, das entfacht wurde, hatte die Kammer die Genehmigung gegeben fortzufahren, und am 8. Dezember 1899 ordnete Polizeipräsident Ermanno Sangiorgi an, Palizzolo festzunehmen. Einige Tage später wurde der Mailänder Prozess ausgesetzt. Erst vor zwei Monaten, am 9. September 1901, wurde er in Bologna wieder aufgenommen.

Ignazio nimmt in der Bank der Zeugen Platz, schlägt die Beine übereinander und legt die Hände auf die Knie. Er verspürt ein schmieriges Unbehagen, das nur schwer abzulegen ist. Bis zu diesem Moment hat er es geschafft, das Gefühl der Peinlichkeit, das ihm diese Situation einflößt, unter Kontrolle zu halten, doch hier in diesem Gerichtssaal ist das nicht so einfach. Er hatte noch nie mit der Justiz zu tun, und vor allem kann er nicht akzeptieren, dass sein Name – zusammen mit dem vieler anderer aus der guten Gesellschaft Palermos – mit dieser Angelegenheit in Verbindung gebracht wird. Er ist so nervös, dass er am Tag zuvor sogar mit Lina gestritten hat, die ihm angeboten hatte, ihn nach Bologna zu begleiten, auch wenn sie sich von diesem Saal weit entfernt gehalten hätte.

Es ist der Vorsitzende des Gerichts, Giovanni Battista Frigotto, der mit der Befragung beginnt. »Ihr seid Signor Florio Ignazio, Sohn des verstorbenen Ignazio?«

Er nickt.

»Und Euer Beruf ist?«

Ignazio räuspert sich. »Ich bin Industrieller.«

Der Richter hebt eine Augenbraue. »Habt Ihr denn nicht auch ein Geschäft?«

»Das alte Familienunternehmen, ja. Ich führe eine Kellerei, die Marsala produziert, die *Navigazione Generale Italiana* und …«

»Wir haben Euch nicht hierherkommen lassen, um alles über Euren Reichtum zu erfahren«, kommentiert Frigotto trocken. Er schaut Ignazio an, als hätte er irgendeinen neureichen Grundbesitzer aus dem Süden vor sich, der nicht weiß, wie er sich vor dem Gesetz zu benehmen hat.

»Ihr habt mich nach meiner Arbeit gefragt, die allerdings allgemein bekannt ist«, erwidert Ignazio, nervös geworden.

»Vielleicht bei Euch, Signor Florio. Wir sind hier in Bologna, und nicht allen hier ist im Detail bekannt, wer Ihr seid oder womit Ihr Euren Lebensunterhalt verdient.«

Im Publikum wird es unruhig; man hört sogar höhnisches Gelächter. In der Menge entdeckt Ignazio einen Journalisten aus Catania, den er vom Sehen kennt: Der Mann plaudert mit einem Kollegen und hat ein ironisches kleines Lächeln auf den Lippen. Als er jedoch bemerkt, dass Ignazio ihn anschaut, senkt der Mann schnell den Kopf und beginnt, sich Notizen zu machen.

»Nun, Signor Florio … Ihr seid hierher gerufen worden als entlastender Zeuge. Ihr kennt den Angeklagten Raffaele Palizzolo?«

Er nickt.

»Sprecht bitte, Signore.«

Husten. »Ja.« Er dreht sich um, schaut ihn an. Palizzolo setzt ein mildes Lächeln auf, als wollte er sich für die Unannehmlichkeiten entschuldigen, die er ihm bereitet hat. Doch in dem Blick ist auch eine Warnung, die nur ein anderer Sizilianer wahrnehmen kann, und Ignazio läuft es eiskalt über den Rücken. Er dreht sich wieder zum Richter, der ihn streng anschaut, ihn vielleicht einschüchtern will.

»Signor Florio, habt Ihr jemals von der Mafia gehört?«

Bei dieser Frage zuckt Ignazio fast zusammen. »Nein.«

»Ich wiederhole: Habt Ihr jemals von der kriminellen Vereinigung gehört, die sich Mafia nennt?«

»Und ich wiederhole: Nein.«

Frigotto verzieht das Gesicht. »Seltsam. In den Depeschen der öffentlichen Sicherheit, die aus Palermo kommen, steht, dass Ihr Euch, wie viele andere … gewisser Personen bedient, die für die Sicherheit Eures Eigentums sorgen. Und dass ebendiese Personen Mitglieder der kriminellen Vereinigung sind, der auch der Angeklagte angehört. Der Mafia.«

Ignazio bewegt sich auf seinem Stuhl. »Es handelt sich um Arbeiter, die ich aus dem Dorf, in dem ich lebe, beziehe. Es sind grundehrliche Leute mit allerbesten Manieren. Und was den Abgeordneten Palizzolo angeht …«

»*Signor* Palizzolo«, korrigiert ihn Frigotto.

»… so ist er eine Person von großer Bedeutung in Palermo, immer bereit, demjenigen zu helfen, der sich in einem Moment der Not an ihn wendet.«

»Ich muss Euch erinnern, dass Ihr unter Eid steht, Signor Florio.«

Ignazio verschränkt die Arme über der Brust. »Das weiß ich sehr wohl. Meine Familie kennt Raffaele Palizzolo schon lange, er ist auch mit meiner Frau verwandt, und …«

»… und er hat sich nach allen Regeln der Kunst bemüht, Vergünstigungen im Parlament für Euch zu erwirken. Na, na, schaut nicht gleich so gekränkt; es ist allgemein bekannt, dass Ihr Sizilianer Euch immer gegenseitig behilflich seid und es dabei nicht so sehr darauf ankommt, ob Ihr Eure Anliegen ehrlichen Menschen oder zwielichtigen Gestalten vortragt.«

Ein Murmeln erhebt sich im Saal. Diesmal sind es die Zeitungsleute aus dem Süden, die gegen solche Verallgemeinerungen aufbegehren. Einer der zivilen Anwälte, Giuseppe Marchesano, erhebt sogar lauthals Einspruch.

Ermutigt neigt sich Ignazio nach vorn. »Seht Ihr, Herr Richter, ein ›Händler‹ wie ich muss an die Zukunft seiner Unternehmungen denken und weiß, dass er eine laute Stimme braucht, um bei den Institutionen etwas zu erreichen. Dem Abgeordneten Palizzolo lagen die Interessen Siziliens immer am Herzen …«

»Und die der Florios!«, schreit jemand aus dem Publikum. Ignazio dreht sich um und erkennt den Journalisten: Es ist ein Mann aus Palermo, der für die *Battaglia* schreibt, die sozialistische Zeitung von Alessandro Tasca di Cutò.

Marchesano erhebt sich. »Signor Florio, wir haben Euch hierherkommen lassen, um eine konkrete Sache zu klären. Stimmt es, dass Raffaele Palizzolo Euch den Kauf des Grundstücks mit dem Namen Villa Gentile angeboten hat, mit dem Ziel, darauf Häuser für Eure Arbeiter zu errichten?«

Ignazio zieht die Stirn in Falten. »Ja, aber ich habe es abgelehnt.«

»Warum?«

»Ach, das weiß ich nicht mehr.«

»Wenn Palizzolo sich bei Euch eine beträchtliche Summe hätte leihen wollen, hättet Ihr sie ihm gegeben?«

»Wenn ich sie zur Verfügung gehabt hätte, durchaus. Wie ich bereits sagte, ist er ein Mann, den ich gut kenne, um nicht zu sagen, er gehört zur Familie …«

»Haltet Ihr es für möglich, dass Palizzolo in der Lage wäre, einen Mord zu begehen oder einen solchen in Auftrag zu geben?«

Ignazio reißt die Augen auf. »Nein, auf keinen Fall!« Er schreit fast. »Außerdem wurde sein Name erst nach diesem seltsamen Prozess in Mailand mit dieser hässlichen Sache hier in Zusammenhang gebracht und …«

»Danke«, unterbricht ihn Marchesano. »Herr Richter, ich habe keine weiteren Fragen mehr.«

»Ihr könnt gehen, Signor Florio«, sagt Frigotto, ohne Ignazio anzuschauen.

Ignazios Verärgerung ist so groß, dass er den dichten Nebel, der ihn beim Verlassen des Gerichts einhüllt, gar nicht bemerkt. Er überquert die Piazza mit groß ausholenden Schritten, hebt und senkt seinen Stock. *Was erlaubt er sich eigentlich, dieser Richter, mich so zu behandeln? Außerdem, was weiß der schon von bestimmten Angelegenheiten?*, denkt er wütend. *Um das zu begreifen, muss man in Sizilien leben. Man muss das Salz und den Staub fressen, muss schlucken, bevor man selbst gefressen wird, muss sich zum Hund machen, wenn man nicht abgenagt werden will wie ein Knochen …* Plötzlich bleibt er stehen, atmet tief die kalte Luft ein. Dieser Nebel, der die Stadt vor ihm verbirgt, der die Häuser, die Passanten, die Kutschen zu Hirngespinsten macht, entreißt ihm einen Seufzer der Entmutigung. *Nichts wisst ihr, ihr Leute aus dem Norden. Ihr haltet euch für Heilige und habt nicht begriffen, dass man nur ins Paradies kommt, wenn man weiß, was Sünde ist. Und in Sizilien ist die Sünde, der niemand entkommt, die, zu wissen und nicht sprechen zu können.*

»Donna Franca …« Das Hausmädchen steht in der Tür, reglos, die Hand am Türpfosten. »Verzeiht mir die Störung, aber Eurer Tochter geht es nicht gut. Sie hat Fieber.«

Franca sitzt vor der Spiegelkommode ihres Schlafzimmers in der Villa Igiea. Sie hebt den Blick von dem Täschchen aus Goldgewebe, in das sie die Schmuckstücke zurücklegt, die sie am Abend zuvor bei den Lanza di Mazzarino getragen hat. Sie vertraut ihren Dienstbotinnen nicht, auch nicht Diodata; lieber kümmert sie sich selbst darum.

Das Zimmer steht voller Koffer und Truhen, in die die Garderobenfrau Kleider für den Tag und für den Abend einräumt, Morgenmäntel und Schuhe. Übermorgen werden Franca, ihre Mutter, Giovanna und die Kinder nach Bayern reisen, nachdem sie den Juli in Tunesien verbracht haben. Vorher, im Mai, sind sie auf Favignana gewesen, um der Mattanza beizuwohnen, zusammen mit den Trigonas, Herzog und Herzogin von Palma – Giulio und Bice –, Ciccio di Lampedusa, dem Bruder des Herzogs, Carlo di

Rudinì, Francesca Grimaud d'Orsay und anderen Verwandten und Freunden, wie den Vettern d'Ondes und Ettore De Maria Bergler. Es sind angenehme Tage gewesen, an denen man auf der Insel spazieren ging oder Ausflüge mit dem Boot machte, aber auch lange, träge Gespräche führte und ohne großen Aufwand am Tisch saß und aß.

Zumindest so lange, bis Kaiserin Eugénie kam, die Witwe Napoleons III. Die schwermütige, sanfte ältere Dame hatte die Zuneigung aller erlangt und die Mattanza mit großem Interesse verfolgt, sogar einige überraschte Schreie ausgestoßen. Franca hatte ihren Aufenthalt bis in die letzte Einzelheit geplant, ein hervorragendes Essen vorbereitet und dafür nicht wenig Lob eingeheimst. Doch ganz besonders hatte die Kaiserin Franca dazu gratuliert, dass sie erst wenige Wochen davor zur Hofdame von Königin Elena ernannt worden war.

Ignazio hingegen, der nicht adligen Ursprungs ist, hat man nicht zu einem höfischen Untertanen des Königs ernannt, was ihn nicht wenig ärgerte. Eine Verärgerung, zu der auch der Ausgang des Prozesses gegen Palizzolo beitrug, den man zu einer überaus schweren Zuchthausstrafe von dreißig Jahren verurteilt hat, ebenso wie die Tatsache, dass er wegen der Trauerfeierlichkeiten für den ein Jahr zuvor, am 11. August 1901, verstorbenen Francesco Crispi die Abfahrt nach Favignana hinauszögern musste. So reihte sich Ignazio unter einer hoch am Himmel stehenden Sonne dem langen Trauerzug der Abgeordneten von Kammer und Senat ein und musste auf dem Friedhof der Kapuzinermönche nicht nur einer endlosen Anzahl von Trauerreden, sondern auch noch der Aufbahrung der Leiche beiwohnen, die erst vor Kurzem einbalsamiert worden war.

Eine Mumie bist du geworden, und Mumie wirst du bleiben, dachte Ignazio damals, warf dem Verstorbenen einen letzten Blick zu und wischte sich den Schweiß ab.

Und so war er schlechtester Laune nach Favignana gekommen und hatte sich sogleich abgelenkt, indem er Bice nach allen Regeln der Kunst den Hof machte, unter den Augen sowohl ihres Mannes als auch Francas. Und Bice hat ihm gewiss keinen Korb gegeben.

Wie gewohnt schaute Franca in die andere Richtung. Als Hofdame anerkannt zu werden schenkte ihr neuen Stolz, gepaart mit einem starken Gefühl der Genugtuung. Sie war nicht nur die schöne Frau und die Mutter des Stammhalters einer der reichsten Familien Europas: Jetzt konnte sie auch mit Fug und Recht bei sich zu Hause Herrscher empfangen und ihren Rang und Namen genießen. Was für einen Unterschied machte da schon eine weitere Liebschaft ihres Mannes?

Vor ihrer Abreise wollte sich die Kaiserin unbedingt von den Kindern verabschieden. Mit zärtlichem Lächeln erinnert sich Franca an die verschlafenen Gesichter von Giovannuzza und Baby Boy, die zusammen mit Bices Sohn Giuseppe Tomasi pünktlich um sieben Uhr morgens in voller Montur bereitstanden, um dem königlichen Gast präsentiert zu werden, bevor die Kaiserin an Bord ihrer Jacht ging. Igiea hingegen schlief noch in ihrer Wiege.

Franca erwacht aus ihrer Versunkenheit. »Wem geht es nicht gut? Igiea oder Giovannuzza?«, fragt sie mit einem Hauch Gereiztheit in der Stimme, denn wenn es einem der Kinder nicht gut geht, müssen sie die Abfahrt wenigstens um ein paar Tage verschieben, und sie hat große Lust, endlich der Hitze Palermos zu entfliehen. Und auch Ignazio, der ihr derzeit ganz besonders lästig ist. Franca braucht frische Luft, sie braucht Menschen, Heiterkeit.

»Signorina Giovannuzza.« Das Hausmädchen steht mit gefalteten Händen vor ihr und wartet. Sie wirkt nervös.

»Ich komme.«

Franca durchquert die Zimmer im Morgenrock, die Seide wogt um ihre Schenkel, während ihre Schritte von den dicken Teppichen gedämpft werden. Kurz darauf betritt sie Giovannuzzas Zimmer. Das Mädchen liegt im Bett, die Wangen fieberrot, die Augen geschwollen und halb geschlossen. Wie so oft denkt Franca, dass die Kleine viel älter wirkt als ihre acht Jahre, vielleicht wegen der ihr eigenen schwermütigen Art oder weil sie so zart und schlank ist wie sie selbst.

»*Maman* …«, murmelt Giovannuzza mit rauer Stimme und streckt ihr die Hand hin.

»Mein Schatz, wie fühlst du dich?«

»Mhm. Mir tut der Kopf so weh, und … *ich habe Durst* …«, fügt sie auf Deutsch hinzu.

Franca blickt auf das Nachttischchen, sucht nach der Wasserflasche. Eifrig geht die Gouvernante zu dem Tisch in der Mitte des Zimmers, schenkt ein Glas Wasser ein und reicht es ihr. Dann kehrt sie ans Fußende des Bettes zurück.

Franca hilft Giovannuzza, sich auf ihren Kissen aufzustützen. Die Kleine trinkt einen Schluck, hustet dann jedoch heftig und spuckt Flüssigkeit aufs Bett.

»Mir tut alles weh, Mama«, murmelt sie und beginnt leise klagend zu weinen.

Franca trocknet ihr das Gesicht mit einem Taschentuch ab, streichelt es. Ihre Haut fühlt sich sehr heiß an. Zu heiß.

Irgendetwas stimmt da nicht, denkt sie. Giovannuzzas

Gesundheit war schon oft Anlass zur Sorge, doch das hier scheint nicht einfach nur eine fiebrige Erkältung zu sein.

»Ruft den Arzt. Nicht unseren; der würde zu lange brauchen, bis er hier ist. Den vom Hotel«, sagt Franca zu der Gouvernante. Dann küsst sie ihre Tochter, drückt sie an sich. »Ich bin hier«, murmelt sie und wiegt sie in ihren Armen. »*Hab keine Angst, mein Schatz …*«

Der Arzt ist ein magerer, ernster Mann, sein Gesicht von Alter und Erfahrung gezeichnet. Kurz darauf ist er da. Franca hat sich umgezogen und wohnt der Untersuchung mit wachsender Aufregung bei. Der Arzt lächelt Giovannuzza an und untersucht sie mit großer Behutsamkeit, doch er ist angespannt, das sieht man ihm an.

Sie verlassen das Zimmer, machen die Tür hinter sich zu. In diesem Augenblick kommt Maruzza dazu.

»Und?«, fragt Franca, ein Taschentuch knetend.

»Ich fürchte, es ist Typhus«, erwidert der Mediziner. »Sie hat geschwollene Augen, hohes Fieber, ihre Reflexe sind verlangsamt … Alles Symptome einer schweren Infektion.«

Franca schlägt die Hände vor den Mund und starrt auf die geschlossene Tür. »Aber … wie hat sie sich das geholt?«

Der Mann breitet die Arme aus. »Vielleicht hat sie verkeimtes Wasser getrunken oder etwas gegessen, das den Keim in sich hatte. Wer kann das wissen? Jetzt hat es keinen Sinn mehr, sich zu fragen, wo sie es herhat. Wichtig ist, sie von den anderen zu isolieren und immer sauber zu halten. Sagt den Bediensteten, sie sollen die Wäsche der Kleinen auskochen.«

Maruzza drückt Francas Arm; diese schaut den Mann immer noch benommen an. »Ich kümmere mich darum«, sagt sie.

»In der Zwischenzeit versuche ich einen Aderlass, um den Kopfschmerz zu lindern, und gebe ihr fünfundzwanzig Tropfen Jodtinktur in einem Glas Milch, denn wie es scheint, ist …«

Franca hört ihm gar nicht mehr zu. Trotz der Hitze hat sie auf einmal das Gefühl, unter einer dicken Eisschicht zu stecken. »Mein Kind …«, murmelt sie. »Meine Giovannuzza …« Und sie berührt die Tür, als könnte diese Geste ihrer Tochter Linderung bringen.

Der Arzt senkt den Kopf. »Ihr solltet es gleich wissen, Donna Franca: Das ist eine Krankheit, die nur schwer zu heilen ist. Mein Rat ist, die Kleine in eine weniger heiße Gegend zu bringen, wo sie besser atmen kann, ohne die feuchte Schwüle des Meeres.«

Franca kommt wieder zu sich, räuspert sich. »Reisen kann sie nicht, oder?«

Der Arzt schüttelt den Kopf.

»Aber … wenn wir sie in unsere Villa außerhalb von Palermo brächten, im Hügelland?«

»Das wäre besser, ja.« Er drückt ihr die Hand, lächelt sie an. »Lasst es mich wissen.«

Sie fahren Giovannuzza mit dem Auto von der Villa Igiea zur Villa ai Colli. Vincenzo sitzt am Steuer, scherzt mit seiner Nichte, versucht sie zum Lachen zu bringen. Dieses Mädchen mit den großen dunklen Augen hat einen besonderen Platz in seinem Herzen, und sie hat diese Zuneigung des Onkels mit dem guten Herzen stets erwidert. Jetzt jedoch, eingehüllt in eine dicke Schicht aus Decken und Laken, kann Giovannuzza nur schwach lächeln. Der größte Teil der Fahrt verläuft in benommenem Schweigen, ab und zu jammert die Kleine und drückt ihre geliebte Fanny an sich, die ganz in Rosa gekleidet ist. Auf der Hälfte der Fahrt schläft sie ein, Franca zieht ihre Decke hoch, nimmt ihr vorsichtig das Spielzeug ab.

Was hast du nur? Was ist dir passiert, meine nica, *meine Kleine?*, denkt sie und spürt, wie ihr Herz sich in einer Welle der Angst verkrampft.

In eine Staubwolke gehüllt hält das Auto vor dem Eingang der Villa.

»Hier wird es dir besser gehen«, sagt Vincenzo zu Giovannuzza und hebt sie aus dem Auto, um sie ins Haus zu tragen. »Wenn du wieder ganz gesund bist, machen wir einen Ausflug mit dem Auto. Wir fahren so schnell, dass dir der Hut wegfliegt. Bis Capo Gallo fahren wir und schauen uns die Fischer an, die vom Meer zurückkommen.«

»Danke, Onkelchen«, sagt sie. Sie streckt die Hand aus und zieht ihn am Schnurrbart, ein Spiel, das sie schon macht, seit sie groß genug war, um sich auf seinen Schoß zu setzen. Als sie sich umdreht, wandert ihr Blick zu Franca, die näher kommt. »Was ist denn, mein Schatz?«

»Fanny …«

Franca dreht sich zu Maruzza, die eine weitere Decke und eine Kiste mit Spielsachen trägt, aus denen die Porzellanpuppe herausschaut. Sie gibt sie Giovannuzza, die Fanny in die Arme nimmt. »Fanny friert auch so furchtbar …«, murmelt sie.

Die Angestellten, die vor dem Haus warten, hören sie und laufen, ohne auf Francas Befehl zu warten, nach oben, um das Bett der Kleinen aufzuheizen.

An diesem Abend öffnet Ignazio die Tür des Raumes, in dem Giovannuzza untergebracht wurde. Die von balsamischen Ölen schwere Luft, die seiner Tochter dabei helfen soll, besser zu atmen, trifft ihn wie ein Schlag.

Das Gesicht des Mädchens ist nur ein rötlicher Fleck auf dem Kissen. Francas Antlitz sieht steinern aus, wie Marmor.

Er geht auf seine Tochter zu, beugt sich hinab, gibt ihr einen Kuss, doch sie öffnet kaum die Augen. »*Oh, daddy*«, sagt sie zu ihm. »Mir geht es so schlecht …«

»Ich weiß, mein Herz«, erwidert er, legt ihr eine Hand an die Wange, zieht sie aber auf der Stelle wieder zurück, so heiß ist die Haut. Er hebt den Kopf, sieht sich nach Franca um. Die sitzt auf der anderen Seite des Bettes und betrachtet ihn mit angstvollen Augen. Zum ersten Mal nach so langer Zeit bittet sie ihn um Hilfe, die Wunden zu schließen, die sich in ihrem Herzen auftun. Man begreift, dass sie nur zu gern an der Stelle ihrer Tochter wäre, um sie nicht so sehr leiden zu sehen.

Die Frage, die Ignazio in ihren Augen liest, erschreckt ihn selbst. Einige Momente lang bleiben sie so sitzen, unbewegt, und schauen sich an. Dann bedeutet er ihr, das Zimmer zu verlassen, steht auf, und Franca folgt ihm.

Kaum hat sich die Tür hinter ihnen geschlossen, beginnt sie zu weinen. »Es geht ihr sehr schlecht, Ignazio, und ich weiß nicht, was ich machen soll. O Gott, hilf du uns doch …«

Ignazio gibt keine Antwort. Er drückt sie an sich, streichelt ihr übers Haar. Etwas, das er schon lange nicht mehr getan hat, eine Geste, die früher eine Geste der Liebe war und die jetzt nur noch Trost spendet, jedoch wenigstens für einen Moment ihre Ängste besänftigt. Mit einem Seufzen lässt sich Franca an seine Brust sinken.

»Ich hab Angst«, sagt sie. Es ist nur ein Hauch.

Ich hab auch Angst, denkt er, unfähig zu sprechen. Denn der Geruch in diesem Zimmer hat die Erinnerung an den Raum zurückgebracht, in dem damals sein Bruder Vincenzo gestorben ist, und auch an den Raum, in dem sein Vater seinen letzten Atemzug tat. Es wird ihm eng in der Brust, es macht ihn stumm: dieser modrige, säuerliche Geruch eines Menschen, der versucht, sich vor seiner Krankheit zu schützen, gefangen in einer Reglosigkeit, die sehr, allzu sehr, an den Tod erinnert.

Dass seine Tochter sterben könnte, dass ihr Schicksal dem seines Bruders Vincenzo ähnlich sein könnte, das kann er sich nicht einmal vorstellen.

Und so nutzt Ignazio am Tag danach, als Giovannuzza zuerst in eine tiefe Ohnmacht und dann ins Delirium gleitet, die Waffen, die er hat: Macht und Geld.

Er ruft Augusto Murri an, den Dozenten in Klinischer Medizin an der Universität von Bologna. Ein Genie der Medizin, Verfasser von fundamentalen Abhandlungen über Fieber und zerebrale Hirnverletzungen, bewundert in Italien und im Ausland. Alle – ob Freunde, Bekannte, Ärzte – sagen, er sei der Beste. Der Einzige, der sie retten kann.

Und so kommt es, dass Ignazio, während sich die Familie in der Villa ai Colli versammelt, ihn nach Palermo kommen lässt. Bis Neapel stellt er ihm einen Spezialzug zur Verfügung, und von dort aus setzt ihn ein Dampfschiff nach Sizilien über. In die Villa kommt er mit einem Automobil.

In der Zwischenzeit wartet Palermo, draußen vor dem Zaun. Einem kleinen Mädchen, einer unschuldigen Seele, geht es schlecht. Unstimmigkeiten, Missgunst, Klatsch werden verdrängt: Es kommen Bedienstete, die für ihre Herren nach Neuigkeiten fragen, die Karten mit Genesungswünschen bringen oder verkünden, dass sie Rosenkränze für Giovannuzza beten. Doch die Nachrichten werden schlechter. Die Kleine durchlebt lange Phasen der Bewusstlosigkeit, sie isst nicht, sie erkennt niemanden mehr außer der Mutter und der Großmutter, deren Vornamen sie trägt.

Als Dottor Murri eintrifft, hat Giovannuzza schon vor mehreren Stunden das Bewusstsein verloren. Franca sitzt neben ihrem Bett. Sie ist bleich, erschöpft, das dunkle Haar fällt ihr in ungekämmten Locken ins Gesicht, die Augen sind geschwollen vom Weinen, sie hat ein schmutziges Taschentuch in den Händen. Mehrmals hat sie versucht, ihre Tochter zu wecken, ihr ein paar Schlucke Milch zu geben, ihr die aufgerissenen Lippen mit kaltem Wasser zu betupfen, doch das Mädchen, *ihr Mädchen*, reagiert nicht mehr.

Augusto Murri ist sechzig Jahre alt und geht leicht gebeugt. Er strahlt eine Aura ruhiger Sicherheit aus. Seine Schläfen sind kahl, und er trägt einen weißen dicken Schnurrbart. Mit einer kleinen Geste bedeutet er Franca, hinauszugehen, doch sie schaut ihn nur an und drückt das Kreuz durch. Ignazio tritt an ihre Seite.

Von hier werden sie sich nicht wegbewegen.

Murri horcht die Brust der Kleinen ab, überprüft ihre Reflexe, versucht sie zu stimulieren. In der Kehle des Arztes wird es eng, denn er sieht den Blick dieser Eltern, über die sogar er gelegentlich in den Gazetten gelesen hat. Doch jetzt zählt das alles nicht mehr, weder die Reisen noch der Schmuck, die prunkvollen Feste. Jetzt sind da einfach ein Vater und eine Mutter, geeint in der Angst, die sie auffrisst.

Am Ende, während die Bediensteten das Bett wieder in Ordnung bringen, gibt der alte Arzt den beiden Eltern ein Zeichen, ihm nach draußen zu folgen. Auf dem Flur stehen Giovanna und Costanza, die beiden Großmütter, die Hände fest um ihre Rosenkränze geschlossen. Neben ihnen Maruzza.

Der Mann räuspert sich. Als er spricht, tut er es langsam und mit gesenktem Blick. »Es tut mir leid, meine Herrschaften. Meiner Meinung nach ist es kein Typhus.« Er macht eine Pause, lang, schwer. »Es ist Meningitis, Hirnhautentzündung.«

»Nein!« Franca gerät ins Wanken. Bevor Ignazio sie stützen kann, ist Costanza an ihrer Seite und fasst sie mit dem Arm um die Taille, damit sie nicht zu Boden fällt. Auch Maruzza eilt herbei. Die Frauen bleiben dicht an dicht, Kopf an Kopf, können nicht sprechen. Franca laufen die Tränen übers Gesicht: Ihre Augen sind riesig, sie ist kreidebleich.

Dieses Wort ist ein Stein, der tief in ihr Bewusstsein fällt. *Meningitis, Meningitis, Meningitis* … Sie beginnt zu zittern, und ihre Mutter umarmt sie noch fester, die beiden brechen in Schluchzen aus.

Ignazio steht reglos da. Er fühlt sich, als würde er in eine Spirale hineingezogen, die alles in sich aufsaugt, die Luft, die Menschen, die Dinge, sogar das Licht. »Aber dann …«, sagt er. Doch mehr bringt er nicht heraus. Er sieht aus dem Fenster, von dem aus man den Garten sehen kann, und einen Augenblick lang glaubt er, seinen Vater, zusammen mit Vincenzino, da draußen in dem Orangenhain spazieren gehen zu sehen, den er so sehr geliebt hat.

Die Stimme des Arztes holt ihn in die Wirklichkeit zurück. »Wir werden die notwendigen Kuren unternehmen«, sagt Murri mit fester Stimme. »Es gibt noch Möglichkeiten, das Ruder herumzureißen, und wir werden alles tun, um ihr zu helfen und Erleichterung zu verschaffen. Aber so wie es nicht zwei Dinge gibt, die sich genau gleichen, gibt es auch nicht zwei gleiche Kranke. Deshalb wird man die kleine Giovanna von Moment zu Moment betreuen, mit der größtmöglichen Aufmerksamkeit. Doch ich muss ehrlich sein: Die Wahrscheinlichkeit, dass sie wieder ganz gesund wird, ist sehr gering. Auch wenn sie wieder auf die Beine kommt, könnte sie sehr eingeschränkt sein, im Sprechen oder den Bewegungen.« Er schaut zu Franca, die kurz vor einer Ohnmacht zu stehen scheint. »Ihr müsst jetzt sehr stark sein, Signora. Es kommen schwere Tage auf Euch zu.«

Franca streckt die Hand aus, sucht die von Ignazio, findet sie.

Sie muss ihn an ihrer Seite spüren, ihn, den Vater ihrer Tochter. Trotz allem, was in den vergangenen Jahren geschehen ist, möchte sie das Gefühl haben, dass sie vielleicht doch noch miteinander verbunden sind. Dass sie noch ein Stück des Weges zusammen gehen können. Dass die Liebe nicht von allem aufgezehrt wurde. Dass sie diesem Schmerz Seite an Seite entgegengehen. Dass er sie in den düstersten Momenten nicht allein lassen wird. Dass die Leere, die sich unter ihren Füßen auftut, sie nicht verschlucken wird.

Ein Hauch von Hoffnung bleibt, und daran klammert sie sich. An diesen Hauch Hoffnung. Die Krankheit wird Folgen haben? Sie werden sie angehen. Franca wird bei Giovannuzza bleiben, wird ihr dabei helfen, die Frau zu werden, die sie sich immer vorgestellt hat.

Franca will und kann nicht begreifen, dass die Grenze zwischen Illusion und Hoffnung fließend ist und dass die Liebe, wenn sie sich mit der Verzweiflung vereint, die schlimmste aller Lügen zu gebären vermag.

Am 14. August 1902 graut bereits der Morgen, als Franca, die an Giovannuzzas Bett in einen leichten Dämmerschlaf gefallen war, aufwacht. Aus dem Garten der Villa kommt das Gezwitscher der Vögel, die den Tag begrüßen, und das Licht, das durch die weißen Vorhänge hereindringt, ist noch zart.

Im Zimmer ist es frisch; ein feiner Geruch von Gras hat die schweren Düfte der Inhalationsmittel verdrängt.

Das Mädchen liegt reglos mit dem Rücken zu ihr, die schwarzen Zöpfe ruhen auf dem Kissen. Franca beugt sich nach vorn, um sie zu betrachten, berührt sie: Das Mädchen wirkt frischer, und auch die Röte in ihrem Gesicht scheint weniger geworden zu sein. Die Gouvernante ist auf dem Stuhl eingenickt, und so wie sie schläft auch der Rest des Hauses, eingehüllt in die Stille.

Einen Augenblick lang glaubt Franca, dass die Kuren vielleicht angeschlagen haben. Dass das Fieber gesunken ist und Giovannuzza bald wieder aufwacht. Was macht es schon, ob sie vielleicht humpeln oder komisch sprechen wird? Sie werden sich die besten Ärzte suchen, um sie zu kurieren, man wird sie nach Frankreich oder England bringen. Sie wird lange Aufenthalte auf Favignana haben, wo sie Meerluft atmen und sich ausruhen wird, wo neugierige

Augen sie nicht sehen. Das Wichtigste ist, dass sie lebt. Dass sie lebt.

Sie streckt noch einmal die Hand aus, legt sie ihr an die Wange.

Da begreift sie, dass das kleine Mädchen nicht kühl ist, sondern kalt. Dass es nicht blass ist, sondern bleich. Dass all die Träume, die Franca für sie gehabt hat, alles, was sie sich für sie gewünscht und erhofft hat, zerschellt ist. Dass Giovannuzza niemals erwachsen sein wird, dass sie sie niemals im Brautkleid sehen wird, dass sie ihr nicht beistehen wird, wenn sie Mutter wird.

Ihre Porzellanpuppe Fanny ist unter dem Bett gelandet. Franca hebt sie auf, legt sie der Kleinen in die Arme. Wieder streichelt sie sie, murmelt ihr ein »Ich hab dich lieb« zu, auf das keine Antwort kommt, denn ihre Kleine wird ihr niemals wieder die Arme um den Hals legen und ihr sagen: »Ich dich auch, Mammina!«

In ihrer Seele tut sich ein Riss auf, und durch diesen Riss kommt jetzt der Schmerz, immer größer, und beginnt sie zu ersticken.

Giovanna Florio, ihre Tochter, ist tot.

In diesem Moment beginnt Franca zu schreien.

In den Tagen tiefster Trauer, die auf Giovannuzzas Begräbnis folgen, versucht Ignazio Franca auf die einzige Weise zu helfen, deren er fähig ist: Er versucht sie von Palermo fortzubringen, weg von den Orten, in denen die Erinnerung an ihre Erstgeborene verwurzelt ist. Doch als er sie gefragt hat, wo sie hinmöchte – nach London? Nach Paris? Nach

Bayern? Vielleicht auch nach Ägypten? –, hat Franca ihn nur lange und mit geistesabwesender Miene angeschaut. Und dann hat sie einen einzigen Namen gesagt: »Favignana.«

Und so sind sie an Bord der *Virginia* gegangen, des dampfbetriebenen Kutters, den sie immer benutzen, um auf die Insel zu gelangen, und finden sich allein in dem riesigen Palazzo vor dem Hafen wieder, nahe der Tonnara. Franca verlässt in aller Herrgottsfrühe das Haus und kehrt erst am späten Nachmittag zurück; sie sagt, sie gehe »spazieren«, und am Abend ist sie so müde, dass sie sich oft zurückzieht, ohne etwas zu essen. Ignazio versucht, seine Tage mit den Briefen zu füllen, die aus Palermo kommen und Geschehnisse an der Oretea betreffen. Doch er macht sich Sorgen.

Eines Morgens beschließt er, ihr zu folgen und zu schauen, wohin sie geht.

Wie ein Gespenst bewegt sich die Gestalt seiner Frau, noch zarter im schwarzen Trauerkleid, auf den Wegen entlang, die hinter der Tonnara ins Gebirge führen. Die Frau geht, gestikuliert, manchmal lacht sie. Gelegentlich bleibt sie stehen, schaut aufs Meer, kehrt um. Wieder und wieder.

Erst als er ein Stück näher kommt, begreift Ignazio.

Sie spricht mit Giovannuzza. Sie sagt ihr, die Mama habe sie lieb, ihre Puppen warteten auf sie; dass sie im nächsten Sommer alle zusammen baden gehen werden, dass sie ihr zum Geburtstag ein Seidenkleid schenken wird. Leise ruft sie nach ihr, so wie sie es getan hat, als die Kleine mit den Kindern ihrer Gäste Verstecken gespielt hat.

Sie wollte nach Favignana, weil sie hier mit Giovannuzza glücklich war.

Es ist eine verzweifelte und von Schmerz erfüllte Art und Weise, bei ihr zu sein.

Ignazio geht mit schwerem Herzen und mit Tränen, die ihm auf den Lidern brennen, zurück. Der Tod hat ihm nicht nur seine Tochter genommen, sondern raubt ihm auch die Unbeschwertheit und Schönheit seiner Frau, und das kann er nicht zulassen, er kann es nicht. Zu viele Dinge sind ihm schon genommen worden, und er will nicht darüber nachdenken, was wäre, wenn Franca verrückt würde. Dann ist es tausend Mal besser, wenn sie in die Stadt zurückkehren.

Doch als sie wieder in Palermo sind, schließt sich Franca stundenlang in das Kinderzimmer der Kleinen in der Olivuzza ein. Sie hat Anweisung gegeben, dass niemand es anrühren darf; sie will nicht einmal, dass jemand die Kleider aus dem Schrank nimmt. Da ist immer noch ihr Geruch, eine Mischung aus Talkumpuder und Veilchen, und da sind ihre kleinen Haarbürsten. Wenn Franca die Augen zumacht, hört sie sie durchs Zimmer gehen, mit diesen feinen, leichten Schritten. Sie setzt sich aufs Bett, legt eine Hand auf das Kissen und die andere um eine der Porzellanpuppen. Nicht Fanny. Fanny ist bei ihr, im Sarg.

Und so trifft eines Tages im Oktober ihre Schwiegermutter sie an. Giovanna hat die Kinder für ihre große Schwester beten lassen, die »zu den Engeln in den Himmel gegangen ist«, und dann hat sie ein bisschen mit ihnen gespielt: Sowohl Baby Boy, der viereinhalb ist, als auch Igiea mit ihren zweieinhalb leiden sehr unter der Geistesabwesenheit ihrer Mutter und sind launisch und unruhig.

Leise setzt sich Giovanna neben Franca. Sie tragen beide Schwarz, die eine ganz steif durch diesen neuen Schmerz, die andere gebeugt unter der Last der Jahre. Franca senkt den Blick, drückt die Puppe fester an sich. Sie will sich nicht sagen lassen, dass sie reagieren muss, dass sie stark sein muss, weil sie zwei Kinder hat und auch an sie denken muss, und dass sie ja auch immer noch welche bekommen kann … Das haben ihr so viele, zu viele gesagt, angefangen bei Giulia und Maruzza. Doch das hat einzig und allein dazu geführt, dass ihre tiefe Wut noch stärker wurde.

Weil man mit acht nicht sterben kann. Und weil man nicht einfach ein Kind zur Welt bringt, um ein anderes zu ersetzen.

Giovanna hat ihren Rosenkranz aus Koralle und Silber in einer Hand und hält ein Foto an die Brust gedrückt. Sie zeigt es ihr. »Vielleicht hast du dieses Bild von meinem Vincenzino nie gesehen. Da war er zwölf.« Die Fotografie zeigt einen Jungen als Musketier verkleidet; sein Blick ist sanft und ein wenig scheu. »Er war ein wunderschöner *picciriddu. Sangu meo, duci duci era*, so ein Lieber war er, mein Herz. Er hätte mal das Oberhaupt dieser Familie sein sollen, und mein Mann, *recamatierna*, er ruhe in Frieden, ließ ihn unterrichten, er hat ihn immer zum Lernen ermuntert. Aber er war zu zerbrechlich, viel zu zerbrechlich.« Ihre Stimme bricht.

Franca öffnet die Augen, wendet sich ihr zu.

Als sie Giovanna anschaut, ist es, als würde sie sich selbst in einem Spiegel sehen.

Sie hört ihr zu, auch wenn sie das gar nicht will. Ihr Schmerz, so denkt sie, ist einzigartig und gehört nur ihr allein. Sie legt die Puppe aufs Bett, fragt: »Wie ging es Euch danach?«

»Wie einem Menschen, dem man die Haut abgezogen hat.« Giovanna streicht mit der Hand übers Bett, liebkost das Gesicht der Puppe, als wäre es das ihrer Enkelin. »*U' Signure a mmia avia a pigghiari, no a idda*, mich hätte der Herr holen sollen, nicht sie«, sagt sie. »Ich bin alt und stehe am

Ende meines Lebens. Aber sie … sie war eine Blüte, *un ciure.*« Sie hebt den Kopf. Auf diesem betagten Antlitz mit der grauen Haut und den faltigen Wangen sieht ihre Schwiegertochter die Bitterkeit eines Lebens ohne Liebe, ohne Zärtlichkeit, gepaart mit einer Ergebenheit, die vielleicht noch schmerzlicher ist als Leid. Und ihr wird bewusst, dass sie ihre Schwiegermutter noch nie *wirklich* hat lächeln sehen, wenn sie nicht ihre Enkelkinder um sich hatte. Vor allem mit Giovannuzza war das so.

»Du wirst immer an sie denken. An all das, was sie einmal hätte tun können und was sie nie tun wird, an die Tatsache, dass du sie nicht mehr aufwachsen sehen wirst, dass du niemals wissen wirst, wie sie einmal geworden wäre. Du wirst es dir vorstellen, doch erst danach wird dir bewusst, dass sie ja tot ist. Du wirst Kleider sehen, Spielzeug … und das alles würdest du ihr gerne kaufen, aber dann fällt dir ein, dass du es nicht kannst. Das sind sie, die wahren Messerstiche, die *cutiddate,* und die gehen niemals vorbei, denn für dich wird sie immer am Leben sein.«

»Es hört also nie auf?« Francas Stimme ist nur ein Hauch.

Giovanna antwortet ihr ebenso leise. »Niemals. Mir ist auch mein Mann gestorben, und Gott allein weiß, wie gern ich ihn hatte … Aber ein Kind zu verlieren, das kann man nicht begreifen.« Sie hebt ihre Hand, drückt sie an ihre Brust. *Comu si t'ascippassero u cori.*«

Als würden sie dir das Herz herausreißen. Ja, und genauso fühlt sich Franca. Einen Augenblick lang erinnert sie sich an die Geburt ihrer Tochter, wie sie damals aus ihr herausglitt. Vielleicht hat sie damals schon begonnen, sie zu verlieren.

Ihre Schwiegermutter tätschelt ihre Schulter, steht auf.

Man erwarte sie beim Abendessen, sagt sie sanft zu ihr. Kondolenzbesuche müsse sie nicht empfangen, doch sie müsse für diejenigen, die noch da sind, etwas zu sich nehmen.

Franca nickt. Ja, sie wird essen. Doch als sie allein zurückbleibt, lässt sie sich langsam auf das Bett gleiten, rollt sich zusammen. Die Lampe, die ihre Schwiegermutter angelassen hat, beleuchtet ihr schmales Profil. Sie fährt sich mit einer Hand über die Augen. Sie möchte nichts mehr spüren, nichts mehr sehen, sich um nichts und niemanden mehr kümmern. Sie möchte alt sein wie Giovanna, alt und ergeben in ihr Schicksal, um nichts mehr zu empfinden außer den Schmerzen, die ein Körper empfindet, der sich dem Lauf der Zeit nicht widersetzen kann. Doch Franca ist erst neunundzwanzig Jahre alt, und ihr wurde bereits das Lebewesen genommen, das ihr mehr Liebe gegeben hat als alles andere im Leben. Und sie muss weitermachen.

»Bitte um Entschuldigung, Don Ignazio …« Ein Bediensteter erscheint auf der Schwelle zum grünen Salon. »Der Fürst von Cutò ist da. Kann ich ihn hereinlassen?«

Ignazio hebt ruckartig den Kopf über den Papieren, die er gelesen hat. Den Termin hatte er ganz vergessen. Er fährt sich mit der Hand über das müde Gesicht. »Natürlich.«

Kurz darauf erscheint Alessandro Tasca di Cutò. Er bleibt in der Tür stehen, spielt wartend mit der Krempe seines Hutes und betrachtet Baby Boy, der auf dem Teppich hockt und mit einer Blecheisenbahn spielt.

»Komm herein. Danke, dass du gekommen bist«, sagt Ignazio und erhebt sich vom Sofa.

Alessandro geht auf ihn zu. »Ich bin gekommen, um dir mein Beileid auszusprechen. Ich habe bereits mit deiner Schwiegermutter gesprochen und hätte auch gerne mit deiner Frau geredet …«

»Franca ist noch sehr mitgenommen und empfängt niemanden«, erwidert Ignazio tonlos. Er fährt mit der Hand durch die blonden Locken seines Sohnes, der sogleich den Kopf hebt und die Ärmchen ausstreckt. Er ist unruhiger als sonst und versucht auf jede Weise, die Aufmerksamkeit seines Vaters auf sich zu ziehen, von dem er kaum zu trennen ist.

»Ich weiß«, beeilt sich Alessandro zu sagen. »Das hat mir meine Schwester Giulia gesagt. Deshalb habe ich auch so lange gewartet zu kommen, und bitte dafür um Entschuldigung.«

Ignazio wendet sich dem Tischchen zu, auf das er ein paar Dokumente gelegt hat, klappt mit einer kurzen Handbewegung eine Akte zu, auf die er CAPRERA geschrieben hat, und sagt dann: »Komm, gehen wir in den Garten, dann lass ich den Kleinen ein bisschen laufen. Und ich glaube, dir tut es auch ganz gut, an … an der frischen Luft zu sein.«

Alessandro verzieht das Gesicht, sagt aber nichts. An solche kleinen Spitzen ist er mittlerweile gewöhnt. Er war fünf Monate lang im Zuchthaus von Ucciardone, eine Strafe für die Verleumdung des ehemaligen Bürgermeisters von Palermo, Emanuele Paternò, dem er vorgeworfen hatte, die Gemeinde schlecht geführt zu haben. Eine Strafe, die zu zahlreichen Solidaritätsbekundungen für ihn, der wegen seines sozialistischen Gedankenguts mittlerweile von allen »der rote Fürst« genannt wird, geführt hat.

»*Come on, Baby Boy.* Gehen wir raus, na los«, sagt Ignazio

zu dem Kleinen, der gleich seine Hand nimmt und ihn zur Verandatür zieht. Kaum ist er im Garten, läuft Baby Boy weiter und ruft, er wolle auf das Veloziped, das ihm sein Onkel Vincenzo geschenkt hat. Mit einem Nicken bedeutet Ignazio einem Dienstboten, er solle seinem Sohn folgen.

Die beiden Männer gehen eine Weile schweigend, unter einem Himmel voller schmutzig grauer Wolken. Alessandro spricht als Erster. »Es freut mich zu sehen, dass wenigstens du dich wieder aufrappelst«, sagt er.

»Ich versuche es.« Ignazio löst den Blick von der Steinbank, auf der Giovannuzza oft mit ihrer Mutter gesessen hat. »Es ist allerdings auch viel zu tun. Die Casa Florio macht keine Pause.«

»Nein, natürlich, die Geschäfte gehen immer weiter, leider. Habe gesehen, dass du dich mit dem neuen Dampfschiff beschäftigst, der *Caprera* … Wann denkst du, es vom Stapel zu lassen?«

Er hat gute Augen, der rote Fürst, denkt Ignazio irritiert. Aber er will keine große Sache daraus machen. Und erst recht will er nicht die Anspannung publik machen, die zwischen ihm und Erasmo Piaggio aufgekommen ist, noch erwähnen, dass sein Vertrauen in den Genueser Verwalter wegen dessen vieler – zu vieler? – Interessen im Norden ins Wanken gekommen ist … Die *Navigazione Generale Italiana* hat ihr Herz in Palermo, und in Palermo muss sie bleiben. »Ich hoffe, nächstes Jahr«, antwortet er schließlich. »Aber vorher werde ich noch einige … einige Dinge klären müssen.«

»Und das Konsortium für Zitrusfrüchte, wie geht es dem? Ich weiß, dass du gute Verkaufsverträge erzielt hast.«

»Nicht genug, um die Kosten zu decken … Aber das ist

auch eine zweitrangige Angelegenheit, zumindest für mich. Was mich interessiert, ist, dass die Werft endlich fast fertig ist: Der Bau der *Caprera* wird der Beweis dafür sein, dass wir mit den toskanischen und ligurischen Werften mithalten können. Aber es ist so schwer, jemanden zu überzeugen, der nicht gewillt ist, dir zuzuhören … Rom an erster Stelle, das ist klar.«

»Unter den Arbeitern herrscht in der Tat vorsichtiger Optimismus. Nach den Entlassungen im vergangenen Jahr …«

»Immer noch diese Geschichte?«, gibt Ignazio zurück. »Seid ihr es nicht leid, sie zu erzählen? Oder wisst ihr nicht, wie ihr eure Abende in der Gewerkschaft, die ihr Sozialisten alle gewollt habt, anders verbringen sollt?«

Alessandro versteift sich. »Du weißt doch sehr wohl, dass diese *Camera del Lavoro* vor allem von Garibaldi Bosco *gewollt* wurde. Und dass sie ganz bestimmt weder dir noch der Casa Florio feindselig gegenübersteht. Im Gegenteil …«

»Klar, und du hingegen bist zu der Überzeugung gelangt, man könnte die Schuld an dem, was in Sizilien nicht funktioniert, Unternehmern wie mir geben, die alle nur die falschen Ideen haben, und dass es reicht, die einfachen Leute zur Einheit zu rufen, um die Dinge zu ändern. Das hast du doch bis zum Erbrechen immer wieder in der *Battaglia* geschrieben.«

»Du kannst es also nicht ertragen, dass eine Zeitung mindestens einmal in der Woche die *Ora* der Lüge bezichtigt? Ich habe mich schon oft gefragt, was du eigentlich gemacht hast, um Morelli dazu zu bringen, zur *Tribuna* zurückzukehren und die Leitung der Redaktion diesem Sarden Medardo Riccio zu übergeben …«

In diesem Moment durchbricht ein metallisches Dröhnen den Frieden des Gartens. Die Papageien in der Voliere beginnen zu zetern, und ein kleiner Schwarm Tauben erhebt sich von den Palmen. Auf dem Zufahrtsweg taucht ein schwarzes Automobil auf, das eine Wolke aus Schotter und Staub aufwirbelt und vor den beiden stehen bleibt.

Vincenzo, mit Leinenbarett und Schutzbrille gegen den Staub, steigt aus und drückt Alessandro die Hand. Wenn er die Anspannung zwischen dem Gast und seinem Bruder spürt, lässt er es sich nicht anmerken. »Ich komme gerade vom Bahnhof. Endlich ist alles bereit für die Abfahrt.«

Ignazio runzelt die Stirn. »Wohin fährst du?«

»An die Côte d'Azur. Palermo langweilt mich. Und in der Olivuzza ist es nach dem, was mit der Kleinen passiert ist, zu traurig.«

Alessandro versucht sich an einem Lächeln, das ironisch und traurig zugleich ist. Nicht einmal ein schwerer Verlust kann an dem leichtfertigen Lebensstil des jungen Florio etwas ändern.

Ignazio zeigt auf etwas hinter dem Rücken seines Bruders. »Und wer kümmert sich um die Arbeiten an dem da?«, fragt er in gereiztem Ton.

Vincenzo fährt sich mit der Hand durchs Haar, dreht sich um und betrachtet das Gebäude, das sich dort hinten in einem Chaos aus Balken, Steinen, Ziegeln und Kalkeimern erhebt. Es ist mehr ein Märchenschloss als eine Villa, mit einer doppelläufigen, geschwungenen Freitreppe und gusseisernen Zinnen, die die Balkone und das Dach schmücken, über dem sich ein Türmchen erhebt. »Ach ja, das *villino*, die kleine Villa!«, ruft er. »Basile hat sich selbst übertroffen, findest du nicht?«, fragt er Alessandro. »Und ich habe ihm das Leben bestimmt nicht leicht gemacht …« Er lacht vor sich hin. »Ich wollte etwas, das an ein Schloss erinnert, das barocke, aber auch romanische Elemente enthält, typisch für den Süden, aber auch ein bisschen nordisch … Ganz zu schweigen von innen: Ich habe ihn darum gebeten, dass man von der Garage für die Automobile aus direkt in den oberen Stock gehen kann, ohne dafür ins Freie zu müssen, und das hat er hingekriegt! Jedenfalls hat er etwas wirklich Originelles geschaffen, genau, wie ich es wollte.« Er betrachtet die kleine Villa voller Stolz. »Aber jetzt ist es fast fertig, und ich glaube nicht, dass diese Männer auf dem Gerüst da mich noch brauchen.«

»Mit den Kosten für ein Gebäude dieser Art könnte man Dutzende Familien … *dieser Männer* ein Jahr lang durchbringen«, brummt Alessandro.

»Sehr wahrscheinlich. Aber wenn ich ganz ehrlich bin, sind die mir ziemlich egal«, erwidert Vincenzo und lächelt, als er den entsetzten Gesichtsausdruck des Fürsten sieht.

»Ach, du bleibst einfach immer der Kleine hier!«, seufzt Ignazio.

»Das Leben ist eben so: Man muss sich neuen Projekten zuwenden, wenn einen die alten langweilen.« Vincenzo dreht sich zu seinem Bruder und schaut ihn an. »Und ich habe nicht vor, irgendetwas zu verpassen.«

Nachdem sich Alessandro Tasca di Cutò verabschiedet hat, kehrt Ignazio ins Haus zurück und denkt über den letzten Satz seines Bruders nach. Ja, dieser Draufgänger hat recht. Vielleicht sollte er Franca ja wirklich ein bisschen Leichtigkeit schenken. Ein Lächeln, eine Gelegenheit, fröhlich zu sein. Als er seine Gemächer erreicht, in ein Halbdunkel gehüllt, das schmerzlich an die Räume seiner Mutter erinnert, hat er eine Entscheidung getroffen. Es ist, als würden die Mauern vor Traurigkeit triefen, wie der schlechte Atem, den ein Kranker von sich gibt.

In diesem Haus ist das Leben zur Last geworden.

Die Côte d'Azur, die Sonne, das Meer, die Wärme, Freunde … Zuerst wird sich Franca bestimmt widersetzen, da ist er sich sicher. Dann wird er eben den Rothschilds schreiben, die gerne an der Riviera überwintern, und sie bitten, sie zu überzeugen. Es wird ein bisschen dauern, aber am Ende wird es gelingen: Sie werden ihren Zug besteigen und irgendwann im Hôtel Métropole in Beaulieu-sur-Mer ankommen, das Franca so gerne mag, und dort Weihnachten verbringen.

Auch Ignazio muss endlich wieder ins Leben zurück.

Von den Geräuschen des Zuges eingelullt, ist Franca auf der Liege aus blauem Samt eingeschlafen, den Kopf an Ignazios Schulter gelehnt. Seit einigen Tagen hat es den Anschein, als würde sie nach ihm suchen, als wäre der Kontakt mit ihrem Mann das Einzige, was sie zu trösten vermag. Auch im Bett kann sie nur einschlafen, wenn sie in seinen Armen liegt. Was Ignazio in Verwirrung stürzt. Er war noch nie sehr gut darin, die Gefühle von Frauen zu erraten. Er weiß, was sie brauchen, spürt, was sie wollen, er empfängt ihre sinnlichen Botschaften, ahnt, wenn die Stimmung umschlägt, aber dass sie Zuneigung brauchen, das versteht er nicht; das drückt sich in einer Sprache aus, die er nicht kennt.

Doch was er spürt, ist, dass das Fehlen von Giovannuzza – ihrer Erstgeborenen, die sie zu einer Familie gemacht hat – das Risiko in sich birgt, eine Kluft zwischen ihnen herzustellen. Und diesen Gedanken findet er unerträglich; es wäre eine weitere Demonstration von Schwäche, ein Scheitern wie so viele. Sicher, es wäre privat und nicht öffentlich, aber er hat mittlerweile das verzweifelte Bedürfnis, sich an die wenigen Gewissheiten zu klammern, über die er noch verfügt. Und Franca ist – im Guten wie im Schlechten – eine solche Gewissheit. Daher erwidert er ihre Bitten um Zuneigung. Er lässt sich finden, widmet ihr Zeit, Aufmerksamkeit, Zärtlichkeit. *D'Annunzio hat wirklich recht: Meine Frau ist einzigartig*, denkt er. All dieser Schmerz hat ihr weder die Schönheit noch die Anmut genommen. Und er liebt sie, trotz allem. Auf seine Weise, aber er liebt sie.

Und so kommt es, dass Ignazio sie einige Tage nach ihrer Ankunft im Hôtel Métropole betrachtet, wie er sie schon lange nicht mehr betrachtet hat. Franca sitzt am Schminktisch; sie hat Diodata weggeschickt und zieht die Nadeln aus ihrem Haar. Der Schalkragen des Morgenmantels liegt locker um ihren Hals. Ihr Gesicht ist ernst, aber ihr Blick ruhig, gedankenverloren. Sie haben allein auf dem Zimmer gegessen, und Franca hat einen ganzen Teller Fischsuppe verspeist, was sie schon seit Langem nicht mehr getan hat. Er tritt hinter sie, legt die Hände auf ihre Schultern und fährt ganz langsam über ihre Arme, schiebt den Morgenmantel sanft bis zu den Ellbogen hinab. Bei der Berührung bekommt sie eine Gänsehaut. Franca schließt die Lippen, hält inne, die Hände um den Kamm geschlossen.

Ignazio zögert, legt die Lippen an ihren Hals.

Er begehrt sie wie schon lange nicht mehr.

Franca erbebt. Hat er sie erschreckt? Ignazio könnte es nicht sagen. Es ist, als wüsste er, der alte Verführer, nicht, wie er sich diesem zarten, zerbrechlichen Wesen gegenüber verhalten soll, zu dem seine Frau geworden ist. Er hebt die Hand, streichelt ihr übers Gesicht, und sie schmiegt sich mit geschlossenen Augen in diese Zärtlichkeit. Sie wirkt unsicher, als hätte sie Angst, sich gehen zu lassen. Doch dann dreht sie sich um, sucht seine Lippen, lässt es zu, dass er ihr dabei hilft, den Schmerz über den Tod mit Liebe zu vertreiben. Und ihr ein wenig Leben zurückzugeben.

Nach jenem Abend wirkt Franca heiterer, unbeschwerter. Sie hat einige Ausflüge mit Vincenzo unternommen, der allerdings das Laster hat, mit seinem geliebten Automobil viel zu schnell zu fahren, und den letzten Tag des Jahres haben sie mit den Kindern verbracht. Baby Boy wollte seine Lippen mit Champagner benetzen und hat dann das Gesicht auf so komische Weise verzogen, dass alle lachen mussten; Igiea, an die Mutter geklammert, hat mit großen Augen das Feuerwerk angesehen und nach einem kurzen erschrockenen Aufschrei doch gelacht und in die Händchen geklatscht.

Jetzt sitzen sie im Garten des Métropole, einem riesigen Park voller Palmen und Zitronenbäume, der fast bis ans Meer reicht. Franca liest in der Januarsonne auf einem Liegestuhl, das schwarze Kleid mit dem Spitzensaum um die Beine gelegt; Baby Boy rennt den Tauben hinterher, und Ignazio versucht, mit einer Verascope Bilder von ihm zu machen. Die Kamera ist ein Geschenk von Vincenzo, der sich seit einigen Monaten mit Fotografie beschäftigt; Ignazio hofft, seiner Frau damit ein Lächeln zu entlocken.

Franca hebt ab und zu den Blick von ihrem Buch und betrachtet ihren Mann, der mit finsterer Miene und immer verzweifelter versucht, Bilder zu machen. Plötzlich grapscht Baby Boy nach seinem Bein und fängt an zu kreischen, er wolle auch mal diesen *Totoapparat.* Seit Giovannuzza nicht mehr da ist, ist er launisch und immer nervös. Ignazio lässt ihn eine Weile toben, doch als sein Sohn sich zu Boden wirft und mit Fäusten auf den Rasen trommelt, schimpft er ihn aus. Nicht einmal Franca, die sofort herbeieilt, kann den kleinen Trotzkopf in seine Schranken weisen. Schließlich ruft Ignazio mit einem ungeduldigen Schnaufen nach der Kinderfrau, die ihn wegbringen soll, damit er die anderen Gäste nicht stört. Das Mädchen läuft herbei, die blonden Zöpfe hüpfen.

»*Occupez-vous de lui, s'il vous plaît.* Vielleicht hat er ja Hunger«, sagt Franca.

Das Kindermädchen schüttelt den Kopf. »Gegessen hat er, Madame Florio. Aber geschlafen hat er nicht viel.« Sie beugt sich hinab und nimmt Baby Boy auf den Arm. »*Que se passe-t-il, mon ange*, was ist denn los, mein Engel? Komm, machen wir ein kleines Mittagsschläfchen, hm?« Sie geht mit dem Kleinen davon, der immer noch brüllend versucht, sich loszumachen.

Franca kehrt zu ihrem Liegestuhl zurück, gefolgt von Ignazio, der sich neben sie setzt und ihre Hand nimmt. Ihre großen grünen Augen sind nicht wieder fröhlich geworden, doch immerhin scheint ihre Verzweiflung verschwunden.

Vielleicht ist dieser Abgrund zwischen uns ja dabei, sich zu schließen, denkt Ignazio. *Vielleicht gibt es ja noch Hoffnung für uns.* Das wiederholt er sich immer wieder und versucht, sich die anziehenden weiblichen Hotelgäste nicht allzu lange anzuschauen.

Franca winkt ihn näher. »Wir haben für heute Abend eine Einladung von den Rothschilds bekommen«, sagt sie. »Ein Abendessen und eine Partie Karten, eine kleine, überschaubare Sache.«

»Möchtest du denn hin? Fühlst du dich danach?«

»Nur wenn du auch möchtest.«

Er haucht ihr einen Kuss auf die Stirn und nickt. Nach den ersten, unbeschwerten Jahren ihrer Ehe hat Franca ganz allmählich aufgehört, sich ihm anzuvertrauen. Manchmal hat sie das genaue Gegenteil dessen getan, was er gewollt hätte, so wie bei diesem Bild von Boldini. Er hat gespürt, wie sie sich von ihm entfernte, und er hat nichts getan, sie davon abzuhalten, im Gegenteil: Er hat sie durch Frauen ersetzt, die ihm leidenschaftlicher vorkamen, freier … frischer. Wie sein Bruder hatte er immer schon das Bedürfnis nach Neuem, nach starken Gefühlen, nach der Freiheit von jeglicher Bindung. Nun jedoch wird ihm bewusst, dass ihm Franca, außer der Liebe, immer noch etwas anderes gegeben hat: Respekt. Den Respekt, den die Welt ihm hartnäckig verweigert, oder, besser, den sie nur dem Namen, den er trägt, oder seinem Reichtum entgegenbringt. Was auch immer sie getan oder gesagt hat – Franca war immer darüber erhaben, kleinlich zu sein. Im Gegensatz zu anderen und trotz allem hat sie ihm stets vertraut und vertraut ihm immer noch. Und das, obwohl er so hart war, so … undankbar ihr gegenüber.

In diesem Bewusstsein geht Ignazio davon, um den Rothschilds zu antworten und ihre Einladung anzunehmen.

Einem Instinkt folgend, dreht er sich noch einmal um. Und findet in Francas Blick ein bisschen von der Liebe, von der er geglaubt hat, er habe sie für immer verloren.

An diesem Abend trägt Franca ein einfaches schwarzes Kleid mit einer langen Perlenkette. Während Diodata ihr das Haar richtet, begegnet Franca im Spiegel Ignazios Blick und liest darin eine Bewunderung, von der ihr warm ums Herz wird.

Bevor sie gehen, schauen sie bei dem Zimmer vorbei, das als Kinderzimmer genutzt wird. Igiea sitzt mit einer Puppe auf dem Teppich, und man sieht ihr an, dass sie müde ist, aber sie kann nicht schlafen, weil Baby Boy immer noch unruhig ist. Er wirft Spielzeug auf den Boden, weigert sich, sein Nachthemd anzuziehen, schreit, er wolle ans Meer, windet sich aus dem Griff der Kinderfrau, umklammert die Beine seiner Mutter. Franca beugt sich über ihn, streichelt ihn, versucht ihn zu beruhigen, doch der Kleine will nichts davon wissen.

»Jetzt reicht's, Ignazino!«, mischt sich sein Vater ein. Der Kleine beginnt zu weinen.

Errötend hebt die Kinderfrau ihn auf, spricht leise auf ihn ein. Dann wendet sie sich an Franca. »Er hat nicht einmal etwas essen wollen, *alors* …«, murmelt sie verzweifelt.

Franca schüttelt den Kopf. »Versucht, ihm eine Geschichte zu erzählen. Gewöhnlich beruhigt ihn das.« Sie beugt sich über Igiea, gibt ihr einen Kuss. »Wir müssen gehen. Es wird spät.«

Ignazio folgt ihr hinaus, reicht ihr den Arm, und schweigend durchqueren sie die luxuriösen Flure des Métropole, steigen die Treppe hinab. Ignazio erstarrt unter den bewundernden Blicken der anderen Gäste, doch Franca scheint es nichts auszumachen. Erst als er im Wagen ihre Hand nimmt, die eisig ist, wird ihm bewusst, dass sie genauso aufgewühlt ist wie er.

»Alles in Ordnung?«, fragt er sie.

Sie nickt, schlingt ihre Finger um seine, und er drückt sie.

Da ist sie, die Zärtlichkeit, die uralte Sanftheit, von der ihm warm in der Brust wird, ein Flämmchen, das immer noch brennt. Sie sind dabei, einander wieder zu finden. Stärker als zuvor.

Der Abend verläuft ruhig, mit allerlei Klatsch und Tratsch über den Skandal des Tages: Fürstin Luise von Habsburg, Gemahlin des Erbprinzen von Sachsen, Mutter von sechs Kindern und mit dem siebten schwanger, ist mit André Giron, dem charismatischen Sprachlehrer ihres Erstgeborenen, durchgebrannt und hat an den Höfen Europas für große Aufregung gesorgt. Nach dem Abendessen spielen Franca und die Frauen der Runde Stoß, ein Kartenspiel, während Ignazio den anderen Männern ins *fumoir*, das Raucherzimmer, folgt. Hier dreht sich in den Gesprächen alles um das Duell, das vor zwei Wochen in Nizza, im Garten der Villa des Grafen Rohozinski, stattgefunden hat: Zwei französische Meister der Fechtkunst hatten die Überlegenheit ihrer Schule verkündet, und zwei italienische sie gekränkt herausgefordert. Ignazio wird mit Fragen bestürmt, weil alle wissen, dass Vincenzo den Duellanten und ihren Sekundanten die Automobile geliehen hat, die es ihnen ermöglichten, vor der Polizei zu fliehen, die das Duell verhindern wollte. Doch Ignazio kennt keine weiteren Hintergründe und spielt die Angelegenheit herunter, indem er behauptet, die einzigen Duelle, die ihn interessierten, seien die auf hoher See.

Es ist fast Mitternacht, als ein Kammerdiener aus dem Métropole erscheint. Sichtlich nervös steht er an der Tür, seine Hände zittern. Er fragt nach den Florios. Sie sollen sofort ins Hotel zurück.

Ignazio tritt mit gerunzelter Stirn auf den Bediensteten zu. »Worum geht es?«

Doch der Diener schüttelt nur den Kopf. »*Retournez à l'hôtel, je vous en prie, Monsieur Florio. Vite, vite!*« Er schreit fast, als er das Ehepaar eindringlich bittet, sich zu beeilen. Dann läuft er davon.

Franca, die indessen neben Ignazio steht, schaut ihren Mann fragend an. »Aber ... was ist passiert?«

»Ich weiß es nicht«, antwortet er.

Während die Gastgeber und die anderen Gäste besorgt zu ihnen treten, wird das Auto geholt, das sie ins Métropole zurückbringen soll.

Im Auto spricht keiner von beiden. In Ignazio türmen sich die Hypothesen auf: Hatte Vincenzo etwa einen Autounfall? Gab es in der Olivuzza einen Einbruch, einen Brand? Und wenn seiner Mutter etwas zugestoßen ist, die alt und angegriffen ist? Ach, das wäre schrecklich, sie ganz allein und so weit weg zu wissen ... Könnte einer seiner Firmen etwas geschehen sein? *Aber nein, es ist mitten in der Nacht ...*

Während sie sich dem Hotel nähern, spürt er, wie Angst in ihm aufkommt. Er dreht an dem Ring seines Vaters, ballt die Fäuste. Neben ihm Franca, kreidebleich. Sie rutscht auf ihrem Sitz herum, knetet ihre Handschuhe.

Als sie aus dem Auto steigen, kommt ihnen der Direktor des Métropole auf der langen roten Auffahrt entgegen. Er nimmt Ignazios Hände, sagt etwas.

Der größte Teil seiner Worte dringt gar nicht zu Ignazio durch, selbst nach Jahren kann er sich nicht daran erinnern. Denn manche Erinnerungen sind so schmerzlich, dass sie wie ein Bodensatz am Grunde der Seele bleiben, verborgen hinter einem barmherzigen Vorhang der Dunkelheit, den auch der Mensch selbst nicht durchschauen kann.

Ein Unglück.

»Was für ein Unglück?«, fragt er, während Franca zu zittern beginnt.

»Ein schreckliches Unglück, Monsieur Florio! Es ist ein Arzt da, der gleich kam. Wir haben versucht, ihn wiederzubeleben, aber …«

»Wen?«, schreit er, und es ist, als würde er jemand anderen diese Frage stellen hören, denn vor seinen Augen senkt sich ein schwarzer Nebel, und in seiner Kehle ist keine Stimme mehr. Franca sinkt in sich zusammen, doch Ignazio fehlt die Kraft, ihr beizustehen.

Er ringt nach Luft, fragt aber noch einmal »Wen?«, und läuft an dem Mann vorbei.

Dann steht er vor Baby Boys Kinderfrau. Er erkennt sie kaum. Aber er sieht, dass sie schreit und weint.

Er schiebt sie grob von sich. Das Mädchen fällt zu Boden.

Baby Boy.

Ignazino.

Er beginnt zu laufen, vorbei an Kellnern, rennt die Treppe hoch, das Herz zerspringt ihm fast zwischen den Rippen.

Der lange Flur, der rote Teppich, Lichter, die beben. Die Tür weit offen, ein Mann und ein Polizist neben dem Bett.

Sein Sohn.

Reglos.

Ignazio taumelt.

Er läuft zum Bett, bricht auf die Knie zusammen, streckt eine Hand aus. Das Kind hat die Augen offen und Schaum im Mundwinkel. Es trägt ein Nachthemd, die blonden Haare sind auf dem Kissen ausgebreitet.

Ignazio schüttelt den Jungen. »Baby Boy«, ruft er mit einer Stimme, die aus weiter Ferne zu kommen scheint. »Baby Boy … Ignazino …«

Jemand legt ihm eine Hand auf die Schulter. Er spürt sie nicht einmal.

Alles ist vorbei.

Denn es ist nicht nur sein Sohn gestorben. Gestorben ist die Zukunft der Casa Florio.

Die Florios kehren mit einem kleinen weißen Sarg nach Palermo zurück. Baby Boy wird bei seiner Schwester schlafen, die vor nicht einmal sechs Monaten gestorben ist, im Schutze der Zypressen auf dem Friedhof von Santa Maria di Gesù. Er wird ein Geheimnis mitnehmen, das niemals aufgedeckt wird. Der Gerichtsmediziner sagt nur, dass sein Herz stehen geblieben ist. Aber dieser Schaum vor dem Mund …

Ignazio hat nicht einmal gewollt, dass eine Autopsie gemacht wird. »Nein. Nicht eine solche Schande«, hat er gezischt, als der Arzt ihn um die Erlaubnis gebeten hat. Ein

Sturz? Eine tödliche Dosis Schlafmittel, das ihm die Kinderfrau gegeben hat, um ihre Ruhe zu haben oder auf irgendeine Party zu gehen? Das sind Gedanken wie aus Stacheldraht, an denen man sich verletzt, wenn man sie berührt. Und so werden sie beiseitegeschoben.

Es ändert sich ja sowieso nichts.

Sein Sohn ist tot.

Und er weiß sich nicht mehr zu helfen.

Ein Herz ist stehen geblieben. Nein, zwei: seins und meins, denkt Ignazio, mitten in der Nacht in seinem Arbeitszimmer, und greift zur Cognacflasche. Es ist eine der letzten. Er war gezwungen, die Produktion einzustellen, sowohl von Cognac als auch von Tafelwein. Die zu hohen Kosten, zusammen mit einem ernsten Reblausbefall in den Weingärten von Westsizilien, haben die Weinkellerei von Marsala in die Knie gezwungen. Und nicht nur seine: Die Whitakers haben das gleiche Problem.

Die Risse werden größer. Das Knirschen wird stärker, es hallt in seinem Kopf wider.

Er wischt mit einer Handbewegung Papiere vom Tisch, lässt sich auf die Tischplatte sinken, legt den Kopf auf die Arme, schließt die Augen. Es pocht in seinen Schläfen.

Er möchte weinen, kann es aber nicht.

Was für einen Sinn hat das alles?, fragt er sich. Warum soll er immer weiterkämpfen, wenn es niemanden mehr gibt, der seinen Kampf fortsetzen wird? Was bleibt, wenn das, was sein Großvater und sein Vater ihm hinterlassen haben, unweigerlich mit ihm sterben wird? Woran soll die Familie sich jetzt klammern? Ein Sohn ist wie der Zweig eines Baumes, der sich gen Himmel reckt. Doch wenn er abbricht, dann wird aus ihm auch kein Blatt mehr wachsen.

Und genau so fühlt sich Ignazio. Verdorrt. Gebrochen.

In den ersten Tagen nach dem Tod von Baby Boy, in dem stillen, reglosen Haus hat Ignazio sogar darüber nachgedacht, dass es vielleicht besser wäre aufzugeben. Schluss zu machen.

Er hat sich in diese Wut gehüllt wie in einen Mantel. Der Kummer und die Trauer rauben ihm den Schlaf; zum ersten Mal in seinem Leben hat er Angst, nicht mehr diesem Haus entkommen zu können, in dem mittlerweile mehr tote Seelen sind als Lebende.

Die Leere, die Dunkelheit, die Stille. Das Vergessen ist auf einmal anziehend geworden, denn ganz gewiss ist es weniger grausam als das, was hier in der Olivuzza ist. Mit diesem Gefühl hat er sich schier betrunken, mit der Möglichkeit, zu verschwinden, ohne jemandem etwas zu sagen, sich einfach aus dem Staub zu machen. Doch dann kam ihm der Gedanke, dass dann alle – vielleicht sogar Franca – ihn für einen Feigling halten würden, einen Jammerlappen, der es nicht schafft, um das zu kämpfen, was ihm geblieben ist. Einen Schwächling, ganz im Gegensatz zu seinem Großvater, seinem Vater.

Und so hat er weitergelebt. Nein: Er hat es zugelassen, dass sein Leben weitergeht.

Es vergehen Wochen.

Leer. Stumm. Sinnlos.

Doch vielleicht schaut dann jemand vom Himmel auf Franca und Ignazio hinab und beschließt, dass sie genug gelitten haben.

Ja, so muss es sein. Denn es geschieht ein Wunder.

Franca entdeckt, dass sie wieder guter Hoffnung ist. Nach einem ersten Moment der Ungläubigkeit kommt die Freude: riesig, unerwartet und deshalb unantastbar. Sie fallen sich in die Arme, mischen Tränen mit einem Lächeln, drücken das einzige Kind, das ihnen geblieben ist, an sich: die kleine Igiea.

Vielleicht können wir doch noch eine glückliche Familie sein, sagt sich Ignazio. *Vielleicht gibt uns das Schicksal ja noch eine Chance.*

»Eine Reise nach Venedig?«

»Mehr ein längerer Aufenthalt als eine Reise, um ehrlich zu sein.«

»Aber Donna Franca, Ihr seid sehr schwach. Ich kann nur von einer Reise abraten, ganz besonders in Eurem Zustand. Ihr seid erst im vierten Monat, und …«

»Ich werde aufpassen. Ich bleibe so viel wie möglich im Hotel und ruhe mich aus. Meine Mutter und Maruzza sind immer bei mir. Ich verspreche Euch, dass ich gut auf mich achtgeben werde, Doktor. Ich bitte Euch …«

Der Arzt schüttelt den Kopf. Doch am Ende verziehen sich seine gestrengen Lippen zu einem nachsichtigen Lächeln. »Na gut. Aber ich muss wirklich bitten …«

Der Gedanke an einen Aufenthalt in Venedig ist Ignazio gekommen, der wie immer davon überzeugt ist, dass schon die räumliche Entfernung von dem, was ihn leiden lässt, dazu dient, das Leiden selbst zu beseitigen. Die Wahrheit ist, dass er allzu sehr unter der bedrückenden Atmosphäre in der Olivuzza gelitten hat und eine bequeme Ausrede dafür gesucht hat, sich nicht um das Geschäftliche kümmern zu müssen.

Deshalb also Venedig. Das Hotel Danieli, und dazu eine kleinere Gruppe Freunde, die Franca ein gutes Gefühl geben und ihm selbst Erleichterung verschaffen. Und so kommen mit ihnen Stefanina Pajno, die Schwestern di Villarosa mit ihren Männern, Giulia Trigona und die andere Giulia, Ignazios Schwester, außerdem natürlich Francas Mutter Costanza sowie Maruzza.

Es sind Monate der Ruhe. Franca macht kurze Spaziergänge in Begleitung ihrer Freundinnen oder ihrer Mutter, lässt sich mit der Gondel in Venedig herumfahren, das sich im Wasser spiegelt, betrachtet fasziniert den ockerfarbenen Anstrich, der sich mit dem weißen Stein des Carso und dem Marmor der Fenster abwechselt. Manchmal sucht sie nach Ignazios Hand, schenkt ihm den Schatten eines müden Lächelns, während sie sich im schwarzen Wasser der Kanäle spiegeln. Am Abend werden in der Suite Karten gespielt; oft kommen auch aus ihren Palazzi die Zwillinge Vera und Maddalena Papadopoli, die Töchter von Senator Niccolò, einem steinreichen Bankier griechischen Ursprungs mit einem Faible für Münzen.

Costanza hat die beiden Frauen auf der Stelle misstrauisch beäugt: Allzu schön sind sie mit ihren ausgeprägten Wangenknochen und den hochmütigen Augen, selbstsicher, ungeniert. Sie weiß es, sie hat es in all den Jahren gesehen, auch wenn sie geschwiegen hat, weil sie sich in die Ehe ihrer Tochter nicht einmischen wollte. Ihr Schwiegersohn verliert den Kopf viel zu leicht an Frauen dieser Art. *Die gefallen mir nicht*, denkt sie wieder und wieder, wenn sie die beiden sieht, wie sie gleich Königinnen über die Treppen des Danieli schreiten.

Doch Franca lacht über den Klatsch der beiden Frauen, schätzt ihre nonchalante und kluge Art zu sprechen. Beide sind auch immer sehr freundlich zu ihr: Sie bringen ihr Blumensträuße, duftende *zaleti*, Maisplätzchen mit Rosinen, die man in den Vin Santo tunkt, oder Tütchen mit frischen *bussolai,* wenn ihr Koch diese besonderen Butterkekse gebacken hat.

An einem lichtdurchfluteten Nachmittag Ende September bereitet sich Costanza darauf vor auszugehen, was sie so oft wie möglich tut, weil sie seit einiger Zeit Schmerzen am Rücken und in den Beinen hat, die durch Venedigs Feuchtigkeit noch schlimmer werden. Franca schläft, eine Hand auf dem Bauch, die andere auf dem Kissen. Ihre Mutter steckt das Bettzeug zurecht, wie damals, als Franca noch ein kleines Mädchen war, und bittet Diodata, ihre Tochter ruhen zu lassen.

Leicht humpelnd macht sich Costanza auf den Weg in die Buchhandlung unter den Bogengängen der Procuratie Vecchie. Franca hat sich dort Grazia Deleddas *Die Maske des Priesters* bestellt, von dem alle schwärmen, und ihre Mutter möchte das Buch abholen, damit ihre Tochter es gleich vorfindet, wenn sie aufwacht.

Dann, am Eingang zu den Mercerie, unter dem Glockenturm, sieht sie ihn. Er sitzt in einem Café am Markusplatz, und vor ihm eine Frau, die so schön und elegant ist, dass es den Anschein hat, sie sei dazu geboren worden, bewundert zu werden: kupferrotes Haar, eine Haut wie Elfenbein, durchdringende Augen, volle Lippen. Ignazio himmelt sie an, und nicht nur das. Er beugt sich zu ihr, kitzelt sie am

Ohr, an dem ein goldener Ohrring mit Korallen hängt, neigt den Kopf und küsst ihr die Hand. Die Frau lacht: ein glockenhelles Lachen voller Frohsinn und Sinnlichkeit. Mit einer behandschuhten Hand fährt sie ihm durchs Haar, streichelt schnell über seine Wange, senkt den Blick und lächelt verstohlen.

Costanza ist wie versteinert. Leute gehen an ihr vorbei, rempeln sie an, doch sie kann sich nicht rühren. Sie stützt sich auf eine Säule, sucht in der kühlen Festigkeit des Steines Trost. Sie ist so erschüttert, dass sie sich fast übergeben muss.

Ignazios Unverschämtheit hat alle Grenzen überschritten. Ein paar Häuser weiter liegt seine Frau, schwanger, nachdem sie zwei Kinder verloren hat. Und er stellt anderen Frauen hinterher. *In aller Öffentlichkeit.*

Ignazio hebt den Blick, sieht sie. Er wird blass, senkt den Kopf, lässt die Hand der Frau los.

Da macht Costanza Jacona Notarbartolo di Villarosa, die Baronesse von San Giuliano, etwas, das sie in den fast sechzig Jahren ihres Lebens noch nie getan hat.

Sie schaut Ignazio an, dreht leicht den Kopf und spuckt auf den Boden.

Costanza braucht nicht lange, bis sie herausgefunden hat, dass die Frau Anna Morosini heißt, für alle »die Dogin«, auch weil sie, seit ihr Mann in Paris lebt, in den Palazzo Da Mula umgezogen ist und über dessen Prunktreppe das Wappen der Morosinis mit dem *corno dogale*, dem hornförmigen Würdezeichen der Dogen, aufgehängt hat. Diese Frau ist die unwiderrufliche Königin der höheren venezianischen Gesellschaft: Ihre Bälle sind Ereignisse, die man sich nicht entgehen lässt, ihre Diners legendär, in den Salons ihres Palastes begegnen sich Politiker und Intellektuelle, vom Kaiser bis zum unvermeidlichen d'Annunzio. Anna ähnelt Franca in vielem, begonnen bei den magnetischen grünen Augen und der statuenhaften Figur. Sie ist sogar Hofdame. Zugleich könnte der Unterschied zwischen ihnen nicht größer sein: Anna ist frei, lebhaft, fröhlich, frech.

Und Ignazio fühlt sich schrecklich zu ihr hingezogen.

Es ist unbedeutend, wie Franca es herausfindet. Vielleicht war es eine Bemerkung der Papadopoli-Zwillinge, ein Satz, der während eines Spaziergangs fiel, eine Unvorsichtigkeit Ignazios, der am Morgen vor dem Spiegel trällert oder sich akribisch um seinen Bart kümmert. Jedenfalls entdeckt Franca Mitte Oktober, dass ihr Mann eine neue Liebschaft hat.

Bei der Rückkehr von einem ihrer Spaziergänge findet Costanza sie in einem Sessel vor, im Morgenrock. Franca massiert sich den dicken, prallen Bauch.

»Nicht einmal vom Tod seines Sohnes lässt er sich abhalten …«, murmelt Franca und kämpft gegen die Tränen an. »Gerade ist er ausgegangen, und wisst Ihr, was er zu mir gesagt hat? ›Ich mache einen Bootsausflug mit Freunden.‹ Freunde! Ich hab ihn angeschrien, er soll sich seine Lügenmärchen sparen, denn ich wüsste längst, dass er zur Morosini geht, die nicht einmal den Anstand hat, es zu verbergen. Er hat mir nicht geantwortet. Ist einfach weggelaufen und hat die Tür hinter sich zugeschlagen. Der kann nichts anderes als abhauen, nur das kann er.«

Costanza nimmt ihre Tochter in die Arme. »Nur Mut«,

murmelt sie ihr ins Ohr und drückt sie an ihre Brust. »Er ist ein Mann, aber du bist eine Frau. Du weißt, er ist so, und du musst dich damit abfinden, aber nicht für ihn, sondern für den *picciriddu.* Du weißt doch, wie er ist, dieser Nichtsnutz. *Lassalu iri.* Lass ihn.« Sie nimmt Francas Gesicht in die Hände, zwingt sie dazu, sie anzusehen. »Die Frauen sind stärker, mein Leben. Stärker als alles andere, weil sie das Leben und den Tod kennen und keine Angst davor haben, sich ihnen zu stellen.«

Doch Franca fühlt sich wie Kristall, das jeden Moment zerspringen kann. Sie erwidert die Umarmung der Mutter, nimmt aber auch die Gefühle wahr, die in ihr schmoren, eine Mischung aus Wut, Schmerz und Enttäuschung. Wieder hat Ignazio ihr Vertrauen missbraucht und ist gegangen, hat sie mit ihren Erinnerungen und der Last des Todes von zwei Kindern alleingelassen. Er ist geflohen – aus diesem Zimmer, vor ihr, vor ihrer Ehe. Und das kann Franca nicht mehr ertragen, sie kann es nicht, nicht nach alldem, was geschehen ist, nicht nach seinen Versprechungen, an ihrer Seite zu bleiben, ihr beizustehen. Sie hat sich immer gesagt, dass Ignazio sie auf seine Weise liebt, doch diese »Weise« ist ihr nicht mehr genug.

Weil die Schmerzen im Unterleib und am Rücken sie zwingen, sich auf dem Bett auszustrecken, schaut Franca aus dem Fenster, zur Kirche Santa Maria della Salute, und betet, fleht Gott an, das Kind sei ein Junge. Und dass es gesund sei. Dass Ignazio bereue und in sich gehe. Und dass es mit ihrem Leben nicht länger bergab gehe, denn sie kommt nicht mehr dagegen an, sie schafft es nicht.

Das Einzige, was sie sich wünscht, wäre ein bisschen Liebe und ein bisschen Freude.

Und so schickt sie ihrem Mann eine Nachricht. Sie schluckt ihren Groll, die Demütigung hinunter, während sie schreibt, und richtet die Nachricht an den Palazzo Da Mula. Sie bittet ihn, zu ihr zu kommen, damit sie einen Nachmittag zusammen verbringen können, weil sie nicht allein sein wolle und ihre Mutter und Maruzza ihr nicht genug seien.

Er ist ihr Mann, er hat Verantwortung für sie.

Als der Dienstbote wiederkehrt, gibt er ihr den Umschlag mit gesenktem Blick zurück. Er ist unversehrt. »Man hat mir gesagt … Signor Florio sei ausgegangen … Er macht mit der Contessa einen Bootsausflug.«

Franca nimmt den Brief entgegen, verabschiedet den jungen Mann mit einem Nicken. Kaum ist sie allein, wirft sie das Schreiben in den brennenden Kamin.

Den Nachmittag verbringt sie allein, wartet, dass es dunkel wird. Das goldene Licht des Oktobers wärmt die Mauern und die Terrakottaziegel Venedigs, bevor die Nebelschwaden, die aus den Kanälen aufsteigen, sie verschlucken. Franca geht unter den Augen ihrer Mutter und Maruzzas, die sich beunruhigte Blicke zuwerfen, im Zimmer auf und ab. Um sie abzulenken, sprechen die beiden Frauen über die polemischen Diskussionen, die rund um Francas Gemälde im Gange sind: Boldini hat das Bild anlässlich der Biennale in Venedig ausgestellt, allerdings nicht das erhoffte Lob eingeheimst; die Kritiken waren sogar vernichtend. Franca reagiert mit einem Achselzucken. Ihr gefalle das Bild immer noch, sagt sie. Doch was sie nicht sagt, ist, dass ihr vor allem das Bild von ihr selbst gefällt, das dieses Gemälde für immer festgehalten hat: das einer schönen Frau, sinnlich, ihrer selbst sicher. Wie lange hat sie sich nicht mehr so gefühlt?

Am Ende ist sie es, die die beiden verabschiedet. Es gehe ihr gut, versichert sie ihnen. Sie werde sich jetzt hinlegen, sich ausruhen.

Bloß, dass …

Die Zimmerdecke in der Suite des Danieli – ein blauer Himmel mit Putten – hat eine geradezu irritierende Wirkung auf Franca. Das Licht, das durch die Fenster hereinfällt, macht die Engel zu kleinen Teufelchen, die sie für ihre Naivität auslachen, ihre Schwäche.

Denn genau das ist sie geworden, genau so fühlt sie sich. Schwach. Nur bei Nacht kommen gewisse Gedanken mit ihrer ganzen schneidenden Klarheit an die Oberfläche, nur bei Nacht kann sie ihnen ins Gesicht schauen und sich selbst gegenüber zugeben, dass sie in diesem Leben viele, zu viele Dinge falsch gemacht hat. Eine Ehe mit einem Mann, dem sie nicht trauen kann, einem unbedarften Jungen, der sich immer geweigert hat, erwachsen zu werden und den sie nicht zu kontrollieren wusste. Die krampfhafte Aufmerksamkeit, die sie den weltlichen Dingen zugewandt hat – Kleidung, Schmuck, Geplauder, Reisen , die ihre Tage angefüllt haben und die sie haben vergessen lassen, was wirklich wichtig ist. Die Zeit, die sie auf Festen und Empfängen verplempert hat, statt sie mit ihren Kindern zu verbringen, nur weil sie dachte, sie hätte alle Zeit der Welt für sie. Doch diese Zeit ist bereits vergangen, ihre Kinder sind nicht mehr da. Und ihre Schuldgefühle sind unermesslich.

Franca hat gehofft, ihre Liebe hätte die Kraft, Einzug in Ignazios Herz zu halten und es ganz und gar zu erfüllen. Sie hat geglaubt, die Kinder seien in guten Händen und bräuchten sie im Grunde gar nicht. Außerdem hatte sie ja immer – bei Gott! – gesellschaftliche Verpflichtungen zu erfüllen:

Donna Franca Florio zu sein bedeutete ja vor allem das! Doch es ist nicht genug, um die Absolution zu erhalten, die ihre Seele so dringend braucht. *Wie viele Lügen man doch erzählt, um sich von den Lasten des Herzens zu befreien!*, denkt sie jetzt, während die Reue zu einem dicken Kloß in ihrem Hals wird. *Sonst würde es einen erdrücken und man könnte nicht mehr leben.*

Sie schlingt ihre Arme um den Bauch, und Tränen steigen ihr in die Augen. *Mit dir mach ich diese Fehler nicht noch einmal*, verspricht sie dem Kind, das sie in sich strampeln spürt. *Ich werde dir immer nahe sein*, flüstert sie ihm zu.

Und so schlummert sie ein, auf dem Bett zusammengerollt, wartend. Es ist das Knirschen des Schlüssels im Schloss, das sie aus dem Schlaf reißt. Ein Blick zu der Uhr auf dem Nachttisch: drei Uhr.

Ignazio geht auf Zehenspitzen durchs Zimmer, zieht eine Duftfahne von Iris hinter sich her.

Sie macht abrupt das Licht an. »Na, hast du dich amüsiert auf dem Boot?« Francas Augen sind halb geschlossen, doch ihr Blick ist messerscharf. »Ich kann es mir gut vorstellen. Mit der Gräfin Morosini wird es nie langweilig. Das sagen alle.«

Ignazio, der sich an seinen Manschettenknöpfen zu schaffen macht, zuckt zusammen. Einer der Knöpfe fällt zu Boden, er bückt sich, um ihn aufzuheben, und flucht leise. Eigentlich hatte er gehofft, diese unvermeidliche Auseinandersetzung auf den Morgen danach verschieben zu können. Im Schaufenster von Missiaglia hat er schon einen wunderschönen Smaragdanhänger gesehen …

»Die Leute reden und reden, meine Franca. Das wollte ich dir heute noch sagen, aber das wäre sinnlos gewesen, du warst so aufgebracht … Ja, Gräfin Morosini ist sehr schön, das stimmt, und sie kennt in Venedig alle. Es ist unmöglich, hier unterwegs zu sein, ohne sie zu treffen. Und heute hat sie uns ihr Boot für einen Ausflug in der Lagune angeboten.« Er krempelt die Ärmel seines Hemdes auf, geht auf Franca zu, streichelt ihr Gesicht. »Ich hab dich hierhergebracht, um dich aufzuheitern. Glaubst du denn wirklich, ich wäre so unsensibel, dir etwas Derartiges anzutun?«

Franca zieht angewidert ihr Gesicht weg. »Bitte mach dich frisch«, sagt sie zu ihm. »Du stinkst nach ihrem Parfüm.« Mit einer Hand auf seiner Brust schiebt sie ihn von sich weg.

Ignazio erträgt es nicht, wenn er das Gefühl hat, in der Falle zu sitzen. Er greift nach ihrem Handgelenk, zwingt sie dazu, ihn anzuschauen. »Beruhige dich! Was soll das eigentlich, darf ich denn gar nicht mehr ausgehen? Soll ich mich nur mit Männern treffen?«

Franca kann die Tränen nicht mehr zurückhalten. »Du!« Sie schlägt ihm heftig auf die Brust. »Dir ist es doch egal, wie es mir geht«, schreit sie. »Wir haben zwei Kinder verloren, ich bin schwanger, und du machst nichts anderes als … als …«

Er packt sie an beiden Armen, schüttelt sie. »Aber was redest du da? Liebes, ich bitte dich …«

»Du änderst dich nie, stimmt's? Das schaffst du einfach nicht! Du bist immer auf der Flucht, willst weg von deiner Verantwortung, von deinen Ängsten, sogar von mir musst du weg, weil du zu viel Schmerz nicht ertragen kannst, oder? Du bist ein Feigling …«

»Wie kannst du es wagen?« Ignazio ist außer sich. Denn Franca hat recht. Die Worte seiner Frau schmerzen ihn dort, wo es am meisten wehtut, in dieser grauen Zone der Seele, die zu berühren ihm selbst der Mut fehlt. Und dazu kommt noch das Schuldgefühl, denn, verdammt noch mal, das alles stimmt.

»Ja, genau das bist du: ein Feigling.« Franca hat es geflüstert. Es war eine Feststellung, auf die es keine Antwort gibt, weil sie keine zulässt.

Ignazio steht abrupt auf, entfernt sich. Sein Magen brennt höllisch; vielleicht hat er zu viel Champagner getrunken, oder es sind Francas Worte, die ihn zerreißen. Das ist ein Teil seines Bewusstseins, in den er nicht gerne hinabblickt. Nein, lieber hält er ihn verborgen, und wenn er denn einmal daran denkt, dann redet er sich die alte Leier ein: dass er ein Mann ist, dass bestimmte Bedürfnisse natürlich sind, dass er es seiner Frau nie an etwas hat mangeln lassen, dass er ja immer vorsichtig ist … na ja, fast immer. Außerdem – wieso sollte ausgerechnet er anders sein als andere? *Verflucht noch mal! Was haben die denn nur alle? Merken die nicht, dass sie dem Kind schaden können? Kopflos, das sind sie.*

Franca schluchzt jetzt heftig. »Weißt du, wie ich mich fühle? Erniedrigt! Beiseitegeschoben, weil ich ein Kind von dir erwarte!«, schreit sie und reißt sich das Bettzeug vom Leib. Mühsam steht sie auf, kommt auf ihn zu, während er mit ausgebreiteten Händen versucht, sie zu beschwichtigen. »Diese Frau, die musst du vergessen«, sagt sie zu ihm und zeigt mit dem Finger auf ihn. Ihre Augen sind wutentbrannt. »Vergiss sie und vergiss die anderen, wenn es noch welche gibt, und hör auf, dich zum Gespött der Leute zu machen. Ich will nichts mehr über sie hören. Das bist du mir schuldig, Ignazio. Das bist du mir und deinem Kind schuldig.«

Auf einmal hat Ignazio Angst: So außer sich hat er Franca bei einem Streit noch nie erlebt, und er fürchtet um ihre

Gesundheit. Er nimmt ihre zitternden Hände, nickt. »Ja, ich verspreche es dir. Aber jetzt beruhige dich doch, ich bitte dich.« Er küsst sie auf die Augenlider. »Na komm, geh wieder ins Bett.« Er küsst sie auf die Fingerknöchel, umarmt sie vorsichtig. »Du bist müde, mein Herz …«, murmelt er. »Der Arzt hat dir gesagt, dass du dich ausruhen musst, dir nichts zu Herzen nehmen sollst …«

Doch ihre einzige Antwort ist Schluchzen.

Sie legen sich aufs Bett, er noch halb angezogen, sie im Morgenrock. Sie schlafen ein.

Am nächsten Morgen wacht Franca plötzlich auf, weil sie heftige Schmerzen im Bauch hat. Sie erkennt sie sofort: Es sind Wehen.

Doch es ist früh, zu früh.

Giacobina Florio wird am 14. Oktober 1903 geboren, fast zwei Monate zu früh.

Die Geburt war schwierig. Das Neugeborene ist mager, bläulich verfärbt.

Es stirbt noch am selben Abend, nach wenigen, schweren Stunden.

Stille.

Franca hebt den Kopf, kneift die Augen zusammen. Das Licht ist grell, die Laken ihres Bettes zu rau.

Einen Moment lang fragt sie sich, wo sie ist. Warum sie diesen Druck auf der Brust spürt. Warum sie allein ist.

Aber es dauert nur einen Augenblick. Dann ist alles wieder da, und ihr Atem stockt.

Vom angelehnten Fenster kommt ganz leise das Klatschen der Wellen im Hafen. Das Zimmer – einfach, fast klösterlich im Vergleich zu den Räumen in der Olivuzza oder der Villa Igiea – liegt im Palazzo von Favignana.

Diodata, Maruzza und eine Gouvernante streifen in den Gemächern umher, sie achten darauf, sie nicht zu stören, folgen ihr aber überallhin, so wie es Don Ignazio angeordnet hat. »Bleibt in ihrer Nähe«, hat er beim Abschied zu Maruzza gesagt, nachdem er sie auf der *Virginia* zur Insel gebracht hatte. »Meine Frau ist … durcheinander. Passt auf, dass sie keinen Unsinn macht.«

Sie haben leise gesprochen, doch sie hat alles gehört.

Gar keine so abwegige Idee, hat Franca distanziert gedacht. Ja. Es würde eine Erleichterung sein. Ihr Frieden schenken.

Sie greift nach ihrem Morgenrock, zieht ihn über, schüttelt den Kopf, und ihr Haar fällt in großen Wellen über ihre Schultern. Sie geht im Zimmer umher. Auf der Schminkkommode steht zwischen Bürsten und Schmuck ein Fläschchen Beruhigungsmittel auf Basis von Laudanum. Der goldfarbene Schatten des Fläschchens fällt auf den Marmorboden, vereint sich mit dem des Wasserglases, das noch halb voll ist. Nicht weit entfernt steht die Elfenbeindose mit Kokain, das der Arzt ihr gegen ihre Entkräftung und die Depressionen verschrieben hat.

Franca lacht bitter.

Als könnten ein bisschen Pulver und ein paar Tropfen das zum Schweigen bringen, was in ihr ist.

Drei tote Kinder innerhalb eines Jahres.

Sie kramt in ihren Sachen, findet eine Zigarettenspitze, zündet sich eine Zigarette an. Sie raucht langsam, ihre grünen Augen sind wie das türkisfarbene Meer von Favignana. Für Februar ist es ein ungewohnt klarer Tag.

Klar und kalt. Nur dass sie die Kälte draußen nicht spürt, denn das Eis in ihr scheint alles aufzusaugen. Ihre Kräfte. Das Licht. Den Hunger. Den Durst.

Vielleicht ist sie ja tot und weiß es nur nicht. Weinen kann sie nicht, sie weiß nicht mehr, wie. Die Tränen, sie bleiben an ihren Wimpern hängen und weigern sich zu fallen, als wären sie versteinert. *Aber nein, so ist es nicht,* sagt sich Franca und drückt die Zigarette am Rand des Aschenbechers aus, der voller Stummel ist. Wäre sie tot, würde sie nicht so viel leiden.

Oder vielleicht ist das hier ja ihre Hölle.

Sie ruft nach Diodata.

Sie trinkt ein wenig Kaffee, doch die Kekse rührt sie nicht an. In den vergangenen Wochen ist sie so abgemagert, dass man das Mieder fast nicht mehr schnüren muss. Ignazio schreibt ihr, schickt Telegramme, um zu erfahren, wie es ihr geht … doch bei ihr sein kann er nicht mehr, und vielleicht will sie ihn auch nicht bei sich haben. Mit ihrem Baby Boy, ihrem Ignazino, hat sie die Freude verloren, die Zukunft. Und auch wenn sie ohne Freude leben kann, ohne Zukunft geht es nicht. Mit Giacobina ist die Hoffnung gestorben.

Es ist etwas kaputtgegangen.

Sie nimmt ihren Schal, den Hut, beides schwarz. An ihrer Brust baumelt ein Medaillon mit den Bildern ihrer Kinder.

Draußen weht ein sanfter, aber kühler Wind über die Insel. Einige Inselbewohner beobachten sie, zwei Frauen nicken ihr zu. Franca schaut niemanden an. Sie folgt dem Weg, der die Villa umrundet, biegt kurz vor dem Ort in Richtung Meer ab. Derselbe Weg, jeden Tag, die gleichen, langsamen Schritte.

Sie geht, und der Saum ihres Kleides wird staubig, nimmt

das goldene Weiß des Tuffs an. In der Nähe der Tonnara grüßen sie einige Männer, ziehen den Hut. Ihnen schenkt sie einen Blick, ein Nicken.

Sie spürt ihre teilnahmsvollen Blicke, nimmt ihr Mitleid wahr, doch es bedeutet ihr nichts. Sie empfindet nichts, weder Überdruss noch Groll. In der Seele hat sie ein schwarzes, mit Lava gefülltes Loch, ohne jede Spur von Leben, und auch ohne die Möglichkeit, dass das Leben wiederkommt.

Sie geht um die Tonnara herum, aus der Geräusche und Gerüche der Arbeit kommen: das Schlagen von Hämmern, das Rascheln von Netzen, die geflickt werden, der säuerliche Geruch aus den Öfen für das Pech, das auf die Kiele der Boote gestrichen wird, wenn man sie kalfatert. Es sind noch Monate bis zum großen Fang, doch schon jetzt bereiten Männer und Dinge sich für den großen Tag im Mai, nach dem Fest des heiligen Kreuzes, vor. Seit sie verheiratet sind, haben Ignazio und sie noch nie bei diesem seltsamen Fest des Todes und des Lebens gefehlt, an dem sich der Duft des Meeres mit dem herben Blutgeruch der Thunfische mischt.

Sie geht um die Ecke und steht kurz darauf vor einer kleinen Bucht mit einer Felszunge, die sich in Richtung Hafen neigt. Hier ist das Wasser glasklar und wird sofort tief. Rechts liegt der Anlegeplatz für die Schiffe, die noch in den Lagern untergebracht sind.

Das Wasser.

Es ist so blau, so klar.

Das muss eisig sein, denkt sie und klettert die Felsen hinab, um es zu berühren. Doch das Meer ist unbewegt, und das sanfte Klatschen an den Felsen scheint sie ein wenig zu beruhigen.

Wie schön wäre es, wenn sie einfach aufhören könnte, diesen Schmerz zu empfinden. Diesen Druck auf der Brust zu haben, der sie nicht in Ruhe lässt. Könnte sie doch nur Abstand vom Leben nehmen, immun sein gegen Wut, Missgunst, Eifersucht, Angst. Das würde auch bedeuten, dass sie keine Freude mehr empfinden würde, aber spielt das überhaupt noch eine Rolle?

Was ist denn ein Leben ohne Liebe? Ohne die Freude von Kindern? Ohne die Wärme eines Mannes?

Und welchen Nutzen würde sie aus dem Empfinden ziehen? Das Leben gibt einem Menschen nichts umsonst: Sie ist vom Schicksal reichlich mit Schönheit und Reichtum und Glück beschenkt worden, doch genau dieses Schicksal hat sich gegen sie gewandt. Sie hat eine große Liebe erlebt und ist dafür nur belogen und betrogen worden. Reichtum hat sie gehabt, ja, aber ihren allerschönsten Schmuck, ihre Kinder, hat man ihr entrissen. Sie hat Bewunderung und Neid hervorgerufen, doch jetzt löst sie nur noch Mitleid und Bedauern aus.

Das Glück ist ein erloschenes Feuer, ein Gespenst, das nur die äußere Hülle des Wahren hat. Und das Leben ist ein Lügner, das ist die Wahrheit. Es verspricht dir etwas, lässt dich Freuden genießen und raubt sie dir dann wieder in der schmerzlichsten Weise, die möglich ist.

Und sie glaubt nicht mehr an das Leben.

Sie betrachtet ihre nackten, schmucklosen Hände. Nur der Ehering und der Verlobungsring stecken daran. Manchmal, wenn sie sich quälen will, denkt sie an jene weißen Grabsteine, an die Kränze aus Seidenmaiglöckchen, die man seitlich an Gräber hängt. Sie denkt an den Musselinstoff, in den man die toten Kinder wickelt, sieht ihre Kleidung vor sich, bis in die letzte Einzelheit, denkt an ihre eisigen, steifen Händchen zurück. Sie sind tot, und sie haben alles mit sich genommen.

Franca dreht sich wieder zum Meer. *Es ist nicht richtig,* sagt sie sich. Wenn sich das Schicksal wirklich gegen sie erbosen musste, warum hat es sie dann nicht direkt getroffen, sondern ihre Kinder mitgenommen? Es waren drei Unschuldige.

Es ist, als spürte Franca die Last eines Fluches, einer uralten *magarìa,* einer Verwünschung, einer Ungerechtigkeit, die nicht wiedergutgemacht wurde und erst jetzt Genugtuung findet. Doch diese Genugtuung will sie ihr nicht geben. Wenn das Leben sich gegen sie richtet, dann wird sie es daran hindern. Sie wird sich aus dem Spiel verabschieden.

Sie geht bis fast ans Meer.

Sie stellt es sich genau vor, was passieren könnte. Allein der Gedanke ist tröstlich und lässt ihre Brust warm werden, schenkt ihr Erleichterung.

Am Anfang wäre das Wasser so eisig, dass ihr die Luft wegbleiben würde. Das Salz darin würde ihre Augen blenden, ihre Kehle reizen. Sie würde versuchen, wieder aufzutauchen, aber an diesem Punkt würde ihre vom Wasser vollgesogene Kleidung beginnen, sie nach unten zu ziehen. Die Brust würde ihr wehtun, sicher, und sie hätte auch Angst, aber dann würde diese eisige Kälte sie einhüllen und sie in Richtung Grund ziehen, eine Umarmung wie die einer Mutter, die ihr Kind zu Bett bringt, damit es schläft.

Ja. Der Tod kann eine Mutter sein.

Jemand hat ihr gesagt, wer ertrinkt, der empfindet am Ende ein seltsames Wohlgefühl, einen tiefen Frieden. Vielleicht ist es ja das, was auch ihr Vater empfunden hat, als er vor acht Jahren vor Livorno ertrunken ist. Nicht aber Giovannuzza, die das Fieber in den Tod gewiegt hat. Nicht Ignazino mit seinem kleinen Herzen, das plötzlich stehen geblieben ist. Nicht Giacobina, die in ihrem Leben nicht einmal die Zeit hatte, die Augen zu öffnen. Wenn Franca an ihre drei Kinder denkt, dann ist die allererste Erinnerung, die ihr in den Sinn kommt, die an einen kleinen Körper, der sich an sie drückt und der immer kälter wird, auch wenn sie sich noch so sehr bemüht, ihm Wärme einzuflößen.

Die Kälte. So viel Kälte. Sie wird sie nicht mehr los.

Dann ist ja vielleicht das die Hoffnung, die mir bleibt, überlegt sie und geht noch ein Stückchen weiter. Sie nimmt ihren Hut ab. Legt den Schal daneben. Sie braucht sie nicht mehr, denkt sie. Sie verbannt sogar den Gedanken, dass das, was sie gleich tun wird, eine Todsünde ist, und dass es einen Skandal geben wird.

Das alles bedeutet ihr nichts mehr.

Selbst das Atmen bereitet ihr Mühe. Sie will einfach nur, dass es ihr nicht mehr schlecht geht. Sie will verschwinden.

»*Me figghiu murìu quanni avia tririci anni. Murìu cu so patri, aviano nisciutu a piscari e un turnaru cchiù.* Mein Sohn war dreizehn, als er starb. Er starb mit seinem Vater. Die beiden fuhren zum Fischen raus und sind nie wiedergekommen.«

Die Stimme erreicht sie, als ihre Stiefel bereits nass sind.

Sie dreht sich um. Hinter ihr, weiter oben, steht eine alte Frau ganz in Schwarz und in einen Wollschal gehüllt. Sie spricht, ohne sie dabei anzuschauen. Sie ist winzig, wie ein kleines Mädchen, aber ihre Stimme ist stark und klar.

»Euer Sohn …?«

»Er war mein Leben, der einzige Junge, den ich hatte.

Mein Mann hat mich mit zwei Mädchen zurückgelassen, und ich habe mich um sie gekümmert. Sie waren alles, was mir geblieben war.« Die Frau steigt mühsam über die Steine. »*U' Signuri duna, u' Signuri pigghia.* Der Herr hat's gegeben, der Herr hat's genommen.«

Franca entringt sich ein Schluchzen. Sie schüttelt irritiert den Kopf. Wie kann sich diese Unbekannte erlauben, so mit ihr zu reden? Ihre Kinder waren doch keine Fischerskinder! Sie möchte der Frau antworten, das könne sie nicht verstehen, ihr Leben, ihre Familie seien in die Brüche gegangen, doch sie bringt kein Wort heraus.

Jetzt betrachtet die Alte sie aufmerksam. »Das ist unser Schicksal«, fährt sie mit krächzender Stimme fort. »*E di ccà 'un putemu scappari.* Und vor dem können wir nicht entfliehen.«

Franca fühlt sich nackt. Sie wendet den Blick ab, denn sie spürt, wie sich die Tränen zwischen ihren Lidern hervorstehlen. Es ist, als hätte diese Unbekannte begriffen, was sie vorhatte, und ihr dafür die Wahrheit vorgehalten: dass sie nicht fliehen kann, wenn es noch eine Verantwortung gibt, der sie sich stellen muss.

»Mein Mädchen«, murmelt Franca. Igiea ist bei der Gouvernante und der Schwiegermutter in Palermo geblieben. Sie stellt sie sich in jenen allzu leeren Gemächern vor, schlägt die Hände vor den Mund, kann aber ein Schluchzen nicht unterdrücken. Und dann weint Franca. Sie weint lange, bis der Kragen ihres Kleides durchnässt ist, sie weint all den Schmerz hinaus, den sie in sich hat und der noch keinen Weg gefunden hat. Sie weint um sich selbst, um die verlorene Liebe ihrer Kinder, um den brennenden, glühenden Schmerz dessen, was nicht gewesen ist und niemals sein wird, um diese Ehe, an die sie geglaubt hat und die leer geworden ist, von innen heraus. Sie weint, weil sie sich wie ein Name fühlt, wie ein Objekt, nicht wie eine Person.

Und sie geht vom Meer weg. Aber sie wird nie mehr aufhören, seinen Ruf zu hören, seinen Zauber zu spüren.

Als Franca einige Wochen später in die Olivuzza zurückkehrt, mustert Palermo sie mit einer Mischung aus Misstrauen und Mitleid. Es beobachtet sie, versucht ihrem Gesicht die Spuren des Schmerzes abzulesen. Die Stadt will wissen, sie will sehen.

Und Franca liefert sich der Stadt aus. Sie zeigt sich, herrlich aufgeputzt, anlässlich eines neuerlichen Besuches des Kaisers mit seiner Gemahlin. Sie trägt ihre legendären Perlen, zeigt den beiden das *villino* ihres Schwagers, das mittlerweile fertig ist, lässt sich am Fuße der großen Treppenflucht von Ernesto Basiles Meisterwerk fotografieren. Sie empfängt in der Villa Igiea den Fürsten Philipp von Sachsen-Coburg, für den sie ein unvergessliches Fest gibt, ebenso wie für die Vanderbilts, die auf ihrer Jacht *Varion* in Palermo eingelaufen sind. Sie nimmt an der Einweihung der Statue von Benedetto Civiletti teil, die Ignazio gewidmet ist, neben Giovanna, die ihren Tränen freien Lauf lässt, und inmitten der Arbeiter, die extra dafür aus Marsala gekommen sind. Sie nimmt am Stapellauf der *Caprera* teil, des ersten Dampfschiffes, das aus ihrer Werft kommt. Zusammen mit der ganzen Stadt feiert sie die Rückkehr von Raffaele Palizzolo, der auf Bewährung freikommt, weil die Beweise für seine Auftraggeberschaft im Mordfall Emanuele Notarbartolo nicht ausreichen. Und anlässlich des Stadtfestes zu Ehren der heiligen Rosalia verwandelt sie ein Dampfschiff der *Navigazione Generale Italiana* in einen schwimmenden Garten, von dem aus die Gäste das Feuerwerk bewundern können.

Niemals lässt sie sich etwas anmerken, kein unpassendes Wort, keine Spur des Schmerzes, der sie von innen verbrannt hat. Doch das Lächeln ist aus ihren Augen verschwunden, und an seine Stelle ist ein distanzierter Blick getreten.

Als könnte sie nichts mehr berühren. Als wäre sie wirklich tot.

MAIGLÖCKCHEN

Mai 1906 – Juni 1911

Cu prima nun pensa, all'ultimu suspira.
»Wer zuerst nicht denkt, hat später das Nachsehen.«
Sizilianische Redensart

Die dritte Regierung Giolitti tritt ihr Amt am 29. Mai 1906 an und hat es bis zum 11. Dezember 1909 inne. Das »lange Amt«, wie es genannt wird, bringt vor allem einige Reformen im sozialen Bereich auf den Weg. Nachdem bereits 1902 die *Legge Carcano* verabschiedet wurde (das Arbeitsverbot für Kinder unter zwölf; die Oberbegrenzung von zwölf Stunden Arbeit für weibliche Arbeitnehmer; die Einführung eines Mutterschutzes), wird im Jahre 1904 eine verpflichtende Unfallversicherung für Arbeiter beschlossen; ab 1907 dürfen Frauen nicht mehr nachts arbeiten, es wird verfügt, dass Arbeitnehmer pro Woche »das Recht auf eine Ruhephase haben, die mindestens vierundzwanzig Stunden andauert«, und 1910 wird eine »Mutterschaftskasse« eingeführt. Indessen wurde im September 1906 der Gewerkschaftsbund *Confederazione Generale del Lavoro* mit 250 000 Mitgliedern gegründet sowie am 5. Mai 1910 die *Confederazione Generale dell'Industria*.

Auf wirtschaftlicher Ebene verstaatlicht Giolitti die Eisenbahn (15. Juni 1905) und, wenn auch nur teilweise, das Telefonnetz (1907), doch das bedeutendste Ergebnis kommt mit der *grande conversione della rendita* 1906, vor allem gewollt von Finanzminister Luigi Luzzatti, einem Konsortium ausländischer Banken und der Banca d'Italia (vertreten durch ihren Direktor Bonaldo Stringher): Dabei wurde bei den Staatsschulden (die sich auf einen Betrag von circa acht

Milliarden Lire, also über zweiunddreißig Milliarden Euro beliefen) der Zinsfuß von 4 % am 1. Juli 1907 auf 3,75 % und am 1. Juli 1912 auf 3,5 % konvertiert. Daraus ergab sich im Jahr 1907 bei der Auszahlung von Zinsen eine Ersparnis von rund 20 Millionen. Die Staatsbilanz schließt positiv, der internationale Rang Italiens wird konsolidiert und die Lira sogar über dem Goldwert notiert.

Nach der großen internationalen Wirtschaftskrise von 1907 – verursacht durch unbedachte Spekulationsaktivitäten der vorangegangenen Jahre und in Italien überwunden durch das Zusammenwirken der Regierung mit der Banca d'Italia – muss sich Giolitti einer der größten Tragödien der italienischen Geschichte stellen: Am 28. Dezember 1908, um zwanzig nach fünf morgens, erschüttert ein Erdbeben der Stärke 7,2 Messina und Reggio Calabria, zerstört ein Gebiet von etwa sechstausend Quadratkilometern und kostet zwischen achtzig- und hunderttausend Menschen das Leben. Während der Regierung große Langsamkeit bei den Hilfsaktionen vorgeworfen wird, treffen der König und Königin Elena bereits am 30. Dezember in Reggio Calabria ein und setzen sich für die Hilfe der Bevölkerung ein. Am 8. Januar 1909 werden 30 Millionen für den Wiederaufbau der vom Erdbeben betroffenen Region bereitgestellt.

Nachdem er die Wahlen des 7. März 1909 gewonnen hat – bei denen zum ersten Mal die Katholiken ins Parlament einziehen –, tritt Giolitti am 2. Dezember 1909 zurück, möglicherweise aufgrund der Anschuldigungen, die der Sozialist und Vertreter süditalienischer Belange Gaetano Salvemini zunächst im *Avanti!* (14. März 1909) veröffentlicht hat und dann in der Abhandlung *Il ministro della mala vita* (1910); laut Salvemini gehe die Rückständigkeit Süditaliens auf den Willen Giolittis zurück, der sich auf Machenschaften und Unruhen in Zusammenhang mit den Wahlen stütze, um an der Macht zu bleiben.

Doch am 30. März 1911 tritt Giolitti erneut an und bildet seine vierte Regierung, die bis zum 21. März 1914 an der Macht bleibt. Am 29. September 1911 lässt er den expansionistischen Bestrebungen Italiens freien Lauf, erklärt dem Osmanischen Reich den Krieg und erobert Tripolitanien und die Kyrenaika (Westlibyen). Dieses Mal ist das afrikanische Unternehmen – das in der Heimat gleichermaßen von Liberalen, Katholiken und von Nationalisten unterstützt und als die Eroberung eines Eldorados dargestellt wird – von Erfolg gekrönt: Am 11. Oktober fällt Tripolis in italienische Hand, und am 18. kommt Bengasi dazu. Mit dem Friedensschluss von Lausanne (18. Oktober 1912) erhält Italien die Souveränität über Libyen … was laut der berühmten Definition Gaetano Salveminis nicht mehr war als »eine große Schachtel Sand«.

Das Maiglöckchen ist eine zarte Pflanze. Klein, mit schneeweißen, wie Glocken geformten Blüten und einem so typischen Duft, dass er der Pflanze im Italienischen den Namen *mughetto* gibt, denn wie das französische *muguet* kommt es von *muscade,* dem Geruch der Muskatnuss. Ganz gewiss hat auch d'Annunzio daran gedacht, als er in seinem Drama *Il ferro* Mortella sagen lässt: »Wie frisch du bist! Du riechst nach Platzregen, nach Buchsbaum, nach Maiglöckchen!«

Eine Pflanze, im Schmerz geboren, zumindest der Legende nach: aus Evas Tränen, als sie aus dem Garten Eden verbannt wird, oder denen der Muttergottes unter dem Kreuz. Doch da sind auch noch die Tränen, die Freja, die nordische Göttin der Fruchtbarkeit und der Kraft, vergießt, während sie in Asgard gefangen ist und sich voller Sehnsucht an den Frühling zu Hause erinnert.

In Frankreich allerdings ist es auch eine Pflanze, die Glück bringt. Am 1. Mai 1561 wird Karl IX. ein Maiglöckchen als Glücksbringer geschenkt, und so beschließt der König, fortan an diesem Tag jedes Jahr den Hofdamen diese Blume zu schenken. Eine Weile geht diese Tradition verloren, doch dann, am 1. Mai 1900, taucht sie in Paris wieder auf, als die großen Modehäuser ein Fest organisieren und sowohl den Mitarbeiterinnen als auch den Kundinnen Maiglöckchen überreichen. Ebenso wie am 24. April 1941, als Marschall Pétain das »Fest der Arbeit und der sozialen Einheit« ausruft und die Hundsrose, die seit dem Jahr 1891 Symbol des internationalen Tages der Arbeit war, durch das Maiglöckchen ersetzt. Bis heute schenkt man sich vor allem rund um die französische Hauptstadt Paris am ersten Mai Maiglöckchen. Und auch Christian Dior wählt die Blume als Symbol und widmet ihr die Frühjahr-Sommer-Kollektion des Jahres 1954.

Eine Pflanze, die mit dem Gedanken der reinen, jungfräulichen Liebe verbunden ist und deshalb gern für Brautsträuße verwendet wird. Erst vor Kurzem hat sich herausgestellt, dass diese Tradition sogar einen wissenschaftlichen Hintergrund hat: Tatsächlich stammt der Duft des Maiglöckchens von einem aromatischen Aldehyd namens *bourgeonal* ab, der nicht nur bei Säugetieren die Geschwindigkeit der Spermazellen verdoppelt, sondern sie auch anzieht wie eine Art Magnet. Außerdem handelt es sich dabei um das einzige Parfüm der Welt, das von Männern deutlicher wahrgenommen wird als von Frauen.

Eine nützliche Pflanze. Schon Mitte des 16. Jahrhunderts behauptet der Sieneser Gelehrte Pietro Andrea Mattioli in seinen Bemerkungen zu den Werken von Dioskurides, das Maiglöckchen kräftige das Herz, vor allem, wenn man unter Herzstolpern leide. Ende des neunzehnten Jahrhunderts bestätigt der französische Arzt Germain Sée die wohltuende Wirkung auf das Herz und stellt seine harntreibende Wirkung unter Beweis.

Eine heimtückische Pflanze. Wer sie versehentlich zu sich nimmt, kann mehrere Tage unter Verwirrungszuständen, Veränderungen des Herzschlages sowie starken Unterleibsschmerzen leiden.

Eine sanfte und empfindliche Pflanze, die jedoch auch gefährlich sein kann. Genau wie die Liebe.

Der Umriss der Madonie-Berge hebt sich klar gegen den hellen Morgenhimmel ab. Langsam klettert die Sonne über die Gipfel, kämpft gegen das Dunkel an, taucht sie in gelbes Licht, während vom Meer ein frischer Wind weht und den Geruch nach Salz und Gras mit sich bringt.

Doch dieser Duft kann andere, stärkere Gerüche nicht übertünchen, die neu sind für dieses Land zwischen Meer und Gebirge.

Motoröl. Benzin. Abgase.

Mit dem Wind werden Sätze herangetragen, es wird angefeuert, auf Englisch, Französisch, Deutsch geflucht. Oder auf Italienisch, mit einem starken, nördlichen Akzent. Über allem aber das verstimmte Konzert der Motoren, die brummen, summen, röhren.

Mechaniker. Fahrer. Automobile.

Es ist erst fünf Uhr morgens, doch die Ebene von Campofelice, zu Füßen der Madonie, sind bereits voller Menschen. Aus Palermo, Catania und Messina sind Spezialzüge angerauscht, und so mancher hat sogar hier die Nacht verbracht, um einen guten Platz zu ergattern. Jetzt presst sich die Menge gegen den Lattenzaun, der sie jedoch weder vor den Staubwolken schützt noch vor dem Schotter, den die fast fünfzig Stundenkilometer fahrenden Wagen aufwühlen.

Seitlich der Rennstrecke, entlang eines Straßenstücks, das geteert ist, erheben sich das Telegrafenamt sowie die Holztribüne für Offizielle und Presse. Gegenüber steht eine zweite, festlich mit Girlanden und Wimpeln geschmückte, die den wichtigsten Gästen vorbehalten ist. Auch hier ist die Aufregung greifbar, selbst unter denen, die der Wettbewerb nur wenig interessiert: Die Frauen wollen in erster Linie sehen und gesehen werden; und es gibt auch Männer, die diesen ratternden und gefährlichen Maschinen mit Misstrauen begegnen. Doch sie alle wissen, dass man bei einem solchen Ereignis, von dem man überall spricht, ob in Italien oder im Ausland, nicht fehlen darf.

Ein Ereignis. Denn genau das ist dieses Rennen in Vincenzo Florios Vorstellung, ist es immer gewesen. Eine ganz besondere Gelegenheit, sich sehen zu lassen, ein Akt der Bestätigung, des Modernseins. Für ihn selbst, für seine Familie, für ganz Sizilien. Da die Zukunft auf der Insel noch auf sich warten lässt, hat er beschlossen, sie selbst hierher zu bringen. Für einen Florio ist das nicht das erste Mal. Der Großvater, dessen Vornamen er trägt, hat etwas sehr Ähnliches getan.

Genau deshalb hat er gekämpft, ohne vor Hindernissen haltzumachen: Er hat angeordnet, Felder einzuebnen und auf eigene Kosten Wege und Trampelpfade, kleine und größere Straßen auf Vordermann zu bringen, hat sogar längs der Strecke Erdpech auf die Wege schütten lassen, damit der Staub die Sicht der Fahrer nicht behindert; er hat sowohl die Schäfer dafür bezahlt, dass sie ihre Herden von den Straßen fernhalten, als auch gewisse »Herren« angeheuert, die dafür sorgen, dass den Fahrzeugen und ihrer Ausrüstung kein Schaden zugefügt wird; er hat dafür gesorgt, dass entlang der Strecke Carabinieri ebenso wie Polizeibeamte und sogar eine Gruppe bewaffneter Radler sich im Bewachen abwechseln; er hat den Zeitnehmern des

Automobile Club di Milano sein Vertrauen geschenkt; er hat einen Kameramann bestellt, der Start und Ziel auf Leinwand bringen soll; er hat in einem Häuschen einen »Totalisator« für die Wetten eingesetzt; er hat ein luxuriöses Dampfschiff mit Namen *Umberto I.* zur Verfügung gestellt, damit Piloten und Mechaniker nach dem Rennen so schnell wie möglich zuerst nach Genua und dann nach Mailand kommen können, wo die Coppa d'Oro stattfindet, ein weiterer wichtiger Wettbewerb. Und jetzt ist er bereit, seinen Triumph mit Medaillen, Siegeskrügen und Trophäen zu feiern, die vom großen Goldschmied Lalique erschaffen wurden, ebenso wie der Siegerpreis: die Targa Florio.

Dafür hat er die ganze Familie eingespannt; selbst Franca hat sich überzeugen lassen, einen Teil der Strecke zusammen mit anderen Damen im Auto zurückzulegen, um allen die spröde Schönheit der Madonie zu zeigen. Doch Vincenzo hat vor allem an ihre Begeisterung für die mondänen Dinge des Lebens appelliert und genau auf diese Weise ihren Argwohn überwunden. Bälle, Diners, Büfetteinladungen, Ausflüge: All das wurde von Franca in der von ihr gewohnten Eleganz organisiert. Schwieriger war es, Ignazio einzubinden, der im Grunde ein Faulpelz ist und nur Frauen im Kopf hat. Doch weil es für Vincenzo darum ging, nur das Allerbeste aus der Situation zu machen, hat er seinen Bruder über dessen beständigen Hang nach dem äußeren Auftreten gewonnen; und so kam es, dass ihm sein Bruder, wenngleich mit allerlei Murren und Klagen, das nötige Geld für das Rennen gegeben hat. Und es ist ihm sogar gelungen – was allerdings keine große Anstrengung war, weil sie ihn anbetet – Igiea in diesen *tourbillon,* dieses große Getöse, hineinzuziehen: Die Kleine hat bereits verkündet, als Erwachsene wolle auch sie Fahrerin eines Automobils werden.

Vincenzo versteht es zu manipulieren. Das weiß er, und das wissen auch seine Familienangehörigen, doch sie nehmen diese Charaktereigenschaft mit einem nachgiebigen Lächeln hin.

Und so kommt es, dass Vincenzo, in Sportkleidung und englischem Schuhwerk, jetzt mit zufriedener Miene inmitten von Fahrern und Mechanikern unterwegs ist. Er ist zu einem gut aussehenden Mann geworden: Seine Gesichtszüge sind fein, der schmale Schnurrbart betont die wohlgestaltete Nase, und der Mund, auf dem sich oft ein Lächeln zeigt, ist von fast weiblicher Schönheit. Bei dem immer gleißender werdenden Licht sieht er dabei zu, wie ein Auto nach dem anderen abgedeckt wird und seine Form und Beschaffenheit offenbart. Es sind andere Fahrzeuge als die, die mittlerweile auch in Palermo in großer Zahl unterwegs sind und mehr wie Kutschen sind, mit ihren Sitzen, die an Sofas erinnern, und einem Lenkrad, das fast wie das Steuer eines Schiffes aussieht. Die Fahrzeuge hier sind dagegen schmal und wendig; selbst im Stehen vermitteln sie den Kitzel der Schnelligkeit.

Er begrüßt Vincenzo Lancia, der bereits am Steuer seines Fiat sitzt, mit einem Nicken und steht schließlich neben einem Mann mit dichtem Schnurrbart, der einen Overall und auf dem Kopf eine lederne Mütze trägt; er diskutiert lebhaft auf Französisch mit einem Mechaniker, der ihm die Pedalerie zeigt.

Vincenzo lächelt und fragt, ob es Probleme gebe: »*Avez-vous encore des problèmes, Monsieur Bablot?*«

Paul Bablot dreht sich um, wischt sich eine mit Öl und

Wagenfett verschmierte Hand am Overall ab und gibt sie Vincenzo, der sie schüttelt.

»Na ja … die Fahrt war nicht gerade ein Spaziergang. Durch die Feuchtigkeit ist der Motor abgesoffen, und jetzt müssen wir zum zigsten Male alles durchchecken. Dieses Rennen ist wirklich eine Herausforderung, Monsieur Florio. Die Strecke ist zumindest … ungewöhnlich.«

»Das haben der Graf von Isnello und ich uns so ausgedacht und uns dabei vom Gordon Bennett Cup inspirieren lassen. Wir wollten eine Strecke, die nicht nur für die Automobile, sondern auch für die Fahrer eine Herausforderung ist. Und es musste eine Rundstrecke sein, damit die Zuschauer mehrere Runden sehen können. So viele Fahrzeuge auf einmal hat hier noch niemand zu Gesicht bekommen … Ich bin mir sicher, so mancher Bauer hat überhaupt noch nie welche gesehen. Ach, das wird eine Erfahrung, die Ihr niemals vergessen werdet. Und Ihr habt es wenigstens hierher geschafft … Denkt auch an diejenigen, die nicht einmal starten können.«

Vincenzo schenkt ihm ein etwas schadenfrohes Lächeln und wirft einen Blick in Richtung einer Gruppe von Männern in Sportkleidung, die die Fahrzeuge kritisch betrachten. Einige unterhalten sich laut auf Französisch und tun nichts, um ihren Ärger zu verbergen. *Und ist das ein Wunder?*, überlegt er. Ein Streik der NGI in Genua hat verhindert, dass sie mit ihren Autos rechtzeitig loskamen, sie haben es weder zu den Tests noch zu den Vorausscheidungen geschafft. So kommt es, dass diese Männer, die eigentlich an vorderster Front mitfahren sollten, jetzt nur noch schlichte Zuschauer sind. »Wir haben in dieses Rennen so viel investiert, und am Ende waren wir abhängig von einer Handvoll *portarobbe* ... Lastenträgern, die von nichts eine Ahnung haben«, schimpft er, sichtlich verärgert. »Leider gibt es in Italien keinen Respekt. Das ist eine Veranstaltung, die Sizilien endlich erwachen und in die Modernität entlassen könnte, doch denen ist das scheißegal, verdammt noch mal!«

Bablot zuckt mit den Achseln. »Ich verstehe Euren Unmut, aber für mich gilt: Je weniger Konkurrenz, umso besser«, ruft er und nimmt in seinem Fahrzeug Platz. »Auch wenn ich mir, um ehrlich zu sein, keine großen Sorgen mache: Mein Berliet ist großartig!« Er bedeutet dem Mechaniker, die Hände vom Zylinder zu nehmen, gibt vorsichtig Gas, und der Motor antwortet mit lautem Dröhnen.

Vincenzo nickt ihm zu und dreht sich zu einem anderen Wagen um, einem Hotchkiss mit fünfunddreißig Pferdestärken und der Nummer zwei auf dem Kühler. An Bord, über die Pedale gebeugt, sitzt eine Frau, die ihr schwarzes Haar zu einem Chignon zusammengebunden hat. Mit einer geschmeidigen Bewegung steigt sie aus dem Auto und beugt sich über den Kühler, wischt sich die Hände an einer Schürze ab, die sie über einem wadenlangen Kleid trägt. Erst bei genauerem Hinsehen merkt Vincenzo, dass es sich in Wirklichkeit um eine sehr weite Hose handelt.

Im Rennsport kennen und respektieren alle Madame Motan Le Blon, und man ist daran gewöhnt, sie immer an der Seite ihres Ehemanns Hubert zu sehen: ein außergewöhnliches Paar, das eine tiefe Leidenschaft für alles auf vier Rädern verbindet.

Aber eine Frau, die als Mechanikerin zugange ist, kann nicht unbeobachtet bleiben.

Und prompt hört Vincenzo, als er schon fast bei ihr ist, einen leisen Kommentar, gefolgt von einem ironischen

Lachen: »*Talìa, 'na fimmina chi travagghia comu un masculu!* Schau mal, eine Frau, die arbeitet wie ein Mannsbild!«

Vincenzo dreht sich mit gerunzelter Stirn um, doch wer genau das gesagt hat, ist nicht festzustellen. Als sein Blick wieder auf Madame Le Blon fällt, sieht er, dass sie lächelt.

»Ich höre sie, auch wenn ich nicht verstehe, was sie sagen«, murmelt ihm die Frau zu und zuckt mit den Achseln. »Manche Blicke benötigen keine Erklärung: Die fragen sich, wie es sein kann, dass eine Frau an einem Vergaser herumhantiert, statt zu Hause zu bleiben und sich um die Kinder zu kümmern.« Sie zieht ihre Schürze aus, legt sie ab und bindet sich dann ein Kopftuch um. »Wenn dieses Geplapper mich stören würde, hätte ich schon vor einer Weile mit alldem aufgehört. Aber an der Seite meines Mannes bei Rennen mitzufahren gehört zu den Dingen, die mich am glücklichsten machen, und nichts und niemand wird mich davon abhalten. Und ich verrate Euch etwas …« Sie senkt die Stimme noch mehr und tritt auf ihn zu. Sie riecht ganz schwach nach Schweiß, Motoröl und Lavendelseife. »Ich kann genauso gut fahren wie er, vielleicht noch besser. In Nizza habe ich schon einen dampfbetriebenen Serpollet gefahren. Das war herrlich!«

»Meine Frau hat keine Angst vor Geschwindigkeit, und ihre Kontrolle über das Fahrzeug ist wirklich bemerkenswert. Manche Fahrer aus meiner Bekanntschaft lässt sie in einer dicken Staubwolke stehen …« Hubert Le Blon tritt auf seine Frau zu, legt ihr eine Hand auf den Rücken und küsst sie zärtlich auf die Wange.

Vincenzo begrüßt den Mann und küsst Madame Le Blon die Hand. Ihm geht durch den Kopf, dass er in der Tat nichts dagegen hätte, einmal gegen diese Frau anzutreten.

»Signor Florio, wir sind fast so weit!«

Wer das gesagt hat, ist ein junger Mann mit buschigen Augenbrauen, ebensolchem Schnurrbart und einem Paar durchdringender rabenschwarzer Augen. Im Scherz hat Vincenzo Alessandro Cagno einmal gefragt, ob seine Amme ihn damals mit Motorenöl gestillt hat – so groß ist seine Leidenschaft für Autos. Der Junge ist dreiundzwanzig – genauso alt wie Vincenzo – und fährt bereits seit fünf Jahren, nachdem er sich als Mechaniker in der Werkstatt von Luigi Storero in Turin und dann bei der Firma Fiat von Giovanni Agnelli, deren Fahrer er heute ist, seine Sporen verdient hat. Als Mechaniker war er 1903 bei dem Rennen Paris-Madrid dabei, dem »Rennen des Todes«, das wegen zu vieler Unfälle, darunter auch der, bei dem Marcel Renault zu Tode kam, beendet wurde; in den Jahren 1904 und 1905 hat er sich beim Gordon-Bennett-Cup hervorgetan und vor Kurzem das angesehene Rennen auf den Mont Ventoux gewonnen.

»Signor Cagno, guten Tag! Stimmt es eigentlich, dass in Turin jemand ein Lied über Euch geschrieben hat?«

Das scheint Cagno peinlich zu sein. »Genau genommen geht es darin auch um Felice Nazzaro und um Lancia …«

»Und um Euren Itala, stimmt's?«

»Den Itala bringe ich heute zum Singen, und Ihr werdet sehen, wie der spurt«, erwidert Cagno und setzt sein Barett auf.

Vincenzo bricht in Gelächter aus und winkt ihm zum Abschied zu. Dann dreht er sich zu den Tribünen, hält nach seinem Bruder und Franca Ausschau, die zusammen mit den Trabias und den Trigonas im Grand Hotel delle Terme in Termini Imerese logieren, einem eleganten Gebäude, das von Damiani Almeyda entworfen und zur Unterbringung der Fahrer und der guten palermitanischen Gesellschaft ausgewählt wurde. Als er sie nicht entdeckt, schnaubt er kurz und schüttelt den Kopf. Dann sind sie noch nicht da. Zumindest Ignazio hätte er gerne gesehen, um mit ihm diesen besonderen Moment zu teilen.

Auf einmal bemerkt er einen rosa Fleck, der sich zwischen den Autos bewegt und in der Menge der Fahrer und Mechaniker auftaucht und wieder verschwindet. Erst als der Fleck neben dem Berliet von Monsieur Bablot stehen bleibt, erkennt er, wer das ist.

»Annina!«, ruft er.

Anna Alliata di Montereale – von allen Annina genannt – ist die jüngere Schwester einer der liebsten Freundinnen seiner Schwägerin Franca, Maria Concetta Vannucci, der Fürstin von Petrulla. Sie ist ein paar Jahre jünger als er, und die beiden kennen sich seit Ewigkeiten.

Die junge Frau dreht sich um, erkennt ihn und geht ihm, den Hut in der Hand, entgegen. Ihre Wangen sind gerötet, und die Begeisterung ist ihr deutlich anzusehen.

»Annina, aber was machst du denn da? Du wirst ja ganz dreckig hier!«

»Ach, egal! Es ist so aufregend, mitten unter diesen Autos zu sein! Ich würde mir am liebsten eins kaufen, weißt du das?« Die junge Frau senkt den Blick auf den Spitzenkragen ihres Kleides, der schlammverspritzt ist, und auf die Stiefeletten, die mehr als einen Ölfleck aufweisen. Sie schüttelt den Kopf. »Aber *maman* sagt, dass das hier nichts für Frauen ist.« Sie ächzt. »Was für ein Blödsinn!«

Vincenzo weiß nicht recht, was er antworten soll. Annina und er haben sich schon öfter unterhalten, auf Bällen oder bei Abendessen, aber das waren eher formelle Gelegenheiten. Er hat sie immer als eine lebhafte und intelligente junge Frau wahrgenommen, doch die Leidenschaft, die in diesem Moment ihr Gesicht zum Glühen bringt, ist eine Entdeckung. »Deine Mutter ist einfach vorsichtig«, gibt er verlegen zurück. »Schließlich ist sie Witwe, musste sich um die ganze Familie kümmern, und …«

»Nein, das ist nicht der Grund. Vielmehr hat sie … altmodische Ansichten.« Anninas Gesicht verfärbt sich, so ungehalten ist sie. »Sie müsste doch begreifen, dass die Zeit der Vierspänner und der Kutschen langsam vorbei ist. Dass die Zukunft bereits hier ist.«

»Es ist nicht leicht, wenn man zwischen den Zeiten lebt«, bemerkt Vincenzo und denkt dabei an seine Mutter. Sie ist in der Olivuzza geblieben, weil sie angeblich Donna Ciccia helfen muss, die sich fast gar nicht mehr bewegen kann, aber er weiß, dass Giovanna niemals hierhergekommen wäre.

In diesem Augenblick entdeckt er in der Menge einige Männer, die mit der Organisation betraut sind. Vielleicht suchen sie ihn. Er dreht sich um, kehrt ihnen den Rücken zu. *Noch nicht*, denkt er. *Nicht jetzt.* »Weißt du, am Anfang hat meine Mutter immer geschimpft, wenn ich auf den Wegen der Olivuzza herumgefahren bin, ich würde den Garten ruinieren und die Vögel in der Voliere aufscheuchen. Aber sie ist eine alte Frau, man muss sie verstehen. Ignazio hingegen, der bestimmt noch kein alter Mann ist, hat mir schon öfter vorgeworfen, gewissenlos zu sein. Bloß weil er selbst ein *scantulino* ist, ein Angsthase. Stell dir vor, der will nicht mal reiten, weil er Angst hat, der Gaul wird zu schnell.«

Annina lacht, schaut ihn von der Seite an. »Aber … ein bisschen gewissenlos bist du schon, oder?«

Er lächelt. »Ein bisschen«, antwortet er, ungewohnt ehrlich. Doch was er ihr nicht sagt, ist, dass die Schnelligkeit etwas ist, das sein Blut zum Singen bringt, dass sie ihn lebendig macht, ihm Schauder über den Rücken jagt. Und dass Anninas Lachen auf ihn dieselbe Wirkung hat …

»Don Vincenzo!« Einer der Mechaniker kommt mit großen Schritten auf ihn zu. »Wir haben Euch gesucht, Signore.«

Vincenzo nickt, sagt, er komme gleich. Dann dreht er sich noch einmal zu Annina. »Geh lieber auf die Tribüne. Ich bin mir sicher, deine Mutter macht sich schon Sorgen …«

»Na gut. Aber du musst mir versprechen, dass du mich mal in einem deiner Autos herumkutschierst.«

Er lächelt. »Ja, das verspreche ich dir. Bald.«

Annina dreht sich um, macht Anstalten zu gehen, dreht sich dann aber nochmals um und legt eine behandschuhte Hand auf die von Vincenzo. Ihre Stimme ist nur noch ein Flüstern, das durch das Dröhnen der Motoren übertönt werden müsste, doch er hört es glasklar. »Hier und heute habe ich die Gewissheit erhalten, dass es sinnlos ist, darauf zu warten, dass Träume wahr werden. Man muss den ersten Schritt machen. Man muss träumen und dafür sorgen, dass Träume wahr werden. Danke, dass du mir gezeigt hast, dass es möglich ist, seine Wünsche in die Tat umzusetzen.«

Eingehüllt in einen englischen Paletot, den er im vergangenen Jahr gekauft hat, verfolgt Ignazio von der Tribüne aus die Vorbereitungen für das Rennen. Dieses Jahr hat er sich nichts Neues für seinen Kleiderschrank gekauft. Er hatte keine Zeit dazu, vor allem aber wollte er sich die Kosten sparen, zumal sein Schreibtisch von Rechnungen bald überläuft: Seine Mutter, Franca und sogar Igiea – *ein Mädchen von sechs Jahren, verdammt noch mal!* – scheinen nichts anderes zu tun, als in ganz Europa einzukaufen: Hüte, Kleider, Handschuhe, Schuhe, Taschen. Er hat Franca mehrfach gebeten, es nicht zu übertreiben, doch sie hat ihm immer nur mit gleichgültiger Miene zugehört, fast ohne ihn eines Blickes zu würdigen.

Nur einmal hat sie ihm eine Antwort gegeben. »Ich denke, die anderen Frauen bittest du nicht, beim Schmuck oder in den Hotels aufs Geld zu achten.« Eine Entgegnung, die sie ganz ruhig und ohne Wut geäußert hat, begleitet von einem Blick, der so eisig war, dass ihm ein Schauder über den Rücken lief.

Und er hat nur mit einem »Was redest du da?« geantwortet, für das er sich immer noch schämt.

Francas Kälte macht die Last der Dinge, die ihm Sorgen bereiten, nur noch größer. Angefangen bei dieser verfluchten Werft, in die er so viele Hoffnungen gesetzt hatte: Ja, sie wurde fertiggestellt, doch das Fehlen von Aufträgen, die geringen Gewinne und die Streiks haben das Projekt von Anfang an gefährdet. Am Ende war er dazu gezwungen, seine Aktienquote bei der *Società Cantieri Navali, Bacini e Stabilimenti Meccanici Siciliani* an Attilio Odero abzugeben, den Genueser Besitzer der Werften von Sestri Ponente und der Foce in Genua. Doch auch so ist es Ignazio nicht gelungen, seine Schulden zu tilgen – vor allem die zwei Millionen, die er eben wegen der Werft bei der Banca Commerciale Italiana hat –, und er musste Arbeiter und Angestellte entlassen, sowohl in der Werft als auch in der Oretea. Schließlich musste er sich sogar dazu herablassen, von anderen die Rückzahlung einiger Kredite zu verlangen … er, der sich um solchen Kleinkram normalerweise nicht kümmert.

An der politischen Front ist die Situation noch schlimmer: Giolitti ist mächtig, allzu mächtig. Und er verteidigt Interessen, die denen des Südens entgegenstehen, vor allem der *Navigazione Generale Italiana*. Schon bald wird man wieder über die Erneuerung der maritimen Verträge sprechen müssen: eine Straße, die steil bergauf geht und von vielen Wegelagerern und Gegnern beäugt wird, angefangen bei Erasmo Piaggio, in den er Vertrauen und Hoffnung gesetzt hat, der sich aber – genau wie alle anderen – als niedrigster Profiteur herausgestellt hat. Er hat ihn zur Kündigung gezwungen, worauf Piaggio aus dem Zimmer stürmte und die Tür hinter sich zuschlug, schwor, ihn irgendwann für seine Anmaßung zur Rechenschaft zu ziehen. Eine Szene, die der mit Laganà nur allzu ähnlich war.

Und dann ist da noch die Kellerei …

Bei diesem Gedanken wird sein Rücken steif, sein Mund trocken. Romualdo, der neben ihm sitzt, dreht sich zu ihm, schaut ihn an. Er kennt ihn zu gut, um seine Verstimmung nicht zu bemerken.

»Was hast du denn?«, fragt er ihn.

Ignazio zuckt mit den Achseln. »*Camurrie.* Ärger.«

Doch Romualdo kann sich mit dieser Antwort nicht zufriedengeben, nicht, wenn sie in diesem Ton hervorgebracht wird. Er packt Ignazio an einem Arm, führt ihn in eine ruhige Ecke der Tribünen. Sie kennen sich schon Ewigkeiten und müssen nicht lange um den heißen Brei reden. »Worum geht's?«

Ein Seufzer. »Um die Kellerei.« Ignazio wirft seinem

Freund einen Blick zu, in dem sich Bedauern, Reue und Scham mischen. Es ist ein Gedanke, der ihn schon seit Tagen quält, genauer gesagt seit Mitte April, als er das Ende der Marke mit dem Löwen mit seiner Unterschrift besiegeln musste.

Das Weingut war eine der ersten Unternehmungen seiner Familie, gegründet von dem Großvater, der sich von der Welt verabschiedet hatte, als er selbst geboren wurde. Sein Vater hätte es niemals zugelassen, dass das alles den Bach hinuntergehen würde; auch wenn er seit mittlerweile fünfzehn Jahren verstorben ist, hört Ignazio nur allzu deutlich die Worte der Rüge und der Enttäuschung, die er ihm gesagt, spürt den vorwurfsvollen Blick, den er auf ihn gerichtet hätte. Seinem Vater hätte niemals das Geld gefehlt, niemals der gute Ruf, der Respekt.

Seinen Vater hätte niemals jemand um »größere Garantien« gebeten.

»Die Kellerei? Was ist denn damit?«, fragt Romualdo perplex.

»Schon vor einiger Zeit habe ich den Überlassungsvertrag für die Immobilien der Kellerei sowie die Gebäude in Marsala unterzeichnet und zusammen mit anderen die SAVI, die Florio & C. gegründet, die *Società Anonima Vinicola Italiana*, um Liquidität zu schaffen, die Kosten zu verteilen und ein wenig durchzuatmen. Das wusstest du, oder? Na ja, und im vergangenen Monat habe ich die Anlagen in Alcamo, Balestrate und in Castellammare weggegeben, die wir nicht mehr nutzen, und auch die für den Cognac.« Er macht eine Pause. »Uns gehört dort nichts mehr, nicht einmal ein Ziegelstein, wir haben nur noch die Aktien. Und trotzdem fressen mich die Zinsen für die Darlehen auf.«

Plötzlich nimmt Romualdo auf dem Antlitz seines Freundes tiefe Falten wahr, von denen er sich sicher ist, dass er sie noch nie gesehen hat. »Ich dachte, du wärst Besitzer der Kellerei geblieben, aber …«

»Nein, nein. Ich hatte schon alles weggegeben, bis auf die Anlage in Marsala, und die haben mir einen Pachtzins gezahlt. Jetzt habe ich auch diese Anlage verkauft. Nur den kleinen Palazzo habe ich behalten und den bereits verkaufsfertigen Marsala.« Er seufzt. »Ich brauche dringend *picciuli.* Geld und Zeit. Weißt du, was kürzlich passiert ist? Der Juwelier Fecarotta hat mir einen Brief geschrieben und die Zahlung einer Schuld gefordert. Und das ist schon das zweite Mal, dass das passiert. Ich konnte es nicht glauben.«

»Fecarotta? Was hattest du denn bei dem gekauft? Ein Schmuckstück für sie?«, fragt Romualdo und weist mit dem Kinn in Francas Richtung.

Ignazio schüttelt den Kopf. »Nein. Für Bice«, murmelt er und wendet den Blick ab. »Die macht mich verrückt, diese Frau.«

Bice. Beatrice Tasca di Cutò.

Romualdo gibt einen leisen Fluch von sich. »Die sind gefährlich, die Tasca di Cutòs. Und ich kann das sagen, nachdem ich selber mit einer verheiratet bin«, fügt er hinzu. »*Curò,* du konntest es nicht anders machen, mit all den Leuten, für die du verantwortlich bist. Die SAVI hat es dir ermöglicht, ein bisschen durchzuatmen, und natürlich hast du Kompromisse eingehen müssen … Aber wieso soll das deine Schuld sein, wenn der Weinmarkt in die Knie geht?« Er legt Ignazio eine Hand auf den Arm. »Zuerst das Reblausproblem, dann die Krise, die staatlichen Steuern auf Alkohol …«

»Das war wirklich ein schwerer Schlag. In Rom haben sie

jahrelang versucht, Likörweine zu besteuern, und am Ende haben sie es geschafft.« Ignazio schlägt mit der Hand auf die Balustrade. »Ich habe versucht, neue Wege zu begehen … vor Jahren mit dem Cognac, dann mit Tafelweinen, aber es hat nichts gebracht. Und jetzt scheint selbst der Marsala nicht mehr gut zu gehen, weil er *zu viel* Alkohol hat! Dabei verschreiben Ärzte ihn als Stärkungsmittel …« Ignazio schüttelt den Kopf, legt eine Hand an seine Schläfe. Jetzt ist er richtig wütend, ein Gefühl, das einfach herauswill und nach Erleichterung sucht. Und wie immer ist Ignazio bereit, sich dieser Wut hinzugeben. »Die *Anglo-Sicilian Sulphur Company* gibt es auch nicht mehr. Nicht, dass man damit noch viel Geld verdienen konnte, aber es ist die Idee, verstehst du? Den Amerikanern ist es gelungen, ihre Schwefelvorkommen mit einem neuen Verfahren abzubauen, deshalb ist Schluss für uns mit dem Export in die Vereinigten Staaten. Und ich könnte wetten, dass die ihre Produktion schon bald auch in Europa verkaufen, dann können wir uns auch von den Verkäufen nach Frankreich verabschieden. Es läuft einfach nichts gut, gar nichts. Ist dir das eigentlich bewusst?«

»*U' sacciu*, ich weiß.« Romualdo nickt.

Sie bleiben nebeneinander stehen, ohne zu sprechen. Am Ende ergreift Ignazio wieder das Wort, und er tut es sehr langsam, als bereitete es ihm Schwierigkeiten, die Worte in die richtige Reihenfolge zu bringen. »Na ja, der Schwefel war mir nie so wichtig. Aber die Kellerei … Es hat sogar Vincenzo unterschrieben, auch wenn ich keine Ahnung habe, ob und wie viel er eigentlich begreift. Ihm steht der Sinn immer nur nach Vergnügungen.« Er schnaubt. »Und mit der Fabrik ist die Marke mit dem Löwen Geschichte geworden. Alles, alles vorbei … Nichts ist geblieben außer …« Er macht eine vielsagende Handbewegung.

Ein paar Krümel.

Romualdo schaut Ignazio ungläubig an, reißt die Augen auf. Er weiß nicht, was er sagen soll. Sicher, sein Freund hatte immer schon die ganze Last auf seinem Rücken, seit er kaum älter als zwanzig war, und er hat sich schonungslos eingesetzt, auch wenn er sich manchmal in Dinge gestürzt hat, bei denen man nicht recht wusste, wohin sie führen würden. Was Vincenzo angeht, so ist er nur ein kleiner Junge, der mit Autos spielt. Was weiß er denn von Verantwortung, von Entscheidungen, die man treffen muss? Aber … die Casa Florio ohne die Kellerei? Ohne den Marsala? Das scheint ihm unmöglich. »Wir haben nie darüber gesprochen … Das heißt, dass es diese Übereinkunft gab, ist bekannt geworden, aber nicht, dass ihr das musstet …«

Ignazio blickt zu Boden. »So haben wir wenigstens noch was rausgeholt«, entgegnet er. In seinem flüchtigen Blick, diesen nur halb ausgesprochenen Worten ist so viel Ungesagtes.

Ohnmacht, Schmerz, Demütigung.

»Ich hab's versucht, Romualdo. Ich habe es mit ganzer Kraft versucht, aber die Schulden waren einfach zu hoch. Mittlerweile geht fast alles an die Bank … und dann die Steuern! Die vielen Steuern, die wir zahlen müssen!«

Romualdo schaut seinen Freund erschrocken an. Einen langen Moment kommt alles um ihn herum zum Stillstand. Die vielen Menschen, die Autos, das Geplauder, die Geräusche – das alles verschwindet, aufgesogen von einem gleißenden Weiß. Nur sie beide sind noch da, erfüllt von einem Gefühl, das sie sich nicht ganz erklären können.

Doch es ähnelt sehr dem Bewusstsein, dass die erste Erschütterung eines Erdbebens gekommen ist.

Franca sieht Ignazio und Romualdo tief ins Gespräch versunken. Sie beißt sich auf die Lippen. Zwei Männer, die sich weigern, erwachsen zu werden, auch wenn sie schon die ersten grauen Haare haben und die Lider schwer werden. Aus Gesprächen dieser Art ist bei ihnen noch nie etwas Gutes herausgekommen. Und dieses Mal ist bestimmt keine Ausnahme.

Sie rückt ihren pelzbesetzten Mantel zurecht, drückt Giulia Trigona, die neben ihr sitzt, das Handgelenk und weist mit einer Kopfbewegung auf die beiden Männer.

Giulia wirft ihr einen überdrüssigen Blick zu. »Die plaudern bestimmt über irgendwelche Frauen«, murmelt sie. »Meine liebe Franca, wir beide haben wirklich zwei … zwei unerfreuliche Männer geheiratet.«

Ein bitteres Lächeln zeigt sich auf Francas Gesicht. Gerade will sie etwas erwidern, als Annina Alliata di Montereale sich neben sie setzt. Sie ist rot im Gesicht, ihre Augen strahlen, sie ist sichtlich aufgewühlt. Das Mädchen rückt seine Kleidung zurecht und beugt sich nach vorn, um die Startlinie besser sehen zu können, schiebt seinen Hut gerade.

Ihre Schwester Maria Concetta nimmt neben ihr Platz und seufzt. »Annina, ich bitte dich um ein wenig Contenance. Erst verschwindest du eine ganze Stunde, dann kommst du schlammbespritzt und ganz aufgeregt zurück. Eine Dame sollte niemals so … so echauffiert sein. Franca, Giulia, bitte sagt ihr doch auch, dass man sich so nicht verhält …«

Die junge Frau rollt mit den Augen. Ohne auf ihre Schwester zu achten, blickt sie zu Franca. »Findet ihr nicht auch, dass das hier ein wundervolles Spektakel ist? Nur schade, dass der Streik die französischen Teilnehmer aufgehalten hat …«

Franca lächelt. Ihr gefällt Anninas Begeisterung, obwohl sie sie auch ein wenig traurig macht. »Ja, wirklich schade. Ganz zu schweigen von dem schrecklichen Unfall, den Jules Mottard hatte.«

»Ein Unfall? Wirklich?«, ruft Annina aus.

»Bei den Probeläufen hat es den Wagen aus einer Kurve herausgetragen, er hat sich aufgebäumt wie ein Pferd, und beim Runterfallen haben sich die Räder verkeilt. Mottard hat sich an der linken Schulter verletzt, und …«

»Siehst du, Annina, dass ich recht habe, wenn ich sage, dass Autofahren sehr gefährlich ist«, brummelt Maria Concetta. »Und du willst unbedingt ein Auto haben …«

»Wenn man fahren kann und vorsichtig ist, können gewisse Dinge gar nicht passieren«, erklärt das Mädchen gereizt. »Ich bin überzeugt davon, dass Autofahren auch nicht gefährlicher ist als Reiten.«

Auch Giulia Trigona ist skeptisch. »Vielleicht für einen Mann. Aber eine Frau … würde zu viel riskieren. Es könnte ja sogar die Möglichkeit in Mitleidenschaft ziehen, Kinder zu bekommen.«

Annina zieht die Augenbrauen hoch. »Es ist nur eine Frage der Zeit«, erklärt sie. »Bald wird es ganz normal sein, eine Frau am Steuer eines schnellen Autos zu sehen, und warum soll sie nicht mit Männern um die Wette fahren?«

Franca lacht nachsichtig. »Klingt ganz nach meinem Schwager«, sagt sie. Dann schaut sie auf die Straße, auf der endlich keine Mechaniker oder Neugierige mehr zu sehen sind. Die Kampfrichter sind kurz davor, die Strecke freizugeben. Die Motoren werden angelassen, es knallt, Menschen schreien. Auf den Tribünen springen alle auf, während eine Fanfare den Start ankündigt, gefolgt von einem Kanonenschlag.

In diesem Jahr geht als Erster – nach einer Strecke von vierhundertfünfzig Kilometern, die er in neuneinhalb Stunden zurücklegt – der Itala von Alessandro Cagno ins Ziel, der auch die höchste Geschwindigkeit verbuchen kann: fast siebenundvierzig Stundenkilometer. Als Zweitplatzierter geht ein weiterer Itala nach zehn Stunden ins Ziel. Paul Bablot wird Dritter, während Madame und Monsieur Le Blon nach mehreren Reifenpannen die Höchstzeit überschreiten, die auf zwölf Stunden festgesetzt ist. Immer noch besser als einige andere Konkurrenten – wie Vincenzo Lancia oder der Amerikaner George Pope auf einem Itala –, die es gar nicht bis ins Ziel schaffen.

Anninas Prophezeiung erfüllt sich 1920, bei der elften Targa Florio, als Baronesse Maria Antonietta Avanzo in einem Buick am Rennen teilnimmt; leider erleidet sie in der zweiten Runde einen Bruch des *chassis.* Doch es wird auch Eliška Junková geben, die »Miss Bugatti«, die beim Rennen 1928 Fünfte wird – wie stets galant, wird sich Vincenzo Florio beim eigentlichen Sieger, Albert Divo, entschuldigen und Eliška zur moralischen Gewinnerin des Rennens erklären. In den Jahren 1950 bis 1970 werden Anna Maria Peduzzi und Ada Pace dabei sein, die insgesamt fünf Mal teilnehmen, sowie Giuseppina Gagliano und Anna Cambiaghi.

Siebzig Jahre lang wird das Rennen eine Bühne sein, auf

der die größten Fahrer auftreten: von Felice Nazzaro zu Juan Manuel Fangio, von Tazio Nuvolari zu Arturo Merzario, von Achille Varzi zu Nino Vaccarella. Der noch blutjunge Enzo Ferrari wird von 1919 bis 1923 fünf Mal teilnehmen und 1920 in einem Alfa Romeo Zweiter werden. Und es wird auch dunkle Jahre mit sehr wenigen Teilnehmern geben, Rennen mit schweren Unfällen oder Tragödien wie der des Grafen Masetti, des »Löwen der Madonie«, der 1926 an Bord seines Delage mit der verhängnisvollen Startnummer dreizehn zu Tode kommt, worauf diese Nummer nie wieder vergeben wird. Und dann der 15. Mai 1977: Gabriele Ciuti verliert die Kontrolle über seinen Osella und rast in die Zuschauermenge, zwei Menschen sterben. In der vierten Runde wird das Rennen beendet. »Die Targa ist tot«, heißt es lautstark in den Zeitungen, und dieses eine Mal übertreiben sie nicht. Die »kleine Runde in den Madonie« wird nie wieder stattfinden.

Doch von alldem weiß man heute, an diesem feuchten Morgen des 6. Mai 1906, noch nichts. Niemand ahnt, welches Zeichen – ein tiefes, aufwühlendes, unauslöschliches – die Targa Florio in der Geschichte des Automobilismus nicht nur Italiens, sondern der ganzen Welt setzen wird.

Doch eine Wette wurde bereits gewonnen. An diesem Tag haben sich alle, Italiener wie Ausländer, Fahrer wie Zuschauer, verliebt. In die Madonie, in die Autos, in eine neue Art der Fortbewegung, eine Erfahrung, die ihresgleichen sucht und voller Emotionen ist.

Vincenzo Florio hat die Zukunft nach Sizilien gebracht. Und Sizilien wird es ihm niemals vergessen.

»Oh, du hast das Pudre Azurea von Piver, mein Lieblingspuder! Darf ich das benutzen?«, fragt Giulia und nimmt neben Franca Platz.

»Klar, nur zu.«

In Francas Zimmer in der Villa Igiea fegt das Sonnenlicht an diesem Morgen Ende April auch die letzten Reste des Halbschattens weg. Igiea steht neben der Schminkkommode und betrachtet die beiden Frauen mit einem Gesichtsausdruck, aus dem man nicht recht schlau wird – einer Mischung aus Neugier und Melancholie.

Giulia dreht sich, kitzelt sie mit der Puderquaste an der Nase und kann ihr ein Lächeln entlocken. Dann dreht sie sich wieder um, betrachtet sich im Spiegel. Sie ist sechsunddreißig, Franca dreiunddreißig: Beide sind schön und elegant, doch auf ihren Gesichtern liegt ein Schleier des Schmerzes, den sie beide durchlebt haben, eine Bitterkeit, die in ihren Herzen Wurzeln geschlagen hat wie eine Pflanze, die unmöglich auszurotten ist.

Eine Träne tritt in Francas grüne Augen, die sie rasch mit dem Handrücken wegwischt.

»Alles in Ordnung mit dir?«, fragt Giulia sie prompt.

Franca zuckt mit den Achseln. »Ach, Baby Boy hätte dieses Rennen so gefallen …«, murmelt sie. Sie löst sich aus ihren Gedanken, wickelt sich eine Haarsträhne um den Finger und macht sie mit der Nadel fest, der sie trotz der Bemühungen ihrer Zofe Carmela, die Franca nach Diodatas Heirat vor ein paar Monaten eingestellt hat, entglitten ist. Dann nickt sie, ruft die Gouvernante und bittet sie, Igiea wegzubringen und der Kleinen die Koffer zu packen. Igiea wird sich vom Fenster ihres Zimmers das Rennen der Motorboote anschauen und dann, wie es in letzter Zeit immer öfter vorkommt, für einige Zeit zu ihrer Großmutter in die Olivuzza fahren.

Als die Kleine weg ist, fährt sie fort: »Weißt du, es hat Vincenzo wirklich gutgetan, diese neue Veranstaltung eine Woche nach der Targa Florio zu organisieren. So viele sind hier abgestiegen und manche sogar aus ganz Europa gekommen, es herrscht wunderbar gute Laune, und auch Ignazio ist ein bisschen weniger finster, seit das Motorbootrennen hier stattfindet.«

Giulia nickt. »Ich habe so oft versucht, mit ihm zu reden, zu fragen: Aber die Kellerei? Und der Schwefel? Und die Werft? Doch von ihm kommt nichts, er bleibt stumm. Oder er sagt, ich solle mich um die Angelegenheiten der Casa Trabia kümmern, nicht um seine. Als wären wir zwei Fremde.« Franca schweigt, und Giulia wirft ihr einen fragenden Blick zu. »Ich kann mir vorstellen, dir oder meiner Mutter sagt er auch nichts, oder?«

»Ach, weißt du, die Leitung der Villa Igiea hält mich sehr beschäftigt, und ich habe keine Lust, mich nach seinen blöden Geschäften zu erkundigen. Was deine Mutter angeht, so will sie derzeit niemanden sehen. Ich habe sie nur mit Mühe davon überzeugen können, Igiea ein paar Wochen zu nehmen.«

»Wegen Donna Ciccia?«

Franca nickt.

»Arme Donna Ciccia. Sicher, mittlerweile war sie alt und konnte sich kaum mehr bewegen, aber dann einfach so ganz plötzlich an einer Lungenentzündung zu sterben … Ich erinnere mich noch, wie sie eines Tages versucht hat, mir das Sticken beizubringen, und dabei sagte: *Picchì chistu avi a sapiri a fari 'na brava fimmina maritata'*, das müsste ich lernen, damit ich später eine gute Ehefrau abgebe. Da hat sich einiges geändert!«

»Für uns ja«, erwidert Franca. »Für deine Mutter hingegen überhaupt nicht. Und sie geht mit Donna Ciccias Ableben auf eine sehr … intensive Weise um, als wäre es ein Trauerfall in der Familie. Als hätten wir Florios nicht schon genug Trauerfälle!«

Giulia seufzt. Sie greift zu dem Fläschchen *Marescialla* aus der *Officina Farmaceutica di Santa Maria Novella*, gibt mehrere Tropfen auf ihre Handgelenke, reicht das Kölnischwasser an ihre Schwägerin weiter, steht dann plötzlich auf und geht ans Fenster. »Ach, der Himmel zieht sich zu, aber von ein paar Wolken wird sich Vincenzo sicher nicht von seinem Rennen abhalten lassen!«, ruft sie in dem Versuch, die Stimmung etwas aufzulockern. »Weißt du, gestern Abend haben Pietro und ich lange mit Ludovico Potenziani gesprochen, während dessen Frau Madda mit Ignazio über die Targa Florio plauderte. Mir schienen beide so begeistert von diesen sportlichen Wettbewerben zu sein.«

»Ja, und wie! Alle haben gesagt, beim zweiten Mal war es sogar noch schöner als beim ersten. Und, ja, Madda hat mir verraten, dass sie sehr aufgeregt war und mit Sicherheit wiederkommt. Weißt du, dass die uns in ihre Villa in San Mauro, bei Rieti, eingeladen haben?« Franca steht auf und zieht einen Ring mit einem großen Smaragd über, der perfekt zu ihrem grünen Kleid passt.

»Von den Zwillingen Papadopoli, muss ich gestehen, ist mir Vera lieber. Ich finde sie … anständiger. Das sind intelligente Frauen, die beide Männer geheiratet haben, die nicht gerade die hellsten sind, und das war ihr Glück.« Ein trockener Kommentar, der doch auch messerscharf ist. »Ich weiß, es sind deine Freundinnen, und sie waren dir sehr nahe, damals … in Venedig … aber meine Sympathie haben sie nicht. Ich finde sie maßlos.«

Franca verdrängt die Erinnerung an Venedig und an Giacobina, das kleine Mädchen, das nur auf die Welt kam, um gleich wieder zu sterben, und damit alle Hoffnungen mit sich nahm. Sie möchte sich von ihrem Schmerz nicht noch einmal herunterziehen lassen, einem Schmerz, der sie daran hindert, die schönen Dinge zu genießen, die das Leben ihr schenkt. Sie hat begriffen, wenn sie guter Dinge sein will, dann muss sie vergessen, ignorieren, nicht sehen. Denn das Bewusstsein des eigenen Unglücks ist oft das Schlimmste aller Unglücke.

»Du hörst dich an wie meine Mutter«, murmelt sie ihrer Schwägerin zu, während sie die Treppe hinuntergehen.

Giulia hebt die Augen zur Decke. »Donna Costanza ist eine hervorragende Beobachterin«, erläutert sie und hebt ihren Rocksaum. »Mir kommen die Zwillinge vor wie zwei Scheinheilige.«

Franca lächelt. »Sicher, sie haben engelsgleiche Gesichter, die beiden … aber ich glaube auch, die wissen ganz genau, was sie von einem Mann bekommen können.«

Giulia kichert. »Na ja, du hast ja auch so deine Schar von Bewunderern. D'Annunzio betet dich an, und dann ist da auch noch dieser Marchese, der dir jeden Tag Blumen schickt, wenn du in Rom bist …«

»Ich lasse sie träumen«, kommentiert Franca.

Im Erdgeschoss begegnet ihnen ein Brummen, das immer lauter wird, während sie die Salons durchmessen. Dutzende Gäste sind da, um das Rennen der Motorboote zu verfolgen, das Vincenzo Florio nach dem Vorbild der

Wettbewerbe in Montecarlo und Nizza stattfinden lässt. Doch die »Perle des Mittelmeers« – so heißt das Rennen, das der junge Florio ins Leben gerufen hat, offiziell – ist eine Veranstaltung, die viel ernsthafter und viel besser organisiert ist als die französischen Wettbewerbe, die für die leidenschaftlichen Freunde des Motorbootsports immer noch unverzichtbare Termine sind.

Ignazio sitzt im Garten, um ihn herum die Potenzianis sowie Giuseppe, Giulias Erstgeborener, der demnächst achtzehn wird. Es ist ein schöner Junge mit einer unverfrorenen Art, die ein wenig an seinen Onkel Vincenzo erinnert.

Fürst Ludovico Potenziani, mit langem und schmalem Gesicht, trägt einen Hut, um sich vor der Sonne zu schützen. »Für einen 28. April ist es wirklich ein sehr heißer Tag«, sagt er gerade.

Madda verzieht die Lippen zu einem Lachen. Sie hat ein liebliches Gesicht und helles, glänzendes Haar, ganz anders als die dunklen Locken von Franca und Giulia. »Ach komm, beschwer dich doch nicht immer. Wir sind in Sizilien, der Heimat der Sonne, und es ist zwei Uhr nachmittags! Außerdem – riechst du nicht das Meer? Hier ist alles so herrlich lebendig«, ruft sie aus und beugt sich nach vorne, um ein kleines Sandwich zu nehmen, das ihr ein Bediensteter anbietet. Dabei öffnet sich ein wenig das Dekolleté ihres Kleides und zeigt eine trotz der beiden Schwangerschaften immer noch perfekte Brust. Sowohl Giuseppes Blick als auch der von Ignazio bleiben genau einen Moment zu lang an der verführerischen Aussicht auf ein Stück Haut hängen.

Giulia kehrt dem Grüppchen den Rücken zu und flüstert Franca zu: »Was habe ich dir gesagt?«

Alle erheben sich und gehen auf den kleinen griechischen Tempel zu, der sich über dem Meer erhebt; hier wurden eine Reihe Sessel aufgestellt, zum Schutz vor der Sonne von großen Leinwänden überspannt. Franca, Giulia und Madda nehmen in der ersten Reihe Platz. Ignazio ruft einen Bediensteten herbei, der Limonade für die Damen und Weißwein für die Herren bringt. Ludovico Potenziani macht es sich in einem Liegestuhl im Schatten bequem. Giuseppe Lanza di Trabia nimmt hinter der Gruppe Platz.

»Wo ist eigentlich Vera?«, fragt Franca Madda. »Ich habe schon seit Wochen nichts mehr von ihr gehört.«

»Ich glaube, sie ist mit Giberto in Venedig. Er ist einer der Ehemänner, die wirklich viel auf den Zusammenhalt ihrer Familie geben.« Madda schaut sich um, legt Franca eine Hand auf den Arm. »Die Villa Igiea ist ein wunderschöner Ort.« Sie lächelt, reckt ihr Gesicht in die Sonne. »Hier kann man doch nur glücklich sein. Du und Ignazio, ihr habt wirklich das große Los gezogen. Und Eduard VII. war auch schon zu Gast.«

»Mit seiner Frau Alexandra und Tochter Victoria, ja. Sie waren sowohl von der Villa Igiea als auch von der Olivuzza und insbesondere von Vincenzos *villino* begeistert. Ignazio hat ihnen unseren Mercedes und den Isotta Fraschini angeboten, den er vor Kurzem gekauft hat, und sie haben sich Palermo angeschaut. Wirklich schade, dass sie für das Motorbootrennen nicht mehr bleiben konnten …«

»Ludovico ist so ein Langweiler«, wirft Madda mit leiser Stimme ein und wirft ihrem Mann einen Blick zu. »Er hat nie Lust auf irgendwas. Er jammert über alles, kann neue Dinge nicht ausstehen. Er ist nicht wie dein Ignazio, der sich von so vielen Dingen begeistern lässt und immer Gesellschaft sucht. Ein so unterhaltsamer Mann!«

»Was für sizilianische Männer im Allgemeinen gilt und für die Florios insbesondere«, wirft Giulia ein. »Die haben immer was zu tun, im Guten wie im Schlechten, und wissen Eindruck zu schinden, aber wann es zurück ins Nest geht, wissen sie auch.« Sie wirft Madda einen flammenden Blick zu.

In diesem Moment ertönt von der Mole Vincenzos Stimme, verstärkt durch ein Messingmegafon. Er begrüßt die Gäste und verkündet unter Applaus die Namen der Wettbewerbsteilnehmer: Zuerst die der Kategorie der schnelleren *racers* – die *Flying Fish* aus dem Besitz von Lionel de Rothschild, die *Gallinari II* mit Delahaye-Motor und die *New-Trèfle III* von Émile Thiurbon – und dann die Kategorie der *cruisers:* die *C.P. II*, in Neapel gebaut, die *Adèle* von Zanelli sowie die *All'Erta* mit dem Rumpf von Gallinari und einem Fiat-Motor.

Mit einem Kanonenschlag geht das Rennen los, und sofort entwickelt sich ein mitreißender Zweikampf zwischen *All'Erta* und der *Flying Fish*, während die *Adèle* zurückbleibt. Am Ende siegt die *Flying Fish*, indem sie nach zehn Runden – insgesamt hundert Kilometern – und zwei Stunden, achtzehn Minuten ins Ziel geht.

Franca und Giulia haben das Rennen aufmerksam und mit Begeisterung verfolgt, haben Ignazio und Ludovico nach den Männern am Steuer befragt, nach den Rümpfen und der Schnelligkeit der Boote. Madda hingegen hat nach ein paar Runden geseufzt, von dem lauten Dröhnen bekomme sie Kopfweh, und ist zu einem Spaziergang aufgebrochen.

Doch als Giulia sich umdreht, um nach Giuseppe zu schauen, sieht sie, dass auch der Sessel des Jungen leer ist.

Und sie kann nicht anders, als missbilligend das Gesicht zu verziehen.

Der Winter spukt wie ein Geist in der Villa der Olivuzza. Er geht auf leisen Pfoten, trägt einen Mantel aus Goldstaub, wie den Tüll, mit dem man manchmal einen Verstorbenen bedeckt. Er versteckt sich in den Schatten, die durch die Räume wandern, bauscht die Samtvorhänge, gleitet über die Schachbrettböden und bringt das Echo der Tage mit, in denen das Haus voller Kinderschreie und Gelächter war. Es ist ein trauriger Geist, doch Giovanna kennt ihn mittlerweile gut. Und er leistet ihr in diesen Räumen, die ihr so vertraut sind, Gesellschaft.

Bis zum 8. Februar 1908, als das Schicksal seine Karten auslegt.

Es ist mitten in der Nacht, als Giovanna vom Geschrei der Dienstboten aufwacht, von Schritten, vom lauten Schlagen der Türen. Sie ist verwirrt, einen Augenblick lang fragt sie sich, was das für ein scharfer Geruch ist, der ihr in die Nase steigt, sie zum Husten bringt. Dann begreift sie. Sie riecht das Feuer, bevor sie es sieht. Es brennt.

Es ist nah, denkt sie und hebt rasch die Beine aus dem Bett. Sie kommt zur Tür, reißt sie auf: Der Flur des ersten Stocks ist in eine Wolke dunklen Rauchs gehüllt, der langsam an den Tapeten und den Türen aus vergoldetem Holz hochsteigt. Sie greift nach einem Schal und stürzt aus dem Zimmer, hoch in den zweiten Stock, wo Igiea schläft. Doch auf der Treppe kommt ihr die Kinderfrau entgegen, die die Kleine auf dem Arm hat und auf dem Weg nach unten ist, um sie in Sicherheit zu bringen, gefolgt von zwei Dienstmädchen, barfuß und im Nachthemd.

Die Frauen stürzen aus dem Haus, mehrere Dienstboten kommen ihnen entgegen, wickeln Igiea in eine Decke, schreien, flehen, beten. Und dann, während sie Giovanna einen Krug Wasser reichen, damit sie ihren Husten besänftigen kann, erklären sie ihr, mehrere Männer seien drinnen geblieben, um das Feuer daran zu hindern, den Rest der Olivuzza zu zerstören.

Doch Giovanna dreht sich erst um, als die Feuerwehr anrückt. Die Wärme des Feuers ist wie eine Liebkosung auf ihrer Haut, sie nimmt ihr die Kälte dieser Februarnacht und die Angst. Ohne auf die ängstlichen Schreie der Dienstboten und auf Igieas Schluchzen zu achten, schaut sie den Flammen zu, die in ihrem Haus wüten, sie lauscht dem Krachen der Balken, die in sich zusammenstürzen, und dem Klirren der Fensterscheiben, die zerbersten. Und das Einzige, was sie denken kann, ist, wenn dieses rote Licht erlöscht, wenn diese höllische Hitze erstirbt, dann kann sie endlich wieder zurück in ihr Zimmer gehen, um zu schlafen. Sie wird in ihr Leben zurückkehren, von ihren eigenen Gespenstern bewacht. *Alles wird sein wie vorher*, sagt sie sich.

Reglos bleibt sie so stehen, die Hände auf dem Bauch, bis Franca und Ignazio kommen: Sie war bei einem Empfang bei den Trabias und hatte einen Schwächeanfall, als man ihr die Nachricht überbrachte, während Ignazio mit Vincenzo im Teatro Politeama war, um einem Ringkampf beizuwohnen, und durch Carabinieri von dem Brand erfuhr. Franca hüllt Igiea in ihren Fuchsumhang und tritt dann zu ihrer Schwiegermutter, nimmt in einer liebevollen Geste ihre Hand. Doch Giovanna zeigt keine Reaktion, sondern bleibt reglos stehen, auch als ihr Ignazio seinen Paletot über die Schultern legt.

Es ist an ihm zu entscheiden. Er ruft den Fahrer, gibt Anweisung, die Frauen zur Villa Igiea zu bringen. Sie müssen sich ausruhen, und hier gibt es für sie sowieso nichts mehr zu tun. Zumindest so lange, bis die Flammen gelöscht sind.

Zwischen Franca und der Kinderfrau sitzend, schmiegt sich Giovanna in den Mantel ihres Sohnes. Erst als der Wagen sich in Bewegung setzt, schließt sie die Augen und schlägt die Hände vors Gesicht.

Es ist Ignazio, der am nächsten Tag als Erster die zerstörten Räume betritt. Der Brand ist ein Unfall gewesen, haben ihm die Leute von der Feuerwehr gesagt; vielleicht war ein Kaminfeuer nicht ganz gelöscht, ein Funke ist auf einen Vorhang oder einen Teppich gefallen … Aber was bedeutet das jetzt noch?

Schweren Herzens marschiert Ignazio zwischen den verkohlten Wänden umher, fährt mit den Fingern über die von der Hitze gekräuselten Fetzen der verbrannten Tapeten, steigt über Möbelstücke, die zu Asche geworden sind, über geschwärzte Scherben kostbarer Porzellanteile und grotesk entstellte Gemälde. Am Ende kommt er in das Schlafzimmer seiner Mutter.

Von diesem Zimmer, mehreren Salons und vor allem vom herrlichen Ballsaal stehen nur noch die Wände. Die anderen Räume im Erdgeschoss – einschließlich des Arbeitszimmers – sind wie durch ein Wunder verschont geblieben. Und zum Glück hat sich das Feuer auch nicht auf den neuesten Teil der Olivuzza ausgebreitet; tatsächlich sind sowohl sein Zimmer als auch das von Franca, der Speisesaal, der Wintergarten sowie der grüne Salon unversehrt geblieben.

In einem Sessel im Garten der Igiea und eingehüllt in einen großen Schal lauscht Giovanna der Schilderung ihres Sohnes; so schmerzlich sie auch ist, weiß Ignazio, dass es sinnlos wäre, ihr die Wahrheit zu verschweigen. Er spricht langsam, versucht sich seine Verbitterung nicht anmerken zu lassen, doch Giovanna spürt sie wie einen Hauch auf ihrer Haut, als wäre sie ein Nachklang der Hitze des vergangenen Abends.

Dann zieht er etwas aus seiner Jackentasche. »Da, das habe ich auf dem Boden Eures Zimmers gefunden«, sagt er und hält ihr ein verrußtes Diamantcollier hin. »Es tut mir leid. Ich fürchte, die Perlen und Gemmen sind nicht mehr zu retten. Aber wir versuchen, irgendwo Ersatz zu finden«, murmelt er.

Giovanna nimmt die Kette entgegen. Das Gold ist von der Hitze geschmolzen und die Steine sind matt geworden. Sie dreht das Schmuckstück hin und her, doch sie erkennt es nicht, das kann nicht ein Geschenk ihres Mannes sein. Dann erinnert sie sich an die große Schatulle aus mit Intarsien versehenem Elfenbein auf ihrer Schminkkommode, die all die Dinge beinhaltete, an denen sie Freude hatte.

Und plötzlich begreift sie.

Sie wird sie nie mehr sehen, die Schühchen aus besticktem Leinen von Giovannuzza. Das Batisthemd von ihrem Vincenzino, aufs Feinste bestickt von Donna Ciccia. Den letzten Flakon mit Ignazios Parfüm. Seine Brille. Ihren Rosenkranz aus Koralle und Silber. Die Fotos ihres Mannes, ihres Sohnes im Matrosenanzug und der toten Enkelkinder, die sie allesamt auf die Kommode gestellt hatte, damit sie das Erste waren, worauf am Morgen ihr Blick fiel, und das Letzte am Abend. Das Nachthemd, das sie in ihrer Hochzeitsnacht getragen hat. Das Medaillon mit Ignazios Haarlocke. Das Gebetsbuch mit einem Konterfei des kleinen Blasco darin. Die deutschen Übungshefte von Vincenzino. Seine Geige. Die Damastvorhänge. Den Rosenkranz von Donna Ciccia. Das große Gemälde von Ignazio, entstanden, als er noch jung war und sich bester Gesundheit erfreute.

Ihr Leben. In Asche.

Aber auch …

Sie hat es nie übers Herz gebracht, sich von der Schachtel aus rosafarbenem Holz und Ebenholz zu trennen, in der Ignazio die Briefe von jener Frau aufbewahrt hatte, die er liebte. Giovanna hat sie nach seinem Tode gefunden, und mehr als einmal hätte die Eifersucht sie fast dazu verführt, die Schatulle aus der Kommode zu holen und sie im Kamin zu verbrennen, doch es ist ihr nie gelungen. Immer überwog die Nostalgie ihren Groll. Selbst das, was ihr verhasst war, wurde ihr auf einmal lieb. Dort drinnen war eine Spur von Ignazio, seiner Liebe; und so schmerzhaft es auch war, und auch wenn die Liebe, die darin aufbewahrt wurde, nicht ihr gegolten hatte, gaben ihr diese Briefe doch das Gefühl, ihm nahe zu sein.

Und jetzt haben sie sich in Rauch aufgelöst.

Jetzt sind sie nur noch Asche, Kohle, Ruß.

Und Giovanna weiß nicht mehr, wie sie weitermachen soll, jetzt, wo auch das letzte ihrer Gespenster verschwunden ist.

Annina Alliata di Montereale gefallen Autos, ihr gefällt die Geschwindigkeit. Sie ist mutig, entschlossen. Sie blickt ohne Furcht in die Zukunft.

Das hat Vincenzo sofort begriffen. Und die Bestätigung hat er vor zwei Monaten erhalten, als sie ihn um seine Hand gebeten hat. Ja, sie ihn. Auch darin war Annina außergewöhnlich.

Sie fuhren ans Meer, und er hatte sie dazu aufgefordert, sich an seiner Stelle ans Steuer zu setzen. In dem anderen Wagen lächelte Franca nachsichtig, Maria Concetta bekreuzigte sich, und ihr Fahrer beschloss, noch *wesentlich* langsamer zu fahren als sonst. Doch Annina hat einfach Gas gegeben und ihren Wagen überholt, hat ihren Hut schwungvoll auf den Rücksitz befördert und ihr Gesicht in die Sonne gereckt. Dann hupte sie und berührte dabei kurz Vincenzos Arm. Er errötete wie ein Pennäler.

In der Nähe der Badeanstalt von Romagnolo hielten sie an. Vor ihnen lag die Küste von Aspra und Porticello und ein Meer, so türkis, dass es in den Augen wehtat. Mit schnellen Bewegungen stieg sie aus und krempelte die Ärmel ihres pfirsichfarbenen Kleides wieder herunter, den schmalen Mund zu einem leichten Lächeln verzogen. Vincenzo nahm seine Jacke, trat zu ihr, und sie gingen Seite an Seite weiter.

»Du nimmst mir meine Tollkühnheit aber nicht übel, oder? Du wusstest, dass ich so fahren würde.«

»Natürlich bin ich dir nicht gram. Du weißt ja, dass ich Schnelligkeit liebe.«

Sie nickte, griff dann nach seiner Hand, umfasste sie mit

beiden Händen. »Das weiß ich. Wir sind perfekt zusammen.« Anninas Miene wurde ernst. »Heirate mich.«

Er schaute sie befremdet an. Eine Frau, die einen Heiratsantrag machte?

Und überhaupt ... Heiraten? Er? Auf alles verzichten, auf seine *Freundinnen,* sein Leben, seine Vergnügungen, auf Reisen, auf Autorennen ...

»Ja.«

Die Antwort kam aus seiner tiefsten Seele. Weil er bei Annina auf nichts verzichten müsste, weil sie die gleichen Leidenschaften teilten, weil sie beide Hunger auf das Leben hatten. Seit Annina in sein Leben getreten war, das kam dazu, schaute er sowieso keine anderen Frauen mehr an. Sicher, ab und zu gönnte er sich einen Abend in der *Casa delle Rose*, aber das war für einen Mann ja wohl ganz normal, oder?

Mit aufgerissenen Augen blieb Vincenzo ein paar Augenblicke stumm vor ihr stehen. »Das hätte eigentlich ich dich fragen sollen, stimmt's?«

Sie zuckte mit den Achseln. »Du wirst offiziell um meine Hand anhalten, mit Ring und allem Drum und Dran. Eine Angelegenheit für Freunde und Familie, die im Übrigen schon damit rechnen und es nicht erwarten können, darüber plaudern oder meinetwegen auch lästern zu können. Ich will nur wissen, ob du mich genauso willst wie ich dich.«

Er gab keine Antwort. Stattdessen küsste er sie und hob sie ein Stückchen von dem Weg hoch, der zum Meer führte.

»O mein Gott! Was passiert hier, o Gott!«, murmelte Maria Concetta, die die beiden mittlerweile erreicht hatte. Franca lächelte allerdings nicht. Sie seufzte, wandte den Blick ab.

Annina ist kein Mädchen wie andere. Schmuck und Kleidung interessieren sie nur bis zu einem gewissen Grad. Sie ist dem Leben zugewandt, gut gelaunt, vital; und vor allem entschlossen, ohne Kompromisse zu leben. Sie verlangt Respekt. Nicht wie Franca, die nach jahrelangen Streitigkeiten beschlossen hat, die Beziehungen ihres Mannes nicht zu beachten.

Das weiß Vincenzo. Mit Annina wird sich sein Lebensstil ändern, denkt er jetzt, während er die Tür zum Villino, mitten im Park, öffnet. Der Geruch nach Holz heißt ihn willkommen, zusammen mit dem angenehmen Duft nach Zitrusfrüchten von dem Potpourri auf dem großen Tisch in der Mitte. Er schaut sich um: Über dem Eingangsbereich, der auch als Salon dient, erheben sich mehrere Holzvoluten, die sich an der Decke zu sinnlichen Linien verschlingen. Zu seiner Linken ein Kamin aus Majolika und Holz; vor ihm eine große Fensterfläche, die auf eine Terrasse hinausführt, mit weißer Leinwand abgedeckt und mit schmiedeeisernen Liegen ausgestattet. Die Möbel von Ducrot – grün bezogene Diwane, eine große verschnörkelte Konsole – machen den Raum vollständig, in dem sich Licht und Holz auf immer neue Weise zu mischen scheinen.

Er geht ins Souterrain, in dem seine Automobile abgestellt sind, wo sich allerdings auch ein Billardsaal befindet, der meistens zum Rauchen und Spielen benutzt wird. Während er auf seinen Vetter Ciccio d'Ondes wartet, der sich auf eine Runde Billard angekündigt hat, rückt er die Queues in ihren Halterungen zurecht und fährt mit Kreide über die Spitzen. In dem großen Raum, auch er grün tapeziert, ist es kühl und still: der ideale Platz, um diesen Nachmittag im Sommer angenehm und ungestört zu verbringen. Nicht selten hat er auch Frauen hierhergebracht, um Karten zu spielen und beim Spiel seine eigene Kleidung oder die der jeweiligen Schönheit als Einsatz zu benutzen.

Ein Gedanke, der ihn zugleich erfreut und verärgert. Als damals im Februar der Brand in der Olivuzza ausbrach, hat er kurz geglaubt, das Feuer habe auch sein Villino zerstört. Er erinnert sich noch gut daran, dass allein diese Vorstellung ihn in die tiefste Verzweiflung gestürzt hat: Das Haus hier ist ein Teil von ihm, es steht für seinen Freiheitsdrang, seine Unabhängigkeit, seine ewige und immerwährende Suche nach dem Neuen und Überraschenden.

Das hier ist das Haus eines Junggesellen, sagt er sich mit einem Seufzen. Er wird etwas ändern müssen, oder er findet einen anderen Ort, an dem er mit Annina leben kann. Etwas, das sie sich zusammen aufbauen.

Bisher hat er immer nur an sich gedacht, doch jetzt kann er nicht anders, als diese junge Frau an seiner Seite zu sehen. Und er fühlt sich zum ersten Mal in seinem Leben wie verloren. Er ist zu jung, um sich an die Ergebenheit seiner Mutter dem Vater gegenüber zu erinnern, und erst recht weiß er nicht, wie viel Liebe seine Großmutter Giulia dem Großvater gab, dessen Namen er trägt. Stattdessen hat er viele, zu viele Ehen vor Augen, die nur auf gesellschaftlichen und wirtschaftlichen Übereinkünften beruhen. Allein bei dem Gedanken an die Gebäude aus Lüge, Groll und Leid, die manche Paare um sich herum gebaut haben, läuft ihm ein Schauder über den Rücken.

Doch einer Sache ist er sich sicher: Er will Annina in seinem Leben haben. Ganz gewiss will er ihr nichts Böses; und er wird versuchen, ihr all das zu geben, was sie verdient hat.

Liebe und Respekt. Es sind neue Worte für ihn, sie sind

der Auftakt zu einer Reise in ein faszinierendes und unbekanntes Land.

Aber mit Annina an seiner Seite verspürt er die Macht, überallhin zu gelangen, und wenn es das andere Ende der Welt ist.

An diesem Nachmittag Ende Oktober 1908 reibt sich Ignazio in seinem Arbeitszimmer in der Olivuzza die Augen und greift nach einem Blatt Papier. Es ist eine von vielen, vielen Rechnungen.

WORTH

Robes, Manteaux, Lingerie, Fourrures

Kleider, Mäntel, Unterwäsche, Pelzwaren

Von der Liste, die darunter steht, wird ihm fast schlecht.

1 *Abendkleid aus taupefarbenem Samt mit Tüllapplikationen der gleichen Farbe, besetzt mit Pailletten in Mattgrau und Glitzeroptik, Saum aus Skunkfell*

1 *Tüllkorsage, mit einem Muster aus Kornähren geschmückt*

1 *Kostüm aus Pikee mit passender Lingerie*

1 *Abendmantel aus kirschfarbenem Samt mit Chinchilla-Besatz; goldbesetzte Ärmel mit »Funkenmotiven«*

1 *Kleid aus silberner Spitze und himmelblauem Atlas*

»Franca, die Kleine und meine Mutter nach Paris zu schicken, damit sie sich nach dem Brand neue Garderobe aussuchen, war keine gute Idee«, sagt er sich, als er unter der

Liste den Preis sieht. In anderen Zeiten hätte dieser Anblick nicht einmal ein Wimpernzucken bei ihm verursacht; jetzt hingegen ist er eine Kampfansage. Ebenso wie die Rechnung von Lanvin und die von Cartier, zu denen seine Frau die Schwiegermutter gebracht hat, damit sie einige der Schmuckstücke ersetzen kann, die bei dem Brand zerstört wurden.

Allerdings war seine Mutter durch den Brand noch trübsinniger geworden, Igiea hatte große Angst, und Franca … nun, sie wegzuschicken hat ihm immerhin einige hässliche Szenen und säuerliche Kommentare erspart, nachdem sie von seinem Techtelmechtel mit Vera Arrivabene erfahren hatte.

Francas Mutter zuerst und dann auch Giulia haben es ganz richtig gesehen: Den Zwillingsschwestern Papadopoli kann man tatsächlich nicht vertrauen. Madda hält mit ihrem Interesse an dem neunzehnjährigen Giuseppe Lanza di Trabia nicht länger hinter dem Berg. Und was Vera angeht, so ist ihr Mann mehr als zehn Jahre älter als sie und ein eingefleischter Marineoffizier. Er ist sogar ein Freund von Ignazio … aber das hat ihn nicht davon abgehalten, Vera den Hof zu machen.

Vera ist schön, lebenslustig, fröhlich: Sie tut alles, damit es ihm gut geht und ihm leichter ums Herz ist, und das braucht Ignazio dringend. Inmitten dieser Mauern fühlt er sich niedergeschlagen.

Er schiebt die Rechnungen von Worth, Lanvin und Cartier von sich und überfliegt die für die Arbeiten an der Olivuzza. Ganze acht Räume haben sie renovieren müssen – einschließlich des Ballsaales –, wozu noch die umfangreiche Reinigung und die Malerarbeiten in den anderen

Zimmern kamen, die von den Spuren des Rauches befreit werden mussten. Zusammen mit Franca hat er darüber nachgedacht, die Gelegenheit zu nutzen und einen kreisrunden Vorbau am Ballsaal anbringen zu lassen – etwas, das gerade sehr *en vogue* ist –, in dem man plaudern und entspannen könnte.

»Sich entspannen, das wär's«, murmelt Ignazio vor sich hin.

Es klopft leise an der Tür. »Anwalt Marchesano, Don Ignazio«, verkündet der Dienstbote.

»Lass ihn rein.«

Mit schweren Schritten tritt Giuseppe Marchesano ein und bleibt vor dem Schreibtisch stehen. Er ist schon seit geraumer Zeit der juristische Vertreter der Familie, nach seiner Tätigkeit als Abgeordneter und ziviler Anwalt im Mordfall Notarbartolo. Doch sein kurzer Schlagabtausch mit Ignazio vor Gericht liegt mittlerweile sieben Jahre zurück; seither hat sich der Wind oft genug gedreht, und Marchesano hat sich angepasst. Außerdem ist er in Sizilien bestimmt nicht der Einzige, der in seinem Leben viele Haken geschlagen hat.

Ignazio steht nicht einmal auf. Voller Unbehagen blickt er auf den gewaltigen Aktenordner, den Marchesano auf seinen Schreibtisch gelegt hat, und betrachtet den Anwalt mit einer Mischung aus Überdruss und Beunruhigung. »Ich hoffe sehr, Ihr habt gute Nachrichten für mich«, sagt er zu ihm, kaum hat sich die Tür hinter dem Dienstboten geschlossen. »Die hätte ich bitter nötig.«

Ein Beben geht durch den Schnurrbart des Anwalts, der wie sein Haar schwarz und dicht ist. »Ich fürchte, damit kann ich nicht dienen.« Er setzt sich, zeigt auf den Ordner.

»Ich habe Post von der Banca Commerciale.« Er macht eine Pause. »Aus Mailand, von ihrem Hauptsitz«, fügt er hinzu.

Ignazios Augen sind geschlossen, er massiert sich den Nasenrücken. »Weiter«, murmelt er.

»In der Zusammenkunft am 10. November wird man Euch auffordern, die Aktien der *Navigazione Generale Italiana*, die Ihr als Garantieleistung für die Kredite hinterlassen habt, an die Firmen La Veloce und Italia zu übergeben. Diese beiden Firmen wurden ausgewählt, weil sie der NGI angeschlossen sind und die Aktien damit in der Gruppe verbleiben.« Er spricht ruhig, betont jedes einzelne Wort. Ignazio Florio, das weiß er, ist nicht dumm, aber er muss diese Tatsache als das akzeptieren, was sie bedeutet: Die Banca Commerciale Italiana, der größte Kreditgeber der Casa Florio, vertraut ihm nicht mehr.

Und sie versucht, ihn aus der *Navigazione Generale Italiana* hinauszudrängen.

Ignazio bedeckt sein Gesicht mit einer Hand. »Die haben Angst«, murmelt er. »Die fürchten, wir könnten die Aktien der NGI an irgendeine ausländische Firma verkaufen, um an Geld zu kommen, und damit gefährlichen Konkurrenten die Möglichkeit zu geben, sich in unseren Transportmarkt einzuschleichen.«

»Das liegt auf der Hand. Sie beobachten Euch, seit Ihr die Aktien an Attilio Odero verkauft habt. Ihr habt ihm die Werft praktisch überlassen. Wie sagt man so schön? Ihr habt Euch selbst das Wasser abgegraben.«

Mittlerweile ist es schon drei Jahre her, dass Ignazio die Aktien der *Società Cantieri Navali, Bacini e Stabilimenti Meccanici Siciliani* abgegeben hat, um an ein wenig Geld zu kommen, was dazu geführt hat, dass er von den Aktivitäten der Firma vollkommen ausgeschlossen ist. Ein Opfer, das immer noch schmerzt. Und es hat nichts gebracht.

»Hinter all dem steckt dieser Trottel Piaggio. Seit ich ihn entlassen habe, hat er es sich in den Kopf gesetzt, die NGI seinem *Lloyd Italiano* zum Fraß vorzuwerfen. Und ich könnte wetten, das Giolitti damit einverstanden ist und es nicht erwarten kann, mich loszuwerden! Er und seine Freunde!«

Marchesano hebt eine Augenbraue, sagt aber nichts. Er löst die Haken des Ordners, zieht ein Dokument heraus, schaut es mit zusammengekniffenen Augen an. Schließlich holt er einen Kneifer aus der Tasche und klemmt ihn sich auf die Nase. »Indessen habt Ihr immer mehr Aktien der NGI der Commerciale überlassen, ohne in Betracht zu ziehen, dass es praktisch keine Liquidität mehr in den Kassen gibt«, erklärt er. »Selbst die letzten Aktien der SAVI habt Ihr der Banca Commerciale gegeben, als Garantie für eine Anleihe, und wer weiß, ob Ihr die noch einmal einlösen könnt. Zudem stehen demnächst wieder die Erneuerungen der staatlichen Verträge für die Schifffahrt an, und Eure Konkurrenten haben ganz andere Angebote gemacht …«

»Also, was will denn nun die Banca Commerciale?« Ignazios Stimme ist nur ein Hauch. »Denn die müssen mir doch irgendwas als Gegenleistung geben … Die können doch nicht verlangen, dass ich ganz und gar blankziehe.«

»Die Banca Commerciale behält sich die Titel vor und bietet Euch das Recht auf Ablösung im Mai oder im November des nächsten Jahres, allerdings zu einem anderen Preis.« Marchesano nimmt den Kneifer ab, kreuzt die Hände über dem Bauch. »Ganz ehrlich, Don Ignazio, Ihr habt recht: Es sind brutale Bedingungen. Wenn diese Aktien nicht eingelöst werden, seid Ihr aus der *Navigazione Generale*

Italiana raus und auch aus allem, was mit ihr verbunden ist, vor allem der Gießerei Oretea, aber auch der Bootsrampe. Allerdings sehe ich auch angesichts der Lage des Handelshauses keinen anderen Weg …«

Er nimmt ein anderes Blatt, reicht es Ignazio.

Ignazio schaut auf die Zahlen. In ihrer ganzen Nüchternheit sind sie gnadenlos.

Und sie fassen eine dramatische Situation zusammen.

Er spürt, wie seine Hände zittern, spürt den Druck in seinem Magen. Er streckt den Arm aus, greift nach der Tischglocke. Er möchte, dass Vincenzo bei diesem Moment dabei ist.

Bisher hat er seinen Bruder aus allem herausgelassen, hat ihm nie genauer erklärt, was passiert. Er wollte nicht, dass Vincenzo eine Jugend voller Sorgen und Verantwortung erlebt, so wie es seine eigene war. Vincenzo hat er alles erlaubt, er hat ihn verwöhnt wie einen Sohn, diesen Sohn, den er nicht mehr hat.

Ein Gedanke geht ihm durch den Kopf, er streckt ihn zu Boden, wie ein Stromschlag.

Gibt es überhaupt noch einen Grund zu kämpfen?

Kurz darauf trifft sein Bruder ein. In diesen langen, ewig langen Minuten, in denen Ignazio und Marchesano stumm voreinander saßen und warteten, sind die Schatten in dem Zimmer länger geworden, sie haben sich über die Regale gelegt, über die Füße des Schreibtisches, bis hoch über die Tischplatte. Es ist, als würde das Holz atmen, mit ihnen warten.

Ein Wehklagen, ein langes, langes Seufzen.

Vincenzo wirkt abgehetzt, als er endlich kommt, in Hemdsärmeln und Sportkleidung. Er hat Schmierfett an den Händen und der hellen Hose, doch seine Stimmung scheint gut. »Was ist denn, Igna'? Ich habe gerade mit den Mechanikern an meinem Auto gebastelt, und … Oh, Anwalt Marchesano, Ihr seid auch da?«

»Komm rein.«

Der düstere Ton, den sein Bruder anschlägt, löscht das Lächeln auf Vincenzos Lippen. Er macht die Tür zu, nimmt neben Marchesano Platz. Ignazio reicht ihm das Dokument mit den Daten, weist ihn an, zu lesen.

Vincenzo gehorcht. Er runzelt die Stirn, schüttelt wieder und wieder den Kopf. »Ich verstehe nicht …«, murmelt er. »All dieses Geld … wie ist das möglich?« Er erbleicht, fährt mit dem Finger über die Zahlenreihen, als könnte allein das ihre Bedeutung verändern. »Wann ist das passiert? Warum hast du es mir nicht früher gesagt?«

»Weil das alles vor fast fünfzehn Jahren angefangen hat, und damals warst du zu klein. Erinnerst du dich noch an das Scheitern des Credito Mobiliare? Seine Zweigstelle war bei uns in der Bank, aus genau diesem Grunde waren die Leute voller Vertrauen und haben ihr Geld gern dorthin gegeben, und da habe ich … Ich habe die Schulden der Filiale des Credito ausgeglichen und die Sparer mit dem Geld der Casa Florio ausgezahlt. Da hat alles begonnen. Das Geld war weg, und in der Zwischenzeit …«

Er schweigt und zeigt auf die Dokumente auf dem Tisch.

Ein ganzer Rosenkranz aus Versuchen und ein Berg des Scheiterns. Vom *Consorzio Agrario Siciliano* zur Kellerei in Marsala. Von der *Società Cantieri Navali, Bacini e Stabilimenti Meccanici Siciliani* zur *Anglo-Sicilian Sulphur Company.* Und selbst die Villa Igiea, deren Aktien mittlerweile alle bei der *Société française de Banque et de Dépôts* liegen. Selbst nach

Frankreich musste er gehen, um sich ein bisschen Geld zu holen.

»Der Verlust der Liquidität hat mich direkt in die Arme anderer Banken getrieben, die ich um Kredit bitten musste. Und damit sind die Zinsen gekommen …«

»Einzig und allein die Tonnare sind im grünen Bereich.« Anwalt Marchesano bestätigt den Gedanken Vincenzos, dessen Finger über dem Namen EGADI, den ägadischen Inseln, schwebt.

Ignazio lässt sich gegen die Lehne seines Stuhles sinken und schaut den Anwalt an. Fast scheint es, als würde ein Teil von ihm tatsächlich erwarten, dass der korpulente Mann mit einer Lösung aufwartet, einem Ausweg. Doch der andere Teil in ihm, der rationale, vernünftige, schreit es laut hinaus: Die Casa Florio ist eine Gefangene ihrer Schulden.

Und das wissen mittlerweile alle, nicht nur in Palermo, sondern in ganz Europa. Das sieht man nicht nur an den Rechnungen der Schneider, der Juweliere, der Möbelhersteller. Nicht nur an der Tatsache, dass die Hotels an der Côte d'Azur oder in den Schweizer Alpen mittlerweile verlangen, dass die Rechnung schon beim Auszug beglichen wird, während früher ein Händedruck und das Versprechen genügte, das Geld würde postwendend überwiesen. Da sind die Wechsel in immer wachsender Anzahl, die darauf warten, bezahlt zu werden. Und die Hypotheken, die mehr und mehr auf Häusern und Fabriken liegen.

»Ja, die ägadischen Inseln sind der einzige Posten im Handelshaus, der noch etwas abwirft«, fährt Marchesano fort. Er steht auf, betrachtet die beiden Florios. Neben ihm steht ein junger Mann, der bis eben noch dachte, er könne sein Leben genießen, und jetzt von diesen Zahlen überwältigt ist, deren wirkliche Bedeutung er möglicherweise gar nicht bis zum Grunde begreifen kann, denn bisher hat er sich um Geld nie kümmern müssen. Und vor ihm Ignazio. Urplötzlich scheint ihm dieser Vierzigjährige alt und müde zu sein. Als würde der Druck drohenden Unheils ihn schon jetzt zu Boden zwingen. Ein Mann ohne Ziel im Leben.

Ohne einen Sohn, dem er einst alles hinterlassen kann.

Marchesano tut er leid.

Sie können das Unmögliche nicht mehr möglich machen, die Florios, und auch nicht anderen die Schuld geben, denkt er. An Zeichen hat es ganz gewiss nicht gemangelt, und dieses Schreiben der Banca Commerciale ist nur der Endpunkt von Jahren voller riskanter Aktivitäten, von Ratschlägen, die erteilt und nicht befolgt wurden, von großen und kleinen Fehlern.

Ignazio blinzelt, als würde er aus einem langen Schlaf erwachen. »Mit diesen Papieren in der Hand bekommen wir die Aktien nie mehr zurück«, sagt er bitter.

Der Anwalt kann nur die Arme ausbreiten. »Ich habe es Euch gesagt: Es sind sehr schwerwiegende Bedingungen. Aber es sind auch die einzigen, die sie uns anbieten können.« Er schiebt die Hände in die Taschen, geht ein paar Schritte vom Schreibtisch weg. »Die Lage ist ernst, Don Ignazio, aber sie ist nicht aussichtslos. Wir müssen an einem Notfallplan arbeiten. Schauen, wie wir der Lage eine neue Richtung geben können. Denn im Moment hat die Casa Florio keine Glaubwürdigkeit.« Marchesanos Ton ist ruhig, seine Worte wie Messerstiche.

Ignazio schlägt die Hand vor den Mund, um nicht zu fluchen, zittert, schlägt auf den Schreibtisch. »Verdammt!«, ruft er.

Vincenzo zuckt zusammen, schiebt seinen Stuhl zurück. So wütend, so verzweifelt hat er Ignazio noch nie erlebt.

»Die Banca Commerciale hat bereits unsere Bank ... Die Aktien, die Kunden ... Und sie hat sie schon seit sechs Jahren! Als Garantie für das Geld, um das ich sie gebeten habe! Und jetzt wollen sie auch noch den Rest?«

»Aber damals hatten sie doch einer Krediteröffnung von fünf Millionen zugestimmt ...«

»Von wie viel?« Vincenzos und Marchesanos Stimmen überschlagen sich. Der Anwalt dreht sich dem jungen Mann zu, und diesmal kann er sein Mitleid, gepaart mit Überdruss, nicht verbergen. »Vor sechs Jahren hat Euer Bruder einen Kredit bei der Banca Commerciale eröffnet und sich damit Jahr für Jahr mehr verschuldet, indem er ihn mit Aktien, allen voran denen der NGI, stützte. Ihr, mein Herr, seid schon viel zu lange von diesen Dingen verschont worden. Es ist gut, dass Ihr endlich wisst, dass sich dunkle Wolken über Eurer Zukunft zusammenziehen.«

Vincenzo will etwas sagen, kann es aber nicht.

Langsam begreift er. Er erinnert sich. Die *Aegusa,* die Jacht, auf der er als Kind so viele unbeschwerte Sommer verbracht hat – verkauft. Und das gleiche Schicksal hat auch die *Fieramosca* ereilt, die *Aretusa,* die *Valkyrie.* Und dann auch noch der Verkauf der Villa im Hügelland ... »Ich habe immer gedacht, du hättest die Villa ai Colli nur deshalb den Nonnen überlassen, weil Franca den Ort, an dem Giovannuzza gestorben war, nicht mehr betreten wollte. Aber in Wirklichkeit ...«

Eine Falte des Schmerzes vertieft sich auf Ignazios Stirn. Er zuckt mit den Achseln, als wollte er sagen: *Ja, die auch, und auch aus diesem Grund.* Dann streckt er die Hand aus, greift nach einer weiteren Mappe, schiebt sie seinem Bruder zu. Auf dem Etikett steht: VERKAUF DES GRUNDSTÜCKES DER TERRE ROSSE. Das Eigentum von Giovanna d'Ondes, ihre Mitgift.

Vincenzo schüttelt ungläubig den Kopf. Er will die Akte schon öffnen, schreckt dann aber doch davor zurück, als hätte er sich daran verbrannt. »Was weiß *Maman*?«

»Von der Situation, in der wir sind? Wenig. Ihr ist bewusst, dass wir in Schwierigkeiten stecken, aber ...«

»Und Franca?«

Ignazios Blick spricht Bände.

»Vor allem müsst Ihr entscheiden, ob Ihr die Aktien der SAVI, die Ihr der Commerciale als Garantie gegeben habt, ablösen wollt, um Eure Beteiligung an der Kellerei in Marsala zu retten. Ihr habt private Konten, die so bald wie möglich beglichen werden müssen.«

»Aber es gibt doch noch Ressourcen ...«, murmelt Vincenzo. Er steht auf, fuchtelt mit den Händen, zeigt auf die Aktivposten. »Da sind Immobilien, Aktien ... auch die der SAVI haben doch einen Wert.«

Ignazio schnaubt. »Aber hast du denn nicht gehört, dass diese Aktientitel als Garantie für die Schulden eingesetzt wurden? Wir können sie folglich nicht in Betracht ziehen, weil es uns praktisch unmöglich ist, sie abzulösen. Ja, es gibt ein paar Kredite, die man heranziehen könnte, aber das ist nicht viel. Der größte Teil unseres Vermögens kommt mittlerweile aus Favignana und aus den Häusern.«

Einen kurzen Moment lang denkt Vincenzo an das Villino im Park der Olivuzza, und an die Vorbereitungen zur Hochzeit mit seiner geliebten Annina. Er hat ihr eine Märchenhochzeit versprochen, aber jetzt ...

Marchesanos Stimme durchbricht seine Gedanken, der Mann hat einen Zeigefinger auf die Unterlagen gelegt. »Ihr wisst selbst, was Ihr machen müsst.« Zum ersten Mal erhebt er die Stimme. »Ihr müsst *die Kosten beschränken.* Ich verstehe, dass das schwierig ist für Euch, aber irgendwo muss man beginnen …«

»Und wo? Beim Teatro Massimo? Beim Ospedale Civico? Aber wisst Ihr denn eigentlich, wie es finanziell um die steht? Wie heruntergekommen das alles war? Ich musste doch einsteigen, damit saniert wird … und das soll ich jetzt alles lassen?«

»Don Ignazio, Ihr seid an zu vielen Dingen beteiligt, die nichts einbringen. Ihr müsst bestimmten Unternehmungen einen Riegel vorschieben.«

Ignazio tritt vom Schreibtisch zurück, geht mit abgehackten Bewegungen zum Fenster. Seine Haare sind zerwühlt, die Krawatte gelockert. »Wenn wir wohltätige Zwecke nicht mehr unterstützen, heißt das, wir schreien es in die Welt hinaus, dass wir nicht mehr die Florios sind, dass unser Name, der Name meines Vaters und meines Großvaters, keinen Wert mehr hat. Das versteht Ihr doch, oder?«

Der Anwalt antwortet nicht gleich. Er legt die Hände vor die Lippen, als wollte er das, was er denkt, nicht sagen. Doch am Ende spricht er. Und Ignazio und Vincenzo werden sich an das, was er sagt, für immer erinnern, an diese Worte aus Stein, auch als alte Männer, die nicht einmal mehr ein eigenes Haus besitzen und gezwungen sind, anderen Menschen auf der Tasche zu liegen.

»Ihr habt keinen Namen mehr, auf den Ihr zählen könnt, Don Ignazio.«

Vincenzo erschlafft auf seinem Stuhl. Ignazio blickt ins

Leere, schließt dann die Augen. Zum allerersten Mal in seinem Leben ist er froh, dass sein Vater nicht mehr lebt, denn eine solche Schande hätte er nicht ertragen. Und es spielt keine große Rolle, dass er sich in einer solchen Situation vermutlich niemals befunden hätte.

»An welchem Punkt stehen wir?«, fragt Ignazio murmelnd.

Marchesano richtet sich auf, holt seine Taschenuhr aus der Weste und blickt darauf, um Zeit zu gewinnen, denn er hätte so viel zu sagen, die Worte brennen ihm im Munde wie glühende Holzscheite, aber er will auch nicht unhöflich sein. Am Ende trifft er eine Entscheidung. »Wir haben nicht viele Möglichkeiten, wenn wir uns nicht nach oben wenden, nach ganz oben.«

»An die Banca d'Italia? An Bonaldo Stringher, diesen Hammerhai von Direktor?« Ignazio schüttelt heftig den Kopf. »Nein! Der würde uns an Ketten legen. Der hat zu viele Verbündete unter den Industriellen. Die warten nur darauf, mich rauszuschmeißen und die Casa Florio zu zerfleischen wie ein Rudel *cani di mannara.*«

»Das könnten sie, aber ich habe da meine Zweifel. In diesem Moment muss das Hauptziel sein, Palermos und Siziliens Wirtschaft zu schützen; in diese Richtung zu gehen kommt allen zugute.« Der Anwalt räuspert sich. »Wir müssen uns in aller Dringlichkeit um einen Termin bei Stringher bemühen, bevor die Versammlung der Gesellschafter zusammentritt.« Er holt tief Luft und fährt dann fort, ohne ihn aus den Augen zu lassen: »Ihr habt Geschäfte unternommen, die sich als gescheitert herausgestellt haben. Ihr habt Unternehmen subventioniert, die innerhalb weniger Jahre wieder zugemacht haben. Ihr habt den Bau einer

Werft auf den Weg gebracht, die nie zur Gänze in Betrieb genommen wurde, weshalb Ihr sie wieder verkaufen musstet. Ihr habt Euch Hochmut und Unerfahrenheit zuschulden kommen lassen. So viele Menschen haben Euch nach gutem Wissen und Gewissen Ratschläge gegeben, doch Ihr wolltet nichts davon wissen. Zudem habt Ihr Euch Feinde gemacht, allen voran Erasmo Piaggio, den Ihr auf üble Weise vor die Tür gesetzt habt. Aus all diesen Gründen sind wir an diesem Punkt angelangt, und ja, der Name der Florios ist nur noch das Papier wert, auf dem er steht. Euer Erbe ist stark gefährdet, und es bleibt Euch nur eine Möglichkeit, um wenigstens die Würde zu bewahren: Ihr müsst einen Weg finden, um erhobenen Hauptes herauszukommen.«

Als Marchesano geht, legt Vincenzo den Kopf in die Hände, betrachtet den Perserteppich, ohne ihn wirklich zu sehen. Ignazio geht im Arbeitszimmer umher.

»Hör auf damit.« Vincenzos Stimme ist rau vor Wut. »Halt dich still, verdammt noch mal!«

Ignazio baut sich vor ihm auf. »Was willst du?«, ruft er in kämpferischem Ton. »Nicht einmal umhergehen darf ich?«

»Du machst mich verrückt«, erwidert Vincenzo und schiebt ihn von sich. Hat er Lust zu streiten? Ja. Er will schreien, will begreifen, will sich auflehnen, denn das, was er gerade erfahren hat, kann nicht wahr sein. Es ist unmöglich, er kann es einfach nicht glauben.

Ignazio packt ihn, schüttelt ihn. »*Beruhig dich.*«

»Warum hast du mir nichts gesagt, nie?«

»Hättest du es denn begriffen? Du hast doch nur Autos im Kopf, und Frauen … Außerdem, warum uns beide quälen?«

Vincenzo springt auf. »Aber du, du bist ja ein Heiliger … Wie viel hast du verplempert, für all deine Frauenzimmer, hm, wie viel? Der Schmuck, den du allen geschenkt hast, ganz zu schweigen von den Häusern, wie dem von Lina Cavalieri! Und jetzt, mit Vera, machst du nichts anderes, als permanent nach Rom und wieder zurück zu fahren … von wegen geschäftlich!«

»Wag es bloß nicht, mich zu verurteilen. Ich bin derjenige, der dir deine Freizeit finanziert, erinnerst du dich? Weißt du eigentlich, wie viel die Organisation der Targa kostet?«

Sie stehen einander gegenüber. Vincenzo schubst ihn weg, flucht leise. Sie sind fast gleich groß, ähneln sich sehr. Doch die fünfzehn Jahre Altersunterschied sind deutlich zu sehen, heute mehr denn je.

»Du hättest die Pflicht gehabt, mir zu sagen, was passiert. Ich hatte keine Ahnung, dass wir so …« Er sucht nach einem Wort und findet es nicht.

»… verzweifelt sind?«, vervollständigt Ignazio seinen Satz schnaubend. »Ja, verdammt, das sind wir. Und ich schließe nicht aus, dass wir auch einige Immobilien verkaufen müssen, um unsere Schulden zu bezahlen.« Er schluckt, denn ihm ist durchaus bewusst, dass mehr, wesentlich mehr nötig wäre, um der Casa Florio wieder Leben einzuhauchen.

Vincenzo versucht sich zu beruhigen, doch er hat Angst. Nicht diesen Kitzel von Angst, der ihn durchläuft, wenn er am Steuer seines Wagens sitzt. Nein, diese Angst hier, die macht sein Blut, seine Gedanken eiskalt, und sie löscht die Zukunft aus. Er schaut sich um, als würde er diesen Ort, an dem er sich befindet, nicht wiedererkennen, als gehörten die Möbel und all die anderen Dinge, die immer Teil seines Alltags waren, jemand anderem. Er geht durchs Zimmer, berührt die Tafel aus Marmor, auf der eine Szene aus dem Leben Johannes des Täufers abgebildet ist. Das Werk stammt von dem großen Bildhauer des fünfzehnten Jahrhunderts Antonello Gagini, und Vincenzo erinnert sich, dass sein Vater es gekauft hat, als er selbst noch sehr klein war; es erschien ihm damals immer riesengroß und schwer. Daneben hängt ein Gemälde aus der Schule von Raffael. Dann sind da der Schreibtisch, die Ledersessel, der Perserteppich … Und jenseits der Tür, in diesem Haus und in seinem Leben, da sind die Vasen aus Majolika, das böhmische Kristall, das deutsche Porzellan, da sind englische Schuhe, maßgeschneiderte Anzüge … Unvorstellbar, dass nichts davon ihm mehr gehört. Welche Existenz erwartet ihn?

»Es tut mir leid.« Ignazios Stimme kommt von hinten und zwingt ihn, sich umzudrehen.

Er tut es, schließt seinen Bruder in die Arme. »Wir gehen erhobenen Hauptes, Igna'. Du wirst es sehen.«

Doch der andere schüttelt nur den Kopf, windet sich aus seiner Umarmung heraus. »Und du … du musst ja jetzt auch noch heiraten …«, sagt er mit brechender Stimme.

Bei diesem Gedanken glättet sich Vincenzos Stirn. »Wir verschieben alles auf das nächste Jahr. Annina ist ein kluges Mädchen. Sie wird es verstehen«, versichert er ihm.

»Denk doch nur an das, was sie über uns sagen werden … allen voran Tina Whitaker, dieses doppelzüngige Biest!«

Vincenzo winkt ab, als wollte er sagen: *Und wen kümmert das?* »Wir werden versuchen, irgendwie rauszukommen«, entgegnet er. Ein Teil von ihm wagt zu denken, es könnte eine Lösung geben, irgendeine Lösung, denn es muss doch einen Ausweg geben. Seine Familie hat so viel für Palermo und für Sizilien getan. Wie könnte man das alles vergessen?

Ignazio nickt und seufzt niedergeschlagen. Doch im Geiste ist er bereits woanders, er sucht etwas, das ihn tröstet, und findet es auch: Vera, ihr ruhiges Lächeln, ihre heitere Art. Doch neben diesem Gedanken entsteht noch ein anderer, der ebenso lichterfüllt wie grausam ist. Er versucht ihn auf der Stelle zu verscheuchen, doch vergeblich. Denn es ist gerade die Leichtigkeit gewesen, die Vera ihm geschenkt hat, die es ihm gestattet, noch Vertrauen in die Zukunft zu hegen. Die ihm Hoffnung geschenkt hat.

Eine Hoffnung, die auch mit Franca zu tun hat. Ja, seine Frau ist noch einmal schwanger geworden. Fünf Jahre nach Giacobinas Tod erwartet Franca ein Kind, und nur Gott weiß, wie sehr er hofft, dass es ein Junge wird.

Denn jedes menschliche Wesen braucht den Glauben daran, dass seine Welt nicht mit ihm aufhört, dass er etwas hat, das er der Zukunft schenken kann. Und an diese Zukunft klammert sich Ignazio wie ein Schiffbrüchiger an einen Felsbrocken.

»Gehen wir ins *Royal Cinématographe*? Ach, wenn du wüsstest, wie tief mich gestern Abend *Francesca da Rimini* berührt hat! Und über den Film *La scimmia dentista* habe ich Tränen gelacht!«

»Wie du willst, meine Liebe«, erwidert Franca. Sie wendet sich an den Chauffeur. »In die Via Candelai, Ecke Maqueda, bitte.« Der Isotta Fraschini wendet geschickt, weicht den Schlaglöchern im Kopfsteinpflaster aus.

Ihre erneute Schwangerschaft, die ihr erst kürzlich verkündet wurde, hat Franca mit einer sonderbaren Ungewissheit erfüllt. Dabei hat sie keine Angst um das Kind, und erst recht ist es nicht die Konsequenz aus der konstant schlechten Laune von Ignazio, der allerdings momentan sowieso geschäftlich in Rom ist. *Nicht nur geschäftlich*, denkt sie. Sofort sieht sie Vera Arrivabenes Gesicht vor sich, doch es ist müßig, es zu verscheuchen. Nein, was sie empfindet, ist eine Mischung aus Erschöpfung und Überdruss. Am liebsten würde sie weg von hier, nach Paris oder in die Alpen, doch das hat der Arzt ihr untersagt; deshalb bewegt sie sich zwischen der Olivuzza und der Villa Igiea hin und her, ruft ihre Freundinnen für eine Partie Karten zu sich, liest viel – gerade hat sie die neue Tragödie ihres geliebten d'Annunzio, *Das Schiff*, fertig, die sie allerdings ein wenig gelangweilt hat –, und sie geht oft in Gesellschaft von Stefanina Pajno ins Lichtspielhaus, deren Geplauder sie immer unterhält, oder mit Maruzza, die besonders begeistert von den *scene dal vero*, den »Szenen aus dem wahren Leben« ist, vielleicht, weil die sie an ihre Jugendzeit erinnern, als sie noch wohlhabend war und in Begleitung von Vater und Bruder auf Reisen gehen konnte.

»Das *Regio Teatro Bellini* ist allerdings als Lichtspielhaus noch schöner. Eleganter«, sagt sie gerade mit einem ungewohnt fröhlichen Unterton in der Stimme.

Stefanina breitet die Arme aus. »Aber den Leuten ist doch die Eleganz egal. Denen ist wichtig, was erzählt wird, und wenn es Puppen sind, die reden.« Sie lacht verhalten. »Eins werde ich dir gestehen, meine Franca: Als kleines Mädchen habe ich mal ein Puppenspiel vom Fenster meines Zimmers aus gesehen, mit der Amme an meiner Seite, weil meine

Eltern nicht wollten, dass ich unter Leute gehe. Und als der Geschichtenerzähler dann zu erzählen begann und komische Stimmen machte, war ich von ganzem Herzen dabei: Ich hatte Angst, ich habe gelacht und geweint, auch wenn die Kinderfrau mir manchmal die Ohren zuhielt, damit ich die Flüche nicht höre. Und genau so fühle ich mich auch im Lichtspielhaus – eine Befreiung!«

»Und es eröffnet allen die Möglichkeit, die Welt zu sehen und Geschichten zu erfahren, wie es sie nicht mal in den Büchern gibt …«, fügt Maruzza begeistert hinzu.

»Genau.« Stefanina rückt ihr hellblaues Nachmittagskleid zurecht, lehnt sich zurück und schaut aus dem Autofenster. »Alles verändert sich, es wird schneller, selbst in einer so trägen Stadt wie Palermo. Und ich rede nicht nur von neuen Straßen, die endlich die alten Gassen am Hafen und ihre Hütten ersetzen, auch nicht von Automobilen oder von diesen fliegenden Dingern, die deinem Schwager Vincenzo so gefallen! Ich rede von den Frauen: Bald werden auch wir, wie die Pariserinnen, keine Korsetts mehr tragen und vielleicht im Politeama Versammlungen einberufen wie die Suffragetten in London. Du hast davon gelesen, oder? Fünfzehntausend waren es in der Albert Hall! Man hat wirklich den Eindruck, die Frauen hätten es auf einmal eilig, neue Sachen zu machen und im Laufschritt in Richtung Zukunft zu gehen. Allerdings …«

»Was denn?«, murmelt Franca und dreht sich neugierig zu ihr um.

»Manchmal denke ich, dass diese Veränderungen nur oberflächlich sind. Und dass in Wirklichkeit wir Frauen immer noch der Vergangenheit verhaftet bleiben.«

»Unabhängigkeit macht immer ein bisschen Angst«, erwidert Maruzza. »Dennoch, dem Fortschritt kann man sich nicht entziehen.«

»Aber man kann auch nicht einfach die Vergangenheit auslöschen. Und es wäre auch nicht richtig. Ich zum Beispiel finde die Tatsache ungehörig, dass ich im Lichtspielhaus neben meiner Wäscherin oder irgendeinem Kutscher sitze. Mir scheint das etwas zu sein, das … gegen die gesellschaftliche Ordnung spricht, versteht ihr?«

Maruzza hebt die Augen zum Himmel.

Franca hört ihr zu, schweigt jedoch und fährt sich mit der Hand über den Bauch. Vielleicht kommt ja ihre Unruhe auch daher: In welcher Welt wird ihr Kind leben? Was wird sein Platz in dieser Stadt sein, die bebend dazu bereit ist, der Zukunft entgegenzugehen, das Gesicht aber immer noch der Vergangenheit zuwendet?

Die Holzvertäfelung ist gewachst und verströmt einen angenehmen Geruch. An den Wänden wechseln sich Bücherregale voller ledergebundener Bände mit Gemälden in dunklen Tönen ab. Der Boden aus schimmerndem Marmor glänzt im Sonnenlicht. Es ist eine grelle Sonne, ungewohnt für November, auch hier in Rom. Fast scheint sie unverschämt.

Giuseppe Marchesano und Ignazio Florio sitzen vor einem wuchtigen Schreibtisch. Alles in diesem Raum scheint nur das Ziel zu haben, demütig zu machen, selbst die große, doppelflügelige, mit rotem Saffianleder verkleidete Tür, die sich hinter ihnen geschlossen hat.

Vor ihnen blättert Bonaldo Stringher, der Generaldirektor der Banca d'Italia, in der Akte, die Marchesano ihm gereicht hat.

Ignazio ist kurzatmig. Er spürt die Schweißperlen an seinen Schläfen und wischt sie heimlich ab.

»Ich sehe, Ihr seid zu milderen Ansichten gekommen«, stellt Stringher fest. Sein Gesicht ist wie aus Marmor gemeißelt, er hat eine breite Stirn, kleine, durchdringende Augen, und seine Miene ist ebenso energisch wie distanziert.

Ignazio drückt den Rücken durch. »Jeder hat das Recht, seine Meinung zu ändern«, erwidert er, bemüht um Würde.

Marchesano kann einen Hauch von Gereiztheit in seiner Miene nicht verbergen. *Ignazio Florio kann selbst am Rande des Abgrundes noch arrogant wirken*, denkt er.

Stringhers Hand fährt über seine dunkle Weste, verharrt auf der Goldkette seiner Taschenuhr. Er schaut Ignazio an, als müsste er sich überlegen, wie viel Zeit er den beiden Männern noch gewähren soll.

»Ich hatte einen Meinungsaustausch mit unserem Ratspräsidenten über Euren Fall. Der ehrenwerte Giolitti ist der Ansicht, die Casa Florio müsse gerettet werden, nicht weil sie Euch gehört, sondern um Arbeitsplätze zu erhalten und die öffentliche Ordnung in Sizilien zu bewahren, die sowieso recht schwer zu gewährleisten ist.«

Marchesano möchte etwas sagen, doch Stringher hebt die Hand, um ihm Einhalt zu gebieten. Er schaut sich um, nimmt dann aus einem Aschenbecher eine erloschene Zigarre. Er zündet sie an und richtet dabei den Blick auf Ignazio. »Ihr wärt also bereit, die Führung Eures Vermögens einem außenstehenden Verwalter zu überlassen? Und Euer Bruder? Was denkt er darüber? Immerhin gehört ihm ein Drittel davon …«

»Mein Bruder hat absolutes Vertrauen in mich.«

Stringhers Blick ist skeptisch. »Dann wird es keine Probleme geben, auch *seine* Unterschrift auf diese Dokumente zu bekommen?«

»Ihr werdet sie bekommen«, wirft Marchesano ein. »Die Herren Florio verpflichten sich, all ihre Geschäfte für einen Zeitraum von zehn Jahren einem außenstehenden Verwalter zu übergeben, und bekommen im Gegenzug einen Scheck, der ihnen ermöglicht, ihren Lebensstil zu bewahren.«

Bonaldo Stringher hebt eine Augenbraue. »Sollte diese Zahlung denn auch die Schmarotzer durchfüttern, mit denen sich die Florios umgeben? Nur um zu begreifen, von welcher Summe wir sprechen.«

»Schmarotzer? Wohl eher gute Freunde, denen wir mit Rat und Unterstützung zur Seite stehen.« Ignazio kann es sich nicht verkneifen. »Meine Familie hat eine Würde aufrechtzuerhalten, Signor Stringher. Nun gut, wir haben … *ich habe* Fehler in der Leitung des Familienunternehmens begangen. Das gebe ich zu. Aber ich trage einen wichtigen, angesehenen Namen. Ich werde niemandem erlauben, mich zu demütigen, und …«

Marchesano legt ihm beschwichtigend die Hand auf den Arm. *Schweigt, um Himmels willen!*, scheint sein Blick ihm zu sagen. »Wie Signor Florio bereits gesagt hat, muss er Opfer bringen, aber nichts, dem er sich nicht stellen kann. Er und seine Familie müssen umsichtiger sein … aber ganz gewiss nicht leben wie gewöhnliche Leute.«

Stringher lehnt sich in seinem Sessel an, betrachtet beide Männer, rollt die Zigarre hin und her. »Die Aktien der NGI, die Ihr den angegebenen Firmen überlasst, genügen nicht, um Eure Schulden zu decken. Ihr braucht circa einundzwanzig Millionen Lire.*«

Ignazio zuckt zusammen. Diese Summe raubt ihm den Atem.

»Ich habe einen Aufschub für die Zahlung der Aktien der SAVI erwirkt, die Ihr als Pfand gegeben habt und bis Dezember zurückzahlen müsstet«, fährt Stringher fort und fährt mit dem Finger über den Geschäftsbericht. »Aber Ihr habt auch noch andere Fälligkeiten zu beachten.«

»Aber die Verträge …«

»Darauf würde ich nicht allzu sehr vertrauen, Signor Florio. Lloyd Italiano bewegt sich bereits in diese Richtung. Denkt vielmehr einmal darüber nach, ihnen einen Teil der Flotte von Dampfschiffen der NGI zu überlassen. Das zum Beispiel würde Eure Position deutlich erleichtern.«

Dann hatte ich also recht, denkt Ignazio, den Blick auf den Rand des Perserteppichs gerichtet, während seine Sicht unscharf wird. *Der verfluchte Piaggio! Es scheint das Ziel seines Lebens zu sein, uns Florios alles abzunehmen, was wir verwirklicht haben.*

Was hingegen Stringher denkt, hat mit dem Gespräch zu tun, das er mit Giolitti hatte. Der Transportminister ist dabei, eine Erneuerung der maritimen Verträge auf den Weg zu bringen. Ihre Natur muss sich, so der Regierungschef, ändern, denn im Moment hindert sie andere Reedereien, etwa in Ligurien oder der Toskana, daran, ihre Dienste zu günstigeren Preisen anzubieten. Für Giolitti ist das keine Frage von Norden oder Süden: Es geht darum, dass der Staat keine Unternehmen unterstützen kann, die faktisch

---

* Sechsundachtzig Millionen Euro. (Anm. d. Autorin)

ein Monopol bilden. Und Stringher weiß sehr wohl, dass es bereits eine Ausschreibung für die Erneuerung des Transportsystems gegeben hat, auch wenn aus verschiedenen Gründen keine der Firmen daran teilgenommen hat. Stringher weiß es, doch er schweigt, denn im Gegensatz zu Ignazio Florio hat er begriffen, wann der richtige Moment ist, um zu sprechen.

Stringher kennt seine Macht, und er weiß, wem er zu Loyalität verpflichtet ist.

Und wenn die Unterstützung der Casa Florio einerseits bedeutet, der Wirtschaft einer ganzen Insel zu helfen, so hat andererseits die Regierung bereits mit größter Klarheit ihre eigenen Interessen bekundet. Und diese beiden Dinge sind nicht notwendigerweise miteinander zu vereinen.

Ignazio ist erstarrt. In der Stille findet nur Marchesano Worte. Er erhebt sich, schaut Stringher an und murmelt: »Danke, Direktor. Wir werden Euch unsere Entscheidung wissen lassen.«

»Donna Franca, hier seid Ihr ja! Ich habe Euch überall gesucht, bis Nino mir sagte, dass Ihr im Garten seid. Bei dieser Kälte!«

Maruzza, die sonst so gelassen ist, kann ihre Beunruhigung nicht verbergen. Sie legt Franca ihren Schal um, wärmt ihr die Hände. Seit sie aus Messina zurückgekehrt ist, redet Franca nicht, sie schläft wenig und schlecht, und sie isst fast nichts. Jetzt sitzt sie hier, reglos auf der Steinbank vor der Voliere, nur mit einer leichten Wolljacke über einem Kleid aus dunkelgrauem Samt.

»Kommt wieder ins Haus, ich bitte Euch. Ich habe den *monsù* gebeten, Euch einen Tee zu machen mit einem Stück *lemon tart*, die Ihr so gerne mögt. Wir gehen rein; es wird bald regnen.«

Statt einer Antwort hebt Franca den Kopf und schaut Maruzza mit einem seltsamen Lächeln an. »Sie waren dort. Ich hab sie gesehen …«, murmelt sie. »Nur ich konnte sie sehen, aber sie waren da …«

»Aber wer denn, Donna Franca? Was sagt Ihr da?« Maruzzas Stimme wird scharf, so groß ist ihre Beunruhigung. »Kommt, wir wärmen uns vor dem Kamin auf. Ihr müsst Euch ausruhen, braucht Wärme. Mastro Nino hat den großen Kamin im karmesinroten Salon geschürt.«

Doch Franca rührt sich nicht. Sie schaut wieder vor sich hin, und ihre Finger krallen sich in den dunklen Schal, den Maruzza ihr umgelegt hat.

Vor ihren Augen ist ein Bild, das einfach nicht mehr weggeht.

Der Strand von Messina.

Im Morgengrauen des 28. Dezember 1908 hat die Erde zwischen Sizilien und Kalabrien gebebt. Das war schon in der Vergangenheit geschehen, und es würde wieder passieren. Es ist immer schon ein Gebiet gewesen, in dem Erdbeben, starke Wirbel im Meer oder auch Überflutungen vorkamen, und die Florios wussten das sehr wohl, auch wenn mittlerweile mehr als ein Jahrhundert vergangen ist, seit die Gebrüder Paolo und Ignazio Florio nach einem solchen Erdstoß aus Bagnara Calabra aufgebrochen sind, um ihr Glück in Palermo zu versuchen.

Nur dass dies nicht einfach nur ein Erdbeben war. Es ist die Hand Gottes gewesen, die vom Himmel herab über

Menschen und Dinge gefallen ist, um sie zu vernichten. Die Erde hat sich geöffnet, aufgerissen wie die Kruste eines Brotes. Und sie hat nur Krümel übrig gelassen.

Reggio Calabria wurde zerstört, viele Dörfer – auch Bagnara – auf einen Haufen Unrat reduziert, und Messina wurde innerhalb von weniger als zwei Minuten zu Staub und Steinen. Dann hat sich der Geist des Erdbebens auf das Meer verlegt, es angehoben, und meterhohe Wellen haben sich auf das gestürzt, was von der Stadt übrig war, und auf die vielen Menschen, die auf den Straßen flüchteten. Brände sind ausgebrochen, es ist zu Gasverpuffungen und Explosionen gekommen. Am Ende folgte der Regen, der den Staub in eine dicke Masse verwandelte, die schmutzig machte statt sauber und den wie trunken zwischen den Ruinen umherirrenden Überlebenden die Sicht nahm. Die Zeitungen haben Seite über Seite mit Einzelheiten aufgewartet, eine furchterregender als die andere: Da war von Abgründen die Rede, aus denen Hände und Beine ragten; von zuerst lautem und durchdringendem Jammern, das dann immer leiser wurde; von Menschen, die in Richtung Felder flohen oder reglos und erstarrt einfach sitzen blieben und ohne Unterlass schrien. Und sie haben auch von Männern erzählt, die auf der Suche nach Raubgut unter Ziegelsteinen, Balken und Toten wühlten: die uralte Geschichte von Schakalen, die aus dem Schmerz anderer Profit schlagen.

In den darauffolgenden Tagen hat es eine Flut von Informationen gegeben, Angst und Bestürzung wurden überlagert von der Notwendigkeit und Dringlichkeit zu helfen, und diese Hilfe konnte nur über das Meer kommen, da die Straßen von Erdrutschen verschüttet waren oder sich riesige Abgründe darin aufgetan hatten.

Genau das hat auch der König, der am 30. Dezember zusammen mit Königin Elena an Bord der *Vittorio Emmanuele* gekommen war, höchstpersönlich in einem Telegramm an Giolitti geschrieben: *Hier herrschen Chaos, Feuer, Blut. Schickt Schiffe, Schiffe, Schiffe.* Dann kam die Nachricht, dass Nicoletta Tasca di Cutò, Giulia Trigonas Schwester, zusammen mit ihrem Mann Francesco Cianciafara unter den Trümmern ums Leben gekommen war. Ihr Sohn Filippo, ein Junge von sechzehn Jahren, war zum Glück gerettet worden.

An diesem Punkt gab sich Franca mit den Nachrichten aus den Zeitungen nicht mehr zufrieden und überhäufte Ignazio mit Fragen. Sie wollte wissen, was genau der Kreuzer *Piemonte* der königlichen Marine getan hatte, der im Moment der Tragödie im Hafen von Messina lag und als Erster eingreifen konnte; welche Hilfsleistungen von den englischen Handelsschiffen gekommen waren; vor allem jedoch, was die NGI tat. Und er hat ihr erklärt, man bringe Lebensmittel und andere Hilfsgüter, vier Dampfschiffe der *Navigazione Generale Italiana* seien schon dafür bereit, Opfer des Erdbebens aufzunehmen; aus Genua seien die *Lombardia* und die *Duca di Genova* mit einem Monat Verpflegung für etwa zweitausend Personen unterwegs, und die *Singapore* sowie die *Campania* hätten mit fast dreitausend Flüchtlingen im Hafen von Neapel angelegt.

Doch das genügte ihr nicht.

Als Ignazio ihr ankündigte, er würde nach Messina fahren, bat Franca, ihn begleiten zu dürfen, flehte und bettelte, als er ablehnte. Giovanna und Maruzza meinten, für eine Schwangere sei die Reise zu gefährlich, es gebe das Risiko von Epidemien und Infektionen. In Palermo würde sie in den Wohltätigkeitszirkeln für die Evakuierten gebraucht, außerdem dürfe sie sich nicht so sehr anstrengen, die Angst könne schlecht für das Kind sein … Alles vergeblich. Am Morgen der Abreise stand Franca im Reisemantel und mit einem Koffer vor der Tür und sagte in einem Ton, der keine Widerrede duldete: »Ich muss auch dabei sein.«

Sie bestiegen ein Dampfschiff und standen schließlich, nach einer kurzen Überfahrt im Kutter, am Strand von Messina. Während Ignazio dafür sorgte, dass Lebensmittel und Medikamente von Bord geschafft wurden, und an verschiedenen Hilfseinsätzen teilnahm, ging Franca zwischen den Zelten und notdürftig eingerichteten Unterbringungen umher und bot in jeder erdenklichen Weise ihre Hilfe an.

Und dann sah sie sie.

Kinder. Viele Kinder. Mit Schlamm und Blut bespritzt baten sie um ein Stück Brot oder suchten zwischen den Kalkbrocken nach einem Zeichen für Leben, wo es doch nur noch Staub und Tod gab; reglose, im Tode grau verfärbte Neugeborene, von ihren Müttern immer noch an die Brust gedrückt; nackte kleine Burschen und Mädchen, die kaum laufen konnten und verzweifelt inmitten der Trümmerhaufen nach ihrer Mutter schrien; Kinder, die Franca anstarrten, am Leben, aber ohne Leben in den Augen.

Die Erinnerung an ihre eigenen Kinder überwältigte sie. In jedem Blick sah sie Giovannuzzas Blick, in jedem tapsenden Schritt fand sie Baby Boy wieder, und all die Neugeborenen erinnerten sie an Giacobina. Einmal lief sie sogar einem Mädchen im Nachthemd und mit langem schwarzem Haar hinterher, das aussah wie ihre Erstgeborene, sie rief nach ihr, doch die Kleine drehte sich nur um und lief zu ihrer Mutter, die nicht weit entfernt auf dem Boden saß, einen kleinen Jungen schlafend auf dem Schoß.

Einen Augenblick lang durchströmte Franca Neid auf dieses arme Geschöpf, das alles verloren hatte, nur seine Kinder nicht.

Seit jenem Moment kann sie nichts anderes mehr denken.

»Nur ich konnte sie sehen, aber sie waren da …«, stammelt sie jetzt und streckt die Hand aus, als könnte sie Giovannuzzas kleines Gesicht streicheln oder Baby Boys lange Locken verwuscheln.

Maruzza tritt auf sie zu, nimmt sie in den Arm, legt die Stirn an ihre Schulter. »Ihr müsst sie gehen lassen, Donna Franca«, murmelt sie ihr zu. »Sie sind immer bei Euch, aber sie sind nicht mehr auf dieser Erde. Und so schmerzhaft es auch ist, müsst Ihr Euch um diejenigen kümmern, die noch da sind auf dieser Welt. Um Igiea … und um dieses Wesen hier«, schließt sie und legt ihr eine Hand auf den Leib.

Franca bricht in Tränen aus. Sie weint um die Waisenkinder, denen sie nicht helfen konnte. Ja, sie haben etwa fünfzig Evakuierte – vor allem Kinder – in ihrer Keramikfabrik untergebracht, die zu einem Krankenhaus umfunktioniert wurde; um drei von ihnen haben sich Giovanna und sie persönlich gekümmert, doch eines der Kinder ist seinen Verletzungen erlegen, das zweite wurde von seinem Großvater abgeholt, und das dritte hat sich der Schwiegermutter angeschlossen und weicht nicht mehr von ihrer Seite.

Doch sie, sie will nicht die Kinder der anderen. Sie will ihre eigenen, nur ihre eigenen.

Und die hat sie nicht mehr. Für Franca sind sie wie Schatten, die in der Olivuzza herumspuken, kleine Engel, deren Schicksal es ist, niemals groß zu werden. Manchmal hört sie das Trappeln ihrer Schritte oben auf den Treppen; oder sie glaubt, im Halbschlaf das Streicheln einer kleinen Hand zu spüren, oder den Kuss von winzigen Lippen. Dann schreckt sie aus dem Bett hoch, das Herz schlägt ihr bis zum Hals, und sie sucht im Dunkeln nach diesem Wesen, nach seinem Geruch, nach einem Lachen … doch sie ist allein.

Dennoch hat Maruzza recht, so wie damals, vor fünf Jahren, die Frau jenes Fischers recht hatte, auf Favignana, als sie kurz davor war … Da ist Igiea, und da ist das Kleine, das in wenigen Monaten zur Welt kommen wird. Ein Junge? Franca hofft es, hat aber Mühe, es zu glauben. In ihrem Leben ist die Hoffnung so oft vergiftet worden.

Und so trocknet Franca ihre Tränen, steht, gestützt von Maruzza, auf und schaut zur Voliere. In diesem Haus, diesem Park, sind zu viele Spuren der Vergangenheit, zu viele Erinnerungen.

»Fahren wir in die Villa Igiea, Maruzza?«, flüstert sie.

»Na gut«, antwortet ihre Weggefährtin und legt ihr einen Arm um die Schulter. »Kehren wir zurück nach Hause.«

Es ist März 1909, als im Arbeitszimmer von Bonaldo Stringher Anwälte und Bankdirektoren zusammenkommen, um über die Situation der Casa Florio zu sprechen.

Die beiden Brüder sind nicht da. An ihrer Stelle nehmen Ottavio Ziino und Vittorio Rolandi Ricci teil, die Anwälte, die zusammen mit Giuseppe Marchesano die Interessen des Handelshauses vertreten. Es ist Rolandi Ricci, dem die unangenehme Aufgabe zufällt, die Situation in knappen Worten zu schildern: Es sei nicht mehr viel Zeit, sagt er. Ja, noch mehr als das Geld sei die Zeit knapp, denn es bestehe das

Risiko, dass es nichts mehr zu retten gebe. Zu ihrem Druck kommt noch der des Präfekten de Seta, der den Direktor der Banca d'Italia um eine rasche Lösung der Angelegenheit gebeten hat.

Denn in Palermo herrscht wieder Unruhe.

Nicht nur, weil am 12. März auf der Piazza Marina der Polizist Giuseppe »Joe« Petrosino, der aus New York nach Palermo gekommen war, um die Verbindung der sizilianischen Mafia mit der amerikanischen *Mano Nera* aufzuklären, mit vier Revolverschüssen getötet wurde. Und auch nicht, weil das ewige Damoklesschwert der nicht erfolgten Erneuerung der Transportverträge – und das daraus folgende Verschwinden maritimen Lebens aus Palermo – immer noch auf der Stadt lastet und diese am 21. März in eine Lähmung jeglicher Aktivitäten, von Fabriken und Schulen, von Geschäften und Straßenbahnen, versetzt, die wie durch ein Wunder nicht zu einem Aufstand führt.

Es wird zu lange und zu viel geredet, und die Leute wollen es endlich wissen. Sie gehen an der Olivuzza vorbei, sie schlendern durch den Garten der Villa Igiea und recken den Hals, sie spähen über den Zaun, sie spitzen die Ohren. Sie versuchen eine Bewegung an den Fenstern zu erkennen, betrachten die Autos, die vor dem Eingang parken, oder die Kaleschen, die immer noch für nachmittägliche Spazierfahrten genutzt werden, lauschen der Musik, die aus den Salons kommt, betrachten die geladenen Gäste der Konversationszirkel, der Diners, der Teestunden. Und sie fragen sich, ob die Situation wirklich so ernst ist, wie man sich erzählt.

Frech und wissbegierig wartet Palermo darauf, zu verstehen, was passieren wird, und das tut es mit einem boshaften Lächeln, denn es sind viele in der Stadt, die davon ausgehen, dass für den hochmütigen Ignazio Florio das Ende der Fahnenstange erreicht ist. Doch dieses Lächeln verbirgt nur die Angst. Wenn die Florios untergehen, wird sich die Stadt nur mit größter Mühe über Wasser halten können. Es steht so vieles auf dem Spiel, von den Arbeitsplätzen bis zur Unterstützung der Theater.

Aus Rom treffen Nachrichten ein, die Ignazio zum Zittern bringen. Nach dem Treffen mit den Rechtsvertretern der Casa Florio hat Stringher ihm geschrieben, dass Ziino, Rolandi Ricci und Marchesano – mit dem Segen der Banca d'Italia – versuchen, ein Bankenkonsortium zu gründen, das sich der Schulden der Casa annimmt und sie verwaltet. Stringher ist gereizt, auch wenn seine Worte vorsichtig sind. Für ihn ist Ignazio ein Bittsteller, dessen er überdrüssig ist, ein Versager, der jammert, weil die Banken ihm kein Gehör mehr schenken.

Andererseits weiß Ignazio nicht, an wen er sich sonst noch wenden soll. Eines Nachmittags Anfang Mai begibt er sich zur Banca Commerciale, um den zigsten Aufschub zu verhandeln, wird aber nicht einmal vom Direktor empfangen, der, laut dem Sekretär, »sehr beschäftigt« sei. »Wenn das so ist, werde ich ganz bestimmt nicht derjenige sein, der ihn stört«, erwidert Ignazio trocken und geht, begleitet von den Blicken der Angestellten.

Niemals zuvor hat er sich so gedemütigt gefühlt.

Er, der einmal diese ganze Bank hätte kaufen können. Er, der der Chef von ihnen allen hätte sein können. Er wird einfach vor die Tür gesetzt.

Doch als er zu Hause ist, kann er seine Unruhe nicht ablegen. Er möchte mit jemandem sprechen. Nicht mit einem Freund, nicht einmal mit Romualdo, vor dem er sich geniert, aber mit jemandem, der ihn versteht. Sein Bruder? Nein, Vincenzo ist im Auto mit Annina und Maria Concetta unterwegs. Sie haben die Hochzeit für den Sommer festgelegt und beschlossen, ein wenig im *villino* der Olivuzza zu leben – das Vincenzo immer noch umgestaltet, damit Annina »ihren eigenen Platz« hat – und ein wenig in der Via Catania, einer Seitenstraße der eleganten Via Libertà, in einem Palazzo mit moderner Ausstattung, mitten in einem Viertel der Stadt, das großen Zulauf hat. *Ein Palazzo, den wir noch nicht einmal abbezahlt haben, großer Gott!*, denkt Ignazio und winkt verärgert ab.

Nicht einmal Franca ist da: Sie ist in der Villa Igiea und plant einen Abend, bei dem sich Kartenspiel und musikalische Einlagen abwechseln sollen. Sie hat schon immer gern Karten gespielt und ist eine gute Spielerin, doch in letzter Zeit denkt sie an kaum etwas anderes. Zuerst hat sich Ignazio über diese neue Leidenschaft gefreut: Bei der Rückkehr aus Messina hat Franca wochenlang niemanden sehen wollen und sich ganze Tage in ihrem Zimmer in der Olivuzza eingeschlossen. Doch dann hat er gemerkt, dass der neue Zeitvertreib immer mehr Raum in ihrem Leben einnimmt, und sie gebeten, weniger zu spielen. Doch sie schien taub für jede dieser Bitten zu sein.

Tatsächlich haben sich die Dinge zwischen ihnen wieder verschlechtert.

Francas Schwangerschaft, die sie einander nähergebracht und ihnen ein wenig Hoffnung geschenkt hatte, endete am 20. April 1909.

Ein Mädchen.

Man hat sie nach Ignazios geliebter Schwester Giulia genannt. Sie hat starke Lungen und Kraft ohne Ende, diese

Neugeborene, die jetzt die viel zu lange leer gestandenen Kinderzimmer bewohnt und mit ihrer Präsenz erfüllt. Kurz nach ihrer Geburt hat Igiea – die mittlerweile fast neun ist – sie lange angeschaut und dann die Kinderfrau gefragt, ob das Mädchen denn auch sterben würde wie die anderen.

Peinlich berührt hat die Frau sie angelächelt, gestreichelt und ihr versichert, nein, sie würde leben. Zum Glück hat Franca das nicht gehört. Ignazio jedoch schon, und ihm wurde eng ums Herz, denn mit dieser einfachen Frage hat Igiea das Feuer seines Schmerzes wieder entfacht.

Von seinen fünf Kindern sind nur zwei noch am Leben. Und noch dazu zwei Mädchen.

Kurz nach der Geburt hat Ignazio Franca einen Armreif aus Platin geschenkt. Nicht mit Saphiren, denn die hat sie bekommen, als Baby Boy auf die Welt kam. Es war nicht wichtig, dass dieser Kauf ihre Schulden nur erhöhen würde. Er hat ihre Hände genommen, hat sie geküsst. Lange hat sie ihn angeschaut, ohne etwas zu sagen, halb hingestreckt in den Kissen, das Gesicht geschwollen und müde.

»Es tut mir leid«, hat sie am Ende gesagt. Mit leiser Stimme, die grünen Augen riesig und enttäuscht.

Es tut mir leid, weil es kein Junge ist. Weil ich zu alt bin, um dir noch einen zu schenken. Weil ich dich trotz allem geliebt habe und dir und unserer Ehe Vertrauen geschenkt habe. Aber jetzt ist nichts mehr da, nicht einmal die Vorstellung von jener Liebe, die uns vereint hat. Denn ich weiß, dass du eine andere hast. Und es ist nicht nur eine deiner Eroberungen, die wieder vorübergehen.

All das konnte er in Francas Augen lesen, und die Bitterkeit, die sie empfand, hat sich über Ignazio ergossen und ihn gezwungen, den Blick zu senken und zu nicken.

Denn so war es und so ist es. Sein Gedanke geht zu Vera. Ja: Sie versteht seine Frustration, sie weiß ihm nahe zu sein und ihn zu ermutigen. Ihn wenigstens ein bisschen aufzuheitern.

Er sieht Vera vor sich, wie sie auf ihn zuläuft und ohne ein Wort in die Arme nimmt. Sie hilft ihm, seine Jacke auszuziehen, lässt ihn auf dem Sofa in der Hotelsuite in Rom, wo sie sich treffen, Platz nehmen und legt den Kopf an seine Schulter. Sie bedrängt ihn nicht, sie hört ihm zu. Sie verurteilt ihn nicht, sie ist für ihn da.

Denn auch wenn es wahr ist, dass Franca seine erste, große Liebe war, so ist es auch wahr, dass sie nicht die einzige war. *Denn die Art zu lieben ändert sich, denn die Menschen ändern sich, und es ändert sich die Notwendigkeit, sich geliebt zu fühlen*, überlegt er. *Märchen haben irgendwann ein Ende, und an ihrer Stelle bleibt nur der Wunsch nach einer Umarmung, die tröstet, die uns die Angst vor der Zeit nimmt, die verstreicht, und dir die Illusion gibt, nicht allein zu sein.*

Doch Vera ist in Rom, weit weg.

Ignazio geht im Haus umher, und überall, wo er vorbeikommt, treten die Dienstboten beiseite, senken den Blick. Dann fragt er, wo seine Mutter sei, und jemand zeigt in Richtung grüner Salon. Giovanna sitzt im Sessel und hat eine Stickarbeit neben sich, doch die von Arthrose verkrümmten Hände liegen still im Schoß. Sie macht ein Nickerchen.

Er geht auf sie zu, gibt ihr einen Kuss auf die Stirn, und sie wacht auf. »*Oh, figghiu meo*, mein Sohn. Was haben die von der Bank gesagt?«

Er zögert einen Moment, sagt dann: »Alles gut, *maman*. Du musst keine Angst haben«, lügt er, und das Herz tut ihm weh.

Sie lächelt und schließt mit einem Seufzer wieder die Augen.

Ignazio setzt sich an ihre Seite, nimmt ihr Hand. Was soll er denn dieser armen Frau sagen, die bereits auf die Ländereien aus ihrer Mitgift verzichten musste, die Terre Rosse, auf denen sie ihre Jugend verbracht hat?

Er betrachtet das Foto seines Vaters, das auf dem Tischchen neben dem Sessel steht. Doch seltsamerweise liest er diesmal in seinem gestrengen Blick keinen Vorwurf der Unfähigkeit. Nein, sein Vater scheint ihm zu sagen: *Nur Mut, sei stark, denn das ist es, was der Moment braucht.*

Es gibt noch Hoffnung, denkt Ignazio und macht sich auf den Weg in sein Arbeitszimmer, er sagt es sich wieder, als er an Igieas Zimmer vorbeikommt und sieht, dass sie fröhlich spielt, während die Amme Giulia wiegt, die tief und fest schläft.

Die Florios haben noch etwas zu bieten, sie haben Ressourcen und einen Namen, *ganz gleich, was Marchesano denkt, verdammt noch mal!* Die Verantwortlichen der Banca d'Italia garantieren, dass Geld da ist, dass die Familie immer noch über aktive Einnahmequellen verfügt und die persönlichen Schulden – über die so viele die Augenbrauen heben – nicht der Hauptgrund für ihre Probleme sind.

Er betritt sein Arbeitszimmer und lässt die Tür laut ins Schloss fallen.

»Ich gebe noch nicht auf, nein, das werde ich nicht«, sagt er laut. »Ihr werdet schon noch sehen, mit wem ihr es zu tun habt.«

So groß ist die Irritation gegenüber den Männern von der Banca d'Italia und der Banca Commerciale, die ihn nicht nur wie einen Unfähigen behandeln, sondern ihre Finger überall haben und ohne Unterlass in seiner Firma alles durchforsten und untersuchen, dass Ignazio gar nicht merkt, dass er eine Schlange an seinem Busen nährt. Tatsächlich ist es Vittorio Rolandi Ricci, einer seiner Anwälte, der an Stringher schreibt und sich über die Tatsache beklagt, dass man im Hause Florio trotz der dramatischen Lage in Palermo immer noch Champagner schlürft, große Geldmengen auf den Spieltischen verliert und sich kostspielige Launen gönnt.

Stringher wird fuchsteufelswild. Aber auf seine Weise. Er schreibt an Ignazio einen ebenso harten wie eisigen Brief. Darin häuft er Worte des Tadels, der Empörung, des Vorwurfs, der Verurteilung, der Verachtung, des Misstrauens an. Und er formuliert die deutliche Drohung, ihn mit seinem Schicksal allein zu lassen.

Bei der Lektüre dieses Schreibens geht in Ignazio etwas in die Brüche. Es ist nicht das erste Mal, dass er sich gedemütigt fühlt, nicht das erste Mal, dass er sich schämt, doch der formelle, distanzierte Ton von Stringher erschüttert ihn zutiefst und schenkt ihm eine Klarheit, die auf schmerzliche Weise neu ist. Er *muss* antworten. Und so schließt er sich in seinem Arbeitszimmer ein und schreibt. Er setzt den Brief auf, wählt die Worte mit Sorgfalt, weil er dem Direktor der Banca d'Italia nicht zeigen will, wie verletzt er ist, aber er kann auch nicht das Risiko eingehen, ihn weiter zu reizen. Er schreibt, liest durch, ändert, denkt nach. Er erklärt, er werde das nicht unbedingt nötige Personal entlassen, er werde die Haushaltskosten mindern und auch den

Rest so gut wie möglich reduzieren. Er versucht auch, sich zu rechtfertigen, zu erklären, doch dann verspürt er die Unschlüssigkeit dieser Entschuldigungen und streicht sie mit einem entschlossenen Federstrich wieder aus. Ganz am Ende tippt er mit zusammengebissenen Zähnen den Brief auf der Schreibmaschine und verbrennt den Entwurf.

In diesem Moment hört er den Motor des Isotta Fraschini und eine leise Verabschiedung, an den Chauffeur gerichtet.

Franca ist wieder zu Hause.

Ignazio zieht seine Taschenuhr aus der Weste. Über dem Verfassen des Briefes hat er völlig die Zeit vergessen.

Es ist halb drei.

»Um diese Uhrzeit…«, murmelt er. Und dann kommt ihm ein Gedanke.

Wie viel wird sie heute Nacht verloren haben?

Er verlässt das Arbeitszimmer, durchmisst mit großen Schritten die Salons und steht in genau dem Moment vor Franca, als diese ihr Zimmer betritt. Sie hat ein Goldtäschchen mit Brillantverschluss in der Hand, eine ihrer letzten Erwerbungen bei Cartier, und ein Bündel Schuldscheine.

Bei diesem Anblick geht ein Zittern durch Ignazio. »Wie viel hast du verloren?«, zischt er.

Sie hebt die Hand, schaut die Blätter an, als würden sie ihr nicht gehören. »Ach … ich weiß nicht. Ich hab einfach unterschrieben, hab ihnen gesagt, dass ich bis morgen bezahle.«

Erschöpft fährt sich Ignazio über die Schläfen. »Wem – ihnen? Und wie viel musst du zahlen?«

Franca tritt ein, lässt Carmela zusammenzucken, die auf einem Stuhl eingeschlafen war. Sie streift die Schuhe von den Füßen, drückt Ignazio die Schuldscheine mit einem tonlosen »Da!« in die Hand und geht dann zu ihrem Hausmädchen, das mit peinlich gesenktem Blick beginnt, ihr das Kleid aus Ripsseide mit schwarzen und silbernen Pailletten aufzuknöpfen.

Ignazio überfliegt die Zahlen und erbleicht.

Als sie beim letzten Knopf angekommen ist, hebt Carmela den Kopf und sieht, dass Ignazio eine Hand vor den Mund geschlagen hat, als wollte er verhindern hinauszuschreien. Franca spürt das Unbehagen der Frau. »Du darfst jetzt gehen, Liebe. Aufräumen kannst du morgen«, sagt sie zu ihr.

Carmela huscht hinaus.

Franca, die im Unterrock dasteht, betrachtet Ignazio ein paar Augenblicke lang mit hochgezogenen Augenbrauen und setzt sich dann aufs Bett.

»Ist dir eigentlich bewusst, wie viel du verplempert hast?« Ignazios Stimme ist kaum wiederzuerkennen. Rau und zugleich fast weinerlich. »Kapierst du eigentlich, dass ich, während du dich blendend unterhalten hast, hier war, mutterseelenallein, um diesem Hund Stringher einen Brief zu meiner Rechtfertigung zu schreiben? Im Namen dieser Familie bin ich zu Kreuze gekrochen, und du, du …«

Franca zieht ihre Strümpfe aus. Seit der letzten Schwangerschaft hat sie ein wenig zugenommen, und auf ihrem Gesicht stehen die ersten Zeichen der Unbill ihres Lebens, der Exzesse, der schlaflosen Nächte. »Ich bin nicht dazu verpflichtet, zu wissen, wie du deine Zeit verbringst. Außerdem glaube ich, dass Vera mehr dieser Vertraulichkeiten gewährt werden.«

»Du hast doch noch nie irgendetwas über mich wissen wollen und darüber, wie es mir ging!«, schreit er und wirft ihr die Schuldscheine vor die Füße. »Hast du mich jemals danach gefragt oder danach, wie die Geschäfte laufen? Oder was ich nach dem Tod unserer Kinder durchgemacht habe, was das für mich bedeutet hat? Ich habe es dir nie an etwas fehlen lassen: Kleider, Schmuck, Reisen … Und du warst so undankbar. Immer nur du, du, du! Da warst nur du und dein Schmerz. Hast du jemals darüber nachgedacht, dass ich mich um alles kümmern, alles zusammenhalten musste, während du nichts anderes im Kopf hattest, als dich vom Rest der Welt bedauern zu lassen? Ich hab nämlich auch drei Kinder verloren, weißt du das? Ich habe keinen Nachfolger mehr, jemanden, dem ich die Casa Florio überlassen kann, irgendwann, wenn … Ich habe meine Zukunft verloren, aber das hat dir ja nie etwas bedeutet.« Er geht auf sie zu, fixiert sie. »Und jetzt werden sie mich auch noch unter Aufsicht stellen, als wäre ich ein Idiot, der seinen eigenen Besitz nicht verwalten kann. Du wusstest, dass es nicht gut steht, und trotzdem hast du mit deinem Leben einfach weitergemacht, hast Geld verplempert. Und gedemütigt hast du mich – denn diese Schuldscheine kann ich nicht bezahlen, weder morgen noch Gott weiß wann. Aber dir ist das egal. Du bist eine Egoistin. Du bist eine verdammte Egoistin, die in dieses Haus nur wegen ihrer hübschen Fratze gekommen ist!«

Franca schaut ihn wie aus der Ferne an. Vielleicht hat sie getrunken, oder sie ist einfach müde. Zuerst reagiert sie nicht. Sie steht auf, zieht ihr Nachthemd und den Morgenmantel an, setzt sich dann wieder aufs Bett und streicht über die Decke. »Wie kannst du mir den Vorwurf machen, eine Egoistin zu sein, mit dem, was du mich in all den Jahren hast durchmachen lassen?«, erwidert sie am Ende leise.

»Du sagst, ich war nicht an deiner Seite, was die Geschäfte angeht, aber wenn die Villa Igiea heute in ganz Europa bekannt ist, dann ist das allein mir zu verdanken, dem, was ich getan habe und jeden Tag für die Gäste tue. Nein, Ignazio …« Franca beugt sich vor, um einen der Schuldscheine aufzuheben, zerknüllt ihn. »Du warst es, der immer hinter seinem Vergnügen her war, ganz gleich wo. Der ein Vermögen mit seinen Geliebten verprasst hat, viel mehr als das, was ich verbraucht habe. Du hast dich amüsiert, ohne an mich zu denken und daran, wie ich mich fühlte! Und in dem Wissen, dass ich, am Ende einer jeden Geschichte, wenn sich Langeweile oder Ermüdung einstellten, hier sein würde, um auf dich zu warten, und ohne Fragen zu stellen. Aber das ist jetzt alles vorbei, mein Ignazio. Jeder hat seine Methoden, um dem Schmerz zu entfliehen, und keiner kann dem anderen den Vorwurf machen, dass er trotz allem versucht zu überleben.« Ein Hauch Melancholie legt sich über den Groll, den sie jetzt nicht mehr zu verbergen sucht. »Weißt du was? Es wäre tausendmal besser gewesen, wenn wir beide niemals geheiratet hätten.«

Ignazio spürt, wie ihm das Blut aus dem Gesicht weicht. Er schluckt. Einen langen Moment schauen sie sich an.

Dann verlässt er den Raum und macht sich im Dunkeln auf den Weg in sein Zimmer.

»Dieser Florio ist undankbar! Habt Ihr meinen Brief gelesen, in dem ich Euch mein Treffen mit ihm vor ein paar Tagen beschreibe? Er sagt, bei der Übereinkunft, die wir mit den Banken getroffen haben, sei er von der Verwaltung der Casa ausgeschlossen worden. Er droht damit, sich von den Verhandlungen zurückzuziehen und in Palermo einen juristischen Vergleich zu verlangen, und schlägt vor, den Gläubigern im Verlauf von sieben Jahren die ausstehenden Summen zurückzuzahlen, dank einem von ihm bestimmten Verwalter, den das Gericht formell ernennen würde. Was bildet der sich eigentlich ein? Wer glaubt er zu sein?« Vittorio Rolandi Ricci hält inne, seufzt. Er weiß, dass er bei Bonaldo Stringher kein Blatt vor den Mund nehmen muss. Sie kennen sich seit Jahren, und auch wenn sie die Form absolut respektieren, haben die beiden eine aufrichtige und starke Verschworenheit entwickelt, arm an Worten, aber reich an geteiltem Wissen um die Mechanismen von Wirtschaft und Macht.

Stringher antwortet nicht gleich. Er steht von seinem Schreibtisch auf, geht ans Fenster, zieht die Vorhänge zurück und lässt das Licht einer bronzefarbenen Sonne herein, die noch einmal ihre ganze Macht zeigen will, bevor das Dunkel des Abends sich des Raumes bemächtigt. Er steht immer noch da und beobachtet den spätnachmittäglichen Verkehr auf der Via Nazionale, als er sagt: »Ja, ich habe Euren Brief gelesen. Ihr seid präzise und ehrlich gewesen, und dafür danke ich Euch.« *Ganz im Gegenteil zu Florio mit seinem Brief voller guter Absichten, die sich jedoch wie Schnee an der Sonne innerhalb weniger Tage aufgelöst haben*, geht ihm durch den Kopf. *Dieser Mann ist von den Privilegien ruiniert, die er hatte und immer noch zu haben glaubt.* Einen Moment lang überlegt er, den Brief Rolandi Ricci zu zeigen. *Nein, das würde nichts nützen*, beschließt er am Ende. *Manche Waffen sollte man nur einsetzen, wenn sie treffen können.*

In Rolandi Riccis hellen Augen steht blanke Wut.

»Der Mann ist blind! Trotz all unserer Bemühungen und trotz des Vertragsentwurfs, den wir ihm vorgelegt haben, fällt ihm nichts anderes ein, als ausgerechnet auf die Ägadischen Inseln, seine wichtigste Einnahmequelle, eine Hypothek aufnehmen zu wollen! Was bliebe ihm denn dann noch?«

Stringher kehrt an seinen Schreibtisch zurück, setzt sich, nickt. »Ja, nur ein törichter Mann oder einer, der schlecht beraten ist, könnte auf eine solche Idee kommen. Tatsächlich habe ich den Verdacht, dass bei ihm beides der Fall ist. Wir tun, was wir können, aber retten können wir nur jemanden, der gerettet werden will.«

»Tatsache ist, dass er nicht wirklich begriffen hat, was passieren würde, wenn er sich unserer Übereinkunft widersetzt. Er weiß nicht, dass solche Vergleiche sich am Ende in genau das verwandeln, was wir vermeiden wollen, nämlich …«

»… in ein Scheitern«, spricht Stringher seinen Satz zu Ende und fährt sich mit dem Finger durch den Schnurrbart. »Von wegen Ehrbarkeit und Respekt!«

»Im Grunde öffnet man damit Spekulanten Tür und Tor«, kommentiert Rolandi Ricci und kreuzt die Hände über dem runden Bauch.

»Vielleicht steht die Tür ja schon offen …«, murmelt Stringher.

Rolandi Ricci schaut ihn mit fragender Miene an. Er weiß sehr gut, dass der Generaldirektor der Banca d'Italia niemals haltlose Behauptungen aufstellt.

»Ich glaube, dass die Florios sich in genau diese Richtung bewegen. Ihr habt bemerkt, dass Marchesano bei den letzten Treffen gefehlt hat, oder? Die Haltung Ignazio Florios, wie Ihr sie beschrieben habt, sein Zögern, die Lösungen, die er vorschlägt, können das … was mir zugetragen wird, nur bestätigen. Er sucht sich seine Verbündeten anderswo.« Stringher beugt sich nach vorne. »Wir arbeiten nach bestem Wissen und Gewissen, und die Regierung hat uns vor allem deshalb gebeten, der Casa Florio zu helfen, um die öffentliche Ordnung in Sizilien zu schützen. Wenn die Florios sich jedoch unserem Konsortium nicht anschließen oder schlechten Ratschlägen folgen, dann haben wir keine Veranlassung mehr, die Gläubiger davon abzuhalten, sich ihr Vermögen zu holen. Die Casa Florio geht bankrott, und andere Unternehmen werden die Leere ausfüllen, die dadurch entsteht. Habt Ihr verstanden?«

Eine Pause. Ein langes Schweigen, nur durch die Geräusche von der Straße und den schweren Atem Rolandi Riccis durchbrochen, der am Ende flüstert: »Ja. Ich verstehe Euch sehr wohl.«

Ende Mai 1909 teilt Ottavio Ziino mit fahlem Gesicht und erstarrter Miene einem gleichmütigen Stringher mit, dass die Florios sich aus dem Konsortium zurückziehen. »Sie haben sich anders entschieden. Die Bedingungen, die Ihr vorgeschlagen habt, können sie nicht akzeptieren«, schließt der Anwalt tonlos.

Bonaldo Stringher hört das Gesagte und schüttelt den Kopf. Schließlich sieht er Ziino mit offener Distanziertheit an. »Bitte richtet Eurem Mandanten aus, dass es sich um eine törichte Entscheidung handelt, deren Konsequenzen er bitterlich bedauern wird. Er hat mein Vertrauen und das der Gläubiger missbraucht, hat uneinsichtig und hinterhältig gehandelt, und sein Verhalten wird ihn ruinieren.«

Ziino kann das Zittern seiner Hände nicht verbergen, lässt den Blick jedoch nicht sinken.

Stringher steht auf, rückt seine Krawatte zurecht. »Von diesem Moment an geht mich Ignazio Florio nichts mehr an. Den Gläubigern steht es frei, das Vermögen der Casa Florio in der Weise und Form unter sich aufzuteilen, wie es ihnen beliebt. Ich werde keinen Finger mehr rühren.«

Palermo trifft die Nachricht wie ein gewaltiger Windstoß aus den Bergen. Sie hallt von den Kontoren des Banco di Sicilia und der Banca d'Italia wider und schürt Ängste. In den Salons mischt sich die Nachricht vom Auszug aus dem Konsortium mit Klatsch über Vera Arrivabene: Sie war es nämlich – so sagen die Wohlinformierten –, die Ignazio Florio diesen Rat gegeben hat. Sie und nicht die Ehefrau, denn Ignazio – auch das wissen diese Leute – hat Donna Franca daran gewöhnt, sich niemals in geschäftliche Dinge einzumischen. Jemand anderes behauptet, »aus *höchst glaubwürdigen* Quellen« erfahren zu haben, dass einige Berater Ignazios bereits mit gewissen Industriellen Übereinkünfte getroffen haben … Wieder andere spucken noch größere Töne und sagen, die Casa Florio sei ein Schiff, das am Sinken sei. Und man weiß ja, was am Ende mit Wracks geschieht …

Die Nachricht verbreitet sich auf den Straßen und in den Fabriken und erreicht schließlich den Hafen. Sofort werden Stimmen laut, es herrschen Unsicherheit und Verwirrung. Was in den höheren Etagen der Unternehmen verhandelt und verschachert wird, bedeutet den Arbeitern, den Matrosen und den Armen, die vor den Suppenküchen Schlange stehen, herzlich wenig. Doch sie alle haben begriffen, was sie erwartet, und die Bedrohung ist greifbarer denn je: Wenn die Florios kein Geld mehr haben, dann nimmt ihr eigenes Elend seinen Lauf.

Als Ignazio seine Entscheidung in der Familie bekannt gegeben hat, zuckte Vincenzo lediglich mit den Achseln und sagte: »Mach nur«, verließ kurz danach eilig das Haus und ging zu Annina, um mit ihr die Hochzeit zu planen, die in wenigen Monaten stattfinden soll. Giovanna, bleich und leidend, bekreuzigte sich, murmelte ein Gebet, nahm dann Igiea an der Hand und ging davon.

Tief in einem Sessel sitzend, die Hände auf den Knien abgelegt, hörte Franca ihm zu, ohne mit der Wimper zu zucken. »Du glaubst wirklich, wir kommen aus diesem Schlamassel noch mal raus?«, fragte sie schließlich, nachdem sie sich eine Zigarette angezündet hatte.

Er zuckte nur mit den Achseln und murmelte ein »Ich hoffe es«, so leise, dass es für Franca kaum zu hören war.

Doch dann tat sie etwas, das sie schon lange nicht mehr getan hatte: Sie stand auf und nahm ihn in die Arme. Eine Geste der Zuneigung, die genau das war, was Ignazio in diesem Moment brauchte. Und das etwas in seinem Inneren zerbröckeln ließ und den Blick auf die Spur einer Liebe lenkte, die immer noch, trotz Streit und Vorwürfen, am Leben war.

Er löste sich von Franca, ergriff ihre Hand. »Warum?«, fragte er sie und blickte in ihre grünen Augen.

»Weil es ist, wie es ist«, erwiderte sie und hielt seinem Blick stand. In dem nach so langer Zeit ein Funke Zärtlichkeit aufgeflammt war.

Es sind so viele Dinge, die Ignazio sie fragen möchte.

War es wirklich allein seine Schuld und die all seiner Fehltritte, oder fühlt sie sich auch ein wenig verantwortlich für das Scheitern ihrer Ehe? War sie ihm tatsächlich immer treu, oder hat sie schließlich doch einem Verehrer nachgegeben, wie manche sagen? Und warum hat der Tod ihrer Kinder, statt sie zusammenzuschweißen, sie immer mehr getrennt?

Doch statt all das zu fragen, bleibt er reglos zurück und schweigt, während sie auf ihr Zimmer geht, um sich auf einen ihrer Abende in der Villa Igiea vorzubereiten. Auch das ein Grund zur Verbitterung. In letzter Zeit werden die Spielsäle der Villa auch von weniger respektablen Menschen besucht: von Schwindlern und professionellen Betrügern, von Wucherern und Prostituierten, die vor allem aus naiven oder gelangweilten Spießern ihren Nutzen ziehen. Die allerdings auch den Rubel immer noch rollen lassen, etwas, was die Florios bitter nötig haben.

Als er hört, wie die Haustür hinter Franca ins Schloss fällt, schlägt Ignazio die Hände vors Gesicht.

Wieder einmal ist eine Möglichkeit, zu reden, sich zu erklären, verronnen.

Die Vereinbarung, die die Casa Florio retten soll, wird am 18. Juni 1909 getroffen. Schirmherr des Verfahrens ist ein gewisser Vincenzo Puglisi, der die Florios mit den Gebrüdern Pedemonte und Luigi Lavagetto, Inhabern einer Firma aus dem Piemont, sowie den Parodis, Konservenindustriellen aus Genua, zusammengebracht hat. Für die Dauer von fünf Jahren werden die Produkte der Tonnare von Favignana und Formica abgetreten, und eine sehr große Hypothek wird auf das gesamte Archipel der Ägadischen Inseln aufgenommen.

Was für ein Idiot, denkt Bonaldo Stringher in seinem Büro in Rom, als er die vertraulichen Berichte liest, die ihm seine Regionalvertreter zukommen lassen. *Das wird nicht nur schlecht ausgehen. Es wird ihn ruinieren*, denkt er und zündet sich eine Zigarre an.

Rolandi Ricci betritt das Büro in genau dem Moment, in dem Stringher die Akte zuklappt. Er setzt sich, ohne auf eine Aufforderung zu warten. »Dann hat die Banca Commerciale also gewonnen.«

Stringher bleibt einen Moment lang reglos sitzen, steht dann auf, legt die Unterlagen in einen Schrank. »Ja, Florio war nicht bewusst, dass Lavagetto und Parodi die Bürgschaft zugunsten der Commerciale unterschrieben haben und deshalb, falls sie in Schwierigkeiten geraten, ihren Kredit der Bank überlassen würden; dadurch wäre er dann gezwungen, direkt mit der Banca Commerciale zu verhandeln.«

»Die daraufhin ohne mit der Wimper zu zucken die Ägadischen Inseln erwerben und Florio damit ausbooten würde«, schließt Rolandi Ricci.

Stringhers Lachen ist verächtlich. »Die Commerciale gibt Lavagetto und Parodi das Geld, die geben es den Florios, und die zahlen mit genau diesem Geld ihre Schulden ab, die sie bei der Commerciale haben ... Das heißt, ein klassischer Durchlaufposten. Wir jedoch haben zwei Gläubiger dazubekommen, die viel vertrauenswürdiger sind als Ignazio Florio. Wenn ich nur daran denke, was dieser Mensch verpulvert hat ... Einen schlimmeren Fall von Idiotie in der

Finanzwelt kann ich mir kaum vorstellen. Die Aktien der SAVI hat er nicht abgelöst, er hat also nichts mehr mit der Kellerei zu tun. Aus der *Navigazione Generale Italiana* ist er praktisch raus, er besitzt die Werft nicht mehr und auch nicht mehr die Bootsrampe … Das wird eine Katastrophe. Es ist nur eine Frage der Zeit.«

»Unglaublich! Wir sind so wenige …«

»Ja, meine Liebe, das stimmt. Ein Empfang auf Sparflamme, ganz was anderes als noch vor ein paar Jahren. Erinnert Ihr Euch noch, dass man damals am Ende eines jeden Balles den Gästen eine Kleinigkeit aus Gold oder Silber mitgegeben hat?«

»Übrigens habe ich auch erfahren, dass sie einige ihrer Hausangestellten entlassen mussten und Ignazio auf seinen englischen Schneider verzichtet hat …«

»Sie wiederum verzichtet auf rein gar nichts. Habt Ihr das Kleid gesehen?«

»Französisch oder englisch? Das Kleid, meine ich … Jedenfalls ist sie nach der Geburt des letzten Kindes ganz schön aus dem Leim gegangen …«

»Na ja, aber mit dieser *corsage* in Platin und Diamanten und diesen Perlen am Hals kann sie immer noch alles tragen, finde ich …«

Franca beachtet sie gar nicht, diese boshaften Spitzen, die sie überallhin verfolgen wie ein Wespenschwarm. *Sollen sie doch sagen, was sie wollen, diese Schmarotzer*, denkt sie. Ihr ist das alles schon seit geraumer Zeit egal. In einem Kleid aus grüner Spitze und Seide, das genau die Farbe ihrer Augen hat, geht sie zwischen den Tischen umher, die alle mit Gestecken aus weißen Blüten und Atlasbändern geschmückt sind, und überwacht, dass alles in Ordnung ist und kein Gast vernachlässigt wird. Ihr Lächeln ist wie ein Schutzschild.

Das Orchester stimmt einen Walzer an, und Vincenzo und Annina tanzen zum ersten Mal als Mann und Frau. Es ist der 10. Juli 1909, und fast hat es den Anschein, als wäre ein Quäntchen Glück in die Olivuzza zurückgekehrt.

Annina ist wunderschön in ihrem Hochzeitskleid, das die Taille betont, und dem Schleier, der mit kleinen Maiglöckchensträußen seitlich am Kopf befestigt ist. Auch Vincenzo sieht gut aus, doch vor allem sieht man ihm an, dass er verliebt ist; er drückt seine Braut fest an sich, lässt sie herumwirbeln, bleibt dann lachend stehen. Sie küssen sich ungeniert, als wären sie ganz allein auf der Welt.

Franca kann es erkennen, das wahre Glück. Auch wenn es das in ihrem eigenen Leben nicht mehr gibt, spürt sie dennoch die Liebe, erkennt ihren Duft: ein intensives, süßes Aroma, ganz ähnlich dem der Maiglöckchen, die Anninas Schleier schmücken.

Ein Glück, nach dem sie sich zurücksehnt.

Sie schaut den Frischvermählten beim Tanzen zu und betet darum, dass ihre Gefühle nicht verblühen, so wie es ihr und Ignazio geschehen ist. Vor allem betet sie, dass Vincenzo Annina nicht leiden lässt. In ihm pulsiert der Geist der Florios: ein unternehmerischer Geist, der Geist eines Mannes, der entschlossen in die Ferne blickt. Allerdings hat sein Bruder sich immer schützend vor ihn gestellt, hat ihm alles, was er sich vornahm, finanziert. Annina ist erst vierundzwanzig, sie ist schön, selbstsicher. Doch auch sie hat bisher im goldenen Käfig gelebt. Werden sie zusammen die Kraft aufbringen, den stürmischen Zeiten, die unvermeidlich bevorstehen, zu trotzen?

Franca seufzt und sucht mit dem Blick nach ihrem Mann. Mit finster gerunzelter Stirn steht er in einer Ecke, ganz in der Nähe des Sessels, in dem Giovanna sitzt, daneben Maruzza.

Wie immer hat Ignazio ihr nichts von dem gesagt, was geschieht. Er bittet sie hartnäckig, beim Baccara und beim Roulette keine zu hohen Einsätze zu machen, zu sparen, sich auch bei den Einkäufen von Kleidung zurückzuhalten, doch er weiß auch, dass sie das nicht kann, denn vor den Augen der Welt ist es ihr weder möglich, auf neue Garderobe jedes Jahr zu verzichten, noch auf lange Aufenthalte an der Côte d'Azur oder in den österreichischen Alpen. Dennoch ist auch Franca mittlerweile in vollem Umfang bewusst, wie ernst die Lage für die Casa Florio ist. Erst vor ein paar Wochen hat sie mit Giulia Trigona offen darüber gesprochen und musste zugeben, dass die Gerüchte über ihre Schwierigkeiten mehr als begründet sind.

Ihre Freundin hat sie unter Tränen in die Arme geschlossen, konnte es sich jedoch nicht verkneifen, ihr zu verraten, dass die ganze Stadt bereits seit geraumer Zeit davon wisse. Seit Anfang Juni ist ihr Mann Romualdo Bürgermeister von Palermo, und sie hat gehört, wie er in besorgtem Ton von den Streiks der Hafenarbeiter, der Angestellten der *Navigazione Generale Italiana* und der Keramikfabrik berichtet hat, auch von blutigen Zusammenstößen zwischen Arbeitern und Polizei, von Steinwürfen auf die Geschäfte der Via Maqueda, von der kompletten Zerstörung eines Cafés auf der Piazza Regalmici, von verprügelten Passanten und den Barrikaden vor der Chiesa dei Crociferi … Und das alles, weil die Leute sich mit der Tatsache, dass die maritimen Verträge nicht erneuert wurden, weder abfinden wollten noch konnten; allem Anschein nach lagen diese mittlerweile in den Händen der italienischen Lloyd von Erasmo Piaggio, der kein Interesse daran hatte, Palermo und seine Bevölkerung daran teilhaben zu lassen.

Zu Giulias Worten sind auch die erzürnten Berichte aus der *Ora* gekommen, die Maruzza ihr immer vorlas und die in Franca weiter Unruhe schürten, weil der Gedanke, in nächster Nähe zur Olivuzza oder der Villa Igiea könnte es zu ähnlichen aufständischen Ereignissen kommen, sie zutiefst beunruhigte. Tatsächlich waren die Unruhen einer der Gründe, warum die Hochzeit von Annina und Vincenzo einige Tage verschoben worden war und der Empfang nur im engsten Freundeskreis stattfand. Schließlich ging man mit einem Fest im großen Stil das Risiko ein, die Arbeiter gegen sich aufzubringen … ganz zu schweigen von der Tatsache, dass es ihre sowieso schon angespannten Kassen noch mehr strapaziert hätte.

Maria Concetta, Anninas Schwester, tritt zu ihr, hängt sich bei ihr ein. »Die beiden sind wirklich schön zusammen, stimmt's?«

»Ja. Schön und glücklich. Ich wünsche ihnen, dass sie es lange bleiben.«

Ein Mann mit herzförmigem Gesicht und feinem Schnurrbart geht an ihnen vorbei. Er trägt einen staubigen Anzug und hält mit ungezwungener Lässigkeit auf einer Schulter einen Dreifuß, auf den eine wuchtige Kiste montiert ist, die zart und schwer zugleich aussieht. Er lächelt Franca zu und neigt grüßend den Kopf.

Maria Concetta kann es sich nicht verkneifen, ihrer Freundin einen fragenden Blick zuzuwerfen.

»Das ist Signor Raffaello Lucarelli, ein Freund von Vincenzo«, erklärt Franca mit einem Lächeln. »Er hat ... wie hat er es genannt? Ach ja, einen ›wundersamen Film aus dem Leben‹ von der Trauung gemacht, eine filmische Bearbeitung. Und er sagt, die will er in seinem Theater, dem Edison, vorführen.«

»Dann wird also ganz Palermo bei der Hochzeit dabei sein? Aber das ist *époustouflant*, atemberaubend!«

»Zuerst Palermo und dann wahrscheinlich ganz Italien ... Weißt du, Vincenzo ist einfach so. Er kann dem Zauber neuer Dinge nicht widerstehen und will der Welt zeigen, dass er immer um einen Schritt voraus ist. Und das Urteil anderer ist ihm gleichgültig.«

Maria Concetta nähert sich Franca und drückt ihren Arm mit der Hand, die in einem langen, eisblauen Handschuh steckt. »Wie Ignazio ...«, murmelt sie.

Das ist eine feine Anspielung ohne Boshaftigkeit. Franca nickt und versucht die Verbitterung zu verbergen, die beim Gedanken an Vera Arrivabene in ihren Augen aufgeflammt ist. Erst vor ein paar Tagen hat sie Ignazio in seinem Arbeitszimmer gesucht, um ihn darauf anzusprechen. Ihn selbst traf sie nicht an, doch dafür fiel ihr Blick sofort auf mehrere Briefe von ihr. Da lagen sie, in einer silbernen Mappe. Einer jedoch lag draußen, auf der Unterlage, und daneben Ignazios Antwort, bereits im Umschlag und für die Versendung vorbereitet. Veras Brief hat sie gelesen. Es waren die Worte einer Verliebten, aus denen Vertrauen sprach, Freundschaft, Unbeschwertheit. All das, was sie und Ignazio verloren hatten.

Sie fühlte sich wie eine Diebin. Rasch legte sie alles wieder an seinen Platz und verließ das Zimmer auf Zehenspitzen.

Ist es möglich, dass Ignazio wirklich die Liebe dieser Frau erwidert?, hat sie sich gefragt, als sie die Tür hinter sich schloss.

»Er ist eben so. Aber dann kehrt er immer zu mir zurück«, erwidert sie jetzt, an Maria Concetta gerichtet, und zwingt sich zu einem Lächeln.

Wie oft hat sie diesen Satz in den sechzehn Jahren ihrer Ehe gesagt? *Er wird immer zu dir zurückkehren*, hat Giovanna ihr vor so langer Zeit bereits mitgeteilt. *Wenn du ihn halten willst, dann muss er wissen, dass du ihm immer verzeihen wirst. Verschließ deine Augen und Ohren, und wenn er zurückkommt, halt den Mund.* Und genau so hat sie sich verhalten. Schweigend hat sie gelitten, gewartet und verziehen. Und dann hat sie gelernt, nicht mehr zu leiden, zu leben, ohne auf ihn zu warten, und ihm ohne Mühe zu verzeihen. Ihn und sich selbst zu akzeptieren.

Nun jedoch kann sie nicht umhin, sich zu fragen, ob es mit Vera anders ist. Und ob es in ihrer Zukunft nicht eine ganz andere Einsamkeit geben wird. Eine Einsamkeit, in der auch der feine, schmerzliche Faden, der sie und Ignazio immer noch verbindet, durchtrennt ist. Eine Einsamkeit, die man nur überleben kann, wenn man es hinnimmt, in Gesellschaft von Ausgeburten der eigenen Fantasie zu leben.

»Was macht ihr denn, wenn das frischgebackene Ehepaar in die Flitterwochen aufgebrochen ist?«, will Maria Concetta wissen. »Maruzza hat angedeutet, dass ihr ein paar Tage wegfahren wollt.«

Franca nickt, kramt dann in ihrer Tasche nach der Zigarettenspitze. Sie bedeutet ihrer Freundin, ihr in den Garten zu folgen. »Ja. Ignazio möchte an die Côte d'Azur. Er muss sich ein bisschen ausruhen.« Sie zündet eine Zigarette an. »Es waren furchtbare Tage für alle, und ich fürchte, das wird noch weitergehen. Auch Igiea und Giulia kommen mit und meine Schwiegermutter.«

Maria Concetta schiebt sich das Haar aus der Stirn und schaut sich um. Vom Büfett, um das sich die Gäste scharen, kommt Gelächter, Applaus. Vincenzo muss etwas Witziges gesagt haben. »Meine Mutter ist besorgt«, sagt sie. »Mal ganz abgesehen von den Unruhen in der Stadt … Na ja, du weißt ja, was über die Situation der Casa Florio so gesagt wird, und sie möchte nicht, dass Annina mit hineingezogen wird. Sie ist in ruhiger Umgebung aufgewachsen, ein Mädchen ohne Flausen im Kopf, und meine Mutter will nicht, dass sie in Schwierigkeiten gerät.«

»Ich kann es ihr nicht verdenken«, erwidert Franca trocken. »Aber oft reicht schon eine einzige Person, die ein paar Worte verliert, und schon wird aus einer schwierigen Phase eine Tragödie.«

Maria Concetta tritt vor sie, schaut ihr in die Augen. Die beiden sind seit Jahren befreundet und können ehrlich zueinander sein. »Willst du wissen, wie meine Schwester diese Gerüchte kommentiert hat?«, fragt sie sanft.

»Schieß los.«

»Sie hat gesagt, wenn es nach ihr ginge, könnten die Florios ebenso gut wieder in der Via dei Materassai wohnen, als einfache Kaufleute, und ihr wäre es egal, weil sie Vincenzo liebt und bei ihm bleiben will.«

Franca verspürt große Zärtlichkeit. Fast hatte sie vergessen, dass es solch starke und reine Gefühle gibt. Ein Gedanke, der sich in Maria Concettas Verhalten spiegelt, die ihre Hände nimmt und mit bebender Stimme zu ihr spricht. »Kümmere dich um sie, Franca, ich bitte dich. Sie ist so jung, so bereit, sich Hals über Kopf ins Leben zu stürzen … Sie weiß nicht und kann es nicht wissen, wie schwer es ist, Frau und Mutter zu sein. Sie braucht eine Freundin, die bei ihr ist und sie beschützt.«

Franca umarmt Maria Concetta und spürt eine Regung in sich aufsteigen, die ihr die Kehle zuschnürt. »Sie wird mir wie eine Schwester sein. Ich verspreche es dir, ich kümmere mich um sie. Sie ist jetzt eine Florio. Und für uns Florios ist nichts wichtiger als die Familie.«

»Don Ignazio, wo sollen die hier hin?«

Ignazio dreht sich zu den Lastenträgern um, die die Kartons und Möbelstücke vom Sitz der *Navigazione Generale Italiana* abladen. Mittlerweile ist der Palazzo an der Piazza Marina nicht mehr der seine. Er wird in Zukunft weder die Promenade entlang des Cassaro sehen noch das graue Gestein der *balate* auf der Piazza oder die glänzenden Wagen der Straßenbahn. Und vielleicht wird er auch dieses Knirschen nicht mehr hören und nicht mehr sehen, wie sich Risse auftun …

Er hat nicht lange gebraucht, dieser Luigi Luzzatti – neu als Premierminister, aber ein alter Fuchs in Sachen Politik und Finanzen –, um alles unter Dach und Fach zu bringen: Im Juni 1910 hat er einer gerade erst in Rom gegründeten Firma, der *Società Nazionale dei Servizi Marittimi*, die Leitung der vereinbarten Dienste anvertraut. Und genau diese Gesellschaft hat den Großteil der Schiffe der Florios übernommen. Für gewisse Zeit wird Ignazio immer noch Vizepräsident des Verwaltungsrates der NGI sein, und sogar Vincenzo wird bei der schicksalsschwangeren Versammlung am 25. April 1911 in Rom teilnehmen, bei der der Sitz der NGI offiziell nach Genua verlegt wird.

Doch das ändert nichts an der Wirklichkeit: Die Florios sind nicht mehr Teil der *Navigazione Generale Italiana*.

Zusammen mit Vincenzo hat Ignazio eine Firma für die Verwaltung von Seerechten gegründet. Es ist ein kleines Unternehmen, bedeutet für ihn aber, dass er in der Branche bleiben kann, in der er – das kann er offen zugeben – mittlerweile nur noch wenig bis nichts bedeutet. Sie haben ein Büro an der Via Roma bezogen. Immerhin ist es luftiger und moderner, hat einen schönen Blick auf die neuen Gebäude, die einen Teil des historischen Zentrums weggewischt haben: Noch immer fegt der Wunsch nach Erneuerung durch die Stadt wie ein Stromschlag.

Ignazio bedeutet den Arbeitern, ihm die Treppe hoch zu folgen. Er zeigt auf zwei geräumige Zimmer, die nebeneinander liegen. »Hier die flachen Möbelstücke, die Gemälde und der Schreibtisch meines Vaters; in den anderen Raum kommen die Regale und die Tresore.«

»Dann hast du ihn also doch mitgenommen …«

Vincenzos Stimme lässt ihn zusammenfahren. Sein Bruder steht in Strohhut und Leinenanzug neben ihm und zeigt mit der Spitze seines Stockes auf den schweren Mahagonischreibtisch, den die Träger gerade aufbauen.

»Ich konnte ihn einfach nicht dort lassen«, murmelt Ignazio.

»Ich hege keine allzu große Liebe zu diesem alten Plunder und zu den Familientraditionen, aber im Grunde ist es richtig so.« Vincenzo schaut den Bruder von der Seite an. »Sei nicht traurig. Denk vielmehr, dass wir weniger Ärger haben werden und uns dank der Vereinbarungen bezüglich der Tonnare über Wasser halten können.«

»Ich hoffe es«, entgegnet Ignazio.

Nein, Vincenzo würde es nicht verstehen, das weiß er. Er schaut immer vorwärts, hat sich der Vergangenheit nie verbunden gefühlt. Vielleicht hätte er es gar nicht als Affront gegenüber dem Namen der Florios empfunden, den Schreibtisch ihres Vaters und Großvaters irgendeinem Unbekannten zu überlassen. Und wahrscheinlich kann er sich überhaupt nicht vorstellen, welche Konsequenzen das Ende ihrer Bindung an die *Navigazione Generale Italiana* hat. Dabei sind diese durchaus absehbar: Ignazio wird die Gießerei Oretea verlassen müssen, die Großvater Vincenzo unbedingt wollte und die einige der schönsten Gusseisenarbeiten hervorgebracht hat, die Palermo bis heute schmücken. Und auch die Bootsrampe wird er abstoßen müssen: Mehrere Parlamentarier der Stadt sind bereits dabei, eine Einigung mit Attilio Odero herbeizuführen, dem Eigentümer der Schiffswerft. Angeblich sollen die Arbeiter wieder eingesetzt werden, und es soll folglich nicht allzu viele Entlassungen geben, aber daran glaubt niemand so recht: Odero hat ganz andere Interessen, und die Firma hat Sitze in Rom, Genua, Triest. Überall, nur nicht in Palermo. Alles ist jetzt in den Händen von Leuten aus dem Norden, vor allem aus Ligurien. Ja, Ignazio weiß, wie das alles enden wird, und die Leute von Palermo wissen es auch – diejenigen, die ihn jetzt feindselig anschauen und ihm auf der Straße keinen Platz mehr machen.

Ignazio wendet sich seinem Bruder zu. Sie sind allein in

dem Raum voller Kartons und Möbel. »Du … du denkst also auch, dass das alles meine Schuld ist?«

»Ja und nein«, erwidert Vincenzo. Ohne Wut, ohne Vorwürfe. »Du hattest zu viele Dinge gegen dich und hast es nicht gemerkt. Du hast versucht, alles am Laufen zu halten, warst aber nicht immer … auf der Höhe der Ereignisse.«

Vincenzo fehlt der Mut, mehr zu sagen. Und abgesehen davon – was hätte es mittlerweile für einen Sinn, dem Bruder die wahnsinnigen Ausgaben vorzuhalten, die fürstlichen Geschenke, die ständigen Reisen, die protzigen Empfänge? Außerdem hat er selbst sich auch immer das genommen, was er wollte, ob es nun ein Automobil war oder eine Frau. *Vielleicht wird mit Annina ja alles anders*, sagt er sich. *Ich werde lernen, die einfachen, puren Dinge zu schätzen …* Vincenzo muss lächeln bei der Idee, doch dann sieht er, wie sein Bruder eine Fotografie von Baby Boy in einem silbernen Rahmen auf seinen Schreibtisch stellt. Ihm wird weh ums Herz. *Ich habe mich immer für mutig gehalten, weil ich ohne Angst Auto fahre oder im Flieger sitze*, denkt er. *Aber der wahre Mut liegt darin, jeden Tag mit einem unauslöschlichen Schmerz zu leben und trotzdem weiterzumachen. Annina und ich werden dir dabei helfen, deinen Schmerz zu ertragen, mein Bruder. Denn manche Bindungen sind noch stärker als das Blut. Aussprechen würden wir das niemals, weil wir Männer sind und Männer solche Sachen nicht sagen. Aber es ist so.*

Er geht zu Ignazio, legt ihm eine Hand auf die Schulter. »Wir werden alles tun, um zu überleben«, sagt er dann. »Und wir werden es gemeinsam tun.«

Ignazio geht den Korridor des Quirinale entlang und sieht fast die Wachtposten nicht, die versuchen, ihn aufzuhalten. Schließlich baut sich ein livrierter Amtsdiener vor ihnen auf und beschwichtigt die Wachen, weil es sich um eine ziemlich delikate Angelegenheit handele.

Und das ist es wahrlich. Denn Romualdo Trigona, Ignazios uralten Freund, der ihm fast wie ein Bruder ist, hat eine Tragödie ereilt. Seine Frau Giulia wurde im Hotel Rebecchino, einer römischen Absteige, erstochen, und zwar von dem palermitanischen Baron und Kavallerieleutnant Vincenzo Paternò del Cugno.

Wie konnte das geschehen?, fragt sich Ignazio aufgewühlt und atemlos.

Er findet keine Antwort darauf.

Aber wo diese Geschichte angefangen hat, das weiß er sehr wohl.

Es ist fast zwei Jahre her, im August 1909, während einer Party in der Villa Igiea. Dort haben sich Giulia und Vincenzo kennengelernt. Eine unzufriedene und vernachlässigte Ehefrau wird zum Objekt der Aufmerksamkeiten des Sprosses einer adligen, aber nicht allzu reichen Familie. Eine Beziehung wie so viele andere, die eigentlich vor den Augen der Welt verborgen und im Geheimen vollzogen werden sollte.

Und doch ist alles zum Allgemeingut geworden. Giulia ist ausgezogen und hat mehrere ihrer Grundstücke verkauft, um ihren Geliebten auszuhalten. Es wurde sogar eine juristische Trennung vorbereitet.

In dem Skandal, der die Tasca di Cutòs und die Trigonas erfasste, hat Franca versucht, Giulia zur Vernunft zu bringen, und ihr ins Gedächtnis gerufen, sie würde ihre Töchter

Clementina und Giovanna zu einem Leben verdammen, das von Scham und Schande geprägt sei, einem unauslöschlichen gesellschaftlichen Stigma. Doch Giulia wollte nicht zur Vernunft kommen; auch wenn sie Vincenzo verließe – so hat sie gesagt –, würde sie niemals zu Romualdo zurückkehren. Diesen hat sie als Schürzenjäger bezeichnet, als Verschwender und Feigling, unfähig, Verantwortung zu übernehmen.

Ignazio hingegen hat versucht, mit Vincenzo Paternò in Kontakt zu treten, und so war es, dank dem Netz aus verwandtschaftlichen und freundschaftlichen Beziehungen in Palermos höherer Gesellschaft, schon bald zu einer Begegnung mit dem Mann gekommen. Paternò del Cugno erwies sich als junger Mann von Charisma, jedoch hochmütig und arrogant, der Ignazio sogar den Vorwurf machte, selbst verführerische Absichten auf Giulia zu haben. Aus seinem Interesse für die Reichtümer seiner Geliebten machte Paternò keinen Hehl, da er erhebliche Spielschulden hatte. Das Gespräch war immer hitziger geworden, es fielen harte Worte, und es hatte nicht viel zu einer tätlichen Auseinandersetzung gefehlt.

Ignazio ringt nach Luft. Er hätte mehr tun können, sagt er sich. *Alle* hätten mehr tun können, doch keiner ist eingeschritten.

Und jetzt ist Giulia tot.

In der zweiten Etage bleibt er stehen, blickt den Amtsdiener fragend an, und dieser zeigt auf eine doppelflügelige Tür am Ende des Flurs; dahinter liegt die letzte Wohnung, die Damen und Herren vom Hofe vorbehalten ist.

Er tritt näher, klopft.

Von der anderen Seite Schluchzen.

Ignazio tritt ein.

Romualdo liegt zusammengesunken in einem Sessel. Neben ihm sein Kammerdiener.

»*Mi l'ammazzò*... Dieser verdammte Verbrecher, er hat sie mir umgebracht.«

Ignazio wirft seinen Hut und Mantel beiseite, geht vor Romualdo auf die Knie, umarmt ihn, und sein alter Freund klammert sich an ihn wie ein Schiffbrüchiger an einen Felsbrocken. Es geht ihm schlecht, und das nicht nur wegen dem, was geschehen ist. Seit einigen Tagen hat er Fieber, und man sieht, dass er gerade erst aus dem Bett aufgestanden ist.

»Umgebracht hat er sie, dieser Dreckskerl. Giulia ... niemals hätte ich gewollt, dass das so endet.« Ein Schluchzer nach dem anderen durchbricht Romualdos wütenden Wortfluss. Er klammert sich an das Revers von Ignazios Jacke. »*E iddu*? Stimmt es, dass er sich umgebracht hat?«

Ignazio nimmt sein Gesicht in beide Hände, schüttelt ihn. »Er hat sich in die Schläfe geschossen, ist aber nur verletzt, wie es scheint. Offenbar wollte sie sich mit ihm treffen und ihm sagen, es sei aus, und er ... er hatte sich bereits überlegt, sie daran zu hindern. Er hatte eine Waffe dabei, und dann ...« Er schafft es nicht weiterzusprechen. Er muss schwer an sich halten, um nicht auch in Tränen auszubrechen.

Romualdo windet sich, schlägt mit den Fäusten an seine Stirn. »*Mancu l'armali si ammazzano a 'sta manera*... Nicht einmal Tiere töten einander auf diese Weise ...« Plötzlich fällt ihm etwas ein, er packt Ignazios Schultern. »Ich hätte es begreifen müssen! Du weißt doch, dass dieser Verbrecher erst vor ein paar Tagen hier war, hier in unserer Wohnung, ganz aufgewühlt ... Man hat mir gesagt, Giulia hätte versucht, ihn zu beruhigen, aber dann fing er an zu schreien: ›Du feige Schlampe, ausgerechnet jetzt willst du mich verlassen? Ich schlag dich tot!‹ Da hätte ich es kapieren sollen!«

»*U' sacciu.* Ich weiß.« Ja, von dieser schrecklichen Szene hat man Romualdo erzählt. »Aber jetzt beruhige dich.« Ignazio hebt den Kopf, sucht den Blick des Kammerdieners. »Zwei Cognac«, bestellt er und hält seinem Freund kurz darauf das Glas an die Lippen, befiehlt ihm, alles auszutrinken.

Romualdo tut, wie ihm geheißen, und scheint ein wenig die Kontrolle über sich selbst zurückzubekommen, auch wenn seine Hände immer noch zittern. »Hast du … hast du sie gesehen?«

»Nein. Ich bin gleich hierher zu dir gekommen. Franca ist … sie ist in dem Hotel, zusammen mit Alessandro. Ich weiß nur, der Fürst von Belmonte ist unterwegs zu Giulias Vater, um ihm die Nachricht zu überbringen; der war gerade schon auf dem Weg nach Frascati. Bei dem Erdbeben von Messina hat er bereits einen Sohn verloren, der arme Mann …«

Doch Romualdo hört ihm gar nicht zu. »Sie wollte ihren Willen durchsetzen, und ich konnte das nicht ertragen. Du weißt, was ich durchgemacht habe, und sogar die Königin hat uns gebeten, dass wir uns wieder versöhnen, aber Giulia wollte nichts davon wissen …«

Ignazio nickt erneut. Er ist auch vor zwei Tagen bei Romualdo gewesen, in dem schwierigen Moment, in dem Giulia und er die Unterlagen für die gerichtliche Trennung unterzeichneten, und er weiß, wie sehr sein Freund darunter gelitten hat. Er zwingt ihn, noch einen Cognac zu trinken. »Ich weiß.«

Romualdo schlägt die Hände vors Gesicht. »Ermordet

wie eine dahergelaufene Hure«, zischt er. »Kann es denn noch schlimmer kommen?«

Sein Freund zuckt mit den Achseln. »Denk doch nur: Jetzt gibt es nichts mehr, dessen du dich schämen musst. Du bist genauso ein Opfer wie sie und noch mehr. Und du musst dir jetzt sehr gut überlegen, wie du dich verhältst. Du wirst zu König und Königin gehen und mit ihnen reden *müssen*.«

Harte Worte, Ignazio weiß das. Aber er ist der Einzige, der mit Romualdo so unverblümt sein kann.

Es ist wichtig, dass sein Freund richtig reagiert. Er gehört einer der wichtigsten Familien der Insel an, ist ein hochrangiger Politiker, war einmal Palermos Bürgermeister.

Romualdo sieht ihn an. Er ist immer noch benommen, hat aber begriffen, was Ignazio ihm sagen will. »Zu König und Königin gehen«, wiederholt er mechanisch. »Aber ich muss auch mit meinen Schwagern reden.«

Ignazio nickt nachdrücklich. »Gewiss, gewiss ... Vor allem mit Alessandro, der an erster Stelle dein Schwager ist und erst dann ein politischer Gegner, denk daran.« Er macht eine Pause, zwingt Romualdo, ihn anzusehen. »*Ni canuscemu di quannu aviamu i causi curti*, wir kennen uns schon, seit wir kurze Hosen trugen, *curò*. Und deshalb hör mir zu: Du musst stark sein. Und auch wenn sie ein so schreckliches Ende genommen hat und es dir wie die schlimmste Schande vorkommt ... Du musst sie in eurer Familiengruft begraben lassen. Sorg dafür, dass du derjenige bist, der das Begräbnis organisiert. Sie war deine Frau und die Mutter deiner Kinder, das darfst du nicht vergessen.«

Romualdo fährt sich mit der Hand durchs Haar, nickt. Nein, und er wird nicht vergessen, dass Giulia eine Trigona war. Vergessen will er lieber die Szenen, die sie ihm gemacht hat, die Abende, die ihr Leben eher einem Krieg ähneln ließen statt einer Ehe, denn auch er war verantwortlich für dieses Scheitern. Aus dem Schmerz darüber tauchen auch die Erinnerungen an seine eigenen Fehltritte auf, vor allem den letzten, sein Techtelmechtel mit einer Schauspielerin von Eduardo Scarpettas Truppe, das Giulia ihm mehr als einmal vorgehalten hat.

Er weiß, dass Ignazio recht hat: Der Mord an Giulia ist ein harter Schlag für seine gesellschaftliche Glaubwürdigkeit und folglich auch für seine politische Karriere. Nun ist es an ihm, seine Würde zurückzuerlangen und zu zeigen, dass es in seiner Familie immer noch Werte gibt und er bereit ist, sie zu verteidigen.

Und so rappelt sich Romualdo mühsam auf. Schwankend geht er zum Schrank, um sich anzukleiden, bleibt immer wieder stehen, schaut ins Leere, wird von Schluchzern geschüttelt. Denn man kann einander hassen, einander verletzen, kann sich voneinander entfernen, doch der Tod ist das Siegel, das alles erstarren lässt und den Lebenden die Last der Existenz auf die Schultern lädt. Der Tod ist barmherzig für denjenigen, der gehen muss, doch für denjenigen, der bleibt, ist er ein Urteil ohne Erlösung.

Und Giulias Tod, *dieser Tod*, hat für immer ihre Beziehung versiegelt.

Ignazio seinerseits weiß, was er tun muss. Er wird Tullio Giordana, den Chefredakteur der *Ora*, um zwei Kommentare bitten: Der erste soll die Erinnerung an Giulia wachrufen, und der zweite wird Romualdo unterstützen. Sie, ein guter, mildtätiger Mensch, der zum Opfer dunkler Leidenschaften wurde. Und er aufrichtig, edel, jedoch Opfer tragischer Umstände. Und es wird nur einen einzigen Schuldigen geben: Vincenzo Paternò del Cugno.

So wird es sein. So *muss* es sein.

Die Rückkehr nach Palermo ist seltsam, traurig. Franca organisiert weiterhin Abende in der Villa Igiea, verbringt aber auch viel Zeit an der Seite ihrer Mutter, die nach dem Tod ihres Sohnes Franz mit nur dreißig Jahren vor ein paar Monaten allein geblieben ist. Ignazio teilt seine Zeit zwischen Sizilien und Rom auf, offiziell wegen Geschäften, doch in Wirklichkeit, um bei Vera zu sein, die längst im Mittelpunkt seiner Gedanken steht. Und tatsächlich ist er, wenn er denn nach Hause kommt, unwirsch und oft schlechter Laune, auch weil seine Gläubiger ihm keine Ruhe lassen.

Über allem schwebt eine Art Melancholie. Giulias Tod hat beiden gezeigt, welch tragisches Ende eine unglückliche Ehe haben kann. Zum Glück sind da ihre beiden Mädchen und auch Vincenzo und Annina, die ihre Tage erträglicher machen.

An einem strahlenden Tag im Mai trifft Franca ihre Schwägerin im ehemaligen Reitstall, der in eine Unterbringung für die Automobile verwandelt wurde. Annina hat gewartet, bis Igiea ihre Musikstunde absolviert hat, und sie in die Garage gebracht, damit sie die Fahrzeuge bewundern kann. Gerade zeigt sie dem Mädchen, wie die Lenkung funktioniert. »Siehst du? Das Steuer ist mit den Rädern verbunden und sorgt dafür, dass diese sich drehen. Nächstes Mal, wenn Onkels Freunde, die Mechaniker, da sind, bitte ich sie, dir das alles genauer zu zeigen.«

Igiea nickt, doch ihr Interesse scheint nicht allzu groß zu sein; es ist eine Weile her, dass sie »Fahrerin« werden wollte. Inzwischen zeichnet sie lieber, sieht sich Fotos an oder geht mit ihrer Mutter oder dem Onkel und Annina ins Lichtspielhaus, doch am meisten liebt sie das Meer. Auf einem Tischchen in der Olivuzza steht ein Foto, das sie zeigt, zusammen mit der Mutter, auf der Treppe zu einer der fahrbaren Kabinen, die man am Strand benutzt, um sich umzuziehen: Sie schaut ernst in die Kamera, Franca steht hinter ihr. Giulia – die alle Giugiù nennen – ist nicht dabei, weil sie damals noch zu klein war, um im Meer zu baden. Franca und ihr liegt viel an dem Bild: Damals haben sie einen Moment seltener und damit kostbarer Unbeschwertheit erlebt.

Annina reibt sich die Hände sauber. Sie tritt zu Franca, und zusammen gehen sie in Richtung Haus, während Igiea ihnen mit raschen Schritten vorauseilt, gefolgt von einer ihrer geliebten Perserkatzen. »Weißt du, Vincenzo würde gerne ein paar Wochen in die Schweiz fahren. Vielleicht im Juli, weil er vorher die letzten Angelegenheiten der Targa regeln muss.« Bei diesen »Angelegenheiten«, das wissen beide, handelt es sich um das Geld, das den Organisatoren und Transporteuren noch gezahlt werden muss. »Vincenzos Idee, die Tribünen von Buonfornello nach Cerda zu verlegen, war sehr klug. Hast du gesehen, wie viele Leute gekommen sind? Und was für eine Aussicht man hatte?«

Franca nickt. »Ja, ich gestehe, nach den beiden letzten Rennen war ich ein wenig besorgt. Weißt du noch, vor zwei Jahren, als so wenig Teilnehmer da waren, dass Vincenzo beschloss, höchstpersönlich anzutreten? Na ja, zumindest war das seine Ausrede …«

Annina lacht und hebt das Gesicht in Richtung Sonne.

Sie hat keine Angst davor, einen Sonnenbrand zu bekommen. »Vincenzo ist geboren dafür, solche Ereignisse zu organisieren und sich immer wieder etwas Neues auszudenken. Er kann alle mitreißen und bringt sie dazu, ihr Bestes zu geben.« Dann wird sie ernst. »Und ich habe nicht die Absicht, ihn auch nur einen Moment lang aus den Augen zu verlieren. Hat mir gar nicht gefallen, wie einige der weiblichen Gäste ihn angeschaut haben.«

Franca wendet den Blick ab. Sie wird ihr niemals sagen, was sie denkt: Sie befürchtet nämlich, dass ihr Schwager nicht nur den maskulinen Reiz der Florio-Männer geerbt, sondern sich auch die überaus schlechten Angewohnheiten seines Bruders angeeignet hat. Aber sie hat Annina einfach zu gern. »Pass du nur immer gut auf«, murmelt sie. »Bei diesen Mannsbildern muss man immer mit beiden Augen schauen.«

Anninas Lippen verziehen sich zu einem Lächeln. »*I masculi vannu comu sunnu insignati*, die Männer machen das, was man ihnen beibringt. Und ich sorge schon dafür, ihn entsprechend zu erziehen.«

Der Duft der Gartenrosen in der Luft ist betörend. Igiea läuft zur Kinderfrau, die auf einer Bank sitzt. Giugiù macht gerade ihre ersten Schrittchen, und ihre große Schwester klatscht ermunternd in die Hände.

Annina zupft die Blätter von einer Noisette-Rose, atmet tief ihren Duft ein. »Ich muss immer mal wieder an Giulia Trigona denken, die Arme. Ich hatte nie den Mut, es dich zu fragen, aber ... Stimmt es, dass du sie gesehen hast?«

Franca durchfährt ein Schauder. »Nein. Zuerst bin ich ins Hotel und dann mit Alessandro zum Friedhof von Verano, wegen der Autopsie, aber da durfte ich nicht rein.«

»Und hast du was über diesen Mann erfahren?«

Franca seufzt. »Von Ignazio hört man keinen Mucks. Wenn man den Zeitungen Glauben schenken will, sitzt er im Regina-Coeli-Gefängnis und kann kaum sprechen, weil der Schuss ihm den rechten Teil des Gesichts zerfetzt hat. Trotzdem muss er sich im Corte d'Assise wegen vorsätzlichem Mord verantworten. Wahrscheinlich wird Ignazio aussagen müssen.« Sie senkt den Kopf, schluckt sichtlich angegriffen. »Ich mache mir große Vorwürfe, mich nicht mehr um sie gekümmert zu haben. Ich hätte bei ihr sein sollen. Ich wusste, dass er sie permanent um Geld bat, dass er begonnen hatte, sie zu bedrohen. Und Giulia wollte ihn wirklich verlassen, weil er handgreiflich geworden war. Wäre ich präsenter gewesen, dann ...«

»Vielleicht wäre es später passiert, aber gekommen wäre es so und so. Sie war es, die beschlossen hat, ihm diese letzte Zusammenkunft zu gewähren, und das war ihr allergrößter Fehler.«

Doch Franca kann sich nicht damit abfinden. Über ein so schlimmes Schicksal in einem üppig blühenden Garten zu sprechen kommt ihr brutal und grausam vor. »Sie war mir lieber als eine Schwester. Ich halte es nicht mehr aus, überall dem Tod zu begegnen«, sagt sie leise. »Zu viele liebe Menschen habe ich verloren.«

Annina drückt ihren Arm. »Dann bringen Vincenzo und ich eben das Leben in dieses Haus zurück. Vielleicht mit einem Kind mit einem strahlenden Lächeln, wie das seines Papas!« Sie lacht. »Ja, ein neuer kleiner Florio. Was will man mehr als dieses bisschen Freude in der Familie!«

Die Cholera ist eine uralte Plage, die die Stadt gut kennt und der bereits Vincenzo Florio, Ignazios Großvater, den Kampf angesagt hatte.

Die Opfer, die diese Krankheit ereilt, sind seit Jahrhunderten immer dieselben: Leute, die im Elend leben, die sich nicht anständig waschen können, die sich ohne jegliche Regel paaren. Zuerst ein Opfer, dann zehn, dann zwanzig. Die Gemeinde von Palermo schickt Angestellte von Haus zu Haus, doch viele machen nicht auf, weil sie Angst haben: Man weiß ja, wenn jemand krank ist, bringt man ihn ins Spital und lässt ihn dort allein verrecken, wie einen Hund …

Alles geschieht schnell, viel zu schnell.

Aus den niedrigeren Stockwerken steigt die Cholera nach oben in die höheren Etagen, sie breitet sich vom historischen Zentrum bis in die Vorstädte aus, erreicht die Villen und verbeißt sich im Fleisch ihrer Bewohner.

Nichts und niemand kann sie aufhalten.

Am Morgen des 17. Juni 1911 wacht Annina benommen und mit starken Bauchschmerzen auf. Neben ihr küsst Vincenzo sie, berührt ihre Stirn. Sie ist heiß. »Du hast ein bisschen Fieber«, sagt er besorgt. »Ich rufe den Arzt«, fügt er nach einem weiteren Kuss hinzu.

Als der Hausarzt der Casa Florio eintrifft, ist das Fieber deutlich gestiegen. Annina atmet schwer. Der Arzt berührt sie, tritt einen Schritt zurück.

Cholera.

Wie ist das möglich, dass die Cholera in die Olivuzza gelangt ist? Hier ist alles sauber, es gibt fließendes Wasser, Bäder und …

Trotzdem.

Bei der Nachricht gerät Franca in Panik. Sie hat bereits

eine Tochter an eine Infektionskrankheit verloren und will nicht einmal an die Möglichkeit denken, Igiea und Giugiù könnten krank werden. Sie ordnet an, dass die Mädchen zusammen mit Maruzza und der Gouvernante von Palermo weggehen. Der Arzt verhängt über Annina Isolation; Ignazio fleht Vincenzo an, sich zu fügen, doch sein Bruder schüttelt nur den Kopf.

»Sie ist meine Frau. Ich muss bei ihr bleiben«, murmelt er. Seine Stimme, die sonst klar und deutlich ist, erstirbt vor Kummer. »Ich lasse sie nicht allein. Sie muss gesund werden.«

Es ist Vincenzo, der sie auf die Arme nimmt und die Kranke in einen Raum im dritten Stock der Olivuzza bringt, weit weg von allen anderen. Er drückt sie an seine Brust, doch Annina ist so fiebrig, dass sie ihn fast nicht erkennt. Rote Flecken leuchten auf ihrem Gesicht, das verschwitzte Haar klebt an ihrem Schädel, sie ist sehr schwach. Vincenzo streicht ihr das Haar zurück, betupft ihr die Stirn mit feuchten Tüchern. Er setzt sich an ihr Bett, hält ihre Hand, küsst sie, schickt die verängstigten Bediensteten hinaus und wechselt höchstpersönlich Bettzeug und Wäsche.

»Nicht sterben«, sagt er zu ihr und hält ihre Hand. »Geh nicht«, fleht er sie an.

Zum ersten Mal in seinem Leben hat er sich geliebt und aufgehoben gefühlt, hat die Freude erlebt, die es bringt, wenn man gemeinsame Leidenschaften hat, wenn man über dieselben Dinge lacht oder sich aufregt. Das alles kann nicht so enden. Es *darf* nicht so enden.

»Es ist zu früh«, sagt er ganz leise zu ihr, den Mund an den Handrücken gelegt. »Du kannst mich nicht verlassen. Wir wollten ein Kind, erinnerst du dich, wie wir darüber gesprochen haben? Du hast es mir versprochen, ein Kind.«

Wach auf, fleht er sie an, blickt auf ihr regloses, wächsernes Gesicht hinab. »Wach auf«, sagt er zu ihr und versucht ihr etwas zu trinken einzuflößen. Am Abend verliert Annina das Bewusstsein. Im Erdgeschoss weint ihre Schwester vor Verzweiflung und mit ihr die Mutter, doch der Arzt untersagt ihnen hochzugehen. »Schlimm genug, dass Signor Vincenzo oben ist. Hoffen wir, dass er nicht auch krank wird«, kommentiert er düster und schaut zu Ignazio, der fahl im Gesicht ist.

Die beiden Frauen beschließen, über Nacht dort zu bleiben, um Annina nahe zu sein.

Am darauffolgenden Morgen sieht man in den vergoldeten Spiegeln der Salons der Olivuzza und den Fensterscheiben bleiche und gezeichnete Gesichter. Die Angestellten holen Seife und Essig, um sich zu desinfizieren.

Da ist Giovanna, die in ihrem Zimmer auf Knien vor dem Kruzifix liegt, weint und betet. Da ist Franca, angsterfüllt, die sich in ihr Zimmer eingesperrt hat und hofft, dass ihre beiden Mädchen sich nicht angesteckt haben. Da ist Ignazio, der entgeistert nach dem Telefon greift, um Vera anzurufen, ihr zu erzählen, was geschieht, ihre Stimme zu hören.

Da ist Vincenzo, der spürt, wie seine Seele in Stücke geht.

Und dann ist da Annina, in einem schweißnassen Bett, die nicht mehr aufwacht, die weder trinken noch sprechen kann, die kaum mehr atmet, während ihr Körper dahinschwindet.

Am Nachmittag des 19. Juni hat sie einen Krampfanfall.

Vincenzo schreit, ruft nach Hilfe. Es ist das Fieber, es ist zu hoch. Von der Treppe kommen die Stimmen von Maria Concetta und der Mutter, auch Ignazio und der Arzt schreien.

Annina windet sich, wirft sich keuchend hin und her.

Er versucht sie festzuhalten, doch es gelingt ihm nicht, wieder und wieder zuckt sie.

Dann auf einmal verdreht sie die Augäpfel, krümmt den Rücken. Sie wird in Vincenzos Armen schlaff, atmet nicht mehr, ihr Puls steht still.

Und alles ist zu Ende.

BLEI

Oktober 1912 – Frühjahr 1935

Cu avi dinari campa felici e cu unn'avi perdi l'amici.
»Wer Geld hat, lebt glücklich,
und wer nicht, der verliert seine Freunde.«
Sizilianische Redensart

Am 30. Juni 1912 wird in Italien ein neues Wahlrecht verabschiedet: Wählen dürfen Männer über einundzwanzig, die lesen und schreiben können; auch Analphabeten dürfen an die Urne, müssen dafür jedoch älter als dreißig sein und ihren Militärdienst absolviert haben. Auf diese Weise erhöht man die Zahl der Wähler von drei auf achteinhalb Millionen. Die Sozialisten schlagen vor, das Wahlrecht auch auf Frauen auszuweiten, indem sie den ersten Absatz des Gesetzes wie folgt abändern: »Wahlberechtigt sind alle volljährigen Bürger Italiens beiden Geschlechts«, eine Änderung, die allerdings am 15. Mai 1912 von der Kammer zurückgewiesen wird.

Angesichts der Wahlen am 26. Oktober 1913 sind es ebendiese Sozialisten, die Giolitti mit Sorge erfüllen. Tatsächlich hat der Parteikongress von Reggio Emilia (Juli 1912) den Ausschluss von moderaten Kräften zugunsten der Maximalisten beschlossen, unter denen sich der zukünftige Chefredakteur des *Avanti!*, Benito Mussolini, hervortut. Giolitti beschließt, sich mit den Katholiken an einen Tisch zu setzen, woraus der *Patto Gentiloni* (nach Vincenzo Ottorino Gentiloni, dem Präsidenten der *Unione elettorale Cattolica Italiana*) entsteht. Durch Unterzeichnung eines sieben Punkte umfassenden Dokuments verpflichten sich die liberalen Kandidaten, sich jeglicher »antikatholischer Gesetzgebung« im Parlament entgegenzustellen. Allem Anschein nach ist das Manöver erfolgreich, doch die Mehrheit, die dadurch entsteht, ist zerrüttet durch gegensätzliche Kräfte (von den Unterzeichnern des *Patto Gentiloni* bis zu den antiklerikalen Liberalen), die zumindest im Falle der Nationalisten und der revolutionären Sozialisten teilweise neu sind. »Gehen Sie endlich, ehrenwerter Giolitti«, sagt am 9. Dezember 1913 Arturo Labriola in der Kammer. »Das Land ist gewachsen, hat sich Ihrem Schutz entzogen, es spricht eine neue Sprache [...] Eine neue Situation, neue Politik, neue Menschen. Lasst die Toten ihre Toten begraben.«

Tatsächlich nimmt Giolitti am 4. März 1914 seinen Abschied, nachdem sich die Radikalen aus seiner Regierung zurückgezogen und diese damit zu einer Minderheitsregierung gemacht haben. Als Nachfolger nennt er dem König Antonio Salandra, dessen Regierung am 21. März 1914 ins Amt kommt.

Am 28. Juli 1914 erklärt Österreich-Ungarn dem Königreich Serbien den Krieg, eine Folge des Attentats, das einen Monat zuvor Erzherzog Franz Ferdinand und seine Frau Sophia das Leben gekostet hat, als sie von einem erst zwanzigjährigen Serben namens Gavrilo Princip getötet wurden. Am 1. August erklärt Deutschland Russland den Krieg, zwei Tage später Frankreich. Am 4. August folgt die Kriegserklärung des Vereinigten Königreiches an Deutschland. Italien hingegen braucht noch fast ein Jahr, ehe es sich dafür entscheidet, in den Krieg einzutreten. Es ist ein Jahr heftiger Auseinandersetzungen zwischen der neutralistischen Seite – den Sozialisten, den Anhängern Giolittis und vor allem den Katholiken, nachdem der neue Papst Benedikt XV. (am 5. September 1914 gewählt) sich gegen den Krieg ausgesprochen hat – und dem auch im Parlament kleinsten Grüppchen der Befürworter eines Kriegseintrittes, die allerdings mit ihren flammenden Reden das Volk bewegen, so wie Gabriele d'Annunzio mit seinem Auftritt auf dem Scoglio di Quarto vor mehr als fünfzigtausend Menschen anlässlich des 55. Jahrestages von Garibaldis Zugs der Tausend. Nach dem Londoner Vertrag, einem Geheimabkommen zwischen der italienischen Regierung und der sogenannten Triple Entente (Großbritannien, Frankreich und Russland), das vor dem Parlament geheim gehalten wird, erhält Salandra vom König die Ermächtigung. Italien erklärt am 23. Mai 1915 Österreich den Krieg und beendet endgültig seine vorherige Bindung an den Dreibund. Das Land bereitet sich darauf vor, in Südtirol und entlang des Flusses Isonzo zu kämpfen, das heißt in den Gegenden, die es dem österreichisch-ungarischen Reich wegnehmen will, weil es sie als sein Eigentum ansieht.

Schon bald entwickelt sich der Konflikt zu einem gnadenlosen Krieg der Schützengräben. Nach der vernichtenden Niederlage von Karfreit (24. Oktober bis 19. November 1917), bei der die italienischen Truppen von der österreichisch-deutschen Artillerie dezimiert werden (mindestens zehntausend Todesopfer und zweihundertfünfundsechzigtausend Gefangene), setzt Italien General Luigi Cadorna ab und vertraut General Armando Diaz die Aufgabe an, das Heer neu aufzustellen. Die Schlacht von Vittorio Veneto, ausgefochten vom 24. Oktober bis zum 3. November 1918, wird entscheidend: Die Italiener besiegen Österreich und ziehen am 3. November in Trient und Triest ein. Am selben Tag wird in der Villa Giusti in Padua der Waffenstillstand unterzeichnet, und am 11. November ergibt sich auch Deutschland. Auf Kosten von Millionen Toten (die Zahlen schwanken zwischen fünfzehn und siebzehn Millionen, von denen mehr als eine Million Italiener sind) verändert sich die politische Landschaft Europas auf unwiderrufliche Weise. Zu diesen gewaltigen Zahlen kommen auch noch die Opfer der verheerenden Epidemie, »Spanische Grippe« genannt (1918–20), der nach neueren Schätzungen rund fünfzig Millionen Menschen weltweit und sechshunderttausend in Italien zum Opfer fielen.

Von der schwierigen sozialen und wirtschaftlichen Situation der Nachkriegszeit profitiert Benito Mussolini, der am 29. November 1914 wegen seiner interventionistischen Haltung aus der Sozialistischen Partei ausgeschlossen wird. Er nutzt die weitverbreitete Unzufriedenheit der Kriegsveteranen und gründet die *Fasci di Combattimento*, welche deutlich von antisozialistischer Missgunst geprägt sind: eine Haltung, die kurz darauf auch im Bürgertum Fuß fasst, das von den Streiks und den Fabrikbesetzungen, die im sogenannten *Biennio rosso*, den zwei roten Jahren 1919 und 1920, in ganz Italien erfolgen, verängstigt ist. Nicht einmal Giolitti, der vom 9. Juni 1920 bis 7. April 1921 zum fünften Mal Regierungschef wird, kann die Situation lösen. Die Faschisten werden immer brutaler und organisieren sogenannte squadristische, überfallartige Angriffe auf die Arbeiter und ihre Organisationen. Am 22. Oktober 1922 versammeln sich mehr als vierzigtausend Faschisten in Neapel, entschlossen, auf Rom zu marschieren. Regierungschef Luigi Facta bittet den König, den Belagerungszustand auszurufen, doch Vittorio Emanuele III. lehnt dies ab: Facta wird seines Amtes enthoben, und am 29. Oktober ernennt der König Mussolini zum Premierminister. Am 16. November gibt Mussolini seine Regierungserklärung ab und fordert die volle Ermächtigung für die »Neuordnung des Steuersystems und der öffentlichen Verwaltung«, die ihm mit zweihundertfünfundsiebzig gegen neunzig Stimmen gewährt wird. Bei den Wahlen am 6. April 1924 erlangt die faschistische Partei (als Teil der sogenannten *Lista Nazionale*) fünfundsechzig Prozent der Stimmen, doch der sozialistische Abgeordnete Giacomo Matteotti bittet in einer flammenden Rede vor der Abgeordnetenkammer, dieses Wahlergebnis nicht anzuerkennen, weil es in einem Klima der Gewalt und der Übergriffe entstanden sei. Am 10. Juni wird Matteotti entführt; die Aufregung darüber ist so groß, dass am 26. Juni 123 Abgeordnete der Opposition, die sogenannten Aventinianer, beschließen, der Arbeit der Abgeordnetenkammer so lange fernzubleiben, bis Licht in die Sache gebracht wurde. Am 16. August wird Matteottis Leiche in einem Wald bei Riano in der Nähe von Rom gefunden; am 3. Januar 1925 übernimmt Mussolini die »politische, moralische und historische« Verantwortung für den Mord und läutet damit den Beginn der faschistischen Diktatur ein, wie auch die sogenannten *leggi fascistissime* belegen, die zwischen 1925 und 1926 erlassen werden und unter anderem die »Auflösung aller Parteien, Verbände und Organisationen, die Widerstand gegen das Regime ausüben«, beinhalten, den Regierungschef zum einzigen Vertreter der Exekutivmacht ernennen, die Entlassung öffentlicher Angestellter vorsehen, die »inkompatibel« mit den Direktiven der Partei sind, Streiks verbieten und die Pressefreiheit unterdrücken. Bei den Wahlen am 14. März 1929 (die in plebiszitärer Form stattfinden, das heißt, dem Wähler wird eine Namensliste vorgelegt, der er zustimmen oder die er ablehnen kann), erhält er ein Ja von achteinhalb Millionen Stimmen, was mehr als achtundneunzig Prozent der Wähler entspricht: ein Ergebnis, auf das auch das überaus große Echo Einfluss hat, das die Unterzeichnung der sogenannten Lateranverträge (11. Februar 1929) zwischen dem italienischen Staat und der Kirche hervorruft und das mit den Beschlüssen von 1871 bricht.

»Richter unserer Interessen, Garanten unserer Zukunft sind wir, nur wir, ausschließlich wir und sonst niemand«, sagt Mussolini am 8. Juni 1935. Doch die Geschichte gibt ihm unrecht: Im Jahre 1940 tritt Italien in den Zweiten Weltkrieg ein, einen Konflikt, der das politische, soziale und wirtschaftliche Gleichgewicht der Welt ins Wanken bringt. Und das ist nur der Anfang. Winston Churchill schreibt im Jahre 1948, dass die menschliche Tragödie darin ihren Höhepunkt erreiche, dass wir nach allen Mühen und Opfern von Hunderten von Millionen Menschen und nach den Siegen der gerechten Sache noch immer nicht Frieden oder Sicherheit gefunden hätten und dass wir uns inmitten von Gefahren befänden, die noch schlimmer seien als die überwundenen.

Blei ist metallisch, es ist fahl, irdisch, schwer, macht keine Geräusche, ist von wenig Weiße und viel Fahlheit«, schreibt Ferrante Imperato in seinem Werk *Dell'Historia Naturale* (1599). Blei kommt reichlich in der Natur vor, es ist leicht zu schmelzen und zu bearbeiten und wurde bereits im alten Ägypten verwendet; die Phönizier, die Griechen und die Römer benutzten es, um Waffen herzustellen, zum Beispiel für Pfeilspitzen oder die sogenannten Schleuderkugeln, die mit Katapulten geschossen werden, während Bleiprojektile erst im Mittelalter auftauchen. Doch sie fertigten damit auch Instrumente fürs Fischen an (als Ballast oder Lot, für Anker), zum Schweißen, für Leitungen (weil es nicht oxidiert) und für Töpfe, in denen man Most aufkochen und einkochen kann, um den sogenannten Saturnzucker (essigsaures Blei) zu erlangen, mit dem man Wein süßen kann und der deshalb so genannt wird, weil Saturn als der Gott des Bleis galt.

Dank Theophrast von Eresus (3. Jahrhundert v. Chr.) kann man den Ursprung einer anderen, fundamentalen Verwendung von Blei zurückverfolgen: des Bleiweiß, einer Art von »Schimmel«, der produziert wird, indem man das Blei verschiedenen sauren Dämpfen aussetzt. Bis zum 19. Jahrhundert hat dieses Bleiweiß die Kunstgeschichte erhellt: Ob Leonardo oder Tizian, ob Van Dyck oder Velázquez, sie alle haben sich dessen bedient, da das einzige andere Weißpigment – Kalkweiß – für die Ölmalerei nicht geeignet ist. Und es brachte auch die Antlitze der Frauen zum Leuchten: Schon im 12. Jahrhundert hat die heilkundige Trota, tätig in ihrer salernitanischen Heilschule, in ihrer Schrift *De Ornatu Mulierum* erklärt, wie man eine Pomade herstellen kann, mit der man »das Gesicht täglich einreiben und damit immer heller werden lassen kann«: Sie verwendet dazu Hühnerfett, Öl aus Veilchen oder Rosen, Wachs, Eiweiß sowie pulverisiertes Bleiweiß. Auch das fahle Gesicht Elisabeths I. ist der Tatsache geschuldet, dass die Königin, um ihre Pockennarben zu übertünchen, eine dicke Mischung aus Bleiweiß und Essig auf ihrem Gesicht auftrug.

Es dauert lange, bis die Menschen begreifen, wie gefährlich diese Aufhellung ist. Mitte des siebzehnten Jahrhunderts entdeckt der deutsche Mediziner Samuel Stockhausen in der Bleiverbindung Lithargit die Ursache für das Asthma, das die Bergleute in seiner Heimatstadt Goslar in Niedersachsen befällt. Und einige Jahre später beschäftigt sich Bernardino Ramazzini in *De Morbis Artificum Diatriba* mit der Tätigkeit der Töpfer und sagt: »[...] alles, was das Blei an Giftigem in sich hat, das in Wasser aufgelöst und verdünnt wird, wird von ihnen über den Mund aufgenommen, durch die Nase und den ganzen Körper, worauf sie nach kurzer Zeit schlimmste Schäden davontragen [...] welche sich zunächst im Zittern der Hände äußern, doch dann befallen sie Lähmungen, Milzstörungen, sie werden blöde, ausgezehrt, verlieren ihre Zähne, sodass man schließlich nur selten einen Töpfer sieht, der kein bleiches Gesicht von der Farbe des Bleis hat«. Ein Befund, den man dann »Saturnismus« nennt und für den man illustre Namen von Opfern nennt: zahlreiche römische Kaiser (darunter Caligula, Nero,

Domitian, Trajan), starke Weintrinker, die damit auch Saturnzucker zu sich nahmen; Maler wie Piero della Francesca, Caravaggio, Rembrandt und Goya, die verstärkt mit Bleiweiß arbeiteten. Und wie es scheint, hat auch Beethoven mit seiner Taubheit für seine Leidenschaft für die Rheinweine bezahlt, die er aus Bleikristallkelchen trank und zusätzlich noch mit Bleiacetat süßte. Manche behaupten sogar, Lenin sei an einer Bleivergiftung gestorben, verursacht durch die beiden Projektile, die bei dem Attentat von 1918 in seinen Körper eindrangen und erst vier Jahre später entfernt wurden. Namenlos bleiben hingegen die Millionen Frauen und Männer, die auf primitive Weise mit Blei arbeiteten und daran starben: Arbeiter und Bergleute, Schriftsetzer und Hutmacher … Man kann Primo Levi durchaus recht geben, als er in seinem Buch *Das periodische System* das Blei als »dunkel, giftig und schwer« bezeichnet, auch wenn wir diesem Metall freilich auch Kunstwerke wie die *Maria der Verkündigung* von Antonello da Messina, Leonardos *Abendmahl* und die *Medusa* von Caravaggio verdanken.

Kunst und Zerstörung, Schönheit und Tod, eingeschlossen in einer einzigen Seele.

Der Fiat bleibt mit einer Vollbremsung vor der breiten Doppeltür des Hotels stehen. Franca steigt aus. Sie trägt einen beigebraunen Mantel mit Pelzbesatz und dazu einen Hut mit großer Krempe, die das Gesicht verdeckt, auf dem sich eine tiefe Falte der Besorgnis zeigt. Ihre Finger schließen sich fest um den Griff ihrer Handtasche, als sie mit ihrem federnden Gang die kleine Treppe zur Eingangshalle hochsteigt.

Maruzza folgt ihr im Laufschritt und steht in dem Moment neben ihr, als sie am Empfang nach der Zimmernummer von Herrn Florio fragt.

»Der Signore ist unpässlich. Er kann keinen Besuch empfangen.« Der Portier ist höflich, aber bestimmt.

Franca reißt entrüstet die Augen auf. Sie hebt den Schleier von ihrem großen Hut und beugt sich zu dem Mann vor. »Er mag unpässlich für alle sein, aber nicht für mich. Ich bin seine Frau, Donna Franca Florio«, sagt sie wütend. »Sagt mir auf der Stelle die Zimmernummer meines Mannes, sonst lasse ich Euch kündigen.«

Der Mann murmelt ein verlegenes: »Entschuldigt, ich hatte Euch nicht erkannt…«, das Franca erst recht verärgert.

Mit einem Seufzer wendet sie sich an Maruzza. »Ihr nehmt das Auto und bringt unsere Sachen ins Hotel. Und dann schickt Ihr mir den Wagen zurück.«

»Seid Ihr sicher, dass ich nicht hier auf Euch warten soll?«

»Nein, danke. Geht nur.«

Die Frau drückt ihr den Arm. »Seid stark«, murmelt sie ihr ins Ohr.

Franca seufzt noch einmal.

Schon ihr ganzes Leben lang versucht sie stark zu sein. Sie *zwingt sich,* stark zu sein, korrigiert sie sich, während sie die Treppe hochsteigt, die Finger auf dem mit Samt bezogenen Handlauf.

Ein ganzes Leben lang hat sie ertragen, hingenommen, hat die Augen verschlossen. Weil sie sich so verhalten *musste.* Weil das die einzige mögliche Rolle für Donna Franca Florio war auf der Bühne jener geschwätzigen und indiskreten Stadt namens Palermo.

Und das alles für die Liebe. Auch wenn man es gar nicht mehr Liebe nennen kann, denn diese Liebe ist vorbei, und nun hat Franca kein Ziel mehr im Leben. Ohne diesen Mann, der in guten wie in schlechten Zeiten immer ihr Leben erfüllt hat.

Bis Vera kam.

Sie nähert sich dem Raum im dritten Stock. Aus dem Zimmer dringen gedämpfte Schritte, dann öffnet ein Mann mit dichtem, grau meliertem Haar die Tür. Hinter ihm, auf dem Bett, sitzt Ignazio; er trägt eine Hausjacke aus rotem Samt und einen Verband, der einen Teil seines Gesichts abdeckt.

Sie sieht ihn an. Ein Blick, in dem sich zu gleichen Teilen Besorgnis und Wut mischen.

»Signora … so früh hatten wir nicht mit Euch gerechnet.« Der Mann, der ihr die Tür geöffnet hat, bedeutet ihr einzutreten. Franca kennt Professor Bastianelli: Es ist der Arzt, der sich in Rom um ihre Familie kümmert. Ohne auf die vage Verlegenheit zu achten, die sich im Zimmer ausbreitet, nimmt der Mann Hut und Tasche und verabschiedet sich mit leiser Stimme. Franca und Ignazio bleiben allein zurück.

Franca nimmt Hut und Mantel ab, zieht die Handschuhe aus. Sie trägt ein hübsches kastanienbraunes Kleid und eine einfache Perlenkette. Sie nimmt auf dem Sessel am Bettende Platz, kreuzt die Hände über den Beinen und schaut ihren Mann lange an.

Ignazio weicht ihrem Blick nicht aus.

»Verzeih mir. Jetzt habe ich dir auch noch diese Unannehmlichkeiten bereitet«, ergreift er schließlich das Wort und senkt den Kopf.

»Was auch nicht bitterer ist. Im Gegenteil. Ich hatte mehr Angst um dich als alles andere«, kommentiert Franca mit angespanntem Lächeln.

Angesichts dieser Reaktion, dieser Augen voll resignierter Traurigkeit durchströmt Ignazio ein Gefühl, mit dem er in letzter Zeit immer öfter zu kämpfen hatte: das Gefühl von Schuld. Er hat versucht, es zu verleugnen, diese unangenehme Regung aus seinem Leben zu verdrängen. Es ist ihm gelungen und gelingt ihm immer noch, wenn es darum geht, mit der immer prekäreren Situation seiner Geschäfte umzugehen. Doch mit Franca ist das etwas anderes. Bei ihr ist es ein Gefühl, das seine Kehle eng werden lässt, das auf seiner Brust lastet, ihm die Luft raubt.

»Tut mir leid«, murmelt er. Er streicht mit den Händen über die Falte des Betttuchs, zeichnet eine Linie nach, die nur er sieht. »Als Giberto, Veras Mann, das von mir und seiner Frau erfuhr … Ich weiß, wie schlimm es für dich sein muss, das alles aus meinem Munde zu hören …«

Franca bleibt undurchdringlich.

Er fährt fort: »Er hat mich hier im Foyer des Hotels angegriffen, vor ein paar Tagen, und mich um Satisfaktion gebeten. Das Duell war … unvermeidlich.« Ignazio erhebt sich langsam. Die Verletzung an der Schläfe ist nicht schwer, aber lästig und verursacht Schwindel. »Wir haben uns vorgestern an der Villa Anziani verabredet, wie ich dir am Telefon gesagt habe. Wir haben uns mit dem Säbel geschlagen. Er war so wütend, dass er mit der Kraft eines Dämons auf mich losgegangen ist. Er wollte mich umbringen oder zumindest entstellen.«

Auf einmal beginnt Franca zu lachen. Sie lacht laut und lang, schlägt die Hand vor den Mund. »O Gott, was seid ihr doch lächerlich, ihr Männer!«, ruft sie.

Ignazio schaut sie entgeistert an. Ist seine Frau verrückt geworden?

Franca schüttelt den Kopf. An die Stelle ihres Gelächters ist ein Lächeln getreten, in dem sich Schmerz und Ungläubigkeit die Waage halten. »Ein Duell mit dem Säbel, wie in einem Groschenroman. Und Giberto tut so, als müsste er seine Ehre verteidigen, nachdem ihr … wie lange geht das schon zwischen euch beiden – vier Jahre?« Sie blickt auf ihre Hände, fährt mit dem Finger über ihren Trauring. »Wenn ich all die Frauen, mit denen du etwas hattest, zum Duell gefordert hätte, wäre die Hälfte unserer Bekannten entweder tot oder entstellt … oder ich wäre es. Nur ein Mann kann sich auf so törichte Weise verhalten.«

Ignazio schaut sie immer noch mit großen Augen an. »Aber … was sagst du da?«

»Ich sage, du magst dich vielleicht nicht daran erinnern, wie viele Frauen du hattest, aber ich weiß es sehr gut. Zumindest das, was mir zugetragen wurde. Ich musste lernen, zu lächeln, mit den Achseln zu zucken, als wäre es normal, dass mein Mann eine Affäre nach der anderen hatte. Dutzende. Und weißt du was?« Sie hebt den Blick. Ihre grünen Augen sind auf einmal durchscheinend, fast heiter. »Ich habe mir so oft gesagt, dass es mir nicht wichtig ist, dass es das am Ende tatsächlich nicht mehr war.«

Er geht zu einem Tischchen, nimmt eine Flasche Cognac, gießt sich ein Glas ein. »Aber ich bin stets zu dir zurückgekehrt.«

»Weil du nicht gewusst hättest, wo du hinsollst.«

»Das ist doch Blödsinn. Du warst immer mein Bezugspunkt.«

Franca steht auf, tritt vor ihn. »Redest du dir das immer noch ein, Ignazio? Nur zu, aber mich verschon bitte mit dieser Lüge. Ich bin zu müde jetzt. Als ich dich geheiratet habe, war ich ein blutjunges Ding, und vielleicht warst ja auch du voller Hoffnungen … Weißt du, manchmal empfinde ich Wehmut, wenn ich an diese junge Frau denke, die überzeugt war, ihre einzige Aufgabe würde sein, an der Seite ihres Mannes zu bleiben und ihn einfach zu lieben, ganz gleich, was passiert. Wie sehr habe ich gekämpft und gelitten, um mich deiner würdig zu fühlen, deines Namens … und eine Florio zu sein.«

Ihre Stimme ist von einer Härte, die man noch nie an ihr gehört hat.

»Franca …«

»Du hast mich nie über deine Geschäfte in Kenntnis gesetzt, hast mir nie erzählt, worüber du mit deinen politischen Freunden geredet hast, ob nun in Rom oder in Palermo. Jahrelang schien mir das richtig zu sein, und abgesehen davon kannte ich auch keine anderen Frauen, deren Männer mit ihnen über Geschäfte sprachen. Ich war deine Frau und hatte andere gesellschaftliche Verpflichtungen; jemand wie ich musste sich für diese Dinge nicht interessieren. Aber jetzt …« Sie zögert. Es ist deutlich zu sehen, dass diese Worte sie schmerzen. »Jetzt weiß ich, dass du mit Vera diese Dinge teilst. Nein, streite es nicht ab: Ich weiß, dass sie dir bei mehr als einer Gelegenheit Ratschläge gegeben hat. Selbst Vincenzo hat mir das bestätigt.«

Ignazio schluckt, weiß nicht, was er sagen soll. Wie soll er ihr nur erklären, was er empfindet, er, der es selbst nicht begreift? Wie kann er ihr sagen, dass er sie gernhat, weil sie für den schönsten und wichtigsten Teil seines Lebens steht, weil sie gemeinsam die Welt beherrscht haben, dass dieses Leben jedoch am Ende wie Papier zerknüllt wurde, das brennt und zu Asche wird? Wie kann er ihr gestehen, dass er, wenn er zurückblickt, nur wilde Feste sieht, Reisen, die in Wirklichkeit eine Flucht waren, Frauenkörper ohne Identität, Geld, das verplempert wurde auf der Suche nach einem Genuss, der ebenso intensiv wie schnell wieder vorbei war? Und wie soll er ihr gestehen, dass er, wenn er nach vorne schaut, nur den unausweichlichen Verfall des Alters sieht, begleitet vom wirtschaftlichen Ruin?

Er kann es nicht. Denn ihr all das zu sagen, würde bedeuten, der schmerzlichsten Wirklichkeit, in der sie beide leben, Stimme zu verleihen: dem Fehlen eines Erben für die Casa Florio. Sein Name, der Name seines Onkels, eines »aufrichtigen und mutigen« Mannes, wie ihm damals sein Vater gesagt hat, wird mit ihm enden. Es wird niemanden geben, dem er den Ring schenken kann, den er immer noch unter dem Ehering trägt. Wenigstens auf einen Neffen hatte er gehofft, doch nach Anninas Tod vor mehr als einem Jahr ist

Vincenzo noch unruhiger und störrischer geworden. Nein, es gibt niemanden und wird niemanden geben …

Franca bemerkt, dass Ignazio an dem Familienring spielt. Diese Geste kennt sie. Sie steht für peinliche Berührtheit, für Leid, für innere Unruhe.

»Ich weiß, dass du mir die Schuld gibst«, murmelt sie.

»Wofür?« Ignazio schaut sie nicht an. Er hält den Blick auf die Wand gegenüber gerichtet, jenseits des angelehnten Fensters.

»Für die Tatsache, dass ich dir nur ein einziges männliches Kind geschenkt habe. Nur eins.«

Ein Seufzen, mehr aus Verärgerung als aus Kummer. »Ich gebe dir für nichts die Schuld. Einen haben wir gehabt, und den hat sich der Herr wieder geholt. Er wollte uns wohl für etwas bestrafen.«

»Nicht einmal deine Mutter würde etwas Derartiges sagen.«

Das Gefühl von Schuld lastet schwer auf seiner Brust. Denn er selbst hat es in den schwärzesten Momenten durchaus gedacht, dass der Herr ihn strafen wolle. Für all die Dummheiten, die Lügen, die sein Leben ausgemacht haben. Doch ist das denn jetzt noch wichtig? Selbst wenn er einen Erben hätte, was würde er ihm hinterlassen? Nur Schulden und Staub.

»Ich habe mich niemals zurückgezogen, das weißt du … Ich war immer da, war immer eine getreue Ehefrau.«

Ignazio kann nicht mehr. Er muss sich befreien, muss das Gewicht, das auf ihm liegt, loswerden. »Jetzt hör doch endlich mal auf!«, bricht es aus ihm heraus. »Warum redest du nicht über die Männer, die in ganz Italien hinter dir her sind, die verrückt nach dir sind, angefangen bei d'Annunzio und diesem Marchese, der dich mit Blumen überhäuft, bis zu Enrico Caruso, den ich so blöd war, für das Massimo engagieren zu lassen, als ihn noch niemand kannte! Ich weiß, dass er dir immer noch schreibt, nach … wie vielen Jahren? Zehn, fünfzehn?«

Franca winkt enerviert ab. »Sinnlos, mir das vorzuwerfen, und das weißt du sehr wohl. Die umschmeicheln mich alle, aber niemand hat sich jemals getraut, mehr zu tun als zu reden. Weil ich keinem von ihnen jemals einen Grund oder eine Gelegenheit gegeben habe. Ich bin deinen Wünschen immer gerecht geworden. Und all das wofür? Es hat immer eine Frau gegeben, die besser war als ich, begehrenswerter, faszinierender. Willst du das etwa abstreiten?«

Ignazio betrachtet sie schweigend. In seinem Blick stehen Wut und Scham.

Ich bin deinen Wünschen immer gerecht geworden.

Die ideale Ehefrau. Bildschön. Jeder Situation gewachsen. Ungezwungen und doch kontrolliert. Elegant wie keine andere. Im Gespräch brillant, scharfsinnig, sprühend. Eine leidenschaftliche Anhängerin von Musik und Kunst. Die perfekte Gastgeberin. Ist es nicht gerade er gewesen, der die schüchterne Neunzehnjährige dazu gedrängt hat, sich in diese vornehme und anspruchsvolle Frau zu verwandeln, die er jetzt vor sich hat? Er wollte eine Frau, die er ausstellen konnte, eine Trophäe, um die andere Männer ihn beneiden würden. Nie hat er wirklich in ihr eine Lebensgefährtin gesucht.

Er ist so blind gewesen. So unreif.

Das wird ihm erst jetzt bewusst, wo er anderswo das gefunden hat, was er wirklich braucht.

»Ich …«

Franca schaut auf ihre Hände, weint leise vor sich hin.

Dann tritt sie auf ihn zu. »Was hat Vera mehr als ich?«, fragt sie am Ende, kaum hörbar.

»Franca …« Ignazio wischt ihr mit dem Handrücken die Tränen ab. »Ihr seid verschieden. Sie ist …«

»Was kann sie dir mehr geben als das, was ich dir in all den Jahren gegeben habe?«

In diesem Moment ist Franca Richterin und Geschworene zugleich, und das kann er nicht ertragen. Er entfernt sich ein paar Schritte, kehrt ihr den Rücken zu.

»Sie ist alles, was du nicht sein kannst«, antwortet er. *Voller Enthusiasmus, leidenschaftlich, lebendig.* »Sie hat mich in ihrem Leben aufgenommen. Du hingegen hast mich von allem ausgeschlossen. Und jetzt ist dir jede Ausrede recht, um fern von mir zu sein: die Abende am Spieltisch, die Reisen mit deinen Freundinnen …«

Franca wird bleich, reißt ungläubig die Augen auf. »*Du* machst es *mir* zum Vorwurf, nicht an deiner Seite zu sein?«

»Seit die Probleme begonnen haben, bist du … verschwunden. Du warst nicht da. Vera schon. Und das hat den Unterschied gemacht.«

»Aber du hast mich nie darum gebeten!«

»Du bist meine Frau. Ich musste dich nicht darum bitten.«

Franca wankt.

Sie hat ihm ihr ganzes Leben gegeben, doch das hat ihm nicht gereicht. Ja, jetzt macht er ihr sogar noch den Vorwurf, ihm nicht mehr gegeben zu haben. Aber was eigentlich, und wie? Hat es nicht genügt, dass sie hinnahm, wie er sie ständig betrog? Dass sie nach dem Tod ihrer Kinder der Welt mit Würde begegnete? Dass sie immer an seiner Seite war? Nein, es hat nicht genügt. Jetzt wird Franca bewusst, dass Ignazio gewollt hätte, sie hätte sich vollkommen im Hintergrund gehalten, wäre so lange unsichtbar gewesen, bis er sie, je nach Lust und Notwendigkeit, nach seinen Bedürfnissen, wieder hervorzaubert. Doch als er dann Vera kennenlernte, hat er begriffen, dass die Kraft der Liebe nicht in der Unterwerfung liegt, sondern in der Gleichberechtigung, einem Leben Seite an Seite.

Endlich ist Ignazio erwachsen geworden. Doch dafür hat er sie und alles, was zwischen ihnen gewesen ist, beiseiteräumen müssen.

Dann kann er also wirklich lieben, sagt sie sich, und es ist weniger eine bittere als eine überraschende Erkenntnis. *Und er liebt eine Frau, die nicht ich bin.*

»Ich habe verstanden. Da gibt es nichts mehr hinzuzufügen.« Sie drückt die Schultern durch, hebt den Kopf. Würde und Stolz sind das Einzige, was er ihr niemals nehmen kann. »Ich gehe ins Grand Hotel. Dort kannst du mich antreffen«, sagt sie zu ihm und steht auf. Sie greift nach ihrem Mantel. Er hält sie nicht auf. Er lässt die Arme hängen, sieht sie an, blickt fragend in dieses Gesicht, das den Schmerz verbergen kann.

Einen Schmerz, der viel zu lange verdrängt, verneint, verschwiegen wurde. Doch jetzt brennt er auch in ihm, frisst ihn auf wie eine Säure.

Vor den Augen der Welt werden sie zusammenbleiben, aber sie werden ein getrenntes Leben führen. Sie werden den Tisch teilen, aber nicht das Bett. Und sie werden niemals zurückblicken.

»Ich melde mich bei dir«, sagt er zu ihr, doch sie hat das Zimmer bereits verlassen.

Franca steigt die Treppe hinab und hält sich am Handlauf fest, ihre Finger zittern.

Das Eis, das sie seit Jahren in sich hat – seit dem Tod ihrer Kinder, aber vielleicht auch schon früher –, verwandelt sich auf einmal in eine Woge aus Lava. Sie spürt ihre unerträgliche Hitze, spürt, wie sie in ihr aufwallt, wächst. Ihr scheint, gleich wird sie sie verschlingen. Da sinkt sie auf einer Treppenstufe zusammen, legt die Stirn auf einen Arm und atmet mit offenem Mund, so groß ist der Schwindel, der sie erfasst hat.

Was ist mir geblieben?

Igiea und Giulia, sicher, aber was sonst?

Der Gedanke verschwindet wieder, fällt in sich zusammen. Die Tränen, die in ihr waren und hinauswollten, sie sind versiegt.

Es gibt nichts mehr hinzuzufügen. Sie steht auf, kehrt zum Eingang zurück. Sie geht mit kleinen Schritten, sie, die immer einen schwungvollen und eleganten Gang hatte. Vor dem Hotel steht das Fahrzeug, das Maruzza zurückgeschickt hat. Als der Chauffeur ihr die Tür öffnet und sie gerade einsteigen will, hält ein anderer Wagen vor dem Eingang.

Eine Frau steigt aus.

Das Gesicht mit den feinen Zügen ist von Anspannung gezeichnet, mehrere Strähnen stehlen sich unter dem cremefarbenen Hut hervor. Unter dem Umhang aus Wollstoff der gleichen Farbe lugt ein kleiner Koffer hervor.

Die Frau bezahlt den Fahrer, dreht sich dann um.

Und in diesem Moment begegnen sich ihre Blicke.

Vera Arrivabene reißt erstaunt die Augen auf. Dann hebt sie eine Hand, als wollte sie Franca winken. Schließlich kennen sie sich seit Jahren, waren einmal gute Freundinnen. Es wäre eine ganz normale Geste.

Aber es ist nur ein Moment.

Sie schließt die Hand zur Faust, senkt den Arm. Sie lässt sich anschauen, ohne Scham, ohne Reue. Ihr Gesicht ist blass und zart, ein Madonnengesicht, nur ein wenig rosig.

Franca bleibt reglos stehen. Sie schaut sie an, ohne sie wirklich wahrzunehmen.

Vera kehrt ihr den Rücken zu, geht fast im Laufschritt die Treppe hoch, betritt das Hotel.

Erst dann setzt sich Franca in das Auto und sagt: »Zum Grand Hotel.«

Vincenzo Florio sitzt auf einem Stuhl und blickt nach draußen, das Kinn auf eine Faust gestützt. Hinter sich hört er ein Geräusch, wendet sich kurz um. Eine der beiden Frauen, mit denen er die Nacht verbracht hat, wacht gerade auf.

Die Frau schaut ihn mit schweren Lidern an, streicht sich das rötliche Haar aus dem Gesicht und lädt ihn zu sich ein, indem sie auf die Matratze klopft. Die andere, eine Brünette mit üppiger Brust, schnarcht leise, den Mund halb geschlossen, das Haar auf dem nackten Rücken zerzaust. Im Zimmer riecht es nach Sex, nach Schweiß und Champagner, dazu kommt ein starker, blumiger Duft.

Er schüttelt den Kopf, schaut wieder nach draußen.

Es regnet in Paris, dicke Tropfen fallen auf die Platanen auf den Boulevards, auf die Schieferdächer. Und das schon seit drei Tagen. Dieser kalte, unfreundliche Juni hat ihn ermüdet. Er wäre lieber an der Côte d'Azur. Oder bei Franca, die mit seinen Nichten in der Schweiz ist. Ignazio hingegen könnte mit Vera in Venedig sein oder in Rom.

Sein Atem beschlägt die Scheibe. Er streckt den Finger aus, malt ein A. Wischt es schnell wieder weg.

Annina.

Seit dem Tod seiner Frau sind drei Jahre vergangen. Drei Jahre, in denen er nichts anderes getan hat als zu reisen, von einem Bett zum anderen zu wechseln und zu versuchen, den Schmerz loszuwerden, der immer noch auf ihm lastet und ihm den Atem nimmt.

Er hat eine Beziehung zu einer Frau russischen Ursprungs. Manchmal glaubt er sogar, er habe sie lieb gewonnen, doch Nächte wie die gerade vergangene beweisen ihm das Gegenteil. In Wirklichkeit ist ihm nichts und niemand mehr wichtig; um sich abzulenken, hat er sogar versucht, sich ein wenig mit den Geschäften der Familie zu beschäftigen, auch wenn Ignazio das nicht besonders ernst genommen hat.

»Annina wird immer ein Teil von dir und deinem Leben sein«, hat Franca wenige Tage nach der Beerdigung zu ihm gesagt. Vincenzo saß reglos auf einer Parkbank und hatte den Kopf in die Hände gelegt. Sie hatte sich neben ihn gesetzt, ohne ihn zu berühren. »Du wirst dich immer fragen, was ihr zusammen gemacht hättet, was sie zu dir gesagt hätte, wann sie gelächelt hätte. Du wirst dir vorstellen, mit ihr zu reden, genau wie ich mir das vorstelle …« Sie machte eine Pause, hob den Blick in Richtung Horizont, senkte die Stimme. »Du wirst denken, wie es gewesen wäre, ein Kind mit ihr zu haben, es aufwachsen zu sehen. Ein Teil von dir wird weiter mit ihr leben, im Kopf oder im Herzen … an einem Platz und in einer Zeit, die nicht existieren.« Erst jetzt griff sie nach seiner Hand, und er begann zu schluchzen. »Aber das wird nicht dein richtiges Leben sein. Die Wirklichkeit wird hier sein, mit der Leere, mit der Abwesenheit und den Worten, die du nie wieder wirst hören können. Und am Ende wird die Vorstellung vom Unmöglichen so schmerzhaft für dich sein, dass es dir lieber ist, darauf zu verzichten. Du wirst beginnen, in die Gegenwart zu schauen. Und es wird dir ein bisschen besser gehen. Ich weiß, dass dir das jetzt absurd erscheint, aber glaub mir. Niemand weiß das besser als ich …« Sie legte einen Arm um ihn, und dann weinten sie zusammen, ein jeder in seinem eigenen Schmerz gefangen.

Vincenzo schüttelt den Kopf. In diesen drei Jahren hat er oft an Francas Worte gedacht, hat darauf gewartet, dass sein Leid weniger wird, dass es aufhört. Doch Annina ist immer noch da, an seiner Seite, und sie geht nicht weg. Vielleicht – hat er sich gesagt – sehen die Frauen im Dunkel des Schmerzes Dinge, von denen die Männer nicht einmal eine Ahnung haben. Das ist ihr Fluch und ihre Rettung.

Und auch in diesem Moment steht sie vor ihm, in einem dunklen Rock und einer weißen Bluse mit Spitzenkragen. Gerade will sie sich ans Steuer eines ihrer Automobile setzen, doch dann hält sie inne und schaut ihn vorwurfsvoll an, als wollte sie ihm sagen: *Warum hast du dich so gehen lassen?*

»Vincent, chéri, viens ici …«

Es ist die Frau mit dem roten Haar, die ihn zu sich ruft, ohne zu bedenken, dass die andere noch schläft. Am liebsten würde er sie beide wegschicken, sie verschwinden lassen.

Stattdessen steht er auf, geht vom Fenster weg, zieht sich das Hemd aus und legt sich zu ihr. Er lässt sich berühren. Er schließt die Augen, dringt fast gewaltsam in ihren Körper ein. Es interessiert ihn nicht, wie sie heißt, wer sie ist oder was für ein Leben sie außerhalb dieses Zimmers hat: Es ist ein Körper, der ihm Genuss und Wärme schenkt.

Und er hält sich an dem bisschen Leben fest, das er haben kann.

Im Foyer des Hotels Champfèr im Engadin, wo die Florios, die Lanza di Trabias und die Whitakers abgestiegen sind, herrscht große Aufregung. Angespannte Mienen, Telegramme, die von Hand zu Hand gehen, Telefone, die klingeln, Hausbedienstete, die wie Ameisen zwischen den Sälen herumwuseln. Seit etwa einem Monat – seit ein junger serbischer Nationalist in Sarajewo Erzherzog Franz Ferdinand und seine Frau Sophie ermordet hat – mehren sich die Stimmen einer möglichen Kriegserklärung Österreichs an Serbien. Und das Ultimatum, das der österreichische Botschafter am 23. Juli in Belgrad der serbischen Regierung gestellt hat, lässt nur wenig Hoffnung auf eine friedliche Lösung der Krise.

Franca sitzt in einem Sessel, überfliegt verwirrt die italienischen und deutschen Zeitungen, doch es gelingt ihr nicht, aus dem Wechsel zwischen Kriegsbegeisterung und der »fieberhaften Intensität, die dem Ernst der Lage geschuldet ist«, wie es im *Corriere della Sera* heißt, schlau zu werden.

»Da bin ich, Franca. *Désolée d'être en retard.*« Giulia Lanza di Trabia küsst sie auf die Wange und schaut sich suchend um. »Sind Norina und Delia nicht da?«

»Nein, sie kamen vor ein paar Minuten mit Tina vorbei

und sagten, sie hätten versprochen, den Nachmittag mit ihr zu verbringen. Zum Tee um fünf sind sie wieder bei uns. Sie sind dreißig Jahre alt, aber manchmal behandelt diese Frau ihre Töchter, als wären sie noch Backfische.«

»Umso besser«, sagt Giulia lächelnd und zieht ihre Handschuhe an. »Gehen wir?«

Sie winken Giovanna zu, die in Begleitung von Maruzza auf der Terrasse ein Sonnenbad nimmt, und verlassen das Hotel durch den Hintereingang.

Giulia atmet tief die frische Bergluft ein. »Wie schade, dass nicht auch Igiea und Giugiù da sind!«

»Heute habe ich einen Brief aus Zürich bekommen: Die Gouvernante schreibt, Igieas Behandlung für ihren Rücken scheint Erfolg zu haben. Und was Giugiù angeht, so ist sie wie ihr Vater: Sie sagt immer, die Berge seien ›langweilig‹, und sie verbringt ihre Zeit lieber zu Hause. Aber was soll sie auch machen, mein Sternchen? Sie ist erst fünf …«

Mit entschlossenem Schritt biegt Giulia auf den Weg zu einem Kiefernwald ein, der sich am Berghang erstreckt.

»Und du, hast du was von Giuseppe gehört?«

»Nein.« Giulias Stimme klingt rau. Ihr Erstgeborener hatte immer schon ein unruhiges, störrisches Wesen. »Mit dem, was da gerade passiert, wäre es nur vernünftig, wenn er hier oder in Palermo wäre … oder wenn er uns wenigstens mitteilen würde, wo er ist.« Sie macht eine Pause, presst die Lippen aufeinander. »Ich glaube, er ist mit *ihr* in Venedig.«

»Madda …« Franca schaut sich um, betrachtet die Berggipfel, die sich vor dem Himmel abzeichnen. Vor ihnen, zwischen den Bäumen, öffnet sich ein Panoramaweg. Sie werden langsamer. Die Luft ist wie Balsam, es riecht grün und frisch, nach Moos. Ab und zu zwitschert ein Vogel. »Tja, alle beide. Mit Treue und Eheversprechen haben die Zwillinge Papadopoli wirklich nichts zu schaffen.«

»Weiß Gott nicht!« Giulia verzieht das Gesicht. Im Gegensatz zu Franca hat sie nie viel für ihre Schönheit getan, und die Zeit hat ihr zugesetzt. Ihr Gesicht ist spitz und von Falten gezeichnet. »Wenn ich daran denke, wie sie ihn umgarnt hat! Er war noch ein Junge, als sie sich kennenlernten, und sie hatte bereits eine Tochter. Giuseppe hätte es gern, dass ich mich mal mit ihr treffe ... aber das kommt nicht infrage. Sie ist verheiratet und hat für ihn alles zurückgelassen. Nein, ich weigere mich, sie zu sehen: Ich finde es unwürdig, auch nur ihren Namen zu nennen.«

Franca drückt ihren Arm. »Du hast recht. Und wie du recht hast.«

»Mein Bruder ist immer noch mit ihrer Schwester Vera zusammen, oder?«

Francas tiefes Seufzen ist ihr Antwort genug.

Giulia schnaubt verächtlich. »Vier Kinder und einen Mann zurückzulassen, um mit einem anderen Mann durchzubrennen, der noch dazu verheiratet ist ... Die Welt wird immer verrückter!«

Franca bleibt abrupt stehen, schaut Giulia an, drückt ihren Arm. »Erinnerst du dich noch, was du mir vor Jahren gesagt hast, im Wintergarten bei dir zu Hause?«

Giulia blickt lächelnd in die Ferne. »Du warst so verängstigt ... Alles und alle machten dir Angst, einschließlich meiner Mutter.«

»Aber du hast mir gesagt, ich solle mir das nehmen, was mir rechtmäßig zusteht, und dass ich stolz sein solle, eine Florio zu sein und diesen Namen zu tragen.«

»Ja. Und du warst es auch. Immer, selbst in den schwierigsten Momenten.«

Franca lächelt bitter. »Ja, ich habe gelernt, es zu sein. Es hat mich viel gekostet, aber am Ende habe ich es geschafft. In den Augen der Welt war ich eine Florio. Und ich werde es immer sein. Aber in mir drinnen …«

Giulia nimmt ihre Hände. »In dir drinnen bist du viele Male gestorben. Für all das, was du durchgemacht hast, für das, wie Ignazio sich verhalten hat … Auch das weiß ich.«

»Ja, aber das ist nicht alles. Bis vor zwei Jahren war ich überzeugt davon, meinen Mann zu kennen. Ich hatte schon geraume Zeit aufgehört, ihn zu rechtfertigen und seine Fehler und Makel stumm hinzunehmen. Aber ich war überzeugt, dass die Liebe uns nach wie vor einte.«

Giulia hebt eine Augenbraue.

»Ja, ich nenne es immer noch Liebe. Jedenfalls war eine Bindung zwischen uns. Doch dann kam Vera, und Ignazio hat sich in sie verliebt. Und ich bin allein geblieben.«

»Meine Franca, du bist nicht allein … Da bin ich, da sind Igiea, Giugiù …«, murmelt Giulia.

Ihre Schwägerin drückt das Kreuz durch, schaut in die Ferne. »Ja, dem Himmel sei Dank, dass ihr da seid. Aber wenn ich in den Spiegel schaue, sehe ich nur mich selbst, als würde die Welt nicht existieren. Ich sehe eine gebrochene Frau, die irgendwie weiterlebt.« Sie holt Luft. »Genau, das wollte ich dir sagen: Dank auch deiner Worte habe ich gelernt, von niemandem abhängig zu sein und trotz allem weiterzumachen.«

»Und nichts mehr zu fühlen?«, murmelt Giulia.

»Du weißt ja, dass das nicht möglich ist. Wie viele Jahre sind seit Blascos Tod vergangen?«

»Einundzwanzig«, haucht Giulia.

»Und hat es seither einen Tag, nur einen gegeben, an dem du nicht an ihn gedacht hast?«

Die andere schüttelt den Kopf.

»Unsere Toten verlassen uns nie. Und ihre Anwesenheit ist Schmerz und Trost in einem.«

Plötzlich bricht Giulia in Tränen aus, legt den Kopf in die Hände. »Du sprichst von Toten, und ich, ich …«

»Was ist denn?«, fragt Franca, die plötzlich Angst bekommt. So sehr hat sie ihre Schwägerin noch nie weinen sehen. »Geht es dir nicht gut?«

Schluchzend schüttelt Giulia den Kopf. »Nein, nein … ich wollte eigentlich nichts sagen, um dich nicht zu beunruhigen, aber ich habe große Angst, Franca. Gestern Abend habe ich mit Pietro gesprochen. Er ist in Rom und sagt, es gehen fürchterliche Dinge vor. Seiner Meinung nach werden die Österreicher Serbien angreifen, und dann werden Frankreich, Russland und vielleicht auch England in den Krieg eintreten. Und ja, ich habe Angst, weil ich drei Söhne habe, und Gott allein weiß, was passieren könnte.«

»Aber in den Zeitungen steht, dass die italienische Regierung als Schlichterin auftritt …«

»Pietro war sehr skeptisch«, entgegnet Giulia und wischt sich die Tränen ab. »Der Krieg steht vor der Tür, und nur der Herr weiß, wie das alles enden wird. Und ich kann den Gedanken einfach nicht ertragen, dass meine Söhne in den Kampf ziehen müssen. Giuseppe ist fünfundzwanzig, Ignazio vierundzwanzig und Manfredi zwanzig. Sie sind erwachsene Männer, drei Lanza di Trabias, und ihr Posten ist an der Front. Das ist ihre Pflicht.«

Franca weiß nicht, was sie sagen soll. Zuerst die Olivuzza

und dann die Villa Igiea stand immer allen offen. Sie kann sich nicht mehr erinnern, wie viele Engländer, Franzosen, Deutsche und Russen sie in ihrem Leben kennengelernt hat. Politiker und Künstler, Bankiers und Unternehmer, mit ihren Familien im Schlepptau. Man hat geplaudert, zusammen gegessen, bis zum Morgengrauen getanzt, hat Karten gespielt oder Tennis, über einen Scherz oder über Klatsch gelacht. Man ist ins Meer gesprungen oder auf den Monte Pellegrino geklettert, hat glückliche Stunden auf Favignana verbracht, lange Ausflüge auf Ignazios Jachten oder in einem von Vincenzos Autos unternommen. Sie denkt an den Kaiser, an die Herrscherfamilie von England, an Kaiserin Eugenie …

Und jetzt sind genau diese Menschen dabei, zu entscheiden, ob sie Europa in Brand setzen wollen.

Giulias Söhne sind noch so jung … Doch auch Giovannuzza wäre mittlerweile zwanzig, und vielleicht hätte auch sie zusehen müssen, wie ihr Ehemann in den Krieg zieht. Ignazino hingegen wäre erst sechzehn, also zu klein, um …

Nein. Hör auf. Sie sind nicht mehr da. Giulia hingegen ist es, sie ist hier.

Sie legt ihrer Schwägerin eine Hand auf die Schulter. »Wahrscheinlich übertreibt Pietro: Er sieht die Dinge immer schwärzer, als sie sind. Deinen Söhnen wird schon nichts Schlimmes passieren …«

»Das hoffe ich.« Giulia holt tief Luft, um sich zu beruhigen. »Ja, besser, ich denke über die Zukunft meiner Töchter nach. Sofia und Giovanna sind schon fast erwachsen.«

»Oder *über den Mistkerl* Ignazio«, spricht Franca mit einem angespannten Lächeln ihren Gedanken zu Ende. Sie erträgt es nicht, Giulia so leiden zu sehen. »Nach vorne müssen wir schauen, auf das Leben, das weitergeht, und nicht auf diese schrecklichen Dinge, deren wir uns gar nicht sicher sein können.«

Als sie jedoch ins Hotel zurückkehren, merken sie sofort, dass die Aufregung von zuvor sich in Angst verwandelt hat. Die Furcht ist greifbar geworden; in der Luft hängt ein unangenehmer Odem von Zigarettenrauch und Schweiß. Gruppen von Menschen belagern, umgeben von Koffern und Taschen, den Empfang; sie bitten laut um die Rechnung, sie echauffieren sich, sie fluchen, flehen um Aufmerksamkeit, ergehen sich in Tobsuchtsanfällen. In einer Ecke sitzt eine schluchzende Frau, ihre beiden Kinder hocken weinend am Boden, doch niemand achtet auf sie.

Einen Augenblick gleitet Francas Denken in die Vergangenheit, in die Nacht, in der ihr Sohn gestorben ist.

Dann sieht sie sich hektisch um, sucht ein befreundetes Gesicht und findet es: Maruzza erhebt sich von dem Sofa, auf dem sie neben Giovanna gesessen hat, die mit geschlossenen Augen den Rosenkranz betet, und kommt aufgeregt auf sie zu.

»Österreich hat Serbien den Krieg erklärt. Und es heißt, vermutlich werden weitere Länder teilnehmen.«

»Wie? Wann? Und Italien?« Franca und Giulia reden durcheinander, und Maruzza hebt beschwichtigend die Hände. »Ich habe telegrafiert, um Don Ignazio zu informieren«, sagt sie, an Franca gerichtet. »Die Whitakers packen bereits. Alle verlassen das Hotel, um nach Hause zu fahren.«

Giulia legt sich eine Hand auf die Brust, als wollte sie ihren Puls beruhigen. »Ich muss mit meinem Mann und meinen Söhnen sprechen. Ja, Ihr habt recht: Wir müssen nach Italien zurück. Franca, du hast doch die Papiere dabei, die bestätigen, dass du Hofdame von Königin Elena bist, oder?«

Franca nickt, etwas ratlos. »Ja, aber …«

»Gut. Ich bin mir sicher, dass diese Papiere als Passierschein für dich und deine Familie gelten«, erklärt Giulia ihr, wie immer pragmatisch. »Ruf in Zürich an und sag der Gouvernante, sie soll die Mädchen sofort reisefertig machen.«

Franca nickt. »Das erledige ich gleich.«

»Und rede mit Ignazio«, fügt Giulia mit leiserer Stimme hinzu. »Sein Platz ist jetzt hier, an deiner Seite. Und es wäre gut, wenn ihm das endlich bewusst würde.«

»Natürlich ist mir die Gefahr bekannt. Doch es ist auch genau meine Pflicht …«

»Aber wir waren in Wien Gäste des Kaisers! Und du willst jetzt freiwillig gegen ihn in den Krieg ziehen? Das ist absurd!«

Seit fast einem Jahr hat Franca gehofft, Italien würde sich aus dem Konflikt heraushalten. Die Angst vor dem Krieg ist in ihr allmählich gewachsen, doch sie hat sie lange in der dunklen Kammer ihrer Seele verborgen gehalten, so wie sie es mit allem tut, das sie nicht hinnehmen kann. Doch jetzt kann sie ihr nicht mehr ausweichen.

Sie steht auf, läuft im Zimmer umher, hält ihre Anspannung nur mit Mühe in Schach. Zuerst war sie im Palazzo Butera, wo sie Giulia niedergeschlagen antraf, weil ihre drei Söhne sich für die Abreise bereit machen. Franca liebt die drei jungen Männer: Giuseppe, Ignazio und Manfredi sind ein Teil ihres Lebens, sie hat sie aufwachsen und zu Männern werden sehen, während sie selbst ein Kind nach dem anderen verlor. Allein der Gedanke, sie in Uniform zu sehen, macht ihr Angst. Sie will sich nicht einmal vorstellen, was in ihrer Schwägerin vorgeht. Und so hat sie eine Entscheidung getroffen. Sie wird sich nicht von ihnen verabschieden, um sich nicht eingestehen zu müssen, dass all das wirklich geschieht. So müde ist sie es, sich vor dem Leben und der Welt zu schützen.

Sie verlässt das Zimmer und geht in Richtung des kleinen Tempels am Meer, kneift zum Schutz gegen das Licht die Augen zusammen. In der Ruhe des Gartens der Villa Igiea, inmitten der blühenden Pflanzen und mit dem Duft des Sommers in der Luft, kommt es ihr absurd vor, über Krieg zu reden. Auf den Wegen, die sich zur Küste senken, zwischen den Buchsbäumen und den Klebsamenhecken, sind zwei Gärtner mit Anpflanzen beschäftigt und unterhalten sich leise dabei. Nur die fernen Geräusche aus dem Hafen übertönen das Pfeifen des Windes in den Palmen.

Mittlerweile leben sie, zusammen mit Giovanna und Maruzza sowie der englischen Gouvernante der Mädchen, Miss Daubeny, nur noch in der Villa Igiea. Die Olivuzza ist zu groß und zu teuer geworden, hat einen Garten, den in Schuss zu halten zu anspruchsvoll ist. Da ist die Wohnung in ihrem Hotel besser, denn sie ist zwar ebenfalls luxuriös, aber einfacher zu bewirtschaften. Abgesehen davon steht die Villa Igiea halb leer, nachdem seit einigen Tagen die Gäste – fast alles Italiener – abgereist sind.

Ignazio nähert sich, doch Franca ballt die Hände zu Fäusten und fragt, ohne sich zu ihm umzudrehen: »Ist es denn wirklich notwendig, dass du dich freiwillig meldest?«

Er zögert, schaut in Richtung der Tonnara in der Arenella

und zur Villa dei Quattro Pizzi, die sein Großvater so geliebt hat. Das tiefe Blau des Meeres besänftigt ein wenig seine Verärgerung. Seine Stirn wird glatt, wenn er an die Kreuzfahrten auf der *Aegusa* denkt. Doch es ist nur ein Moment. *Ein früheres Leben*, denkt er voller Bitterkeit. »Notwendig? Ja«, antwortet er schließlich. »Jetzt habe ich noch die Möglichkeit, einen Posten zu finden, der weit weg von der Front und meinen Fähigkeiten angepasst ist. Genau das werde ich auch für Vincenzo versuchen, der erst recht Gefahr läuft, an der Front zu landen, weil er jünger ist: Er ist ein hervorragender Autofahrer und kundiger Mechaniker, könnte sich also in der Etappe nützlich machen. Er denkt darüber nach, in Kooperation mit Vittorio Ducrot eine kleine Fabrik für Flugzeuge oder Wasserflugzeuge zu gründen, und dann hat er mir auch noch von dem Projekt eines Lastkraftwagens erzählt, den das Heer in den unwegsamsten Gebieten einsetzen könnte … Na ja, du weißt ja, wie Vice' ist: immer auf Achse.«

Franca schüttelt den Kopf. »Der macht doch bestimmt nur Blödsinn. Er ist ein solcher Hitzkopf.«

»Aber nein!« Ignazio streicht ihr über den Arm. »Wir kommen schon nicht in Gefahr, du wirst sehen.«

Sie dreht sich um und schaut ihren Mann an. Mittlerweile ist Ignazios Haarschopf grau meliert, und ein bitterer Zug liegt um seinen einstmals so fein und elegant geformten Mund. »Denkst du, das ist bald vorbei?«, fragt sie ihn, die Hände vor dem schwarzen Rock verschränkt.

Ignazio zuckt mit den Achseln. »Ich weiß nicht. Am Anfang hatte es den Anschein, als würde es nur ein paar Wochen dauern, und jetzt wird schon seit einem Jahr gekämpft.« Er senkt die Stimme, berührt Francas Blusenärmel aus weißer Spitze. »Jedenfalls kann der Krieg alles nur noch schlimmer machen.«

Was er da sagt, ist von einer Resignation erfüllt, aus der Franca nicht schlau wird. Sie will nachhaken und hebt gerade dazu an, als ein Geräusch sie dazu bringt, sich umzudrehen.

»Entschuldigt bitte die Störung. Hätte ich gewusst, dass Ihr beschäftigt seid, Signor Florio, hätte ich noch gewartet.«

»Kommt nur, Signor Linch. Guten Tag.«

Carlo Augusto Linch tritt mit langen, geschmeidigen Schritten auf die beiden zu. Ignazio geht ihm entgegen und begrüßt ihn herzlich, während Franca sich nur auf ein kurzes Nicken beschränkt. Sie vertraut diesem Argentinier nicht, auch weil sie nur wenig über ihn weiß: dass er in Mailand und am Polytechnikum in Zürich studiert hat, eine Fabrik in Deutschland geleitet hat und zu Beginn des Krieges nach Italien zurückgekehrt ist. Er hat auf der Stelle das Vertrauen ihres Mannes und Schwagers erlangt, die von seinem guten Charakter, seiner beruhigenden Art und seiner Eloquenz fasziniert waren. Die beiden haben beschlossen, ihn in die Verwaltung ihrer Güter einzubeziehen, genauer dessen, was davon noch übrig ist. Und so kommt es, dass seit drei Monaten, also seit dem Februar 1915, Linch Verwalter und Prokurist der Florios geworden ist.

Franca hält sich etwas entfernt und beobachtet die beiden Männer. Sie hört den Satz: »Denn das Vermögen der Casa Florio ist …«, und hebt eine Augenbraue. Was für ein Vermögen denn, wenn mittlerweile sogar Cartier und Worth – deren Kunden sie seit mehr als zwanzig Jahren sind – sie um eine Unterschrift auf Dokumenten bitten, die die Bezahlung der Rechnungen garantieren sollen? Ganz zu schweigen von dem, was erst einen Tag zuvor passiert ist – dass ein Hausmädchen gekündigt hat, weil es seinen Lohn nicht regelmäßig bekam. Ein wahrer Mangel an Respekt der Familie gegenüber, die halb Palermo Brot und Arbeit gegeben hat!

»Und Ihr, Signora? Was werdet Ihr tun?«

Sie deutet ein peinlich berührtes Lachen an. »Verzeiht mir, ich habe nicht zugehört. Worüber spracht Ihr gerade?«

»Ich sagte … Wie werdet Ihr Euch für das Vaterland einsetzen? Werdet Ihr das Rote Kreuz unterstützen?«

»Ach so … Ja, natürlich. Vermutlich hier im Krankenhaus, in Palermo.«

Linch lächelt ihr zu, wendet dann jedoch wieder den Blick ab, als überzeugte ihn diese Antwort nicht. »Ich bin mir sicher, Ihr werdet Euch an diese schwierige Situation zu gewöhnen wissen. Es kommen Zeiten großen Verzichts auf uns zu«, murmelt er.

Franca kneift die Augenlieder zusammen. Hinter dem, was Linch gerade gesagt hat, steckt ein Hauch von Tadel für ihr Verhalten, für ihre Ausgaben und vor allem für das, was mittlerweile ihr einziger Zeitvertreib ist.

Die Karten. *Chemin de fer*, Baccara, Poker. Immer wenn Franca spielt, wird die Traurigkeit in ihr weniger belastend, werden ihre Gedanken leichter, und die Zeit vergeht. Gewiss, mit den Stunden schwindet auch das Geld dahin, denn sie setzt gewöhnlich hoch. Und sie hat mehr Glück »als erlaubt«, wie ihre Partnerin am Spieltisch, Marie Thérèse Tasca di Cutò, genannt Ama – Alessandros Frau und die Schwägerin der armen Giulia Trigona –, immer sagt. *Aber nicht genug*, würde ihr Franca dann immer gerne antworten.

»Ich denke, ich habe die nötigen Unterlagen im Büro«, sagt Ignazio gerade zu Linch. »Ich lasse das Auto kommen, dann können wir zusammen hinfahren.«

»Nicht nötig. Ich kann Euch auch alles hier sagen.«

Franca schaut den Mann an, dann ihren Gatten. Früher hätte sie sich entfernt, denn das sind Männersachen. Doch mittlerweile will sie zuhören, will verstehen. *Wenn die Geliebte meines Mannes alles über unsere Geschäfte weiß, warum soll ich dann darüber im Dunkeln bleiben?*, denkt sie verärgert. Und so folgt sie den beiden zu einer mit Weidenkorbmöbeln ausgestatteten Ecke der Terrasse des Hotels, bestellt bei einem Kellner eine Karaffe Limonade und lässt sich formvollendet in einem der Sessel nieder.

Linch schaut sie mit leicht fragender Miene an. Franca antwortet mit einem langen, herausfordernden Blick, sieht dann zu Ignazio, wartet, was er sagt.

Linch ist sichtlich in Verlegenheit. Noch nie ist es vorgekommen, dass er in Anwesenheit einer Frau über Geschäfte gesprochen hat. Francas Blick ist so schneidend, dass er fast ins Stottern gerät. »Nun, äh … Wenn Ihr mir erlaubt …«

Ohne seine Frau eines Blickes zu würdigen, setzt sich Ignazio und nimmt einen Schluck Limonade. »Bitte. Sprecht nur.«

Linch schlägt vorsichtig die Akte auf, die er mitgebracht hat, und lehnt sie an das Tischchen. Kurz streicht er über den Inhalt – Briefe, Notizen, Rechnungen –, als wollte er seine Gedanken sammeln, und legt dann die Hände vor dem Gesicht zu einer Pyramide zusammen. »Wie Ihr wisst, habe ich vor ein paar Tagen eine gründliche Prüfung Eurer finanziellen Lage abgeschlossen. Ich hatte Euch ja bereits angedeutet, dass ich die Absicht habe, nach Rom zu fahren, um eine Seilschaft zu gründen, die der Casa Florio behilflich sein könnte. Die Banca d'Italia könnte entscheidend sein, um für Euch die Lage in Sachen Schulden zu sanieren. Allen voran der Vertrag mit Lavagetto und Parodi bezüglich der Thunfischfabriken auf den Ägadischen Inseln. Mittlerweile ist klar, dass dieses Abkommen eine unglückliche Wahl war, die alles unendlich komplizierter macht. Zu Beginn hat es Euch natürlich eine gute Geldspritze beschert, die es ermöglichte, einige Schulden der Casa Florio zu bezahlen, doch der Ertrag der Tonnare war vollkommen ungenügend, um auch nur die Zinsen zu decken. Auch der Kredit, den Ihr unvorsichtigerweise bei der *Société française de Banque et de Dépôts* aufgenommen habt, um andere Verluste zu decken, erweist sich als ziemlich belastend.«

Ignazio hört ihm ungerührt zu. Franca versucht dem Gesagten zu folgen, doch darin sind zu viele Dinge, die unklar sind.

»Dann sind da die Aktienpakete, die weitere Darlehen garantieren und in verschiedenem Ausmaß die Schuldensituation der Casa erschweren. Ich habe die Absicht, mich um eine Veräußerung der Pakete, die noch in Eurem Besitz sind, zu bemühen, um Liquidität zu erlangen, außerdem um Subventionen vonseiten verschiedener Geldinstitute, durch Hypotheken auf Eure Immobilien garantiert, die in einer später folgenden Phase verkauft werden.« Er hält inne, seufzt. »Zusammengefasst: Ihr braucht eine große Menge Geld, und das zwingt Euch dazu, bei den Banken Darlehen aufzunehmen und als Garantie dafür Immobilien wie die Olivuzza zu bieten, aber auch Eure Gebäude in Castellammare. Güter, die dann irgendwann verkauft werden müssen.«

Ignazio zuckt sichtlich zusammen. »Unsere Villa ... und auch der Gewürzladen?«

»Ja, zusammen mit den anderen Lagerräumen und den Wohnungen.«

»Auch das Haus an der Via dei Materassai ... das Haus meines Vaters?« Ignazios Stimme ist so schwach, dass das Rauschen des Windes in den Pinien sie davonträgt.

»Ich fürchte, ja.«

Ignazio fährt sich mit der Hand durchs Haar. »Mein Gott ...« Er lacht, doch es ist ein gebrochenes, schmutziges Lachen. »Um ehrlich zu sein, war ich da schon eine ganze Weile nicht mehr ... Im Übrigen will meine Frau auch nicht mehr in die Quattro Pizzi, obwohl wir die noch haben renovieren lassen, weil ich damit rechnete, die Olivuzza abstoßen zu müssen ... Aber das Haus an der Via dei Materassai zu verkaufen ...« Er schließt die Hand zur Faust, legt das Kinn darauf.

Plötzlich fühlt sich Franca fehl am Platze. Das Haus von Ignazios Vater hat sie nie gesehen, und die Schwiegermutter spricht nur selten darüber. Und ja, die Villa dei Quattro Pizzi mag sie nicht besonders: Sie würde sie nicht gerade als hässlich bezeichnen, doch für ihre Ansprüche ist die Villa zu klein, und dann liegt sie auch noch in einem Viertel des Volkes wie der Arenella. Es wäre einfach nicht angebracht, dort ihre Gäste zu empfangen, die, um dorthin zu gelangen, Straßen voller Karren und armer Leute durchqueren müssten.

Doch sich das auf diese Weise sagen zu lassen, fast wie einen Vorwurf, ist eine Demütigung, mit der sie nicht gerechnet hat.

Linch greift nach einem Blatt. »Mit der Banca d'Italia

haben wir, fürchte ich, keine großen Handlungsmöglichkeiten mehr. Ich habe versucht, ein Treffen mit Stringher zu bekommen, doch da hieß es, er sei sehr beschäftigt und vor allem nicht interessiert.«

»Natürlich ist er das nicht …« Ignazio springt wütend auf, stößt gegen das Tischchen und bringt die Karaffe zum Wackeln. »Dieser Hundesohn will uns das bezahlen lassen, was 1909 passiert ist, als ich mich aus dem Konsortium verabschiedet habe! Ihn hat doch die Casa Florio nie interessiert!« Ignazio schreit fast. »Er hat uns immer alles nehmen wollen, auch unsere Würde.« Er geht einige Schritte vom Tisch weg, flucht leise auf Sizilianisch, legt dann die Hand vor die Augen. »Ich muss das alles Vincenzo schreiben … Ich glaube, er kommt jetzt aus Paris zurück«, überlegt er, als wäre er allein. »Ich weiß gar nicht, was für ein Leben er momentan führt … Er verbringt mehr Zeit in Frankreich als sonst wo und kehrt nur hierher zurück, um die Targa oder ein anderes Rennen zu organisieren …«

»So beruhigt Euch doch. Setzt Euch«, weist Linch ihn entschlossen zurecht. »Auch darüber müssen wir reden.«

Ignazio kehrt zu seinem Weidensessel zurück, auf dem Gesicht die Miene eines Verurteilten, der zum Galgen geht. Auf einmal tut er Franca leid. Instinktiv streckt sie die Hand aus, weil sie ihn trösten und ihm begreiflich machen möchte, dass sie bei ihm ist. Doch Ignazio nimmt Platz, ohne sie anzusehen, und sie zieht die Hand zurück, legt sie an ihre Brust.

»Es wird notwendig sein, eine ganze Reihe von Aktivitäten einzustellen und, parallel dazu, die Kosten zu reduzieren«, erklärt Linch und betont dabei jedes Wort einzeln, als ginge es für ihn darum, ein verletztes Tier zu bändigen.

»Ich beziehe mich dabei zum Beispiel auf wohltätige Spenden …« Er schaut Franca an. Ein schneller, fast verstohlener Blick. »… aber auch auf Ausgaben für Kleidung und Schmuck. Oder auch auf Verschwendung, wie bei den Taschenuhren mit Eurer Marke darauf, die Ihr den Lieferanten geschenkt habt … Insgesamt also Luxusausgaben. Die Schirmherrschaft über das Teatro Massimo oder die Targa müsste eine bedeutende Anpassung in der Größe erfahren.«

»Immer noch diese Geschichte?« Ignazio beißt auf die Knöchel seiner Faust. Er wiegt sich auf seinem Sessel leicht vor und zurück. »Wohltätigkeit begrenzen, die Subventionen beim Massimo ebenfalls … Das hat Anwalt Marchesano auch schon aus dem Hut gezaubert, und das ist mindestens sieben Jahre her! Ist denn eigentlich niemandem bewusst, was für einen Namen ich trage? Das wäre so, als würde man in Palermo überall Plakate aufhängen mit der Aufschrift: ›Ignazio Florio ist pleite!‹«

»Wenn Ihr das damals gemacht hättet, dann wärt Ihr jetzt vermutlich in weniger großen Schwierigkeiten. Und ja, ich gebe es zu, die Entscheidung ist durchaus schmerzlich, aber mittlerweile wichtiger denn je, wenn Ihr Euch retten wollt.« Linch blättert in den Dokumenten, holt ein anderes aus dem Stapel, zeigt es Ignazio. Es ist ein Wechsel, der mit Giovannas zittriger Hand unterzeichnet ist. »Seht Ihr das hier? Ich habe die Banca d'Italia um einen Aufschub gebeten und diesen nur bekommen, weil der Wechsel durch das Erbe Eurer Mutter garantiert wird.«

Zum ersten Mal in seinem Leben wird Ignazio Florio rot.

Linch kann die Pein, die ihm das alles bereitet, nicht verbergen. Die Falten seitlich seines Mundes scheinen noch tiefer zu werden, ebenso wie die Ringe um seine Augen. »Es werden Opfer von allen Seiten nötig werden«, murmelt er. Und er schaut zu Franca, die instinktiv die Arme vor der Brust verschränkt. »Nützlich könnte es zum Beispiel sein, als Garantie für die Schulden den Banken Pfänder anzubieten.« Eine lange Pause. »Pfänder in Form von Schmuck.«

Sie wird blass. Schüttelt heftig den Kopf. »Nein, nein, das könnt Ihr nicht von mir verlangen …« Ihr Stimme ist schrill, wie Glas, das sich auf Glas reibt. »Nicht meinen Schmuck. Im Tresor sind doch Rohdiamanten, er weiß das«, sagt sie und zeigt auf Ignazio, der jedoch gar nicht auf sie achtet. »Da muss man doch nicht … meinen Schmuck nehmen.«

»Wie gesagt, alle müssen sich einschränken und Opfer bringen, einschließlich Eurer Person, Signora.« Linch erhebt nicht die Stimme, doch sein Ton lässt trotzdem keinen Widerspruch zu.

Franca ist zutiefst erschüttert: Noch nie hat jemand so mit ihr gesprochen, erst recht kein Mensch, der nicht zur Familie gehört.

Ignazio zuckt mit den Achseln. Er seufzt. Als er wieder spricht, klingt er betrübt. Wie ein Mann, der sich geschlagen gibt. »Dann sei es so. Die Häuser, der Schmuck … Was macht das jetzt noch für einen Unterschied? Der Kaiser hat keine Kleider mehr.« Er steht erneut auf, beginnt, langsam auf und ab zu gehen, bleibt bei einem der Pfeiler steht, streicht zärtlich darüber. In seiner Erinnerung tauchen Bilder auf, zaubern ein weiches Lächeln auf seine Lippen. »Es hat mal eine Zeit gegeben, in der ich alles getan hätte, um das, was mir gehörte, zu verteidigen. Ich hätte gekämpft, hätte Demütigungen und Kränkungen hingenommen. Doch mittlerweile gibt es nichts und niemanden mehr, für den ich mich einsetzen könnte. Ich bin ein Baum ohne Knospen, und bald wird das auch bei unserem Vaterland so sein. Dieser Krieg bringt uns nur Unbill. Und für wen sollte ich überhaupt kämpfen?« Er dreht sich zu ihnen. »Ich habe nichts mehr von dem, was mich einmal zu einem Florio gemacht hat.« Er beginnt alles an den Fingern abzuzählen. »Ich habe die Kellerei verkauft, das erste Unternehmen meines Großvaters Vincenzo. Ich habe versucht, eine Werft aufzubauen, aber das ist gescheitert, ebenso wie die *Navigazione Generale Italiana*, die mein Vater groß gemacht hatte. Ich habe zugelassen, dass die Gießerei Oretea zugrunde ging. Ich habe die Tonnare auf den Ägadischen Inseln den Haien zum Fraß vorgeworfen, überzeugt davon, dass ich mich wieder erholen könnte, doch vergeblich. Als ich um Hilfe gebeten habe, gab man mir nur ein Seil, um mich daran aufzuknüpfen. Was bleibt mir denn noch? Der Banco Florio ist zu einem Ort geworden, an dem nur noch Bürohengste Däumchen drehen, und dieses Hotel hier leert sich, jetzt, wo Krieg ist … Ich bin dabei, alles zu verlieren, auch mein Haus. Und damit die Geschichte meiner Familie.« Er richtet den Blick auf Franca. »Was soll mich da dein Schmuck scheren? Es bleibt nur die Würde und ein bisschen Stolz. Sorg dafür, dass nicht auch noch die vor die Hunde gehen.«

Franca springt auf, packt ihn am Handgelenk, schüttelt ihn. »Das kannst du nicht machen!« Sie nimmt seine beiden Hände. »Denkst du denn nicht an mich und an deine Töchter?«

In diesem Moment taucht ausgerechnet Igiea auf der Schwelle der Terrassentür auf. Sie ist eine anmutige Fünfzehnjährige mit kurzem Haar und einem zarten Gesicht, das dem ihrer Mutter ähnelt. Sie macht einen Schritt auf die sonnige Terrasse, hebt die Hand zum Schutz vor die Augen und schaut ihre Eltern an. Dass die beiden streiten, ist für sie nichts Neues.

»*Maman*, Maruzza und ich haben uns gefragt, ob wir später Fürstin Ama besuchen sollen … Kann Maruzza mitkommen, oder soll sie bei *granny* bleiben? Du weißt ja, dass es ihr nicht so gut ging.«

Francas weiße, steife Hand lässt Ignazios Puls los. »Wir gehen später zu den Tasca di Cutòs. Ja, es ist besser, wenn Maruzza bei deiner Großmutter bleibt.«

Ignazio wartet, bis seine Tochter sich wieder entfernt hat, und geht dann, an Franca vorbei, zu Linch. »Tut alles Nötige, um zu retten, was noch zu retten ist.« Er sagt es mit leiser, ruhiger Stimme. »Ihr bekommt das, was Ihr braucht, als Garantie für die noch nicht eingelösten Wechsel.«

Linch erhebt sich. Er ist einige Jahre älter als Ignazio und fast so groß wie er, aber nicht so stämmig. »Ich brauche eine Auflistung sämtlicher Kosten, die Ihr habt, Signor Florio. Jede Ausgabe, jede Erwerbung, jede unbezahlte Rechnung. Bitte lasst mir ab diesem Moment alle Unterlagen zukommen, und kauft bitte nichts mehr, ohne mich vorher zu konsultieren. Kann ich darauf zählen, dass Ihr das auch Eurem Bruder sagt?«

Ignazio nickt stumm. Er hat begriffen, dass Linch in Bezug auf ihn und Vincenzo unnachsichtig sein wird. »Ich werde es versuchen. In ein paar Tagen gehe ich als Freiwilliger auf die Reise, das wisst Ihr ja …«

»Eine lobenswerte Geste. Ich werde dafür sorgen, dass Ihr stets auf dem Laufenden seid, und alles daransetzen, dass die Banca d'Italia und Stringher zu milderen Urteilen gelangen.« Linch räuspert sich, tritt entschlossen auf Franca zu. »Signora … ich fürchte, das gilt auch für Euch. Ihr lasst mir ab sofort jeweils die Liste mit allen Euren Erwerbungen zukommen?«

Franca nickt. Sie blickt zum Monte Pellegrino, als würde sie ihn bewundern, doch in Wirklichkeit ist sie erfüllt von einer wilden Wut, die sich mit der Demütigung mischt. Ihre Erwerbungen? Natürlich. Und was ist mit dem, was Ignazio für Vera tut, mit der er mittlerweile zusammenlebt? Ganz zu schweigen – da ist sie sich fast sicher – von der Tatsache, dass auch die Entscheidung ihres Mannes, in den Krieg zu ziehen, von genau dieser Frau abhängt, die sich, wie Franca erfahren hat, als freiwillige Krankenschwester gemeldet hat.

Zum tausendsten Male wird sie wieder beiseitegeschoben, damit sie die Last der Fehler anderer trägt, zusätzlich zu ihren eigenen Fehlern. *Aber meinen Schmuck nicht*, denkt sie. *Den kriegen sie nie.*

In dem Zimmer ist es heiß, zu heiß. Die Vorhänge aus rotem Damast lassen das rote Licht des Sonnenuntergangs durch eine Wolkenschicht scheinen, die den Horizont vernebelt. Maruzza sitzt in einem Sessel, den Kopf in eine Hand gestützt; in der anderen hält sie das Exemplar von d'Annunzios Roman *Forse che sì, forse che no*, das Franca vor Jahren in der Villa Igiea gelassen hat. Der Dichter hat es ihr mit einer Widmung geschenkt, die lautet: *Für Donna Franca Florio in tiefster Ehrerbietung*, und sie hat den Band in Saffianleder mit Goldschnitt binden lassen.

Ja, vor vielen Jahren, als der Krieg noch fern war und nie-

mand wusste, was geschehen würde, denkt Maruzza mit einem Seufzer.

Franca kommt immer seltener nach Palermo. Wenn sie nicht auf Reisen ist, verbringt sie viel Zeit mit ihren Töchtern in Rom, gewöhnlich im Grand Hotel, und mit Ama Tasca di Cutò, die tatsächlich ihren Ehemann Alessandro und die Kinder verlassen hat und sich mit einem jungen *cavalier servente*, einem Galan sehen lässt.

Bei diesem Gedanken klappt die Gesellschafterin das Buch mit einem lauten Knall zu. *Man sollte niemals über andere ein Urteil fällen*, überlegt sie, *aber diese Tasca di Cutòs können sich einfach nicht zurückhalten.* Dabei kann man wirklich nicht sagen, dass sie in all den Jahren, die sie in Begleitung der Florios in Europa unterwegs ist, nicht schon so manches erlebt hat ... Sehnsüchtig denkt sie an ihre Aufenthalte in Montecatini zurück, an die Tage in der Schweiz oder an der Côte d'Azur und an die Kosten, die Franca immer auch für sie übernahm.

Jetzt nicht mehr.

Sie hebt den Blick an die Decke, und auf ihrem Gesicht zeichnet sich ein Schmerz ab, der nicht zu verbergen ist. Der Krieg hat sich in ihrer aller Leben geschlichen wie ein feuchter Fleck, der langsam den Verputz einer Wand auflöst. Den Männern ist es gestattet, zu agieren und in den Kampf zu ziehen, in der Hoffnung – oder ist es eine Illusion? –, die Dinge ändern zu können und dann zum normalen Leben zurückzukehren. Die Frauen hingegen können nur abwarten, dass der Sturm vorüberzieht, und in der Zwischenzeit das Ausmaß der Zerstörung betrachten und sich fragen, ob und wann das Leben wieder seinen alten Lauf nimmt.

Und wer weiß schon, wie das Leben danach sein wird.

»Maruzza … Maruzza …«

Die Stimme kommt aus der Deckenschicht, in die sich Giovanna gehüllt hat. Zerbrechlich, müde, blass, von Arthrose verkrümmt. Sie ruht sich in einem Sessel aus; schon seit geraumer Zeit teilt sie ihre Tage zwischen dieser Sitzgelegenheit und dem Bett auf. »Sind meine Kinder noch nicht gekommen?«, flüstert sie weinerlich. »Aber wissen sie denn nicht, dass es mir nicht gut geht?«

Maruzza geht zu ihr, streichelt ihr übers Gesicht, wischt ihr eine Träne ab. »Donna Giovanna, sie sind im Krieg, das wisst Ihr doch.«

»*Sì, u sacciu,* das weiß ich. Aber ich bin ihre Mutter, und es geht mir schlecht. Sie könnten doch kommen, nur für zwei Tage. Und Franca? *Franca, d'unnè?* Wo ist sie?«

»In Rom mit ihren Töchtern, Igiea und Giugiù.«

»Ach, in Rom … Und können sie nicht vielleicht kommen?«

Maruzza beugt sich über sie und küsst die alte Frau auf die Stirn, sie spricht mit ihr, versucht sie zu beruhigen. Es fällt ihr noch schwerer zu atmen, bemerkt Maruzza, vielleicht ist es der Gedanke an ihre fernen Kinder, der sie aufwühlt. Nach so vielen Jahren fühlt sie sich dieser Frau näher als deren Verwandte. Sie hat sie ganz allein alt werden sehen, hat miterlebt, wie sie immer schwächer wurde, wie sie an dem Tod ihrer Enkelkinder litt, an der schwierigen wirtschaftlichen Situation der Casa Florio, am Verlust der Würde dieses Namens, der einst mächtig und respektiert war.

Maruzza war es, die im Gesicht der alten Dame Schmerz und Enttäuschung gesehen hat, als ihre Kinder sie baten, für ihre Wechsel zu bürgen, oder als sie verlangten, die Ländereien aus ihrer Mitgift zu verkaufen, weil sie selbst nicht mehr in der Lage waren, die Zinsen für ihre Schulden zu zahlen.

Und jetzt ist die alte Dame allein und krank. Angina Pectoris, sagen die Ärzte: So haben sie die Schmerzen erklärt, die jeden Atemzug zur Qual werden lassen. Leid und Sorgen – vergangene, gegenwärtige ebenso wie solche, die die Zukunft betreffen – haben schließlich ihren Tribut gezollt.

Maruzza geht im Zimmer umher, füllt ein Glas mit Wasser und gibt ein paar Tropfen einer Medizin hinein, die das Schlagen des mitgenommenen Herzens beruhigen soll. Giovanna trinkt fügsam und bittet sie dann, die Vorhänge zurückzuziehen, weil sie den Himmel und die letzten Sonnenstrahlen sehen möchte. Maruzza tut, wie ihr geheißen. Das bronzefarbene Licht des Sonnenuntergangs ergießt sich ins Zimmer, beleuchtet die Ducrot-Möbel und die Fotos auf der Kommode. Darüber hängt ein Gemälde von Giovannas Ehemann Ignazio. Ein neues Bild, angefertigt nach dem Brand.

Bei ihm bleibt Maruzza stehen. *Kann man denn wirklich nur einen einzigen Mann im Leben lieben?*, fragt sie sich. Denn es ist offensichtlich, dass Giovanna ihn immer in ihrem Herzen getragen hat, diesen Mann, den Maruzza niemals persönlich, sondern nur durch die Erzählungen der anderen Familienmitglieder kennengelernt hat. Eine gefasste Persönlichkeit, karg in ihren Gefühlsregungen: ruhig, höflich, großer Gesten der Zärtlichkeit fähig, aber auch kalt und erbarmungslos. Giovanna scheint ähnlichen Gedanken nachzuhängen, denn sie ruft nach ihr, bedeutet ihr, etwas zur Seite zu gehen.

»*Lassatemi taliàre a iddu*, lasst mich ihn anschauen«, bittet sie. Ihre Gesichtszüge werden milde, und ein vages Lächeln spielt auf ihren mit den Jahren eingesunkenen Lippen. Dann hebt Giovanna die Hand, zeigt auf die Kommode. »Holt mir doch bitte das Foto meines Sohnes Vincenzo.«

Schon will Maruzza das Konterfei des Vincenzo nehmen, den sie kennt, doch dann begreift sie, und ihre Hand wandert zu einem anderen Rahmen mit dem Gesicht eines kleinen Jungen, das sanft und ernst ist. Sie reicht es der alten Dame, und Giovanna küsst es, drückt es an ihr Herz.

»*Sangu di lu me cori*, mein Herzblut«, murmelt sie und versucht sich aufzurichten. »Sie haben mir gesagt, ich könne mich glücklich schätzen … Aber mir ist nichts mehr geblieben, um das ich weinen könnte.« Sie küsst das Bild, streichelt es. »Wenn er am Leben geblieben wäre, hätte es vielleicht nicht so geendet. Und wisst Ihr, wovor ich Angst habe, Maruzza? Dass sich meine Kinder, wenn ich für immer die Augen schließe, um das Geld schlagen werden. Die haben alle keinen Frieden und keine Geduld … Wo sind sie, warum kommen sie nicht zu mir? Ignazio, Vincenzo … *unni siti?*«, ruft die alte Dame und wälzt sich umher, versucht aufzustehen. Maruzza rückt die Decken zurecht, versucht sie zu beschwichtigen.

»Ich habe es Euch doch gesagt, sie sind an der Front. Vielleicht kommen sie im neuen Jahr wieder. Doch nun denkt nicht mehr daran, Donna Giovanna, und vor allem regt Euch nicht auf, das ist nicht gut für Eure Brust.«

»Mir tut alles weh«, sagt Giovanna finster und hält immer noch das Foto fest. »Dreht mir doch den Sessel in Richtung Fenster, damit ich rausschauen kann«, fügt sie in einem Ton hinzu, der auf einmal energisch ist. »Mir ist nichts geblieben, gar nichts. Weder ein Haus noch meine Gesundheit. Nichts. *Sulu l'occhi pi' chianciri*. Nur Augen, um zu weinen.«

Nicht ohne Mühe dreht Maruzza den Sessel um, sodass Giovanna auf die Stadt hinaussehen kann, die langsam alle Farben verliert. Schon bald, wenn die Verdunkelung kommt, wird gar kein Licht mehr zu sehen sein. Eingehüllt in die Finsternis wird Palermo einschlafen, verängstigt wie ein kleines Mädchen, das in die Leere der Nacht hinaussieht und nur Schmerz und Angst wahrnimmt. Dann wird sich auch Giovanna im Bett zusammenrollen und in einen barmherzigen Schlaf ohne Träume sinken.

Maruzza streichelt ihr über das graue Haar, murmelt: »Ich hole das Abendessen. Ich habe gebeten, Euch eine Hühnerbrühe zuzubereiten. Ich bin gleich zurück.«

Die Villa Igiea ist teilweise in ein Offizierskrankenhaus umgewandelt worden. Auf den Fluren sind Krankenschwestern und Männer in Uniform oder im Schlafanzug unterwegs, die sich an Krücken und Stöcken festhalten. Überall hört man dieses Klacken der Stöcke, wie einen Trommelwirbel. Auch die Luft in der Villa hat sich verändert: Wo einst eine Mischung aus Kölnischwasser, Zigarrenrauch, Blumen und Puder in der Luft hing, nimmt man einen deutlichen Geruch von Krankheit wahr, zusammen mit dem nach dem Essen, das in den Küchen im Souterrain zubereitet wird. Die roten Läufer wurden entfernt, im Spielzimmer stehen Reihen von Betten, und anstelle des Klimperns von Spielgeld hört man das Wehklagen der Patienten. Selbst die elegant geschwungenen Zierleisten der Treppe sind angeschlagen und mit einer Staubschicht bedeckt.

Vor der Küche wartet Maruzza darauf, dass das Essen fertig wird. An die Wand gelehnt steht ein Spiegel mit massivem Goldrahmen, und sie kann nicht umhin, sich darin zu betrachten. Das müde Gesicht, die tiefen Falten, das graue Haar, das in einem etwas aufgelösten Chignon zusammengefasst ist… Dort oben in Giovannas Zimmer scheint die Zeit stillzustehen, doch hier sind sie, die Zeichen der Vergänglichkeit. Sie sind alle da, einschließlich der Ängste bezüglich des Krieges und der wirtschaftlichen Probleme der Familie. Nein, das Schicksal war nicht gnädig mit ihr.

Sie hebt den Blick an die Decke.

Nein, es geht Giovanna zu schlecht. Ich kann nicht mehr warten, sagt sie sich. *Ich muss eine Möglichkeit finden, wenigstens ihre Tochter Giulia hierher zu holen, damit sie bei ihr ist. Aber wie kann sie, die arme Frau, ihrer Mutter Trost spenden, wo zwei ihrer Söhne an vorderster Front kämpfen?*

Kurz öffnet sich die Tür zur Küche und reißt Maruzza aus ihren Überlegungen. Sie nimmt das Tablett entgegen, das der Koch ihr gereicht hat, und kehrt in die Gemächer der Familie zurück. Noch auf der Treppe weiß sie, dass sie Giovanna wieder einmal wird zwingen müssen zu essen, so wie es in den vergangenen Wochen fast immer war. Sie betritt das Zimmer. »So, da ist sie, wie versprochen, eine leichte Hühnerbrühe«, sagt sie munter. »Und ein Glas Orangensaft. Ihr werdet doch etwas essen, nicht wahr, Donna Giovanna? Heute Mittag haben wir die noch vollen Teller wieder zurückgeschickt…«

Von Giovanna kommt keine Antwort. Ihre Decken sind zu Boden gerutscht, und ihr Körper scheint sich zuerst aufgebäumt zu haben und liegt jetzt schlaff auf der Seitenlehne. In ihrer Hand ist immer noch das Bild ihres Sohnes. Die Lippen sind nach unten verzogen, wie unter der Last einer unendlichen Einsamkeit.

Giovannas Blick geht in die Ferne, über Palermo hinaus, über den Horizont hinaus. Sie ist einfach so gegangen, still, ohne die Kinder an ihrer Seite. Allein. Und vielleicht, denkt Maruzza, während sie ihr die Augen schließt und eine Flut aus Schmerz sich über ihr Herz ergießt, ist sie damit trotz allem die Florio, die am meisten vom Glück gesegnet ist.

Sie hat die Sonne aufgehen sehen, doch ihren Untergang wird sie nicht mehr erleben.

Die ersten Tage dieses Januar 1918 haben den Eisengeschmack von Trauer. Franca geht zwischen den Räumen und den Fluren der Olivuzza umher, die Handschuhe aus Ziegenleder in der einen Hand, die andere an das Pelzrevers des Umhangs gelegt. Hinter ihr Maruzza, ganz in Schwarz gekleidet, und eine Bedienstete in einem blauen Kleid, das an den Ellbogen abgenutzt ist. Es ist eines der letzten Hausmädchen in der Olivuzza: Der größte Teil der Dienstboten ist wegen der von Linch auferlegten Beschränkungen entlassen worden. Die drei Frauen gehen langsam, schweigend, hinterlassen Spuren im Staub auf dem Boden. Um sie herum sind die Möbel mit weißen Laken abgedeckt, die Teppiche aufgerollt, gelegentlich liegt noch eine Kleinigkeit, etwa ein Federhalter oder eine Brille, herum, die jemand vergessen hat.

Nun stehen sie im grünen Salon. Franca hat dieser kleine Raum, der lichtdurchflutet auf den Garten hinausgeht, schon immer gefallen. Doch jetzt ist es darin dunkel und kalt, es riecht nach Feuchtigkeit. Franca öffnet die Terrassentür, und eine Windböe trägt Erde und trockene Blätter herein, die sich vor der Tür angesammelt haben. Dann dreht sie sich um und entdeckt inmitten der Möbel einen großen Stickrahmen voller Staub; Spinnennetze ziehen sich wie Fäden zwischen seinen Streben, als hätte die Natur ein letztes Mal gesponnen. Es ist der Stickrahmen ihrer Schwiegermutter Giovanna.

Wenige Tage nach Silvester haben sie sie in der Familiengruft zur letzten Ruhe gebettet; dazu musste man abwarten, bis Vincenzo und Ignazio von der Front heimkehrten und Franca aus Rom. Nach so vielen Jahren ist Giovanna d'Ondes endlich wieder mit ihrem geliebten Ehemann Ignazio und ihrem Sohn Vincenzo vereint.

Und heute ist Franca in die Olivuzza zurückgekehrt, um ein weiteres Abschiedsritual zu vollziehen.

Schon bald wird das große Haus verkauft, und dazu muss es zunächst von seinen Möbeln befreit werden. Man muss entscheiden, was man behält und was verkauft wird. Darum hat Carlo Linch gebeten.

Ignazio und Vincenzo mussten bereits wieder zurück an die Front, weshalb die Aufgabe Franca zufällt. Einige Möbel sind für das Haus an der Via Catania bestimmt, in dem Vincenzo beabsichtigt, nach dem Krieg zu wohnen; andere sollen in den Lagerräumen in der Arenella untergebracht werden, um auf bessere Zeiten zu warten oder um in ihrem Stockwerk in der Villa Igiea aufgebaut zu werden. Der Rest wird verkauft.

Dafür ist Franca gekommen: Sie soll aussuchen, was sie von dem Leben behalten will, dass man ihr gerade entreißt. Als hätte sie nicht schon auf so vieles verzichten müssen. Als hätte man ihr nicht schon längst alles genommen, was ihr wirklich wichtig war. Sie wird sich von den französischen Möbeln verabschieden, von den Kronleuchtern, die

Giovanna in Paris gekauft hat, von den Monetieren aus Ebenholz mit Intarsien, von den Aubusson-Teppichen, von der großen Sammlung Vasen und antiken Majoliken, von der Gagini-Tafel in Ignazios Arbeitszimmer … Doch auch den Gemälden von Antonino Leto, Francesco de Mura, Luca Giordano, Francesco Solimena und Francesco Lojacono wird sie Adieu sagen müssen. Ja, auch dem Velázquez. Einige wenige wird man in die Villa Igiea bringen. Von den anderen werden in der Olivuzza nur die leeren Umrisse an der Wand bleiben.

Ab und zu geht Maruzza zu Franca und zeigt auf etwas. »Und das?« Wenn die Antwort ein Nicken ist, erklärt sie der Dienstbotin, was sie in das Notizbuch schreiben soll, das sie in der Hand hält.

Franca verlässt den grünen Salon, durchquert den großen Salon aus rotem Marmor und den Ballsaal und bleibt ein paar Augenblicke stehen, um sich anzuschauen, was im Winter vom Garten übrig geblieben ist: nichts als ausgetrocknete Pflanzen, nackte Stümpfe, Fäulnis. Dann senkt sie den Blick und begibt sich in Richtung ihres Zimmers. Nur kurz bleibt sie vor einer Vitrine mit einer Reihe von kleinen Porzellanfiguren stehen, die sie über die Jahre in Sachsen, Frankreich und Capodimonte gekauft haben: Gruppen von Kindern, die allein oder mit kleinen Hunden spielen, unterschiedlich in der Ausführung und doch gleich in ihrem Lächeln und der spielerischen Leichtigkeit, die der Weiße des Porzellans abgerungen wurde.

Erinnerungen an eine Zeit, in der Unschuld noch als Wert galt.

»Die hier«, sagt sie mit plötzlich harter Stimme. »Die will ich nicht mehr sehen.«

Sie öffnet die Tür zu ihrem Schlafzimmer. Hier ist in Wirklichkeit fast nichts mehr, doch sie war glücklich hier, auf diesem Bett, auf dem Giovanna, Ignazio, Igiea und Giulia zur Welt kamen, und vielleicht sind die Erinnerungen ja immer noch da, eingeschlossen zwischen den Rosenblättern auf dem Fußboden, in der Kachel, die spiegelverkehrt an der Balkontür angebracht ist, an dem Griff, mit dem man die Läden nur schwer öffnen kann, in dem schiefen Lächeln der kleinen Putte in der Decke …

Aber was für Erinnerungen?, denkt Franca voller Wut. Dieses Zimmer ist häufiger Zeuge von Schmerz und von Eifersucht gewesen als von frohen Momenten. Es hütet eine Leere der Seele, die Franca schon lange nicht mehr eindämmen kann. *Das hier ist alles nur Plunder, sinnloser, leerer Plunder.*

Auf der Schwelle stehend, murmelt Maruzza: »Ich werde den Dienstboten sagen, sie sollen auch einen Teil der Aussteuer weglegen und nach Rom schicken.«

Franca dreht sich zu ihr um. »Die benutzte Wäsche könnt Ihr spenden oder selbst behalten … wenn Ihr sie nicht schon längst genommen haben.« Ihr Ton ist abfällig. »Es ist ja so. Denkt Ihr etwa, ich weiß es nicht?«

Maruzza beschränkt sich auf ein Nicken. Ein verbittertes Lächeln legt sich um ihre ausgetrockneten Lippen.

»Beeilen wir uns. Ich will zu meinen Töchtern zurück.«

Franca geht in Ignazios Zimmer hinüber und zeigt mit einer trockenen Geste auf nur ein Möbelstück, nämlich den erlesenen stummen Butler aus Federmahagoni, dann schließt sie die Tür, durchquert erneut den Wintergarten und steht schließlich im Speisesaal. »Alles weg damit«, sagt sie und meint damit auch die Pfaue aus Koralle und Kupfer und den großen Funkenfänger. An den Kinderzimmern geht sie gleich vorbei, denn darin sind noch Spiele und Bücher der Kleinen, die längst nicht mehr da sind. Sie beschränkt sich nur auf eine Geste, die *weg!* bedeutet.

Nun begibt sie sich in den ältesten Teil der Olivuzza, in dem vor zehn Jahren der Brand ausgebrochen ist und der danach renoviert wurde. Für diese Arbeiten gibt es immer noch ausstehende Rechnungen, und einen Gedanken kann sie sich nicht verkneifen: *Wenn damals alles verbrannt wäre, dann hätte es mir wenigstens diese Qual hier erspart.*

Sie geht ein paar Schritte weiter und bleibt dann abrupt vor einer Tür stehen. Ihre Hand greift nach dem Türknauf, bleibt aber lange reglos darauf liegen.

Schließlich dreht sie ihn. Tritt ein.

Im Halbdunkel erkennt sie die Sessel und Sofas, die an die Wände gerückt sind, die leeren Konsolen, in denen schon lange keine Kristallvasen mehr stehen, keine silbernen Etageren oder Uhren aus vergoldeter Bronze, sieht die aufgerollten Teppiche, die Tische, die mit verstaubten Stoffbahnen abgedeckt sind. Sie hebt den Blick zu den Lüstern aus Muranoglas, matt vom Schmutz, und zu den vergoldeten Zierleisten der Decke, zwischen denen Spinnweben hängen.

Doch das Allerschlimmste ist die Stille, die ihr einen gramerfüllten Seufzer entringt.

Denn hier in diesem Saal war es nie still.

Das hier war das Königreich der Musik, des Lachens, des Plauderns, hier raschelten Kleider, klirrten Weinkelche, es wurde getanzt.

Es war der Ballsaal der Olivuzza.

Franca macht ein paar Schritte, steht in der Mitte.

Sie schaut sich um.

Auf einmal sieht sie Gestalten, die sich dem Gesetz der Zeit entzogen haben. Männer und Frauen, die nicht mehr da sind und die hier gelächelt, getanzt, geliebt haben. Sie kann ihre Stimmen hören, und fast scheinen sie sie zu berühren. Und mitten unter ihnen, ein Schatten zwischen Schatten, ist auch sie selbst: jung, bildschön, zusammen mit Ignazio, der ihr eine Hand auf die Hüfte gelegt hat, der lacht und sie voller Begehren anschaut. Nur wenige Meter entfernt sind da Giulia Trigona und Stefanina Pajno, und Maria Concetta und Giulia Lanza di Trabia. Sie riecht den feinen Duft ihres Parfüms, das *La Marescialla* hieß. Da sind Fächer aus Atlas und Perlmutt, Champagnergläser, weiße Handschuhe, da sind Brillantarmbänder, mit Seide gefütterte Carnet-Hemden und Spitzenkorsagen. Und es erklingen eine Mazurka, eine Polka, ein Walzer …

Doch das alles dauert nur einen Moment lang an, so lange, bis die Dienstbotin den staubigen Raum durchquert und die Fensterläden geöffnet hat, um ein wenig Licht hereinzulassen. Nun steht sie wartend da und sieht Franca an.

Noch ein Schritt. Die Schatten lösen sich auf, der Staub legt sich.

Franca tritt den Rückzug an und verlässt den Saal, ohne auf Maruzzas fragenden Blick zu antworten, die einen Augenblick zu lange verharrt, ihr dann aber doch folgen muss.

»Es müssen auch das Service aus sächsischem Porzellan und das Silberbesteck mit«, sagt Franca.

Maruzza nickt, wendet sich an die Dienstbotin. »Schreib auf. Und ich würde auch das Silber aus dem großen Kabinettschrank und das Kristall hinzufügen, stimmt's, Donna Franca?«

Doch Franca hört nicht mehr zu. Sie ist es leid, diese Listen aufzustellen, leid, gegen all die Erinnerungen anzukämpfen, die jeder dieser Gegenstände mit sich bringt und in ihr auslöst, so unbedeutend er auch sein mag. Der Stuhl, auf dem d'Annunzio nach der Aufführung der *Gioconda* im Teatro Massimo saß. Das Klavier, auf dem Puccini *Che gelida manina* anstimmte und auf dem auch ihre Kinder kurze Zeit gespielt haben. Der Tisch, auf dem sie und Ignazio Papier ausgelegt hatten, um die Einrichtung der Villa Igiea zu entwerfen. Der Fotoapparat, den Vincenzo seinem großen Bruder geschenkt hat und mit dem er im Garten des Hôtel Métropole zugange war, bevor …

Sie betrachtet all die Dinge, die nach ihr zu rufen scheinen, dann beschleunigt sie ihren Schritt, läuft fast zum Ausgang, als wären sie ihr auf den Fersen. *Es ist das Schicksal der Menschen, glücklich zu sein, ohne es zu wissen. Es ist ihr Fluch, die Zeit der Freude verstreichen zu lassen, ohne sich dessen bewusst zu sein, dass diese ebenso rar wie unwiederbringlich ist. Dass die Erinnerung dir nicht wiedergeben kann, was du empfunden hast, und dir stattdessen nur vor Augen hält, was du verloren hast*, denkt Franca, während die beiden anderen Frauen über Leinentischdecken und Silbergäbelchen sprechen. Sie blickt sie an, und ein schier unendlicher Schmerz übermannt sie. Am liebsten würde sie weinen und schreien: *Ihr denkt an die Dinge, und ich denke daran, dass diese Dinge mir bald nicht mehr gehören werden, während sie zuvor von mir erzählten, von Ignazio, von unseren Kindern, von dieser Familie. Doch die Liebe, sie ist mir entglitten und hat nur Falten der Bitterkeit hinterlassen. Wisst ihr denn, was es wirklich heißt, geliebt zu werden? Zu hoffen, geliebt zu werden? Sich unendlich einsam zu fühlen?*

Doch sie bleibt reglos und schweigend stehen. Denn trotz allem ist sie immer noch Donna Franca Florio. Und der Welt kann sie nur ein Gesicht zeigen – ein stolzes.

Schließlich steigen die drei Frauen wieder ins Auto, um in die Villa Igiea zurückzufahren. Franca spürt, wie ihr leichter ums Herz wird, während sie von diesem Haus wegfahren, in dem sie doch immerhin glücklich war. In ein paar Tagen werden sie und ihre Töchter nach Rom zurückkehren. Dann wird Palermo mit seinem trüben und kalten Licht wieder weit weg sein, und Franca kann aufhören, ihren Erinnerungen nachzuhängen.

Noch weiß Franca nicht, dass in ein paar Jahren sogar die Erinnerung an dieses Haus und diesen Park verblichen sein wird. Dass alles in den Händen einer Immobilienfirma landen wird, die den Garten in Parzellen aufteilen und fast alle Gebäude abreißen wird, um Mietshäuser zu bauen, genau dort, wo die Voliere und der kleine neoklassische Tempel lagen, wo man auf verschlungenen Wegen durch Rosenhaine und an tropischen Pflanzen vorbei schlendern konnte, wo einst ihre Kinder spielten und Vincenzo mit seinen Autos herumfuhr.

Sie wird das Kreischen der Sägen nicht hören, die die jahrhundertealten Bäume niedermähen, noch die lauten Axthiebe, die sich in die Stämme der Yuccapalmen und Drachenbäume bohren. Und weder die herausgerissenen Hecken noch die in großen Feuern verbrannten Kletterpflanzen von der Gartenlaube wird sie sehen.

Von dem üppigen Garten wird nur sehr wenig übrig bleiben. Zwei Palmen, auf einem winzigen Stückchen Land, über dem sich die Fenster einer Klinik erheben. Ein Beet, an der Stelle, wo man vom großen Salon in den Garten schaute.

Der Olivenbaum neben dem Eingang, der dem Senator Ignazio besonders am Herzen lag, auch wenn er in einem Zementbehälter mitten auf einem Parkplatz sein Dasein fristet.

Um das Villino, entworfen vom Architekten Basile – wo Vincenzo und Annina sich geliebt haben –, bleibt nur ein kleiner begrünter Bereich. Irgendwann wird man sogar versuchen, diese Art Märchenhaus in Brand zu setzen, um die zigste Mietskaserne, das zigste Zementungeheuer darauf zu bauen. Aber das Schicksal nimmt einen anderen Lauf.

Und das ist eine ganz andere Geschichte.

Der Himmel in diesem Februar des Jahres 1918 ist von einem strahlenden Blau, ein unerwartetes Geschenk nach Regentagen. Die Piave-Front liegt nur wenige Kilometer entfernt: Rauchschwaden verformen sich zu Säulen und Wolken, die den Blick vernebeln und den Horizont verbergen. Die italienischen und deutschen Kanonen schweigen, ein Zeichen dafür, dass die Heere eine Offensive vorbereiten. Schon bald werden die Haubitzen wieder dröhnen und die Soldaten aus den Schützengräben strömen, um eine Handvoll Erde zum Preis von Dutzenden, gar Hunderten Toten zu erobern. Die Angst, bei einem Bajonettangriff zu sterben, ist so groß, dass manche sich absichtlich mit Krankheiten anstecken oder verstümmeln, um nicht mehr kämpfen zu müssen. So hat man es Ignazio zumindest erzählt. Und er glaubt es.

Am Steuer eines Sanitätswagens bleibt Ignazio kurz vor einem Gebäude stehen, das von Zelten mit einem roten

Kreuz umgeben ist. Es handelt sich um ein Bauernhaus, das in ein Lazarett umgewandelt wurde; Reihe um Reihe liegen Männer auf Feldbetten, manche mit Verbänden, andere auf eine Behandlung wartend, wieder andere im Todeskampf oder bereits verstorben.

Ignazio geht vorsichtig auf einem der schlammigen Wege, von dunklen Flecken gezeichnet, von denen er mittlerweile weiß, was es damit auf sich hat. Man hatte ihm gesagt, im Krieg habe das Blut eine einzigartige Farbe, aber das stimmt nicht. Wenn es aus einer Wunde quillt, ist es dunkelrot. Tropft es dagegen aus einer Leiche, ist es schwarz.

Aus den Zelten dringen Dampfwolken, die nach Jodtinktur riechen, dazu Flüche, Schreie, Wimmern. Er geht weiter, kommt zu einem Zelt hinter den anderen, in denen die Ställe untergebracht sind. Er tritt ein. Das Zelt scheint nur von weiß gekleideten Frauen, Schwestern und Krankenschwestern, benutzt zu werden, aber es sind auch Verwundete da. Nur dass sie ruhiger sind als die anderen, und man begreift schnell das Grauen, das in diesem Zelt sein Unwesen treibt: Alle sind verstümmelt, so manchem hat eine Granate sogar einen Teil des Gesichts weggerissen.

Eine Frau richtet sich an einem Bett auf, über das sie sich gebeugt hatte, sieht ihn und hebt die Hand zum Gruß. Dann säubert sie sich die Hände an ihrer Schürze und kommt auf ihn zu.

»Ich habe nicht so bald mit dir gerechnet.«

Auch mit Vera Arrivabene ist der Krieg grausam gewesen: Selbst wenn man der Müdigkeit und den von tiefen Ringen umkränzten Augen Abhilfe schaffen könnte – nichts wird mehr ihren krummen Rücken aufrichten, nichts die tiefen Falten um ihren Mund glätten.

Ignazio streicht ihr über den Rücken der schmutzigen Hand. »Ich wollte sicher sein, dich noch zu sehen. Wie es scheint, werden es mehr und mehr Angriffe.«

Vera streicht ihm über den Arm. »Ja. Mittlerweile kommen so viele arme Teufel hierher. Wie geht es dir?«

»Es geht.«

Sie bedeutet ihm, ihr nach draußen zu folgen. Sie nehmen auf einer Bank an der Rückseite einer bröseligen Mauer Platz, und Ignazio zündet sich eine Zigarette an. Seine Hände zittern leicht. »Aus Palermo gibt es keine guten Nachrichten. Selbst das Wenige, was noch von der Casa Florio übrig ist, scheint zum Spielball einer bösen Gottheit geworden zu sein. Immerhin ist es mir gelungen, die Arbeiten zu bezahlen, die die Albaneses an der Olivuzza und der Villa Igiea gemacht haben: eine Rechnung, die seit Jahren offen war. Und wir haben Linch als Verwalter bis April 1926 bestätigen können. Natürlich mit einem entsprechenden Lohn.« Er macht eine Pause, schaut Vera an, streichelt ihr über die Wange. »Bitte entschuldige. Wie immer überschütte ich dich mit meinen Sorgen und habe dich nicht mal gefragt, wie es dir geht.«

Sie lässt den Kopf sinken. »Gestern habe ich einem armen Mann beigestanden, der keine Beine mehr hatte, einem Bauern aus Frosinone ... Er ist in meinen Armen gestorben. Er hatte Angst, weil sie seinen Sohn einberufen hatten und sich niemand mehr um den Hof kümmerte, da man wohl kaum die Frau und die Töchter vor den Pflug spannen konnte. Es tat mir so weh, zu sehen, mit welcher Verzweiflung er sich an mich klammerte. Nicht einmal ein bisschen Morphium konnte ich ihm geben ...«

»Ich weiß. Solche Leute sehe ich überall.« Ignazio

schnauft tief. »Was da passiert, ist absurd. Mittlerweile berufen sie schon den Jahrgang 99 ein, praktisch Kinder.« Er schaut in die Ferne. »Sorgen mache ich mir um Manfredi, Giulias Sohn. Momentan ist er in Versailles, als Offizier beim *Comitato interalleato permanente*, aber ich weiß, er brennt darauf, wieder in den Kampf zu ziehen. Und was den anderen Sohn, Ignazio, angeht …«

»Habt ihr etwas erfahren?«

»In den drei Monaten, seit sein Flugzeug verschwunden ist, hat es zuerst geheißen, er sei in der Schweiz, dann als Kriegsgefangener in Deutschland … Aber ich habe kein gutes Gefühl.«

»Und dein Bruder Vincenzo?«

Ignazio atmet tief den Rauch ein. »Er ist nicht weit von hier, zumindest glaube ich das. Er hat mir geschrieben, er bastele immer noch an seinem Lastwagen, auch wenn das Fahrzeug bereits seit zwei Jahren produziert wird. Ich habe welche gesehen; die kommen sogar Eselspfade hoch, die so steil sind, dass man sonst nicht wüsste, wie das gehen soll. Was für ein Glückspilz! Ihm genügen ein Schraubenschlüssel und ein paar Schrauben, und schon vergisst er die Welt um sich herum!«

Vera schließt sein Gesicht in beide Hände, küsst es. »Wäre ich ein schrecklicher Mensch, wenn ich sagen würde, dass ich glücklich bin, hier in diesem Moment mit dir zusammen zu sein?«

»Nein, du bist ein wundervoller Mensch.« Er schiebt ihr eine Haarsträhne zurück unter die Haube. Auch müde und abgezehrt ist und bleibt Vera für ihn wunderschön. Auch wenn da eine Verzweiflung in ihren Augen ist, die er nicht kennt. Auch wenn diese Falten nicht mehr verschwinden werden. »Du bist eine mutige Frau, die keine Angst hat, in dieser Welt zu handeln, die langsam vollkommen wahnsinnig wird.«

Vera umarmt ihn, und so bleiben sie lange sitzen, schweigen.

Doch Ignazios Gedanken wandern zu Franca. Seine Töchter hat er schon Monate nicht mehr gesehen, doch er ist froh, sie bei ihr in Sicherheit zu wissen. Was Franca angeht, so hat Ignazio schnell begriffen, dass sie beschlossen hat, sich von diesem Todesrausch fernzuhalten. Sicher, sie nimmt an humanitären Zirkeln teil und sammelt Geld für die Soldaten an der Front, doch sie hat nicht die leiseste Ahnung, was es bedeutet, blutüberströmte Männer zu transportieren, zerstörte Häuser und Dörfer zu sehen, bei jeder Explosion ins Zittern zu geraten.

Ignazio hat in einigen Briefen versucht, ihr das zu schildern und Verständnis von ihr zu bekommen, doch Franca ist mittlerweile wie ein Klavier ohne Pedale, unfähig, Klänge zu produzieren, die in ihrer ganzen Tiefe vibrieren. Es scheint, als könne nichts sie berühren, und Empfindungen seien für sie unscharf und schlecht zu erkennen. Der Tod ihrer Kinder und der Verlust des Hauses sind nicht nur eine Wunde, die nicht mehr zuwächst: Sie sind wie eine tiefe Verletzung, auf die sie immer wieder Salz streut, um sich davon zu überzeugen, dass ihr Schmerz größer ist als jeder andere auf der Welt. Und an diesem Gedanken hält sie fest, als könnte sie einfach nicht mehr darauf verzichten.

Großes Leiden ist egoistisch, es lässt keinen Vergleich zu. Es kennt nur die Zerstörung der Seele, die es beherbergt.

Und das bringt sie noch weiter auseinander als je zuvor.

»Florio!«

»Hier!«

Vincenzo rutscht unter dem Lastwagen hervor, den er repariert, springt auf und geht auf den Mann zu, der für die Postverteilung zuständig ist. Seit seine Mutter gestorben ist, bekommt er nur noch wenig Post, und ganze drei Umschläge für sich zu sehen ist eine Überraschung.

Er nimmt die Briefe in Empfang, sucht sich einen ruhigen Platz, um sie zu lesen, und findet ihn in einer Ecke der Werkstatt. Einer ist von seinem Bruder, der zweite von einem französischen Modell namens Lucie Henry, das er zwei Jahre zuvor kennengelernt hat. Eine beiläufig begonnene Geschichte, aus der aber vielleicht etwas Ernstes werden könnte ... *Aber das ist nicht der Moment, um darüber nachzudenken,* sagt er sich und legt den Umschlag beiseite. Das dritte Schreiben ist von seiner Schwester Giulia.

Ignazio setzt ihn über das in Kenntnis, was Linch bezüglich ihrer Geschäfte unternimmt. Die Fabrik für Wasserflugzeuge, die Ducrot in Mondello aufgebaut hat und an der er eine Beteiligung hat, wirft endlich gut ab. Vincenzo lächelt; er freut sich, dass seine Idee sich als richtig erwiesen hat. Er überfliegt die Zeilen, in denen Ignazio ihm erklärt, die Olivuzza sei geleert worden, und die Möbel, die er gewollt habe, stünden jetzt in den Lagerräumen der Arenella. Mit einem Hauch von schlechtem Gewissen denkt er, wie viel es Franca wohl gekostet hat, zu entscheiden, was man behält und was verkauft wird, aber er selbst hätte niemals den Mut gehabt, das zu tun. Wenn der Krieg zu Ende ist – denn irgendwann muss es so weit sein, das sagt man sich seit endloser Zeit –, wird er endgültig in die Via Catania umziehen. Ein neues Zuhause, eine neue Geschichte; ohne Erinnerung, ohne Schmerz.

Denn manchmal ist die Vergangenheit ein Fluch, ein großer Stein, der auf der Seele lastet und sich auch mit Willenskraft nicht heben lässt.

Und mit diesem Gedanken öffnet er den Brief seiner Schwester. Giulias Schrift ist winzig klein und kantig, und an manchen Stellen ist das Papier seltsam verdickt. Er beginnt zu lesen, zuerst geistesabwesend, doch dann immer schneller, und schließlich liest er das Schreiben noch mal, und dann noch einmal.

Es stimmt, was die Leute sagen: Ein Herz, das bricht, macht kein Geräusch.

Es ist nicht wichtig, was der Grund dafür ist, ob Trauer, ein Verlust, eine Liebe, die nie vergessen oder nie gelebt wurde. Die Fragmente sind da, und sie tun weh. Mit den Jahren kann man sie vielleicht wieder zusammensetzen, wie einen zerbrochenen Krug, doch die Narben werden sich sogleich wieder öffnen, wenn eine neue Klinge angesetzt wird.

Und diese Klinge trägt den Namen seines Neffen Manfredi.

Nach einem langen Aufenthalt in Frankreich war er nach Italien zurückgekehrt, immer noch wild darauf zu kämpfen. Und vor ein paar Tagen, am 21. August 1918, ist er gefallen, mit nur dreiundzwanzig Jahren. Ein Granatsplitter ist ihm durch das rechte Ohr in den Schädel eingedrungen und hat ihn getötet.

Jetzt begreift Vincenzo, was das für Verdickungen auf dem Papier sind.

Tränen.

Auch Giulia sieht also, wie Ignazio, ihre eigenen Kinder dahinsterben. Vor fünfundzwanzig Jahren Blasco und jetzt Manfredi. Von seinem Neffen Ignazio hat man schon seit acht Monaten nichts mehr gehört. Der einzige verbliebene Sohn ist Giuseppe, auch er an den Waffen.

Er lehnt sich an die Wand, sinkt langsam auf den Boden hinab, weil ihm die Beine weich geworden sind; er spürt, wie seine Augen sich mit Tränen füllen, und er wischt sie schnell ab, damit niemand ihn weinen sieht. Er erinnert sich an seine Neffen, und da sind so viele Bilder in seiner Seele, so viel Schmerz, so viel Reue, so viel Kummer.

Da sind sie zusammen, auf Favignana oder auf der *Sultana,* auf Reisen, oder sie fahren in der Olivuzza auf dem Veloziped. Er lässt den Moment in sich wiederaufleben, als er ihnen das erste Motorrad zeigte, das Ignazio ihm geschenkt hatte. Doch während sein Bruder sich von ihnen Onkel nennen ließ, ist ihm selbst das nie gelungen; der Altersunterschied war zu gering. Sie waren zuerst Spielkameraden und später einfach Freunde.

Sein Herz ist schwer wie Blei. Ein Schluchzen schüttelt ihn, er beginnt nun doch zu weinen. Der Schmerz ist wie eine Gewehrkugel, die heiß und schwer in seinen Eingeweiden steckt. Dann sind also auch Ignazio und Manfredi verloren. Wie Annina, die nicht einmal die Zeit hatte, ihm ein Kind zu schenken. Wie seine Mutter, von der er sich nicht verabschieden konnte. Wie die Olivuzza.

Wie all das, was einmal ihm gehört hat und was er nicht behalten konnte.

Das Ende des Krieges hat dem Schmerz kein Ende bereitet. *Vielleicht ist es ja wirklich zu früh dafür*, denkt Franca und betrachtet den Stapel Visitenkarten auf dem Tischchen aus Rosenholz am Eingang zu ihren Gemächern in der Villa Igiea. Sie hebt sie hoch, blättert sie durch, doch sie weiß bereits, dass es alles Absagen sind; niemand aus Palermo will zu dem Fest kommen, das sie in einem Monat organisieren wollte, Mitte Februar des Jahres 1919. Sie hat gehofft, den Prunk des Hotels wieder aufleben zu lassen, doch vorerst scheinen derlei Bemühungen sinnlos. Zu viele Menschen trauern, zu viel ist zerstört; die Stadt braucht Ruhe und Stille, um ihre Tränen zu trocknen. Ganz gewiss ist auch die Tatsache, dass die Villa Igiea bis vor Kurzem ein Lazarett war, nicht gerade förderlich.

Müde legt sie die Kärtchen beiseite und tritt auf den Balkon, der auf den Park hinausblickt. In ein himmelblaues Mäntelchen gehüllt, versucht die fast zehnjährige Giugiù, ihre Gouvernante dazu zu bewegen, mit ihr ans Meer zu gehen, das heute ungewohnt unruhig ist. Igiea hingegen, die achtzehn ist, hat sich in ihr Zimmer zurückgezogen, um zu lesen, vielleicht einen der englischen Romane, die sie sich oft in Rom kauft. Franca hat einmal in einem der Bände geblättert, den sie auf ihrer Kommode gefunden hat – *Die Fahrt hinaus* von Virginia Woolf –, ihn aber schnell wieder verärgert geschlossen. Diese Geschichte von Paaren, die einander zuerst verfolgen und dann wieder zurückweisen, kam ihr auf unangenehme Weise bekannt vor.

Sie muss dankbar dafür sein, dass ihre Töchter nicht allzu sehr unter dem Krieg gelitten haben, auch wenn die Familie gewiss nicht unbeschadet daraus hervorgegangen ist. Vincenzo ist nach Palermo zurückgekehrt und hat offenbar wieder mit dem Organisieren von sportlichen Wettkämpfen und anderen Veranstaltungen in der Stadt begonnen. Ab und zu verlässt er seine Wohnung an der Via Catania, um seine Nichten in der Villa Igiea zu besuchen, doch auch wenn er immer versucht, fröhlich zu sein, wenn er mit ihnen zusammen ist, ist klar, dass der Krieg Spuren auf seiner Seele hinterlassen hat, zusammen mit dem schweren und immer noch unheilbaren Verlust von Annina. Was Ignazio angeht, so ist er mit Vera zusammen in Rom, immer mehr in Geschäften unterwegs, von denen Franca wenig oder nichts versteht, jedoch allesamt Unternehmungen, die ihre finanziellen Probleme nicht lösen werden. Als er von der Front zurückkehrte, haben sie sich gesehen, doch Franca hat ihren Mann kaum wiedererkannt in diesem bucklig gewordenen Fünfzigjährigen mit dem gezeichneten Gesicht und dem erloschenen Blick. Zudem lastet auch auf ihm Giulias Tragödie: Nach dem Tod Manfredis haben sich die Hoffnungen, ihren anderen Sohn lebend zu finden, in Luft aufgelöst, als ein Jahr nach seinem Verschwinden seine Leiche gefunden wurde … oder vielmehr das, was davon übrig war. Seither hat Giulia nicht mehr aufgehört, Trauer zu tragen, wie ihre Mutter, und lebt zurückgezogen im Palazzo Butera, ohne jemanden zu sehen, nicht einmal ihre Brüder. Zum Glück hat ihr Sohn Giuseppe nicht nur überlebt, sondern wurde sogar bei der Friedenskonferenz von Paris zum Privatsekretär des Ratspräsidenten Vittorio Emanuel Orlando ernannt; Giovanna hat sich mit Ugo Moncada di Paternò verlobt, und ganz gewiss wird auch Sofia bald einen Mann finden. Wenigstens für sie alle geht das Leben weiter …

Sicher, aber nicht das Leben von vorher. Welches Leben also dann?, fragt sich Franca jetzt.

Die Welt, die aus der Asche des Krieges auferstanden ist, ist ihr fremd, ja, sie widert sie an: Es ist eine Welt, die Männer wie Kaiser Wilhelm II. ausgelöscht hat, einen Mann, mit dem die Lichter einer ganzen Epoche ausgingen und der jetzt im Dunkel der Geschichte verschwunden ist. Das alles gibt ihr das Gefühl, alt zu sein, auch wenn sie gerade einmal fünfundvierzig ist.

Sie beschließt, sich an den Schreibtisch zu setzen und ihre Korrespondenz zu beantworten. Die wohltätige Organisation *Congregazione delle Dame del Giardinello* bittet um ihre Hilfe für mehrere Kriegswitwen; Stefanina Pajno lädt sie zu einem musikalischen Abend ein; sie muss sich bedanken für …

Es klopft. Es ist ein ungewohnt hartnäckiges Klopfen.

Eine der Dienstbotinnen des Hotels macht die Tür auf, sie spricht mit jemandem, der draußen steht. Dann hört Franca eine vertraute Stimme.

»Donna Franca! Donna Franca, bitte, ich muss unbedingt mit Euch reden …«

Franca steht mit einem Seufzer auf und geht ins andere Zimmer.

Und dort steht Diodata vor ihr, ihre Zofe aus der Olivuzza. Einen Moment lang entspinnt sich ein Band der Erinnerungen zwischen den beiden, und ein Lächeln spielt um Francas Lippen. Wie viele Male hat diese Frau ihr dabei geholfen, sich zu kämmen? Wie oft hat sie die Kleidung für sie zurechtgelegt? Sie war immer aufmerksam, immer diskret … auch und vor allem während der Szenen mit Ignazio.

Sie lächelt ihr zu, geht ihr entgegen, lässt die Hotelangestellte gehen.

»Gut siehst du aus«, sagt sie zu ihr, wissend, dass das eine Lüge ist. Die Frau vor ihr ist nur noch ein Schatten des kräftigen jungen Mädchens mit den rosigen Wangen, das so viele Jahre in ihren Diensten verbracht hat. Diodata ist abgemagert, faltig und trägt einen verbeulten Hut und einen Mantel mit mehr als einem Flicken.

»Danke. Auch Ihr, Signora, seht sehr gut aus.« Diodata senkt den Kopf. Offenbar ist ihr etwas peinlich. »Donna Franca, bitte verzeiht, dass ich einfach so komme, ohne mich vorher anzukündigen. Ich weiß, das macht man nicht … Aber seht, ich habe erfahren, dass Ihr aus Rom zurück seid, und ich kenne nur Euch, der mir helfen könnte.« Plötzlich werden ihre Augen feucht, und Diodatas Gesicht fällt in sich zusammen. »Ich flehe Euch an, Donna Franca. Ich bin verzweifelt!« Sie hebt beide Fäuste an ihre Stirn. »Ihr erinnert Euch doch an den Grund dafür, dass ich gekündigt habe, oder? Tanino Russello, der Bauer, der Gemüse vom Land verkaufte und ein Grundstück beim Dorf San Lorenzo hatte, bat mich, seine Frau zu werden.« Fast errötet sie. »Wir waren beide allein und hatten beschlossen zusammenzubleiben. Kinder kamen keine, aber er war ja auch, wie Ihr Euch vielleicht erinnert, schon älter und humpelte. Deshalb ist er auch nicht in den Krieg gegangen, was für uns ein großer Segen war … Aber vor etwa drei Monaten kam er nach Hause und hatte Husten … *Marunnuzza mia, chi tussi c'avia* … Was für einen Husten er hatte! Und am Morgen darauf hatte er Fieber, so hoch, dass ich Angst gekriegt und den Arzt gerufen habe. Doch anstatt gleich zu kommen, hat der mir nur mitgeteilt, Fälle wie den meines Mannes gebe es jede Menge in Palermo, und schuld daran sei diese Spanische Grippe: Die Leute würden ein Fieber bekommen, das sie schier verbrennt und einfach nicht runtergeht, und der Hals würde ihnen wehtun und sie könnten nicht atmen, und am Ende würde man Blut husten, und die Leute würden sterben wie die Fliegen … und genau so war es. Nach vier Tagen hohem Fieber fing Tanino an, Blut zu spucken, und am Morgen drauf war er nicht mehr da.« Diodata hebt den Kopf. Aus ihrem Blick sprechen Schmerz, Mühen, Verzweiflung. »Ich hab sie auch gekriegt, die Spanische Grippe, nach ihm, aber der Herr wollte mich nicht zu sich nehmen. Ich bin immer noch hier, hab das Stück Land verkaufen müssen, das er bebaute und das uns half, einigermaßen zurechtzukommen, aber jetzt geht das Geld langsam zu Ende, weil das Land nicht mehr viel wert war, gar nicht mehr viel … *Sugnu sula e disprezzata, chi si moro attruovano sulu l'ossa* … Ich bin allein und verachtet, und wenn ich sterbe, wird nur noch ein Haufen Knochen übrig sein. Wenn ich niemanden finde, der mich anstellt, dann …« Sie greift nach ihren Händen. »Ich beschwöre Euch, Donna Franca, nehmt mich zu Euch zurück, und wenn es nur für kurze Zeit ist … Oder vielleicht braucht mich auch eine Eurer befreundeten Damen …«

Überwältigt von diesem Wortfluss macht Franca instinktiv einen Schritt zurück.

Ganz gewiss ist ihr diese brutale Grippe, oft tödlich, keine Neuheit: Schon während des Krieges hat man darüber gesprochen, doch meistens haben die Zeitungen ihr nur wenig Raum gewidmet, um zur Vorsicht zu mahnen oder mitzuteilen, hier oder dort habe man einen öffentlichen Ort desinfiziert. Doch unter ihren Bekannten ist niemand erkrankt. Und so war Franca eigentlich immer davon überzeugt, in Palermo bestünde keine Gefahr. »Aber was sagst du da, Diodata?,« ruft sie aus. »Ist es denn möglich, dass diese Spanische Grippe auch hier so viele Menschen zum Opfer hat?«

Die andere nickt heftig. »Ihr habt ja keine Ahnung, wie viele Menschen gestorben sind, Donna Franca. Wer weit weg von der Stadt wohnt, in Richtung Meer oder auf dem Land, der hat sich gerettet, aber die armen Leute … In Castellammare, in der Kalsa, der Noce, der Zisa … da gibt es kein einziges Haus, in dem nicht mindestens ein Mensch krank wurde oder gestorben ist.« Sie wringt die Hände. »Manche haben sich zu Hause verbarrikadiert, andere ihre Wäsche jeden Tag mit Schwefelseife gewaschen … Und es gibt auch Leute, die gehen nur noch mit Stoffstücken vor dem Gesicht aus dem Haus. Aber genützt hat das alles nur wenig.«

Franca ist sprachlos. Auf einmal verwandelt sich die Angst vor der Krankheit in eine gewaltige Welle, die ihr den Blick vernebelt und voller Brutalität die Erinnerung an Giovannuzzas Tod wiederaufleben lässt. »Meine Töchter …«, stöhnt sie und schaut Diodata mit einer Mischung aus Entsetzen und Ungläubigkeit an.

»Ich kenne nur Euch, und ich habe Euch zwanzig Jahre lang gedient. Ich bitte Euch, lasst mich nicht auf der Straße sitzen. Ich bin kräftig, kann arbeiten. Wenn ich könnte, würde ich nach Amerika gehen, was einige aus der Küche getan haben … Aber ich habe nicht einmal Geld zum Essen, geschweige denn zum Wegfahren …«

Franca hat ihr fast nicht zugehört. In ihr ist ein Gedanke aufgetaucht, der immer größer wird und ihr Denken bestimmt. *Und wenn Diodata immer noch ansteckend ist?*

Sie kann keine einzige Minute mehr bei dieser Frau bleiben. Ohne etwas zu sagen, geht sie in ihr Zimmer, schließt eine Kassette auf und nimmt ein paar Geldscheine heraus. Dann hat sie eine Idee. Sie bleibt stehen, überlegt, nickt. Dann nimmt sie Papier und Stift, schreibt ein paar Worte. Sie steckt Geld und Brieflein in einen Umschlag und kehrt schnellen Schrittes zum Eingang zurück.

»Ich kann dich nicht mehr nehmen, Diodata, ich kann es wirklich nicht«, sagt sie und drückt ihr den Umschlag in die Hand. »Da ist ein bisschen Geld drin, und eine Nachricht für meinen Schwager Vincenzo. Du hast gesagt, du würdest gern nach Amerika, stimmt's? Also, dann geh zu ihm in die Via Roma, sag ihm, ich hätte dich geschickt. Ich habe ihm geschrieben, er soll dir eine Fahrkarte für das nächste Dampfschiff besorgen.«

Diodata nimmt ungläubig den Umschlag entgegen. Dann bricht sie in Tränen aus. »Oh, Donna Franca, danke! Ich wusste doch, dass Ihr ein guter Mensch seid!« Sie geht auf sie zu, will ihr die Hand küssen, doch Franca entwindet sich.

»Na, na, für so wenig musst du mir doch nicht danken«, sagt sie zu ihr.

Die Frau sieht sie an, wischt sich die Augen trocken, die so voller Dankbarkeit sind, dass es Franca noch unangenehmer ist. »Ich werde Euch nie vergessen«, murmelt sie. »Ich werde Euch immer in meine Gebete einschließen, Euch und Eure Kinder, ob nun die lebenden oder die, die bereits Engel sind. Ihr seid immer gut zu mir gewesen und seid es immer noch.«

Franca packt den Türgriff. »Dann geh jetzt schnell in die Via Roma«, sagt sie noch einmal und verschanzt sich fast hinter dem Türflügel. »Leb wohl und viel Glück, Diodata.«

Sie schließt die Tür vor der Frau, die immer noch Dankesworte und Segnungen von sich gibt. Dann läuft sie ins Bad, sucht nach der Schwefelseife, wäscht sich hektisch Hände und Arme.

Doch es ist nicht nur die Spanische Grippe, vor der sie Angst hat. Es ist die Angst vor der Armut, die sie an Diodata gesehen hat und von der sie sich reinwaschen will, von diesem Gefühl des Schmutzes, eines Lebens von der Hand in den Mund, im Elend. Von ihren Schuldgefühlen und dem Bewusstsein, was der Niedergang der Casa Florio bedeutet hat. Denn es ist nicht nur ihr Leben, das sich verändert hat. Viele Leben haben sich verändert, und nicht zum Besseren. Und das ist eine Verantwortung, die zu tragen sie nicht mehr in der Lage ist.

Rom ist wunderschön, aber auch ermüdend. In Paris hingegen wähnt man sich in einem Gemälde von Pissarro. Es tut dem Herzen gut, ab und zu hierherzukommen … Die Aprilsonne streift die Fenster der Häuser an der Rue de la Paix, und unbeschwerte Erinnerungen tanzen leicht wie Schleier vor Francas Augen: an ihre Flitterwochen, an die Spaziergänge an der Seine mit ihren Freundinnen, die Pferderennen im Grand Palais, die Opernabende … *Es ist, als könnte hier nie etwas Schlimmes passieren*, denkt sie lächelnd und lauscht dabei Igiea und Giugiù. Die beiden Schwestern diskutieren über Hüte, die sie im Café de Paris gesehen haben, wo sie zu Mittag gegessen haben: Igiea gefällt die neue Mode überhaupt nicht, die Blumen verbannt hat und einen Hut nur noch mit Bändern und Federn schmückt. Giugiù findet genau das hinreißend.

Franca lebt mittlerweile seit zwei Jahren in Rom, in einer Zimmerflucht im Grand Hotel. Und das nicht nur deshalb, weil sie in dieser Stadt ihrer Rolle als Hofdame nachkommen kann, sondern vor allem, weil hier alles einfacher ist: weniger Bedienstete, weniger Ausgaben. Und doch hatte es für sie, wenn sie wieder einmal für ein paar Tage in der Villa Igiea war und in dem kleinen Tempel über dem Meer saß, den Anschein, als würde Palermo nach ihr rufen. Die Stadt wollte ihre Königin zurück, wollte wieder ihre unbeschwerten Feste, den Applaus im Theater, wollte den Walzer, der bis ins Morgengrauen getanzt wurde, wollte das Meloneneis von ihrem *monsù*. Doch irgendwann ist auch dieses Rufen schwächer geworden und schließlich ganz erloschen. *Vielleicht hat Palermo begriffen: Wenn die Zeit des Glücks vorbei ist, dann kann man nur hoffen, dass jemand da ist, der sich daran erinnert*, hat sie sich damals gesagt.

Das Einzige, woran sich Franca in Rom nicht gewöhnen kann, ist die Allgegenwärtigkeit von Politik, die Tatsache, dass jedes Ereignis in Italien dort sofort ein unmittelbares und konkretes Echo hat. Alles, was früher durch die Berichterstattung in den Zeitungen oder auch durch Erzählungen gefiltert wurde, erscheint ihr heute näher und oft auch bedrohlicher zu sein. So wie das furchtbare Attentat im Teatro Diana in Mailand, bei dem mindestens fünfzehn Menschen, darunter ein kleines Mädchen, zu Tode kamen. Am Tag darauf war Rom in Trauer beflaggt, und die ganze Stadt schien in einem Meer des Schmerzes versunken. Ganz zu schweigen von all den Streiks, den ständigen Zusammenstößen zwischen Sozialisten und Faschisten … Wer weiß, ob dieser Benito Mussolini, der gerade vor ein paar Tagen erst Gabriele d'Annunzio einen Besuch in Gardone

Riviera abgestattet hat, der richtige Mann dafür ist, Italien wieder ein Stück weit Ordnung zu bringen …

»Hast du mich gehört, *Mutti*?« Igiea ist neben ihr aufgetaucht und gibt ihr einen Klaps auf die Hand. »Meine zukünftige Schwiegermutter erwartet, dass ich ihr das Brautkleid zeige, wenn es fertig ist. Sie will mir etwas aus dem Familienschmuck schenken und sicher sein, dass es passt.«

»Ja, das hat sie mir gegenüber auch angedeutet, ebenso wie die Tatsache, dass ein italienisches Brautmodenatelier ihr lieber gewesen wäre.« Franca zuckt mit den Achseln. »Worth ist das Modehaus, dessen sich die Florios immer bedient haben. Sie sind einfach die Besten, und für deine Hochzeit sollst du auch nur das Beste haben.« Sie stellt sich bereits vor, was für einen Aufstand Carlo Linch machen wird – »Donna Franca, Ihr hattet mir doch versprochen, die Kosten zu begrenzen!« –, und auch Ignazio wird nicht begeistert sein. Doch das ist Franca egal. Sie will, dass Igiea die Hochzeit bekommt, die ihr selbst versagt blieb.

Giulia reißt die hellen Augen auf. »Und ich?«, fragt sie und macht aus ihrer kindlichen Eifersucht keinen Hehl.

»Für dich, Giugiù, gehen wir auf den Boulevard des Capucines, zu Liberty.« Franca beugt sich vor, streichelt ihr über die Wange.

»Ach, das letzte Mal bin ich da mit Maruzza gewesen. Sie fehlt mir, weißt du?«

»Mir fehlt sie auch«, seufzt Franca.

Mittlerweile ist es fast ein Jahr her, seit Maruzza den Grafen Galanti, den Direktor der Villa Igiea, geheiratet hat. Eine späte Ehe für beide und für Maruzza eine bequeme Verbindung, die sie den Stürmen entzieht, die immer noch über die Casa Florio hinwegziehen. Als sie ihr damals die gute Nachricht überbracht hat, hat sich Franca darauf beschränkt, zu nicken und ein paar verständnisvolle Worte zu murmeln. Ihre Töchter hingegen waren begeistert und nahmen Maruzza lange in die Arme.

Was für wundervolle Töchter. Sie sind wirklich beide ein Schatz, denkt Franca.

Giugiù ist erst zwölf, wird aber bereits allmählich zur Frau. Und Igiea ist mit ihren einundzwanzig eine junge Frau mit sehr heller Haut, feinen Gesichtszügen und langen, eleganten Händen. Am Ringfinger der Linken trägt sie den Ring, den Herzog Averardo Salviati ihr zur Verlobung geschenkt hat. In wenigen Monaten, am 28. Oktober 1921, werden sie heiraten.

Kennengelernt haben sich die beiden bei einem Urlaub in Abetone, für Franca ein Ort voller Erinnerungen: Dort ist sie zum ersten Mal Giovanna begegnet, und Ignazio hat um ihre Hand angehalten.

Einen Moment lang mischen sich in ihr Zuneigung und Melancholie. Sie ist glücklich darüber, dass Igiea einen Mann gefunden hat, der sie zärtlich liebt und einen so angesehenen Titel hat. Sie hätte sich für ihre Kleine keine bessere Eheschließung wünschen können, auch weil sich die wirtschaftliche Situation der Florios nicht verbessert hat, sondern das Gegenteil der Fall ist. Doch sie hofft auch, dass die Verbindung nicht der von ihr und Ignazio ähnelt. Dass Igiea glücklich wird. Dass die beiden einander lieben und achten. *Und warum sollte es auch nicht so sein?*, fragt sie sich, um sich zu beruhigen. *Ich habe keinen Grund, etwas anderes zu denken.*

Sie stehen vor der Eingangstür von Worth, doch gerade als sie eintreten wollen, taucht wie aus dem Nichts ein kleiner Junge im Matrosenanzug auf und umklammert Francas Beine.

»*Le carrousel! Je veux monter sur le carrousel!*«, ruft er weinerlich, er wolle Karussell fahren, und schüttelt die blonden Locken.

Kurz darauf ist die Kinderfrau da, ergeht sich atemlos in tausend Entschuldigungen und zieht den kleinen Jungen weg, der mittlerweile bitterlich weint.

Giugiù fängt an zu lachen, doch Igiea ist der zutiefst traurige Blick der Mutter nicht entgangen. Sie war noch sehr klein, als Giovannuzza und Baby Boy gestorben sind, doch ihr Bild trägt die junge Frau immer noch in ihrem Herzen. Sie geht auf ihre Mutter zu, legt ihr den Arm um die Schulter. »Mama …«, flüstert sie.

Franca kann sich die Tränen nur mit Mühe verkneifen. »Es tut mir leid, dass ich dir und Giugiù kein unbeschwertes Leben schenken konnte. Vielleicht bin ich nicht einmal eine gute Mutter gewesen.«

»Sag so was nicht«, erwidert Igiea. »Du warst immer bei uns. Und auch Papa … er hat viele Fehler gemacht, aber an Zuneigung hat er es uns nie fehlen lassen«, fügt sie mit ruhiger Stimme hinzu. »Diese … diese Frau, die mit ihm zusammen ist, wird dich niemals ersetzen können. Jetzt, wo ich Averardo habe, begreife ich vieles. Zum Beispiel, dass man zwei Menschen zugleich lieben kann, aber auf unterschiedliche Art. Papa braucht vielleicht beides.«

»Nein«, zischt Franca und hebt trotzig den Kopf. In ihr ist ein Riss, durch den ein Rinnsal des Schmerzes quillt. »Wenn du die Liebe teilst, dann geht das, was zwischen Mann und Frau ist, in die Brüche. Ich habe ihm alles gegeben, was ich hatte, auch mich selbst, aber er … er weiß nicht, was es heißt zu lieben. Weil er auch nie dazu in der Lage war, sich wirklich um mich zu kümmern. Er wusste einfach nicht, wie das geht, ebenso wie er nie begriffen hat, dass man manchmal auf etwas verzichten muss, um dem anderen die Möglichkeit zu geben, glücklich zu sein. Ich werde ihm immer zugetan sein, weil er mein Mann ist und euer Vater, aber …«

Igiea richtet sich auf, schaut ihrer Mutter in die Augen, drückt ihr die Hand. »Aber ihr werdet euch immer nahe sein. Und das ist es, was wirklich zählt.«

Vincenzo atmet tief die lauwarme Luft von Paris ein. Er lächelt, schaut zu der Frau, die neben ihm geht, und drückt ihr einen Kuss auf die Stirn. Sie lacht; ein spontanes, silbernes Lachen. Lebendig.

Schwarze Haare, dunkle Augen, eine wohlgeformte Nase: das Gesicht eines freien, fröhlichen Menschen.

Er kann es kaum glauben, eine Frau gefunden zu haben, die an seiner Seite bleiben will, obwohl seine Launen so wechselhaft sind. Lucie Henry ist durch reinen Zufall in sein Leben getreten, doch es ist keineswegs ein Zufall, dass sie auch geblieben ist. Die beiden haben den Krieg durchgestanden und leben jetzt, mal in Paris, mal in Palermo, zusammen.

Lucie erwidert seinen Blick, drückt sich an ihn. »Glaubst du denn, deine Schwägerin freut sich, mich zu sehen? Letztes Mal schien sie mir nicht besonders begeistert über meine Anwesenheit zu sein.«

Er zuckt mit den Achseln und lässt den Elfenbeinstock mit dem Silberkopf vor sich kreisen. »Ach, das ist ihr Problem. Ich bin dort, um meine Nichten zu sehen, und du bist eben meine *petite amie.* Ist es für dich in Ordnung, wenn ich dich so nenne?«

»Ich habe eine uneheliche Tochter. Ich habe viele Männer gekannt. Jetzt lebe ich mit dir zusammen, ohne mit dir verheiratet zu sein. *En Sicilie* würde man mich anders nennen, aber das ist mir nicht wichtig.«

Vincenzo legt die Hand auf die ihre. Sie bleiben mitten auf der Straße stehen. Er streichelt ihr über die Wange und spricht leise mit ihr: »Erinnerst du dich? Der Krieg hatte gerade angefangen, und du hast noch für diesen Habenichts von Maler posiert … An dem Abend, als wir uns kennenlernten, war ich betrunken, und du hattest dich mit ihm gestritten …«

Sie lacht leise. »Glaubst du, das könnte ich vergessen? Du musstest kurz darauf nach Italien zurück, und so haben wir begonnen, uns heimlich zu sehen, wie zwei junge Leute … Und dann habe ich dir Renée vorgestellt.« Sie hält inne. »Ich wollte, dass du sie kennenlernst, weil …«

»Du hast eine wundervolle Tochter«, unterbricht er sie. Bilder treten an die Stelle von Worten, die Erinnerung wird zu einem warmen Gedanken, golden wie Honig. Mit ihren Mandelaugen und dem lebhaften Blick, ähnlich dem von Lucie, hat Renée ihn aufmerksam betrachtet, bevor sie auf ihn zuging, hat dann ihre Mutter gefragt, ob das einer ihrer Freunde sei.

Lucies peinliche Berührtheit war wie weggeblasen, als Vincenzo sich über das Mädchen beugte, ihr die Locken verwuschelte und sagte: »*Non, ma petite.* Ich bin einer, der deine Mutter gernhat.«

Dann hob er den Blick und begegnete Lucies Augen.

Auf ihn wartete ein Blick aus tränenfeuchten Augen.

Die Erinnerung wandert weiter. Sie beide stehen in Lucies Zimmer, vor der Balkontür, die mit weißen Vorhängen verhangen ist. Sie berühren sich nicht, sind immer noch angezogen. Sie schauen sich an. Eingeschlossen in diesem wundervollen und unbestimmten Moment, in dem man beginnt, einander im Geiste zu lieben, bevor die Körper es tun.

Lucie ist die einzige Frau, die es geschafft hat, den Schmerz um Annina zu lindern.

»Gehen wir«, sagt er zu ihr. Er lässt die Hand ihren Arm heruntergleiten, verschränkt seine Finger mit den ihren.

Sie treffen Franca, Igiea und Giulia im Teesalon des Hotels Le Meurice an. Das weiche Licht aus den Kristalllüstern spiegelt sich auf den Vertäfelungen und den Bücherregalen, bringt die weißen Tischdecken zum Leuchten und schimmert auf dem milchigen Weiß des Porzellans.

Franca sitzt steif in einem Sessel; Igiea neben ihr gießt ihrer Mutter und sich selbst Tee ein. Giulia ist in die Lektüre eines Romans vertieft.

»Ach, da seid ihr ja.« Vincenzo tritt auf die drei zu, küsst seine Nichten, streicht seiner Schwägerin über die Wange.

»Entschuldigt, wenn wir Euch haben warten lassen.« Lucie neigt hinter Vincenzo den Kopf zu einer informellen Begrüßung.

Franca zeigt auf den Sessel vor ihr. »Macht nichts. Wir hatten einen Tag voller Termine. Igiea hat sich bei Worth ihr Kleid ausgesucht, und dann haben wir noch einen Abstecher zu Cartier gemacht …« Sie achtet nicht auf Vincenzos hochgezogene Augenbraue und bittet die näher getretene Kellnerin, ihnen noch ein paar Petits Fours zu bringen.

Lucie räuspert sich, schaut zwischen den Mädchen und der Frau hin und her. *Sie ist sehr schön und hat Klasse*, denkt sie. *Aber dabei wirkt sie so kalt, so distanziert …* Die Hände auf dem Schoß verschränkt, mit durchgedrücktem Kreuz sitzt Franca da, doch das Lächeln, das um ihre Lippen spielt, als sie mit Vincenzo über die Hochzeitsvorbereitungen spricht, erreicht nie ihre Augen. Plötzlich jedoch spürt Lucie, dass auch sie beobachtet wird. Oder, besser, beurteilt wird. Von dieser schönen Frau, gewiss, aber auch von ihren Töchtern. Igiea wirft ihr immer wieder leicht hochmütige Blicke zu; Giugiù hingegen sieht sie direkt an, mit einer Mischung aus Langeweile und Ratlosigkeit. *Ob sie mich mit ihrer Mutter vergleichen?*, kann Lucie nicht umhin, sich zu fragen.

Vincenzo scheint dieses Spiel der Blicke nicht zu bemerken. »Deine Eltern lassen es bei dieser Hochzeit an nichts fehlen, oder?«, fragt er Igiea mit einem Hauch Ironie.

Francas schöner Mund verzieht sich zu einem wohlgefälligen Lächeln. »Bei einer Tochter ist das nun mal so. Außerdem müssen die Traditionen respektiert werden, vor allem, wenn die betreffenden Familien – die Salviatis und die Aldobrandinis – zu den wichtigsten in ganz Italien gehören.«

»Mama weiß, was am besten für mich ist«, erklärt Igiea. »Der römische Adel wird sehr genau hinschauen …«

»Der römische Adel?« Lucie macht große Augen. »Wollt ihr damit sagen, dass die Hochzeit in Rom stattfindet?«

»Natürlich. Igiea wird in Rom leben, oder genauer in Migliarino Pisano, wo die Salviatis ihr Familienanwesen haben«, entgegnet Franca. »Aber ich gebe auch ein großes Fest in der Villa Igiea, für die Freunde aus Palermo, die nicht zu den Empfängen in Rom kommen können, damit alle den Bräutigam kennenlernen.«

»Empfänge?«, fragt Vincenzo. »Genügt denn nicht einer?«

»Nach der standesamtlichen Trauung gibt es den eigentlichen Empfang; nach der kirchlichen Hochzeit machen wir ein Frühstück für einen kleineren Kreis, etwa hundert Leute. Dein Bruder hat das so gewollt, und ich habe mich seinem Wunsch gefügt.«

»Onkel, du weißt aber noch, dass du als Trauzeuge beichten musst, oder?«, mischt sich Igiea ein. »Meine zukünftige Schwiegermutter, die Herzogin Aldobrandini, ist sehr fromm, und Kardinal Vannutelli, der uns traut, ist ein sehr lieber Freund der Familie …«

Vincenzo hebt den Blick gen Himmel und lacht. »Ich gehe seit so vielen Jahren nicht mehr zur Beichte. Und ich fürchte, mein Lotterleben bringt diesen armen Priester an den Rand der Verzweiflung!«

Lucie starrt Igiea an. Ihr kommt es schier unmöglich vor, dass ein so junges Mädchen so viel Wert auf Traditionen und den äußeren Schein legt. Am Ende kann sie es sich nicht verkneifen, zu rufen: »Aber … wir leben im zwanzigsten Jahrhundert!«

»Wenn es eine Sache gibt, die nie aus der Mode kommt, dann ist es die, dass man sich richtig zu verhalten weiß«, antwortet Igiea mit schneidender Würde. »Und das Verhalten von uns Florios muss an dem Tag wirklich unantastbar sein.« Mit einem Blick auf ihre Mutter fährt sie fort: »Mein Vater weiß sehr wohl, wie wichtig es ist, dem Namen gerecht zu werden, den man trägt. Deshalb wird er auch die ganze Zeit an Mamas Seite sein.« Sie unterbricht sich, weil die Kellnerin mit einem Tablett voller Petits Fours gekommen ist. In der plötzlich eingetretenen Stille wirft Franca Igiea ein zufriedenes Lächeln zu. Sie ist stolz auf ihre Tochter, auf ihre Entschlossenheit. Auf ihre feine und doch entschiedene Art, Grenzen zu ziehen.

Vincenzo hingegen senkt den Kopf, nimmt den Kaffeelöffel und fährt damit über die Tischdecke. Er hat begriffen, was seine Nichte ihm sagen will. Am Ende nimmt er seinen ganzen Mut zusammen, hebt den Blick zu Lucie und sieht in ihren Augen eine tiefe Traurigkeit. Ja, auch sie hat es verstanden: Ihre Anwesenheit bei der Hochzeit ist nicht erwünscht.

»Sind die eigentlich nicht zu Verschwiegenheit verpflichtet … die Priester, meine ich?«, fragt er, doch in wenig überzeugtem Ton.

Igiea streckt die Hand nach den Petits Fours aus, zögert, nimmt sich eins. »Es ist nicht die Frage, was man sagt, sondern was man beschließt zu verraten. Wenn man etwas nicht sieht, dann existiert es einfach nicht.« Sie hat ganz leise gesprochen, ein paar Zuckerkörner haften an ihren Lippen. Sie hebt die Augen und begegnet einen Augenblick lang Lucies Blick.

Und in diesem Blick liegt eine Entscheidung, für die es keine Widerrede gibt.

Franca legt den Telefonhörer auf, erhebt sich von ihrem Sessel und gestattet sich ein kleines, zärtliches Lächeln. Maria Arabella, Igieas und Averardos Tochter, ist vor gut einem Monat geboren, am 6. September 1922, und es geht sowohl der Kleinen als auch der Mutter gut, was vielleicht auch daran liegt, dass sie auf dem Land, im schönen Anwesen der Salviatis, leben. Wirklich aufgemuntert hat sie jedoch vor allem Igieas Stimme: gelassen, selbstsicher, fröhlich. Die Stimme einer Frau, die ihren Platz auf der Welt gefunden hat und sich von ihrer neuen Familie geschätzt und wohlgelitten fühlt.

Das Telefon läutet wieder, und Giulia läuft rasch hin und hebt den Hörer ab.

»Hallo? Ach, Onkel Vincenzo! Ja, uns geht es gut … und euch? Tante Lucie, wie geht es ihr? Und Renée? Und Großmutter Costanza, hast du sie gesehen? Wie bitte? Du organisierst ein Wettrennen von Motorbooten zwischen der Arenella und Villa Igiea und möchtest wissen, ob wir …«

Franca hat verstanden und schüttelt rasch den Kopf.

»Ich frag mal Mama, aber ich glaube nicht, dass wir kommen … Palermo ist so traurig im November … Ach, weißt du, dass wir gestern einen Film gesehen haben, der in Sizilien spielt? Er heißt *Il viaggio* mit Maria Jacobini, die wunderschön ist, und dann …«

Francas Lächeln erlischt. Erloschen ist auch das Bild von Palermo, das Vincenzos Einladung heraufbeschworen hat. Da nützt es nur wenig, dass der letzte Teil der Via Roma fertiggestellt wurde oder dass es neue Straßen und große Geschäfte gibt. Das ist etwas für Kleinbürger ohne Stil. Der größte Teil der Adligen, die Palermo so viele Saisons zum Leuchten gebracht haben, hat sich nicht von den finsteren Kriegszeiten oder von den daraus folgenden wirtschaftlichen Schwierigkeiten erholt und führt ein abgeschiedenes Leben. Oder man ist umgezogen, vielleicht in die Toskana oder nach Rom, so wie sie. Und man versucht, so viel wie möglich zu reisen: die Hotelzimmer in Paris, in den österreichischen Alpen oder in der Gegend von Trient sind angenehme und elegante Räume ohne Seele, ohne Erinnerungen.

Nur ihre Schwägerin Giulia hat einen Weg gefunden, der Vergangenheit verhaftet zu bleiben: Konstantin, der ehemalige griechische König, hat sich Palermo als Exil ausgesucht, und Giulia verbringt die Tage bei ihm, zusammen mit Königin Sofia und ihrem kleinen Hofstaat, der sich oft in der Villa Igiea aufhält.

Ein Gespenst, das die Gesellschaft anderer Gespenster gesucht und gefunden hat.

Francas Blick richtet sich auf die Schublade in dem kleinen Sekretär an der Wand, eines der Ducrot-Möbelstücke, die sie nach Rom mitnehmen konnte: Sie weiß, dass dort drin ein Stapel Papiere liegt, die Ignazio während seines Besuches vor ein paar Monaten vergessen hat. Vielleicht war es eine Nachlässigkeit, doch möglicherweise hat er es auch absichtlich getan, wer kann das schon sagen. Sie hat die Papiere entdeckt, und inmitten all der Zahlen und bürokratischen Formeln ist ihr eins klar geworden: Die Hypothek auf die Olivuzza, abgeschlossen mit der *Société française de Banque et de Dépôts,* ist – wer weiß, wie – gelöscht worden, und ein guter Teil des Hauses sowie ein großer Anteil des Parks wurden an Girolamo Settimo Turrisi, den Fürsten von Fitalia, veräußert.

Kaum hatte sie die Dokumente gelesen, klappte sie die Akte zu und legte sie wieder in die Schublade, entschlossen, das alles zu vergessen. Es war schmerzlich genug, an das Ende der eigenen Welt zu denken; doch den konkreten Beweis zu haben war unerträglich.

Nein, zumindest für eine Weile wird sie nicht mehr nach Palermo zurückkehren.

Doch andererseits will sie auch nicht mehr in Rom bleiben. Was würde jetzt wohl noch alles passieren nach der riesigen Versammlung der Faschisten in Neapel, bei der Benito Mussolini gesagt hat: »Entweder sie lassen uns an die Regierung, oder wir gehen nach Rom und holen uns die Macht«, als wäre die Stadt ein Beutestück, das man sich einfach nimmt?

»Hör mal, Giugiù, was hältst du davon, wenn wir ein bisschen auf Reisen gehen?«, sagt sie deshalb zu Giulia, sobald diese mit dem Telefonieren fertig ist. »Vielleicht fahren wir nach Stresa. Und dann nach Viareggio, ins Hotel Select, wie immer. Und wir fragen Dory, ob sie mitwill.«

Giulia stößt einen kleinen Freudenschrei aus und tanzt glücklich durchs Zimmer. Die neue amerikanische Freundin ihrer Mama – Miss Dory Chapman – hat bereits die ganze Welt bereist und kennt viele unglaubliche Geschichten. Vor allem jedoch ist sie immer guter Laune. Auch Giulia hat das bemerkt; wenn ihre Mutter mit ihr spricht, ist sie weniger traurig als sonst. »Du wirst sehen, das wird schön«, sagt Franca. Sie gibt ihr einen Kuss auf die Wange und murmelt: »Ja, wir können ein bisschen Fröhlichkeit brauchen.«

Franca weiß nicht, warum Ignazio sie an diesem nebligen Abend im Hotel Select in Viareggio aufgesucht hat. Allerdings hat sie bemerkt, dass er angespannt und müde wirkte und nur kleines Gepäck dabeihatte, als wäre er überstürzt aufgebrochen. Doch wie üblich hat sie keine Fragen gestellt. Schweigend nimmt sie eine Perlenkette und einen Armreif aus ihrer Schmucktasche aus Goldgewebe, legt beides um und verschließt die Tasche wieder im Schminkkoffer. Schließlich legt sie sich den mit Zobelpelz besetzten Umhang über die Schultern und sagt schlicht: »Kommst du mit?«

»Wo gehst du hin?«

»Ins Casino, nur für ein paar Spiele und etwas Geplauder. Viel mehr kann man hier sowieso nicht machen.«

Er zuckt mit den Achseln. »Ist es schlimm, wenn ich nicht mitkomme? Es ist kalt, gleich wird es regnen, ich bin müde und würde gern ins Bett.«

»Dein Zimmer ist das gegenüber von Giugiù. Hier ist der Schlüssel«, erwidert sie trocken. »Im Übrigen gehe ich mit Dory und dem Marchese von Clavesana. Ich bin also nicht allein.«

Ignazio geht auf dem Flur davon, ohne sich von ihr zu verabschieden.

Er hat die Sonne schon so oft aufgehen sehen, und jetzt ist er ein alter Mann geworden, der sich über ein paar Regentropfen beklagt, denkt Franca mit einem bitteren Lächeln und steigt die Treppe hinab ins Foyer, wo Dory bereits auf sie wartet und ihr entgegengeht. »Ach, da bist du ja, meine Liebe!«, ruft sie aus und zieht ihre Fuchsstola enger um die Schultern. »Bist du warm genug angezogen? Ihr Sizilianer braucht *so much* Wärme! Der Marchese von Clavesana wartet *in the car* auf uns. Gehen wir?«

Franca lächelt. Ja, Giugiù hat recht: Diese Frau macht ihr immer gute Laune. »Gewiss«, erwidert sie.

Man hört es in der Ferne donnern, als ein Hoteldiener die Tür hinter ihnen schließt.

Es ist kurz nach Mitternacht. Zwei Männer in dunkler Kluft huschen den Dienstbotenflur des Hotels Select entlang. Sie steigen eine Treppe hoch, öffnen dann lautlos die Tür einer Abstellkammer. Dort, inmitten von Besen und Körben mit Schmutzwäsche, finden sie eine Schürze. Einer von beiden greift nach dem Kleidungsstück, schüttelt es, grinst.

Es klimpert. Schlüssel.

Die beiden verlassen die Kammer und steigen zum vornehmsten Teil des Hotels hoch, wo die Luxuszimmer liegen. Beim Schein einer kleinen Wandlampe stecken sie den Generalschlüssel ins Schloss, er dreht sich geräuschlos. Die Tür ist offen.

Sie sind drin.

Das Zimmer ist sehr groß und nur vom Schein der Laternen draußen beleuchtet. Vage erkennen sie das Bett, auf dem ein Morgenmantel zwischen den Kissen liegt, die Schminkkommode und einen Stuhl mit einem Unterrock.

Einer der Männer stopft ein Taschentuch ins Schlüsselloch. Dann zeigt er auf die Kommode. Davor, auf dem Schemel, steht ein Schminkkoffer.

Der Schminkkoffer.

Mit einem einverständlichen Grinsen stellen sie den Koffer auf die Matratze, öffnen ihn mit einem Dietrich.

Und da ist sie, die Tasche aus feinem Goldgewebe mit dem Schmuck von Signora Franca Florio. Sie öffnen sie, kramen darin, ertasten die Samtsäckchen mit den Schmuckstücken und treten damit, bevor sie sie öffnen, ans Fenster. Die Perlen und Edelsteine funkeln und blitzen im Dunkel der Nacht.

Dann steckt der eine die Säckchen in seine Tasche, während der andere zu der Verbindungstür am anderen Ende des Raumes geht, die Francas Zimmer von dem der anderen Frau, der Amerikanerin, trennt.

Man hört nichts. Sie können weitermachen.

Sie stellen den Schminkkoffer wieder auf den Schemel. Dann reißen sie die Türen des Schrankes auf, öffnen Koffer und die Hutschachteln, werfen alles wild durcheinander. Schließlich greifen sie nach den Cremedosen, öffnen sie, machen das Fenster auf und werfen sie draußen ins Gebüsch; alle werden davon überzeugt sein, dass sie auf diesem Wege nach draußen geflohen sind. Indem sie sich in den Garten hinunterließen.

Dann betreten sie Dorys Zimmer. Doch hier ist die Beute geringer: eine Goldbrosche, ein kleines, goldgebundenes Notizbuch, ein Umschlag mit fünftausend Lire.

Dann schließen sie die Tür hinter sich und machen sich, genauso leise, wie sie gekommen sind, aus dem Staub.

Commissario Cadolino hält das Blatt Papier in fast zitternden Händen. Er liest laut vor, ungläubig, und auch seine Stimme gerät ins Wanken. »Nochmals: Es tut mir leid, Euch zu stören, Signor Florio, aber Polizeipräsident Grazioli kommt demnächst aus Rom, und ich möchte sicher sein, dass die Liste vollständig ist. Darf ich?«

Ignazio sitzt, die Faust vor den Lippen, da und nickt.

»Danke. Also: eine Perlenkette mit hundertachtzig großen Perlen, mit einem Verschluss aus Brillanten und Rubinen; eine mit dreihundertneunundfünfzig Perlen und einem Brillantverschluss; eine Kette mit fünfundvierzig großen Perlen; eine mit vierhundertfünfunddreißig kleinen

Perlen; eine Platinkette mit großen Tropfenperlen und großen Brillanten; ein Täschchen aus Gold und Platin mit Monogramm in Rubinen sowie einem Anhänger; eine Goldbrosche mit Monogramm in Brillanten und einer königlichen Krone mit dunkelblauer Schlinge ...«

»Meine Frau ist Hofdame bei Königin Elena, und das ist ihr Abzeichen.«

»Aha, natürlich ... Eine Uhr mit bandförmig angeordneten Brillanten und passendem Armreif; ein Armband mit Uhr in Gold; fünf große Ringe mit Perlen; ein Ring mit Rubinen und Brillanten; eine lange, dreiteilige Brillantkette ...«

Franca hört nicht zu. Sie hat die Hände auf dem Schoß gefaltet, ihr Blick geht ins Leere. Sie hat nicht nur ihren Schmuck verloren, ihren Schutz gegen die hässlichen Seiten der Welt – seit der Diebstahl vor zwei Tagen entdeckt wurde, fühlt sie sich wie in einem Gefängnis, als wäre sie selbst die Diebin. Ständige Vernehmungen. Journalisten, die das Hotel belagern. Fragen über Fragen, an sie, an Dory, an Ignazio, sogar Giulia wurde befragt. Fremde Hände, die in ihrer Kleidung und in den Schubladen wühlen, die das Pulver für die Abnahme von Fingerabdrücken überall verstreuen; Hausmädchen und Kammerdiener werden befragt. Und wozu? Sie haben nicht einmal herausgefunden, ob der Dieb allein gehandelt hat oder nicht, ob er zur Tür hereinkam oder durch das Fenster, und wie er entkommen ist. Ja, an der Glasscheibe war ein Fleck Hautcreme, aber ...

»... ein breites Armband und eine Kette, jeweils aus Platin; ein Armreif mit zwei Rubinen und Brillanten; ein Armband mit vier großen Perlen; ein Armband aus vielen Brillanten; ein Armband aus Platin mit Türkisen ...«

Ich habe nichts mehr.

»… ein Armreif mit Brillanten und Saphiren; ein Platinring mit drei Brillanten; verschiedene Broschen mit Rubinen und Brillanten; ein geflochtenes Armband mit Brillanten und Rubinen …«

Ich bin nichts mehr.

»Seid Ihr fertig?«, fragt Ignazio. Er ist müde, erschöpft, und macht sich gar nicht die Mühe, es zu verbergen.

Cadolino nickt, verabschiedet sich von Franca und geht.

Ignazio tritt auf sie zu, streichelt ihr das Gesicht, doch sie schaut ihn an, als hätte sie seine Anwesenheit gar nicht bemerkt.

»Du wirst sehen, die finden alles wieder«, sagt er in dem Versuch, sie zu trösten. Doch in Wirklichkeit ist auch er verstört und ungläubig. Dieser Schmuck ist ein Vermögen wert und könnte als Garantie für die Schulden dienen, die ihnen so zu schaffen machen. Das weiß auch Linch, der ihn sehr schnell angerufen hat, um von ihm zu erfahren, wie groß der »angerichtete Schaden« sei.

Franca knetet ein Taschentuch. »Das, was mir nach meinen Töchtern am meisten am Herzen lag …«, flüstert sie. »Anscheinend kann ich nichts von dem behalten, was mir wichtig ist, und mein Schicksal ist es, sowohl die Menschen als auch die Dinge zu verlieren, die mir am meisten am Herzen liegen. Für welches Vergehen muss ich büßen? Warum muss ich so sehr gestraft werden?«

Ignazio nimmt sie in die Arme. »Kopf hoch, meine Franca. Wir haben doch schon viel Schlimmeres erlebt. Und denk dran, es ist Schmuck, der überall erkannt wird. Die Diebe können ihn nicht vom erstbesten Goldschmied auseinandernehmen lassen, der ihnen unterkommt. Außerdem wird niemand das Risiko eingehen, sich schuldig zu machen, wenn er den Schmuck annimmt. So viel man auch daraus Gewinn schlagen kann – es ist viel zu gefährlich.«

Franca reißt die Augen auf. »Auseinandernehmen? Meinen Schmuck?«, stammelt sie. »Meine Ketten? Die Ringe … meine Perlen?« Sie schüttelt heftig den Kopf. »Nein, nein«, sagt sie wieder und wieder, und Ignazios Worte gehen an ihr vorbei. Franca beginnt zu zittern, schlingt die Arme um sich, als wollte sie verhindern, dass sie in Stücke geht. »Muss ich jetzt auch noch das ertragen?«, fragt sie sich. Sie beginnt leise zu weinen, ihr Gesicht ist wie verwüstet vom Schmerz, von der Summe des Leides, das sie in all den Jahren erlebt hat. Als hätte ihr dieser Raub nicht nur den Schmuck entrissen, sondern auch das Einzige, was ihre Seele noch behütete: die Erinnerung daran, dass sie einmal glücklich war.

Doch dieses eine Mal ist das Schicksal gnädig mit ihr. Die Ermittlungen leitet ein fähiger Kommissar aus Mailand namens Giovanni Rizzo, ein Mann, der nicht lockerlässt und schon bald die beiden Diebe, den Belgier Henry Poisson und den ehemaligen deutschen Offizier der Luftfahrt, Richard Soyter, ausfindig macht. Sie haben Franca ein paar Tage lang verfolgt, haben die Gewohnheiten von ihr und ihrer Freundin beobachtet und in dem Moment zugeschlagen, in dem sie überzeugt waren, sowohl Ignazio als auch Giulia würden schlafen.

Dank der Naivität von Marguerite, der Verlobten von Poisson, kann Rizzi ihnen eine Falle stellen. Nach vielen unwahrscheinlichen Rekonstruktionen und hitzigen Erklärungen – »Was wollte die Signora Florio denn eigentlich mit all diesem Schmuck, wo sie doch so viel davon hat?«, sagte Poisson offenbar bei seiner Verhaftung –, nachdem Koffer an der Grenze zu Italien aufgehalten wurden und es jede Menge juristischer Scharmützel gab, wird es ganze vier Jahre, bis 1926, dauern, bis die beiden Diebe in Abwesenheit von der italienischen Justiz verurteilt werden. Ein Prozess, für den sich niemand mehr interessiert, nicht einmal Franca, die nicht daran teilnimmt.

Ihr hat es genügt, im Januar 1923 ihren gesamten Schmuck zurückzuerhalten. Mit einer Mischung aus Staunen und Mitgefühl hat Giovanni Rizzo ihr dabei zugeschaut, wie sie, eins nach dem anderen, die Schmuckbeutel öffnete, wie sie die Perlen an ihr Gesicht drückte, zärtlich über die Diamanten strich und die Ringe überstreifte. »Da sind sie wieder … Sie sind wieder da, und sie gehören mir«, hat Franca gemurmelt und vor Glück geweint.

Ihr Leben – oder zumindest ein Teil davon – ist wieder am rechten Fleck.

Auch wenn mehr als zehn Jahre vergangen sind, seit Ignazio sein Büro an der Piazza Marina aufgeben musste, hört er immer noch manchmal das Knirschen der Zeit, und seine Wunden haben sich nicht geschlossen. Ganz im Gegenteil. Die aufgegebene und zerstückelte Olivuzza wurde wieder zum Stadtviertel, und auch die Villa Igiea hat ihren Daseinsgrund verloren: Die Säle sind verlassen, das Spielcasino bringt nichts mehr ein. Die Keramikfabrik ist fast gänzlich an Ducrot übergegangen. Der Sitz der Banca Florio und die

Immobilien an der Via dei Materassai wurden an gerissene Männer von zweifelhaftem Ruf verkauft, die sich bereichert haben, während Italien sich durch den Krieg kämpfte. Selbst die *Ora* ist seit geraumer Zeit in den Händen des reichen Müllers Filippo Pecoraino. Erst 1926 wird das Regime die Zeitung schließen und sie im folgenden Jahr mit dem Untertitel *Faschistisches Tageblatt für den Mittelmeerraum* wieder erscheinen lassen.

In diesem endlosen Sturm ist Carlo Linch das einzige Bollwerk. Allgegenwärtig, gewissenhaft und unermüdlich versucht er mit eigensinniger Hartnäckigkeit, die Ausgaben zu begrenzen – »Es sind immer noch *deutlich* zu viele!« –, vor allem die von Franca, und ruft manchmal sogar Igieas Hochzeit in Erinnerung, die mittlerweile vier Jahre zurückliegt: »Ein echter Aderlass! Kleider, Schmuck, sogar drei Empfänge! Ach, hätte man doch verhindert, dass so viel Geld verplempert wird!«, ruft er immer dann aus, wenn es besonders schwierig wird. Und doch ist Linch kein gefühlloser Mensch: Die Rettung dessen, was von der Casa Florio übrig ist, betreibt er mit einer Opferbereitschaft, die sogar würdigeren Anlässen gut zu Gesicht stünde. Böse Zungen behaupten zwar, auch er habe wirtschaftlich seinen Vorteil davon, und gewisse Entscheidungen jener Zeit hätten besser durchdacht sein sollen. Doch wie auch immer. Linch hat immer noch Hoffnung, und mit ihm hat sie auch Ignazio.

Einen kurzen Moment lang hat diese Hoffnung drei Namen gehabt: *Ignazio Florio, Vincenzo Florio und Giovanna Florio.*

Einfach war es nicht, doch am Ende hat die Banca Commerciale den Florios einen Kredit für den Kauf von drei englischen Dampfschiffen gewährt, die im internationalen

Handel eingesetzt werden sollen. Bei einem von ihnen – der *Giovanna Florio* – hat Ignazio sogar geliebäugelt, eine Route zwischen dem Mittelmeer und Baltimore einzurichten. Doch jeder Plan ist an der Krise im italienischen Handelswesen gescheitert, das von nicht hinzunehmenden Kosten und immer geringer werdenden Gewinnen gebeutelt wird. Innerhalb eines einzigen Jahres landen die drei Dampfschiffe ohne Beschäftigung im Hafen von Palermo, trauriges Wahrzeichen des zigsten Traumes, der sich in Luft aufgelöst hat, bis schließlich ein ursprünglich aus Piano di Sorrento stammender Kapitän namens Achille Lauro die Schiffe für eine lächerliche Summe anmietet und daraus sein Meeresimperium aufbaut.

Eine andere Flamme, eine andere Hoffnung: Nach Monaten der Diskussion mit dem Minister für die Handelsmarine entsteht im Dezember 1925 in Rom die *Florio – Società Italiana di Navigazione*, der auch mehrere Linien im Tyrrhenischen Meer anvertraut werden. Es ist Ignazios Wunsch, zum Meer zurückzukehren, denn er weiß, dass der Name Florio eng mit dem Meer verbunden ist. Doch es ist Linch, der sich darum kümmert, der das Misstrauen des Ministers überwindet und die Fäden zieht. Ignazio hingegen hat sich einer anderen Unternehmung zugewandt: Er ist auf die Kanaren gefahren, um dort eine Tonnara zu eröffnen und die großen Thunfischschwärme abzufangen, bevor sie ins Mittelmeer kommen.

Von allen verrückten Ideen, die du gehabt hast, ist das die allerverrückteste, denkt Franca mit geschürzten Lippen, während sie den Brief von ihrem Mann liest, der gerade gekommen ist. Sie sitzt im Schlafzimmer ihres Hauses in Rom, einer kleinen Villa an der Via Sicilia, elegant in ihrer nüchternen Architektur, die vage an die Villa Igiea erinnert und mit einigen von Ducrot entworfenen Möbeln eingerichtet ist, jedoch auch mit zahlreichen kostbaren Objekten aus der Olivuzza wie dem Kristallservice aus Böhmen oder den Tellern aus Sachsen. Feste mit Hunderten von Gästen sind eine Erinnerung an lang vergangene Zeiten, doch ein Abendessen im Hause von Franca Florio soll dennoch ein hochrangiges mondänes Ereignis sein.

Ignazios Brief enthält nur wenige Nachrichten, die fröhlich stimmen könnten: Tatsächlich sind Thunfische eher rar gesät, doch es gibt Sardinenschwärme, die er nutzen will, vorausgesetzt, er kann ein wenig Geld für die Anlagen und für Arbeiter auftreiben. In diesem Moment sind Vincenzo und Lucie bei ihm, die sich ein kleines Häuschen gemietet haben, wo sie ohne großen Luxus und ohne besondere Annehmlichkeiten so leben können, wie es auch die Leute vor Ort tun. Die mitgeschickten Fotos sind weniger traurig: eines zeigt Ignazio und Vincenzo auf einem Bett, auf einem anderen sitzt Ignazio allein in einem Sessel, auf wieder einem anderen steht Lucie in der Küche. Dann Szenen vom Fischfang, das Innere der Tonnara, Fischerhütten, ein Sonnenuntergang am Strand …

Franca schiebt die Fotos mit einem verärgerten Schnauben beiseite. Niemals, nicht ein einziges Mal, hat Ignazio sie gebeten, zu ihm zu kommen, nicht einmal für ein paar Wochen. Wenn jemand sie fragt, warum sie nicht einfach hinfährt, antwortet sie, jene Inseln seien zu weit weg, zu primitiv, und nicht für Giugiù geeignet. »Außerdem«, so schließt sie lächelnd, »sehe ich mich wirklich nicht als Gastgeberin für einen Haufen Wilde.«

Lügen.

Sie ist nicht auf den Fotos, doch Franca ist sich sicher, dass Vera dort bei ihm ist. Sie ahnt ihre Anwesenheit, spürt sie, obwohl sie sie nicht sieht. Ignazio kann viele, viele Kilometer entfernt sein, doch sie durchschaut ihn trotzdem, liest in dem, was er schreibt, zwischen den Zeilen, wie kein anderer es könnte. Das hat sie gelernt, und sie hat dafür bezahlt.

»Ist ein Brief von Papa gekommen? Kann ich ihn lesen?«

Mit ihrem leuchtend hellen Haar ist Giulia auf flinken Beinen ins Zimmer gekommen, ein frischer Frühlingswind, der hereinweht. Franca lächelt und reicht ihr das Schreiben. Wie schön ihre Giugiù doch ist! Mit ihren sechzehn Jahren ist sie eine anziehende junge Frau geworden. Igiea besitzt eine klassisch zarte Schönheit, während Giulia lebendig und charismatisch ist, wie ihr Vater, dem sie auch sehr verbunden ist.

Das Mädchen liest das Schreiben laut vor und stößt einen Freudenschrei aus, als sie erfährt, dass ihr Vater aus geschäftlichen Gründen die Absicht hat, bald nach Rom zu kommen. In diesem Moment steht das Hausmädchen in der Tür.

»Signor Linch ist da, Signora.«

Erstaunt steht Franca von ihrer Schminkkommode auf. »Linch? Was könnte denn der wollen …?«

Giulia zuckt mit den Achseln. »Vielleicht bringt er ja Dokumente vorbei, die für Papa sind, wenn er bald zurückkommt«, murmelt sie und macht Anstalten, der Mutter in den kleinen Salon zu folgen, wohin der Majordomus den Besucher gebeten hat. Doch Franca bleibt auf der Schwelle stehen. Linch ist oft der Überbringer schlechter Nachrichten, und sie möchte nicht, dass ihre Tochter beunruhigt wird. »Giulia, Liebes. Geh doch mal in die Küche und schau nach, ob der Koch bereits mit dem Gänseleberparfait für das Essen heute Abend begonnen hat«, sagt sie zu ihr. Ein wenig verärgert macht sich das Mädchen auf den Weg in die Küche.

Carlo Linch steht noch, hat den Mantel an und scheint in Eile zu sein. »Guten Tag, Donna Franca. Bitte entschuldigt, wenn ich ohne Ankündigung hier hereinschneie, aber ich muss mit Euch sprechen.«

Sie bedeutet ihm, sich zu setzen, und nimmt selbst Platz. »Mit mir?«, fragt sie. »Gewiss, sprecht nur«, fordert sie ihn auf, als der Majordomus die Tür hinter sich geschlossen hat.

»Ich werde es kurz machen … und ich fürchte, es ist eher unangenehm«, sagt Linch und runzelt die Stirn. »Ich muss Euch nochmals darauf hinweisen, dass Eure Ausgaben zu hoch sind, und …«

»Ach, ich kann das wirklich nicht mehr hören«, unterbricht ihn Franca mit sichtbarer Irritation. Sie senkt den Blick auf den Teppich, der früher einmal einen Salon in der Olivuzza geschmückt hat. »Wir haben uns bereits so weit eingeschränkt, wie es ging, und sogar um eine Stundung der Zahlungen für die Arbeiten an diesem Gebäude hier gebeten. Wir warten immer noch auf das Geld, das aus der Beteiligung an der Reederei kommen müsste.«

»Aber Ihr habt in dieser Villa neun Personen zu Euren Diensten, obwohl die Hälfte davon reichen würde. Ganz zu schweigen von Euren Spielschulden und den Kosten für die Reisen, die Ihr immer noch unternehmt. Deshalb ist es in Abwesenheit Eures Mannes meine Aufgabe, Euch zu bitten, etwas … disziplinierter zu sein.«

Francas Wangen erröten, so wütend ist sie. »Was erlaubt Ihr Euch? Mein Mann hat mir nie gesagt, was ich zu tun und zu lassen habe, und da kommt Ihr jetzt und …«

»Ich bin noch nicht fertig, Signora.«

Franca streicht sich über die Falten ihres Rockes und schaut Linch ungeduldig an.

»Ich appelliere an Eure Vernunft. Die Kosten hier in Rom zu beschränken genügt nicht mehr. Ihr müsstet wieder in Palermo wohnen.«

»Wie bitte?« Francas Anspannung ist ihr deutlich anzuhören.

»Kehrt nach Hause zurück. Dort könntet Ihr Euch um Euren restlichen Besitz kümmern, Eurer Familie helfen …«

Franca schaut ihn lange schweigend an. Dann wirft sie plötzlich den Kopf in den Nacken und beginnt zu lachen. Sie lacht so stark und so lange, dass ihr die Tränen in die Augen treten, und auch, als sie nicht mehr lacht, sind ihre Augen immer noch feucht. »Nach Hause?«, fragt sie. Auf einmal klingt ihre Stimme finster, kontrolliert. »Dann sagt mir doch, Signor Linch, Ihr, die Ihr alles wisst: In welches Haus soll ich denn zurückkehren? Die Olivuzza und ihr Garten gehören uns nicht mehr. Ein Haus, in dem wir die ganze Welt zu Gast hatten: Staatsoberhäupter, Musiker, Dichter, Schauspieler. Oder soll ich etwa in die Villa Igiea gehen, wo ich mittlerweile nur noch ein Gast wäre?« Sie macht eine Pause, starrt ihn mit Wut in den grünen Augen an. »Oder wollt Ihr etwa sagen, das Zuhause, in das ich zurückkehren soll, sei Palermo?« Franca schluckt, Tränen und Verbitterung. Jetzt gibt es für ihren Zorn kein Halten mehr: zu lange schon treibt er in ihr sein Unwesen. Er ist wie eine Sturmflut, die Sand und Klippen überspült, eine gewaltige Welle. Franca geht im Zimmer umher, der Saum ihres Kleides wogt um ihre Knöchel. »Palermo, das mehr als ein ganzes Jahrhundert Brot und Arbeit von den Florios bekam, das sich wie eine große europäische Stadt gerierte, mit diesem Teatro Massimo, das mein Mann finanzierte. Alle kamen sie mit dem Hut in der Hand zu uns und baten um Hilfe oder Unterstützung, und sie konnten sich sicher sein, dass die Florios sich niemals einem wohltätigen Zweck entziehen würden. Es war eine Stadt, die bat, die Versprechungen machte, und die uns doch getäuscht hat. In Palermo hält Dankbarkeit drei Tage an, wie der Schirokko.« Sie bleibt stehen, fährt sich mit der Hand über die Stirn. Eine Haarlocke fällt ihr ins Gesicht. »Dann sagt mir doch, zu wem ich zurücksoll. Es gibt niemanden mehr, der auf mich wartet. Soll ich zu denen, die sich unsere Freunde nannten, die kamen, um sich etwas zu leihen, die unsere Geschenke nahmen und jetzt das Gesicht abwenden, wenn man sie trifft? Oder zu denen, die die Olivuzza für einen lächerlichen Betrag gekauft und sie dann unter sich aufgeteilt haben?« Sie richtet sich auf, kreuzt die Arme über der Brust. Ihre Lider flattern schneller, ihre Stimme bricht. »Ihr könnt mir viel erzählen, Signor Linch. Aber Ihr seid nach Palermo gekommen, als die Hyänen bereits das Wenige, das von unserem Leben geblieben war, zerfleischt haben. Ihr könnt nicht verstehen. Ihr wisst nicht, was es bedeutet, den Respekt zu verlieren, weil Ihr niemals mein Palermo gesehen habt. Die Stadt der Florios war lebensfroh, reich, voller Hoffnung. Und jetzt existiert sie nicht mehr. Es ist ein Netz aus unbekannten Straßen, mit Häusern, in denen nur noch Gespenster leben.«

Schweigend steckt Linch eine Hand in seine Tasche, zieht ein Taschentuch hervor, reicht es ihr. Sie nimmt es entgegen, dankt. Auf dem Batist bleibt ein Hauch Puder zurück.

»Ich verstehe«, murmelt Linch und senkt den Kopf. »Was

soll ich Euch sagen? Versucht, mit dem, was Euch geblieben ist, so gut es geht zu leben. Es ist nie zu spät, um Vorsicht walten zu lassen.«

Der letzte Satz wird mit einem Schluchzen quittiert.

»Doch auch Ihr müsst begreifen, dass ich sie nicht zurückziehen kann, meine … meine Bitte«, fährt der Mann fort. »Die Geschäfte gehen alles andere als gut. Ich verhandele die Angelegenheit mit den neuen Verträgen für den Transport zur See höchstpersönlich mit Minister Ciano, doch es gibt dabei jede Menge Hindernisse, angefangen bei der Tatsache, dass Euer Ehemann erneut seine Haltung gegenüber der Banca Commerciale verschärft hat, die doch einen großen Teil der Aktien und der Kredite der Casa Florio innehat. Er müsste unbedingt entgegenkommender sein, doch stattdessen …«

»Er lässt mich an diesen Dingen nicht teilhaben. Das wisst Ihr sehr wohl.« Franca senkt den Kopf, fixiert den Teppich.

»Das dachte ich mir schon.« Linch nimmt seinen Hut, spielt mit der Krempe. »Unsere Hoffnungen sind an die Tatsache gebunden, dass Euer Ehemann darum gekämpft hat, dass sich die Industriellen bei den Verwaltungswahlen in Palermo auf Mussolinis Liste stützen. Dort unten hat er immer noch etwas zu sagen, und in gewisser Weise hat man ihn angehört … Nun ist es an uns zu hoffen, die Regierung erinnert sich daran und zeigt sich erkenntlich.« Er deutet eine Verbeugung an. »Ich danke Euch dafür, dass Ihr mir zugehört habt, Donna Franca. Wenn Ihr es Euch anders überlegt, wisst Ihr, wo Ihr mich findet.«

Franca bleibt allein zurück.

Plötzlich braucht sie dringend frische Luft und reißt die

Terrassentür auf. Sie wirft den Kopf in den Nacken, atmet tief durch, während die Luft ihr die Tränen trocknet. Der Wind zerrt am Vorhang, schiebt ihn kurz beiseite, und einen Augenblick lang sieht sie sich selbst in der Scheibe. Doch dieses Mal schafft sie es nicht mehr, sich zu sagen, sie sei noch schön, trotz all der Jahre, trotz all des Kummers. Dieses Mal sieht sie die Zeichen dessen, was nicht mehr da ist, Gefühle, die geschwunden sind, alles, was sie verloren hat. Da sind sie, die Zeichen, in ihren grünen Augen, die jede Lebendigkeit verloren haben. In den immer tiefer werdenden Falten. In den längst ergrauten Haaren.

Ich bin nur noch ein Schatten inmitten anderer Schatten, sagt sie sich. *Nichts anderes mehr als eine Spiegelung auf Glas.*

Im engen Korridor der Villa dei Quattro Pizzi herrscht Stille. Ignazio geht mit gesenktem Kopf. Aus einem offenen Fenster weht das leise Klatschen der Wellen, zusammen mit dem Duft des Seetangs. Ein Geruch, bei dem er wieder an die Sommer seiner Kindheit auf Favignana zurückdenkt, als die gesamte Familie in das Haus zog, das sein Vater hatte bauen lassen.

Weihnachten 1928 ist vergangen, und das neue Jahr hat freudlos und auf leisen Sohlen begonnen. Auch wenn sie im Moment in Mailand ist, lebt Franca mit Giulia in Rom; statt in der kleinen Villa in der Via Sicilia wohnt sie mittlerweile in einem Haus an der Via Piemonte.

Ignazio schluckt. Jetzt steht er vor der Tür des quadratischen Turms, öffnet sie, tritt aber nicht ein. Er beschränkt sich darauf, das Januarlicht und den Staub zu betrachten, der über dem Majolikaboden tanzt. Dann schaut er auf den Golf, der sich vor ihm öffnet. Das Meer ist glatt wie eine Platte aus schimmernd-kaltem Metall, nur ein paar kleine Fischerboote sind auf dem Nachhauseweg in den Hafen. Jenseits der Wasserfläche kann man in der Ferne den Garten der Villa Igiea sehen.

Es versetzt ihm einen Stich. Mitten ins Herz.

Auch die Villa Igiea gehört ihm nicht mehr. Vor wenigen Monaten haben er und Vincenzo sie einer Finanzgesellschaft überlassen, die nun, mit Linch als Vermittler, fast die Gesamtheit dessen, was sie noch besitzen, verwaltet: von der *Florio – Società Italiana di Navigazione*, die in Schulden erstickt, zu den Tonnare auf den Kanaren – auch das ein gescheitertes Projekt –, von der Beteiligung an Ducrots Firma bis zu Vincenzos Haus an der Via Catania … und zur Villa dei Quattro Pizzi, in der er mittlerweile lebt. Um in der Villa Igiea zu bleiben, hätte Ignazio Miete zahlen müssen; da er sich das jedoch nicht leisten konnte, hat ihn der neue Direktor – freundlich – dazu aufgefordert zu gehen. Und dann, nach dieser Freundlichkeit, kam auch der Brief mit der Kündigung.

Wir kommen einfach auf keinen grünen Zweig mehr, denkt er. Und er weiß, dass auch die Leute so denken, dass alle so denken.

Ignazio blickt auf seine Hände hinab und fragt sich, wem er die Schuld an alldem geben soll. Das hat er sich schon zigmal – vielleicht auch Hunderte von Malen – gefragt: Zuerst hat er die Verantwortung auf seinen Geschäftspartnern abgeladen, diesen stumpfsinnigen, unfähigen, kurzsichtigen Zeitgenossen, dann hat er sich gesagt, in Wirklichkeit seien es seine Gegner gewesen, die ihm die Flügel stutzten. Mal glaubte er, einfach ein großer Pechvogel zu sein, dann wieder gab er sich der Überzeugung hin, seine Ideen seien einfach zu gewagt gewesen, ihrer Zeit zu sehr voraus, um Erfolg zu haben.

Heute jedoch hat er nicht mehr die Kraft, sich selbst zu belügen.

Er blinzelt gegen die Tränen an, die ihm in die Augen steigen, und sieht, wie in einem Traum, seinen Vater vor sich, der der Mattanza vor Favignana beiwohnt, der mit den Arbeitern der Oretea plaudert, der berechnet, wie man am meisten aus den Schwefelminen herausholen kann, der mit geschlossenen Augen den Marsala kostet, der zusieht, wie der Zug langsam in die Fabrik in Alcamo einfährt, der in einem Hotel in Rom mit Crispi ein Streitgespräch führt … Pech, die Unfähigkeit anderer oder die Tatsache, dass die Welt noch nicht für seine Unternehmungen bereit sein könnte, das alles waren Gedanken, die ihm nicht einmal im Ansatz gekommen wären. Er ist einfach seiner Verantwortung und seinem Pflichtgefühl gefolgt, das war alles. Sein Vater hat nur einen Gott gehabt, und das war die Casa Florio, und eine einzige Religion, nämlich die Arbeit. Genau wie der Großvater, der starb, als Ignazio auf die Welt kam, und für ihn in den Erzählungen seines Vaters lebte: ein einfacher, aber unversöhnlicher Mann, ein Gewürzhändler aus Kalabrien, der sich, ausgehend von einem armseligen Krämerladen, einer *putía*, den Respekt einer ganzen Stadt eroberte. Er war es gewesen, der sich diese Villa hier, in der Arenella, bauen ließ und daraus ein so außergewöhnliches Gebäude machte, dass es sogar die Bewunderung von Königen und Königinnen erregte.

Ignazio stellt sich die Frage, ob nicht ausgerechnet das

Blut der Florios ihn verraten hat, denn er war immer überzeugt davon, es genüge, um ihn zu einem guten Geschäftsmann zu machen. Dass genau darin die unternehmerischen Fertigkeiten und Fähigkeiten lägen, in seinem Blut, wie eingeprägt in den Knochen, den Muskeln. Und doch ist da mehr gewesen, etwas, das er nicht gehabt hat: Die Sehnsucht nach Befreiung? Der Wunsch nach Erfolg? Das Gefühl von Pflicht? Die Fähigkeit, zu erkennen, was in den Köpfen anderer Menschen vorging, zu erahnen, was sie sich wünschen?

Er weiß es nicht. Er wird es nie erfahren.

Er weiß nur, dass die Zeit vorbei ist, in der man sich belügen kann. Mit sechzig Jahren hat es keinen Sinn mehr, sich mit Rechtfertigungen aufzuhalten, sich einzureden, in der Schmiede des Schicksals habe ihm jemand – Gott oder wer auch immer – ein Hemd aus Pech, *una cammisa di pici*, geschmiedet, eine Rüstung, so schwer, dass sie ihn am Ende erdrückt.

Die Schuld liegt einzig und allein bei ihm.

»Es ist eine Frage von Tagen«, hat der Arzt erst am vergangenen Abend gesagt. »Haltet die Fenster offen, aber seht zu, dass er es warm hat, und sprecht nur von schönen Dingen. Verwöhnt ihn ein bisschen.«

Ignazio hat genickt und den Mediziner an die Tür gebracht. Dann ist er in Tränen ausgebrochen wie ein Kind.

So sehr hat er nicht einmal geweint, als Giuseppe Lanza di Trabia 1927, vor zwei Jahren, an einem tropischen Fieber gestorben ist und Ignazios geliebte Schwester und seinen

Schwager in der gleichen Situation zurückgelassen hat wie ihn: kein Sohn, der den Familiennamen fortführt. *Das muss wirklich der Fluch sein, der auf den Florios lastet*, hat Ignazio damals gedacht und den Familienring berührt.

Und jetzt Romualdo. Die Schwindsucht rafft ihn hinweg. Als Ignazio erfuhr, wie schwer krank er ist, hat er ihn aus dem Sanatorium in den Alpen geholt, in dem er seine letzten Tage verbrachte, damit er nun in seiner Heimatstadt sterben kann. Und jetzt hat er beschlossen, ihn hier, in der Arenella, zu beherbergen. Das ist er ihm schuldig.

Er betritt das Krankenzimmer. Romualdos Haut spannt sich straff über die Wangenknochen, er ist blass, hat tiefe Ringe unter den Augen.

Ignazio setzt sich neben sein Bett, so wie es vor langer Zeit der Onkel, dessen Namen er trägt, bei seinem Bruder Paolo getan hat.

»*Comu si'?* Wie geht es dir?«

»*Un ciure*«, sagt Romualdo lachend. Es könne ihm nicht besser gehen. Er hat schon immer gern gelacht, und er tut es auch jetzt, angesichts des Todes. »Hol die Karten, komm, wir spielen eine Runde.«

Ignazios Herz ist schwer wie Blei, doch er kommt der Bitte seines alten Freundes nach. Allerdings hat Romualdo Mühe, dem Spiel zu folgen, und plaudert lieber. Plötzlich hält er inne, drückt die Karten an seine Brust und schaut in Richtung Wand. »Weißt du, dass ich manchmal noch an sie denke?«

»An wen, *curò?*« Ignazio ist beim Mischen der Karten, bereitet ein neues Spiel vor.

»An meine Frau, an Giulia.« Er seufzt. »An die Tatsache, dass sie Paternò ins Zuchthaus gesteckt haben, und ich dachte, das würde nicht genügen. Aber mittlerweile kann ich mich nicht einmal mehr an das Gesicht dieses Hundes erinnern. Giulia hingegen … die Arme. Jetzt, wo ich auch sterbe, tut sie mir leid.«

»Jetzt hör auf«, unterbricht ihn Ignazio. »Du stirbst nicht«, fügt er hinzu, mit einer Leichtigkeit, die gezwungen klingt.

Romualdo dreht das Gesicht, schaut ihn an, hebt die Brauen. »Red keinen Blödsinn, Ignazio.«

Er senkt den Blick wieder auf die Karten. Die Bilder verschwimmen vor seinen Augen. »Trotz all der *fimmine*, die wir beide gehabt haben, sitzen wir jetzt einsam da wie zwei Trauerklöße.«

»Aber was redest du? Du hast doch Vera, oder?«

»Vera will mich nicht mehr sehen. Sie sagt, es sei vorbei … und ich weiß nicht, was ich ohne sie machen soll. Sie fehlt mir.«

»Und Franca?«

Ignazio legt die Karten auf den Tisch, deutet ein bitteres Lächeln an. »Seit ich das mit ihrem Schmuck gemacht habe, den ich als Garantie für die Anleihen beim Banco di Sicilia einsetzen musste, redet sie praktisch nicht mehr mit mir. Mittlerweile sind schon zwei Jahre vergangen … Sie hatte schon sehr gelitten, als sie erfahren hat, dass Boldini das Gemälde an die Rothschilds verkauft hat. Und weißt du, was sie zu mir gesagt hat, als sie mir das Goldtäschchen mit ihrem Schmuck gegeben hat?«

»Was denn?«

»›Du hast mir versprochen, mir alles zu geben. Und stattdessen hast du mir alles genommen.‹«

Die Bilder schälen sich aus seiner Erinnerung, langsam,

schmerzlich. Franca hatte die Schmuckstücke, eins nach dem anderen, in ein Stück Samt gehüllt, fast wie in ein Grabtuch, und dann alles in die Tasche gesteckt. Sie weinte. Als Letztes trennte sie sich von den Perlen, ließ sie langsam durch ihre Finger gleiten, eine Kette nach der anderen. »Sie haben es mir gesagt, dass Perlen wie Tränen sind«, murmelte sie, mit der letzten Kette in der Faust. Sie führte sie an ihr Gesicht, wie eine allerletzte Liebkosung, legte sie dann in ein Etui und übergab sie ihm.

Dieses Bild quält ihn noch immer. »Meine arme Franca. Und sie hatte recht«, sagt er leise. »Ich hab ihr so viel Schmerz bereitet.«

Romualdo zuckt mit den Achseln. »Wir haben so viel Blödsinn erzählt, Ignazio. Uns selbst und den anderen.« Er nimmt ihm die Karten aus der Hand. »*Ormai comu finiu, finiu.* Was zu Ende ist, ist zu Ende.«

»Und was ist uns an diesem Ende geblieben, *curò?*«, fragt Ignazio, vielleicht mehr sich selbst als seinen alten Freund.

»Wieso, muss denn immer etwas bleiben? Wir haben gut gelebt, Ignazio. Wir haben nicht Däumchen gedreht, sondern uns das Leben mit Gewalt genommen und es genossen, ohne allzu viel darüber nachzudenken. Ich gehe meinem Tod ohne Reue entgegen. Ich bin Bürgermeister von Palermo gewesen, ich war reich und mächtig, so wie du. Wir haben wundervolle Frauen in unseren Betten gehabt. Geld, Reisen, Champagner … Das Leben, das haben wir gehabt, Ignazio. Wir haben große Träume gehabt, wir waren frei, und trotzdem haben wir immer das verteidigt, was uns wirklich wichtig war, *curò.* Nicht das Geld, nicht die Macht und auch nicht den Namen. Die Würde.«

Ignazio erinnert sich an Romualdos Worte an dem Tag, an dem sie gezwungen sind, auch das Haus an der Via Piemonte zu verlassen. Er ist an die Seite seiner Frau zurückgekehrt, nachdem er endgültig von Vera verlassen wurde, die im Jahre 1930, nach dem Tod ihres Sohnes Leonardo, der bei einer Luftübung über der Adria gestorben ist, eine tiefe seelische Krise erlitten hat. Ignazio und sie waren nur noch geeint durch die Gewalt der göttlichen Bestrafung für das, was sie getan hatten: Der Tod zuerst von Ignazios Kindern und dann von Leonardo waren für sie die Strafe dafür, dass sie beide ihre Ehe gebrochen hatten. So hatte Vera es gesagt, und Ignazio wusste nichts darauf zu antworten. Er hatte sich darauf beschränkt, die Frau in die Arme zu nehmen, die ihm so viel Glück geschenkt hatte, die immer ein Lächeln für ihn hatte und die ihn jetzt unter Tränen anflehte, für das Böse Buße zu tun, das er seiner Frau und seiner Familie angetan hatte. Und dann hatte sie ihm einen letzten Kuss auf die Wange gegeben und war gegangen.

Doch ihre Worte sind in seine Seele eingezogen, haben in dem Schuldgefühl Wurzeln geschlagen, das er so lange Zeit negiert hat. Und sie haben ihn dazu gebracht, zu Franca zurückzukehren und mit ihr das bisschen zu teilen, was ihnen noch geblieben ist.

Aufgegeben hat er nicht, zumindest nicht sofort: Von einer Stadt in die andere ziehend, hat er mit allen Mitteln versucht, Geschäfte zu machen, wenn auch nur kleine, wenn auch auf die Gefahr hin zu scheitern. Doch mittlerweile weckt sein Name nur noch Mitleid, Verachtung und manchmal sogar Hohn. Ignazio Florio hat ein ganzes Imperium in den Sand gesetzt. Ignazio Florio hat es nicht geschafft, sein Erbe zu verwalten. Ignazio Florio ist ein Versager.

Auf einmal beneidet er Vincenzo dafür, dass er an seiner Seite eine mutige und den praktischen Dingen des Lebens zugewandte Frau hat, die ihn wirklich liebt und alles tut, um etwas zu retten, und seien es nur die Schmuckstücke und Möbel, die sein Bruder ihr im Laufe der Jahre geschenkt hat. Die Brüder sehen einander nur selten: Zusammen mit Lucie und Renée ist Vincenzo oft zwischen Palermo und Frankreich auf Reisen, zwischen der Via Catania und dem Haus ihrer Familie in Éperny, in der Champagne. Als er ihn das letzte Mal traf, hatte Ignazio das Gefühl, die fünfzehn Jahre Altersunterschied zwischen ihnen seien auf einmal verschwunden: Er stand vor einem Mann, der viel älter wirkte als seine fünfzig Jahre, müde und schwer geworden. Im Grunde, so hat er sich gesagt, hat auch sein Bruder immer getan, was er wollte, ohne Rücksicht auf die Konsequenzen. Und vielleicht war es diesen Exzessen zu verdanken, dass er keine Kinder gehabt hat. Wer weiß, ob er resigniert hat, hat sich Ignazio damals gefragt. Doch wie so oft hat er nichts gesagt.

Jemand hüstelt. Hinter ihm stehen der Majordomus und eines der Hausmädchen; beide haben ihre Mäntel an.

»Signore, wir würden dann gehen. Wenn Ihr uns bitte noch den Monatslohn auszahlen würdet …«, sagt der Mann.

Eine Forderung, höflich, aber bestimmt vorgebracht.

»Und was die anderen Monate angeht, so würden wir wenigstens um einen Vorschuss bitten …«, fügt das Hausmädchen hinzu.

Plötzlich empfindet Ignazio einen großen Überdruss den

beiden Bediensteten gegenüber. Wissen sie denn nicht, dass schon längst andere Räuber da waren, die ihn ausgeplündert haben?

Er steckt die Hände in die Tasche, zieht ein Bündel Geldscheine heraus. Es sind seine letzten.

»Da, nimm. Sorg du dafür, dass es geteilt wird«, sagt er zu seinem Majordomus, dreht den beiden den Rücken zu und geht zu Giulia, die von der Türschwelle aus die Szene beobachtet hat.

Er streichelt ihr über den Arm, lächelt sie an.

Sie lächelt zurück und geht dann auf das Bett zu, auf dem zwei kleine Koffer, geöffnet, liegen.

»Brauchst du Hilfe?«

»Papa, das hast du mich schon gefragt«, erwidert sie mit einem Hauch Ironie, die in ihren Augen aufblitzt. »Du hast in deinem ganzen Leben noch nie einen Koffer gepackt und würdest jede Menge Unsinn mitnehmen. Setz dich, ich brauche nicht lange.«

Ignazio seufzt und tut, wie ihm geheißen. Es ist Giulia, der gegenüber er am meisten Schuldgefühle hat. Vor zwei Jahren waren ihre Nerven schwer angegriffen; zum Glück haben sich Igiea und Averardo ihrer angenommen und sie zu sich nach Migliarino Pisano geholt. Dort haben sie ihr geholfen, sich zu erholen, wieder normal zu essen, unbeschwert zu schlafen.

Sie haben ihr das Gefühl gegeben, geliebt zu werden.

Damals war er noch mit Vera zusammen. Was Franca anging, so hatte sie beschlossen, nach ihrem Besuch bei der Tochter nach Paris zu fahren, nachdem sie in den Casinos der Côte d'Azur Unmengen Geld verloren hatte. Sie könne keinen Schmerz ertragen, erst recht nicht den einer ihrer

Töchter, hatte sie bei ihrer Rückkehr, sozusagen als Rechtfertigung, gesagt.

Am Ende hat sich Giulia wieder erholt, doch seither ist sie distanzierter als vorher, als würde sie die Welt, der sie angehört, nicht mehr interessieren.

»Entschuldige«, murmelt Ignazio, fast mehr an sich selbst gerichtet.

Giulia scheint ihn nicht gehört zu haben. Doch dann, nach ein paar Augenblicken, fragt sie: »Wofür denn?«

»Für … für das, was ich dich zu tun zwinge.«

»Zum Glück fahre ich zu Igiea«, erwidert sie, kurz angebunden, und klappt die Koffer zu. Sie zieht zuerst ihre Handschuhe an, dann den Mantel mit dem Pelzsaum. Dieses Jahr ist der römische Winter besonders feucht. »Und vor allem fahre ich zu Arabella, Laura Floriana, Flavia Domitilla und Forese. Bestimmt freuen sie sich, mit ihrer Tante zusammen zu sein.«

»Wir kommen dich besuchen, Mama und ich. Wir kommen zu dir und zu Igiea, mein Schatz.«

Sie nickt. Dann schließt sie die Koffer ab und küsst ihn auf die Wange. »Kümmere dich um Mama«, sagt sie ihm und streicht ihm über das Revers der Jacke, der man mittlerweile ansieht, wie alt sie ist. »Sie ist nicht so stark wie du.«

Du kannst nicht wissen, wie sie einmal war. Ich bin es gewesen, der sie schwach gemacht hat. Der sie zerbrochen hat, denkt Ignazio.

Nach einer letzten Zärtlichkeit geht Giulia über den Flur davon, öffnet die Tür und geht hinaus. Vor der Eingangstür wartet das Automobil der Salviatis. Ignazio bleibt nur noch der Blick auf die Zimmer im Halbschatten, die leeren Wände und die elegante Einrichtung, die am Ende auch versteigert wird. Ein ähnliches Schicksal wie das der Möbel, die in Palermo geblieben sind, vom Finanzamt verpfändet, weil eine Reihe von Rechnungen nicht bezahlt wurden. In Wirklichkeit nur wenig: ein großer Teil wurde bereits 1921 verkauft, während einer Versteigerung, die mehr als einen Monat andauerte.

Doch in seinem Blick liegen weder Traurigkeit noch Reue. Nur ein Hauch Würde funkelt manchmal darin auf, eine Würde, wie sie sein Freund Romualdo bis zum letzten Atemzug verteidigt hat und die für Ignazio mittlerweile die gleiche Farbe hat wie Resignation.

Franca sitzt auf dem Bett, die Hände auf dem Schoß verschränkt, den Blick starr auf den Boden gerichtet. Ignazio tritt ein, schaut sie aber nicht an. Auch sie wirkt viel älter als ihre einundsechzig Jahre. Ignazio weiß, warum, er weiß, dass nicht nur die Unbilden ihres Lebens oder die Exzesse schuld daran sind. Und genau deswegen, weil er das weiß, versucht er auch nach Möglichkeit zu vermeiden, dieses verhärtete Gesicht, die erloschenen Augen, die mit Altersflecken übersäten Hände zu betrachten.

Er tritt zu dem Sessel, auf dem der Mantel liegt, nimmt ihn, legt ihn ihr über die Schultern. Dabei spürt er einen Hauch ihres Parfüms, das immer noch und seit ewigen Zeiten das gleiche ist: La Marescialla. »Gehen wir?«, fragt er sie.

Franca nickt.

Ignazio greift nach den beiden kleinen Koffern, und sie verlassen das Haus. Der Rest ist bereits im Hotel Eliseo, einem bescheidenen Hotel, das jedoch sauber und ruhig ist, in der Nähe der Porta Pinciana. Averardo und Igiea haben lange darauf beharrt, doch Franca war nicht dazu zu bewegen, zu ihnen zu ziehen: *Es wäre ein zu harter Schlag für ihre Würde gewesen.*

Auf der Straße bleiben ein paar Leute stehen, um sie zu grüßen, während andere den Blick abwenden. Im Viertel weiß jeder, wer sie sind. Sie gehen schweigend, Seite an Seite. Mit den Jahren sind die körperlichen Unterschiede zwischen ihnen deutlicher zutage getreten. Sie war immer schon größer als er, doch mittlerweile wirkt Ignazio im Vergleich zu ihr fast verschrumpelt, während Franca immer noch mit ihrem federnden, harmonischen Gang unterwegs ist. Er kostet sie Kraft, aber sie könnte niemals auf ihn verzichten.

Denn die Welt schaut sie an, und sie ist doch immerhin und immer noch Donna Franca Florio.

Der römische Frühling ist kalt, doch die Leute am Sitz der Banca Commerciale scheinen es nicht zu bemerken. Vielleicht, weil der Saal sich schon seit dem frühen Morgen füllt, vielleicht weil das Warten die Gemüter erhitzt, vielleicht auch, weil es in der Natur von Geheimnissen liegt, eine Hitze auszustrahlen, die alles und jeden verbrennt, der ihnen zu nahe kommt.

Der Katalog der Versteigerung benennt nicht die Herkunft der Artikel, die unter den Hammer kommen, doch die Menschen, die jetzt im Saal Platz nehmen, brauchen keinen Namen auf dem Papier. Denn all die Broschen und Brillantarmbänder, die Rubinringe, die Smaragdarmreife, die langen Perlenketten können nur einer einzigen Person gehören.

Ihr.

Der römische Adel hat davon erfahren und seine Bieter geschickt, die genaue Anweisungen haben. So mancher hat noch die Erinnerung an eine bestimmte Brosche von Cartier – oder von Fecarotta oder den Gebrüdern Merli –, von damals, als er sie während eines Diners, einer Theaterpremiere oder bei einer zufälligen Begegnung genau dieses Schmuckstück tragen sah. Der Neid von damals hat sich in eine Sucht verwandelt, dieses Schmuckstück zu besitzen. Es ist, als könnte das Funkeln und Schimmern eines Schmuckstücks eine Spur der Faszination und Anmut der Person enthalten, die es einmal getragen hat, und jetzt wollen diese Menschen sich dieser Schönheit bemächtigen, um sie selbst auszustrahlen.

Die zahlreichen anwesenden Juweliere hingegen wirken deutlich distanzierter. Man kennt sich, nickt sich höflich und mit fast herausfordernden Blicken zu. Dann überfliegt man die Seiten des Katalogs und denkt über die Möglichkeit nach, eines der Stücke zu ersteigern, stellt sich vor, die Edelsteine abzumontieren und die Steine neu zu fassen, moderner, weniger erkennbar.

Dann geht ein Raunen durch den Saal. Auf der Schwelle steht Giulia Florio: Sie trägt einen Hut mit Schleier und einen schwarzen Mantel. Die Letztgeborene der Casa Florio bleibt stehen, umklammert den Griff der Handtasche aus Samt, lässt einen hochmütigen Blick über die Gesichter der Anwesenden wandern, schaut jeden an, als wollte sie sich einprägen, wer da sitzt.

Ich weiß, wer ihr seid, scheint dieser Blick zu sagen. *Ihr seid hier, weil ihr euch niemals das hättet leisten können, was meine Familie besessen hat. Ihr seid wie Krähen, die sich an den Knochen gütlich tun. Ihr könnt die Steine herausnehmen, könnt die Perlenketten zerschneiden, das Metall einschmelzen, aber ich werde wissen, was ihr getan habt und wer von euch es getan hat.*

Ihr werdet niemals die Eleganz meiner Mutter haben noch die Klasse meines Vaters oder die Größe meiner Familie. Niemals.

Und ich bin hier, um euch daran zu erinnern.

Mit erhobenem Kopf und sicherem Schritt geht sie weiter, nimmt Platz. Der Auktionator hat sie gesehen und erkannt; ein paar Augenblicke zögert er, beginnt dann aber, die Artikel aufzurufen. Vor ihren Augen werden Schmuckstücke gezeigt, die das Leben ihrer Mutter begleitet haben. Bei einigen erinnert sich Giulia auch an das letzte Mal, als sie sie gesehen hat. So wie diese Goldbrosche mit einem Brillantmonogramm, die Franca vor fünf Jahren, 1930, für ein paar Tage wiederhaben wollte, um sie bei den Hochzeitsfeierlichkeiten von Umberto II. mit Marie José von Belgien zu tragen. Sie war immer noch Hofdame und folglich dazu angehalten, mit der königlichen Anstecknadel an einem so wichtigen Ereignis teilzunehmen. Giulia hat nie den Ausdruck der Demütigung in den Augen ihrer Mutter vergessen, als die Bank ihr mitteilte, sie könne den Florios weder jene Brosche noch die Perlenketten anvertrauen, weil sie befürchte, sie nicht mehr zurückzubekommen. Am Ende hatte die Bank nachgegeben, doch dazu bedurfte es zahlreicher Bittgesuche und Absicherungen auf höchster Ebene.

Der Auktionator beschreibt die Juwelen, die Angebote folgen unablässig. Bei den Perlenketten gibt es kein Halten mehr. Nachdem die Kette mit dreihundertneunundfünfzig Perlen zu einer Summe über den Tisch gegangen ist, die wahrscheinlich höchstens ihrem halben wirklichen Wert entspricht, nach dem deutlich hörbaren Triumphgeschrei des Juweliers, der sie erworben hat, drückt Giulia ihre Tasche an sich und verlässt erhobenen Hauptes den Saal.

Sie wird ihrer Mutter niemals verraten, dass sie beim Verkauf ihres geliebten Schmucks anwesend war. Doch ihr Vater hat ihr den Brief von der Banca Commerciale gezeigt, in dem der Tag der Versteigerung verkündet wurde, und sie dann schweigend angeschaut, als wollte er ihr sagen: *Hilf mir.* Giulia hat seinen Blick erwidert, einmal den Kopf geschüttelt und ist dann gegangen.

Das letzte Kapitel dieser Geschichte müssen sie zusammen schreiben, ihre Mutter und ihr Vater. So wie sie auch andere Kapitel geschrieben haben, die leuchtend hellen ebenso wie die finsteren und schrecklichen.

Sie war nur eine Zeugin des Schicksals der Casa Florio. Und als solche wollte sie die Hand sehen, die davon das letzte Wort schrieb.

Franca sitzt vor ihrem Schminktisch. Das kleine Zimmer im Hotel Eliseo ist in gleißendes Licht gehüllt, das von einem neuen Leben und von Frühling spricht. Sie fühlt sich gestört von diesem Licht, es ist, als wollte es sie kränken. Ignazio macht einen Spaziergang. Oder zumindest hat er das gesagt. In Wirklichkeit – und das weiß sie sehr wohl – ertrug ihr Ehemann den Gedanken nicht, über das zu sprechen, was in diesem Moment gerade geschah. Bevor er ging, hat er ihr nur auf der Türschwelle zugeflüstert: »Verzeih.«

Sie schließt die Augen. Heute ist *der* Tag.

Sie glaubt sie zu hören, die Hammerschläge, mit denen ihr Schmuck verhökert wird.

Das Saphirarmband, das ihr Ignazio zur Geburt von Baby Boy geschenkt hat. Das aus Platin, ein Geschenk anlässlich Giulias Geburt. Die brillantbesetzte Brosche aus Platin in Form einer Orchidee, erhalten zum ersten Hochzeitstag. Und dann ihre Perlen. Die Kette mit fünfundvierzig großen Perlen. Die mit hundertachtzig. Und die mit vierhundertfünfunddreißig kleinen … Vor allem jedoch die mit dreihundertneunundfünfzig Perlen, die sie anhatte, als Boldini sie malte …

Jeder Hammerschlag hallt in ihr wider, das Echo eines Schmerzes, der bis in ihre Seele dringt.

Diese Juwelen, sie waren ein ganzes Leben lang ihr Schutzschild. Sie haben sie verteidigt, haben der Welt ihre Kraft gezeigt, ihre Schönheit. Und jetzt, wo sind sie? Wer wird sich ihrer annehmen?

Die Eleganz, der Stil, die Selbstbeherrschung, wo sind sie geblieben? Hat es sie denn überhaupt gegeben, haben sie ihr wirklich angehört? Oder waren sie nur falsche Gewissheiten, die irgendwann, mit den Jahren, verschwinden würden?

Die Antwort hat sie direkt vor sich. Sie liegt in dem von bitteren Falten gezeichneten Gesicht, in diesen traurigen Augen, in diesem Kleid mit Faltenrock, in dem ein schwer gewordener Körper steckt. In dieser Seele, die so oft in Stücke gegangen ist, dass sie es nicht mehr schafft, sich wieder zusammenzusetzen.

Hab keine Angst, das zu sein, was du bist, hat ihr Giulia einmal an einem regnerischen Tag gesagt. Das ist ein ganzes Leben her. Und sie hat es versucht, auf die einzige Weise, die ihr möglich schien. Mit Liebe in all ihren Formen. Liebe zu Ignazio, zu ihren Kindern, zur Familie, zu dem Namen, den sie trug. Sie hat viel geliebt, und sie wurde viel geliebt, doch am Ende ist es die Liebe gewesen, die einen tiefen Abgrund der Dunkelheit und der Stille in ihr gegraben hat. *Es heißt, bei der Liebe gibt man alles von sich, ohne darüber nachzudenken; doch wenn du alles gibst, dann bleibt am Ende nichts mehr übrig, um zu leben.*

Und so ist es ihr geschehen.

Zu Beginn war ihre Liebe zu Ignazio randvoll mit Begehren, mit Hingabe, mit Vertrauen. Sie hat sich ihm vollkommen ergeben, dem, was er war und was er darstellte. Sie war überwältigt von seinem Reichtum, von dem Rausch des Lebens an seiner Seite, vom Luxus. Als dann die Kinder kamen, war ihr Glück perfekt. Eine sehr kurze und unendlich lange zurückliegende Zeit lang hat sie sich lebendig gefühlt. Selbst das boshafte Geschwätz der Leute, die neidischen Blicke, das ganze Gift einer Stadt, das sie so sehr gequält hat, erscheinen ihr heute wie die Zeichen einer herrlichen und vollendeten Perfektion.

Doch dann hat der Kreis Risse bekommen. Es wurde gelogen und betrogen, es kamen der Schmerz, die Trauer. Sie hat sich der Illusion hingegeben, diese Liebe verteidigen zu können, indem sie Ignazio trotz allem weiter liebte, indem sie weiter das blieb, was er sich wünschte. Indem sie weiter Donna Franca Florio blieb.

Und genau da hat der Niedergang begonnen, nicht nur der Casa Florio. *Ihr eigener.*

Jetzt ist der Stern, der den Himmel über Palermo erhellt hat, gleißend hell wie kein anderer, erloschen, ist nur noch ein dunkler Fleck im Dunkel.

Auch ihr Schmuck, all die Stücke, die Zeichen einer trügerischen, verzweifelten, falsch ausgerichteten Liebe waren, sind verschwunden. Die Illusion, glücklich gewesen zu sein, ist nur Dampf, den die Sonne wegbrennt, sie ist Staub an diesem goldenen Frühlingsmorgen.

Ihr ist nichts geblieben.

Was bleibt, ist eine milde Zärtlichkeit Ignazio gegenüber, geboren in all den Jahren, die sie miteinander verbracht haben. Und da ist die Liebe zu ihren Töchtern, zu Igiea und zu Giulia. Für sie hegt sie die Hoffnung, dass sie nicht die Fehler begehen, die sie begangen hat. Dass sie sich selbst treu bleiben und begreifen, dass die Liebe nicht nur deshalb lebt, weil einer von beiden es will.

Und dass sie vor allem lernen, sich selbst zu lieben.

Hätte ich weniger geliebt, wenn ich das gewusst hätte?

Nein.

Ich hätte anders geliebt.

Sie fixiert einen Punkt im Spiegel – einem der Spiegel, die sie aus dem Bestand der Olivuzza gerettet haben –, doch ihr Blick ist abwesend, entrückt.

Dann jedoch spielt ein Lächeln um ihre Lippen, macht ihr Gesicht weich.

Dort vor ihr sitzt ein kleiner Junge auf dem Teppich. Er hat einen dicken blonden Lockenkopf, einen schelmischen Blick, und er lacht, während er ein kleines Mädchen mit durchscheinender Haut und grünen Augen, das ein Neugeborenes hält, am weißen Röckchen zupft.

Und da, in einer Ecke, sitzen ihre Mutter und ihr Vater, ihr Bruder Franz, ihre Schwiegermutter Giovanna. Und da ist auch Giulia Tasca di Cutò, jung und schön, wie in der ersten Zeit ihrer Freundschaft.

Sie wendet sich wieder den Kindern zu. Sie schauen Franca lächelnd an.

Giovannuzza. Baby Boy. Giacobina.

»Wir warten auf dich, Mama«, sagt Giovannuzza, ohne dass sich ihre Lippen bewegen.

Sie nickt. Ja, sie weiß, dass sie auf sie warten. Und sie weiß auch, dass die Liebe für sie anders war. Als sie noch da waren, hatte sie nie Angst davor, einfach nur Franca zu sein und sonst nichts. Sie fürchtete sich nicht davor, zerbrechlich zu sein, zu zeigen, wie sie wirklich war. Und das begreift sie erst jetzt, wo alles andere nicht mehr da ist.

Und so ist Franca, nur für sie und dort im Spiegel, wieder jung und wunderschön. Sie ist in ihrem alten Zimmer, dem mit den Rosenblättern auf dem Boden und den Putten an der Decke. Ihre grünen Augen sind glasklar, ihr Mund lächelt heiter. Sie trägt ein leichtes weißes Kleid und ihre Perlen.

Und in diesem Moment, der ebenso perfekt wie unmöglich ist, ist sie wirklich glücklich.

So, wie sie es in Wirklichkeit nie war.

EPILOG

November 1950

Cu campa si fa vecchiu.
»Wer lebt, der altert.«
Sizilianische Redensart

Es ist ein eisiger Novembertag im Jahre 1950, von einem Wind gepeitscht, der nach feuchter Erde riecht. Ignazio schleppt sich den zementierten Weg von Santa Maria di Gesù entlang, strauchelt. Igiea neben ihm muss immer wieder stehen bleiben, ihn stützen. Hinter ihnen, jenseits des Zaunes, sind Leute, viele Leute. Sie sind gekommen, um Donna Franca Florio das letzte Geleit zu geben.

»Meine Franca …«, murmelt er. Franca ist vor ein paar Tagen in Migliarino Pisano, in Igieas Haus, gestorben, wo sie mittlerweile gelebt hat. Sie wurde sechsundsiebzig Jahre alt. Doch in seinem Denken – das immer gebrechlicher und vernebelter ist – wird Franca immer das junge Mädchen mit dem Strohhut und dem weißen Baumwollkleid sein, dem er damals im Park der Villa Giulia begegnet ist.

Der Mann hebt den Blick. Vor ihm ragt die große Gruft der Florios in die Höhe. Die Tür aus Schmiedeeisen steht weit offen, und dort, hinter dem Marmorlöwen von Benedetto De Lisi, steht ein dunkler Sarg, mit einem großen Blumenkranz bedeckt. Eine Explosion von Leben inmitten des vielen Graus.

Igiea schüttelt ihn ein wenig, und er schaut sie an, als überraschte es ihn, sie an seiner Seite zu sehen. Unter dem Schleier ist das Gesicht seiner Tochter erschüttert, ihre Augen rot verweint.

»Möchtest du dich von ihr verabschieden, Papa?«

Er schüttelt heftig den Kopf. Igiea seufzt, als wollte sie sagen: *Ich wusste es.* Sie wendet sich an eine junge Frau hinter ihnen: ihre Erstgeborene, Arabella. »Pass auf den Opa auf«, sagt sie und macht Platz, damit ihre Tochter den Vater stützen kann. Dann legt sie den kurzen Weg zum Grab zurück, steigt die kleine Treppe hoch und steht vor der Kapelle, wo ihr Mann, ihre Schwester Giulia und ihr Schwager Achille Belloso Afan de Rivera auf sie warten.

Ignazio schaut seine Töchter mit melancholischer Distanziertheit an. Oh, er weiß, dass sie ihn für geistig umnachtet halten, einen Menschen, der in einer Vergangenheit lebt, die mehr eingebildet als real ist, und dass sie ihm zum Vorwurf machen, er habe ihre Mutter leiden lassen. Und sie haben recht damit.

Igiea und Giulia sind erwachsene Frauen. Sie haben ihr eigenes Leben, ihre Familien, ihren Platz auf der Welt. Nach Sizilien gehören sie nicht mehr, sie tragen nicht mehr seinen Namen. Der Einzige, der ihn hätte tragen können, liegt dort, in der Kapelle, in der jetzt auch Franca aufgenommen wird.

In der Vergangenheit hat er sich oft gefragt, ob er Angst vor dem Tod hat. Und jetzt kennt er die Antwort. Nein, er hat keine Angst. Sein Leben ist erfüllt gewesen, lange Zeit hat er auf nichts verzichtet. Doch jetzt ist er müde: müde, all die Menschen zu überleben, die er geliebt hat, ein Damm zu sein, der die Fluten des Schicksals in Schach hält, während sich andere davon wegreißen lassen.

Ignazio geht auf den Fuß des Erdwalls der Kapelle zu, wo die Krypta liegt. »Wo willst du hin, Großvater?«, fragt Arabella und hält ihn fast fest.

Er beschränkt sich darauf, auf den kleinen Zaun aus schwarzem Eisen zu zeigen, der für diese Gelegenheit geöffnet wurde. »Dorthin«, sagt er schlicht.

In der Krypta ist es noch kälter. Die Tuffwände bröckeln und sind mit einer Schimmelschicht bedeckt, und die Eisenlüster sind verkrümmt, rosa von der Feuchtigkeit und der Last der Jahre.

Doch die beiden weißen Sarkophage in der Mitte der Krypta wirken unbeeinträchtigt von den Unbilden der Zeit. Der seines Vaters ist mit einer Staubschicht bedeckt. Ignazio nähert sich, wischt den Staub sorgfältig mit einer Hand ab. Dabei streift der Familienring über den Stein und verursacht ein lautes Kratzen, das ihn zurückschrecken lässt. Der andere monumentale Sarkophag ist der seines Großvaters Vincenzo, den er selbst nicht kennengelernt hat. Daneben liegen seine Mutter Giovanna und seine Großmutter Giulia, aber auch Urgroßvater Paolo und Onkel Ignazio, damals aus Bagnara Calabra in Palermo angekommen und Besitzer der armseligen *putìa*, mit der damals alles angefangen hat. Und dann liegt da auch noch Urgroßmutter Giuseppina, Paolos Frau.

Sie sind alle da, die Florios.

Sie alle haben eine Zukunft gehabt, jemanden, dem sie etwas hinterlassen konnten – mehr als Geld, Firmen und Häuser –, nämlich einen Namen, eine Geschichte. Und wie eine Straße, Stein um Stein, sind dieser Name und diese Geschichte bis zu ihm gelangt.

Jetzt ist niemand mehr da, um ihr Andenken zu bewahren. Ein Gedanke, der in ihm einen Schwindel auslöst, den er kaum ertragen kann und der ihn die Augen schließen lässt, als würde es genügen, nicht zu sehen, um den Sturz in den Abgrund zu verhindern. Genau deshalb wollte er auch bei Francas Begräbnis nicht dabei sein. Denn dort unten in der Kapelle, neben ihr, liegen auch sein Bruder Vincenzo und drei seiner eigenen Kinder, Giovannuzza, Baby Boy und Giacobina.

Der Schwindel ist immer noch da, als er den Friedhof verlassen und Igieas Alfa Romeo bestiegen hat. Palermo gleitet wie gleichgültig unter seinen Augen vorbei. Nur als sie am Palazzo Butera vorbeikommen, der 1943 zerbombt wurde, zuckt Ignazio zusammen. Seine Schwester Giulia hat auch diese Zerstörung überlebt, zusätzlich zum Tod ihres letzten Sohnes Giuseppe und ihres Mannes Pietro. Und sie selbst ist erst vor drei Jahren gestorben, an Heiligabend des Jahres 1947.

Ignazio senkt den Blick auf den Familienring. Mittlerweile ist der Ruin der Casa Florio weit weg. Wenn er daran zurückdenkt, empfindet er ein vages Unbehagen, aber keinen Schmerz. Selbst seine Abhängigkeit von seinen Töchtern und seinem Bruder lässt ihn gleichgültig. Er selbst hat keine einzige Lira mehr, auch wenn offiziell die Casa Florio niemals gescheitert ist. Was ihn wirklich bekümmert, das ist der Gedanke, dass mit ihm etwas anderes verloren geht… ein Name. Eine Geschichte. Ihre Geschichte, eingeschlossen in dem kleinen Goldreif, der von den Jahren abgenutzt ist.

Igiea hält das Auto vor der Villa dei Quattro Pizzi an. Ignazio merkt es kaum. Seine Augen sind ins Leere gerichtet, er hängt seinen Gedanken nach.

»Papa… Wir sind jetzt bei Onkel Vincenzo«, sagt sie zu ihm. »Ich gehe schnell zu ihm, um ihn und Tante Lucie zu begrüßen, aber ich bleibe nicht zum Essen.« Die Frau geht ums Auto herum, öffnet ihm die Tür.

Ignazio steigt aus, zeigt dann in Richtung Strand. »Warte«, murmelt er. »Lass mich ein paar Schritte zum Meer gehen.« Er lächelt sie an, als wollte er sich für diese Bitte entschuldigen.

Sie kommen nur mühsam voran, weil ihre Schuhe im Sand und den winzigen Steinchen der Küstenlinie versinken. Plötzlich deutet Ignazio zu dem Turm, der zu ihrer Linken steht. »Du weißt ja, deiner Mutter hat es hier nicht gefallen …«

Igiea zeigt auf einen großen grünen Fleck am Meer, rechter Hand. Zwischen den Baumwipfeln sieht man einen kleinen Tempel. »Sie war lieber dort in der Villa Igiea, ich weiß. Und dort ist sie geblieben, solange es eben ging«, fügt sie traurig hinzu.

Ignazios Blick richtet sich zum Horizont, auf die Gebäude der Werft, hinter denen sich Palermo abzeichnet. »*Talìa, lassami ccà deci minuti.* Komm, lass mich zehn Minuten hier sitzen«, sagt er und zeigt auf eine flache Klippe, die nicht weit vom Seiteneingang der Villa entfernt ist.

Igiea ist unschlüssig. »Es ist kalt, Papa«, erwidert sie. Das Meer schwillt an, und die Gischt spritzt hoch, erfüllt die Luft mit dem Geruch nach Salzwasser. »Ist es nicht besser für dich, wenn du ins Warme gehst?«

»Nein, nein. Lass mich hier.« Er drückt ihren Arm. »Geh deinen Onkel und die Tante begrüßen.«

Igiea nickt, wirft ihm einen Blick zu, in dem sich Schmerz und Verständnis mischen, und geht dann davon.

Allein geblieben, schaut Ignazio noch lange auf die Wellen, die wild, und ohne ihn zu beachten, an die Klippen schlagen.

Die Villa dei Quattro Pizzi hatte sein Großvater gewollt;

die Villa Igiea hingegen ist sein und Francas Werk gewesen. Zwischen diesen beiden Gebäuden spannt sich sein ganzes Leben und das seiner Familie.

Palermo. Das Meer.

Sie waren einmal die großen Herren Palermos. Und sein Vater hat ihm vor vielen Jahren auf Favignana einmal gesagt, dass das Meer durch ihre Adern fließt.

Der Schwindel ist wieder zurück. Noch heftiger, noch überwältigender.

Alles wird vergessen sein, sagt er sich, und der Gedanke entreißt ihm ein Schluchzen.

Er schließt die Augen, öffnet sie wieder.

Und hört, wie jemand nach ihm ruft.

»Don Ignazio!« Ein alter Mann mit zerzaustem Haar kommt auf ihn zu. Er hält ein kleines Mädchen mit langen schwarzen Zöpfen an der Hand. »*Assabbinirìca,* Don Ignazio. Ich bin Luciano Gandolfo, erinnert Ihr Euch an mich?«

Ignazio starrt ihn mit gerunzelter Stirn an. »Ihr wart einer der *cammareri*, der Diener im Haus, stimmt's?«

»Ja, ja. Ich war schon als kleiner Junge da, als noch Euer Vater lebte, Gott hab ihn selig. Als er starb, war ich fünfzehn Jahre alt. Meine Familie und ich haben den Florios immer gedient.« Der Mann verbeugt sich tief. »Ich habe das mit Eurer Frau gehört. Sie war eine so wunderschöne Frau, weiß Gott. Seid Ihr jetzt hier, bei Don Vincenzo?«

Ignazio nickt. Er ist Gast seines Bruders, er, der überall Häuser hatte. Der in der Olivuzza herrschte.

Neben ihnen hat das kleine Mädchen begonnen, Muscheln zu sammeln. Auf einmal steht sie auf und richtet einen intensiven, dunklen Blick auf Ignazio. »Dann seid Ihr Don Ignazio Florio?«, möchte sie wissen.

Ignazio sieht sie an. Sie wird kaum mehr als zehn Jahre alt sein. Er nickt.

»Also seid Ihr der Bruder von Don Vincenzo, dem mit den Autos! Mein Vater unterhält sich immer mit ihm, wenn sie uns die amerikanischen Motoren der Motorboote bringen.«

»Das ist meine Enkelin, Tochter meines Sohnes Ignazio«, erklärt der alte Mann. Er nimmt ihre Hand, lässt sie näher treten. »Mein Sohn ist Mechaniker.«

Ignazio erhebt sich mühevoll. »Euer Sohn …«

Der andere nickt. »Ich habe ihn nach Eurem Vater benannt, weil der immer so großzügig zu uns war. Und sie hier«, fügt er hinzu und zeigt auf seine Enkelin, »sie heißt Giovanna, wie Eure Mutter, die zu uns allen eine gute Frau war, immer.«

Die Kleine deutet ein Lächeln an; man sieht, wie stolz sie auf ihren Namen ist. »Ich kenne mich mit Euch allen aus, Don Ignazio. Der Großvater erzählt meinen Brüdern und mir so viele Geschichten … aber auch die Großväter meiner Schulfreunde erzählen uns von der Tonnara und von Eurem Haus.« Sie macht eine Pause, schaut auf die Muscheln hinab, die sie in der Hand hält, sucht eine aus und reicht sie ihm. »Hier wissen alle, wer Ihr seid.«

Ignazio nimmt die Muschel entgegen. »Es wissen … alle?«, fragt er. Seine Stimme ist kaum zu hören.

Die Kleine nickt, und der Alte fügt hinzu: »*Caciettu.* Alle kennen Eure Geschichte, Don Ignazio. Eure, die Eures Bruders, Eurer Familie … Es hat schon so viele reiche und wichtige Christenmenschen in Palermo gegeben, aber nicht wie Ihr. *Vuatri siti i Florio.* Ihr seid die Florios.«

Ignazio hat einen Kloß im Hals. Er hebt den Blick, richtet

ihn auf den Horizont. Mitten in den Wellen, weit entfernt, schwimmt ein kleines Boot mit weißem Lateinersegel. Es scheint eine Schifazzo zu sein.

»Ja, das stimmt.« Er dreht sich zu dem Mädchen und dem alten Mann. »Die anderen sind die anderen. Wir sind die Florios.«

NACHBEMERKUNG DER AUTORIN

Die Löwen von Sizilien ist ein Roman. Man könnte es für überflüssig halten, das zu betonen, doch das ist es nicht, nicht, wenn man über eine Familie wie die Florios schreibt, die auf so profunde Weise die Geschichte – von Palermo, von Sizilien, von Italien – geprägt hat und deren dramatischer gesellschaftlicher und wirtschaftlicher Werdegang seit langer Zeit die Historiker beschäftigt, denen die schwierige Aufgabe zukommt, sie in ihrer ganzen Komplexität zu analysieren.

So wie der erste Band von *Die Löwen von Sizilien* basiert auch dieser Roman auf dokumentierten Fakten, in Situationen und Figuren vereint, die ich aus erzählerischen Beweggründen erdacht oder umgestaltet habe. Beweggründe, die mich sogar zu der – oft nicht leichten – Entscheidung gebracht haben, einige Elemente aus der Geschichte der Florios zuungunsten anderer vorzuziehen. Kurz gesagt, ich habe Entscheidungen getroffen. Doch das ist das Schicksal von Schriftstellern historischer Romane, die bis in die Gegenwart reichen, und es ist sowohl ein Segen als auch ein Fluch.

Nun, da ich am Ende meiner Reise mit den Florios angelangt bin – einer Reise von fast sechs Jahren –, scheint es mir jedoch angebracht, hier die wissenschaftlichen Untersuchungen anzuführen, die mir als echter Kompass für die beiden Romane gedient haben. An erster Stelle steht Orazio Cancilas Opus *I Florio, storia di una dinastia imprenditoriale*, ein unverzichtbares Werk für eine Vertiefung in die Geschichte der Familie, die vier Generationen umspannt. Dann sind da *L'età dei Florio*, herausgegeben von Romualdo Giuffrida und Rosario Lentini, sowie Simone Candelas *I Florio*, beides höchst interessante Kompendien an Informationen und Lesarten. Und schließlich *L'economia dei Florio, una famiglia di imprenditori borghesi dell'800*, eine Sammlung von Beiträgen verschiedener Autoren, die auch den Katalog der 1991 in Palermo in der *Fondazione Culturale Lauro Chiazzese della Sicilcassa* gezeigten Ausstellung beinhaltet; diese wurde von Rosario Lentini betreut, einem Mann von großer intellektueller Begeisterung und kultureller Tiefgründigkeit, der sehr viel über die Florios geschrieben hat, vor allem über ihre unternehmerische Tätigkeit und ihre Verbindungen mit der italienischen Kultur und Politik.

Rund um speziellere und dabei aber besonders erhellende Themen bediente ich mich folgender Werke: *Le navi dei Florio* von Piero Piccione; *Villa Igiea*, herausgegeben von Francesco Amendolagine; *Giuseppe Damiani Almeyda. Tre architetture tra cronaca e storia* von Anna Maria Fundarò; *I Florio e il regno dell'Olivuzza* von Francesca Mercadante; *La pesca del tonno in Sicilia*, herausgegeben von Vincenzo Consolo; *Breve storia della ceramica Florio* von Augusto Marinelli; *Boldini. Il ritratto di donna Franca Florio* von Matteo Smolizza; *Gioielli in Italia*, herausgegeben von Lia Lenti; *Le toilette della signora del Liberty* von Ketty Giannilivigni; *Il guardaroba di donna Franca Florio*, herausgegeben von Cristina Piacenti Aschengreen; *Regine. Ritratti di nobildonne siciliane (1905–1914)*, herausgegeben von Daniele Anselmo und Giovanni Purpura; *La musica nell'età dei Florio* von Consuelo Giglio; und die Websites targapedia.com (wo man unter anderen die Nummern der *Rapiditas,* der »universellen Zeitschrift für Automobilismus«, ausgedacht von Vincenzo Florio, finden kann), targaflorio.info sowie amicidellatargaflorio.com, wahre Fundgruben an Informationen über die Geschichte der Targa Florio. Nicht zu vergessen sind auch die Notizen und Bemerkungen aus Texten wie *La Sicile illustrée* (Ausgaben der Jahre 1904 bis 1911), *Palermo fin de siècle* von Pietro Nicolosi sowie *Sulle orme dei Florio* von Gaetano Corselli d'Ondes und Paola D'Amore Lo Bue, sowie Klassikern wie Raleigh Trevelyans *Princes under the Vulcano*, *Estati felici* von Fulco Santostefano della Cerda, dem Herzog von Verdura, und Giuseppe Tomasi di Lampedusas *Erzählungen.* Dank all dieser Werke konnte ich einen *uso di mondo,* also all die Kenntnisse über die wirkliche Welt von damals, vertiefen, die längst verschwunden und doch so faszinierend sind. Zudem konnte ich mich immer auf meinen historischen und künstlerischen Berater Francesco Melia verlassen, der mir die Komplexität und den Reichtum der palermitanischen Gesellschaft im neunzehnten und zwanzigsten Jahrhundert aufgezeigt und dafür zahllose Texte eingesehen und abgeglichen hat, darunter Vincenzo Palizzolo Gravinas *Dizionario storico-araldico della Sicilia*; *Vivere e abitare da nobili a Palermo tra Seicento e Ottocento*, herausgegeben von Luisa Chifari und Ciro D'Arpa; sowie *La pittura dell'Ottocento in Sicilia tra committenza, critica d'arte e collezionismo*, herausgegeben von Maria Concetta Di Natale.

Eine weitere wertvolle Quelle waren die digitalisierten und frei zugänglichen Dokumente auf Internet Archive und den Online-Archiven des *Corriere della Sera* und der *Stampa.* In den zeitgenössischen Artikeln über die Epoche, in der der Roman spielt, habe ich gewissenhafte Chroniken über Dinge gefunden, die sonst sicher in Vergessenheit geraten wären. Ich bin diesen – oftmals anonymen – Journalisten dankbar dafür, dass sie voller Leidenschaft über Geschichten, Menschen und Ereignisse schreiben, doch ebenso auch denjenigen, die ihre Artikel der Öffentlichkeit zur Verfügung stellen. Natürlich sind mir dabei von besonderer Nützlichkeit die Publikationen des *Giornale di Sicilia* sowie von *L'Ora* gewesen, den echten Protagonisten der Information in der damaligen Zeit.

Dazu kommen viele andere Aufsätze, Zeugenaussagen und Artikel über das politische, wirtschaftliche und kulturelle Leben in Italien zwischen 1868 und 1935. Sollte es im Roman zu Fehlern oder Ungenauigkeiten gekommen sein, so sind diese einzig und allein mir zuzurechnen und nicht den Personen, die mir bei meinen Recherchen geholfen haben.

Von den Texten, die sich mit den »intimen« Aspekten der Familie beschäftigen, waren zwei für mich fundamental. Vor allem *Franca Florio* von Anna Pomar, ihre einzig echte Biografie, 1985 erschienen und basierend auf den Aussagen Giulia Florios, der letzten Tochter von Franca und Ignazio. Ein Buch, das sowohl eine ganze Epoche auferstehen lässt als auch die individuelle Geschichte dieser Frau und ihres bewegten Lebens, über das ich lange mit Marco Pomar, dem

Sohn der Autorin, sprechen konnte; in unseren Gesprächen ging es oft auch um die Tatsache, dass die Informationen aus dem Buch nicht immer mit denen übereinstimmten, die Ergebnis meiner eigenen Recherchen waren. Deshalb danke ich Marco von ganzem Herzen für die große Gesprächsbereitschaft, die er mir gegenüber an den Tag legte; ich fühle mich geehrt, ein Stück weit auf dem Weg gegangen zu sein, den seine Mutter gebahnt hatte.

L'ultima leonessa, 2020 kurz vor dem Tod seiner Autorin Costanza Afan de Rivera erschienen, ist das andere Buch, auch dieses einzigartig, weil es Giulia Florios Leben anhand der Erinnerungen ihrer Tochter nacherzählt. Ich erinnere mich mit großer Rührung an die Momente, in denen ich das Privileg hatte, mit Donna Costanza darüber zu sprechen, und an ihre große Leidenschaft, die Familiengeschichte wiederauferstehen zu lassen; durch sie hatte ich nicht nur die Gelegenheit, überaus authentische Aspekte einer so widersprüchlichen Frau wie Franca Florio kennenzulernen, sondern vor allem die große Bürde und zugleich den Stolz zu begreifen, mit dem sie den Namen Florio trug.

DANKSAGUNG

In den sechs langen Jahren, von dem Moment, als mir die Szene mit dem Erdbeben in den Sinn kam, mit dem der erste Band der *Löwen von Sizilien* beginnt, bis zu den Worten des Dankes am Ende dieses Bandes habe ich die Werte von Disziplin, Einsamkeit, Geduld und Mut schätzen gelernt.

Ja, denn das Schreiben ist eine Tätigkeit, die nie nur um ihrer selbst willen geschieht: Dafür bedarf es Verantwortungsbewusstsein und Willensstärke. Immer wieder ist man allein mit den Worten und dem eigenen Zweifel, der Furcht, nicht genug gegeben zu haben, dem Gefühl, mit einer Geschichte im Clinch zu stehen, die gar nicht gezähmt werden will, und immer wieder entscheiden zu müssen, welche trockenen Zweige man abschneiden und welche neuen Fundamente man anlegen soll.

Und doch begreift man am Ende, dass jeder Roman ein kurvenreicher Weg ist und man die Wahl hat, ob man ihn leichten Schrittes zurücklegt oder sich vorsichtig entlangtastet. Du weißt nur, dass ein Polarstern vor dir liegt: die Geschichte, die du erzählen willst.

Du bemühst dich, es so gut zu machen wie möglich, versuchst, die passende Distanz zu wahren, und lässt es zu, dass die Zeit dir dabei hilft, die richtigen Worte zu finden. Und ganz am Schluss steckst du die Hand in das Maul des Löwen, und diese Bestie, von der du gefürchtet hast, sie würde dich beißen, ist auf einmal ganz zahm und lässt sich streicheln.

So ist das.

Die Geschichte der Florios zu erzählen war all das und noch viel mehr.

Und es wäre mir nicht geglückt, hätte ich nicht Menschen an meiner Seite gehabt, die mir voller Zuneigung und Geduld geholfen haben. Zuerst meinen Ehemann und meine Kinder, die es mir selbst in den kompliziertesten Momenten niemals an Unterstützung mangeln ließen und mich auf meinen Reisen durch Italien oft begleiteten. Das war nicht leicht: euch dafür zu danken ist das Mindeste. Und dann ist da noch meine Ursprungsfamilie: An erster Stelle meine Mutter Giovanna und meine Schwestern Vita und Anna, außerdem Neffen und Nichten, Schwager, Onkel, Cousins und Cousinen (vor allem die Basiricòs und die Rossellis). Ich habe das Privileg, von Menschen umgeben zu sein, die mich mögen, und das ist gar nicht so gewöhnlich. Ich kann mich sehr glücklich schätzen, euch um mich herum zu haben und eure Wertschätzung zu genießen.

Dann die vielen Freunde und Freundinnen: Chiara, die auf die eine oder andere Weise immer da ist; Nadia Terranova, die mit gutem Beispiel vorangeht und für mich ein wertvoller Bezugspunkt ist; Loredana Lipperini, meine hexerische Patin (und sie weiß sehr wohl, was ich damit meine). Evelina Santangelo, der ich für ihre Ratschläge danke. Doch ich danke auch Piero Melati, der mir immer große Wertschätzung entgegenbrachte; Alessandro D'Avenia, der mir mit so viel Aufmerksamkeit Gehör schenkte; Pietrangelo Buttafuoco, einem Gentleman aus anderen Zeiten mit einem großen Herzen; und schließlich der Gruppe Villa Diodati Reloaded: Filippo Tapparelli, Eleonora Caruso, Domitilla Pirro, die bei verschiedenen Gelegenheiten die Scherben eingesammelt und mich zum Lachen gebracht haben. Und auch das noch: Danke an Felice Cavallaro und Gaetano Savatteri, zwei der schönsten und authentischsten Stimmen der Kultur der Insel und Italiens.

Ich danke auch Elena, Gabriella, Antonella, Valeria, Rita, Valentina und der stets so geschätzten Elisabetta Bricca, außergewöhnliche Frauen und Leserinnen, mit denen mich eine jahrzehntelange Freundschaft verbindet; Franco Cascio und Elvira Terranova, weil sie einfach da sind; Alessia Gazzola, Valentina D'Urbano und Laura Imai Messina, denen ich große Wertschätzung und Anerkennung schulde. Eure Geschichten sind mir immer ein Quell der Inspiration.

Sehr lang ist die Liste der Buchhändler, die ich im Herzen trage: Einige von ihnen waren niemals – und werden es niemals sein – einfach nur Menschen, mit denen man arbeitet, sondern sind echte Freunde, die ich deshalb namentlich aufzähle: Fabrizio, Loredana und Marcella, Teresa, Alessandro und Ina, Orenella, Maria Pia, Bianca, Caterina und Paolo, Manuela, Guido, Sara, Daniela, Giovanni, Maria Carmela und Angelica, Arturo, Nicola, Carlotta und Nicolò, Valentina, Fabio, Cetti und seine Schwestern, Barbara und Francesca, Serena, Alberto, Marco und Susan, Stefania und Giuseppe. Euch allen und allen anderen Buchhändlern –

unabhängig oder nicht – möchte ich nicht nur Danke sagen, sondern ich verneige mich vor ihnen, denn eure Arbeit ist nobel und außergewöhnlich; wäre ich selbst nicht Lehrerin, würde ich vermutlich auch in diesem Beruf arbeiten. Dass *Die Löwen von Sizilien* das geworden sind, was sie wurden, verdanke ich euch, der Leidenschaft, mit der ihr dieses Buch den Lesern nahegebracht und es auf unglaubliche Weise durch die Straßen der Welt begleitet habt. Ebenso wie ich auch denen danken muss, die mein Buch vorgestellt haben, das heißt den Agenten der Prolibro (einer für alle: Toti di Stefano) und ihrem Chef Emanuele Bertoni. Ihr seid meine Helden.

Ich danke Giuseppe Basiricò, dem fähigen Antiquar und einem Menschen von außergewöhnlichem Wert, dem ich unzählige Postkarten, Briefe und Objekte verdanke, die mit der Geschichte der Florios zu tun hatten, und der mich seit dem Beginn meiner Recherchen bestärkt und mir geholfen hat; den Gebrüdern Tortorici für ihre Wertschätzung und die Erlaubnis, in den wundervollen Exponaten ihrer Kunstgalerie zu stöbern; Francesco Sarno, der mir den Katalog für die im Jahre 1921 stattgefundene Versteigerung der Möbel der Familie Florio zur Verfügung gestellt und meinen Weg mit großer Sorgfalt und Aufmerksamkeit verfolgt hat.

Ich danke Professor Mario Damiani Almeyda, dem Enkel des Architekten der Florios, der ein wundervolles Online-Archiv mit den Zeichnungen seines Großvaters angelegt hat und mich eines Tages in seinen Räumlichkeiten empfangen hat, um mir mehrere unveröffentlichte Entwürfe für den Palazzo Florio auf Favignana zu zeigen. Auch für seine großartige Arbeit bezüglich der Erhaltung und Verbreitung, die er in Eigenregie durchführt, hat er Beifall verdient.

Ein besonderer Dank geht an Professor Piazza, der es mir gestattet hat, einen der schönsten und am besten erhaltenen Bereiche der Villa dell'Olivuzza zu besuchen, die heute dem *Circolo dell'Unione* in Palermo anvertraut ist. Ein Dank geht auch an Giuseppe Carli, den Inhaber des historischen Juwelierladens Carli in Lucca, der leidenschaftlicher Uhrenanhänger ist und mir verraten hat, dass es eine Taschenuhr gab, die Anfang des zwanzigsten Jahrhunderts für öffentlichkeitswirksame Zwecke der Florios produziert wurde. Er ist ein feiner Leser und ein Mann von großer Kultur, der mich mit seiner intellektuellen Großzügigkeit beeindruckt hat.

Danke allen, die mich in diesen Monaten empfangen (und auf mich gewartet) haben: Enrico del Mercato, Mario di Caro und Sara Scarafia; danke auch Claudio Cerasa und all den Journalisten, die ohne Vorurteile und ohne Filter mit mir gesprochen haben. Es war sehr schön, mit euch zu arbeiten. Danke den Kollegen und dem Vorsitzenden der IPSSAR, Paolo Borsellino, die mich immer noch mit der alten Zuneigung bei sich willkommen heißen.

Mein Dank geht an Costanza Afan de Rivera, der ich so gerne dieses Buch überreicht und das feine Lächeln auf ihrem Gesicht erscheinen gesehen hätte, mit dem sie ihre Neugier ausdrückte. Zu wissen, dass sie diese Seiten nicht mehr lesen wird, erfüllt mich mit großem Bedauern.

Danke auch Sara di Cara, Mara Scanavino und Gloria Danese: drei Frauen, die mich in diesen Jahren geleitet haben, eine jede auf ihre Weise. Ihnen gegenüber empfinde ich eine solche Dankbarkeit und Wertschätzung, dass sie nicht in Worte zu fassen sind.

Danke an Isabella di Nolfo und Valentina Masilli, die

mittlerweile darüber hinwegsehen, wenn ich mal wieder außer mir bin, und die wissen, wie sie mit meinen Ängsten umzugehen haben.

Ein großer Dank geht an Silvia Donzelli und Stefania Fietta, meinen Agentinnen. Hätten sie nicht von Anfang an daran geglaubt, hätte diese Geschichte niemals das Licht der Welt erblickt. Danke für die Geduld und dass ihr immer da wart. Kostbar und unbezahlbar.

Danke meinem Verlag Nord; in erster Linie Stefano Mauri, Cristina Foschini und Marco Tarò, die mir immer mit Wertschätzung und Zuneigung begegnet sind. Danke für eure Einfühlsamkeit und Intelligenz, dafür, dass ihr in mir vor allem einen Menschen und erst dann eine Autorin saht, und dafür, dass ihr mich trotz meiner bekannten Verrücktheit bei euch aufgenommen habt. Danke an Viviana Vuscovich, die beide Bände der *Löwen von Sizilien* in die Welt hinausgebracht hat; keine andere hätte solche Wunder bewirken können wie sie. Danke an Giorgia di Tolle, die Geduld in Person, und an Paolo Caruso, der eine entscheidende Idee hatte. Danke dem Vertrieb, von Elena Pavanetto bis zu »Dottor« Giacomo Lanaro, immer aufmerksam, immer kreativ, immer Freunde. Danke an Barbara Trianni: Sie ist nicht nur eine fantastische Pressefrau, sondern auch eine Partnerin in Crime – und auch eine im Shoppen –, vor allem aber eine außergewöhnliche Frau, mutig und resolut. Danke an Alessandro Magno, der die Personen anführt, die sich um Hörbücher und E-Books kümmern: Simona Musmeci, Davide Perra und Désirée Favero. Und ich bedanke mich bei Ninni Bruschetta, der »Stimme der Löwen«. Danke an Elena Carloni und an Ester Borgese, die Druckfehler und andere Irrtümer aufspürten, und noch mal an Simona

Musmeci, die den Dialekt vereinheitlicht hat. Wenn ich könnte, würde ich ein Luftschiff nehmen, einen Streifen mit Danksagungen dranhängen und stundenlang über der Via Gherardini kreisen. Und es ist nicht ausgeschlossen, dass ich das irgendwann auch tatsächlich tue.

Und dann sind da noch drei Menschen, die in diesen Jahren der Recherche und des Schreibens an meiner Seite waren.

Francesca Maccani, die daran geglaubt hat, immer. Die sich niemals zurückgezogen hat, die auch bei Heulattacken und Geständnissen für mich da war, die wirklich mein Schutzengel gewesen ist. Ich wünsche dir, dass du all das Gute, das du mir getan hast, zurückbekommst, und wisse, es ist wirklich viel.

Francesco Melia, dessen historische und künstlerische Kultur beeindruckend ist und der mit außergewöhnlicher Einsatzbereitschaft mit mir zusammengearbeitet hat. Eine Person von unfassbarer Freundlichkeit und Geduld, ein Gefährte im Abenteuer, der es manchmal mit einer einzigen Parade geschafft hat, mir meine Unsicherheiten zu nehmen.

Cristina Prasso. Ihr, einem der scheusten Menschen auf diesem Planeten, sage ich nur eins. Danke. Denn wenn du nicht im Jahre 2018 daran geglaubt und den ersten Band in einer einzigen Nacht gelesen hättest, wäre all das niemals geschehen. Danke, weil du keine Minute von mir abgelassen hast, nicht einmal in den Momenten, in denen die Müdigkeit niederdrückend war und ich fürchtete, diese Geschichte nicht so ans Tageslicht bringen zu können, wie ich es für richtig hielt; danke dafür, dass du nicht nur Lektorin und Korrektorin warst, sondern auch eine Freundin und Bezugsperson. Danke für all das, was du mir beigebracht hast und jeden Tag beibringst. Danke dafür, dass du da bist, und weil du so bist.

Danke an euch drei. Und hinter diesen Worten steht so viel Ungesagtes … das es auch bleiben muss.

Danke jedem, der diesen Roman liest und ihn weiterempfiehlt, der ihn verschenkt, der ihn auf Instagram und auf Facebook erwähnt, weil er ihn geliebt hat; aber danke auch dem, der ihn nicht liebt und den er gleichgültig gelassen hat: Lesen ist immer und in jedem Fall eine Möglichkeit, etwas für sich selbst zu tun.

Und schließlich: Paolo und Giuseppina, Ignazio, Vincenzo und Giulia, Giovanna und Ignazio, Franca und Ignazziddu und ihren Kindern. Jeder von euch hat mir etwas gegeben. Hat mich etwas gelehrt.

Diesen allerletzten Dank schulde ich euch.

INHALT